山东美陵集团志

山东美陵集团志编纂委员会　编

方志出版社
Publishing House of Local Records

图书在版编目（CIP）数据

山东美陵集团志 / 山东美陵集团志编纂委员会编.
— 北京：方志出版社，2018.7
ISBN 978-7-5144-3130-8

Ⅰ.①山… Ⅱ.①山… Ⅲ.①企业集团—概况—山东
Ⅳ. ①F279.275.2

中国版本图书馆CIP数据核字（2018）第160788号

山东美陵集团志

编　　者：山东美陵集团志编纂委员会
责任编辑：刘　珊
出 版 人：冀祥德
出 版 者：方志出版社
地址　北京市朝阳区潘家园东里9号（国家方志馆4层）
邮编　100021
网址　http://www.fzph.org
发　　行：方志出版社图书经销中心
电话（010）67110500
经　　销：各地新华书店
印　　刷：山东黄氏印务有限公司
开　　本：889×1194　1/16
印　　张：34.5
字　　数：630千字
版　　次：2018年7月第1版　2018年7月第1次印刷
印　　数：0001～1500册
ISBN 978-7-5144-3130-8　定价：268.00元

《山东美陵集团志》编纂委员会

主　任　刘效华

副主任　李玉森　赵克强

委　员　付士国　包焕忠　任凤政　王　维　刘志胜　胡　平

崔建军　周永江　刘华祥　丁　凯　刘同盟　李金祥

赵立明　王玉明　刘开元　宋　军　王　伟　李　锋

《山东美陵集团志》编审人员

主　　审　刘效华

副 主 审　李玉森　赵克强

主　　编　李金松

副 主 编　刘　霞　李世芳

编纂人员　李金松　刘　霞　李世芳　鲁光花　徐　彦

李秀芸　于海龙　杨翠英

摄　　影　贾建亮　刘　霞

凡　例

一、本志坚持以马克思列宁主义、毛泽东思想、邓小平理论、“三个代表”重要思想、科学发展观、习近平新时代中国特色社会主义思想为指导，坚持尊重史料、实事求是的原则，突出时代特点和企业特点，力求全面、系统、客观地记述1958年公司创建以来的历史和现状。

二、本志编写按照“横排纵述”的原则，以时为序，采用志、述、记、录、图、表等体裁，力求图文并茂。结构上设篇、章、节，节以下根据需要设目和子目。篇下有无题序，部分章下有序，部分篇末有附，志前设概述、大事记，志末设人物、荣誉、附录。

三、本志采用记述体，记事述而不论，力求文字朴实流畅。人物称谓，一般直书其姓名，必要时加职衔，不加褒贬。

四、大事记的收录范围是：主要机构的设立和撤、并，重大改革举措、重要工程、重大活动（含外事活动），区以上科技成果、英模先进、新人新风及其他对企业发展有重大影响的事件。

五、人物简介的录入标准是：历任党政正副职，党代会代表、人大代表、政协委员，区级以上劳动模范和金牌工人，集团公司功勋员工和劳动模范等。

六、荣誉以表的形式记述区级以上的集体和个人荣誉。

七、本志所用计量单位均用法定计量单位。

八、本志从1958年9月建立齐陵人民公社联合机械制修厂记起，下限至2017年年底，部分图片下限至2018年6月。

序　言

山东美陵集团自1958年创立以来，栉风沐雨、砥砺前行，已走过60年历程。在创建60周年之际，《山东美陵集团志》即将问世，这是集团公司发展史上的一件大事，也是企业文化建设中的一项重要成果，更是一部资治当今、惠及后人的佳作。

日月沧桑，转眼半个多世纪，当我们挥笔编纂志书时，心潮起伏，感慨万千。60年，对烟波浩渺的历史长河仅是短暂的一瞬，然而对于美陵人，对于山东美陵集团的开创者来说，这60年饱含着他们白手起家、激情创业的艰辛，孕育着开拓转型、跨越发展的辉煌，沉淀着深化改革、精益管理的精华，抒写着团结勤奋、求实创新的精神篇章，描绘着和谐激励、昂扬向上的多彩画卷。

建厂初期，一个社办集体小厂，十几名亦工亦农的职工，打土坯，盖厂房，靠铁木工匠、农具维修起家。60年来，这个社办小厂先经“三年经济困难”，又遇“文化大革命”，在社会变革的洗礼中生存下来，在不同时期的经济环境淘炼中成长起来。如今，山东美陵集团已实现跨行业、跨地区经营，机械制造和环保水务两大产业齐头并进，共同发展。国家高新技术企业、中国驰名商标、全国守合同重信用企业、中国环境保护产业骨干企业，纷至沓来。企业文化不断传承，经营规模连年扩大，体制改革不断深化，产品逐步转型升级，科技工作持续创新，以人为本的管理模式日臻完善，生产经营团队凝聚力、战斗力越来越强，美陵人大踏步迈向“共创、共享、共赢”……

环顾临淄这片齐国故地，能经历60年风雨依然风华正茂、蒸蒸日上的企业寥寥可数。为什么美陵能做到这一点，可以归纳为两点：一个是拼搏，一个是诚信。

美陵从一家社办农具厂发展到今天，每一步都有“拼搏”的影子。从最初制修简单农具到自主开发生产脱粒机，从涉足石化配件到开发生产压力容器、高强度紧固件、空调风机和重型锻件等，从进军环境治理、城市供水到开发汽车零部件产品、电力科技服务等，每到转折关头，每到困难时刻，都是“拼搏”的精神驱使着美陵人披荆斩棘、激情创业、勇往直前。如果“拼搏”是齐家立业的关键，那么“诚信”则是发展壮大的根本。当年，第一台换热器产品出了质量问题，美陵人吞下苦果，痛定思痛，开展质量意识教育活动，建立完善了沿用至今的质量管理体系，直至创出“中国名牌”“国家免检产品”。这次磨难也使企业实现了重大转折，迎来了涅槃新生。自此，美陵有了建设百年企业永不动摇的核心经营理念——“诚信致远，同步未来”。

《山东美陵集团志》是集团公司发展足迹的记录，是集团公司企业精神的体现。以史为鉴可以察脉络，明得失，知兴替。希望该志书成为社会各界了解美陵的资料性著述，更希望美陵广大员工从中汲取智慧，继往开来。六十载激情创业诚信致远，从头越励志发展同步未来。本志是众手成书之作，字里行间都凝结了编纂人员的汗水，也是山东美陵集团60年工作经验和集体智慧的结晶。编纂工作得到了社会各界、有关部门领导和专家的支持指导，在此一并深表感谢。

忆往昔岁月峥嵘春夏秋冬情系美陵；瞻未来返本开新天地人和续写春秋，这是山东美陵集团和美陵人60周年干事创业的真实写照，更是美陵人描绘的百年梦想。我们要以博大的胸怀回顾历史、规划未来，要有打造美陵百年品牌、再创公司发展辉煌的雄心与信心，团结勤奋、求实创新，按公司的发展战略和现代化企业的要求与管理模式，继续把公司做大做强，努力圆美陵的百年梦想，为社会做出新的贡献。

山东美陵集团董事局主席

山东美陵化工设备股份有限公司董事长、党委书记

六十载激情创业诚信致远　从头越励志发展同步未来

山东美陵集团主厂区外景（2016 年　摄）

山东美陵集团分布图

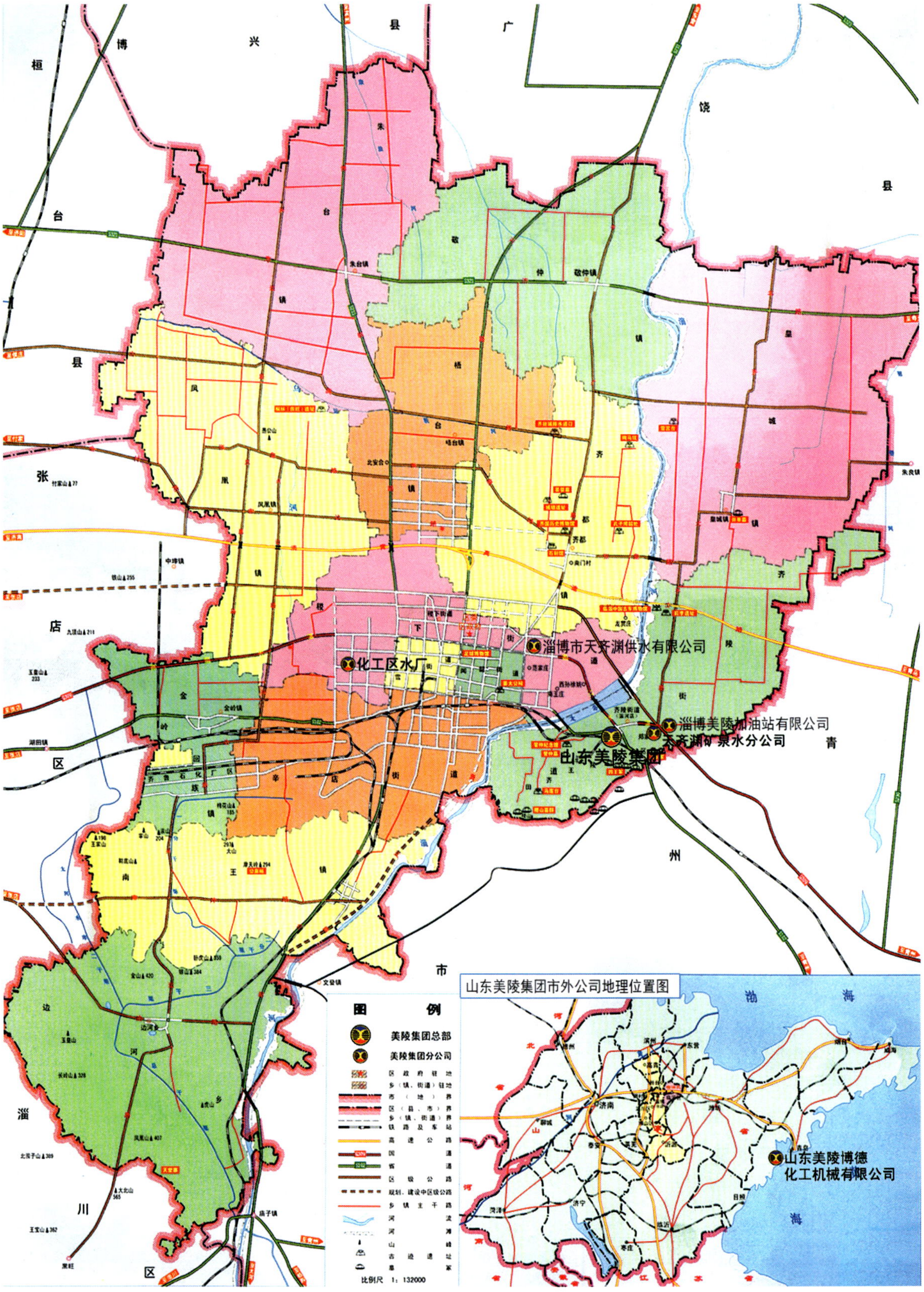

化工区水厂
淄博市天齐渊供水有限公司
淄博美陵加油站有限公司
天齐渊矿泉水分公司
山东美陵集团
山东美陵集团市外公司地理位置图
山东美陵博德化工机械有限公司
图　例
美陵集团总部
美陵集团分公司
比例尺 1：132000

忆往昔岁月峥嵘春夏秋冬情系美陵　瞻未来返本开新天地人和续写春秋

集团公司管理者团队（2018 年　摄）

2005 年 8 月 10 日，山东省人大常委会副主任曹学成（前左二）一行考察临淄污水净化分公司

2007 年 11 月 6 日，山东省副省长郭兆信（前右一）率 7 地市环保局负责人考察建设中的齐城污水处理厂

2009 年 6 月 16 日，山东省副省长李兆前（前左二）在临淄区区长毕荣青（前右二）陪同下到齐城污水处理厂考察

2010 年 6 月 10 日，山东省人大常委会副主任崔曰臣（右一）在临淄区人大常委会副主任李胜联（中）陪同下到公司考察污水净化

20 世纪 80 年代，中国石油大学教授到公司指导浮阀生产

2002 年 6 月 15 日，国家质量监督检验检疫总局锅炉压力容器安全监察局局长张纲（右三）到公司调研

2002 年 7 月，齐陵镇党委书记陈德诚（右一）、镇长王义朴（左二）到公司调研生产经营情况

2003 年 9 月 8 日，中国工程院院士高从堦（右二）到公司技术交流

2005 年 3 月 22 日，淄博市市委书记、人大常委会主任张建国（前左一）到公司检查指导工作

2005 年 7 月 4 日，国家质量监督检验检疫总局锅炉压力容器安全监察局副处长张建荣（左三）到公司检查指导工作

2005 年 11 月 2 日，淄博市市委副书记、市长刘慧晏（右四）在临淄区领导解维俊等陪同下，到临淄污水净化分公司调研

2006 年 7 月 16 日，淄博市副市长宋锡坤（前左二）到公司调研

2007 年 4 月 30 日，淄博市委副书记、市长周清利（左一）到公司污水处理厂调研

2011 年 5 月 23 日，淄博市政协主席岳长志（前左一）到公司考察汽配项目

2012 年 6 月 8 日，淄博市副市长刘东军（中）在临淄区区委书记毕荣青（右）陪同下到公司考察污水净化

2012 年 8 月 29 日，山东省外国专家局局长于顺水（左一）到公司调研

2012 年 11 月 20 日，省市区中小企业局领导就管理提升活动到公司调研

2013 年 6 月 20 日，淄博市市委常委、市委统战部部长魏艳菊（左一）一行到公司考察

2013 年 9 月 6 日，中国工程院院士陈蕴博（右二）到公司考察

2015 年 6 月 13 日，临淄区区委书记宋振波（右二）等领导到齐城污水处理厂调研污水厂运行和污泥处理情况

2015 年 7 月 2 日，山东省人大常委会副秘书长、城建环资委副主任委员骆宝臻（前左二）一行到齐城污水处理厂调研

2015 年 9 月 18 日，临淄区区委副书记、区长白平和（左二）到齐城污水处理厂调研

2015年11月18日，山东省省委宣传部副部长刘致福（右一）在淄博市委宣传部领导张洪兴、傅斌的陪同下到公司调研道德工程建设及企业文化发展情况

2016年7月5日，淄博市市委统战部副部长、市工商联党组书记吕爱国（前左三）带领调研组到公司调研

2017年10月16日，淄博市政协原副主席高风岭（左三）、市科技局局长于秀栋（左二）以及临淄区领导到公司调研并指导工作

2002 年 1 月 8 日，淄博市临淄区美陵加油站开业典礼

2002 年 12 月 29 日，山东省科技厅组织的波纹管换热器技术鉴定会在公司召开

2003 年 4 月 18 日，临淄经营城市项目签约现场，临淄区区委副书记、区长唐福泉（前右一）和董事长刘效华代表双方签约

2003 年 4 月 26 日，高强度紧固件分公司成立庆典

2003 年 4 月 29 日，临淄区污水处理厂开工仪式

2003 年 11 月 10 日，A2 级压力容器制造资格增项复审工作会议

2005年4月28日，青州市污水处理项目签约仪式现场，青州市副市长刘明智（前右二）和董事长刘效华代表双方签约

2006年5月10日，淄博快美环保科技有限公司创立暨揭牌仪式

2008 年 4 月 22 日，ERP 项目启动会议

2010 年 7 月 1 日，美国 ASME　U 钢印资质审查现场

2013 年 9 月 28 日，董事局主席刘效华在山东美陵集团创建 55 周年庆典上致辞

2016 年 10 月 26 日，美陵股份公司“新三板”挂牌仪式在全国中小企业股份转让系统举行，董事长刘效华参加敲钟仪式并发言

★ 2008 年 9 月 28 日，公司创建 50 周年活动照片

淄博市人大常委会原副主任张守增（左一）、副主任韩家华（左二）、齐陵街道党工委书记邵民（左三）

淄博市副市长饶明忠（前右二）、临淄区区长毕荣青（前左一）

临淄区委常委、副区长巩曰锋主持庆典活动

临淄区副区长李胜联（中）、齐陵街道办主任赵金川（左）、齐陵街道党工委副书记刘青（右）

山东美陵集团董事局主席刘效华在庆典上致辞

庆祝山东美陵集团创建 50 周年活动公司大门外景

临淄区区长毕荣青在庆典上讲话

庆祝山东美陵集团创建 50 周年活动现场

齐鲁石化公司炼油厂厂长孙振光在庆典上致贺词

庆祝山东美陵集团创建 50 周年活动现场

2004 年 6 月 24 日，中共山东美陵化工设备股份有限公司委员会成立暨揭牌仪式

2005 年 12 月 5 日，集团公司召开共产党员先进性教育活动动员大会

2006 年 4 月 15 日，集团公司组织共产党员参观孟良崮战役纪念馆

2006 年 9 月 26 日，集团公司第二届职工代表大会合影

2010 年 7 月 1 日，集团公司召开庆祝中国共产党成立 89 周年座谈会

2017 年 10 月 18 日，集团公司组织共产党员观看中共十九大开幕式，认真学习习近平总书记的讲话

2017 年 11 月 23 日，淄博市市委宣讲团成员、市委常委、统战部部长李明到山东美陵集团作党的十九大精神宣讲报告

2011年7月1日，集团公司举行庆祝中国共产党成立90周年“唱响美陵之歌，永远跟党走”合唱比赛

2017年6月27日，集团公司组织共产党员赴焦裕禄纪念馆开展“两学一做”学习教育

20世纪80年代，三八妇女节女职工托球比赛

1991年，厂篮球队与齐鲁石化第二化肥厂篮球比赛合影

2014年9月30日，庆祝中华人民共和国成立65周年，集团公司举行男子拔河比赛

2012年5月1日，青岛博德化机有限公司首届职工象棋比赛

2013年5月1日，庆“五一”第二届职工文体活动乒乓球赛

2008 年 9 月 28 日，山东美陵集团创建 50 周年，表彰十大功勋员工

2008 年 9 月 28 日，山东美陵集团创建 50 周年，表彰十大劳动模范

2013 年 9 月 28 日，山东美陵集团创建 55 周年，表彰十大功勋员工

2013 年 9 月 28 日，山东美陵集团创建 55 周年，表彰十大劳动模范

2001 年 6 月 30 日，美陵股份公司庆祝中国共产党成立 80 周年歌咏大合唱

2005 年 9 月 30 日，集团公司庆祝中华人民共和国成立 56 周年“美陵情、祖国颂”文艺会演

2006 年 9 月 30 日，集团公司庆祝中华人民共和国成立 57 周年“颂祖国、爱美陵、和谐发展”——扇子舞表演

2007 年 9 月 30 日，集团公司庆祝中华人民共和国成立 58 周年“创百年品牌、为祖国争光”文艺会演

2011 年 7 月 1 日，“唱响美陵之歌，永远跟党走”集团公司庆祝中国共产党成立 90 周年合唱比赛

2013 年 6 月 14 日，董事局主席刘效华参加“学雷锋，在行动”全国道德模范与身边好人现场交流活动，并接受颁奖

2013 年 9 月 28 日，山东美陵集团创建 55 周年职工合唱——美陵之歌

2013 年 9 月 28 日，山东美陵集团创建 55 周年，退休职工合影

2015 年 9 月 7 日，纪念抗日战争胜利 70 周年暨山东美陵集团创建 57 周年文艺演出

2016 年 6 月 4 日，集团公司员工参加“改善环境质量，推动绿色发展”环太公湖健步走活动

高新技术企业
证书
企业名称：山东美陵化工设备股份有限公司
证书编号：GR201737001413
发证时间：2017年12月28日
有 效 期：三年
批准机关：

高新技术企业
证书
企业名称：山东美陵中联环境工程有限公司
证书编号：GR201637000593
发证时间：2016年12月15日
有 效 期：三年
批准机关：

职工书屋
WORKER BOOKHOUSE
职工书屋
中华全国总工会
二〇一七年

美陵®
MEILING
中国驰名商标
国家工商行政管理总局商标局
二〇一二年四月

山东省认定
企业技术中心
山东省经济贸易委员会
二OO四年十二月

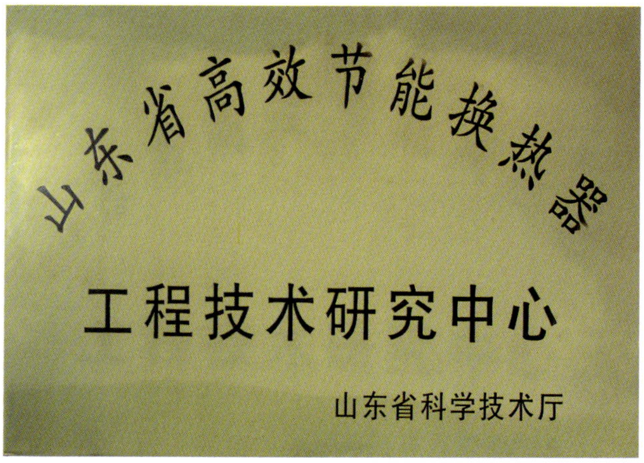
山东省高效节能换热器
工程技术研究中心
山东省科学技术厅

山东美陵化工设备股份有限公司
院士工作站
（2014年—2017年）
中共山东省委组织部　山东省科学技术厅　山东省财政厅
山东省人力资源和社会保障厅　山东省科学技术协会
二〇一四年九月

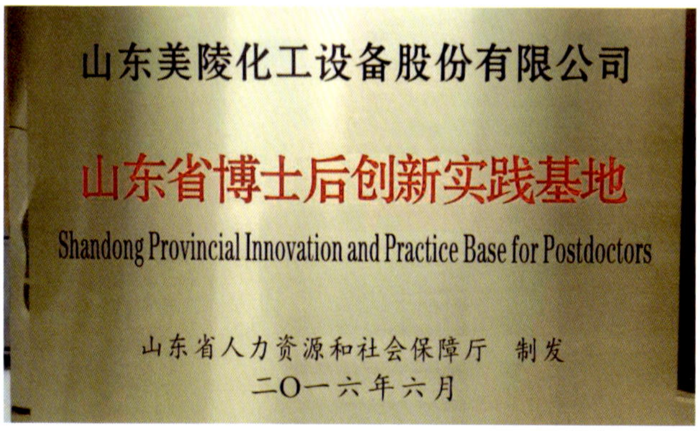
山东美陵化工设备股份有限公司
山东省博士后创新实践基地
Shandong Provincial Innovation and Practice Base for Postdoctors
山东省人力资源和社会保障厅　制发
二〇一六年六月

“守合同重信用”企业公示证明
山东美陵化工设备股份有限公司获得国家工商行政管理总局2014-2015年度“守合同重信用”企业公示资格，已在国家工商行政管理总局网站（www.saic.gov.cn）公示。
2016年7月
工商行政管理部门对“守合同重信用”公示企业实施动态监管，对存在失信行为的企业将撤销其公示资格。“守合同重信用”企业公示情况以国家工商行政管理总局网站实时公示信息为准。

中国名牌
CHINA TOP BRAND
2007.9 2010.9
授予
山东美陵化工设备股份有限公司生产的美陵牌高效节能换热器为中国名牌产品。
国家质量监督检验检疫总局
编号：07-024-02-080
二〇〇七年九月

产品质量国家免检
（2006年—2009年）
中华人民共和国
国家质量监督检验检疫总局

重点高新技术企业证书
经认定，山东美陵化工设备股份有限公司
为国家火炬计划重点高新技术企业
批准文号：国科火字[2007]124号
科学技术部火炬高技术产业开发中心
二〇〇七年九月
No.Q20070537
有效期二年

国家火炬计划项目证书
项目名称：波纹管换热器
承担单位：山东美陵化工设备股份有限公司
项目编号：2006GH051153
批准机关：中华人民共和国科学技术部
颁证机关：科学技术部火炬高技术产业开发中心
颁证日期：二〇〇六年九月

三星九千认证

质量管理体系认证证书

注册号：03113Q20082R5M

兹证明：山东美陵化工设备股份有限公司

地址：山东省淄博市临淄区齐陵路56号

邮编：255430

质量管理体系符合

GB/T19001-2008/ISO9001:2008 标准

该质量管理体系适用于：

A2级压力容器、通风机的设计开发和制造；高强度紧固件、锻件、矿泉水的生产；城市集中供水

（多场所见附件）

总经理

北京三星九千认证中心

CERTIFICATE OF CONFORMITY OF QUALITY MANAGEMENT SYSTEM CERTIFICATION

Certificate 03113Q20082R5M

This is to certify the quality management system of

SHANDONG MEILING CHEMICAL EQUIPMENT CO.,LTD

Add: No.56 Qiling Road,Linzi District,Zibo City,Shandong Province,China

is in conformity with

GB/T19001-2008 / ISO9001:2008 standard

This certificate is valid to the following product(s)/service

Design&development and manufacturing of class A2 pressure vessels and fan,manufacturing of high-strength fasteners, forgings,mineral water,urban centralized water supply

(multi-site refer to accessories)

Date of Issue: Feb 03th,2013

Date of Expiry: Feb 02th,2016

Date of Initial Issue: Sep 29th,1998

General Manager

Beijing Sanxing9000 Certification body

三星九千认证

环境管理体系认证证书

注册号：03115E20053R1M

兹证明：山东美陵化工设备股份有限公司

组织机构代码：16433532-5

地址：山东省淄博市临淄区齐陵路56号

邮编：255430

环境管理体系符合

GB/T24001-2004/ISO14001:2004 标准

该环境管理体系适用于：

A2级压力容器、通风机的设计开发和制造；高强度紧固件、锻件的生产

（多场所见附件）

颁证日期：2015年04月09日

有效期至：2018年04月08日

初次颁证：2012年04月10日

总经理

北京三星九千认证中心

CERTIFICATE OF CONFORMITY OF ENVIRONMENT MANAGEMENT SYSTEM CERTIFICATION

Certificate 03115E20053R1M

This is to certify the environment management system of

SHANDONG MEILING CHEMICAL EQUIPMENT CO.,LTD

Organization code: 16433532-5

Add: No.56 Qiling Road,Linzi District,Zibo City,Shandong Province,China

is in conformity with

GB/T24001-2004 / ISO14001:2004 standard

This certificate is valid to the following product(s)/service

Design&development and manufacturing of class A2 pressure vessels and fan,manufacturing of high-strength fasteners and forgings

(multisite refer to accessories)

Date of Issue: Apr 9th,2015

Date of Expiry: Apr 8th,2018

Date of Initial Issue: Apr 10th,2012

General Manager

Beijing Sanxing9000 Certification body

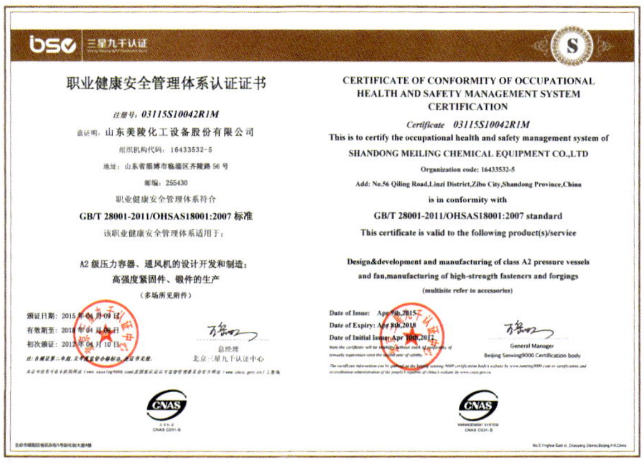

三星九千认证

职业健康安全管理体系认证证书

注册号：03115S10042R1M

兹证明：山东美陵化工设备股份有限公司

组织机构代码：16433532-5

地址：山东省淄博市临淄区齐陵路56号

邮编：255430

职业健康安全管理体系符合

GB/T 28001-2011/OHSAS18001:2007 标准

该职业健康安全管理体系适用于：

A2级压力容器、通风机的设计开发和制造；高强度紧固件、锻件的生产

（多场所见附件）

颁证日期：2015年04月09日

有效期至：2018年04月08日

初次颁证：2012年04月10日

总经理

北京三星九千认证中心

CERTIFICATE OF CONFORMITY OF OCCUPATIONAL HEALTH AND SAFETY MANAGEMENT SYSTEM CERTIFICATION

Certificate 03115S10042R1M

This is to certify the occupational health and safety management system of

SHANDONG MEILING CHEMICAL EQUIPMENT CO.,LTD

Organization code: 16433532-5

Add: No.56 Qiling Road,Linzi District,Zibo City,Shandong Province,China

is in conformity with

GB/T 28001-2011/OHSAS18001:2007 standard

This certificate is valid to the following product(s)/service

Design&development and manufacturing of class A2 pressure vessels and fan,manufacturing of high-strength fasteners and forgings

(multisite refer to accessories)

Date of Issue: Apr 9th,2015

Date of Expiry: Apr 8th,2018

Date of Initial Issue: Apr 10th,2012

General Manager

Beijing Sanxing9000 Certification body

认证证书

标准　　**ISO / TS 16949:2009**

(第3版，2009-06-15)

证书登记号码　01 111 116752

IATF 证书号码　0225000

证书持有者：　**山东美陵化工设备股份有限公司汽车零部件分公司**

中华人民共和国山东省淄博市临淄区牛山路998号

邮编：255430

包括其远程场地已列于证书附件上

认证范围：　制动系统制动盘、制动鼓、钳体、制动蹄、支架和底板，以及铸铁轮毂生产

证明满足了 ISO /TS 16949:2009 标准的要求。

签发日/到期日：　证书有效期从 2015-11-26 至 2018-09-14。

颁行日：　2015-11-26

TÜV Rheinland Cert GmbH
Am Grauen Stein · 51105 Köln
Germany

2-IAO-QMC 01003

1 / 2

www.tuv.com

TÜVRheinland®
Precisely Right.

山东名牌

山东美陵化工设备股份有限公司

你公司(厂)的美力达牌前向多翼离心通风机产品，认定为山东名牌产品，特发此证书。

有效期2011年12月至2014年12月

山东省名牌战略推进委员会
山东省质量技术监督局
二〇一一年十二月

编号：2012-052

山东名牌

山东美陵化工设备股份有限公司

你公司(厂)的美陵牌高效节能换热器产品，认定为山东名牌产品，特发此证书。

有效期2013年1月至2018年1月

山东省名牌战略推进委员会
二〇一三年一月

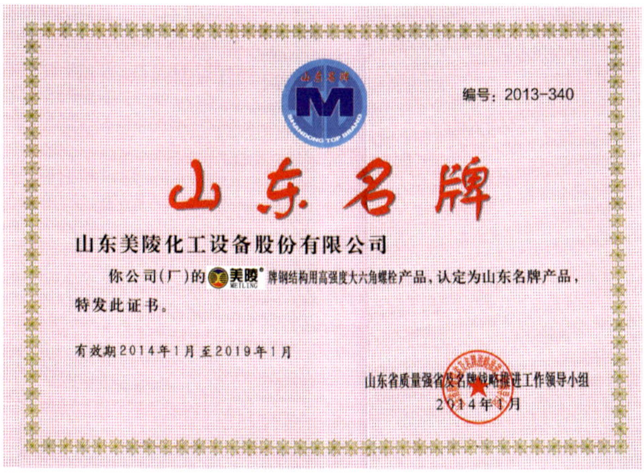

编号：2013-340

山东名牌

山东美陵化工设备股份有限公司

你公司(厂)的美陵牌钢结构用高强度大六角螺栓产品，认定为山东名牌产品，特发此证书。

有效期2014年1月至2019年1月

山东省质量强省及名牌战略推进工作领导小组
2014年1月

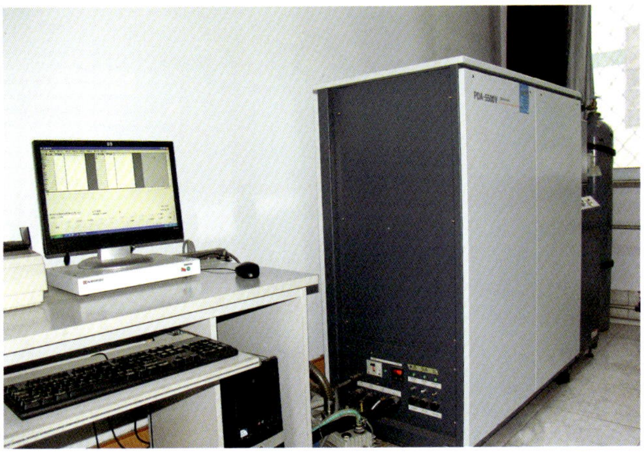

光谱仪

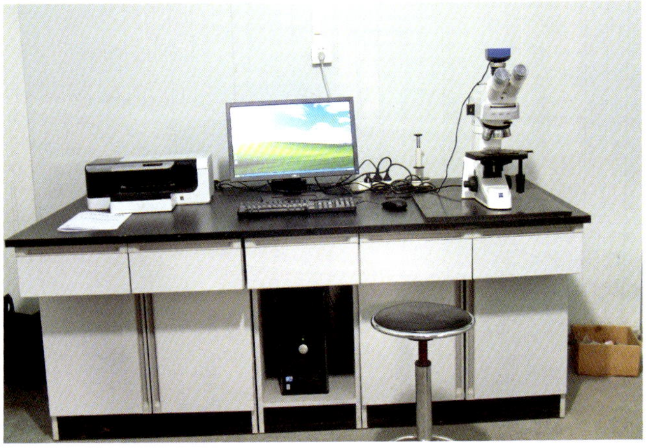

金相显微镜

万能材料试验机

流体传质实验装置

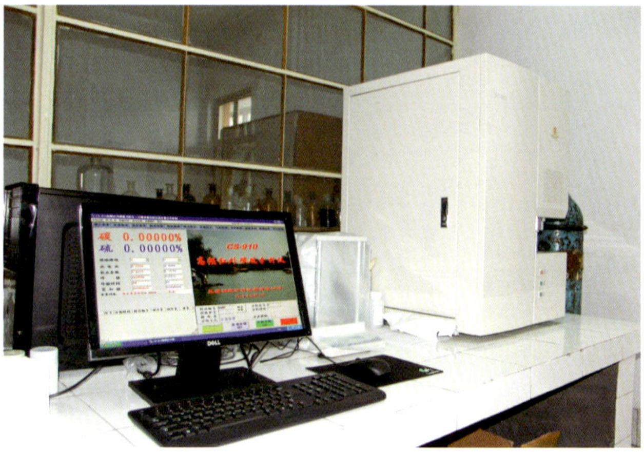

高频红外碳硫分析仪

多工位自动螺栓冷镦机

铣边机

龙门移动式数控钻床

制芯机

中频熔化感应电炉

垂直造型生产线

砂处理生产线

超高压数控万能水切割机

精密龙门铣床

锻造液压机

径轴向数控辗环机

矿泉水水处理生产线

DMTO 大型立式换热器

甲醇制氢大型转换器
ф3600 160T

尾气加热器 ф1200

大型换热器 φ4200

螺旋折流板换热器 φ1300

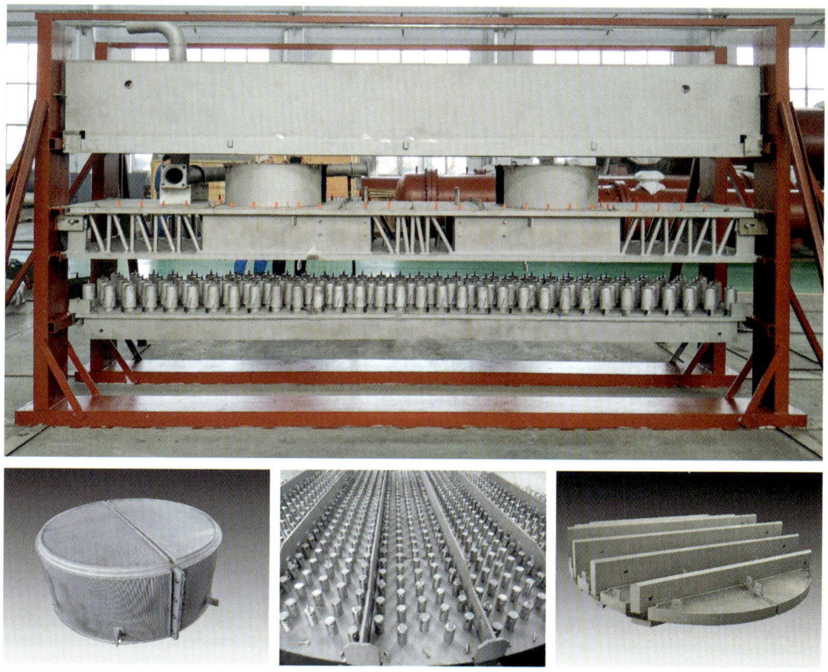

加氢反应器内构件

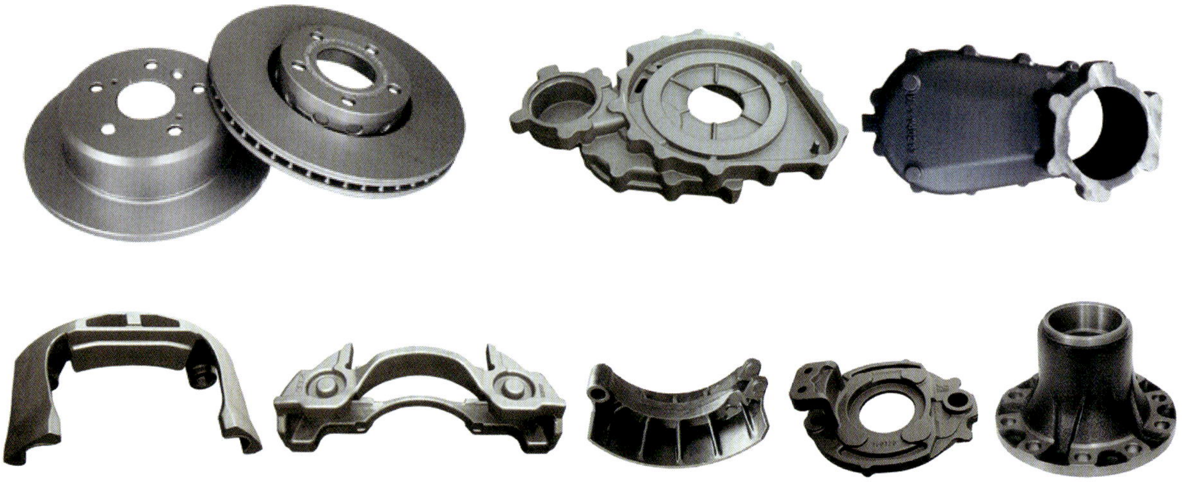

汽车零部件

空调用离心通风机

高强度紧固件

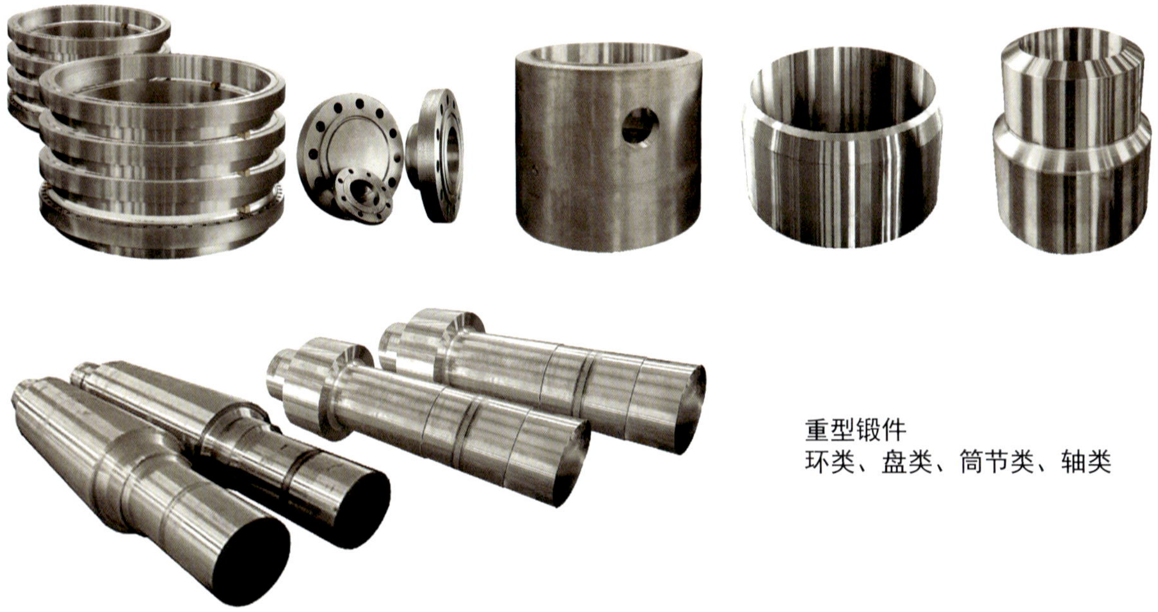

重型锻件
环类、盘类、筒节类、轴类

天齐渊系列大桶矿泉水、瓶装矿泉水、龙脉苏打水、含气矿泉水

市政污水处理、异味治理

企业经营理念“诚信致远　同步未来”

书法家简介：

魏启后，山东书法艺术的领军人物。生前系山东省书法家协会名誉主席、山东画院顾问，曾任中国书法家协会理事、山东书法家协会副主席、济南市政协常委、济南画院顾问、济南诗词协会副会长等职

企业精神“团结勤奋　求实创新”

书法家简介：

王颜山，山东淄博人。原淄博市政协副主席，山东省书法家协会顾问、淄博市书法家协会名誉主席、山东理工大学兼职教授

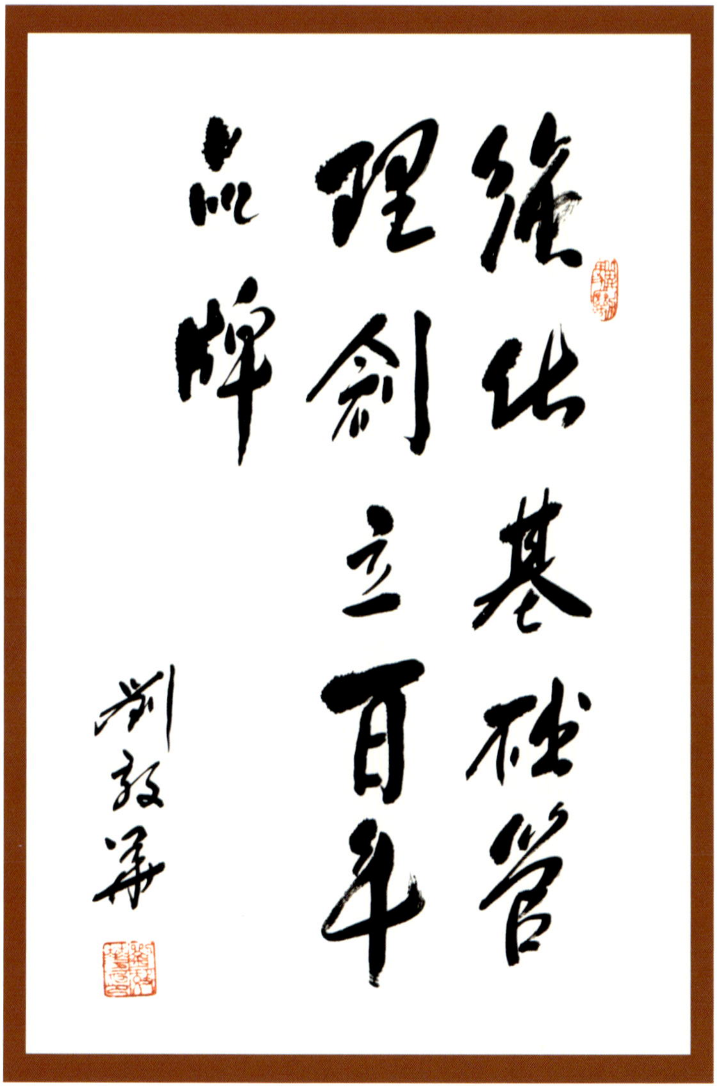

企业管理理念“强化基础管理创立百年品牌”（刘效华　书）

企业价值观“共创　共享　共赢”

书法家简介：

孟鸿声，山东淄博人。中国书法家协会理事、山东省政协常委、山东省书法家协会常务副主席、秘书长

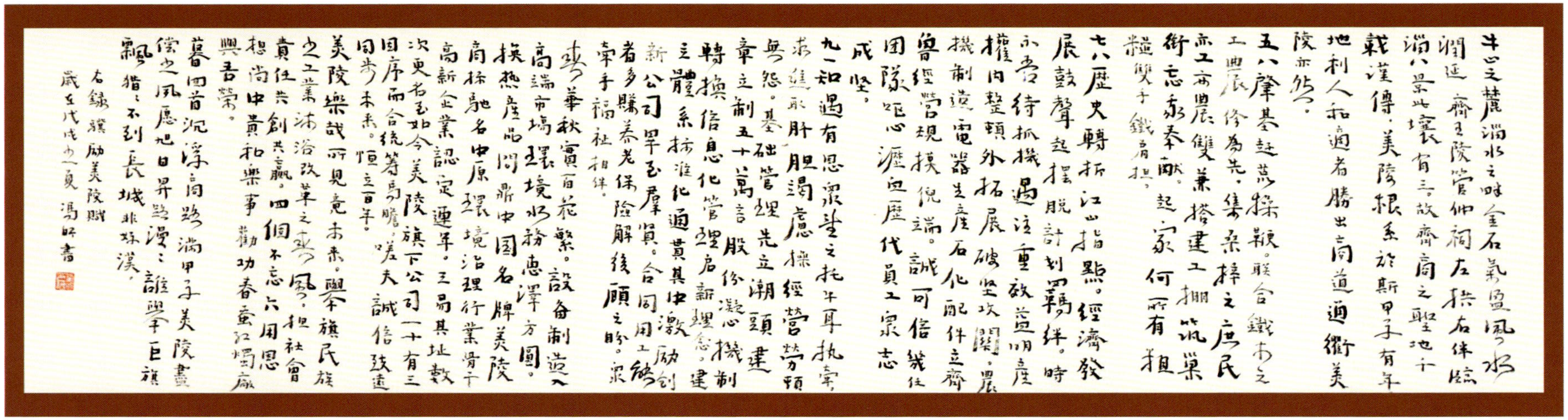

《美陵赋》（正文见企业文化附）

书法家简介：

冯昕，山东淄博人，山东艺术学院书法创作方向硕士研究生。山东省书法家协会会员，山东省女书法家委员会委员，山东省青年书法家协会会员

美陵之歌

（合　唱）

1=F　　　　　　　　　　　　　　　　　　骥励 词

激昂 雄壮 向上　　　　　　　　　　　　　王兵 曲

首语：（男）　当你诞生的那一天，你就朝向了东方；

因为那里有一个古老的传说；

传说，巨龙就是黄河；

（女）　当你起飞的时候，你就飞向了太阳；

有人说那是一只美丽的百灵；

其实，她的名字叫——美陵

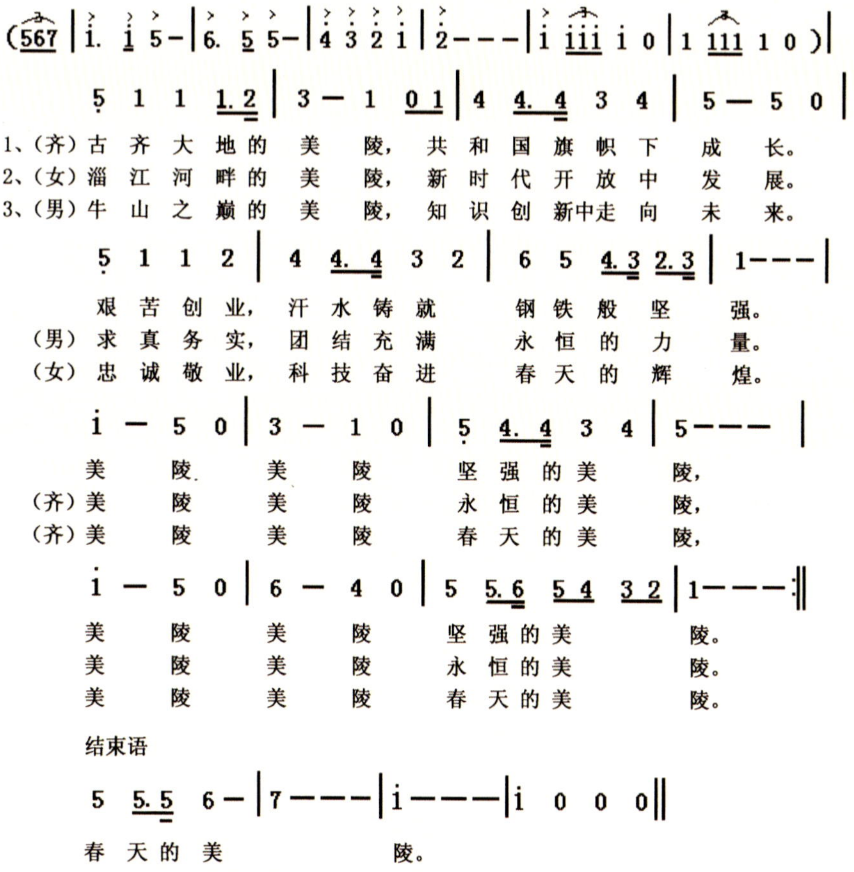

结束语（合）：诚信致远，同步未来，披荆棘架桥梁，万众一心托起明天的太阳。

2018 年 7 月 3 日，《山东美陵集团志》评审会

2018 年 7 月 3 日，《山东美陵集团志》评审专家组、编纂委员会、编纂人员合影

左起前排：赵克强、李金松、刘华武、张爱云、范立学、郭延志、刘效华、赵航、李玉森

二排：刘志胜、崔建军、王维、包焕忠、付士国、任凤政

三排：王玉明、刘霞、于海龙、徐彦、鲁光花、李世芳、杨翠英、李秀芸

目　录

第四篇　生产

第五篇　营销

第六篇　企业管理

第七篇　科技工作

第八篇　企业文化

第九篇　党群工作

人　物

荣　誉

附　录

山东美陵集团发展沿革图

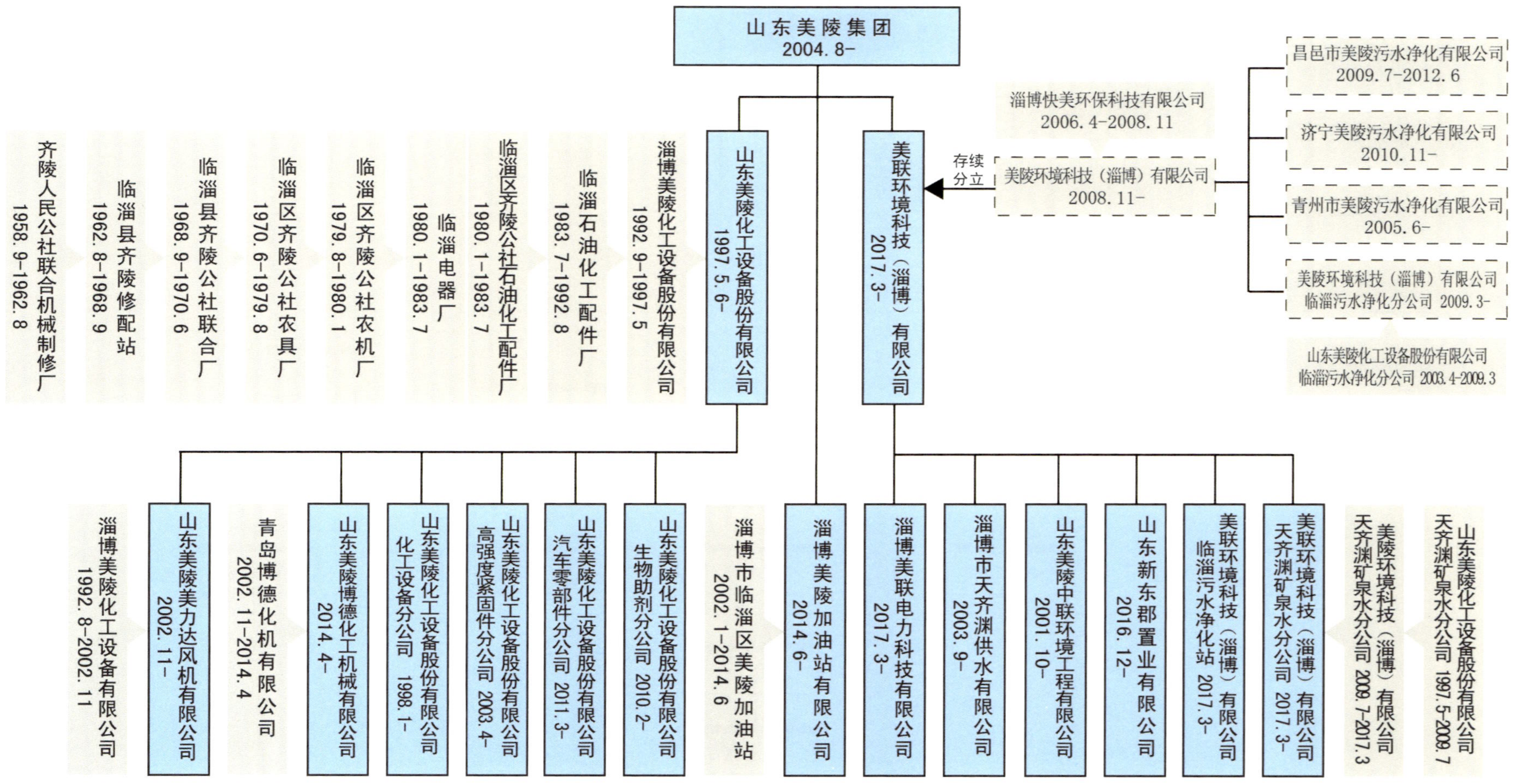

注：蓝色框为现有组织或单位；灰色框为已注销或已变更的单位；虚线框内为已撤销的单位。
以上单位标示时间，1997年前以资料记载为准，1997年后以工商登记时间为准。
化工设备分公司、生物助剂分公司和临淄污水净化站为公司内部设立，以资料记载为准。

山东美陵集团组织机构图

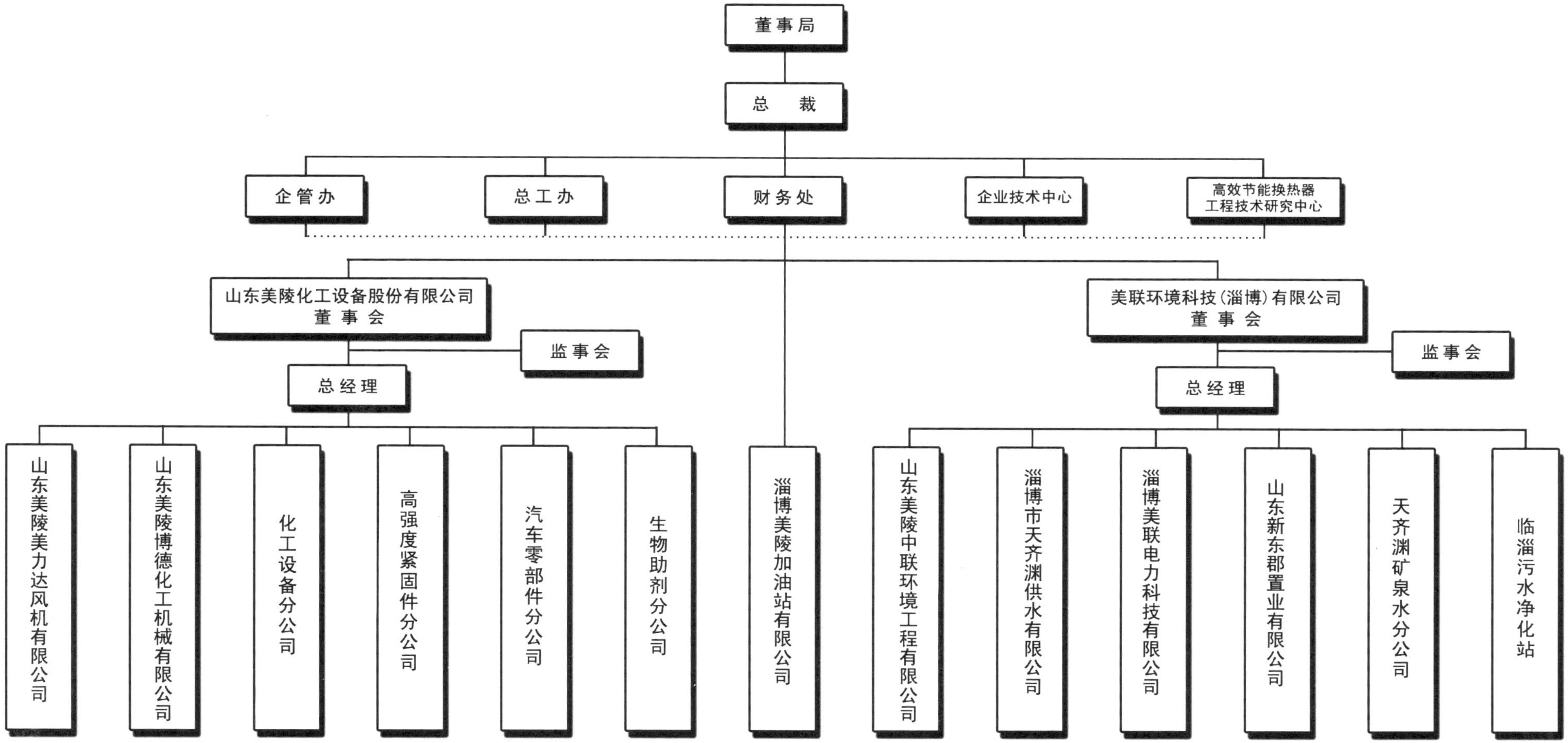

部分公司全称与简称对照

山东美陵集团	集团公司
淄博美陵化工设备股份有限公司	淄博美陵公司
山东美陵化工设备股份有限公司	美陵股份公司
山东美陵化工设备股份有限公司高强度紧固件分公司	紧固件分公司
山东美陵化工设备股份有限公司化工设备分公司	化工设备分公司
山东美陵化工设备股份有限公司汽车零部件分公司	汽车零部件分公司
山东美陵化工设备股份有限公司生物助剂分公司	生物助剂分公司
美陵环境科技（淄博）有限公司	美陵环境公司
美联环境科技（淄博）有限公司	美联环境公司
山东美陵化工设备股份有限公司天齐渊矿泉水分公司	矿泉水分公司
美陵环境科技（淄博）有限公司天齐渊矿泉水分公司	矿泉水分公司
美联环境科技（淄博）有限公司天齐渊矿泉水分公司	矿泉水分公司
山东美陵化工设备股份有限公司临淄污水净化分公司	临淄污水净化分公司
美陵环境科技（淄博）有限公司临淄污水净化分公司	临淄污水净化分公司

美陵集团
MEILING GROUP

概　述

1958年，在农村人民公社化运动的热潮中，齐陵人民公社联合机械制修厂成立。60年来，企业由小变大、由弱变强，逐步发展成为拥有机械制造和环保水务两大产业，跨行业、跨地域的集团公司，辖7个子公司、6个分公司，主要从事高效节能换热器、压力容器及加氢内构件的设计与制造；汽车制动系统、排气歧管、涡轮增压器等汽车零部件的制造；高强度紧固件、重型锻件的制造；空调用离心通风机和节能环保设备的设计与制造；环境工程的评价、设计、施工与运营，城市供水以及优质矿泉水的生产，电力输配及设备销售、房地产开发等。

2017年年底，山东美陵集团占地面积19.5万平方米，建筑面积9.1万平方米，员工798人，总资产10.85亿元。

地理环境

山东美陵集团坐落于山东省淄博市临淄区城区东南部，齐陵街道办事处驻地。集团公司主厂区东距街道办事处800米，西靠牛山和天齐渊森林公园风景区，南靠鲁中群山，与有“东方金字塔”之称的田齐王陵风景区相依，北邻淄河及太公湖。与国家特大型企业齐鲁石化公司相望，距临淄区行政办公中心4.5千米，近临横贯东西的胶济铁路、济青高速、在建的济青高铁、309国道，交通十分便利。

山东美陵集团主厂区地理坐标北纬36°47′09″，东经118°21′02″，坐落在鲁中山地以北淄河中游冲积扇边缘地带，南高北低。土壤母质多为黄土性洪积冲积物，属北温带半湿润季风气候，具有明显的季风性和大陆性气候特征，四季分明，年平均降水量652.9毫米，无霜期195天，农耕期200天左右。地下水蕴藏量丰富，水质为锶型天然深层矿泉水。

临淄是国家历史文化名城，作为齐国都城长达800余载，漫长的岁月、悠久的历史为临淄大地留下了大量的文物古迹。山东美陵集团主厂区驻地齐陵街道境内就荟萃了其中相当一部分优秀的历史文化遗产。田齐王陵风景区（亦称二王冢、四王冢。二王冢即田齐太公和、桓公午之墓。四王冢即威、宣、泯、襄四齐王的墓葬。）居牛山东侧、山东美陵集团主厂区以南，依山东西向排列，封土高大，宛若群峰连绵，气势雄伟；春秋时期著名政治家、一代名相管仲之墓和管仲纪念馆位于牛山北麓，是齐文化旅游重要景点之一，距山东美陵集团主厂区1千米；1990年全国十大考古发现之一的后李春秋车马坑和临淄中国古车博物馆，为当代中国首家以古车马遗址与文物陈列为一体的古车博物馆，距山东美陵集团主厂区3千米；古临淄八景中的“牛山春雨”“淄江晚钓”“龙池秋月”以及太公湖、马莲台、天齐渊等风景区也都分布在公司周围。悠久的历史孕育着这方人杰地灵的土地，日新月异的社会经济发展，又使她焕发出勃勃生机，成为一块古代文化与现代文明交相辉映的宝地。

发展沿革

纵观山东美陵集团60年的发展史，是一部艰苦奋斗的创业史，是积极探索、不断进取的历史，也是勇于改革、开拓创新的历史。集团公司发展壮大之路，是内引外联、滚动式发展强壮自我之路，是科技引领兴业之路。

1958年9月，临淄县下属行政建制实行政社合一的组织形式，撤销孝陵乡、淄河乡，组建齐陵人民公社，孝陵乡和淄河乡的农具机械修配厂随之合并，成立齐陵人民公社第一个社办企业——齐陵人民公社联合机械制修厂，主要从事铁木小农具的制修。建厂之初，企业一无所有，职工们白手起家，没有厂房就租用民房，没有生产设备和工具，就带上自己的铁锤榔头和木工工具，自己动手建起红炉，很快打造出第一批简易农具，开始艰苦的创业。刚起步即逢20世纪50年代末至60年代初的三年经济困难时期，后经几年的“调整、巩固、充实、提高”，“文化大革命”又开始，企业发展迟滞，工人最少时仅有14人。但即使在这样的处境中，工人们艰苦创业的热情依然未减。1968年12月，经过技术人员和工人们近一年的艰苦努力，自制的120吨冲床投入使用，开始为胜利炼油厂加工炼油装置配件。1974年起，先后试制成功工农2-700型脱粒机和红旗450型脱粒机，支援了农业生产。石化配件的生产和机械设备的制造使企业站稳了脚跟，也为以后企业产品结构的调整奠定了基础。

1978年，中共十一届三中全会召开，改革开放序幕开启，企业发展也翻开新的一页。在产品结构方面，企业经过探索与调整，逐步缩小农机具的制修，转以生产电风扇为主，同时生产石油化工配件产品。1981年年底，停产电风扇，重点发展石油化工配件。1991年，新一届领导班子成立，提出“观念更新促进经营，强化销售开拓市场，规范管理增进效益，稳定基础力求发展”的兴厂方针，企业抓住机遇，于1992年作为淄博市股份制改造第二批试点单位进行整体改制，以募集的方式设立淄博美陵化工设备股份有限公司。1997年，经山东省人民政府审查确认为规范股份有限公司，并更名为山东美陵化工设备股份有限公司。改制后，公司按照《中华人民共和国公司法》的要求建立了股东大会、董事会、监事会和经理等法人治理结构，并进行了劳动、人事、分配三项制度改革，使企业焕发出勃勃生机。1994年，公司引进T型翅片管重沸器、折流杆换热器与冷凝器两项先进技术，成功制造出第一批压力容器，实现了当年引进技术，当年出产品投放市场的良好业绩。其中主打产品T型翅片管重沸器填补了国内沸腾传热设备的一项空白，被列入“九五”国家重点开发新产品计划。自此，企业的发展步入快车道。之后，本着一业为主，多业发展的思路，企业加强资产运营，采取资金合作、技术合作、整体并购等方式内引外联，滚动式发展，淄博美陵化工设备有限公司（后更名为山东美陵美力达风机有限公司）、催化剂厂、重型锻压厂、天齐渊矿泉水分公司等相继成立，生产规模迅速扩大，产品结构更加丰富。

进入2000年后，公司继续做大做强机械制造业，相继成立了青岛博德化机有限公司、高强度紧固件分公司。同时，随着国家对环境保护工作的注重，企业瞄准环保科技产业，确立“稳步发展机械加工产品，着重发展环保水务产业”的经营发展战略。2001年年底，与建设部北京中联环工程股份有限公司达成协议，合资成立山东美陵中联环境工程有限公司，开始步入环保领域，并逐步向水务领域延伸，相继成立了淄博市天齐渊供水有限公司、临淄污水净化分公司。

2004年，以山东美陵化工设备股份有限公司为核心企业，联合山东美陵美力达风机有限公司、山东美陵中联环境工程有限公司、青岛博德化机有限公司、淄博市天齐渊供水有限公司等四个控股子公司组建了山东美陵集团。至此，企业已由当初仅从事铁木小农具制修的社办集体企业发展到经营范围涉及机械设计与制造、环境工程治理、城市生活供水、矿泉水生产、污水处理、炼油助剂生产、成品油销售等多个领域，多元化发展的企业。

2008年，集团公司确立机械制造、环保水务两大优势发展产业，进行产业整合重组，以实现总体规模强势发展的目标。其中，机械制造板块以山东美陵化工设备股份有限公司为核心企业，环保水务板块成立美陵环境科技（淄博）有限公司作为核心企业。两大产业板块确立后，机械制造板块加快新产品开发，提高装备水平，引进国际一流的生产设备，建设集团公司有史以来投资最大的项目——汽车零部件铸造生产线，于2011年成立山东美陵化工设备股份有限公司汽车零部件分公司，2016年在全国中小企业股份转让系统挂牌公开转让，翻开企业运营新的篇章。环保水务板块后来居上，以科技创新和优质服务抢抓市场机遇，积极作为，屡创佳绩，区域主导地位逐步确立，在青州、济宁、昌邑相继并购设立污水净化公司，与机械制造板块实现两翼齐飞。

2017年，美陵环境科技（淄博）有限公司进行股权转让，以存续分立方式设立美联环境科技（淄博）有限公司。至2017年12月，山东美陵集团下辖2个直属单位：山东美陵化工设备股份有限公司和美联环境科技（淄博）有限公司。其中，山东美陵化工设备股份有限公司下辖2个子公司和4个分公司，即：山东美陵美力达风机有限公司、山东美陵博德化工机械有限公司，化工设备分公司、高强度紧固件分公司、汽车零部件分公司、生物助剂分公司。美联环境科技（淄博）有限公司下辖4个子公司和2个分公司，即：山东美陵中联环境工程有限公司、淄博市天齐渊供水有限公司、淄博美联电力科技有限公司、山东新东郡置业有限公司，天齐渊矿泉水分公司、临淄污水净化站。

技术创新

企业自1958年成立至改革开放之前，为齐陵镇政府所属乡镇企业，无人事和经营自主权，同时受计划经济时代资源配置的影响，没有正规院校毕业的专业技术人员，人才缺乏，技术工作发展缓慢。但工人们仍凭借积累的工作经验和艰苦奋斗的创业精神，成功改造了“天轴”，自制了车床、冲床、刨床和冲锋枪，开发了脱粒机和电风扇。1980年全国科学技术大会召开后，企业开始重视科技工作，逐步加强对技术革新改造的投入与管理。1982年，远红外线烤漆工艺被临淄区科委授予科学技术进步三等奖，这是企业首次获奖的科技成果，自此拉开了企业科技创新工作的序幕。1980—1992年，企业共引进新工艺新技术7项，开发新产品9种，完成技术革新和技术改造项目14项。

1992年企业体制改革后，淄博美陵公司作出“依靠科技进步，促进企业快速发展”的战略决策。一手抓人才队伍建设，一手抓技术创新。

在人才队伍建设方面，1993年，公司一次性引进八名专业对口的大学本科生，并以多种方式聘请离退休工程技术人员、高校专家教授等来公司指导工作、传授技术，组建起企业的第一支人才队伍。以后每年企业都招聘专业对口的大中专毕业生来公司工作，人才队伍不断壮大。对引进的专业技术人员，公司在政治上关心、生活上体贴、政策上倾斜、培训上优先，尽可能地给他们提供发展的平台。2003年，公司打破唯学历与专业的人才论，本着有学历有专业的正规院校大中专毕业生是人才，在关键岗位上掌握专业技能，能独当一面的职工也是人才的原则，在企业内部出台《关于专业技术职务评聘的暂行规定》和《关于工人技师评聘的暂行规定》，将从生产一线评聘出的工人技师，与大中专毕业生一起纳入专业技术人员进行管理，拓宽了专业技术人才的范围，壮大了企业技术人才队伍，调动了技术人才工作的积极性和主动性，提升了企业的技术力量。至2017年年底，企业已有大专以上学历专业技术人员219人，占员工总数的27%，内部评聘专业技术职务的人员170人，取得人事部门专业技术职务任职资格的人员178人，有3人被评为临淄区有突出贡献的中青年专家，1人获评淄博金牌工匠，1人获评淄博市有突出贡献的技师。

在技术创新方面，针对改制初期企业技术力量薄弱的状况，公司确立“产、学、研”相结合的科技发展道路，依托位于技术前沿的大专院校和科研院所，先后与中国石油大学、山东理工大学、上海理工大学、清华大学以及中石化洛阳设计院、中石化北京设计院、上海紧固件与焊接材料技术研究所等单位建立密切的技术合作关系，共同致力于技术含量高、经济实用型新产品的研制和开发。这一时期，企业积极引进先进技术，按照消化，吸收，改进，创新的思路，在压力容器、高强度紧固件、空调风机等新产品的开发中获得了长足发展，并进军环保领域，在废水、废气、固体废弃物的处理及环境设施建设方面取得了突破。1995年取得BR1级压力容器制造许可证，1999年取得山东省科学技术委员会颁发的高新技术企业证书，2002年取得第一、二类压力容器设计资质与山东省住房和城乡建设厅颁发的工程设计资质证书。2003年取得AR2级压力容器制造许可证。2004年集团公司成立后，企业经过多年的发展，技术力量日益壮大，具备一定的技术创新能力，在继续坚持“产、学、研”的基础上，着手建立自己的研发机构，先后建立起山东省企业技术中心、山东省高效节能换热器工程技术研究中心、高浓度有机废水和高含盐化工废水处理技术研发中心、山东省院士工作站、山东省博士后创新实践基地等技术研发平台，并取得A1级压力容器制造许可资质、A2级压力容器设计资质、ASME U证书、NB证书、国家高新技术企业证书、科学技术部重点高新技术企业证书等。2017 年，企业再次被列入淄博市创新型高成长企业 50 强，企业技术创新工作迈入了新的阶段。至 2017 年，集团公司共取得授权专利 105 项。其中，发明专利 5 项，实用新型 99 项，外观设计 1 项。

基础管理

改革开放前，企业粗放经营，依靠经验管理。中共十一届三中全会召开后，全党工作重点转移到以经济建设为中心上来，开始重视企业基础管理工作。从 1982 年 10 月起，按照中共中央、国务院《关于国营工业企业进行整顿的决定》，企业用 3 年 2 个月的时间，进行全面整顿，使企业的经营管理、劳动组织和劳动纪律管理、领导班子建设以及企业的思想政治工作都得到加强和改善，为企业的发展创造了良好氛围和坚实基础。1985 年，顺利通过临淄区组织的整顿验收，被评为先进单位。1988 年，按照国务院“抓管理、上等级、全面提高企业素质”的要求，企业开展了达标升级活动，建立起企业的标准化管理体系，制定技术标准、管理标准和工作标准 249 个，并建立健全计量检测网络和与此相适应的检测制度，取得计量合格证。1989 年一次性通过市级先进企业达标验收。1990 年 5 月，在山东省乡镇企业局组织的全省系统级先进企业验收工作中，企业的产品质量、基础管理、经济效益和物耗等方面都达到标准要求，晋升为山东省系统先进企业，标志着企业的管理水平迈上一个新台阶。

1992 年企业改制后，美陵股份公司积极探索和创新管理思想、经营理念，逐步规范和完善各项管理，在安全生产规范化管理、全员质量意识教育、薪资管理、绩效考核、思想法制建设、企业文化建设等方面进行改革与提升，取得全国乡镇企业系统企业基础管理工作合格证书。1998 年，作为同行业较早进行质量体系建设的企业，美陵股份公司顺利通过 ISO 9002 质量体系认证，覆盖全部产品，以质量管理带动企业各项管理在规范化建设的道路上迈入崭新的阶段。

2004 年山东美陵集团成立后，提出“强化基础管理，创立百年品牌”的管理理念。企业立足基础管理，不断拓展管理的广度和深度，从引导和指导入手，加强预防管理，实行重心下移，持续完善，横向建立起全面覆盖质量、信息化、安全、设备、现场、节能降耗、成本、人力资源等基础管理的八大考核体系，纵向通过 ISO 9001 质量管理体系、IATF 16949 国际汽车行业质量管理体系、ISO 10012 测量管理体系、ISO 14001 环境管理体系、OHSAS 18001 职业健康安全管理体系、压力容器质保体系和压力管道元件质保体系等，对各项基础管理进行计划、实施、检查、改进。企业先后获得了国家守合同重信用企业、全国环境污染治理设施运营十强企业、行业知名品牌生产企业、山东省优秀民营科技企业等荣誉称号，“美陵”牌高强度紧固件产品被国家质量监督检验检疫总局授予产品质量国家免检，“美陵”

牌高效节能换热器被国家质量监督检验检疫总局授予中国名牌产品，“美陵”商标被国家工商行政管理总局商标局认定为中国驰名商标，“美陵”牌管壳式换热器、“美力达”牌空调用离心通风机被认定为山东省名牌产品。

2008年，集团公司确立机械制造和环保水务两大发展产业，以通过专业化生产经营实现再突破再发展，在基础管理方面，紧跟时代发展，积极应用先进生产管理理念。2009年，引进ERP信息管理系统，集现代信息技术与先进的管理思想于一身，将企业的财务、采购、生产、销售、库存和其他业务功能整合到一个管理平台上，最大限度地利用现有资源，实现经济效益最大化，使企业各项管理实现了质的飞跃。2016年，导入精益生产管理理念，消除浪费、降低生产成本、提高产品质量、加快流程速度，企业基础管理工作再上新台阶。

企业文化

经济的发展需要一种精神与信念的坚守、发展与传承。美陵60年的足迹，从计划经济到市场经济，从生产力发展水平低下到高科技自动化设备的大量应用，从简易农机具的修配到机械制造、环保水务两大产业的形成，是拼搏与诚信推动着企业一步步发展到今天。

创业初期，企业一穷二白，没有厂房，缺设备，缺原料。但是，对上级下达的生产任务，职工们总是想方设法克服困难努力完成。缺少设备，土法上马自制；缺少原材物料，“找米下锅”，不怕跑腿、磨嘴，托关系，找门路，也要千方百计买回来，就连废品收购站也成了物资供应人员寻觅适合企业生产所需原材物料的地方。1971年起，厂领导带领工人们学习大庆精神，不讲工作条件，不计较工资报酬，爱厂如家，当好企业主人翁。当年12月，全厂职工发扬“八小时内拼命干，八小时外多贡献”的奉献精神，利用业余时间义务劳动，填平了一条长54米、宽8米、深2米的大沟，为翻砂车间基建工程建设打下了基础。1972年秋天，企业盖厂房，工程建设采取包清工形式，建筑材料由厂里筹措，因急需砖材，由厂领导带队去尧王村运砖，但烧成的红砖还未出窑，为保证不误工期，他们主动承担了出窑的任务，窑中温度高，粉尘多，工人们全然不顾，一趟又一趟地从窑内向外搬砖，等任务完成后，他们个个汗流浃背，脸上红一道黑一片的沾满了粉尘污渍，吐出的唾液也成了红的。就是这样，靠着工人们的团结合作和努力拼搏，企业生存了下来，几经风雨，到20世纪80年代初期有所发展，因之积淀形成了“团结勤奋、求实创新”的企业精神。20世纪90年代，企业进入快速发展阶段，创业时期的关键是拼搏，而要发展与壮大，除了拼搏还必须讲诚信。诚信，从狭义上讲，重视质量、信守合约，对客户忠诚；从广义上讲，体恤员工、回报社会，对员工公平，对社会担当。诚信经营，企业因之稳步前进，日新月异，有了建设百年企业永不动摇的核心经营理念——“诚信致远，同步未来”，并始终坚持“永远不能忘记社会责任，永远不能忘记公司发展，永远不能忘记规范的管理，永远不能忘记辛勤的员工”。用文化思想统领企业，用制度建设管理企业，用严管细算经营企业，用言传身教带动企业，用团结合作凝聚企业，用智慧实干发展企业，与全体员工共创、共享、共赢。

进入21世纪，企业坚持以人为本，以自动化设备解放人，以舒适的工作环境吸引人，以人性化的管理留住人。大量引进先进生产设备，不断改善职工工作和生活环境，对职工，不论企业经营多么困难，工资、福利、保险、公积金从未拖欠，特别是职工工资的发放，每年都在提升，并从多方面增发补助，提高职工收入。从生活到住房，尽可能给职工提供福利。至2017年年底，公司已为职工缴纳了养老、医疗、工伤、生育、失业、一次性养老补助和住房公积金全部六项社保，累计缴费近亿元。对困难职工，企业适时送去关爱和温暖，并组织大家献爱心，营造一人有难、大家相助的良好风尚。一大批退休在家的老员工，每月按时领取退休工资，生活、医疗有保障，每年中秋节、春节公司都安排人员挨家挨户走访这些退休老员工，送去慰问，多年来从未间断。

为搞好企业文化建设，多年来，集团公司积极开展丰富多彩的群众性文化娱乐、体育活动，充分利用《山东美陵报》、板报橱窗和网络等，反映员工的工作与生活，展示企业的良好形象，构建和谐激励的企业文化。山东美陵集团创建50周年和55周年的隆重庆典，两届“功勋员工和劳动模范”的评选表彰，《山东美陵集团志》和《星之光》的印刷发行，都鼓舞着美陵人与山东美陵集团共同成长，员工把自己的劳动融入企业的发展之中，共同创造和分享企业发展的荣誉与成果。

山东美陵集团在“大炼钢铁”和大办“人民公社”的热潮中诞生，在计划经济的环境中艰难生存，在改革开放和市场经济中快速成长，在深化改革和建立现代企业制度的过程中日益强大。站在新的历史起点，面对科学发展、和谐发展和经济一体化的新要求，面对新目标和新任务，美陵人知难而进，永不停步，秉承“诚信致远，同步未来”的经营理念，发扬“团结勤奋，求实创新”的企业精神，正以新一轮思想解放与务实创新，推动和实现企业又好又快发展。美陵人坚信，经过一代代美陵人坚持不懈地追求和奋斗，百年美陵终将圆梦。

美陵集团
MEILING GROUP

大事记

1958 年

9 月 28 日　临淄县孝陵乡和淄河乡的农具机械修配厂合并，成立齐陵人民公社联合机械制修厂，在齐陵公社王齐大队（今齐陵街道王家齐陵）租用民宅作为办公地点和厂房。时有工人 30 名。原两乡修配厂的厂长高凤和、李廷美留任厂长。设木工、红炉、修配、翻砂、鞋业 5 个车间，缝纫、理发、镶牙、修鞋 4 个组。

10 月　国务院批准撤销临淄县建制，并入益都县，齐陵人民公社联合机械制修厂随属，更名为益都县齐陵人民公社联合机械制修厂。

1959 年

1 月　益都县齐陵人民公社联合机械制修厂木工组制定出生产包工计划，为见之于文字材料最早的生产管理制度。

10 月　自制的铸铁床腿、木制床身、三角铁轨道的车床取得成功，工人们敲锣打鼓向公社党委报捷。

是年　工人吴惠春和贾万春大胆钻研创新，反复试验，以 1 台 135 马力的柴油机为动力，通过一根木制轴瓦的通轴，带动车床、鼓风机和机磨同时工作，时称“天轴”，引起轰动。

1960 年

8 月 15 日　益都县齐陵人民公社联合机械制修厂由王齐大队搬迁至淄河大队（今齐陵街道淄河店）西北下崖。厂房仍租用民房。设有红炉、修配、白铁 3 个车间和 1 个自行车修理门市。

1962 年

8 月　益都县齐陵人民公社联合机械制修厂更名为临淄县齐陵修配站。工人由 40 名精简为 14 名。

10 月 12 日　临淄县齐陵修配站租用淄河大队第 11 生产队刘秉尧的宅基地。

1963 年

12 月 2 日　依据临淄县调资委员会《关于手工业合作组织集体单位社员职工工资调整工作意见》的精神，临淄县齐陵修配站为 11 名固定工调整了工资，人均月增资 5 元，这是建厂后第一次调资。

1964 年

6 月　临淄县齐陵修配站新建大门和房屋 11 间。总造价 2860 元。这是自建的第一批房屋。

8 月　购进第一台 4.5 千瓦电动机，使用淄河大队的电源，结束生产无动力用电的历史。

1966 年

1 月 4 日　临淄县人民委员会同意在城关、辛店、齐陵等 8 个公社成立手工业管理站，隶属县手工业管理局。齐陵管理站的职责由临淄县齐陵修配站代行。

12 月　“文化大革命”波及临淄县齐陵修配站，“红卫兵”组织建立，领导干部受到冲击和批判。

1967年

4月　临淄县齐陵修配站搬迁至淄河大队西北上崖，位于原址西南500米处。

8月31日　临淄县齐陵修配站将位于淄河大队下崖的7间房屋售给齐陵兽医站，售价1700元。

1968年

1月19日　临淄县齐陵修配站购置安装50千伏安变压器1台，开始有自己的变电设施。

老职工苏清波（前）、贾多田（后）在自制冲床前合影（20世纪80年代　摄）

1月　临淄县齐陵修配站建设的自行车修理门市部、白铁车间、电气焊车间和北大门竣工。

4月　自制8英尺皮带车床投入使用。

5月24日　经齐陵人民公社革命委员会批准，临淄县齐陵修配站为11名亦工亦农的工人调整了工资，人均月增资7.37元。

9月29日　经齐陵人民公社批准，临淄县齐陵公社修配站更名为临淄县齐陵公社联合厂。同日，成立联合厂革命领导小组，张玉若任组长。

12月　经过技术人员和工人近一年的艰苦努力，自制120吨冲床投入使用。

是年　重新设立翻砂车间。

1969年

9月　临淄县齐陵公社联合厂组织干部职工人工拉滑车7昼夜，在厂区伙房前打水井1眼，供生产和生活用水。

1970年

6月10日　临淄县齐陵公社联合厂更名为临淄区齐陵人民公社农具厂。

10月5日　经齐陵公社革命委员会党的核心小组研究批准，增补高凤和为临淄区齐陵人民公社农具厂革命领导小组成员。

12月　经过整党建党，党的活动恢复，公社党的核心领导小组批准临淄区齐陵人民公社农具厂与齐陵烟叶站、齐陵粮管所组成联合党支部，张玉若任支部书记。

12月　共青团临淄区齐陵人民公社农具厂支部委员会成立，周振美任书记。

1971 年

3 月 13 日　王齐联中贯彻落实毛泽东主席的“五·七”指示，30 多名学生到齐陵人民公社农具厂学工实践。

6 月下旬　技术人员和工人苦战 7 昼夜，圆满完成上级交给的试制冲锋枪的任务，向中国共产党成立 50 周年献礼。

10 月　中共临淄区齐陵人民公社农具厂支部委员会成立，张玉若任支部书记。

11 月　传达学习中共中央关于林彪叛国事件的有关文件精神，开始批判其叛党叛国的反革命罪行。

1972 年

1 月　临淄区齐陵人民公社农具厂革命领导小组更名为临淄区齐陵人民公社农具厂革命委员会。

2 月　增设冲床车间。1976 年，更名为冲压车间。

2 月　增设磷肥车间，当年建设当年投产，年内生产磷肥 140 吨。

3 月　依据北京民用炉厂提供的样品，开发出新产品北京民用 2 号取暖炉，当年生产 1167 个。

8 月　增设金工车间。

8 月　根据省革委鲁革发〔1972〕97 号《关于集体所有制企业事业单位调整部分工人和工作人员工资的通知》精神和实施方案的要求，临淄区齐陵人民公社农具厂为 8 名固定工人调整工资，3 名固定工人靠级，人均月增资 5.75 元。同时为 20 名亦工亦农工人调整工资，人均月增资 5.9 元。

12 月　建筑面积为 395.3 平方米的翻砂车间建成，总造价 3 万余元。

1973 年

6 月 28 日　经齐陵公社党委研究决定，磷肥车间从临淄区齐陵人民公社农具厂分离出来，成立齐陵公社磷肥厂，实行独立核算。

是年　建立职工储金会，93 名职工全部参加。

是年　电气焊车间划为修配车间。

1974 年

4 月 26 日　临淄区齐陵人民公社农具厂租用淄河大队第 11 生产队土地 252.8 平方米，租用淄河大队第 13 生产队土地 2509.3 平方米。

12 月 30 日　经齐陵公社革命委员会研究批复，齐陵人民公社农具厂为 14 名亦工亦农工人调整工资，人均月增资 5.21 元。

是年　依据山东省农科所提供的图纸，齐陵人民公社农具厂开始生产工农 2-700 型小麦脱粒机。当年生产 32 台。

1975 年

6 月　临淄区齐陵人民公社农具厂《企业管理制度（试行草案）》公布。该制度包括岗位责任制、考勤、技术操作规程、质量检查、设备维修、安全生产、生产管理和经济核算 8 方面的管理制度共 50 条，从 7 月 1 日起试行。

12 月 19 日　12 点 45 分，电焊工高兆香在对自备油罐焊接时，油罐发生爆炸致重伤，抢救无效，不幸身亡。齐陵人民公社农具厂对此事故及时作了妥善处理。

12月　冲压车间、夹板锤车间建成。

1976年

2月　白铁车间更名为钣金车间。

3月19日　张玉若调任齐陵公社工业办公室副主任，胡清玉任临淄区齐陵人民公社农具厂党支部书记。

3月　齐陵公社革命委员会任命吕德仁为齐陵人民公社农具厂厂长。

9月9日　胡清玉调任齐陵公社工业办公室主任。张春令任临淄区齐陵人民公社农具厂党支部书记。

9月25日　齐陵水利队归属临淄区齐陵人民公社农具厂管理，其24名职工也一并归属管理。

闫光亮（右一）等职工在一起钻研模具打造的技巧（20世纪80年代　摄）

10月　按照上级党委的统一部署，临淄区齐陵人民公社农具厂组织干部职工学习中共中央文件，揭批“江青反革命集团”的罪行。

12月　金工车间建成投入使用。

是年　使用山东省农业机械研究室提供图纸，临淄区齐陵人民公社农具厂开始生产红旗450型小麦脱粒机，当年生产15台。

是年　依照山东胜利石化总厂胜利炼油厂提供的图纸，临淄区齐陵人民公社农具厂试制成功F_1型不锈钢浮阀，当年生产1.5万多个。

1978年

年末　临淄区齐陵人民公社农具厂进行年终评比，评出先进车间2个、先进班组3个、先进工作者52名。

是年　临淄区齐陵人民公社农具厂卫生室建立，1980年1月撤销。

1979年

7月　开始为临淄农业机械厂生产电风扇配件，至1984年停止。

8月　临淄区齐陵公社农具厂更名为临淄区齐陵公社农机厂。

9月　齐陵水利队从临淄区齐陵公社农机厂分离出去。

10月　300毫米电风扇的开发研制获得成功。

是年　红炉车间合并到修配车间。

1980年

1月　临淄区齐陵公社农机厂更名为临淄电器厂（同时启用临淄区齐陵公社石油化工配件厂名称），由原来的以农机制造和维修为主，转为以生产电风扇为主。

是年　亦工亦农工人实行全部工资制，不再执行原来50%工资交生产队计工分的规定。

1981年

1月31日　临淄电器厂用2900元购置属临淄区煤建公司淄河煤站的房屋10间，及地产 8824.47 平方米。

1月　张春令调任公社工业办公室主任，王文昌任临淄电器厂党支部书记。

12月　临淄电器厂调整产品结构，停产电风扇，着力发展石油化工配件产品。

1982 年

1月　烤漆工序从钣金车间分离出来，增设烤漆车间。

3月21日　临淄电器厂召开职工代表大会，有 21 名代表参加，大会选举刘奇任职代会主任。

8月　电镀车间建成并投入生产。

10月7日　中共中央、国务院印发《关于工业企业进行整顿的决定》，临淄电器厂成立整顿领导小组。整顿工作全面展开，历时 3 年 2 个月。1985 年年底，顺利通过验收，并被评为先进单位。

是年　泡槽、过滤板两项新产品研制成功，任风云等 8 人受到奖励。

是年　撤销木业车间。

是年　临淄电器厂的远红外线烤漆工艺获临淄区科学技术成果三等奖。

1983 年

2月　临淄电器厂印发《关于企业经营管理的规定》，对各项管理工作以及各科室、部门的岗位责任做出明确规定，是建厂后第一部比较系统的经营管理制度。

5月1日　齐陵公社工业办公室印发《关于企业单位承包后的几点暂行规定》，文件规定：职工工资一季一核算，并经工业办公室审批；干部职工的职务补贴及福利待遇一律取消；实行经济指标和上缴利润完成情况与工资挂钩奖惩的工资管理制度。

7月12日　经临淄区政府批准，临淄区齐陵公社石油化工配件厂更名为临淄石油化工配件厂。临淄电器厂名称同时停止使用。

12月12日　临淄石油化工配件厂创建清洁工厂顺利通过验收，被临淄区政府评为创建清洁工厂先进单位。

1984 年

6月　由临淄区农机化研究所和临淄石油化工配件厂共同开发研制的新产品 5T-350 型脱粒机获得成功，当年生产 100 台。

是年　临淄石油化工配件厂实行二级核算管理，以车间为核算单位，实行百元利润工资含量的计酬办法。钣金车间实行定额成本管理。电镀车间实行承包责任制，利润部分 50% 上缴，50% 留车间作为工人报酬。

是年　撤销烤漆车间。

1985 年

1月　齐陵镇政府印发《关于镇办企业职工退休退职的试行规定》。临淄石油化工配件厂按规定为 4 名职工办理退休手续。

3月24日　临淄石油化工配件厂与齐鲁石化公司科协、山东海洋学院（今中国海洋大学）协商，就噪声控制技术协作达成协议，并联合发起设立山东省噪声控制工程协会，临淄石油化工配件厂为常任理事单位。

7月28日　临淄石油化工配件厂副厂长刘效华参加在青岛市胶州宾馆举行的山东省噪声工程协会筹备会。

9月11日　临淄石油化工配件厂妇代会

成立。

1986 年

3 月 3 日　临淄石油化工配件厂作为第三批整党单位开展整党工作，11 名党员参加。按照上级党委的统一部署，历经 4 个专题的学、查、改，至 4 月 13 日结束。

5 月　临淄石油化工配件厂领导班子调整，党支部书记王文昌兼任厂长，吕德仁任副厂长。

6 月 21 日　临淄石油化工配件厂制定《关于职工工资改革的意见》，职工工资参照国家规定工资标准进行改革。

10 月　临淄石油化工配件厂职工浴池竣工并投入使用。

1987 年

6 月　标准件车间厂房建成，标准件项目投产。

8 月 20 日　临淄石油化工配件厂工会成立大会在齐陵影剧院召开，选举闫省三为厂工会主席。参加会议的有临淄区工会、区经委、齐陵镇党委、镇经委和友好单位辛店空调风机厂的领导及全镇工业企业单位负责人。

是年　组织党员学习中共中央〔1987〕1-6 号文件，批判资产阶级自由化的错误思潮，提高党员干部坚持四项基本原则、坚持改革开放、搞活经济的自觉性，维护和发展安定团结的大好局面。

是年　齐陵镇政府作出规定，各企业所提取的固定资产折旧费一律上缴镇政府统一使用，企业有更新改造项目可经审批后，给予适当支持。

是年　临淄石油化工配件厂先后被淄博市、山东省工商行政管理局评定为重合同守信用企业，此后连续 5 年保持这一荣誉。

是年　产品 HTV 船型浮阀塔板获国家科技发明三等奖。

是年　申请注册“齐陵”商标。

是年　购进第一辆轿车，为苏联产的伏尔加牌。

1988 年

3 月　临淄石油化工配件厂厂长王文昌被临淄区委、区政府表彰为农民企业家，并连续 3 年保持这一荣誉。

5 月　临淄石油化工配件厂与临淄区农机化研究所共同研制的 5T-350 型脱粒机获区科学技术进步三等奖。

6 月 20 日　临淄石油化工配件厂成立计量管理委员会，建立计量检测网络和检测制度。10 月经达标验收，取得计量合格证。

6 月　临淄石油化工配件厂成立标准化管理委员会，建立标准化管理体系。制定发布技术标准 87 个，管理标准 18 个，工作标准 147 个。

1989 年

1 月　临淄石油化工配件厂被淄博市政府

1989 年 1 月，被淄博市人民政府授予一九八八年度市级先进企业

表彰为市级先进企业，党支部书记兼厂长王文昌被市乡镇企业局表彰为优秀厂长。

3月5日　临淄石油化工配件厂工会安全生产监督检查组成立。

5月　产品5T-350型脱粒机被淄博市农业技术进步基金会授予市农业技术进步三等奖。

9月　“齐陵”牌F_1Z型浮阀被淄博市经济委员会评为淄博市优良产品。

10月2日　临淄石油化工配件厂企业升级和质量保证体系通过上级有关部门验收。

10月11日　临淄石油化工配件厂标准化管理通过上级有关部门验收。

11月11日　临淄石油化工配件厂安全生产管理通过上级有关部门验收。

11月23日　临淄石油化工配件厂财务管理通过上级有关部门验收。

11月　“齐陵”牌F_1Q型浮阀被淄博市经济委员会评为淄博市优良产品。

是年　临淄石油化工配件厂党支部被中共临淄区委员会表彰为先进党支部，此后连续3年保持这一荣誉。

1990年

1月　临淄石油化工配件厂厂长王文昌被淄博市乡镇企业局表彰为乡镇企业职工培训先进工作者。

5月27日　山东省乡镇企业局组织的省系统先进企业验收工作开始，对临淄石油化工配件厂从产品质量、经济效益、物耗和基础管理等方面进行检查验收。当年，临淄石油化工配件厂晋升为山东省乡镇企业系统先进企业。

是年　临淄石油化工配件厂规章制度考核领导小组成立。

是年　临淄石油化工配件厂职工教育领导小组成立。

是年　临淄石油化工配件厂被评为安全生产先进企业，受到淄博市政府表彰。党支部书记王文昌被临淄区委表彰为优秀共产党员。

1991年

1月15日　临淄石油化工配件厂做出组建经济合同领导小组的决定，同时成立经济合同管理科。

2月1日　临淄石油化工配件厂修订企业管理标准和工作标准工作全面展开。

3月25日　临淄石油化工配件厂成立设备管理小组，车间配备设备管理员。

3月　经齐陵镇党委政府批准，临淄石油化工配件厂领导班子调整，刘效华任厂长，王文昌任党支部书记。

3月　新一届领导班子确定“观念更新促经营，强化销售拓市场，规范管理增效益，稳定基础求发展”的兴厂方针，制定“三年爬坡，四年后初具规模”的发展规划。

3月　设立铆焊车间。

6月　产品F_1型浮阀获淄博市科学技术成果奖。

8月10日　产品高强度双头螺栓通过山东省机械工业厅组织的专家鉴定。

9月　在临淄区全区工业企业开展的企业管理擂台赛中，临淄石油化工配件厂获得第三名，受到区政府表彰。

11月24日　青岛石油化工厂减压塔发生事故，进行抢修，该厂到临淄石油化工配件厂求援，要求36小时内供应配件。全厂上下立即行动，购材料，安排加工，职工们不分昼夜倒班干，按预定时间提前一小时将这批配件送达。

12月 新建砖混结构530平方米的钣金车间竣工并投入使用。

是年 临淄石油化工配件厂开始对中层干部实行聘任制。

是年 临淄石油化工配件厂厂长刘效华被临淄区委表彰为优秀共产党员。此后，连续两年保持这一荣誉。

1992年，淄博美陵公司被中共淄博市委员会、淄博市人民政府评为文明单位

1992年

3月20日 HTV船型浮阀塔盘被临淄区人民政府授予优秀新产品奖。

4月 由齐陵镇党委书记刘长江任组长，刘效华、王文昌任副组长的企业改制领导小组成立，临淄石油化工配件厂改制工作正式启动。

4月 厂长刘效华被淄博市乡镇企业局表彰为1991年度优秀厂长。

4月 党支部书记王文昌被淄博市委宣传部、市乡镇企业局表彰为全市企业思想政治工作先进工作者。

5月 临淄石油化工配件厂山东省乡镇企业局授予被全国乡镇企业系统企业管理基础工作壹级合格证书。

1992年5月，被授予全国乡镇企业系统企业管理基础工作壹级合格证书

7月13日 淄博市政府公布第二批乡镇骨干企业，临淄石油化工配件厂名列其中。

8月26日 临淄石油化工配件厂与美国杜摩尔国际公司合资设立淄博美陵化工设备有限公司，注册资本为110万美元。

9月28日 淄博美陵化工设备股份有限公司（以下简称淄博美陵公司）创立大会暨首次股东代表大会在临淄宾馆召开。会议听取并审议通过《关于设立公司的报告》《淄博美陵化工设备股份有限公司章程（草案）》《股东代表产生办法》，选举产生第一届董事会和监事会。在随后召开的第一次董事会和监事会会议上，刘效华当选为公司董事长，王文昌当选为监事会主席。

12月9日 国家饮用天然矿泉水技术评审组评审鉴定天齐渊所处水源地的地下水符合饮用天然矿泉水国家标准的要求。

12月 淄博美陵公司获得农业部颁发的全面质量管理达标证书。

是年 淄博美陵公司调整产品结构，开始试制换热器。

是年 淄博美陵公司被淄博市委、市政府表彰为市级文明单位。

1993 年

3 月 28 日　三层砖混结构的办公楼正式启用。投资 32.84 万元，建筑面积为 980 平方米。

3 月 31 日　淄博美陵公司与洛阳石油化工工程公司签定 T 型翅片管重沸器、折流杆换热器与冷凝器两份技术合作协议，以及浮动筛片塔板的开发与研制合作协议书。

5 月　金工车间竣工并投入使用。投资 23.94 万元，建筑面积为 898 平方米。

5 月　淄博美陵公司董事长、总经理刘效华被表彰为淄博市优秀青年企业家和山东省青年科技星火带头人。

5 月　淄博美陵公司被山东省乡镇企业局授予山东省乡镇企业系统企业现场管理工作一级合格证书。

1993 年 5 月，淄博美陵公司被授予山东省乡镇企业系统企业现场管理工作一级合格

6 月　淄博美陵公司被临淄区委、区政府表彰为科教兴区先进集体。

6 月　董事长、总经理刘效华被表彰为全国农村青年星火带头人。

7 月 18 日　淄博美陵公司 1992 年度股东代表大会在办公楼一楼会议厅召开。大会听取、审议通过《1992 年度董事会工作报告》《1992 年度监事会工作报告》《1992 年度财务决算报告》和《1992 年度利润分配方案》，并分别作出相应决议。

7 月　F_1 型浮阀产品和高强度双头螺栓产品获临淄区科技进步二等奖。

7 月　淄博美陵公司引进首批普通高校本科毕业生。

9 月 2 日　李守洪等 5 名工人取得压力容器焊工资格证书，受到淄博美陵公司通报表彰，并为他们上浮一级工资。

9 月 4 日　凌晨，标准件车间发蓝工段发生火灾，导致停产 17 小时，经济损失 1700 元。事后，直接责任人和相关负责人分别受到严肃处理和经济处罚。

9 月 20 日　产品 T 型翅片管换热器（重沸器）顺利通过山东省科委组织的鉴定，填补了国内沸腾传热设备的一项空白。

12 月 20 日　淄博美陵公司工业射线放射保护领导小组成立。

12 月 23 日　淄博美陵公司共青团支部换届，包焕忠任支部书记。

12 月 27 日　淄博美陵公司与青岛石油化工厂合资创立青岛琴陵石化配件有限公司，注册资本 232.3 万元。淄博美陵公司参股 90 万

1993 年 12 月 28 日，青岛琴陵石化配件有限公司创立大会，临淄区齐陵镇党委书记刘长江（左三）代表淄博市来宾单位致辞

元，占 38.74%。

是年　铸造车间被关停，改造为铆焊车间，淄博美陵公司在齐鲁石化检修公司压力容器质量保证体系支持下，开始小规模换热器生产。

是年　设立催化剂车间。

是年　总经理刘效华先后被淄博市委、山东省委表彰为优秀共产党员。

1994 年

3 月 2 日　淄博美陵公司压力容器取证领导小组成立。

3 月 16 日　山东省机械工业厅发文，核准淄博美陵公司申请一、二类压力容器制造规划布点的意见。

3 月　淄博美陵公司被临淄区委、区政府表彰为科教兴区先进集体。

3 月　产品 T 型翅片管重沸器获临淄区科技进步一等奖。

5 月 28 日　淄博美陵公司 1993 年度股东代表大会在办公楼一楼会议厅召开。会议听取、审议通过《1993 年度董事会工作报告》《1993 年度监事会工作报告》《1993 年度财务决算报告》和《1993 年度利润分配方案》，并分别作出相应决议。

11 月　产品 COT 催化剂获淄博市星火计划三等奖。

12 月 13 日　张月明、李成船在淄博市乡镇企业青工技术比武中获淄博市乡镇企业青年技术能手称号。淄博市劳动局将张月明晋升为五级车工，为其颁发“中级技术工人等级证书”。两人分别受到现金奖励。

12 月 30 日　铆焊车间、探伤室、铆焊车间办公楼、锅炉房和浴室、中心路改造等基建工程竣工并投入使用。

12 月 31 日　淄博美陵公司举办 1995 年元旦文艺晚会，丰富干部职工的文化生活，增添节日喜庆气氛。

12 月　产品 T 型翅片管重沸器获淄博市科学技术进步三等奖。该产品填补了国内沸腾传热设备一项空白，被国家科委列入“九五”国家重点开发新产品计划。

12 月　淄博美陵公司与齐鲁石化公司检修公司合资建设的设计能力为年产 4000 吨的重型锻压项目建成投产。检修公司负责厂房和公用设施配套工程的建设，淄博美陵公司投入锻压设备并进行经营管理。

1994 年 12 月，美陵重型锻压厂剪彩仪式

是年　淄博美陵公司开始研发空调用离心通风机。

1995 年

1 月 4 日　铆焊车间职工王有法在为炼油厂换热管束组装工作中认真负责，避免了一次较大质量事故。王有法受到通报表扬，并领到奖金 100 元。

1 月 10 日　公布《关于企业管理机制改革的实施方案》。淄博美陵公司管理体制由原来的统一管理模式改为分级管理，分别设立石化配件厂、催化剂厂和销售公司，使其成为独立核算的 3 个二级单位，淄博美陵公司对其实行目标管理。设总经济师、总工程师、总会计师，实行总经理领导下的三总师负责制。下设企业管理办公室、技术开发办公室和财务处3个职能处室。

2月13日　淄博美陵公司获得山东省劳动厅颁发的一、二类压力容器制造许可证。

3月16日　淄博美陵公司总经理刘效华被淄博市委表彰为1994年度市级乡镇企业家。

3月　淄博美陵公司党支部被中共临淄区委表彰为先进党支部。

5月12日　淄博美陵公司成立安全生产管理委员会，并印发《关于安全生产规范化管理的意见》。

5月25日　淄博美陵公司《关于对从事有毒、有害、高温作业保健补贴及劳动保护用品发放管理意见》公布实施。

5月28日　淄博美陵公司1994年度股东代表大会在办公楼一楼会议厅召开。大会听取、审议通过《1994年度董事会工作报告》《1994年度监事会工作报告》《1994年度财务决算报告》和《1994年度利润分配方案》，并作出相应决议。

5月　设立风机车间。

7月21日　山东省化工厅炼油设备革新指导小组会议在淄博美陵公司召开，省化工厅装备处负责人和济南、青岛、东明、滨州等地炼油和石化企业的负责人参加。

7月28日　淄博美陵公司党支部被中共临淄区委授予红旗党支部称号。

8月　淄博美陵公司与淄博空调风机股份有限公司签定商标使用合同，淄博美陵公司生产的空调风机使用“辛风”牌商标。

10月　排架结构的催化剂车间竣工并投入使用。投资42.65万元，建筑面积854平方米。

11月30日　淄博美陵公司召开动员大会，部署开展“三热爱”（热爱国家、热爱企业、热爱岗位）教育，加强社会主义思想道德建设活动。到12月底，员工提出合理化建议63条，淄博美陵公司制定20项整改措施并落实。

11月　建筑面积1618.2平方米的六层砖混结构职工宿舍楼竣工并投入使用。

12月15日　山东省政府表彰第四批优秀乡镇企业家，淄博美陵公司董事长、总经理刘效华名列其中。

12月20日　《关于车间机构改革的意见》公布实施。意见规定，车间不设副主任，根据车间大小，设1～2名管理员。

12月29日　淄博美陵公司与清华大学化工系通过协商，签定复合斜孔塔板及复合填料两个专利技术使用权协议，并从该系聘请技术顾问5人。

12月　依据山东省国有企业技能工资标准，淄博美陵公司按二类企业三类工资标准，采用调级、靠级和普调三种方式，为全体职工调整工资。调整后的新档案工资从1996年1月1日执行。

12月　淄博美陵化工设备股份有限公司重型锻压厂正式注册登记。

12月　T型翅片管重沸器被山东省乡镇企业局评为科学技术进步一等奖。

1995年12月，T型翅片管重沸器被山东省乡镇企业局评为科技进步一等奖

是年 有5种规格的大型外转子风机研制成功。

1996年

1月 淄博美陵公司妇代会被临淄区妇联表彰为全区十佳红旗妇代会。

3月 淄博美陵公司被临淄区安全生产委员会表彰为安全生产先进单位。

4月8日 《美陵报》创刊，董事长刘效华题词“办好公司美陵报，为管理工作服务”。

4月12日 淄博美陵公司印发《关于开展“创十佳”活动的意见》，号召在全公司开展争创十佳生产能手、十佳管理工作者、十佳精神文明建设标兵等活动。

4月30日 由临淄区人大常委会主任王光生、区政协副主席韩煜銶率领的区第三次工业普查组一行11人到淄博美陵公司进行工业普查工作调研。

5月28日 淄博美陵公司1995年度股东代表大会在办公楼一楼会议厅召开。会议听取、审议通过《1995年度董事会工作报告》《1995年度监事会工作报告》《1995年度财务决算报告》《1995年度利润分配方案》及《关于公司规范工作的实施方案》，并分别作出决议。

5月 淄博美陵公司被农业部确定为全国乡镇企业建立现代企业制度试点单位。

6月 依照《中华人民共和国公司法》和山东省、淄博市体改委的有关指示精神，淄博美陵公司规范工作启动。

6月 淄博美陵公司被临淄区委、区政府表彰为科技进步先进集体。

7月 淄博美陵公司被农业部确认为中型一档乡镇企业。

7月 排架结构的风机总装车间建成并投入使用。投资148.58万元，面积2155.5平方米。

8月19日 淄博美陵公司第一个大型广告牌在309国道淄河大桥收费站落成。

9月23日 淄博美陵公司《关于车辆管理及改革驾驶员工资分配的意见》公布实施。

9月29日 淄博美陵公司组织以“团结奋进、自强不息、争创佳绩、发展美陵”为主题的大型文体比赛活动，庆祝中华人民共和国成立47周年。

9月 淄博美陵公司被临淄区委、区人大、区政府表彰为临淄区第二个五年法制宣传教育工作先进单位（1991—1995年）。

11月6日 淄博美陵公司折流杆式换热器产品鉴定会由山东省科委委托淄博市科委组织主持召开，结论认为该产品填补省内空白，达到国内先进水平，可转入批量生产。

12月6日 淄博美陵公司被淄博市科委认定为高新技术企业。

1996年12月6日，淄博美陵化工设备股份有限公司被淄博市科学技术委员会认定为高新技术企业

是年 职工食堂竣工并投入使用。建筑面积641.44平方米。

是年 依据淄博美陵公司1995年度股东代表大会决议，以送红股、公积金转增股本和申请配股三种方式实施增资扩股。配股完成后，淄博美陵公司总股本为1197.04万股。

是年 淄博美陵公司被淄博市安全生产委员会评定为安全文明生产合格单位。

是年 淄博美陵公司被山东省信誉评级委员会和山东省信誉评级总公司评为特级信用企业，信用等级AAA。

1997年

2月4日 淄博美陵公司收购临淄区天齐渊矿泉水有限公司。

3月17日 淄博美陵公司经山东省体改委批准确认为规范化股份公司，并更名为山东美陵化工设备股份有限公司（以下简称美陵股份公司）。5月6日，在山东省工商行政管理局登记注册。

3月 淄博美陵公司被临淄区委、区政府表彰为文明单位。

5月14日 山东美陵化工设备股份有限公司天齐渊矿泉水分公司在工商局注册登记，并正式投产。

5月18日 职工崔建军路经淄河时，发现有落水儿童，他奋不顾身跳入水中，舍己救人。美陵股份公司作出《关于在全公司开展向崔建军同志学习的决定》。

5月28日 1996年度股东大会在办公楼一楼会议厅召开。大会听取、审议通过《1996年度董事会工作报告》《1996年度监事会工作报告》《1996年度财务决算报告》和《1996年度利润分配方案》，并作出相应的决议。会议选举产生第二届董事会成员和监事会成员。在随后召开的董事会和监事会会议上，刘效华当选为董事长，王文昌当选为监事会主席。

6月 按照1996年度股东大会的决议，美陵股份公司从6月起以派送红股的方式实施增资扩股。送股后，总股本为1237.04万股。

6月 排架结构的冲压车间竣工并投入使用（后改为风机总装二车间）。投资100.2万元，面积1335平方米。

7月1日 美陵股份公司举行庆“七一”、迎回归大型歌咏活动。

7月5日 美陵股份公司全面质量管理办公室（以下简称全质办）成立。

7月10日 美陵股份公司成立ISO 9002质量体系认证领导小组和工作小组。任命任风云为管理者代表。

7月24日 美陵股份公司启动全员质量意识教育活动。整个活动历时15天，分为宣传发动、学习文件提高认识、对照检查和总结提高四个阶段。

7月 美陵股份公司举办机电专业中专班，课程设置有机械制图、机械基础、电子技术基础、机械制造基础、车工工艺学、焊工工艺学、机电电气控制与供电、钳工工艺学和机电修理等。学制为一年，考试合格由临淄区农广校颁发毕业证书，国家承认学历。

8月23日 淄博市证券管理委员会作出批复，同意山东美陵化工设备股份有限公司为上市试点公司。

8月 美陵股份公司投资38万元对矿泉水分公司进行改造。

9月25日 美陵股份公司股票在淄博证券交易自动报价系统挂牌交易。

10月1日 三层框架结构招待所竣工并投入使用。投资82.76万元，建筑面积1072.87平方米。

11月28日 KT系列空调用离心通风机产品通过省级技术鉴定，并获淄博市科学技术成果奖。

12月 美陵股份公司设备管理工作获得由山东省经贸委颁发的三级标准等级证书。

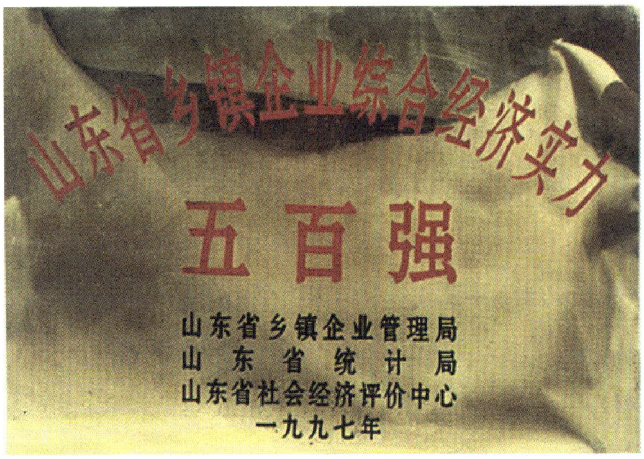

1997年，被评为山东省乡镇企业综合经济实力五百强

是年 美陵股份公司被山东省统计局、省乡镇企业局和省社会经济评价中心评定为山东省乡镇企业综合实力五百强企业。

是年 美陵股份公司被山东省乡镇企业管理局和省劳动厅评为全省乡镇企业安全生产综合治理活动先进单位。

是年 美陵股份公司被山东省工商行政管理局认定为重合同守信用企业。

1998年

1月8日 美陵股份公司决定对管理机制进行规范和调整：继续实行总经理领导下的三总师负责制。撤销技术开发办公室和销售公司，保留企管办、财务处、全质办3个职能部门。原6个二级单位合并组建为化工设备分公司、风机公司、矿泉水分公司3个二级单位。各二级单位实行产、供、销全面负责制。

3月26日 美陵股份公司印发《关于职工工资定级标准和各种津贴发放的暂行规定》。

4月18日 美陵股份公司1997年度股东大会在办公楼一楼会议厅召开。大会听取、审议通过《1997年度董事会工作报告》《1997年度监事会工作报告》《1997年度财务决算报告》和《1997年度利润分配方案》，并作出相应决议。

5月14日 美陵股份公司召开董事会会议，就与华冠股份有限公司进行资产重组的有关事宜进行讨论，并形成同意重组、申请上市的决议，开始进行资产及土地评估等基础要件的准备工作。为此，美陵股份公司股票从6月8日起停止在淄博证券交易自动报价系统交易。后因多种原因，美陵股份公司退出重组。

8月 美陵股份公司被山东省乡镇企业管理局评为技术创新示范企业。

9月29日 美陵股份公司通过ISO 9002质量体系认证。

11月13日 美陵股份公司成立技术比武活动领导小组。同时发出《关于开展车工、电焊工技术比武竞赛活动的通知》，对竞赛活动作出具体安排。

11月 美陵股份公司董事长、总经理刘效华被农业部表彰为全国优秀乡镇企业厂长（经理、董事长）。

11月 产品KT6-50 № 8.0空调用离心通风机被科技部、对外贸易经济合作部列为国家重点新产品。

12月 产品折流杆换热器获淄博市科学技术进步三等奖。

是年 美陵股份公司被山东省乡镇企业局评为全省乡镇企业管理示范企业。

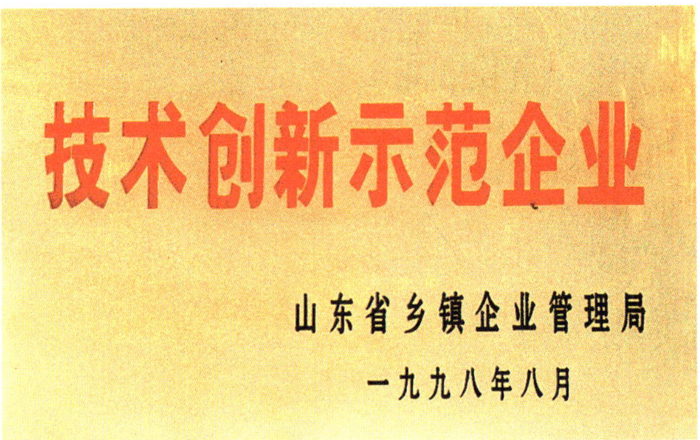

1998年8月，被山东省乡镇企业管理局评为技术创新示范企业

是年　美陵股份公司被山东省乡镇企业系统评为企业现场管理合格（一级）单位。

是年　美陵股份公司被淄博市政府列为淄博市重点乡镇企业。

1999 年

1月4日　美陵股份公司组织电焊工、车工技术比武竞赛，获得前五名的员工（共15人）受到表彰奖励，每人上浮一级工资。

1月　美陵股份公司被淄博市技术监督局表彰为产品质量信得过企业。

2月1日　美陵股份公司工会委员会发动广大员工为困难职工屈连弟募捐，共计捐款1万多元。

2月26日　美陵股份公司决定对各二级单位、各部门的质量体系运行情况实行百分制考核，并对考核奖励办法及组织实施作出具体规定。

3月6日　山东美陵化工设备股份有限公司党支部召开支部换届会议，王文昌当选为党支部书记，刘效华为副书记，徐洪波为委员。并选举产生出席镇党代会的代表。

3月11日　淄博市市委书记阎启俊在临淄区区委书记韩家华、区长周元军的陪同下，到美陵股份公司就产权制度改革和企业运行机制改革等进行调研，董事长、总经理刘效华作汇报。

3月28日　"美陵""美力达"商标，经国家商标管理局核准予以注册。

3月31日　美陵股份公司对78名志愿献血者进行通报表扬。

4月　美陵股份公司被淄博市技术监督局表彰为标准化工作先进单位。

1999 年 4 月，美陵股份公司被淄博市技术监督局评为标准化工作先进单位

5月25日　淄博市体改委召集的股份公司规范运作座谈会在美陵股份公司召开，市体改委部分领导、11家企业的负责人参加。

6月9日　美陵股份公司与山东大学签定合作开发软启动器的协议。

6月18日　美陵股份公司1998年度股东大会在办公楼一楼会议厅召开。大会听取、审议通过《1998年度董事会工作报告》《1998年度监事会工作报告》《1998年度财务决算报告》和《1998年度利润分配方案》，并作出相应决议。

6月　三层框架结构的综合楼竣工并投入使用。投资89.44万元，面积1718平方米。

9月29日　美陵股份公司举行大型文体联欢活动，庆祝中华人民共和国成立50周年。

11月8日　产品SFJ-1减粘防焦剂通过省级技术鉴定，并获淄博市科技成果奖。

12月24日　美陵股份公司制定《关于后勤、管理人员实行缩编定岗、推行岗位责任工资制度的实施方案》。后勤及管理岗位由140个缩编为133个，缩编后的富余人员分流、充实到生产一线。

12月24日　美陵股份公司印发《关于职工养老保险的实施办法》，从1999年12月31日起实施。

12月25日　"美力达"牌KT6-43 № 7.1S

双速空调用离心通风机通过山东省科委鉴定，并获淄博市科技成果奖。

12 月　美陵股份公司被山东省经贸委表彰为省企业设备管理先进集体。

是年　美陵股份公司被山东省科委评定为高新技术企业。

2000 年

2 月 18 日　美陵股份公司任命赵克强为管理者代表。

3 月 8 日　美陵股份公司董事会《关于经营者及高级管理人员实行年薪制的试行意见》公布，决定从当年实行。

4 月 16 日　临淄区区委副书记、区长周元军，区政协主席于世君等到美陵股份公司就工业新项目问题进行调研，董事长兼总经理刘效华作汇报。

4 月 17 日　美陵股份公司《关于对设备公司铆焊车间和风机公司锻压车间职工工资级别调整的有关规定》公布，决定对两个车间的部分职工工资级别进行调整，调整后的级别为浮动工资级别，在该车间原岗位工作满 3 年后，转为档案工资级别。

5 月 6 日　美陵股份公司组织全体后勤、管理人员及中层以上干部，采用内外综合评议和干部专项评议相结合的方式，从德、能、勤、绩四个方面进行民主评议，同时对所有后勤、管理岗位按其职责的不同进行岗位等级评定。

5 月 28 日　美陵股份公司 1999 年度股东大会在招待所二楼会议室召开。大会听取、审议通过《1999 年度董事会工作报告》《1999 年度监事会工作报告》《1999 年度财务决算报告》和《1999 年度利润分配方案》，并作出相应决议。

6 月 9 日　美陵股份公司发起献爱心活动，为残疾儿童捐款 3509 元。

6 月 23 日　美陵股份公司再次发起捐资助学活动，共计捐款 3509 元。

7 月　产品 KT6-43 № 7.1S 双速空调用离心通风机获淄博市科学技术进步三等奖。

9 月　拱形波纹金属屋顶的污水处理设备厂房竣工并投入使用。投资 81.03 万元，建筑面积 2126 平方米。

10 月 18 日　美陵股份公司《关于统分、委培大中专毕业生实行医疗费包干及住院费报销的有关规定》公布实施。

12 月 14 日　美陵股份公司与淄博市临淄煜欣商贸有限公司（原齐陵供销社）签定合同，受让齐陵加油站的全部资产、土地使用和经营权。

12 月　产品 SFJ-1 减粘防焦剂获淄博市优秀新产品一等奖和山东省优秀新产品三等奖。

2001 年

1 月 16 日　斯洛伐克共和国大使彼得保伦阁下一行来公司考察。

2 月 20 日　美陵股份公司作出《关于设

2001 年 1 月 16 日，斯洛伐克共和国大使彼得保伦阁下一行到公司考察，齐陵镇党委书记陈德诚、美陵股份公司董事长刘效华陪同

立高强度紧固件分公司的决定》。将标准件和化工两个车间从化工设备分公司分离出来，成立山东美陵化工设备股份有限公司高强度紧固件分公司，作为二级单位实行目标化管理。

2月26日　美陵股份公司开始推行5S现场管理。

2月28日　美陵股份公司调整充实安全生产管理委员会。化工设备分公司、风机公司、紧固件分公司分别设立安全生产领导小组，各车间设立安全管理员。

2月　设立壳体车间。

3月8日　美陵股份公司对评选出的14名“三八红旗手”进行表彰。

4月20日　淄博市财政局评审后同意美陵股份公司自2001年12月1日起在账务处理、报表核算中以计算机代替手工记账。

5月8日　美陵股份公司《关于劳动保护用品以及从事高温、有毒、有害作业人员保健费用的发放管理规定》公布实施。

5月19日　美陵股份公司2000年度股东大会在综合楼三楼会议室召开。会议听取、审议通过《2000年度董事会工作报告》《2000年度监事会工作报告》《2000年度财务决算报告》和《2000年度利润分配方案》，并作出相应决议。

6月28日　美陵股份公司与北京中联环工程股份有限公司签定股东合同书，共同出资设立山东美陵中联环境工程有限公司。10月11日，在山东省工商行政管理局登记注册。

6月30日　美陵股份公司举行庆祝中国共产党成立80周年大型文艺演出。

7月31日至10月　美陵股份公司投资72.32万元对齐陵加油站进行扩容改造。

10月　新上设计能力为年产1万台的喷涂生产线竣工并投入运行。

10月　美陵股份公司被临淄区委、区人大常委会、区政府表彰为全民普法依法治理先进单位。

11月27日　美陵股份公司顺利通过山东省质量技术监督局组织的压力容器设计资格审查，决定对参与压力容器设计取证工作的全体工程技术人员进行嘉奖，奖金两万元。同时号召全体职工向化工设备分公司技术科学习。

12月　美陵股份公司被农业部评定为全国乡镇企业创名牌重点企业。

是年　美陵股份公司被淄博市质量技术监督局表彰为2001年度锅容管特安全管理先进单位。

2002年

1月7日　淄博市临淄区美陵加油站注册登记。

1月8日　淄博市临淄区美陵加油站举行开业典礼，正式营业。

1月　在农业部公布的《关于表彰第四届全国乡镇企业家的决定》中，董事长刘效华名列其中。

1月　美陵股份公司被临淄区政府表彰为2001年度安全生产先进单位。

3月13日　美陵股份公司设立总工办。

4月16日　美陵股份公司《关于生产一线员工实行业绩测评、动态管理、推行岗位技能结构工资的实施方案》公布实施。

5月10日　美陵股份公司成立质量管理体系标准转换领导小组，负责质量管理体系从ISO 9002 ：1994到ISO 9001 ：2000的转换工作，质量管理体系标准转换工作启动。

5月30日　壳体车间扩建工程竣工，总建筑面积1048.81平方米，总投资37.26万元。

6月4日 11时左右，职工吕金昌在锻打作业时，由于垫铁毛刺飞出，击中喉咙造成重伤，经抢救无效死亡。事后，美陵股份公司协同上级有关部门作妥善处理。

6月15日 国家质量监督检验检疫总局锅炉压力容器安全监督局局长张纲在省、市、区有关部门负责人的陪同下到美陵股份公司考察。

6月23日 9时30分左右，铆焊一车间工人赵曰强与新乡中原起重机厂驻临淄经销处销售员徐某到车间维修行车，被行车挤伤，因伤势过重，抢救无效死亡。事发后，美陵股份公司与上级有关部门组成调查组，对此事做详细调查和妥善处理。

6月25日 根据上级有关部门的指示精神，美陵股份公司集中时间和精力对安全工作进行整顿，主要从安全教育、健全组织、规范制度和现场整改四个方面进行全面的检查与整改。

6月28日 美陵股份公司2001年度股东大会在综合楼三楼会议室召开。大会听取、审议通过《2001年度董事会工作报告》《2001年度监事会工作报告》《2001年度财务决算报告》《2001年度利润分配及转增股本方案》和《关于1999年和2000年度红利以现金分配改为送红股的议案》，并分别作出相应决议。

8月8日 经山东省工商局审核批准，确认“美陵”商标为山东省著名商标，有效期3年。

8月12日 山东美陵化工设备股份有限公司聘任李金松为副总经理兼淄博美陵化工设备有限公司总工程师。

9月10日 山东省人大城乡环境委员会小清河流域环保检查组，在淄博市有关部门负责人的陪同下，对临淄污水处理厂污水处理工艺技术方案进行论证。

10月4日 早7时，新建成的太公湖突然出现险情，橡皮坝破裂，美陵股份公司副总经理徐洪波闻讯后，立即组织104名员工赶赴现场参与抢险，至下午6时终于堵住堤坝决口，受到临淄区委、区政府领导的表扬。6日，美陵股份公司决定对参与抢险的人员进行通报表扬，并给予现金奖励。

11月8日 青岛博德化机有限公司在青岛市工商行政管理局注册登记。

11月8日 淄博美陵化工设备有限公司变更注册登记，更名为山东美陵美力达风机有限公司。

11月下旬 紧固件车间扩产改造工程竣工。建筑面积3312.33平方米，工程造价207.76万元。新增设备48台（套），投资365.06万元。

12月25日 美陵股份公司修订后的《关于职工养老保险的实施办法》公布实施。

12月 产品波纹管换热器通过山东省科技厅组织的技术鉴定。

是年 矿泉水公司灌装车间增设1条每小时250桶的灌装自动生产线。投资12万元。

是年 美陵股份公司被淄博市委、市政府表彰为文明单位。

2003年

1月26日 美陵股份公司《关于专业技术人员实行结构工资的暂行规定》公布实施。

1月 美陵股份公司被国家工商行政管理总局认定为全国守合同重信用企业。

1月 美陵股份公司被淄博市信用管理协会等四部门确认为2003—2004年诚信示范单位。

2月18日 山东美陵化工设备股份有限公司聘任李金松为总经理。

4月3日 美陵股份公司《关于专业技术职务评聘的暂行规定》和《关于工人技师评聘的暂行规定》公布实施。

4月9日 淄博市市委书记、市人大常委会主任张建国在临淄区区委书记、区人大常委会主任解维俊，区委副书记、区长唐福泉的陪同下，考察淄河污水处理厂。

4月10日 山东美陵化工设备股份有限公司高强度紧固件分公司在工商局注册登记。

4月18日 美陵股份公司与临淄区政府签定协议，区政府将临淄区污水处理厂、临淄区城建水厂的产权和经营权以及齐陵水源地城市集中供水的开发经营权一并转让给美陵股份公司。

4月24日 产品钢结构用高强度大六角头螺栓连接副和钢结构用扭剪型螺栓连接副通过山东省科技厅组织的技术鉴定。

4月26日 举行高强度紧固件分公司扩产改造工程竣工庆典。

4月29日 举行临淄污水处理厂投产暨山东美陵化工设备股份有限公司临淄污水净化分公司成立庆典，淄博市人大常委会副主任关玛莉、市政府副市长韩家华、市政协副主席王玉庆及临淄区领导出席。

4月 美陵股份公司被山东省科技厅和省民营科技促进会表彰为山东省优秀民营科技企业。

5月8日 成立临淄区城建水厂暨污水处理厂改制领导小组，负责并购后临淄区城建水厂和临淄污水处理厂的改制工作。

5月13日 依据2002年6月28日股东大会就增资扩股作出的决议，派送红股和转增股本的方案公告实施，通过派送红股和转增股本，美陵股份公司总股本达2004万股。

5月20日 美陵股份公司下发《关于开展2003年“安全生产月”活动的实施意见》，活动从5月21日开始，到6月底结束，并确定每年6月为安全生产月。

5月28日 美陵股份公司2002年度股东大会在综合楼三楼会议室召开。大会听取、审议通过《2002年度董事会工作报告》《2002年度监事会工作报告》《2002年度财务决算报告》《2002年度利润分配及分红方案》和《关于购买临淄污水处理厂、临淄城建水厂产权及经营权的议案》，并分别作出相应决议。

5月 在全市民营经济大会上，董事长刘效华被授予淄博市优秀民营经济带头人称号。

6月 矿泉水分公司被山东省消费者协会等五部门表彰为食品安全诚信单位。

7月3日 临淄区全区统战系统为企业服务研讨会在招待所二楼会议室召开，区委统战部部长、区政协副主席柳文勇和区政协副主席武守南、徐秋月等出席。

7月10日 美陵股份公司印发《关于淄博市天齐渊供水有限公司企业运行机制及三项制度改革的实施意见》，淄博市天齐渊供水有限公司的规范运行工作启动。

7月14日 中共临淄区委、区政府组织的百人代表团到美陵股份公司参观。

7月16日 淄博市政府副市长宋锡坤，市环保局局长邹光平等在临淄区委书记、区人大常委会主任解维俊陪同下参观淄河污水处理厂和建设中的齐都污水处理厂。

8月20日 美陵股份公司质量管理体系通过由ISO 9002 ∶ 1994到ISO 9001 ∶ 2000贯标换版，淄博市天齐渊供水有限公司、矿泉水分公司通过ISO 9001质量管理体系认证，质量管理体系覆盖全部产品。

9月8日 中国工程院院士高从堦在淄博市、临淄区科技局负责人的陪同下到美陵股份公司考察调研，并与公司签定污水回用技术开发与合作协议（意向）书。

9月27日 年生产能力4万台风机的喷涂生产线基建工程竣工。

9月28日 淄博市天齐渊供水有限公司创立大会召开。

9月30日 美陵股份公司取得压力管道元件制造单位安全注册证书。

10月17日 产品外转子后倾翼型离心通风机通过山东省科技厅组织的技术鉴定。

10月18日 淄博市政府副市长刘有先到美陵股份公司检查安全生产“双基”建设情况，临淄区区委书记、区人大常委会主任解维俊陪同。

10月19日 山东省建设厅副厅长万利国带领的省城市环境综合整治活动考评小组，在淄博市领导岳长志、宋锡坤等陪同下，实地检查淄河污水处理厂，考评小组给予充分肯定。

10月22日 山东美陵化工设备股份有限公司临淄污水净化分公司在临淄工商行政管理分局登记注册。

11月27日 美陵股份公司取得A2级压力容器制造许可证。

12月5日 淄河污水处理厂通过环保项目竣工验收。

12月 山东美陵中联环境工程有限公司被中国环保产业协会评定为2003年度中国环境保护骨干企业，被山东省环保产业协会评定为2003年度山东环保产业（技术服务）十大品牌。

12月 自控流通风机研究开发被山东省科委列入2003年山东省科技发展计划（第二批）。

2003年12月，山东美陵中联环境工程有限公司被中国环境保护产业协会评为2003年度中国环境保护产业骨干企业

是年 KT系列空调风机被认定为山东省免检产品。

2004年

1月1日 美陵股份公司《关于员工就业管理的有关规定》《工资管理办法》公布实施。

1月 美陵股份公司决定企管办下设办公室和劳资科两个职能科室。

2月25日 山东美陵中联环境工程有限公司取得国家环保总局颁发的环境保护设施运营（工业废水、生活污水）资质证书。

2月 美陵股份公司被淄博市技术监督局表彰为特种设备安全工作先进单位。

2月 美陵股份公司被临淄区委、区政府表彰为临淄城市经营年特殊贡献单位。

2月 美陵股份公司被临淄区政府表彰为技术进步先进单位。

3月17日 齐都污水处理厂建成并投入使用，日处理污水3万吨。

4月2日 中共山东美陵化工设备股份有限公司委员会成立，刘效华任党委书记。党委下设公司机关、化工设备分公司、山东美陵中联环境工程有限公司和山东美陵美力达风机有限公司4个支部。6月24日，举行党委揭牌仪式。

4月30日 淄博市委、市政府在鲁中宾馆召开庆五一暨劳动模范和先进工作者表彰大会，刘效华被授予淄博市劳动模范荣誉称号。

5月25日 美陵股份公司“安全生产月”及“安康杯”竞赛活动启动。活动从5月26日开始，至6月30日结束。

6月18日 美陵股份公司2003年度股东大会在综合楼三楼会议室召开。大会听取、审议通过《2003年度董事会工作报告》《2003年度监事会工作报告》《2003年度财务决算报告》和《2003年度利润分配及分红方案》，并分别作出相应决议。

6月25日 临淄区工商联优化环境发展经济会议在美陵股份公司召开。

7月1日 美陵股份公司修订的《关于专业技术人员实行结构工资的暂行规定》公布实施，该规定旨在深化企业内部三项制度改革，调动专业技术人员和工人技师的积极性。

8月17日 青岛博德化机有限公司筹建部成立，由刘效华、王希明和阮政卿等5人组成。

8月24日 山东美陵集团经山东省工商行政管理局核准登记注册，刘效华任董事局主席。

8月 美陵股份公司被淄博市政府确认为2003年度工业百强企业。

8月 产品大功率无刷外转子电动机被列入淄博市2004年科学技术发展计划。

9月30日 集团公司组织以“爱祖国、爱美陵”为主题的大型群众性文体活动，庆祝中华人民共和国成立55周年。

9月 产品外转子后倾翼型离心通风机获淄博市科学技术进步二等奖。

9月 美陵股份公司被临淄区委、区政府表彰为首届国际齐文化旅游节先进单位。

10月18日 山东理工大学在山东美陵集团建立教学科研实践基地，揭牌仪式上董事局主席刘效华致辞。

12月18日 淄博市委副书记岳长志到集团公司调研企业党建工作，临淄区领导解维俊、胡博生、刘忠远等陪同。

2004年12月18日，淄博市市委副书记岳长志（左一）到公司调研

12月31日 集团公司举办技术比武活动，有10个工种92人次参加。2005年1月15日，公司对成绩突出的26人进行表彰奖励。

12月 铆焊车间扩产改造工程竣工并投产，建筑面积4668.65平方米，投资315.65万元。

12月 山东美陵化工设备股份有限公司技术开发中心被山东省经贸委确认为省级企业技术开发中心。

2005年

1月 美陵股份公司被临淄区政府表彰为2004年度安全生产先进单位。

2月 美陵股份公司被淄博市委、市政府表彰为2004年度工业先进企业。

3月22日 淄博市市委书记、市人大常

委会主任张建国在临淄区委书记、区人大常委会主任解维俊等陪同下，到集团公司检查指导工作，董事局主席刘效华汇报企业发展情况。

3月23日　山东省建设厅副厅长昝龙亮、省监察厅监察室副主任王光太到临淄污水净化分公司督察指导。

2005年3月23日，山东省建设厅副厅长昝龙亮（右二）到临淄污水净化分公司检查工作

3月　美陵股份公司被临淄区委、区政府表彰为科教兴区先进集体。

3月　青岛博德化机有限公司正式开工建设。

3月　产品高性能自适应浮阀HAV塔板被列入2005年山东省技术创新重点项目。

4月12日　集团公司内部刊物《山东美陵报》全面改版后的第一期发行。

4月23日　临淄区知识产权局与集团公司联合举办知识产权培训班，部分管理人员参加培训。

4月28日　《青州市污水处理厂BOT购并扩建特许经营合同》签字仪式在青州市政府二楼会议室举行，青州市政府副市长孟庆刚、刘明智和临淄区人大常委会第一副主任刘同信，临淄区副区长乔昌明，区政协副主席、区建设局局长王新荣出席。董事长刘效华与青州市政府副市长刘明智在合同上签字。

5月25日　矿泉水分公司被临淄区教育局确定为临淄区学生饮用水基地。

5月28日　美陵股份公司2004年度股东大会在招待所三楼会议室召开。大会听取、审议通过《2004年度董事会工作报告》《2004年度监事会工作报告》《2004年度财务决算报告》和《2004年度利润分配及分红方案》，并作出相应决议。大会选举产生第三届董事会、监事会。在随后召开的董事会和监事会上，刘效华当选为董事长，赵克强当选为监事会主席。

5月　美陵股份公司被临淄区委、区政府表彰为发展慈善事业突出贡献先进单位和城市经营年特殊贡献先进单位。

6月2日　集团公司召开“安全生产月”动员大会，2005年“安全生产月”活动全面展开。

6月　紧固件车间扩建工程竣工并投入使用。建筑面积1728平方米，投资105.56万元。

7月1日　集团公司修订后的《关于工人技师评聘的暂行规定》公布实施。

7月4日　淄博市技术监督局副局长赵军等一行到集团公司检查指导工作。

8月10日　山东省人大常委会副主任曹学成一行在淄博市人大常委会副主任常志钧，临淄区区委书记、区人大常委会主任解维俊等陪同下，视察临淄污水净化分公司污水处理厂的建设投资及运行情况，对美陵股份公司的市场化经营管理给予高度评价。

8月16日　经山东省工商行政管理局审查批准，“美陵”商标山东省著名商标可以续展，有效期3年。

8月30日　集团公司召开建设节约型企业活动动员大会，对开展建设节约型企业活动进行部署。

8月　美陵股份公司被淄博市总工会、市精神文明建设委员会办公室等八部门表彰为全市学习型组织先进单位。

8月 美陵股份公司被山东省农业银行评定为AAA级信用企业。

9月30日 集团公司以“美陵情、祖国颂”为主题，组织大型文体娱乐活动，庆祝中华人民共和国成立56周年。

10月 淄河污水处理厂被中国环保产业协会确定为国家重点环保实用技术示范工程。

10月 产品螺旋波纹管换热器被列入2005年山东省科学技术成果推广计划。

10月 产品“美陵”牌管壳式换热器，被山东省名牌战略推进委员会和省质量监督局认定为山东名牌产品。

11月2日 淄博市市委副书记、市长刘慧晏在临淄区区委书记、区人大常委会主任解维俊等区领导陪同下，到淄河污水处理厂调研。

11月 产品螺旋波纹管换热器和延迟焦化消泡剂分别获淄博市科学技术进步二、三等奖。

12月5日 山东美陵化工设备股份有限公司党委按照中央和上级党委的统一部署，集中3个月的时间，以建设群众满意工程、促进社会主义新农村建设为目标，开展保持共产党员先进性教育活动。

12月26日 山东省环保局副局长张晓东带领检查组到美陵股份公司检查市长环保目标责任制完成情况，公司董事长刘效华汇报有关情况。

12月30日 青州污水处理5万吨改扩建项目竣工并投入运行。

是年 29个规格的矿用隔爆型压入式对旋轴流通风机和4个规格的煤矿地面用防爆抽出式对旋轴流通风机研制成功。其中，27种规格型号的矿用风机，分别于2005年7月8日、11月24日取得矿用产品安全标志证书。

是年 美陵股份公司被淄博市委宣传部、市总工会、市财政局三部门表彰为全市会计工作先进集体。

2006年

2月 美陵股份公司被淄博市委、市政府表彰为2005年度工业先进企业。

3月3日 在大连石化分公司供应商管理会议上，美陵股份公司荣获优秀供应商称号，并获“无私奉献、鼎力相助”锦旗。

3月26日 淄博市政府副市长韩家华在临淄区政协副主席于守身陪同下到集团公司调研。

3月 产品机械加工多孔表面管换热器被列入2006年淄博市科学技术发展计划。

4月12日 民办科技非企业单位——淄博美陵机械工程中心注册成立。

4月15日 山东美陵化工设备股份有限公司党委组织全体党员到沂蒙革命老区参观孟良崮战役纪念馆，缅怀革命烈士，进行革命传统教育。

4月17日 淄博市委副书记、市长周清利，副市长宋锡坤到美陵股份公司就污水净化处理进行调研。

4月30日 集团公司举办企业信息化管理（ERP）系统培训班，各二级单位副经理以上干部和集团公司管理人员参加。

4月 美陵股份公司被淄博市委、市政府表彰为淄博市百强民营企业。

4月 美陵股份公司被淄博市国税局和地税局表彰为2004—2005年度A级纳税信用企业。

5月10日 举行淄博快美环保科技有限公司创立暨揭牌仪式，淄博市环保局副局长李

2006 年 5 月 10 日，总经理李金松（左四）代表美陵股份公司与 Q-BioTech Corp.（韩国）签定合作协议

彦青及临淄区领导田建民、乔昌明、王新荣等出席。Q-BioTech Corp. 朴龙锡先生（韩国）和集团公司董事局主席刘效华先后讲话，临淄区政府副区长乔昌明致辞，区委副书记田建民与李彦青揭牌。

6 月 1 日　青岛博德化机有限公司经营管理机构组建，聘任总经理 1 人，副总经理 2 人。

6 月 3 日　集团公司开展以“安全常驻心中，美陵健康发展”为主题的“安全生产月”活动。

6 月 6 日　集团公司成立创建劳动关系和谐企业活动领导小组，制定具体实施意见，创建活动全面展开。

6 月 9 日　淄博市政府副市长宋锡坤一行在临淄区政府副区长孙海青陪同下，到齐都污水处理厂调研，集团公司董事局主席刘效华汇报齐都污水处理厂的运行及有关情况。

6 月 16 日　集团公司成立信用管理领导小组。

6 月　山东美陵化工设备股份有限公司党委被中共临淄区委表彰为先进基层党委。

7 月 16 日　淄博市政府副市长宋锡坤在临淄区委书记、区人大常委会主任解维俊的陪同下，到临淄污水净化分公司调研污水处理情况。

7 月　产品螺旋折流板换热器被列入 2006 年山东省技术创新第二批项目计划。

7 月　美陵股份公司被淄博市委、市政府表彰为优秀民营企业，刘效华被授予全市优秀民营企业家称号。

8 月 4 日　山东美陵中联环境工程有限公司取得市政公用行业（排水）主导工艺乙级设计资质证书。

8 月 9—11 日　中国化工装备协会压力容器制造许可证评审组在青岛经济技术开发区对青岛博德化机有限公司生产现场进行评审，对美陵股份公司增加 A2 级压力容器生产地的工作给予充分肯定。

8 月 13 日　集团公司召开 ERP 信息化管理动员大会，软件公司为集团公司实施信息化管理系统需求所做的调研工作全面展开。月底，调研工作结束。

9 月 18 日　青岛石油化工厂改制，该公司清算后注销登记，青岛琴陵石化配件有限公司注销登记。

9 月 26 日　集团公司第二届工会会员代表大会召开，60 名会员代表出席，选举产生工会委员会、经费审查委员会和工会女工委员会以及劳动争议调解委员会。

9 月 30 日　庆祝中华人民共和国成立 57 周年，集团公司组织以“颂祖国、爱美陵、和谐发展”为主题的文体活动，第一次将文艺会演改在室外，参与人员 500 余人。

9 月　波纹管换热器被列入国家级火炬计划项目。

10 月 12 日　召开编修《山东美陵集团志》篇目论证会，临淄区史志办、集团公司领导参加会议。

10 月 23 日　淄博市人大常委会副主任岳

经一、曹在堂在临淄区领导解维俊、唐福泉、刘同信等陪同下，到临淄污水净化分公司考察，了解污水净化工程建设及运行管理情况。

12月1日　在全市人大代表工作会议上，刘效华被表彰为淄博市优秀人大代表。

12月15日　山东美陵中联环境工程有限公司承建的齐鲁伊士曼精细化工有限公司高浓度污水处理工程竣工。

12月21日　高强度紧固件产品被认定为国家免检产品。

12月23日　外转子永磁无刷直流电机调速离心通风机和钢结构用大六角扭剪型高强度螺栓连接副通过山东省科技厅组织的科技成果鉴定。

12月31日　产品双壳程螺旋折流板换热器和HAVTH浮阀塔盘通过省级鉴定。两种产品综合性能均居国内领先水平。

12月　“美力达”牌空调用离心通风机被认定为山东省名牌产品。

12月　青岛博德化机有限公司竣工投产。建筑面积7788平方米，总投资1845万元。

2007年

1月5日　青州市美陵污水净化公司5万吨污水处理工程设施通过潍坊市环保局组织的环保验收。

1月　美陵股份公司被淄博市总工会表彰为淄博市劳动关系和谐企业，并获市总工会颁发的振兴淄博劳动奖状。

3月　美陵股份公司被临淄区委、区政府表彰为劳动关系和谐企业，同时被区政府表彰为2006年度技术进步先进单位。

4月17日　临淄区委副书记、区长毕荣青在梧台镇政府召开齐城污水处理厂项目建设协调会议，临淄国土资源分局、区建设局、临淄规划分局和梧台镇政府及美陵股份公司有关负责人参加。

4月20日　在全市工业工作暨实施“名牌战略”“双百工程”表彰大会上，美陵股份公司被表彰为淄博市工业先进企业，董事长刘效华被授予先进企业家称号。

4月30日　淄博市市委副书记、市长周清利到临淄污水净化分公司考察。

5月11日　集团公司开展“慈心一日捐”活动，共计捐款10万元。

5月15日　美陵股份公司获临淄慈善事业突出贡献奖，董事长刘效华获临淄区慈善事业突出贡献先进个人称号。

5月28日　美陵股份公司2005年、2006年度股东大会在招待所三楼会议室召开。大会听取、审议通过《2006年度董事会工作报告》《2006年度监事会工作报告》《2006年度财务决算报告》和《2006年度利润分配及分红方案》。同时听取、审议并通过《2005年度董事会工作报告》《2005年度监事会工作报告》《2005年度财务决算报告》和《2005年度利润分配及分红方案》，并作出相应决议。

6月1日　美陵股份公司通过ISO 14001环境管理体系和GB/T19022测量管理体系认证。

6月4日　集团公司召开2007年“安全生产月”活动动员大会。整个活动到6月30日结束。

6月　美陵股份公司被淄博市环境保护局表彰为淄博市环境友好企业。

7月5日　山东美陵中联环境工程有限公司取得环境保护设施（生活污水、工业废水）乙级运营资质。

7月14日　集团公司保卫科成立，并制

定《安全保卫工作管理规定》，临淄公安分局齐陵派出所美陵警务室挂牌。

7月14日　集团公司网站管理领导小组成立，并制定《山东美陵集团网站管理规定》。

7月　齐城污水处理厂一期工程开工，设计能力为日处理污水5万吨。

8月31日　青岛博德化机有限公司通过美国机械工程师学会（ASME）组织的联合检查，成为青岛市锅炉压力容器制造行业中第二家取得ASME证书及产品钢印的企业。

9月1日　“美陵”牌高效节能换热器获中国名牌。

9月30日　集团公司以“创百年品牌、为祖国增光”为主题的中华人民共和国成立58周年庆祝活动隆重举行。

9月　双壳程螺旋折流板换热器被列入2007年度山东省技术创新第一批项目计划。

9月　美陵股份公司被科技部批准为国家火炬计划重点高新技术企业。

9月　“美陵”牌高强度紧固件被认定为山东省名牌产品。

10月19日　山东美陵中联环境工程有限公司取得建设部环境污染治理专项（废水）甲级设计资质。

10月28日　锻压车间搬迁至集团公司驻地，改造完成并投入生产。

11月6日　山东省政府副省长郭兆信率领7地市环保局长到齐城污水处理厂考察，淄博市委书记、市人大常委会主任刘慧晏，市委副书记、市长周清利以及临淄区领导唐福泉、毕荣青等陪同，副省长郭兆信在考察后称赞美陵股份公司是环保行业中的一个名牌。

11月12日　山东美陵美力达风机有限公司取得国家质量监督检验检疫总局颁发的矿用风机生产许可证和矿用风机安全标志。

12月22日　耐高温（650℃）高强度螺栓连接副通过山东省科技厅组织的科技成果鉴定。

12月30日　山东省科技厅组织的“高浓度有机废水、工业有机废气生物处理技术”应用研究鉴定会在集团公司举行，以上两项处理技术均通过鉴定，并被列入淄博市2007年科学技术发展计划项目。

12月　双壳程螺旋折流板换热器被列入2007年山东省科学技术成果推广计划。

是年　HAVTH浮阀塔盘获淄博市科学技术进步三等奖。

2008年

2月3日　集团公司召开2007年度工作总结表彰大会。

3月8日　集团公司召开2008年度工作会议。

3月10日　澳大利亚OET公司总裁David Wells到集团公司进行合作洽谈。

3月　化工设备分公司钢材库网架层面工程动工，建筑面积1958平方米。

4月18日　美陵股份公司被中石化洛阳石化工程公司授予优秀合作伙伴称号。

4日　鲁光花等8名共产党员注册登记为党员志愿者。

4月19日　山东美陵化工设备股份有限公司党委印发《关于在公司基层党组织和党员中开展“推行公开承诺制、共建富裕文明和谐现代化临淄”活动的实施意见》。

4月22日　集团公司ERP项目一期工程启动大会召开。

4月30日　齐城污水处理厂一期5万吨工程竣工并投入运行。临淄区领导唐福泉、毕荣青、宋振波、王秀荣等参加竣工仪式。

4月　化工设备分公司技术科获临淄区工人先锋号称号。

5月14日　5月12日汶川大地震后，集团公司召开紧急会议，进行慈善募捐动员，至5月24日，干部职工累计捐款129880元。

5月　高浓度废水生物处理技术——QBR工艺被列为2008年山东省重点技术创新项目。

6月3—30日　集团公司开展以“强化安全意识，排除事故隐患”为主题的安全生产月活动。

6月　山东美陵中联环境工程有限公司被推选为山东省环保产业骨干企业。

6月　煤矿地面用防爆抽出式对旋轴流通风机获山东省优秀节能成果奖。

7月5日　美陵股份公司2007年度股东大会在招待所三楼会议室召开。大会听取、审议通过《2007年度董事会工作报告》《关于公司整合重组、资产出让和股权转让的议案》《2007年度监事会工作报告》《2007年度财务决算报告》和《2007年度利润分配及公积金转增股本的议案》，并作出相应决议。

7月9日　QBR、QBF中试装置验收会议在临淄污水净化分公司淄河污水处理厂召开。

7月17日　美国UOP公司高级经理丁博生一行2人到集团公司参观考察。

8月1日　组合高效节能换热器列入淄博市科技计划。

8月11日　美陵股份公司依照股东大会决议，将持有的山东美陵中联环境工程有限公司100%股权依法转让给淄博快美环保科技有限公司。

8月12日　经ASME规范产品协作网常务理事会批准，美陵股份公司为网员单位。

8月　耐高温（650℃）高强度螺栓连接副被列入山东省创新项目计划。耐高温（650℃）高强度螺栓连接副获临淄区科技进步二等奖。

8月　煤矿地面用防爆抽出式对旋轴流通风机获淄博市节能优秀成果奖

9月26日　由山东美陵集团志编纂委员会编纂的《山东美陵集团志》出版。

9月28日　举行山东美陵集团创建50周年庆典。表彰了首届“十大功勋员工”“十大劳动模范”。

10月　矿泉水分公司灌装车间改造工程开工建设，总建筑面积4411.47平方米。

10月　矿泉水分公司获山东省消费者满意单位和山东省食品卫生A级单位称号。

2008年9月28日，山东美陵集团创建50周年庆典活动中职工合唱美陵之歌

11月3日　经淄博市工商行政管理局批准，淄博快美环保科技有限公司更名为美陵环境科技（淄博）有限公司。

11月　双壳程螺旋折流板换热器被列为国家火炬计划项目，受到科学技术部火炬高技术产业开发中心的表彰。

12月5日　美陵股份公司被山东省科技厅、山东省财政厅、山东省国税局、山东省地税局认定为国家高新技术企业。

2009年

1月21日　集团公司召开2008年度总结表彰大会。

1月　“美力达”牌离心通风机系列产品被认定为山东名牌产品。

2月23日　QBR技术处理高浓度有机污水的工程应用研究获淄博市科技进步三等奖、临淄区科技进步二等奖。

2月25日　集团公司召开2009年度工作会议。

3月5日　集团公司代表队在临淄区女职工庆“三八”趣味运动会拔河比赛中获第二名。

3月15日　天齐渊矿泉水被《淄博日报》、淄博新闻网联合授予消费者放心桶装水推荐品牌称号。

3月17日　中共山东美陵化工设备股份有限公司委员会深入学习实践科学发展观活动动员大会召开。会上成立以党委书记刘效华为组长的活动领导小组，制定了活动实施方案，并就学习调研阶段的工作作部署。

3月　高温用膨胀系数近似奥氏体钢的高强度螺栓连接副获2008年度中国机械通用零部件工业协会紧固件行业自主创新优秀新产品特等奖。

3月　青岛博德化机有限公司被青岛市总工会授予劳动关系和谐企业称号。

4月17日　天津股权交易所总裁初明强在临淄区委副书记、区长毕荣青等领导陪同下到美陵股份公司就经营状况及企业融资渠道进行考察。

5月4日　集团公司信息化管理系统（ERP）正式在化工设备分公司、山东美陵美力达风机有限公司、紧固件分公司上线运行。

5月14日　山东美陵化工设备股份有限公司党委就深入学习实践科学发展观活动分析检查阶段的工作作出安排。

5月14日　由淄博市天齐渊供水有限公司实施的齐陵优质水进城区工程完成通水试验。

5月28日　美陵股份公司2008年度股东大会在招待所三楼会议室召开。大会听取、审议通过《2008年度董事会工作报告》《2008年度监事会工作报告》《2008年度财务决算报告》和《2008年度利润分配及分红方案》，并作出相应决议。

5月　化工设备分公司技术科获淄博市工人先锋号称号。

5月　矿泉水分公司灌装车间改造工程竣工，总投资328万元。

6月16日　山东省副省长李兆前到齐城污水处理厂考察运行管理工作。淄博市领导周清利、周连华、刘有先，临淄区领导毕荣青、巩曰锋等陪同。

6月　集团公司开展以“安全生产、关爱员工、常抓不懈”为主题的安全生产月活动。

7月3日　中共山东美陵化工设备股份有限公司委员会对学习实践科学发展观活动分析检查阶段工作进行自查考核，并就整改落实阶段工作作出安排。

7月3日　山东美陵化工设备股份有限公司天齐渊矿泉水分公司工商注册更名为美陵环境科技（淄博）有限公司天齐渊矿泉水分公司。

7月7日　临淄区区委书记、区人大常委会主任唐福泉带领区推进项目建设观摩团到矿泉水分公司参观矿泉水技改项目。

7月15日　淄博市信息产业局副局长范继英、临淄区政协副主席苗玉参加集团公司ERP上线运行汇报座谈会。

2009年7月15日，集团公司ERP上线运行汇报座谈会

9月5日　集团公司开展以“质量是企业的生命，需全员精心来呵护”为主题的质量月活动。

9月10日　美陵股份公司2009年第一次临时股东大会在招待所三楼会议室召开。大会听取、审议通过《关于公司配股及定向增发的议案》《关于公司申请股权挂牌交易的议案》《关于修改公司章程的议案》《关于授权董事会办理配股及定向增发事宜的议案》《关于公司2009年上半年红利分配的议案》，并作出相应决议。

9月13日　董事局主席刘效华参加“天齐渊杯”齐都溢彩广场文化活动开幕式并致辞。

9月30日　集团公司开展庆祝中华人民共和国成立60周年文体活动。

9月　钢结构用六角法兰面（大六角）扭剪型高强度螺栓连接副获山东省中小企业科技进步一等奖。煤矿地面用防爆抽出式（对旋）轴流通风机获山东省中小企业科技进步二等奖。双壳程螺旋折流板换热器获山东省中小企业科技进步二等奖，高浓度废水生物处理技术——QBR工艺获山东省中小企业科技进步三等奖。

9月　美陵股份公司被临淄区委、区政府授予第六届国际齐文化旅游节贡献奖。

10月　锻压车间D53K-3500径轴向数控辗环机投入使用。

10月　昌邑柳疃污水处理厂一期工程开工建设，工程规模为1.5万吨/日。

10月　董事局主席刘效华被评为中国环境保护产业优秀企业家。

10月　济宁第二污水处理厂开工建设，工程规模为2万吨/日。

11月　山东美陵中联环境工程有限公司被推选为中国环保产业协会理事单位。

12月28日　美陵股份公司通过ISO 9001质量管理体系2008版换版审核。

12月　董事局主席刘效华被推选为山东省2009年度环境保护产业优秀企业家。

2010年

2月　青岛博德化机有限公司获青岛市黄岛区人民政府与青岛经济技术开发区管委会联合颁发的2009年度安全生产基层先进单位荣誉证书。

2月　青岛博德化机有限公司工会被青岛市总工会授予信得过基层工会称号。

2月　集团公司召开2009年度工作总结表

彰大会。

3月8日 美陵股份公司与淄博市齐工众信工贸有限公司签署龙渊天然矿泉水厂整体转让协议。

3月10日 集团公司召开2010年度工作会议。

3月 集团公司销售收入突破5亿元，连续8年被列为淄博市百强工业企业，董事局主席刘效华被授予优秀企业家称号。

3月 山东美陵化工设备股份有限公司设立生物助剂分公司。

4月3日 在2010年（第八届）城市水业战略论坛上，山东美陵中联环境工程有限公司荣获2009年度中国水业最具成长性工程公司称号。

2010年2月，山东美陵中联环境工程有限公司被中国水网评为2009年度水业最具成长性工程公司

4月22日 青岛博德化机有限公司被评为青岛市黄岛区A级生产经营单位。

4月29日 矿泉水分公司与山东省第22届运动会市场开发部签约，成为省运会瓶装矿泉水独家供应商。

5月15日 QBF化工有机废气高级生物处理技术被中国环境保护产业协会评选为2010年国家重点环境保护实用技术（B类）。

6月4—30日 集团公司开展以“全员参与，创建安全整洁的工作环境”为主题的安全生产月活动。

6月5日 齐陵街道办事处、淄河村委会、山东美陵集团签定《淄河旧村改造土地开发协议》。

6月10日 山东省人大常委会副主任崔曰臣带领调研组到齐城污水处理厂考察污水处理运行情况，淄博市领导曹在堂、刘有先，临淄区领导李胜联、孙海青等陪同。

6月18日 美陵股份公司2009年度股东大会在招待所三楼会议室召开。大会听取、审议《2009年度董事会工作报告》《2009年度监事会工作报告》《2009年度财务决算报告》和《2009年度利润分配及分红方案》，并作出相应决议。大会选举产生第四届董事会、监事会。在随后召开的董事会和监事会上，刘效华当选为董事长，刘奇当选为监事会主席。

6月23日 中石油四川石化换热器设备制造开工预检会在美陵股份公司召开。

7月3日、25日 集团公司分两批组织2008年评选的劳动模范，2009年度优秀共产党员、先进工作者109人集体参观上海世博会。

7月10日 螺旋波纹管换热器被淄博市人民政府表彰为2009年度淄博市节能降耗优秀成果。

8月 济宁第二污水处理厂工程竣工通水。由济宁美陵污水净化有限公司运营管理。

8月 “同源一网”齐陵供水站工程开工建设，工程包括2000立方米的清水池和387平方米的加压泵房。

9月　铸造车间开工建设，由山东莱钢建设有限公司承建，总建筑面积1.13万平方米。

9月　美陵环境公司办公楼工程开工建设，建筑面积1741.7平方米，由临淄区齐兴建筑安装工程公司承建。

9月　成立山东齐鲁盛华房地产有限责任公司美陵分公司。

10月22日　临淄区区委书记、区人大常委会主任毕荣青，区委副书记、区长宋振波率全区科学发展现场观摩团到美陵股份公司参观汽车零部件重点项目。

10月　集团公司开展以“全员参与质量管理，人人争当质量信得过者”为主题的质量月活动。

10月　青岛博德化机有限公司被中共青岛市委经济开发区工委、中共青岛市黄岛区委、青岛经济技术开发区管委会、青岛市黄岛区人民政府联合授予突出贡献企业称号。

11月27日　美陵股份公司2010年度第一次临时股东大会在招待所三楼会议室召开。大会听取、审议《山东美陵化工设备股份有限公司关于申请股权托管交易的议案》《山东美陵化工设备股份有限公司关于授权公司董事会办理托管交易事宜的议案》《山东美陵化工设备股份有限公司关于募集资金增加用途的议案》，并全票通过以上三项议案。

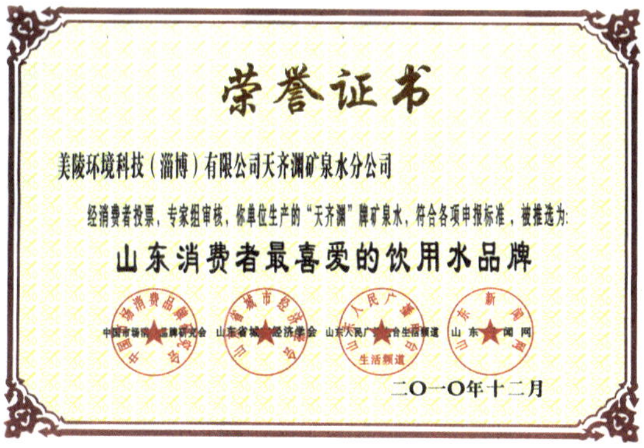

2010年12月，“天齐渊”牌矿泉水被评为山东省消费者最喜爱的饮用水品牌

11月30日　山东美陵中联环境工程有限公司被山东省科技厅、省财政厅、省国税局、省地税局认定为国家高新技术企业。

12月　高效微生物处理焦化废水技术获临淄区科技进步二等奖。

12月　“天齐渊”牌矿泉水获山东省消费者最喜爱的饮用水品牌。

12月　昌邑柳疃污水处理厂工程竣工通水。

12月　美陵股份公司被淄博市中小企业局表彰为淄博市精细化管理示范企业和全市中小企业节能减排示范企业。

2011年

1月30日　集团公司召开2010年工作总结表彰大会。

1月　美陵股份公司荣获中石化广州分公司2010年度优秀供应商称号。

2月14日　汽车零部件铸造生产线（DISA造型线）启动技术培训工作。

2月16日　临淄区区委副书记巩曰锋考察建设中的汽车零部件项目。

2月22日　山东省环保厅副厅长徐刚在淄博市环保局副局长吴国栋等陪同下到集团公司调研环保水务产业发展情况。

2月　山东美陵中联环境工程有限公司获2010年度中国水业最具成长性工程公司称号。

2月　QBF废气高效生物处理设备获“创意淄博”2010年工业设计大赛“创尔沃热泵杯”机械行业分赛优秀奖。

3月2日至4月26日　集团公司开展年度质量管理培训学习考核活动。

3月5日 集团公司召开2011年度工作会议。

3月 “同源一网”齐陵供水站工程竣工并投入运营。

3月 撤销总装二车间、喷涂车间。

4月2日 集团公司召开管理后勤人员绩效考核大会，对集团公司及各二级单位管理、后勤人员进行集中评价。

4月12日 临淄区检察院检察长韩敏带领部分干警到集团公司就“发扬传统、坚定信念、执法为民”主题教育实践活动进行调研座谈。

4月19日 风力发电机组用高强度紧固件、SCV高效自清洁浮阀塔盘、高效微生物处理焦化废水技术分别获淄博市职工优秀创新成果奖。

5月16日 董事局主席刘效华在中央文明办举办的“我推荐、我评议身边好人”活动中，当选为诚实守信好人，荣登“中国好人榜”。

5月19日 集团公司代表队在临淄区工会干部趣味运动会拔河比赛中获第一名。

5月23日 淄博市政协主席岳长志、副主席张建祥在临淄区领导毕荣青、宋振波陪同下到集团公司调研。

5月 汽车零部件分公司铸造车间竣工。

5月 集团公司被临淄区委、区政府评选为“慈心一日捐”活动先进集体。总裁李金松被授予捐赠活动先进个人称号。

5月 锻压车间锻造液压机、锻造装出料机投入使用。

6月7日至7月7日 集团公司开展以“安全生产、关爱员工、重在预防”为主题的安全生产月活动。

6月下旬 集团公司庆祝中国共产党成立90周年，组织“与时俱进、争先创优、奉献美陵”为主题的征文比赛，“党旗生辉映美陵”为主题的摄影比赛和硬笔书法比赛。

7月1日 集团公司庆祝中国共产党成立90周年，组织“唱响美陵之歌，永远跟党走”合唱、拔河、自行车慢行等比赛。

7月8日 美陵股份公司2010年度股东大会在招待所三楼会议室召开。大会听取、审议通过《2010年度董事会工作报告》《2010年度监事会工作报告》《2010年度财务决算报告》和《2010年度利润分配及分红议案》，并作出相应决议。

8月26日 美陵股份公司通过ISO 10012测量体系换证审核。

8月 集团公司开展为期一周的“环境、职业健康、安全管理体系基础知识”培训活动。

9月6日 汽车零部件分公司铸造生产线联动调试成功。

9月17日、24日 集团公司组织管理岗位员工近200人参加预防职务犯罪警示教育培训活动。

9月22日 青岛科技大学环境与安全工程学院在山东美陵中联环境工程有限公司设立研究生实习基地并举行揭牌仪式。

9月 集团公司开展以“加强培训与教育，提升全员质量求生存的意识”为主题的质量月活动。

9月 美陵环境公司办公楼工程竣工，工程造价285.5万元。

11月27日 美陵股份公司A2级压力容器制造资格换证鉴定评审会议在青岛博德化机有限公司召开。

12月上旬 董事局主席刘效华一行3人赴澳大利亚DBA公司考察，并签署《美陵集团与DBA公司的合作框架协议》。

12月17日 美陵股份公司被淄博市委、市政府评为2011年度淄博市工业优秀企业。董事局主席刘效华被评为淄博市工业企业优秀企业家。

12月17日 美陵股份公司连续10年被列为淄博市工业百强企业。

12月 化工设备分公司承接哈萨克斯坦芳烃装置48台换热器加工项目。

12月 美陵股份公司山东省高效节能换热器工程技术研究中心通过验收。

2012年

1月18日 美陵股份公司通过环境管理体系和职业健康安全管理体系认证。

1月19日 集团公司召开2011年度工作总结表彰大会。

1月 "美陵"牌高强度紧固件列中石化电子商务网供应商综合实力排名榜首。

3月15日 "天齐渊"牌矿泉水获《淄博日报》《财经新闻报》组织的年度消费者信赖的饮用水品牌暨机关事业单位饮用水推荐品牌。

3月15日 临淄区消费者协会组织首届区消费维权代表和消费者志愿者代表300多人到矿泉水分公司进行实地参观考察。

3月20日至4月20日 集团公司开展年度质量管理培训学习考核活动。

3月 美陵股份公司被推荐为山东省铸造协会理事单位。

3月 集团公司召开2012年度工作会议。赵克强被聘任为集团公司总裁。

3月 集团公司撤销全质办，其职能由总工办负责。

4月 "美陵"商标被国家工商行政管理总局商标局认定为中国驰名商标。

4月 集团公司组织200余名管理人员参加财务知识专题培训。

4月 化工设备分公司、山东美陵美力达风机有限公司、紧固件分公司ERP信息系统进行功能升级。

5月16日 淄博市天齐渊供水有限公司在东泰广场门前举行以"关注饮水卫生，共享健康生活"为主题的生活饮用水宣传活动。

5月21日 淄博市政府食品安全调研组到矿泉水分公司调研。

5月26日 青岛博德化机有限公司设立爱心基金。

5月 山东美陵集团与澳大利亚DBA公司战略合作协议，在集团公司招待所三楼会议室正式签署。

5月 化工设备分公司铆焊车间和汽车零部件分公司机加工车间工程开工建设，由山东铝业公司第二工程公司承建。

6月3—30日 集团公司开展以"安全生产、关爱员工、重在预防"为主题的安全生产月活动。

6月8日 美陵股份公司2011年度股东大会在招待所三楼会议室召开。大会听取、审议通过《2011年度董事会工作报告》《2011年度监事会工作报告》《2011年度财务决算报告》和《2011年度利润分配及分红方案》，并作出相应决议。

6月8日 淄博市政府副市长刘东军在临淄区领导毕荣青、宋振波等陪同下考察齐城污水处理厂的运行情况。

7月11日 集团公司代表队获临淄区首届全民健身运动会拔河比赛第二名。

7月12日 临淄区总工会领导到集团公司走访慰问一线员工。

7月15日 临淄污水净化分公司通过环

保部2012年上半年污染物总量减排检查。

9月28日　重修的公司大门在集团公司创建54周年之日竣工。

10月18日　美陵股份公司顺利通过山东省质量技术监督局组织的全省特种设备制造企业例行监督检查。

10月20日　青岛经济技术开发区辛安街道首届焊工职业技能大赛在青岛博德化机有限公司举行。青岛博德化机有限公司被确立为青岛经济技术开发区辛安街道焊工技术比赛基地。

10月29日　临淄区总工会领导带领职工服务签约单位到集团公司开展送服务活动。

10月　淄博市环境应急演练暨监察监测技术比武在齐城污水处理厂举行。

11月1日　集团公司开展以“重建美陵门，美陵发展之我见”为主题的征文活动。

11月3日　在临淄区首届“齐都药业杯”职业技能大赛上，职工王波获车工类技术能手称号。

11月9日　美陵股份公司通过ISO／TS16949：2009质量管理体系认证审核，这是一套国际通用的汽车行业质量管理体系技术规范，是进入国际汽车市场零部件供应链的通行证。

11月10日　在青岛经济技术开发区“海油工程杯”焊工职业技能大赛上，青岛博德化机有限公司获团体总分第二名。

11月18日　集团公司召开以“全员参与质量管理，人人争当质量信得过者”为主题的质量月活动动员大会。

11月20日　省、市、区中小企业局领导到美陵股份公司就管理提升“百千万”活动进行调研。

11月29日　临淄区经信局组织专家验收组对美陵股份公司清洁生产审核进行现场验收，确认公司清洁生产工作达到山东省有关标准，评定等级为优秀。

11月　美陵牌高效节能换热器荣获中国石油和化学工业知名品牌产品称号。

11月　矿泉水分公司“天齐渊系列”产品被中央电视台央视网推荐为营养健康推荐产品。

12月21日　青岛博德化机有限公司取得国家安全生产监督管理总局监制的安全生产标准化三级企业证书。

12月29日　美陵股份公司通过淄博市机械制造业安全质量标准化审核。

2013年

1月　美陵股份公司通过ISO 9001质量管理体系换证审核。

1月　“美陵”牌高效节能换热器产品被山东名牌战略推进委员会评为“山东名牌产品”。

2月6日　集团公司召开2012年度工作总结表彰大会。

2月29日　集团公司组织专利法培训，邀请青岛发思特专利商标代理公司淄博分公司副总经理、高级工程师马俊荣授课。

3月9日　集团公司召开2013年度工作会议。

3月15日　“天齐渊”牌矿泉水被淄博市消费者权益保护委员会、《淄博声屏报》联合授予“3·15”桶装水行业推荐品牌。

3月　锻压车间D51-800B立式辗环机正式投入使用。

3月　美陵股份公司荣获淄博市首届市长质量奖质量管理奖。

4月1—30日　集团公司开展年度质量管理培训学习考核活动。

4月15日 化工设备分公司生产出口哈萨克斯坦的48台换热器设备全部发货。

4月19—21日 矿泉水分公司参展2013年春季山东省糖酒商品交易会。

4月26日 化工设备分公司焊工李海滨获淄博市劳动模范称号。

4月 青岛博德化机有限公司总经理刘华祥获青岛经济技术开发区劳动模范称号。

5月3日 集团公司举办预防职务犯罪教育培训。

5月5日 汽车零部件分公司ERP项目启动大会召开。

5月15日 集团公司代表队获临淄区工会干部趣味运动会拔河比赛第一名。

6月14日 董事局主席刘效华赴威海参加"学雷锋，在行动"全国道德模范与身边好人现场交流活动，并接受颁奖。

6月8日 美陵股份公司2012年度股东大会在招待所三楼会议室召开。大会听取、审议通过《2012年度董事会工作报告》《2012年度监事会工作报告》《2012年度财务决算报告》和《2012年度利润分配及分红方案》，并作出相应决议。

6月8日至7月8日 集团公司开展以"安全生产、关爱员工、预防为主、重在落实"为主题的安全生产月活动。

6月20日 淄博市市委常委、市委统战部部长魏艳菊一行到集团公司考察。

6月 矿泉水分公司被山东省饮料工业协会吸纳为常务理事单位。同时，"天齐渊"牌桶装水被评为2013淄博十大品牌桶装水。

6月 汽车零部件分公司机加工车间工程竣工，工程造价469.96万元。化工设备分公司铆焊车间工程竣工，工程造价548.7万元。

7月16日 矿泉水分公司通过QS换证及增项审核。

9月28日 山东美陵集团举行创建55周年庆典，主题为"共创、共享、共赢，走向百年"。

10月25日 集团公司视频监控系统顺利通过验收。

11月29日 淄博市天齐渊供水有限公司客服中心正式投入使用。

2014年

2月28日 集团公司召开2014年度工作会议。

3月18日 美陵股份公司承建的中石化九江分公司油品质量升级改造工程煤制氢装置预检会召开。

4月7日 北京航空航天大学教授江兴流、高级工程师李建民、博士彭伟明到集团公司考察。

4月15日 临淄污水净化分公司齐城污水处理厂混凝沉淀池斜板改造工程完工。

4月22日 日中经济协会环保代表团到集团公司考察。

4月24日 青岛博德化机有限公司更名为山东美陵博德化工机械有限公司。

5月5日 淄博市市委常委、市委宣传部部长郭利民到集团公司考察道德工程建设情况。

5月11日 淄博市天齐渊供水有限公司参加由临淄区水资源管理办公室组织的"全民节水行动，共建生态家园"的节约用水宣传活动。

5月28日 美陵股份公司2013年度股东大会在招待所三楼会议室召开。大会听取、审议通过《2013年度董事会工作报告》《2013年度监事会工作报告》《2013年度财务决算报告》和《2013年度利润分配及分红议案》，并作出相应决议。

5月28日　临淄环保分局局长田钢昌到临淄污水净化分公司检查指导工作。

6月1—30日　集团公司开展以“安全生产、预防为主、重在落实、排除隐患”为主题的安全生产月活动。

6月25日　集团公司践行临淄区开展文明单位助推文明的行动，总裁赵克强，工会主席、副总裁李玉森对所帮扶的齐陵街道淄河店村和南齐村的困难村民一一慰问。

6月　美陵股份公司被授予2012—2013年度全国守合同重信用企业。

7月16日　韩国洁宜特株式会社副总李喆圭一行到山东美陵中联环境工程有限公司考察。是月29日，双方签定合作备忘录。

8月15日　集团公司举行研发中心办公楼奠基仪式。

9月15—19日　丹麦迪砂公司技术工程师哈维到汽车零部件分公司进行铸造造型线的技术指导。

9月28日　集团公司举行山东美陵集团创建56周年庆祝活动，组织拔河、自行车慢骑、够级等比赛。

2014年10月18日，走进临淄、走进天齐渊矿泉水“晒水行动”

9月　美陵股份公司获批成立山东省院士工作站。

10月18日　矿泉水分公司作为“淄博市放心水联盟”发起人之一，组织第一次“晒水行动”。

10月23日　淄博市天齐渊供水有限公司检测中心通过C级评定。

11月24—26日　美陵股份公司通过A2级压力容器设计换证评审。

12月20日　山东美陵博德化工机械有限公司4560平方米铆焊车间扩建工程完工。

2015年

1月16日　山东美陵化工设备股份有限公司汽车零部件分公司在工商局注册登记。

3月7日　山东美陵博德化工机械有限公司召开“三八妇女节”座谈会。

3月21日　集团公司召开2015年度工作会议。

4月8日　美陵股份公司申报的“铸造工艺”发明专利正式授权公布。

4月10日　临淄污水净化分公司举行清洁生产审核评估验收会，山东省相关专家和淄博市、临淄区及临淄环保分局领导参加评审会。

4月28日　吕向伟被临淄区总工会授予临淄区金牌工人称号。

4月30日　刘华祥被青岛市政府评为青岛市劳动模范；被山东省总工会授予山东省富民兴鲁劳动奖章。

4月30日　李海滨被淄博市总工会评为淄博市十大金牌工人。

5月5日　集团公司对矿泉水分公司全体员工开展绩效考核。董事局主席刘效华为考核组组长，总裁赵克强、常务副总裁李玉森为副组长。

5月23日　山东省人大常委会委员、淄博市原市委书记周清利，在淄博市委常委、临淄区委书记、区人大常委会主任毕荣青的陪同下考察集团公司，陪同考察的还有区委常委罗建、齐陵街道党工委书记张成刚。

5月　美陵股份公司获中共淄博市委宣传部、淄博市精神文明建设委员会办公室、淄博市职工思想政治工作研究会共同组织的“厚道鲁商、诚信淄博”2014年度企业案例评选优秀案例。

5月　集团公司为员工缴纳住房公积金，为员工提供住房保障，所有在册员工享受国家推行的住房公积金的优惠政策。

6月5日　美陵股份公司2014年度股东大会在综合楼三楼会议室召开。大会听取、审议通过《2014年度董事会工作报告》《2014年度监事会工作报告》《2014年度财务决算报告》《关于修改公司章程的议案》等12项报告与议案，同时形成相应决议。

6月6日　集团公司召开安全生产月活动动员大会。

6月25日　临淄区商务局批复，同意中外合资的山东美陵美力达风机有限公司所有股权转让给山东美陵化工设备股份有限公司，企业类型由合资企业改为内资企业。

7月2日　齐鲁环保世纪行记者团——山东省人大常委会副秘书长、城建环资委副主任委员骆宝臻一行17人，到齐城污水处理厂调研，陪同调研的有淄博市人大常委会副主任王树武、市人大常委会副秘书长聂建军、市环保局局长于照春，临淄区人大常委会副主任刘素梅、区政府副区长李玲、临淄区环保分局副局长李松龄。

7月10日　美陵股份公司召开2015年第一次临时股东大会。

9月7日　集团公司举办纪念抗日战争胜利70周年暨公司创建57周年文艺演出，齐鲁石化公司老年大学演员与集团公司员工共同庆祝。

9月18日　临淄区委副书记、区长白平和，副区长路玉田到齐城污水处理厂和齐都污水处理厂调研。

9月　山东齐鲁盛华房地产有限责任公司美陵分公司更名为山东齐鲁盛华房地产有限责任公司东郡分公司。

10月9日　淄博市委副书记于海田到齐城污水处理厂考察安全生产和环境保护工作。

10月10日　临淄污水净化分公司召开异味治理方案专家评审会。

10月10日　集团公司召开《企业知识产权管理规范》贯标工作启动会。

10月22—24日　美陵股份公司通过压力容器制造许可A1级增项、A2级换证。

10月23日　中国化工装备协会理事长赵敏、副秘书长周毅到美陵股份公司考察指导工作。

11月7日　美陵股份公司召开2015年第二次临时股东大会。

11月18日　山东省省委宣传部副部长刘致福在淄博市委宣传部领导张洪兴、傅斌的陪同下到集团公司调研道德工程建设及企业文化发展情况。陪同调研的另有临淄区领导张召才，齐陵街道领导刘瑞卿、高晋等。

12月2日　集团公司研发中心办公楼正式启用。齐陵街道党工委书记张涛、办事处主任刘瑞卿到公司祝贺。

12月7日　山东美陵中联环境工程有限公司被认定为淄博市市级企业技术中心。

12月11日　化工设备分公司承接的国内首台甲醇制氢大型转化器成功交付。

2016年

1月13日　集团公司召开环保水务板块用电、安全专题会，要求各单位全面彻底排查、整改安全隐患，确保春节期间各项工作顺利进行。

2月15日　美陵股份公司被认定为临淄区“工业企业20强”，山东美陵中联环境工程有限公司被认定为临淄区“创新高成长企业20强”。

2月18日　美陵股份公司收到山东蓝帆化工公司送来的“心系客户，排忧解难，服务热情，诚信至上”的锦旗。

3月12日　集团公司召开2016年度工作会议。

3月　山东美陵博德化工机械有限公司被青岛市黄岛区人民政府安全生产委员会评为2015年度安全生产基层先进单位。

4月5日　山东美陵中联环境工程有限公司与韩国HANDOK公司举行关于RTO、EFC的合作签约仪式。

4月10日　锻压车间天然气工业炉正式投产使用。

4月22日　山东美陵博德化工机械有限公司与山东科技大学合作成立教学实习基地，并举行揭牌仪式。

4月26日　美陵股份公司获得两项区级“金点子”奖，汽配零部件分公司“电炉球化除尘”获“金点子”一等奖，化工设备分公司“氩弧焊机用小车制造”获“金点子”二等奖。

4月26日　紧固件分公司冷镦工崔军委获临淄区金牌工匠称号。

5月14日　集团公司召开精益生产项目启动会议。

5月31日　山东省环保厅生态处处长庄荣盛、省级生态建设核查专家组在青州市政府副市长王万信陪同下考察青州市美陵污水净化有限公司。

5月　山东美陵博德化工机械有限公司铆焊车间被青岛市总工会评为工人先锋号。

5月　贾国卿被青岛市总工会评为工人先锋。

5月　产品异型法兰辗环试制成功。

6月1日　美陵股份公司“铸件清理方法及装置”取得发明专利。

6月4日　集团公司召开安全生产月活动动员大会，活动主题为“遵守安全规章制度就是对事故的最好预防”。

7月4日　中国汽车工业协会制动器委员会秘书长顾一帆到美陵股份公司考察。

7月5日　淄博市市委统战部副部长、市工商联党组书记吕爱国带领调研组到集团公司调研。临淄区领导田晨光、张召才陪同。

7月12日　山东省住房城乡建设厅组织的全省城市污水处理厂运营质量评价小组到临淄污水净化分公司检查运营质量工作。

7月25日　山东省审计组到临淄污水净化分公司检查指导工作。

7月　山东美陵博德化工机械有限公司获青岛市职工书屋荣誉称号。

8月12日　美陵股份公司2015年度股东大会在办公楼三楼会议室召开。大会听取、审议通过《关于公司2015年度董事会工作报告的议案》《关于公司2015年度监事会工作报告议案》《关于2015年度财务决算报告的议案》《关于公司对外担保的议案》，同时形成相应决议。

8月20日　山东美陵化工设备股份有限公司党委举行换届选举大会，选举产生新一届党委委员：刘效华、赵克强、李玉森、包焕忠、付士国。新一届党委召开第一次会议，明确公司党委委员的职责和分工。

2016年8月20日，山东美陵化工设备股份有限公司党委举行换届选举大会

8月23日　青岛市特种设备检验检测研究院副院长吕良广、西海岸分院院长姜晖琼一行四人到山东美陵博德化工机械有限公司，对压力容器质保体系的运行状况进行审查。

9月22日　山东省统计局社科处到美陵股份公司调研。

10月26日　美陵股份公司“新三板”挂牌敲钟仪式在北京全国中小企业股份转让系统举行。

12月14日　山东新东郡置业有限公司成立，山东齐鲁盛华房地产有限责任公司东郡分公司名称同时停止使用。

2017年

1月1日　美陵股份公司召开2017年第一次临时股东大会。

3月8日　集团公司召开2017年度工作会议。

3月10日　淄博美联电力科技有限公司成立，主要经营输配电、售电、电力工程、电力设备销售等。

3月21日　对美陵环境科技（淄博）有限公司进行存续分立，设立美联环境科技（淄博）有限公司。

4月28日　集团公司组织召开《山东美陵集团志》编纂动员会，同时成立编纂委员会及其办公室。

4月　山东美陵博德化工机械有限公司获青岛市总工会授予的模范职工之家称号。贾国卿被青岛经济技术开发区评为劳动模范。汽车零部件分公司铸造车间熔炼班被临淄区总工会评为工人先锋号。

2017年4月，临淄区工人先锋号获得者——熔炼班组合影

5月14—20日　淄博市天齐渊供水有限公司举行“供水开放日”活动。

5月20日　美陵股份公司2016年度股东大会在办公楼三楼会议室召开。大会听取、审议通过《2016年度董事会工作报告》《2016年度监事会工作报告》《2016年度报告及摘要》《2016年度财务决算报告》《2017年度财务预算报告》《2016年度利润分配方案》《关于续聘大华会计师事务所为公司2017年度财务审计机构的议案》《关于向非金融机构借款的议案》和《关于向银行借款及相关担保事项的议案》，形成相应决议。

5月26日　美陵股份公司召开2017年第二次临时股东大会。

6月13日　集团公司召开安全生产月活动动员大会，活动主题为“我要安全，从严格遵守安全规章制度做起”。

6月24日　中共山东美陵化工设备股份有限公司委员会组织全体党员赴焦裕禄纪念馆进行“两学一做”学习教育。

7月12日　美陵环境科技（淄博）有限公司所辖青州市美陵污水净化有限公司、济宁美陵污水净化有限公司、临淄污水净化分公司的全部股权，淄博市天齐渊供水有限公司的49%股权转让给康达投资（香港）有限公司。

8月22日　美陵股份公司被淄博市人民政府认定为“创新型高成长企业50强”。

8月28日　《山东美陵报》第一百期报纸刊出，董事局主席刘效华为百期题词：传递正能量，弘扬企业文化。

9月4日　山东美陵中联环境工程有限公司开展“学规、懂规、践规”活动。

9月9日　集团公司开展全面资产清理活动。

9月12日　山东美陵博德化工机械有限公司制造的DMTO大型立式换热器顺利发货，该大型立式换热器是公司加工吨位最大、焊接工艺最复杂的设备，使公司跻身于国内立换加工行业前列，填补公司设备制造史上的一项空白。

9月20日　山东美陵博德化工机械有限公司收到山东华鲁恒升化工股份有限公司设备动力处的“急人所急、鼎力相助、合作共赢、友谊长存”的锦旗一面。

10月16日　淄博市政协原副主席高风岭，市、区领导于秀栋、刘伟、徐昭玲等，到集团公司调研并指导工作。

10月18日　中共山东美陵化工设备股份有限公司委员会组织全体党员观看中国共产党第十九次全国代表大会开幕式，学习习近平总书记的重要讲话。

11月　山东美陵博德化工机械有限公司获得由中华全国总工会授予的国家级职工书屋荣誉称号。

12月　美陵股份公司被山东省知识产权局认定为山东省知识产权示范企业。

第一篇
组织机构

山东美陵集团始建于1958年9月28日，从建厂至2017年，历经三次移址，十次更名。1992年股份制改造后，企业进入发展的快车道，2004年成立山东美陵集团，实现跨地区、跨行业的多元化经营。2008年山东美陵集团进行资产整合重组，形成以山东美陵化工设备股份有限公司和美陵环境科技（淄博）有限公司为核心企业的机械制造与环保水务两大优势产业。2017年3月，对美陵环境科技（淄博）有限公司进行存续分立，设立美联环境科技（淄博）有限公司。至2017年年底，山东美陵集团下辖企管办、财务处、总工办三个直属部门，山东美陵化工设备股份有限公司和美联环境科技（淄博）有限公司两个直属单位。其中，两个直属单位各下辖六个子（分）公司。至2017年年底，山东美陵集团共有职工798人。其中，女员工200人；管理后勤员工316人，一线工作员工有482人；大专以上文化程度的工程技术人员219人。

山东美陵集团所辖两个直属单位山东美陵化工设备股份有限公司和美联环境科技（淄博）有限公司，自股份制公司成立后，依据《中华人民共和国公司法》的要求，建立起股东大会、董事会、监事会、经理等法人治理结构，并严格按要求规范运作，保障了企业的健康高效运行。

在党组织建设方面，企业成立初期，党员人数少，未单设党的基层组织。1971年秋，成立自己的党支部。2004年，成立中共山东美陵化工设备股份有限公司委员会，所下设党支部根据企业机构设置及组织生活发展需要，几经增减，至2017年年底，山东美陵化工设备股份有限公司党委下设公司机关、美陵股份公司、美陵环境公司3个党支部。另外，山东美陵化工设备股份有限公司驻青岛分支机构山东美陵博德化工机械有限公司建有党支部，在中共青岛市黄岛区委辛安街道工作委员会领导下开展工作。

第一章 管理机构

第一节 概况

山东美陵集团始建于1958年9月28日，是齐陵人民公社兴办的集体企业，建立初期称齐陵人民公社联合机械制修厂，主要从事铁木小农具的制修。厂址在王齐大队（今齐陵街道王家齐陵）。同年10月，临淄县建制撤销，并入益都县，企业随属，称益都县齐陵人民公社联合机械制修厂。

1960年8月，益都县齐陵人民公社联合机械制修厂迁至淄河大队（今齐陵街道淄河店村）西北下崖。

1961年10月，临淄县建制恢复，企业随属。1962年8月，更名为临淄县齐陵修配站。1967年4月，迁入现址。

1968年9月，临淄县齐陵修配站更名为临淄县齐陵公社联合厂。

1970年6月，临淄县齐陵公社联合厂更名为临淄区齐陵公社农具厂。

1979 年 8 月，临淄区齐陵公社农具厂更名为临淄区齐陵公社农机厂。

1980 年 1 月，临淄区齐陵公社农机厂更名为临淄电器厂（同时启用临淄区齐陵公社石油化工配件厂名称）。

20 世纪 80 年代临淄石化配件厂外景

1983 年 7 月，临淄区齐陵公社石油化工配件厂更名为临淄石油化工配件厂。临淄电器厂名称同时停止使用。

1992 年，临淄石油化工配件厂作为淄博市股份制改造第二批试点单位，进行整体改制。同年 9 月，以募集方式设立淄博美陵化工设备股份有限公司。

1997 年 3 月，经山东省体改委审查批准，淄博美陵化工设备股份有限公司被确认为规范股份有限公司，并更名为山东美陵化工设备股份有限公司。

2004 年 8 月，成立山东美陵集团，实现跨地区、跨行业多元化生产经营。

2008 年，山东美陵集团将机械制造与环保水务两大优势产业从架构上分离，下辖山东美陵化工设备股份有限公司和美陵环境科技（淄博）有限公司两个直属单位。

2017 年 3 月 21 日，对美陵环境科技（淄博）有限公司进行存续分立，设立美联环境科技（淄博）有限公司。

至 2017 年年底，山东美陵集团下辖山东美陵化工设备股份有限公司和美联环境科技（淄博）有限公司两个直属单位。

第二节 机构设置

党组织

从 1958 年企业成立到 1965 年，因企业党员少，未单设党的基层组织。

1966 年，“文化大革命”开始，党组织生活中止。

1970 年 12 月，临淄区齐陵公社农具厂的两名党员与齐陵烟叶收购站、齐陵粮管所的党员成立临淄区齐陵公社农具厂联合党支部，设书记 1 人、委员 2 人。

1971 年秋，临淄区齐陵公社农具厂党支部成立，设书记 1 人、副书记 1 人、委员 2 人。1975 年，委员增至 3 人。1977 年，委员增至 5 人。

1979 年 8 月，临淄区齐陵公社农具厂党支部更名为临淄区齐陵公社农机厂党支部，设书记 1 人、委员 5 人。

1980 年，临淄区齐陵公社农机厂党支部更名为临淄电器厂党支部，设书记 1 人、委员 3 人。1981 年，委员增至 4 人。

1983 年 7 月，临淄电器厂党支部更名为临淄石油化工配件厂党支部，设书记 1 人、委员 4 人。

1992 年 9 月，企业股份制改造后，成立淄博美陵化工设备股份有限公司党支部，设书记 1 人、委员 3 人。

1997 年 5 月，淄博美陵化工设备股份有限公司党支部更名为山东美陵化工设备股份有限公司党支部，设书记 1 人、委员 2 人。1999 年，增设副书记 1 人。

2004 年 4 月，中共山东美陵化工设备股份

2004年6月24日，中共山东美陵化工设备股份有限公司委员会成立揭牌

有限公司委员会成立，设党委书记1人、副书记2人、委员2人。下设公司机关、化工设备分公司、山东美陵美力达风机有限公司、山东美陵中联环境工程有限公司4个党支部。

2009年，山东美陵化工设备股份有限公司党委在青岛博德化机有限公司建立党支部，设支部书记1人、委员2人。

2011年5月初，山东美陵化工设备股份有限公司党委的基层党支部增至9个。

2011年5月中旬，青岛博德化机有限公司党支部及6名党员的组织关系集体调转至中共青岛市黄岛区委辛安街道工作委员会，该支部改为隶属青岛市黄岛区辛安街道党工委。

2014年9月，中共青岛市黄岛区委辛安街道工作委员会批准成立山东美陵博德化工机械有限公司党支部，设书记1人、委员2人。原青岛博德化机有限公司党支部撤销。

2016年10月，山东美陵化工设备股份有限公司党委对下设的各党支部组成进行调整，撤销除公司机关之外的党支部，成立美陵股份公司党支部和美陵环境公司党支部，原来各党支部人员按其所属公司板块相应并入。

至2017年年底，山东美陵化工设备股份有限公司党委设书记1人、副书记2人、委员2人。下设公司机关、美陵股份公司和美陵环境公司3个党支部。各党支部各设书记1人、委员2人。

2017年，山东美陵博德化工机械有限公司党支部设书记1人、委员2人。

董事会

1992年，临淄石油化工配件厂进行股份制改造，以募集方式设立淄博美陵化工设备股份

2005年5月28日，山东美陵化工设备股份有限公司召开二〇〇四年度股东大会

有限公司，同年9月28日，召开公司创立大会暨第一次股东代表大会。股东大会投票选举产生第一届董事会，董事会由7人组成，设董事长1人、董事6人。

1997年5月28日，山东美陵化工设备股份有限公司1996年度股东大会召开，股东大会选举产生第二届董事会，董事会由5人组成，设董事长1人、董事4人。

2005年5月28日，山东美陵化工设备股份有限公司2004年度股东大会召开，大会选举产生第三届董事会，董事会由7人组成。设董事长1人、董事6人。

2010年6月18日，山东美陵化工设备股份有限公司2009年度股东大会召开，大会选举产生第四届董事会，董事会由5人组成，设董事长1人、董事4人。2014年5月28日，因1名董事辞职，股东大会投票补选董事1人。2015年6月5日，两名董事因年龄原因辞去职务，股东大会投票补选董事2人。

2010年6月，美陵环境科技（淄博）有限公司股东大会召开，大会选举产生第一届董事会，董事会由5人组成，设董事长1人、董事4人。

2017年3月21日，美联环境科技（淄博）有限公司成立。同日，公司股东大会选举产生第一届董事会，董事会由3人组成，设董事长1人、董事2人。

监事会

1992年，临淄石油化工配件厂进行股份制改造，成立淄博美陵化工设备股份有限公司，9月28日，召开公司创立大会暨第一次股东代表大会。股东大会投票选举产生第一届监事会，监事会由5人组成，设监事会主席1人、监事4人。

1997年5月28日，山东美陵化工设备股份有限公司召开1996年度股东大会，大会投票选举产生第二届监事会，监事会由5人组成，设监事会主席1人、监事4人。

2005年5月28日，山东美陵化工设备股份有限公司2004年度股东大会召开，大会选举产生第三届监事会，监事会由5人组成，设监事会主席1人、监事4人。

2010年6月18日，山东美陵化工设备有限公司召开二〇〇九年度股东大会

2010年6月18日，山东美陵化工设备股份有限公司2009年度股东大会召开，大会选举产生第四届监事会，监事会由5人组成，设监事会主席1人、监事4人。2015年7月10日，因2人工作原因辞去监事职务，股东会投票补选监事1人，职工代表选举监事1人。

2010年6月，美陵环境科技（淄博）有限公司股东大会召开，选举产生第一届监事会，监事会由5人组成，设监事会主席1人、监事4人。

2017年3月21日，美联环境科技（淄博）有限公司成立，同日，公司股东大会选举产生第一届监事会，监事会由3人组成，设监事会主席1人、监事2人。

行政领导机构

1958年，齐陵人民公社联合机械制修厂成立，设厂长2人。

1962年8月，临淄县齐陵修配站，设站长1人。

1968年9月，临淄县齐陵公社联合厂革命领导小组成立，设组长1人、副组长1人、组员3人。

1970年6月，临淄县齐陵公社联合厂革命领导小组更名为临淄区齐陵公社农具厂革命领导小组，设组长1人、副组长1人、组员4人。

1972年1月，临淄区齐陵公社农具厂革命委员会成立，设主任1人、委员5人。1975年增设副主任1人、委员增至6人。

1976年3月，临淄区齐陵人民公社农具厂设厂长1人、副厂长2人。

1979年，临淄区齐陵公社农机厂，设厂长1人、副厂长2人。

1980年，临淄电器厂（同时启用临淄区齐陵公社石油化工配件厂之名），设厂长1人、副厂长2人。1983年1月，副厂长增至3人。

1983年7月，临淄石油化工配件厂，设厂长1人、副厂长2人。1986年，副厂长增至3人。1992年6月，副厂长增至4人。

1992年9月，淄博美陵化工设备股份有限公司成立，设总经理1人、副总经理3人。1994年，增设经理助理2人。1995年，增设总经济师1人、总工程师1人、副总工程师1人、总会计师1人。

1997年，淄博美陵公司更名为山东美陵化工设备股份有限公司，设总经理1人、副总经理3人、总经济师1人、总工程师1人、总会计师1人。2001年，副总经理增至5人。2002年，副总经理增至6人，增设副总工程师1人。2003年，副总工程师增至2人。2004年，副总工程师增至3人。

2005年，山东美陵集团设总经理1人，副总经理6人、总工程师1人。2007年，增设环保水务总工程师1人。

2009—2011年，山东美陵集团设总裁1人、常务副总裁1人、副总裁6人。

2012年，山东美陵集团设总裁1人、副总裁7人、增设副总工程师1人。

2013年，山东美陵集团设总裁1人、副总裁6人、副总工程师1人。

2014年，山东美陵集团设总裁1人、副总裁为4人、副总工程师1人。

2015年，山东美陵集团设总裁1人、常务副总裁1人、副总裁4人、副总工程师1人。

2016年，山东美陵集团设总裁1人、常务副总裁1人、副总裁2人、副总工程师1人、增设高级顾问2人。

2017年，山东美陵集团设总裁1人、副总裁为4人、高级顾问2人、副总工程师1人。

直属部门

企管办　1995年，淄博美陵化工设备股份有限公司进行管理制度改革，设立企业管理办公室（简称企管办），企管办为企业管理的行政部门，设主任1人。行政科隶属企管办。

2000年，行政科撤销，改为行政组，仍属企管办管理。

2004年，企管办下设办公室、劳资科两个职能科室。

2007年，企管办增设保卫科。

2010年，企管办增设宣教科。

2011年，企管办增设工程基建科。

2012 年，宣教科撤销，保卫科与行政组合并为行政科。

2013 年，企管办增设副主任 1 名。

2017 年，企管办下设办公室、劳资科、基建科、行政科 4 个科室。设企管办主任 1 人。

财务处　1958—1976 年，企业财会人员很少，只有会计和现金出纳两人负责财务工作。

1977 年，增设一名保管员，成立财务组。

1979 年，财务组改为财务科，财务工作人员增至 8 人。

1995 年，企业进行管理制度改革，财务科改为财务处，设处长 1 人、副处长 1 人。1998—2008 年，设处长 1 人。公司的财务管理工作在总会计师负责下实行财务处统一管理、各二级单位独立核算的管理模式。

2003 年，在淄博市天齐渊供水有限公司单设财务科。2008 年，在青岛博德化机有限公司单设财务科。单设财务科的单位，财务管理仍由财务处统一管理。

2009 年，山东美陵集团实行资产重组后，按不同产业，财务处分为美陵股份公司财务处和美陵环境公司财务处。两大体系财务处设处长 1 人、副处长 1 人，分别设置各自的财务管理岗位。

2015—2017 年，美陵股份公司财务处和美陵环境公司财务处各设处长 1 人。

2017 年年底，山东美陵集团共有财务工作人员 20 人。

全质办　1979 年以前，企业规模小，未设质量管理机构。

1979—1987 年，技术科负责质量管理，配备 1 名质检员负责产品质量的监督和检验。

1988 年，设立质量检验科，负责质量管理工作。

1997 年 7 月，公司成立全面质量管理办公室（简称全质办），负责企业的计量监督、检验和质量管理工作。设主任 1 人。

2012 年 3 月，撤销全质办，原全质办的职责由总工办履行。

总工办　1995 年，淄博美陵化工设备股份有限公司进行管理制度改革，总工程师全面负责企业的技术工作。

2002 年 3 月，成立总工办，设主任 1 人。负责技术管理工作。

2008 年，总工办设主任 1 人，负责技术管理和安全工作。

2009—2010 年，总工办设主任 1 人，负责设备管理、安保管理、出口贸易及信息化管理工作。

2011 年，总工办设主任 1 人，负责设备管理、安保管理及信息化管理工作。

2012—2014 年，总工办设主任 1 人，下设技术动力科、信息体系科两个职能科室和一个理化检测中心。

2015 年，总工办增设副主任 1 人。

2016 年，总工办设主任 1 人、副主任 1 人，下设安全办、技术科、信息体系科 3 个职能科室和 1 个理化检测中心。

2017 年，总工办设主任 1 人、副主任 1 人，下设安环办、技术科、信息体系科 3 个职能科室和 1 个理化检测中心。

第三节　直属单位

山东美陵化工设备股份有限公司

概况　山东美陵化工设备股份有限公司是山东美陵集团的核心企业，主要从事一、二、三类压力容器、重型锻件、高强度紧固件、空调风机、汽车零部件、生物助剂的生产和销售。

山东美陵化工设备股份有限公司始建于

20世纪70年代的生产车间

晋升为山东省乡镇企业系统先进企业。

1992年8月26日，临淄石油化工配件厂与美国杜摩尔国际公司合资设立淄博美陵化工设备有限公司。

1992年，临淄石油化工配件厂作为淄博市股份制改造第二批试点单位进行整体改制，同年9月28日，以募集方式设立淄博美陵化工设备股份有限公司。改制后，开始生产压力容器。

1958年，建立初期，主要从事铁木小农具的制修。1968年，产品除铁木小农具外，还根据地方计划安排，生产民用煎饼鏊子、地瓜切片机和取暖炉等生活、生产用具。

1975年起，开始生产龟甲网等石化配件、脱粒机等农业机械。

1980年，以生产300毫米民用台式电风扇和为淄博电风扇厂配套生产扇叶立柱、底盘等零部件为主，同时兼营部分石化配件。

1982年，企业开始重点生产石油化工配件产品。1983年，研制开发5T-350型脱粒机，以适应农村联产承包责任制后的生产需求。

1985年，临淄石油化工配件厂与齐鲁石化公司、青岛海洋大学就噪声控制技术进行合作，开发生产各类消声设备，并联合发起设立山东省噪声工程控制协会，企业成为常任理事单位。

1987年，研制开发的HTV船型浮阀塔板，获得国家科技发明三等奖。6月，新上的标准件项目竣工投产。1989年1月，企业通过达标升级验收，晋升为市级先进企业。同年，生产的F_1Q-3B型浮阀被评为市优产品。1990年，

1993年，淄博美陵公司将原铸造车间关停，改造为铆焊车间。同年3月，公司引进中石化洛阳设计院的T型翅片管重沸器和折流杆式换热器两项专有技术，生产的压力容器产品开始进入中石化市场。

1994年12月，淄博美陵公司通过一、二类压力容器生产资格审查。1995年2月，取得一、二类压力容器生产许可证，压力容器产品成为主导产品。

1994年，淄博美陵公司与齐鲁石化检修公司合作建设重型锻件项目（检修公司负责厂房及公用设施配套工程的建设，淄博美陵公司投入锻压机械设备）。项目建成后，由淄博美陵公司经营管理，检修公司所投资产实行租赁使用。1995年12月，公司在淄博市工商行政管理局临淄分局登记注册淄博美陵化工设备股份有限公司重型锻压厂（于2007年8月迁回山东美陵集团主厂区内）。

1994年，淄博美陵公司开始研发空调用离心通风机。1997年，空调用通风机形成批量生产能力。

公司生产的大型换热器（2009 年 8 月 摄）

1995 年，淄博美陵公司改集中统一管理为二级目标化管理。分别组建石化配件厂、催化剂厂和销售公司，使其成为相对独立核算的二级单位。同时根据产权关系对原轻体板厂、耐腐蚀泵厂、重型锻压厂、青岛琴陵石化配件有限公司、安装工程公司仍按合同约定管理。公司设立企业管理办公室、技术开发办公室、财务处 3 个职能处室，负责对各二级单位进行宏观管理与考核。

1997 年 3 月，经山东省体改委审查，淄博美陵公司被确认为规范股份有限公司，并更名为山东美陵化工设备股份有限公司。

1997 年，山东美陵化工设备股份有限公司收购临淄天齐渊矿泉水有限公司，注册设立山东美陵化工设备股份有限公司天齐渊矿泉水分公司。通过扩产改造、新上桶装水自动罐装线，桶装水成为天齐渊矿泉水公司的主导产品。

1998 年 1 月，美陵股份公司对 1995 年后实施的分级目标化管理机制进行规范和调整。将二级单位调整为 3 个，即化工设备分公司（主要产品为化工设备、炼化配件、高强度紧固件、催化剂）、风机公司（主要产品为空调风机、重型锻件）、矿泉水分公司（主要产品为桶装矿泉水、瓶装矿泉水）。

1998 年，美陵股份公司申请注册“美力达”商标，内部设立美力达空调风机公司。

1998 年 9 月，美陵股份公司通过 ISO 9002 质量体系认证，体系覆盖压力容器、空调风机、高强度紧固件、重型锻件 4 种产品。

1999 年 3 月 28 日，美陵股份公司申请的“美陵”“美力达”商标，经国家商标管理局核

天齐渊桶装矿泉水生产线（2010 年 4 月 摄）

准注册，至此，公司有了自己的品牌。

2001年6月28日，山东美陵化工设备股份有限公司与北京中联环工程股份有限公司联合设立山东美陵中联环境工程有限公司。公司设立后，先后承建了淄河污水处理厂、齐都污水处理厂、济阳污水处理厂等大型城区污水处理工程。

空调用离心通风机生产场景（2008年8月　摄）

2001年，山东美陵化工设备股份有限公司将标准件车间和化工车间从化工设备分公司分离出来，设立山东美陵化工设备股份有限公司高强度紧固件分公司。

2002年1月7日，注册成立淄博市临淄区美陵加油站，2002年1月8日正式对外营业。

2002年，山东美陵化工设备股份有限公司在青岛经济技术开发区设立青岛博德化机有限公司，该公司于2005年开工建设，2006年建成投产。

2003年，美陵股份公司受让临淄污水处理厂的产权、经营权，于10月22日，在临淄工商行政管理分局登记注册，设立山东美陵化工设备股份有限公司临淄污水净化分公司。

2003年，山东美陵化工设备股份有限公司购并临淄区城建水厂，并对其按照现代企业制度的要求进行改制，同年9月28日设立淄博市天齐渊供水有限公司。

2004年8月24日，以山东美陵化工设备股份有限公司为核心企业，联合山东美陵美力达风机有限公司、山东美陵中联环境工程有限公司、青岛博德化机有限公司、淄博市天齐渊供水有限公司4个控股子公司作为紧密层企业，成立山东美陵集团。

2006年5月，山东美陵化工设备股份有限公司与Q-BioTech Corp.（韩国）签定协议，共同出资设立淄博快美环保科技有限公司。

2008年，山东美陵集团进行资产重组，重组后的山东美陵化工设备股份公司以机械制造为主，是山东美陵集团的两个直属单位之一。

2009年，美陵股份公司新上汽车零部件项目。2010年9月，一期铸造车间开始兴建，2011年3月，设立汽车零部件分公司。同年9月，正式投产。

2010年3月，设立生物助剂分公司，化工车间归属生物助剂分公司。

2015年，山东美陵化工设备股份有限公司对从事机械生产加工的山东美陵美力达风机有限公司和山东美陵博德化工机械有限公司的股权进行收购，并在工商行政管理部门进行了变更登记。

2017年，美陵股份公司总资产42528万元，营业收入37480万元。

组织机构　1995年，淄博美陵化工设备股份有限公司改集中统一管理为二级目标化管理，下设石化配件厂、催化剂厂和销售公司3个二级单位。

1998年，山东美陵化工设备股份有限公司调整管理机制，石化配件厂和催化剂厂合并为化工设备分公司，撤销销售公司，增设风机公司和矿泉水分公司。

2004年，美陵股份公司下辖山东美陵美力达风机有限公司、山东美陵中联环境工程有限公司、淄博市天齐渊供水有限公司、青岛博德化机有限公司4个控股子公司和化工设备分公司、天齐渊矿泉水分公司、高强度紧固件分公司、临淄污水净化分公司4个分支生产经营机构。

2009年，资产重组后的山东美陵化工设备股份公司以机械制造业为主，下辖青岛博德化机有限公司1个子公司和化工设备分公司、紧固件分公司2个分公司。

2017年年底，山东美陵化工设备股份有限公司下设山东美陵美力达风机有限公司、山东美陵博德化工机械有限公司2个子公司及化工设备分公司、高强度紧固件分公司、汽车零部件分公司、生物助剂分公司4个分公司。

高层管理人员 1995年，淄博美陵化工设备股份有限公司设总经理1人、副总经理3人、总经济师1人、总工程师1人、副总工程师1人、总会计师1人。

1997年，山东美陵化工设备股份有限公司设总经理1人、副总经理3人、总经济师1人、总工程师1人、总会计师1人。2001年，副总经理增至5人。2002年，副总经理增至6人，增设副总工程师1人。2003年，副总工程师增至2人。2004年，副总工程师增至3人。

2009—2011年，山东美陵化工设备股份有限公司设总经理1人、副总经理3人、总工程师1人。

2012年，山东美陵化工设备股份有限公司设总经理1人、副总经理1人、总工程师1人。

2013—2014年，山东美陵集团2名副总裁分管山东美陵化工设备股份有限公司的工作。

2015—2017年，山东美陵化工设备股份有限公司设总经理1人。

美联环境科技（淄博）有限公司

概况 美联环境科技（淄博）有限公司的前身是2008年山东美陵集团资产重组时设立的美陵环境科技（淄博）有限公司。

公司主要从事工业污染治理、环境工程施工、市政集中式供水、环保设备、工业自动化控制系统装置、机电设备的生产销售、环保技术咨询服务、矿泉水的生产和销售、售电、电力工程、电力设备销售等工作。

2008年，山东美陵集团将机械制造与环保

美陵环境科技（淄博）有限公司办公楼（2015年7月 摄）

水务两大优势产业从架构上分离，以通过专业化的管理，实现在各自领域的强势发展。设立美陵环境科技（淄博）有限公司为山东美陵集团的两个直属单位之一。

资产重组后，美陵环境科技（淄博）有限公司下辖山东美陵美力达风机有限公司、山东美陵中联环境工程有限公司、淄博市天齐渊供水有限公司、青州市美陵污水净化公司 4 个子公司和天齐渊矿泉水分公司、临淄污水净化分公司 2 个分公司。

2009 年，美陵环境科技（淄博）有限公司与济宁市政府达成协议，以 DBO 方式总承包运营由济宁市高新区管委会出资建设的济宁污水处理项目，并于 2010 年 11 月 3 日在济宁市注册设立济宁美陵污水净化有限公司。

2016 年 11 月，美陵环境科技（淄博）有限公司被淄博市临淄区人民政府确认为临淄区内小型污水处理站的托管运营单位，完成污水处理站托管交接工作后，美陵环境公司设立临淄污水净化站，以对其进行更好的管理。

2017 年，美陵环境科技（淄博）有限公司涉足电力工程行业，同年 3 月 10 日，成立淄博美联电力科技有限公司，主要经营输配电、售电、电力工程、电力设备销售等业务。

2017 年 3 月 21 日，对美陵环境科技（淄博）有限公司进行存续分立，设立美联环境科技（淄博）有限公司。

2017 年 7 月 12 日，与康达投资（香港）有限公司达成合作协议，将美陵环境科技（淄博）有限公司下设的青州市污水净化有限公司和济宁污水净化有限公司的全部股权、淄博市天齐渊供水有限公司的 49% 股权和临淄污水净化分公司的全部资产转让给康达公司。

2017 年，美联环境科技公司总资产 65167 万元，营业收入 12393 万元。

组织机构 2008 年，山东美陵集团资产重组后，美陵环境科技（淄博）有限公司下辖 4 个子公司和 2 个分公司，分别是：山东美陵美力达风机有限公司、山东美陵中联环境工程有限公司、淄博市天齐渊供水有限公司、青州市美陵污水净化有限公司，天齐渊矿泉水分公司、临淄污水净化分公司。

2011 年，美陵环境科技（淄博）有限公司下辖 5 个子公司和 2 个分公司，分别是：山东美陵中联环境工程有限公司、山东美陵美力达风机有限公司、淄博市天齐渊供水有限公司、青州市美陵污水净化有限公司、济宁美陵污水净化有限公司，天齐渊矿泉水分公司、临淄污水净化分公司。

2017 年年底，美联环境科技（淄博）有限公司下设 4 个子公司和 2 个分公司，分别是：山东美陵中联环境工程有限公司、淄博市天齐渊供水有限公司、淄博美联电力科技有限公司、山东新东郡置业有限公司，天齐渊矿泉水分公司、临淄污水净化站。

高层管理人员 2009—2011 年，美陵环境科技（淄博）有限公司设总经理 1 人、副总经理 3 人、总工程师 1 人。

2012 年，设总经理 1 人、副总经理 2 人。

2013—2014 年，山东美陵集团 3 名副总裁分管美陵环境科技（淄博）有限公司的工作。

2015—2016 年，美陵环境科技（淄博）有限公司设总经理 1 人。

2017 年，美联环境科技（淄博）有限公司设总经理 1 人、副总经理 1 人。

第二章　人员构成

第一节　高层管理人员

1970—2017 年党组织成员任职情况一览表

表 1-1

组织名称	职　务	姓　名	任职时间	备　注
临淄区齐陵公社农具厂联合党支部	书　记	张玉若	1970.12—1971.10	
	委　员	迟万海	1970.12—1971.10	齐陵粮管所
		王桂书	1970.12—1971.10	齐陵烟叶收购站
临淄区齐陵公社农具厂党支部	书　记	张玉若	1971.10—1976.3	调离
		胡清玉	1976.3—1976.9	调离
		张春令	1976.9—1979.7	
	副书记	胡清玉	1975.3—1976.3	
		张春令	1976.3—1976.9	
	委　员	刘益振	1971.10—1971.12	调离
		胡清玉	1971.10—1975.3	
		张春令	1973.3—1976.3	
		张克昌	1975.3—1978.11	
		梁继永	1975.3—1977.6	调离
		胡光宗	1977.7—1979.8	
		贾效文	1976.10—1979.8	调离
		王习平	1977.7—1979.8	
		高凤森	1977.7—1979.8	
		吕德仁	1977.7—1979.8	

续表

组织名称	职 务	姓 名	任职时间	备 注
临淄区齐陵公社农机厂党支部	书 记	张春令	1979.8—1980.1	
	委 员	胡光宗	1979.8—1980.1	
		贾效文	1979.8—1979.9	
		王习平	1979.8—1980.1	
		高凤森	1979.8—1980.1	
		吕德仁	1979.8—1980.1	
临淄电器厂党支部	书 记	张春令	1980.1—1981.1	调离
		王文昌	1981.1—1983.7	
	委 员	胡光宗	1980.1—1983.7	
		王习平	1980.1—1982.11	调离
		高凤森	1980.1—1983.7	
		吕德仁	1981.1—1983.7	
临淄石油化工配件厂党支部	书 记	王文昌	1983.7—1992.9	
	委 员	胡光宗	1983.7—1984.10	
		高凤森	1983.7—1984.5	调离
		吕德仁	1983.7—1992.9	
		刘效华	1983.9—1992.9	
淄博美陵化工设备股份有限公司党支部	书 记	王文昌	1992.9—1997.5	
	委 员	刘效华	1992.9—1997.5	
		吕德仁	1992.9—1993.3	
		徐洪波	1993.3—1997.5	
山东美陵化工设备股份有限公司党支部	书 记	王文昌	1997.5—2004.4	
	副书记	刘效华	1999.3—2004.4	
	委 员	刘效华	1997.5—1999.3	
		徐洪波	1997.5—2004.4	

续表

组织名称	职　务	姓　名	任职时间	备　注
山东美陵化工设备股份有限公司党委	党委书记	刘效华	2004.4—	
	党委副书记	李金松	2004.4—2016.8	
		赵克强	2004.4—	
		李玉森	2016.8—	
	委　员	徐洪波	2004.4—2016.8	
		包焕忠	2004.4—	
		付士国	2016.8—	

2004—2017年基层党支部成员任职情况一览表

表1-2

组织名称	职务	姓名	任职时间	备注
化工设备分公司党支部	书　记	徐洪波	2004.4—2016.10	
	委　员	李玉森	2004.4—2009.12	
		李金祥	2004.4—2016.10	
		崔红立	2011.5—2016.10	
山东美陵美力达风机有限公司党支部	书　记	刘　奇	2004.4—2016.10	
	委　员	崔建军	2004.4—2016.10	
		高登顺	2004.4—2006.2	
		任凤政	2011.5—2016.10	
山东美陵中联环境工程有限公司党支部	书　记	包焕忠	2004.4—2016.10	
	委　员	刘开元	2004.4—2011.5	
		陈永业	2004.4—2009.2	
		曹国强	2011.5—2016.10	
		刘玉强	2011.5—2016.10	
高强度紧固件分公司党支部	书　记	刘永来	2011.5—2014.2	
	委　员	赵立明	2011.5—2016.10	
		崔民红	2011.5—2016.10	
临淄污水净化分公司党支部	书　记	刘开元	2011.5—2016.10	
	委　员	冯永田	2011.5—2016.10	
		王润生	2011.5—2016.10	

续表

组织名称	职务	姓名	任职时间	备注
淄博市天齐渊供水有限公司党支部	书　记	宋　军	2011.5—2016.10	
	委　员	王志军	2011.5—2016.10	
		王淑芸	2011.5—2015.2	
天齐渊矿泉水分公司党支部	书　记	王　伟	2011.5—2012.2	调离
青岛博德化机有限公司党支部	书　记	李玉森	2009.12—2014.9	
	委　员	刘华祥	2009.12—2014.9	
		贾建胜	2009.12—2014.9	
山东美陵博德化工机械有限公司党支部	书　记	刘华祥	2014.9—	
	委　员	贾建胜	2014.9—	
		刘志宾	2016.8—	
公司机关党支部	书　记	刘永来	2004.4—2011.5	
		周永江	2011.5—2016.10	
		付士国	2016.10—	
	委　员	于福海	2004.4—2011.5	
		郭爱玲	2008.4—2012.12	
		鲁光花	2004.4—	
		王玉明	2016.10—	
美陵股份公司党支部	书　记	赵克强	2016.10—	
	委　员	刘同盟	2016.10—	
		崔建军	2016.10—	
美陵环境公司党支部	书　记	李玉森	2016.10—	
	委　员	刘开元	2016.10—	
		宋　军	2016.10—	

1992—2017年公司董事会成员任职情况一览表

表 1-3

公司名称	届次	职务	姓名	任职时间
淄博美陵化工股份有限公司	第一届	董事长	刘效华	1992.9.28—1997.5.27
		董　事	刘　奇　徐洪波　任凤云　郑建民　何　文　何国荣	

续表

公司名称	届次	职务	姓名	任职时间
山东美陵化工设备股份有限公司	第二届	董事长	刘效华	1997.5.28—2005.5.27
		董　事	徐洪波　刘　奇　任凤云　刘永来	
	第三届	董事长	刘效华	2005.5.28—2010.6.18
		董　事	李金松　徐洪波　刘　奇 刘永来　李玉森　包焕忠	
	第四届	董事长	刘效华	2010.6.18—
		董　事	赵克强　徐洪波　刘永来　李玉森	2010.6.18—2014.5.27
			赵克强　徐洪波　李玉森　刘同盟	2014.5.28—2015.6.4
			赵克强　刘同盟　付士国　刘华祥	2015.6.5—
美陵环境科技（淄博）有限公司	第一届	董事长	刘效华	2010.6—2015.6
		董　事	李金松　刘　奇　于守身　包焕忠	
美联环境科技（淄博）有限公司	第一届	董事长	刘效华	
		董　事	包焕忠　李世芳	2017.3.21—

1992—2017 年公司监事会成员任职情况一览表

表 1–4

公司名称	届次	职务	姓名	任职时间
淄博美陵化工股份有限公司	第一届	监事会主席	王文昌	1992.9.28—1997.5.27
		监　事	赵忠孝　崔建军　王克臣　韩荣杰	
山东美陵化工设备股份有限公司	第二届	监事会主席	王文昌	1997.5.28—2005.5.27
		监　事	崔建军　李玉森　高登顺　赵克强	
	第三届	监事会主席	赵克强	2005.5.28—2010.6.18
		监　事	李金祥　崔建军　赵立明　刘志胜	
	第四届	监事会主席	刘　奇	2010.6.18—2015.7.9
			崔建军	2015.7.10—
		监　事	刘志胜　牛兴强　赵立明　李金祥	2010.6.18—2015.7.9
			刘志胜　任凤政　赵立明　李金祥	2015.7.10—
美陵环境科技（淄博）有限公司	第一届	监事会主席	徐洪波	2010.6—2015.6
		监　事	崔建军　刘开元　赵立明　刘志胜	
美联环境科技（淄博）有限公司	第一届	监事会主席	曹国强	
		监　事	刘开元　宋　军	2017.3.21—

1958—2017年公司行政领导班子任职情况一览表

表 1-5

单位名称	职务		姓名	任职时间	备注
益都县齐陵人民公社联合机械制修厂		厂长	高凤和	1958.9—1962.8	
			李廷美	1958.9—1960.3	
临淄县齐陵修配站		站长	高凤和	1962.9—1968.9	
临淄县齐陵公社联合厂	革命领导小组	组长	张玉若	1968.9—1970.6	
		副组长	刘益振	1968.9—1970.6	
		组员	张春令	1968.9—1970.6	
			吕德仁	1968.9—1970.6	
			胡清玉	1968.9—1970.6	
临淄区齐陵公社农具厂	革命领导小组	组长	张玉若	1970.7—1971.12	
		副组长	刘益振	1970.7—1971.12	调离
		组员	张春令	1970.7—1971.12	
			吕德仁	1970.7—1971.12	
			胡清玉	1970.7—1971.12	
			高凤和	1970.10—1971.12	
		主任	张玉若	1972.1—1976.3	调离
		副主任	胡清玉	1975.3—1976.3	
临淄区齐陵公社农具厂	革命委员会	委员	张春令	1972.1—1976.3	
			吕德仁	1972.1—1976.3	
			胡清玉	1972.1—1975.3	
			高凤和	1972.1—1976.3	
			杨兆伦	1972.2—1973.6	调离
			王习平	1975.3—1976.3	
			梁继永	1975.3—1976.3	

续表

单位名称	职务	姓名	任职时间	备注
临淄区齐陵公社农具厂	厂　长	吕德仁	1976.3—1979.9	
	副厂长	王习平	1976.3—1979.9	
		高凤森	1976.3—1979.9	
临淄区齐陵公社农机厂	厂　长	吕德仁	1979.9—1979.12	
	副厂长	王习平	1979.9—1979.12	
		高凤森	1979.9—1979.12	
临淄电器厂（临淄区齐陵石油化工配件厂）	厂　长	吕德仁	1980.1—1983.6	
	副厂长	王习平	1980.1—1982.11	调离
		高凤森	1980.1—1983.6	
		刘效华	1983.1—1983.6	
临淄区石油化工配件厂	厂　长	吕德仁	1983.7—1986.5	
		王文昌	1986.5—1991.3	
		刘效华	1991.3—1992.9	
	副厂长	高凤森	1983.7—1984.5	调离
		刘效华	1983.7—1991.2	
		任凤云	1984.9—1992.9	
		吕德仁	1986.5—1992.9	
		徐洪波	1992.6—1992.9	
		刘　奇	1992.6—1992.9	
淄博美陵化工设备股份有限公司	总经理	刘效华	1992.9—1997.5	
	副总经理	任凤云	1992.9—1997.5	
		徐洪波	1992.9—1997.5	
		刘　奇	1992.9—1997.5	
	总经济师	王文昌	1995.1—1997.5	
	总工程师	任凤云	1995.1—1997.5	
	副总工程师	于洪泉	1995.1—1995.12	
	总会计师	赵忠孝	1995.1—1997.5	
	经理助理	崔建军	1994.3—1994.12	
		于洪泉	1994.7—1994.12	

续表

单位名称	职务	姓名	任职时间	备注
山东美陵化工设备股份有限公司	总经理	刘效华	1997.5—2003.2	
		李金松	2003.2—2005.3	
	副总经理	任凤云	1997.5—2000.2	
		徐洪波	1997.5—2005.3	
		刘　奇	1997.5—2005.3	
		刘永来	2001.2—2005.3	
		李玉森	2001.2—2005.3	
		赵克强	2001.2—2005.3	
		李金松	2002.8—2003.2	
		阮政卿	2003.2—2005.3	
	总经济师	王文昌	1997.6—2004.12	
	总工程师	任凤云	1997.6—2000.2	
		赵克强	2000.2—2005.3	
	副总工程师	李怀玺	2002.3—2005.3	
		郑素琴	2003.3—2005.3	
		于福海	2004.2—2005.3	
	总会计师	赵忠孝	1997.6—1999.2	
山东美陵集团	总经理	李金松	2005.3—2009.2	
	副总经理	徐洪波	2005.3—2009.2	
		刘　奇	2005.3—2009.2	
		赵克强	2005.3—2009.2	
		刘永来	2005.3—2009.2	
		李玉森	2005.3—2009.2	
		阮政卿	2005.3—2009.2	

续表

单位名称	职务	姓名	任职时间	备注
山东美陵集团	总　裁	李金松	2009.2—2012.2	
		赵克强	2012.2—	
	常务副总裁	赵克强	2009.2—2012.2	
		李玉森	2015.3—2017.3	
	副总裁	徐洪波	2009.2—2016.3	
		刘　奇	2009.2—2016.3	
		刘永来	2009.2—2014.2	2014年2月辞职
		李玉森	2009.2—2015.3	
		阮政卿	2009.2—2014.2	
		包焕忠	2009.2—	
		李金松	2012.2—2013.3	
		付士国	2015.3—	
		任凤政	2017.3—	
		王　维	2017.3—	
	高级顾问	徐洪波	2016.3—2017.12	
		刘　奇	2016.3—2017.12	
	环保水务总工程师	阮政卿	2007.3—2009.2	
	总工程师	赵克强	2005.3—2009.2	
		阮政卿	2013.3—2014.2	
	副总工程师	胡　平	2012.2—	

第二节　直属部门管理人员

1995—2017年公司直属部门成员任职情况一览表

表 1-6

部门名称	职务	姓名	任职时间	备注
企业管理办公室	主　任	王文昌	1995.1—2005.3	
		李金松	2009.2—2013.3	
		阮政卿	2013.3—2015.3	
		王　维	2015.3—	
	副主任	王　维	2013.3—2015.3	
		王玉明	2015.3—2017.3	
全面质量管理办公室	主　任	任凤云	1997.7—1997.9	
		于同进	1997.9—2000.2	
		任凤云	2000.2—2008.3	
		胡　平	2008.3—2012.2	
总工办	主　任	赵克强	2003.2—2012.2	
	主　任	胡　平	2012.2—	
	副主任	于同进	2015.3—	
财务处	处　长	赵忠孝	1995.1—1998.1	
		周永江	1998.1—	
		付士国	2015.3—	
	副处长	周永江	1995.1—1998.1	
		付士国	2009.2—2015.3	

第三节　员工队伍

山东美陵集团员工结构

1995年，山东美陵化工设备股份有限公司共有员工429人。其中，女员工77人；管理后勤员工130人，一线工作员工269人；大专以上文化程度的工程技术人员30人。

2007年，山东美陵集团共有员工982人。其中，女员工223人；管理后勤员工361人，一线工作员工621人；大专以上文化程度的工程技术人员165人。

2017年年底，山东美陵集团共有员工798人。其中，女员工200人；管理后勤员工316人，一线工作员工有482人；大专以上文化程度的工程技术人员219人。

山东美陵化工设备股份有限公司员工结构

1992年，淄博美陵化工设备股份有限公司共有员工153人。其中，女员工34人；管理后勤员工29人，一线工作员工117人；大专以上文化程度的工程技术人员7人。

1997年，山东美陵化工设备股份有限公司共有员工468人。其中，女员工89人；管理后勤员工130人，一线工作员工338人；大专以上文化程度的工程技术人员38人。

2004年，山东美陵化工设备股份有限公司共有员工772人。其中，女员工200人；管理后勤员工258人，一线工作员工514人；大专以上文化程度的工程技术人员73人。

2008年，山东美陵化工设备股份有限公司共有员工616人。其中，女员工136人；管理后勤员工195人，一线工作员工421人；大专以上文化程度的工程技术人员66人。

2017年年底，山东美陵化工设备股份有限公司共有员工624人。其中，女员工108人；管理后勤员工182人，一线工作员工442人；大专以上文化程度的工程技术人员137人。

美联环境科技（淄博）有限公司员工结构

2008年，美陵环境科技（淄博）有限公司共有员工464人。其中，女员工141人；职工中管理后勤员工217人，一线工作员工247人；大专以上文化程度的工程技术人员66人。

2011年，美陵环境科技（淄博）有限公司共有员工444人。其中，女员工151人；管理后勤员工227人，一线工作员工217人；大专以上文化程度的工程技术人员79人。

2016年，美陵环境科技（淄博）有限公司共有员工245人。其中，女员工111人；职工中管理后勤员工158人，一线工作员工87人；大专以上文化程度的工程技术人员28人。

2017年年底，美联环境科技（淄博）有限公司共有员工132人。其中，女员工60人；管理后勤员工80人，一线工作员工35人；大专以上文化程度的工程技术人员58人。

第三章　各子公司、分公司

第一节　山东美陵美力达风机有限公司

概况

山东美陵美力达风机有限公司位于山东美陵集团主厂区，建筑面积14167.69平方米，主要生产经营空调用离心通风机和各类重型锻件。公司的前身，是中外合资企业——淄博美陵化工设备有限公司。

1992年8月26日，在国家大力实施外向型带动战略的推动下，临淄石油化工配件厂与美国杜摩尔国际公司，就在临淄境内合资经营石化机械设备及配件达成协议，共同出资设立淄博美陵化工设备有限公司，并于1993年10月31日在淄博市工商行政管理局登记注册。

合资公司设立初期，其产品结构与中方企

业的产品结构基本相同。公司自1994年开始研制开发KT系列空调用离心通风机。1995年3月，有5种大型外转子风机研制成功并投放市场。1996年，5种规格的皮带拖动风机投放市场。1997年，随着风机总装车间的建成投入使用，空调风机已有两大系列13个规格品种推向市场。因当时空调风机使用的是淄博空调风机股份有限公司的“辛风”牌商标，按照法规要求，公司设立淄博空调风机股份有限公司美陵分公司。

1998年，公司“美力达”商标注册，撤销淄博空调风机股份有限公司美陵分公司，设立美力达空调风机公司（属内部设置未予注册）。同年，美陵股份公司将重型锻压厂并入美力达空调风机公司管理。

2002年，山东美陵化工设备股份有限公司与淄博美陵化工设备有限公司进行资产界定，美力达空调风机公司和重型锻压厂的全部资产属淄博美陵化工设备有限公司。同年11月8日，淄博美陵化工设备有限公司变更注册登记，更名为山东美陵美力达风机有限公司。主要生产经营空调用离心通风机及各种类型锻件。

2008年，山东美陵集团进行资产重组，山东美陵美力达风机有限公司成为美陵环境科技（淄博）有限公司控股的中外合资企业。

2015年，山东美陵集团机械制造板块上市重组，依照重组方案，山东美陵美力达风机有限公司所有股权转让给山东美陵化工设备股份有限公司，至此，山东美陵美力达风机有限公司成为山东美陵化工设备股份有限公司的全资子公司。

2017年，山东美陵美力达风机有限公司设总经理1人，副总经理3人。下设生产科、供应科、技质科、市场一部（风机）、市场二部（锻件）5个职能科室。设总装车间、壳体车间、锻压车间3个生产车间。2017年年底，共有员工116人。其中，女员工18人；管理后勤员工35人，一线工作员工81人；大专以上文化程度的工程技术人员16人。

2017年，山东美陵美力达风机公司拥有总资产7002万元，营业收入5695万元。

主要产品

风机产品 1994—1995年，公司主要研制开发KT系列大型外转子电机直联空调用离心通风机。此系列风机具有风量大、压力高、体积小、噪声低等特点，为组合式空调用风机开辟了新途径。1997年，外转子KT系列空调用离心通风机通过省级技术鉴定，并获得市科技成果奖。1998年，KT6-50 № 8.0空调用离心通风机被科技部列为国家重点新产品。

风机总装车间生产现场（2002年5月 摄）

1996—1999 年，公司以生产开发皮带拖动空调用离心通风机、双速外转子离心通风机及后倾机翼型叶片离心风机为主，1999 年，KT6-43 № 7.1S 双速空调用离心通风机通过省级技术鉴定，该产品填补国内大功率双速外转子电机直联拖动风机的空白，并获得淄博市科技成果奖。

2000—2003 年，美力达风机公司以市场需求为导向，把完善空调用离心风机的系列规格作为新产品开发主攻方向。2003 年，“美力达”牌空调风机被认定为山东省免检产品。2004 年，外转子后倾机翼型叶片离心通风机获淄博市科技进步二等奖。2006 年，“美力达”牌空调风机被认定为山东名牌产品。

2004 年，公司开始研制生产煤矿用轴流通风机。当年有 29 个规格的矿用隔爆型压入式对旋轴流通风机和 4 个规格的煤矿地面用防爆抽出式对旋轴流通风机研制开发成功，并分别于 2005 年 7 月 8 日和 11 月 24 日分两批有 27 个规格型号的矿用风机取得矿用产品安全标志证书，2006 年开始投放市场。同年，有 6 个规格的煤矿地面用防爆抽出式对旋轴流通风机开发成功，于 2007 年 2 月取得矿用产品安全标志证书。此系列风机具有效率高、能耗低、噪声低、运行平稳及结构简单、安装维修方便等特点。

2008 年，开发出 6 种规格的矿用风机，取得 FBCDZ № 18/2×75 安标证、防爆证、合格证。煤矿地面用防爆抽出式对旋轴流通风机获山东省优秀节能成果奖和淄博市优秀节能成果奖，并获得 2008 年山东省重大节能技术产业化奖励资金项目。2009 年，开发出 2 种规格的矿用风机。同年底，由于市场原因矿用风机停止生产。

2010—2017 年，风机的生产以开发空调用离心通风机型号及改变风机的组装型式为主，皮带拖动型式风机的电机安装型式实现多样化，制造出电机后置、侧置、下置安装及加长轴型式的风机以满足不同空调机组的要求。设计制造 5 种规格的圆弧板式后向叶片风机，以适应市场需求，圆弧板式后向叶片风机具有制作工艺简单、性能稳定等特点。

锻件产品　1996—2007 年，锻件产品以生产重量 3 吨以下的盘类、环类及钢制法兰类锻件为主。于 2003 年 9 月取得压力管道元件制造许可证书。

2007 年，锻压车间迁至山东美陵集团主厂区并进行扩产改造，改造后年生产能力为 1 万吨。主要生产 5 吨以下的盘类、环类、轴类锻件。

2009 年 10 月，新上 D53K-3500 径轴向数控辗环机，使环类锻件的锻造由马架扩孔改变

公司生产的锻件产品（2008 年 5 月　摄）

为数控辗环，实现环类锻件外圆直径最大3500毫米、内孔直径最小500毫米尺寸范围内数控锻造加工。

2011年，新上2000吨锻造液压机，10吨锻造操作机，同时配套设备有煤气发生炉、10吨装出料机等。主要生产重量10吨以下的各类重型锻件

2016年，高颈法兰类锻件用数控辗环机辗制成功。

2017年，锻压车间新上锻件调质热处理工艺。

2017年年底，锻件主要产品有碳素钢锻件、Cr-Mo合金钢锻件、低温用低合金钢锻件、不锈钢及双相钢锻件，生产制造能力为单件重量10吨以下的盘类、环类、轴类等锻件的锻制加工。

第二节　山东美陵博德化工机械有限公司

概况

山东美陵博德化工机械有限公司的前身是青岛博德化机有限公司，公司位于青岛经济开发区前湾港路，南下庄村南侧，占地面积3.03公顷。主要从事一、二、三类压力容器和非铁金属化工设备的设计及制造。

2002年5月，山东美陵化工设备股份有限公司经过对青岛市投资环境的实地考察，全面分析自身在化工设备生产经营方面的优势，以及新上中国石化青岛炼油化工有限公司所带来的商机，决定在青岛经济技术开发区投资设立一家以生产经营化工设备为主的控股子公司，作为公司在青岛的一个窗口。经过与青岛经济技术开发区辛安街道办事处多次协商，于7月24日达成协议。项目设在青岛经济技术开发区重化工业区内，与中国石化青岛炼油化工有限公司毗邻。

立项后，美陵股份公司设立青岛博德化机有限公司。于2002年11月8日在青岛市工商行政管理局注册登记。

2004年8月17日，设立青岛博德化机有限公司筹建部。工程于2005年3月正式开工建设，2006年年底竣工投产。购置安装设备27台（套），配电负荷630千伏安，项目设计能力为6000吨/年。

2006年6月，山东美陵集团从化工设备分公司抽调37名员工到青岛博德化机有限公司工作，开始压力容器制造资格取证工作。其管理机构及质量保证体系由化工设备分公司代管。8月11日，通过A2级锅炉压力容器制造专家组的审查。9月27日，取得A2级锅炉压力容器制造许可证。2007年，通过ASME的审查验收。

2008年，公司投资343万元，新增各种设备68台（套），企业的生产经营开始正常运转。

2012年12月，公司取得国家级安全生产标准化三级企业达标证书，安全管理工作得到规范和完善。

2014年4月24日，青岛博德化机有限公司更名为山东美陵博德化工机械有限公司。

2017年，山东美陵博德化工机械有限公司设总经理1人，副总经理3人。下设市场部、生产管理部、供应部、技术部、品质部、财务部6个职能部室和铆焊、机加工2个生产车间。2017年年底，公司共有员工109人。其中，女员工19人；员工中管理后勤员工34人，一线工作员工75人；大专以上文化程度的工程技术人员35人。

2017年，山东美陵博德化工机械有限公司拥有总资产9086万元，营业收入7167万元。

公司铆焊车间一角（2015 年 12 月　摄）

于立式换热器中的特殊设备，适用于上管板不允许存有积液的工况。该换热器的制造完成填补公司深孔焊技术空白。

2013 年，首次制造高温高压发卡式换热器。该换热器设备材质为 14Cr1Mo，结构上融合普遍的耐高温和套管式换热器结构，充实了公司产品种类。

2014 年，生产制造钛复合板换热器。此换热器为管箱复合板，钛管束（管板复合）设备，管箱对接焊缝结构制作复杂，加工要求高，填补公司加工钛复合板设备的空白。

2015 年，公司承制首套硫封罐，此设备出口至伊拉克。

2016 年，制造国内首套大型甲醇制氢转化器（A ~ C），单台设备直径达 3.3 米，重量达 160 吨。同年，首次生产制造氢循环冷却器高压换热器。

主要产品

2007 年，首次制造钛材、镍材等非铁基换热器设备。

2008 年，开发生产双管板换热器、铜管换热器、钛管换热器、镍基合金换热器。

2009 年，ASME 规范 U 钢印压力容器、螺旋角为 42.9 度的大角度不锈钢螺旋折流板换热器研发成功。

2010 年，成功制造油浆蒸汽发生器。通过多次现场调研、数据收集、统计分析，制定《油浆蒸汽发生器工艺守则》，公司掌握了炼油装置用关键设备的制造技术。

2011 年，制造大型塔式换热器。该换热器材质属于尿素级不锈钢，内件繁多复杂，最大单体 45 余吨，最长单体 20 余米，最大直径达 3.3 米。

2012 年，生产制造深孔焊换热器。此换热器属

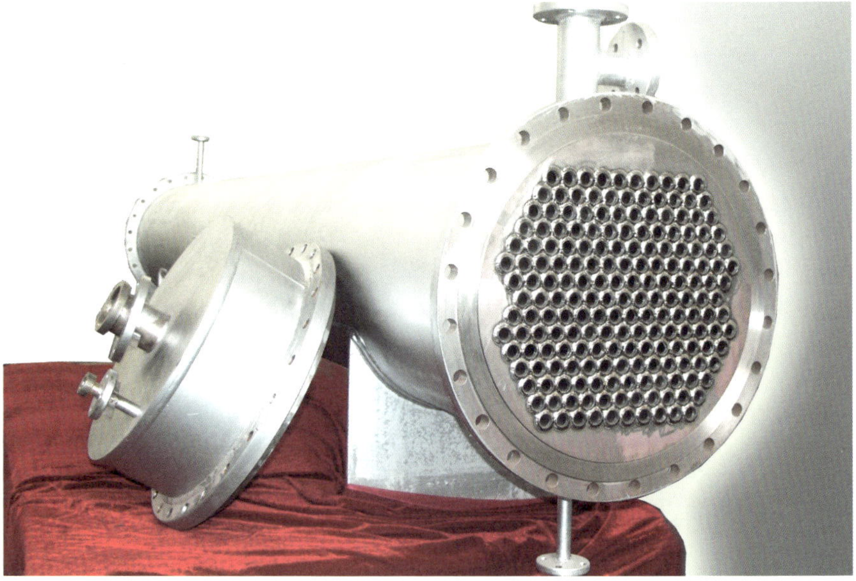

公司生产的钛设备（2007年　摄）

2017年，引进中石化洛阳工程公司的专利技术，生产制造DMTO甲醇——反应器换热器。

2017年，主要产品有DMTO大型立式换热器、各种高效节能、耐腐蚀管壳式换热器。面对石油化工、食品、制药、精细化工、电力、冶金以及海水淡化等行业，专业设计和制造不锈钢、钛、锆、镍、钽等有色金属换热器、压力容器等。

第三节 化工设备分公司

概况

化工设备分公司位于山东美陵集团主厂区，系1995年美陵股份公司实施二级目标化管理模式时设立的分支生产经营机构，建筑面积13876.25平方米，主要从事一、二、三类压力容器、高效旋风分离器、新型加氢反应器内件的设计及制造，是山东美陵化工设备股份有限公司的骨干生产企业。

1995年，淄博美陵公司实行内部管理机制改革，根据公司的产品结构特点，分别设立石化配件厂、催化剂厂、销售公司3个相对独立的核算单位，公司对其实行二级目标化管理。

1998年，随着公司的发展和产品结构的变化，对1995年后实行的二级目标化管理机制进行规范和调整，将二级单位进行整合，石化配件厂与催化剂厂合并为化工设备分公司（属内部设置，未注册），主要产品结构是一、二、三类压力容器、换热器、炼化配件、催化剂、高强度紧固件。

2001年，紧固件产品与炼油催化剂产品从化工设备分公司分离出来，另设立高强度紧固件分公司。化工设备分公司只生产经营一、二、三类压力容器、换热器、炼化配件产品。其中，压力容器、换热器产品占销售收入的90%以上。调整后的化工设备分公司，产品结构趋于精和专，生产经营更加合理。当年，分公司就生产各类压力容器、换热器464台（套），石化配件108万件，实现销售收入3446万元。

2004年，随着产品市场需求的不断提高，化工设备分公司对铆焊车间进行扩产改造，新建铆焊二车间厂房4668.65平方米，新增大型设备20台（套）。扩产改造后，生产能力由原来的年产4000吨，提高到2万吨。2012年，又投资548.7万元新建铆焊一车间厂房3960平方米，新增生产能力4000吨/年。

2007年，“美陵”牌高效节能换热器被国家质量监督检验检疫总局评定为中国名牌产品。

铆焊二车间外景（2008年8月 摄）

2012年，经中石化考察审核，公司以95分的优异成绩进入供应商行列，并承接哈萨克斯坦共和国芳烃装置48台换热器的制作合同，产品进入国际市场。同年12月，“美陵”牌高效节能换热器产品被评为中国石油和化学工业知名品牌产品。

2017年，化工设备分公司设总经理1人、副总经理4人。下设技术科、质检科、供应科、生产科、市场部5个职能科室和下料车间、金工车间、冲压车间、铆焊一车间、铆焊二车间5个生产车间。2017年年底，公司共有员工223人。其中，女员工39人；员工中管理后勤员工55人，一线工作员工有168人；大专以上文化程度的工程技术人员38人。

2017年年底，化工设备分公司拥有总资产11406万元。营业收入13996万元。

主要产品

1998年，公司引进华东理工大学技术，开发生产DF导向浮阀。同年，引进中石化洛阳工程公司技术，开发生产双弓板、三弓板换热器。

1999年，研制生产BVT浮阀塔板，2002年，该产品通过山东省级技术鉴定。2003年，该产品获临淄区科技进步三等奖。

2001年，研制生产横纹波纹管换热器，该产品2002年通过山东省级技术鉴定，2003年获淄博市科技进步二等奖和临淄区科技进步一等奖，2006年被列入国家火炬计划。

2002年，加工制造砂水分离器、刮泥机、压榨机污水处理设备。

2003年，开发生产螺旋波纹管换热器，该产品2004年12月通过山东省科技成果鉴定。2005年被列入山东省科学技术成果推广计划，2006年被列入山东省科技创新项目计划。

2004年，公司与清华大学合作研制生产HTV自适应组合浮阀塔板，该产品2005年被列入山东省技术创新重点项目和山东省产业技术研究与开发专项基金项目。

2005年，成功开发双壳程螺旋折流板换热器，该产品于2006年被列入山东省技术创新项目计划。

2006年，公司引进中石化洛阳工程公司技术，生产加氢反应器内件。自主设计制造第一台钛材固定管板式换热器，该产品填补省内空白。同年，生产制造 ф2500 立式降膜蒸发器、ф4165 氧化反应器、ф3900 氧化反应器等大型换热器。生产制造的双壳程螺旋折流板换热器通过山东省科技成果鉴定。

2007年，制造完成170万吨/年焦化汽柴油加氢装置加氢内件。同年，设计制造双相不锈钢换热器和316L复合板非标换热器。

生产的一、二、三级冷凝冷却器（2010年11月　摄）

2008 年，开发制造 SCV 高效自清洁浮阀塔盘。同年 12 月，该产品通过山东省科技厅新产品鉴定，产品综合性能指标处于国内领先。

2010 年，引进 SEI 加氢内件专有技术，当年实现销售收入 270 万元。同年，公司生产的螺旋波纹管换热器被列为淄博市节能降耗优秀成果项目。

2011 年，自主研发锥形翅片管冷凝器（FC 管）产品。同年，该产品被列入淄博市科技计划。

2012 年，为哈萨克斯坦共和国芳烃联合装置设计制造 48 台换热器，“美陵”牌换热器首次走出国门。

2013 年，制造换热管为多孔表面管（MH 管）的换热器设备。

2014 年，与北京化工大学合作完成换热管胀管机理课题的研究。

2015 年，加工制造 DN5500 亚洲最大渣油加氢装置反应器内构件。

2016 年，生产制造国内最大甲醇制氢核心设备转化器。

铆焊二车间生产场景（2015 年 7 月　摄）

2017 年，主要产品有各种类别、规格的一、二、三类压力容器，高效旋风分离器、新型加氢反应器内件。一、二、三类压力容器包括多种强化传热冷换设备，其中高效节能换热设备有 DMTO 大型立式换热器、T 型翅片管重沸器、折流杆换热器、双、三弓形折流板换热器、波纹管换热器等。

第四节　高强度紧固件分公司

概况

高强度紧固件分公司位于山东美陵集团主厂区内，公司建筑面积 6921.58 平方米，主要生产高强度紧固件。其产品主要用于石油、化工、钢结构、铁路、桥梁、风电等工程项目。

高强度紧固件分公司的前身是化工设备分公司的标准件车间。2001 年 3 月，山东美陵化工设备股份有限公司在分析了高强度紧固件产品的巨大市场潜力和自身的技术装备优势后，决定对高强度紧固件产品进行重点培育，遂将标准件车间从化工设备分公司分离出来，设立高强度紧固件分公司，同时将化工设备分公司的化工车间一并划归紧固件分公司管理。

2002 年，紧固件分公司对紧固件车间进行扩产改造，新建紧固件厂房 3312.33 平方米，新增设备 48 台（套）。2003 年 1 月，紧固件车间迁入新厂房，生产环境和装备水平有了很大的提升。2003 年 4 月 10 日，山东美陵化工设备股份有限公司高强度紧固件分公司在工商局注

紧固件车间网带炉热处理生产线（2005年10月 摄）

册登记。2003年4月26日，公司举行高强度紧固件分公司成立庆典。

2004—2005年，公司投资390.83万元，扩建紧固件厂房2592平方米，新增多工位冷镦机一台和热处理能力为800kg/h的网带炉热处理自动生产线一条，使紧固件生产能力提高近一倍。

2008年，投资254万元新上螺栓成型机1台，2009年投资280万元新上多功位螺母成型机1台。

2010年3月，化工车间从紧固件分公司分离出去，成立生物助剂分公司。

2011年，投资150万元购置800kg/h网带炉生产线1条，以解决热处理过程中因淬火介质切换带来的浪费及不能满足生产需要的客观情况。

2013—2017年，紧固件分公司调整产品市场结构，经过不断经营与发展，紧固件产品依靠过硬的产品质量，成为中石化、中石油、中海油等单位的主力供应商。

2017年，紧固件分公司设总经理1人、副总经理3人。下设生产科、供应科、技术科、质检科、市场部5个职能科室和紧固件一车间、紧固件二车间2个生产车间。2017年年底，公司共有员工94人。其中，女员工24人；管理后勤员工26人，一线工作员工68人；大专以上文化程度的工程技术人员18人。

2017年年底，紧固件分公司拥有总资产1301万元。营业收入3640万元。

主要产品

紧固件分公司的主导产品，共3大系列13个品种。

钢结构用高强度紧固件系列有5个品种，分别是钢结构用高强度大六角头螺栓连接副、钢结构用扭剪型高强度螺栓连接副、钢结构用大六角法兰面和大六角扭剪型高强度螺栓连接副、钢网架接点用高强度螺栓和圆柱头焊钉。该系列产品主要应用于铁路和公路桥梁、锅炉钢结构、工业厂房、高层民用建筑、起重机构及其他钢结构等。

机械设备用高强度紧固件系列有5个品种，分别是：柴油发动机用螺栓、铁路用带孔螺栓、折头螺栓、方头螺栓和车钩钩尾销螺栓。该系列产品主要应用于柴油发动机、铁路、机车等。

石油化工装置、管道用高强度紧固件系列有3个品种，根据材料分为：碳素钢螺栓、低合金钢螺栓、不锈钢螺栓，主要应用于化工装置和化工管道。

2003年，紧固件分公司研制开发出钢结构用高强度大六角头螺栓连接副和钢结构用扭剪型高强度螺栓连接副两种新产品，并于9月通过省级技术鉴定，制造工艺达到国内先进水平。

2005年，开发研制出钢结构用六角法兰

高强度紧固件生产现场（2008 年 8 月 摄）

面扭剪型高强度螺栓连接副和钢结构用大六角扭剪型高强度螺栓连接副，产品在同年 12 月通过省级技术鉴定。制造工艺达到国内领先。2006 年，获市科技进步三等奖和区科技进步一等奖。

2007 年，公司研制开发出达克罗 M36 高强度大六角螺栓连接副、车钩钩尾销螺栓、耐高温（650℃）高强度螺栓连接副等新产品。

2008 年，成功开发风力发电机组用高强度紧固件、定扭折头高强度螺栓 2 种新产品，并通过省科技厅组织的技术鉴定。耐高温（650℃）高强度螺栓连接副被列为 2008 年山东省重点技术创新项目，获得临淄区科技进步二等奖。

2009 年，成功开发美标钢结构螺栓，完成扭剪工艺改进。

2010 年，成功开发风电用达克罗带内六角双头螺栓。

2011 年，制造化工用耐低温高强度紧固件，开发达克罗表面润滑处理工艺。

2013 年，生产制造钻井机械设备用英制高强度螺栓连接副。

2016 年，生产制造煤制油气化裂化装置用高强度紧固件，该项目列入山东省技术创新项目计划。

2017 年，公司的炼油催化裂化装置用高强度紧固件项目被列入山东省技术创新项目计划。

2017 年，产品主要品种有：双头螺柱、全螺纹螺栓、高（低）温螺栓、钢结构用高强度大六角头螺栓连接副、钢结构用扭剪型高强度螺栓连接副、圆柱头焊钉、高强度异型紧固件以及德标、美标、英标、日标等紧固件系列。产品广泛应用于炼油化工装置及管道、高层建筑、桥梁、发动机、铁路机车、机械装备等。

第五节　汽车零部件分公司

概况

汽车零部件分公司位于山东美陵集团主厂区内，建筑面积 20270.46 平方米，主要生产刹车盘、制动毂、制动钳、制动支架、排气歧管、涡轮增压器等汽车零部件产品。

2009 年，美陵股份公司董事会经市场调研，新上汽车零部件项目。2010 年 9 月，一期铸造车间开始兴建。2011 年 3 月，设立汽车零部件分公司，以加强项目管理。2011 年 5 月，土建工程基本结束，进入设备安装调试阶段。铸造生产线采用美国应达公司生产的电炉、浇注机，丹麦迪砂公司生产的造型机、混砂机、砂处理系统，意大利 FA 生产的制芯机等一流铸造设备以及瑞士进口的光谱仪，德国蔡氏金

2011年9月6日，汽车零部件分公司铸造生产线进行联动调试

相显微镜等先进检测设备。

2011年9月，铸造生产线负荷调试成功，投入生产运行。2012年12月，公司取得ISO/TS16949质量管理体系认证证书。

2012年5月，二期机加工车间开工建设，2013年6月竣工交付。

2014年，完成清磨车间的建设。对铸造车间的球化除尘进行技术改造，以改善生产环境。

2015年，汽车零部件分公司成为山东省铸造协会理事单位。

2017年，汽车零部件分公司设总经理1人，副总经理3人，下设设备动力部、技术部、生产部、品质部、市场部5个职能部门和铸造车间、机加工、清磨3个生产车间。2017年年底，公司共有员工77人。其中，女员工7人；管理后勤员工29人，一线工作员工有48人；大专以上文化程度的工程技术人员28人。

2017年底，汽车零部件分公司拥有总资产942万元，营业收入6251万元。

主要产品

2011年，研制生产奇瑞轿车制动毂，通过改进生产工艺，产品的力学性能、金相组织、表面质量均达到用户要求。同年，进行制动盘高效无箱垂直造型铸造工艺的开发，并申报淄博市科技计划。

2012年4月，开始生产制动盘、支架、钳体、后制动板、后制动蹄、轮毂等汽车制动系统零部件产品。

2013—2016年，主要生产盘式制动器、鼓式制动器。其中，盘式制动器产品系列有整（分）体钳体、支架、制动盘；鼓式制动器主要有系列化的底板、制动蹄。

2013年，开发生产材质为HT200、QT400的汽车发动机用飞轮环产品。

2016年，完成材质为QT700-2、应用于捷豹、路虎等高端车型的82号轮毂产品开发。同年，新建3个灰铁砂仓，以稳定生产灰铁类产品的质量。

2017年，完成调整臂系列产品的开发，产品进一步迈向高端市场。

2017年，各种气压盘式制动器产品种类齐全，质量稳定可靠，广泛应用于客车、商用车、商用重卡和工程车等。各种制动系统类零件（底板、蹄铁）、飞轮环、轮毂、箱体、差减壳、铁路垫板、曲轴、排气歧管、压缩机机体等铸件产品，与国内外主机采购商形成完善的配套体系，赢得客户一致好评。

第六节 生物助剂分公司

概况

生物助剂分公司位于山东美陵集团主厂区，原为紧固件分公司的化工车间。2010 年 3 月，山东美陵集团将其从紧固件分公司分离出来，设立生物助剂分公司。

公司自成立以来，通过建章立制，规范各项管理，同时加强技术的引进与创新工作。公司与石油大学等单位建立了密切的技术合作关系。通过引进技术、改进工艺，产品合格率达 100%，产品销往中石化各大炼油企业以及省内各污水处理企业。

2012 年，公司投资 123.7 万元对生产车间进行搬迁改造，新建车间 1030 平方米，并对设备进行更新，改善生产条件，生产能力得到进一步提高。

2017 年，生物助剂分公司设总经理 1 人，副总经理 1 人，设生产部 1 个。2017 年年底，公司共有员工 5 人。其中，女员工 1 人；管理后勤员工有 3 人，一线工作员工有 2 人；大专以上文化程度的工程技术人员 2 人。

2017 年年底，公司拥有总资产 311 万元，营业收入 731 万元。

主要产品

公司主要生产 4 种产品，分别是：SFJ-1 防焦剂、MLJ-03A 消泡剂、MLA-18B 活化剂和 MLJ-03C 缓蚀剂。

SFJ-1 防焦剂，该产品主要用于炼油减粘裂化装置，具有延迟减粘原料结焦的起始温度，提高减粘裂化反应深度，抑制结焦，从而促进裂解，降低渣油黏度，提高轻油收率的功能。该产品 1999 年获淄博市科技成果奖，2000 年被山东省经济贸易委员会评为三等奖。

MLJ-03A 消泡剂，该产品主要适用于炼油焦化装置，具有消除焦炭塔产生的泡沫，提高焦化加工能力，减少焦化原料在管线和换热器内结垢，延长装置开工周期的功能。该产品 2005 年通过山东省级技术鉴定，同年，获淄博市科技进步三等奖和临淄区科技进步二等奖。

MLA-18B 活化剂，该产品适用于汽油（炼油）、无碱液、固定床脱硫醇工艺。

MLJ-03C 缓蚀剂，该产品主要适用于原油蒸馏、催裂化加氢等装置、强腐蚀系统的中和防腐。

第七节 山东美陵中联环境工程有限公司

概况

山东美陵中联环境工程有限公司位于山东美陵集团主厂区内，主要从事环保设备的设计、制造、安装、销售和环境工程的设计、施工、运营以及工程项目的总承包以及环境治理的技术服务工作。

2001 年 6 月 28 日，美陵股份公司与北京中联环工程股份有限公司签定股东合同书，共同设立山东美陵中联环境工程有限公司，同年 10 月 11 日，公司在山东省工商行政管理局登记注册。

2008 年，山东美陵集团进行资产重组，北京中联环工程股份有限公司将其所持有的山东美陵中联环境工程有限公司的股权，依法转让给美陵股份公司，并于 2008 年 8 月 5 日在山东省工商行政管理局进行变更登记。山东美陵中联环境工程有限公司由原来的合资公司变更为美陵股份公司的独资公司。

2008 年 8 月，美陵股份公司依照股东大会决议，将所持山东美陵中联环境工程有限公司的股权转让给美陵环境科技（淄博）有限公

山东美陵中联环境工程有限公司外景（2008 年 8 月　摄）

司，并于 2008 年 11 月 3 日，在淄博市工商行政管理局办理变更登记。

2010 年 11 月 30 日，山东美陵中联环境工程有限公司被山东省科技厅、省财政厅、省国税局、省地税局确认为国家高新技术企业。

2011 年 12 月，经淄博市科技局批准，山东美陵中联环境工程有限公司成立淄博市高浓度有机废水和高含盐化工废水处理工程技术研究中心。

2012 年 5 月，公司从山东美陵集团主厂区搬迁至临淄区临淄大道 99 号（即天齐渊矿泉水分公司院内）。

2016 年 5 月，公司迁回山东美陵集团主厂区研发中心办公楼。

2017 年 3 月，对美陵环境科技（淄博）有限公司进行存续分立，设立美联环境科技（淄博）有限公司。山东美陵中联环境工程有限公司成为美联环境科技（淄博）有限公司的下属子公司。

2017 年，山东美陵中联环境工程有限公司设总经理 1 人，副总经理 3 人。下设技术品质部、工程管理部、经营计划部、企业管理部 4 个职能科室。2017 年年底，公司共有员工 29 人。其中，女员工 9 人；大专以上文化程度的工程技术人员 24 人。

2017 年，山东美陵中联环境工程有限公司拥有总资产 5248.08 万元，营业收入 3971.22 万元。

主营业务

市政污水处理：利用市政污水处理领域的新工艺、新设备和新技术，将高效率、低成本的工艺结合起来，采用多级 A/O 工艺、水解 +A/A/O 工艺，使市政污水达到排放标准要求。

给水工程：采用新型高效沉淀技术、混凝式连续自清洗过滤器技术等为各级政府和大型企业提供水资源管理服务。

工业废水处理：采用先进技术和高效设备，为石化、钢铁、造纸、食品及电子等行业的企业解决废水处理难题。

中水回用：采用高效生物滤池、高效流砂过滤器、膜生物反应器等先进技术为回用水工程提供经济有效、稳定运行的方案。

工业废气治理：为炼油、石化、食品、喷漆和电镀等行业的众多企业解决各类高浓度有机废气污染问题，改善局部环境。

脱硫、脱硝、除尘：在脱硫、脱硝、除尘方面提供从系统设计、设备制造、自动化控制、整体调试到人员培训等一整套专业服务。

污泥处理：采用碳化、干燥机、超临界氧化等技术为污泥处理项目提供专业、可靠的解决方案。

污水处理整治：根据污水情况进行具体规

2015 年 7 月 30 日，山东美陵中联环境工程有限公司项目交流会

划，因地制宜地采用多元化的污水处理模式，实现社区、村镇污水处理及农村污水处理连片整治。

2017 年，山东美陵中联环境工程有限公司各类资质齐全、技术力量充沛，集咨询、投融资、设计、工程建设、设备制造集成、运营等于一体，具有投融资能力、完备的模拟实验装置、综合的技术集成能力，良好的企业品牌及经营模式。可以采用国际通用的 EPC、EPCM、DBO、BOT、BOO 等模式为业主提供环境解决方案和专业化服务。

第八节　淄博市天齐渊供水有限公司

概况

淄博市天齐渊供水有限公司位于临淄大道 440 号，占地 1.11 公顷，建筑面积 4855.72 平方米。公司主要担负临淄城区大部分居民和企事业单位生活供水。

公司前身是临淄区城建水厂，始建于 1992 年 9 月。1994 年 1 月，投入运营。1995 年，开始向城区居民供水。初建时，为山东省临淄外向型工业加工区水厂。1998 年 3 月，划归临淄区城乡建委管理，并更名为临淄区城建水厂。该厂 1994 年投入运营后，一直处于亏损状态，2002 年开始转亏为盈。

2003 年 4 月 18 日，临淄区政府与美陵股份公司签订产权、经营权出让协议，临淄城建水厂的产权、经营权以及齐陵水源地的城市集中供水的开发、经营权一并出让给公司。出让条件是城建水厂的债权、债务及在职员工全部由公司承担和接收。

美陵股份公司购并城建水厂以后，对其按照现代企业制度要求进行改制，并于 2003 年 9 月 28 日设立淄博市天齐渊供水有限公司。公司设立股东会，并由股东会选举产生一名执行董事和一名监事。执行董事作为公司的法定代表人，聘任了公司经理、副经理，形成完善的法人治理结构。

按照现代企业制度的要求，供水公司对内部三项制度进行改革。一是建立起干部能上能下的人事制度，公司对各级管理干部按业绩一

淄博市天齐渊供水有限公司外景（2008 年 8 月　摄）

2005 年 4 月 16 日，淄博市天齐渊供水有限公司召开二〇〇四年度股东大会

年一考评，一年一聘任，坚持能者上、平者下。二是建立起员工能进能出的用工制度，打破干部、工人、固定工、临时工的界限，统称为公司员工，一律实行合同制，并根据岗位设置实行竞争上岗，对富余人员进行分流。三是建立多劳多得的分配制度，实行工效挂钩的岗位工资制度，不同的岗位不同的报酬，岗变报酬变。

2008 年，山东美陵集团进行资产重组，淄博市天齐渊供水有限公司成为美陵环境（淄博）有限公司的独资公司。

2009 年 5 月　至 2011 年 12 月，淄博市天齐渊供水有限公司根据区政府的要求，配合临淄区水务局开展“同源一网”供水工程建设，共铺设各类供水管线 3.69 万米，新建齐陵供水站 1 处，解决了 5 个乡镇 25 万人的饮水问题。

2013 年，公司完善各种供水配套设施，11 月，淄博市天齐渊供水有限公司客服中心正式投入使用，建立抄表收费系统。

2017 年 3 月，对美陵环境科技（淄博）有限公司进行存续分立，设立美联环境科技（淄博）有限公司。淄博市天齐渊供水有限公司成为美联环境科技（淄博）有限公司的控股子公司。

2017 年，淄博市天齐渊供水有限公司设总经理 1 人，副总经理 2 人，下设运行部、市场部、工程部、企管办、财务科 5 个职能部门和化工区供水厂 1 个分支机构。2017 年年底，公司共有员工 51 人。其中，女员工 29 人；管理后勤员工有 29 人，一线工作员工有 22 人；大专以上文化程度的工程技术人员 19 人。

2017 年，公司拥有总资产 7642.65 万元，营业收入 3752.08 万元。

淄博市天齐渊供水有限公司中控室（2008 年 8 月　摄）

主营业务

淄博市天齐渊供水有限公司主要担负着临淄城区大部分居民和企事业单位生活供水，水资源丰富且水质好，日供水能力为10万立方米。

公司拥有城市供水资质和地下水取水资质，达到淄博市二级供水企业标准，拥有完善的各种供水设施，并建立客户服务中心、抄表收费系统，主要为城区、乡镇提供高效、优质的供水服务。

第九节 淄博美联电力科技有限公司

概况

淄博美联电力科技有限公司是美联环境科技（淄博）有限公司下辖的子公司，公司位于淄博市临淄区临淄大道99号天齐渊矿泉水分公司院内。该公司于2017年3月10日注册成立，为电业领域的专业公司。主要经营输配电、售电、电力工程，电力设备销售等业务。

淄博美联电力科技有限公司下设工程管理部、安全生产部、技术品质部、营销部4个职能管理部门。2017年年底，公司共有员工4人，均为男性职工。员工中大专以上文化程度的工程技术人员1人。

2017年，公司拥有总资产2029.83万元，营业收入184.91万元。

经营发展

公司成立后，先后承接了临淄区金山镇配电工程、区卫生局基建电力工程、区教育局配电改造工程、区广电局配电改造工程、区交通局博临路拓宽改造工程等。

第十节 山东新东郡置业有限公司

概况

山东新东郡置业有限公司是美联环境科技（淄博）有限公司下辖的子公司。主要从事房地产的开发、经营和管理。

山东美陵集团于2010年6月与齐陵街道办事处、淄河店村民委员会签定《淄河旧村改造土地开发协议》，通过旧村改造、搬迁安置腾出开发用地，以加快临淄区齐陵街道办事处淄河店村城市化进程，改善村民居住条件，创造更好的发展空间，以保护和合理利用土地资源。

2010年9月，山东美陵集团通过考察，与具有良好信誉和雄厚资金实力的二级房地产开发企业——山东齐鲁盛华房地产有限责任公司达成合作协议，设立山东齐鲁盛华房地产有限责任公司美陵分公司，负责实施淄河店旧村改造工程。

2010年6月5日，淄河村旧村改造工程签约仪式

2015 年 9 月，山东齐鲁盛华房地产有限责任公司美陵分公司更名为山东齐鲁盛华房地产有限责任公司东郡分公司。

2016 年 12 月，经山东美陵集团与山东齐鲁盛华房地产有限责任公司协商，撤销山东齐鲁盛华房地产有限责任公司东郡分公司，合作成立独立经营的山东新东郡置业有限公司，以更好地完成后续开发任务。公司注册资本 2000 万元，美陵环境科技（淄博）有限公司占 51% 股权，山东齐鲁盛华房地产有限责任公司占 49% 股权。

2017 年 3 月 21 日，对美陵环境科技（淄博）有限公司进行存续分立，设立美联环境科技（淄博）有限公司，山东新东郡置业有限公司成为美联环境科技（淄博）有限公司下辖的控股子公司。

经营发展

2010 年 9 月成立山东齐鲁盛华房地产有限责任公司美陵分公司后，经过近五年建设，基本完成旧村改造工作，累计建设住宅楼 21 幢，建筑面积约 10.5 万平方米。

山东齐鲁盛华房地产有限责任公司美陵分公司自 2013 年起，分四期先后取得房地产开发用地 10.47 公顷，完成开发面积 15.4 万平方米。

2017 年，山东新东郡置业有限公司先后取得淄河店村南区高档住宅区用地 2.93 公顷和 5.93 公顷，拟开发面积 9.7 万平方米。随着土地整理和收储工作的进展，约有 26 公顷土地将陆续收储和挂牌。

第十一节　天齐渊矿泉水分公司

概况

天齐渊矿泉水分公司位于淄博市临淄区临淄大道 99 号，地处 309 国道临淄段东首路南、田齐王陵以北，交通便利，自然环境优美，是临淄区优质矿泉水水源地。矿泉水分公司占地 1.32 公顷，建筑面积 4411.47 平方米，主要生产经营瓶装矿泉水、家庭用桶装矿泉水和含气苏打水。

齐陵街道地层深处蕴藏着丰富的矿泉水资源，矿泉水含有锶、偏硅酸、锌、铁、铜等多种对人体健康有益的微量元素。

1992 年 12 月 9 日，由地质矿产部地质环境管理司会同卫生部、轻工业部有关单位组成的国家饮用天然矿泉水技术评审组，对齐陵水源地的地下水进行了评审鉴定，水质检测数据表明，该水含锶 0.5 ~ 0.57 毫克 / 升，已达到饮用天然矿泉水国家标准（GB853-87）的界限指标，其他指标均符合饮用天然矿泉水国家标准的要求，属含锶的碳酸钙型矿泉水，可作瓶装矿泉水开发。

1993 年，齐陵镇政府以原乳品厂土地厂房作为出资，与齐鲁石化公司供排水厂合资设立淄博市临淄区天齐渊矿泉水有限公司。该公司设 GFP-2000 型瓶装水灌装线一条，主要生产 600 毫升瓶装矿泉水。由于经营管理等原因，一直处于亏损状态，至 1995 年年底停产。

1997 年 2 月 4 日，齐陵镇政府与美陵股份公司商定，由美陵股份公司收购临淄区天齐渊矿泉水有限公司的资产（不包括债权债务），实行资产重组。1997 年 2 月 27 日，双方办理实物验收交接手续。

资产重组完成后，美陵股份公司投资 83 万元对原厂房、设备进行了改造，1997 年 5 月，正式投产，并注册设立山东美陵化工设备股份有限公司天齐渊矿泉水分公司。产品仍以 600 毫升瓶装水为主。

1998 年 6 月，矿泉水分公司负责人赴浙江

2005 年 5 月 25 日，天齐渊矿泉水分公司被临淄区教育局确认为学生饮用水生产基地授牌仪式

考察家庭用桶装水的生产经营情况后，开始生产桶装矿泉水，解决产品单一的问题。1999 年 3 月，投资 15 万元，从上海引进 1 台每小时 80 桶的桶装水自动灌装线，产品在短时间内占领临淄区的大部分市场和东营、张店的部分市场。

2002 年，投资 13.8 万元，新上 1 台 GCP-250 桶装水自动灌装线，生产能力达到每小时 330 桶，桶装水成为主导产品。

2005 年，“天齐渊”矿泉水被淄博市教育服务中心确认为淄博市学生饮用水品牌之一，天齐渊矿泉水分公司被临淄区教育局确定学生饮用水生产基地。

2008 年，山东美陵集团进行改制重组，天齐渊矿泉水分公司变更为美陵环境科技（淄博）有限公司的分公司。

2008 年，天齐渊矿泉水分公司对矿泉水生产车间进行搬迁改造，新建框架二层生产车间，内设 500 桶 / 小时桶装线 1 条，8000 瓶 / 小时塑瓶灌装线 1 条和 6000 瓶 / 小时玻璃瓶灌装线 1 条，以扩大生产规模，提高工艺装备水平。产品有天然矿泉水、含气功能苏打水、软化水 3 个系列。

2017 年 3 月，对美陵环境科技（淄博）有限公司进行存续分立，设立美联环境科技（淄博）有限公司。天齐渊矿泉水分公司成为美联环境科技（淄博）有限公司的下属分公司。

2017 年，矿泉水分公司设总经理 1 人、副总经理 2 人。下设综合管理部、市场部、客服中心及 1 个矿泉水灌装车间。2017 年年底，矿泉水分公司共有员工 28 人。其中，女员工 22 人；员工中管理后勤员工 15 人，一线工作员工 13 人；大专以上文化程度的工程技术人员 10 人。

2017 年，矿泉水公司拥有总资产 2258.9 万元，实现产值 333.98 万元。

主要产品

天齐渊矿泉水以其优良的品质，于 1999 年被淄博市卫生防疫站、消费者协会、水质研究所确认为优质天然矿泉水，是淄博市唯一一家参加国家年检的天然饮用矿泉水生产单位。经历年的检测情况统计，各项指标均稳定在国家标准界定指标要求以内。其主要成分含量如下：（mg/L）锶（Sr）0.558 ~ 0.572（国家标准为 ≥ 0.2），偏硅酸 20.05 ~ 26.1（国家标准为 ≥ 25），锂（Li）0.014 ~ 0.02（国家标准为 ≥ 0.2），锌（Zn）0.005 ~ 0.01（国家标准为 ≥ 0.2）。

1997 年，矿泉水分公司以生产 600 毫升瓶装矿泉水为主。水源来自地下深层数百米，

天齐渊矿泉水生产场景（2010 年 1 月　摄）

富含锶、偏硅酸、锌、锂等人体所需矿物质和微量元素，水质纯净，甘甜爽口，PH 值为 7.0 ~ 7.6，与人体体液相似，是补充体液的最佳饮用水。

1998 年，矿泉水分公司开始生产桶装天齐渊矿泉水，桶装水除具有瓶装水水质特点外，还兼具家用方便、可送水到户等特点。

2009 年，矿泉水分公司开始生产含气苏打水，具有“天齐渊”水源之活性，且保留了天齐渊优质矿泉水的所有特点，为弱碱性水，饮后气体快速挥发排出，可调节和平衡酸性肌体，改善现代人亚健康状态，并可有效抑制细菌，保持口腔清洁卫生。

第十二节　临淄污水净化站

2016 年 11 月，临淄区人民政府确认美陵环境科技（淄博）有限公司为临淄区小型污水处理站的托管运营单位，并于 2016 年 11 月 15 日以前完成了污水处理站托管交接工作。项目包括临淄区凤凰镇西齐、赵家等 12 家污水处理站和乌河泵站。

2017 年 3 月，集团公司设立临淄污水净化站，以便对各污水处理站进行管理。

临淄污水净化站接管奥林匹克花园小区污水处理站后，对原有的污水处理工艺进行改造，于 2017 年年底改造完成并投入运行，采用 A/A/O 工艺，日处理污水量达 1000 立方米。

2017 年，临淄污水净化站新建矮槐泵站，矮槐泵站由山东美陵中联环境工程有限公司承建，同年 8 月投入使用。

矮槐泵站、乌河泵站的主要任务是将乌河的污水提升到临淄区齐城污水处理厂进行处理。

临淄污水净化站的各污水处理站出水水质均达到 GB 18918-2002《城镇污水处理厂污染物排放标准》中一级 A 标准。

2017 年 3 月 21 日，对美陵环境科技（淄博）有限公司进行存续分立，设立美联环境科技（淄博）有限公司，临淄污水净化站隶属于美联环境科技（淄博）有限公司。

2017 年，临淄污水净化站设经理 1 名。2017 年年底，临淄污水净化站共有员工 3 人，均为男性职工。员工中大专以上文化程度的工程技术人员 1 人。

2017 年，临淄污水净化站拥有总资产 4054.66 万元。

第十三节　淄博美陵加油站有限公司

淄博美陵加油站有限公司位于临淄区齐陵街道郑家沟村以北，309 国道与北齐路交汇处，占地 8770.71 平方米，建筑面积 831 平方米，储油能力 210 立方米。

淄博美陵加油站有限公司一角（2003年摄）

2000年12月14日，美陵股份公司与淄博市临淄区煜欣商贸有限公司经过协商，就煜欣商贸有限公司所经营加油站的全部资产、土地使用权以及经营权整体转让给美陵股份公司经营达成协议。协议签定后，美陵股份公司对加油站的资质、证照进行了办理，并以股份合作制的形式，设立淄博市临淄区美陵加油站，于2002年1月7日在淄博市工商行政管理局临淄分局登记注册。

美陵股份公司按照国家有关标准和规定，对原加油站重新规划、设计和改建，工程于2001年7月31日动工，10月竣工。改建后的加油站建筑面积831平方米，储存能力120立方米，新上税控加油机8台，建立了计算机网络管理系统，规模和设施均达到国家一级加油站的标准要求。2001年11月27日，顺利通过消防安全验收。2002年1月8日，举行开业典礼，正式对外营业。

2005年12月，为增加储存能力，新建30立方米的储油罐3个，使储存能力增加到210立方米。

2014年6月23日，更名为淄博美陵加油站有限公司，新上油气回收装置一套。

2017年，对原有油罐及管道进行拆除，完成双层油罐安装、双层复合管道更换。

2017年，淄博美陵加油站有限公司设站长1人，副站长1人。下设3个加油班。加油站24小时营业。2017年年底，公司共有员工7人，其中，女员工4人；管理后勤员工2人，一线工作员工5人；大专以上文化程度的工程技术人员1人。

2017年，淄博美陵加油站有限公司拥有总资产592.2万元，营业收入1090.06万元。

2017年，淄博美陵加油站有限公司油品全部为国六标准。有汽油：$98^{\#}$、$95^{\#}$、$92^{\#}$。柴油：$0^{\#}$、$-10^{\#}$。

2002年1月8日，淄博市临淄区美陵加油站举行开业典礼

第四章 已撤并子公司、分公司

第一节 临淄污水净化分公司

概况

临淄污水净化分公司位于太公湖北岸，牛山路以东，下辖淄河、齐都、齐城3个污水处理厂。主要担负临淄城区生活污水及部分企业工业污水的处理任务。

2003年4月18日，临淄区人民政府与美陵股份公司就临淄污水处理厂产权、经营权的出让签定协议：临淄区政府将临淄污水处理厂的产权、经营权一并出让给美陵股份公司。同时将临淄污水处理厂筹建处资产整体移交给公司，筹建处移交前所发生的费用以及筹建处在职人员由美陵股份公司承接。

美陵股份公司受让后，积极筹措资金，加快污水处理厂及配套工程和外围相关工程的施工进度，污水处理厂建成投入运营后，公司将其作为一个相对独立的生产经营机构，设立山东美陵化工设备股份有限公司临淄污水净化分公司，于2003年10月22日在临淄工商行政管理分局登记注册。

2005年月10月13日，淄河污水处理厂工程被评为国家重点环境保护实用技术示范工程。

2008年，山东美陵集团进行企业资产重组，临淄污水净化分公司成为美陵环境科技（淄博）有限公司的分公司。

2008年，临淄污水净化分公司先后对淄河污水处理厂和齐都污水处理厂进行脱氮除磷改造；2009年，齐城污水处理厂新增污泥浓缩池一座。淄河、齐都、齐城三个污水处理厂新上DCS系统；2010年，淄河污水处理厂新增污泥浓缩池一座；2012年，淄河污水处理厂进行曝气系统改造，齐城污水处理厂进行缺氧池改造，并新增离心脱水机两台。

在污水处理工艺上，齐城污水处理厂由水解+A/O+滤池改为水解+A/A/O+混凝沉淀

临淄污水净化分公司全景（2003年9月 摄）

池工艺，增加一个厌氧池，滤池改为混凝沉淀池。

2012年，临淄污水净化分公司被淄博市人民政府授予淄博市十一五主要污染物总量减排目标考核突出贡献企业称号。

2017年6月底，临淄污水净化分公司共有员工68人。设总经理1人，副总经理3人。下设办公室、技术科、维修班3个职能科室。下辖淄河、齐都、齐城3个污水处理厂，每厂设厂长1人，并设3个运行班，1个脱泥班，1个化验室。

2017年7月12日，美陵环境科技（淄博）有限公司转让给康达投资（香港）有限公司，临淄污水净化分公司随之归属康达投资（香港）有限公司。

宗地

临淄污水净化分公司宗地由3部分组成，分别为淄河污水处理厂宗地、齐都污水处理厂宗地和齐城污水处理厂宗地。

淄河污水处理厂，宗地位于太公湖北岸，临淄区稷下街道东孙村以南，面积26632.9平方米，属国有出让土地，该宗地2011年12月由美陵股份公司过户到美陵环境公司。

齐都污水处理厂，宗地位于齐都镇环镇路以南，面积52524.3平方米，属国有出让土地，

齐都污水处理厂一角（2008年　摄）

2011年12月由美陵股份公司过户到美陵环境公司。

齐城污水处理厂，宗地位于临淄区凤凰镇北安合村以北，博临路以东，面积79546.08平方米，已办理国有土地划拨手续。

基本建设

淄河污水处理厂，污水处理工程建设，设计能力为日处理污水2万吨。总建筑面积为6687平方米。其中，办公及生活设施1262平方米，机泵厂房1127平方米，污水处理工艺池4298平方米，共投资2594万元。工程于2002年4月动工建设，11月建成投入运行，2003年6月正式运营计费。工程由山东美陵中联环境工程公司设计并总承包，山东万鑫建工集团公司承建。

2010年，在淄河污水处理厂原有污泥浓缩池的基础上，新建一座直径11米，高度5.1米的污泥浓缩池。由山东美陵中联环境工程有限公司设计，山东淄建集团有限公司施工建设，淄博美太防腐保温工程有限责任公司安装施工，2010年7月施工建设，9月竣工，投资79.61万元。

2012年，对生化池进行扩容改造，扩建容积4373立方米。工程由山东美陵中联环境工程有限公司设计，淄博天华集团有限公司土建施工，淄博美太防腐保温工程有限责任公司安装施工。工程于2012年7月开工建设，11月竣工投入运行，投资520万元。

齐都污水处理厂，污水处理工程建设，设计能力为日处理污水3万吨。总建筑面积7334平方米。其中，办公及生活设施271平方米，机泵厂房954平方米，污水处理工艺池6109平方米，投资3200万元。于2002年10月动工建设，2004年3月建成投入运行，6月1日正式运营计费。工程由山东美陵中联环境工程

有限公司设计，由山东万鑫建工集团公司承建。

2012 年，在齐都污水处理厂院内新建轻钢结构车间 1030 平方米。投资 123.75 万元。工程于 2012 年 3 月动工建设，6 月竣工。工程由淄博市建筑设计研究院设计，山东铝业公司第二工程公司承建，基础部分由淄博齐兴建工有限公司施工建设。

齐城污水处理厂，污水处理工程建设，设计能力为日处理污水 10 万吨。一期工程设计能力为 5 万吨 / 日，采用水解 +A/A/O+ 混凝沉淀池工艺，出水水质达国家一级 A 排放标准。建筑面积 15150 平方米。其中，生产厂房及构筑物 14570 平方米，办公及公用设施为 580 平方米。投资 4708 万元。工程于 2007 年 7 月开工建设，2008 年 4 月 3 日竣工通水，9 月份通过环保验收投入正式运营。工程由山东美陵中联环境工程有限公司设计，山东淄建集团有限公司、淄博美太防腐保温工程有限责任公司施工建设，山东同力建设项目管理有限公司监理。

建设中的齐城污水处理厂（2007 年 10 月　摄）

第二节　青州市美陵污水净化有限公司

概述

青州市美陵污水净化有限公司是美陵环境科技（淄博）有限公司的独资公司，位于青州市东方路东侧，南阳河西南侧，占地 36500 平方米，建筑面积 11708.12 平方米。主要担负着青州城区污水处理任务，日处理能力 5 万吨。

2005 年 4 月 28 日，山东美陵中联环境工程公司与青州市政府签定《青州市城区污水处理 BOT 购并扩建特许经营合同》，以 BOT 的形式对青州市污水处理厂实行购并与扩建。美陵股份公司与美陵加油站共同出资设立青州市美陵污水净化有限公司，于 2005 年 6 月 6 日在青州市工商行政管理局登记注册。

2005 年 5 月，新建日处理能力为 3 万吨的污水处理工程，同时对原有日处理能力 2 万吨的污水处理工程进行改造，改造后污水处理能力达到日处理污水 5 万吨。

2008 年，山东美陵集团进行资产改制重组，青州市污水净化有限公司成为美陵环境科技（淄博）有限公司的独资子公司。

2008 年 8 月，公司进行升级改造，对曝气系统进行更新，污水处理系统加装搅拌器，使排水水质由《城镇污水处理厂污染物排放标准》(GB18918-2002）中的二级标准提高至一级 B 标准。

2012 年，将原来的 SBR 工艺改为 A/A/O 工艺，改造后使排水水质由

青州市美陵污水净化有限公司外景（2006 年 5 月　摄）

《城镇污水处理厂污染物排放标准》(GB18918-2002）中的二级标准提高至一级 A 标准。

2017 年 6 月底，公司有员工 40 人。设总经理 1 人、常务副总经理 1 人、副总经理 1 人。下设综合管理办公室、运营管理科 2 个职能科室，其运营管理科下设 1 个化验室和 4 个运行班组。

2017 年 7 月 12 日，美陵环境科技（淄博）有限公司转让给康达投资（香港）有限公司，青州市美陵污水净化有限公司随之归属康达投资（香港）有限公司。

宗地

青州市美陵污水净化有限公司宗地位于青州市东方路房家村东首，面积 36500 平方米，属国有划拨土地，宗地南端 21900 平方米，于 2009 年 6 月办理国有土地划拨手续，北端 14600 平方米，系购并原青州污水处理厂所属土地，至 2017 年 7 月，未办理划拨手续。

基本建设

2005 年 5 月，新建日处理能力为 3 万吨的污水处理工程，同时对原有日处理能力 2 万吨的污水处理工程进行改造，同年 12 月，两项工程全面竣工投入运行。改扩建后，建筑面积 11708.12 平方米。其中，新建工程 6136.04 平方米，改造工程 337.95 平方米，原建工程 5234.13 平方米。改扩建工程总投资 3174 万元，由山东美陵中联环境工程有限公司进行工艺设计，淄博市建筑设计研究院进行建筑工程设计，青州市第一建筑工程有限公司承建。

2012 年，对原污水处理系统实施 A/A/O 工艺改造，新建 3 万立方米曝气沉砂池一座（容积为 500 立方米）。由山东美陵中联环境工程有限公司设计，山东广尔建设有限公司土建施工，淄博美太防腐保温工程有限责任公司安装施工。工程于 2012 年 5 月动工建设，11 月竣工通水，投资 64.71 万元。同年，根据 A/A/O 工艺要求，新建 5 万立方米砂滤池一座（容积 2158 立方米）。由山东美陵中联环境工程有限公司设计，山东广尔建设有限公司土建施工，淄博美太防腐保温工程有限责任公司安装施工。工程于 2012 年 5 月动工建设，11 月竣工通水，投资 445.37 万元。

第三节　济宁美陵污水净化有限公司

概述　济宁美陵污水净化有限公司位于济宁市高新区黄屯镇德源路，建筑面积 8064 平方米。主要担负着济宁市高新区东部片区、生活及工业污水的处理。

该项目由济宁市高新区管委会出资建设，美陵环境公司以 DBO 方式总承包运营。工程于 2009 年 12 月 10 日开工建设，2010 年 8 月竣工通水，2010 年 12 月通过环保验收，进入

济宁美陵污水净化有限公司外景（2012 年 5 月　摄）

营运计费。2010 年 11 月 3 日，美陵环境公司在济宁市注册设立济宁美陵污水净化有限公司，负责该项目的运营管理。

济宁美陵污水净化有限公司采用的污水处理工艺为水解 +A/A/O+ 絮凝沉淀池工艺，出水执行《城镇污水处理厂污染物排放标准》（GB18918-2002）一级 A 标准。

2012 年，济宁美陵污水净化有限公司获济宁市高新区环保治理先进企业称号。

2017 年 6 月底，公司共有员工 18 人，设经理 1 人，副经理 1 人。下设办公室、化验室、维修班、运行部 4 个职能部门，设有 3 个运行班组。

2017 年 7 月 12 日，美陵环境科技（淄博）有限公司转让给康达投资（香港）有限公司，济宁美陵污水净化有限公司随之归属康达投资（香港）有限公司。

基本建设

济宁第二污水处理厂位于济宁高新区黄屯镇，总设计能力 4 万吨 / 日，第一期工程 2 万吨 / 日，由济宁高新区管委会投资建设，美陵环境公司以 DBO 方式总承包运营。工程由山东美陵中联环境工程有限公司设计，山东淄建集团有限公司土建施工，淄博美太防腐保温工程有限责任公司安装，济宁市建设监理有限公司监理。工程于 2009 年 12 月开工建设，2010 年 8 月竣工通水，12 月通过环保验收。该工程总建筑面积为 8064 平方米，其中生产厂房及构筑物 7364 平方米，办公及公用设施 700 平方米，投资 1968.89 万元。

第四节　昌邑市美陵污水净化有限公司

昌邑柳疃污水处理厂一期工程设计能力 1.5 万吨 / 日，由美陵环境公司以 BOT 方式投资建设和运营。工程由山东美陵中联环境工程有限公司设计，山东宝诚置业有限公司土建施工，淄博美太防腐保温工程有限责任公司安装施工，山东省华诚工程咨询监理有限公司监理。工程于 2009 年 10 月开工建设，2011 年 12 月竣工通水。该工程建筑面积 10824 平方米。其中，生产厂房及构筑物 9994 平方米，办公及公用设施 830 平方米。投资 2400 万元。

2012 年 6 月，以 2600 万元整体转让给联合环境水务（昌邑）有限公司。

第二篇
地产与基本建设

集团公司现有土地总面积195105.18平方米。其中，国有出让土地137189.56平方米，集体土地25855.62平方米，协议用地32060平方米。土地权属来源分为三种类型：一是历次占用的集体土地，二是购买其他单位土地，三是兼并企业其所属土地。由于历史原因，有些土地的权属证明资料早已失散，有些未办理正规手续。1998年，根据土地管理部门的有关规定，对1998年以前所占用的土地进行清理，补办土地出让手续。对原属国有的土地，先确认权属，后收回再重新办理出让手续；对原属集体的土地，先征为国有，再出让给美陵股份公司。1998年以后所占用的土地，均严格按照国家土地管理的有关规定，办理土地出让或使用手续。

企业生产发展的客观要求发生着变化，从20世纪60年代自力更生、自己动手的土木结构建筑，到20世纪70年代的砖木结构建筑以及后来的砖混、排架结构建筑，反映出企业发展与时代进步的过程。集团公司经过历年的新建、扩建、改建和购并，至2017年年底，集团公司总建筑面积91130.07平方米。

第一章 地产

第一节 主厂区宗地

主厂区宗地位于淄河店村西，太公湖南岸，牛山路998号。宗地面积129256.69平方米。

1998年以前，分8次占用土地52944.93平方米：1973年，齐陵人民公社革命委员会与淄河大队商定，以原齐陵钢铁厂旧址（在淄河店村以北，聂仙村西南）与淄河大队进行土地置换，将淄河大队土地5120平方米划归临淄区齐陵公社农具厂使用。1975年，临淄区齐陵公社农具厂扩建，占用淄河大队土地10680平方米，权属证明为淄政发〔1980〕278号文。1977年，占用淄河店村土地9693.38平方米，权属证明为临政土管字〔1990〕第6号文。1992年，经齐陵镇政府协调，齐陵建筑队将其旧址（位于淄博美陵化工设备股份有限公司西邻）8875.35平方米土地的使用权转让给淄博美陵化工设备股份有限公司。1993年，新建锅炉房占用淄河店村土地1980平方米。1995年，齐陵镇政府以齐陵兽医站土地1432.84平方米与齐陵粮管所旧址5381.25平方米进行置换，并将粮管所旧址土地使用权转让给淄博美陵化工设备股份有限公司。1998年，经齐陵镇政府与淄博市公路管理局协调，将淄河大桥收费处与山东美陵化工设备股份有限公司相邻的2429.46平方米土地使用权转让给山东美陵化工设备股份有限公司。以上7宗土地于1998年经淄博市土地管理局审查，按照权属证明，属国有土地的25545.44平方米经确认后先收回使用权，后重新办理出让手续；属集体土地的18575.02平方米先征为国有，后办理出让手续。1981年，淄河火车站东移后，临淄煤建公司对原淄河经营点的土地与房产进行处置时，临淄区齐陵公社石油化工配件厂购买该宗土地。该宗地面积为8824.47平方米，属国有土地。1997年，山东美陵化工设备股份有限公司对该宗土地进行申报，经淄博市土地管理局审查，以淄政土管〔1997〕75号文件批准，收回国有土地使用权，重新出让给山东美陵化工设备股份有限公司，并随文颁发国有土地使用证。

1998年以后，先后分6次占用土地。分别为：

2002年，紧固件车间搬迁改造，在主厂区东南占用淄河店村土地10282平方米，并办理集体土地使用手续。

2004年，经齐陵街道办事处协调，齐陵水利站将胶济铁路以北（系原齐陵废品收购站旧址）宗地838.16平方米转让给山东美陵化工设备股份有限公司。是年，铆焊车间扩产改造，在主厂区东南占用淄河店村土地7356平方米，申请用地材料报淄博市国土资源局临淄分局。

2005年，淄河大桥收费处由山东美陵化工设备股份有限公司东邻迁至齐陵街道郑家沟村以北，其收费处原址11545.47平方米的土地使用权转让给山东美陵化工设备股份有限公司。是年，山东美陵化工设备股份有限公司占用土地9143.74平方米。2007年，山东美陵化工设备股份有限公司将其中的3449.45平方米与齐陵交警中队驻地3813.2平方米土地进行置换，交警中队迁至郑家沟村以北，原址土地使用权归山东美陵化工设备股份有限公司。

2009年，新上汽车配件项目，购置山东齐鲁石化建设有限公司水厂土地11960.7平方米。是年，山东美陵化工设备股份有限公司占用原淄河大桥收费处和齐陵交警中队旧址土地，共计面积13814.9平方米，办理完成国有土地出让手续，其中淄河大桥收费处土地10001.7平方米、齐陵交警中队土地3813.2平方米。

山东美陵化工设备股份有限公司分2次租赁土地。分别为：2005年，新建铆焊二车间与锻压车间，租赁胶济线铁路用地12320平方米用作两车间以南的场地。与济南铁路局济南土地管理办公室签定用地协议。2012年，租赁铁路用地19740平方米用作车间料场、仓库。与济南铁路土地管理局签定用地协议。

第二节　主厂区外宗地

山东美陵博德化工机械有限公司宗地位于青岛经济技术开发区富源工业园，前湾港路南下庄村南侧，七星河路313号，面积30294平方米，系国有出让土地。其中代征道路面积3037平方米，厂区实际占地面积27257平方米。

矿泉水分公司宗地位于309国道与北齐路交汇处，临淄大道99号，面积13149.5平方米。该宗地于1999年办理集体土地使用手续，征为国有后，2013年办理国有土地使用手续。

齐陵井群宗地分为原井灌站井群和龙池井群，共8眼深井，占地2523.33平方米。其中，原井灌站井群1号井位于齐陵街道郑家沟村东南，占地366.67平方米；2—4号井位于齐陵街道驻佛村西南、村西、西北，占地963.34平方米；5号井位于齐陵街道杨西村西南，占地280平方米。龙池井群位于齐陵街道西龙池村东南，占地893.33平方米，宗地内有3眼深井以菱形分布。该宗地原权属为临淄区齐陵镇公有资产经营公司，于2004年转让给山东美陵化工设备股份有限公司。

淄博市天齐渊供水有限公司宗地位于临淄区稷下街道范家村，临淄大道440号，面积11110.95平方米，属国有土地出让。其中，南端5166平方米，原属国有划拨土地；北端

5944.95平方米，为后期扩建占用范家村土地，2009年征为国有后办理国有土地出让手续。

淄博美陵加油站有限公司宗地位于临淄区齐陵街道郑家沟村以北，309国道与北齐路交汇处，面积8770.71平方米。

第二章 基本建设

第一节 主厂区

1967年，临淄县齐陵修配站迁至现址，在资金不足的情况下，发动广大职工自己动手开山采石，建设土木结构办公室及伙房12间，建筑面积216平方米。1968年，建设白铁、修配、红炉、木业车间24间，建筑面积648平方米，投资1.64万元。1971年，建设木业车间6间、仓库5间，建筑面积221平方米，投资5700元。以上土木建筑分别于1993年和1996年拆除。

1972年，在厂区大门以西建设砖木结构宿舍13间，354平方米，投资6440元。由皇城公社四官建筑队施工建设。1996年，建设招待所时拆除。

1972年，新建砖木结构翻砂车间12间，建筑面积395.3平方米，工程墙体厚37厘米，投资3万元。由淮阳公社小高家建筑队施工建设。是年，在翻砂车间西北角建设一座高25米的烟囱和一处热处理炉，建筑面积46.9平方米，投资6860元。由淮阳公社小高家建筑队施工。1996年，建设总装车间时拆除。

1975年，新建砖木结构冲压车间12间，建筑面积465平方米，投资2.7万元。由益都县南星落建筑队施工建设，于1975年12月建成，1997年车间重建。

1975年，新建砖木结构夹板锤车间3间，建筑面积79平方米，投资3380元。由皇城公社四官建筑队施工建设。1998年，建设综合楼时拆除。

1976年，在厂区西南建设砖木结构仓库12间，建筑面积333平方米，投资7310元。由皇城公社四官建筑队施工建设。1993年，建设铆焊车间时拆除。

1976年，新建砖木结构金工车间12间，建筑面积456平方米，投资3万元。由齐陵建筑队承建。工程于1976年12月建成并投入使用，1999年，建设综合楼门前广场时拆除。

1978年，新建砖木结构宿舍12间，建筑面积380平方米，投资1.16万元。由齐陵建筑队施工建设。1982年，因农村实行联产承包责任制，厂内住宿职工减少，遂改造为办公室使用。1999年，建设综合楼门前广场时拆除。

1980年，新建砖木结构配电室4间，面积69平方米，投资4500元。由皇城公社四官建筑队施工建设。1991年，建设钣金车间时拆除。

1980年，对厂内中心路进行整修，铺设沥青路面1760平方米，投资1.5万元。是年，在冲压车间和金工车间后增建268平方米附房，投资1.09万元。由齐陵建筑队施工。后该建筑随车间拆除时一并拆除。

1982年，新上电镀项目。建设砖木结构厂房297平方米和配套的污水处理系统，投资3.42万元。工程于1982年8月建成并投入使用。该项目于1994年取消，其建筑于1998年建设综合楼时拆除。

1985年，对原废钢材堆放场地进行清理，建设824平方米灯光球场，投资1.84万元。由齐陵建筑队施工建设。2000年，建设环保设备车间时拆除。

1985年，对电力设施进行改造。按标准新建砖混结构配电室4间，面积75平方米，投资6790元。由齐陵镇刘营建筑队施工建设。1996年，建设总装车间时拆除。

1986年，新建砖混结构锅炉房和洗浴室119平方米，投资1.08万元。由齐陵镇刘营建筑队施工建设。1999年，建设综合楼门前广场时拆除。

1987年，新建砖混结构标准件厂房683平方米，投资16.62万元。由齐陵建筑队施工建设。工程于1987年6月建成并投入使用。2002年标准件车间搬迁至新建厂房，该厂房于2003年作为冲压车间，2012年，建设汽车零部件分公司机加工车间时拆除。

1991年，钣金车间搬迁改造，新建砖混结构厂房530平方米，投资10.4万元。由齐陵建筑队施工建设。工程于1991年4月动工建设，12月竣工并投入使用。2002年，建设壳体车间北跨工程时拆除。

1992年，新建三层砖混结构办公楼，建筑面积1097.52平方米，投资32.84万元。由淄博市建筑设计研究院设计，齐陵建筑队承建。工程于1992年3月动工，11月竣工，1993年3月28日正式启用。2015年12月，研发中心办公楼启用后拆除。

1992年，金工车间搬迁改造。新建砖混结构厂房898.88平方米，投资23.94万元。由淄博市建筑设计研究院设计，齐陵建筑队承建。工程于1992年12月动工建设，1993年5月竣工启用。2012年1月起，作为冲压车间。

1993年，淄博美陵化工设备股份有限公司与青州蔡春茂合作，共同出资新上轻体板项目，淄博美陵化工设备股份有限公司投资9.09万元，新建砖木结构厂房20间、烤房2间及办公室、伙房5间，共580平方米。由齐陵水利站施工队承建。该项目于1995年取消，其厂房等建筑物于1996年建设总装车间时拆除。

1993年，新建铆焊车间排架结构厂房11间，建筑面积1629.25平方米，投资74.11万元。由齐鲁石化公司乙烯指挥部设计所设计，路山建筑公司承建，因厂房跨度为24米，其折线屋架聘请淄博市建筑工程公司二工区协助制作。工程于1993年11月开工建设，1994年12月竣工并投入使用。

1994年，按照压力容器生产规范的要求，新建砖混结构无损探伤室230.46平方米，投资11.14万元。由齐鲁石化公司检修公司设计室设计，路山建筑公司施工建设。是年，新建铆焊车间办公楼363平方米，为二层砖混结构，投资8.89万元。由齐鲁石化公司检修公司设计室设计，齐陵水利站施工队施工建设。2012年，建设汽车零部件分公司机加工车间时拆除。

1994年，按照厂区规划对中心路进行拓宽改造，路面由原来的8米拓宽为12米，面积2620平方米，路面采用混凝土硬化，两边修砌排水沟和绿化带，投资9.39万元。由齐陵建筑队施工建设。是年，新建砖混结构锅炉房及浴室286平方米，投资10.08万元。由齐陵水利站施工队承建。2012年，建设汽车零部件分公司机加工车间时拆除。

职工宿舍楼外景（2008 年 8 月　摄）

1996 年，新建砖混结构的铸铝、浸漆车间 120 平方米，投资 5.147 万元。由淄博市建筑设计研究院设计，路山建筑公司承建。是年，新建三层框架结构职工食堂，建筑面积 641.44 平方米，投资 32.77 万元。由淄博市建筑设计研究院设计，路山建筑公司承建，由于地质原因，该工程采用柱桩基础。工程于 1996 年 4 月开工建设，11 月竣工并投入使用。是年，新建三层框架结构招待所。建筑面积 1072.87 平方米，投资 82.76 万元。由淄博市建筑设计研究院设计，路山建筑公司承建。工程于 1996 年 5 月动工，1997 年 6 月竣工，9 月底装饰工程完工，集会议商谈和食宿服务于一体，于 10 月 1 日正式启用。

1994 年，新建砖混结构六层点式宿舍楼一座，建筑面积 1618.2 平方米，投资 75.1 万元。由淄博市建筑设计研究院设计，路山建筑公司承建。工程于 1994 年 11 月动工建设，1995 年 11 月竣工并投入使用，解决在公司工作的外地大中专毕业生住宿及婚后家庭住房问题。

1995 年，与中国石化金陵石化公司设备研究院达成合作意向，设立金陵石化公司设备研究院淄博美陵设备防腐中心，新建排架结构厂房 854 平方米，投资 42.65 万元。由齐鲁石化公司检修公司设计室设计，齐陵建筑队施工建设。工程于 1995 年 5 月动工建设，10 月竣工并投入使用。厂房建成后因项目情况发生变化，改作化工、渗铝车间。2014 年，建设锻压新车间时拆除。

1996 年，根据 KT 系列空调风机产品已形成批量生产能力的实际，新建排架结构厂房 2155.5 平方米，投资 148.58 万元。该车间分为风机总装与电机生产两部分。由淄博市建筑设计研究院设计，齐陵建筑队承建。工程于 1996 年 3 月动工建设，1997 年 7 月竣工并投入使用。

1997 年，对原冲压车间进行搬迁改造。新建排架结构厂房 12 间，建筑面积 1600.25 平方米，投资 100.2 万元。由淄博市建筑设计研究院设计，齐陵建筑队承建。工程于 1997 年 8 月开工建设，1998 年 6 月竣工并投入使用。2005 年作为总装二车间，2011 年 3 月总装二车间撤销。2012 年 1 月起，作为机加工车间。

1998 年，新上电气传动控制设备系列产品项目，并新增理化检测中心检测及办公场所。新建三层框架结构综合楼，建筑面积 1718.04 平方米，投资 89.44 万元。由淄博市建筑设计研究院设计，淄博市临淄区齐陵建筑工程公司承建。工程于 1998 年 11 月开工建设，1999 年 6 月竣工。工程竣工后，因电气传动控制设备系列产品项目取消，其车间部分经过改造后分

综合楼外景（2007年5月　摄）

二工程公司设计并承建，其基础及墙体由淄博市临淄区齐陵建筑工程公司施工。后项目取消，厂房作为壳体车间。

2001年，山东美陵美力达风机有限公司新上一条设计能力为年产1万台风机的喷涂生产线，新建钢门架结构喷涂车间12间，建筑面积663平方米，投资36.53万元。由山东铝业公司第二工程公司设计并承建，其基础及墙体由淄博市临淄区齐陵建筑工程公司施工。工程于2001年10月竣工。

2002年，拆除钣金车间，对壳体车间向北接建一跨，建筑面积1048.81平方米，投资37.26万元。结构形式与壳体车间相同，其拱形波纹屋顶由山东铝业公司第二工程公司建设，基础墙体部分由淄博市临淄区齐兴建筑安装工程公司施工。工程于2002年5月30日竣

别作为信息中心、档案室、会议室、机械技术中心。2017年年底，该综合楼为集团公司档案室、理化检测中心、展厅以及山东美陵美力达风机有限公司部分办公场所。

1999年，利用拆除的厂房屋架以及梁、瓦等材料，新建砖木结构库房533.01平方米，投资13.32万元。由淄博市临淄区齐陵建筑工程公司施工建设。是年，对标准件车间进行扩建，增加热处理、发蓝工艺，对原车间向东接建590平方米，投资27.4万元。由淄博市临淄区齐陵建筑工程公司承建。工程于1999年7月开工建设，10月竣工并投入使用。2012年，建设汽车零部件分公司机加工车间时拆除。

2000年，新上MA系列生活污水处理设备项目。新建拱形波纹屋顶厂房2126平方米，投资81.03万元。由山东铝业公司第

紧固件车间外景（2007年5月　摄）

工。2003年10月起，作为紧固件仓库。

2002年，紧固件车间搬迁改造。新建紧固件厂房两栋，南栋为一跨16米，北栋为二跨32米，建筑面积3312.33平方米，屋顶采用钢网架复合彩钢板结构，墙体采用砖混排架结构，投资207.76万元。由淄博市建筑设计研究院设计，钢网架屋顶由淄博市冠博钢结构工程有限公司承建，基础墙体部分由淄博市临淄区齐兴建筑安装工程公司施工，淄博市振业建设监理有限责任公司监理。工程于2002年5月动工建设，11月竣工并投入使用。

2003年，增设一条年生产能力4万台风机的喷涂生产线。对原喷涂车间向南接建厂房10间，面积568平方米，工程采用砖混结构，屋顶为钢架复合板结构，投资26.58万元。由山东铝业公司第二工程公司设计并承建，其基础及墙体由淄博市临淄区齐兴建筑安装工程公司施工建设。工程于2003年9月27日竣工。

2004年，新建铆焊二车间。工程为排架钢网架屋顶结构，建筑面积4668.65平方米，投资315.65万元。由淄博市建筑设计研究院设计，淄博市临淄区齐兴建筑安装工程公司施工，网架屋顶由淄博市冠博钢结构工程有限公司承建。该车间位于集团公司主厂区东南部，因地势较高，平均下挖1.3米。工程于2004年5月开工建设，12月竣工并投入使用。是年，对原紧固件车间南排厂房向东接建9间，面积864平方米。其中东边三间288平方米为磷皂化车间，采用井字架、混凝土屋面，投资55.28万元。由淄博市建筑设计研究院设计，淄博市临淄区齐兴建筑安装工程公司施工，其钢网架部分由淄博市冠博钢结构工程有限公司承建。工程于2004年7月动工建设，12月竣工并投入使用。

2005年，对紧固件车间北排厂房向东接建54米，建筑面积1728平方米，其结构与原厂房相同，投资105.56万元。由淄博市临淄区齐兴建筑安装工程公司施工建设，钢网架由淄博市冠博钢结构工程有限公司承建。工程于2005年3月动工建设，6月竣工并投入使用。

2006年，对锻压车间进行搬迁改造，将锻压车间由齐鲁石化公司检修公司厂内迁至集团公司主厂区西南。新建轻钢结构锻压车间厂房3459.32平方米，投资255.66万元。由淄博市建筑设计研究院设计，山东铝业公司第二工程公司承建，厂房基础由淄博市临淄区齐兴建筑安装工程公司施工。工程于2006年11月开工建设，2007年1月完工。2007年3月，锻压车间设备基础及配套工程开始施工：先后建设120立方米冷却循环水池1个，3吨炉基础3处，5吨炉基础3处，台车炉基础1处，烟筒基础3处，1吨

铆焊二车间外景（2008年8月　摄）

锻压车间外景（2008年2月　摄）

锤基础、3吨锤基础、5吨锤基础各1处，液压站基础2处，轨道基础280米以及地面、管沟、管架等工程，投资113.84万元。是年7月，新建锻压车间办公室、洗浴室，建筑面积252平方米，硬化路面2027平方米，投资40.43万元。办公室于2014年建设锻压新车间时拆除。

2007年，集团公司置换淄河大桥收费处旧址后，对其原办公室、接待室、仓库等建筑共588平方米进行改造，投资26万元。由淄博市临淄区齐兴建筑安装工程公司施工。2017年12月，对办公室重新装修、配套设施后，作为集团公司职工之家。

2008年，对铆焊二车间以北的材料存放场进行改造，以铆焊二车间北墙、紧固件一车间南墙为支撑，用钢网架连接，做玻璃钢屋面，建筑面积1958平方米，投资41.49万元。由淄博市建筑设计研究院设计，淄博正宇钢结构工程有限公司施工建设。工程于2008年3月动工建设，5月竣工交付使用。

2009年，按照集团公司整体建设规划，将锅炉房由厂区东南搬迁至中心路南端路西，建筑面积212平方米，同时配套6吨/小时烟气脱硫系统、铺设中心路584米直径为125毫米的供热管道，投资41.21万元。由淄博市临淄区齐兴建筑安装工程公司施工建设。工程于2009年8月动工建设，11月完成供热管道安装。

2010年，新上汽车零部件项目。新建铸造车间11342.83平方米。工程选址在厂区南端美陵股份公司受让的山东齐鲁石化建设有限公司水厂宗地上（系原齐陵烟叶站旧址），该宗地与厂区地平高差在1.3米左右，2010年4月

铸造车间外景（2012年9月　摄）

3日至9月4日分两次开挖土方37874立方米，投资1958.53万元。由山东汇智工程设计有限公司提供工艺方案和施工图设计，山东莱钢建设有限公司承建，基础部分由淄博市临淄区齐兴建筑安装工程公司施工建设，山东祥云工程项目管理有限公司监理。工程于2010年9月动工建设，2011年5月竣工。

美陵研发中心外景（2016年5月 摄）

2012年，新建汽车零部件分公司机加工车间5476.61平方米，投资469.96万元，工程是在原冲压车间、铆焊一车间办公楼、原锅炉房位置上动工兴建的。同时，动工新建铆焊车间3960平方米，投资548.7万元。两车间连为一体，均为轻钢结构。由淄博市建筑设计研究院设计，山东铝业公司第二工程公司承建，基础部分由淄博齐兴建工有限公司施工建设。工程于2012年5月动工建设，2013年6月竣工。

2012年，集团公司对主厂区大门进行翻建。工程为框架结构，建筑面积105.28平方米，投资134.35万元（包括门外广场及路面工程）。由淄博市建筑设计研究院设计，淄博齐兴建工有限公司施工建设。工程于2012年4月11日动工建设，9月28日落成。

2014年2月26日至7月10日，建设清磨车间、仓库。工程为砖混结构，建筑面积2967平方米，投资290万元。由淄博市建筑设计研究院设计，淄博齐兴建工有限公司施工建设。是年，建设锻压新车间。工程为钢结构，建筑面积2173.6平方米，投资350万元。由淄博市建筑设计研究院设计，土建部分由淄博齐兴建工有限公司施工，钢结构部分由山东铝业公司第二工程公司施工建设。工程于2014年7月12日动工建设，11月2日竣工。是年，建设美陵研发中心。工程为框架结构，建筑面积5399.6平方米，投资1607.45万元。由上海云汉建筑规划设计有限公司、淄博市建筑设计研究院设计，山东高阳建设有限公司施工建设。工程于2014年8月17日开工建设，2015年8月28日竣工。

2015年5月6日至7月27日，建设研发中心北侧停车广场及研发中心主副楼中间广场，投资99.44万元。由淄博齐兴建工有限公司施工建设。

第二节　山东美陵博德化工机械有限公司

青岛博德化机有限公司于2005年3月开工建设，2006年12月竣工投产。投资686.34万元。其中，研发楼建筑面积2004平方米，投资340.27万元；铆焊车间建筑面积3990平方米，投资236.32万元；机加工车间建筑面积1770平方米，投资85.07万元；门卫室建筑面积24平方米，投资2.89万元；管沟及路面工程3586平方米，投资21.8万元。由青岛景观市政建筑设计有限公司设计，青岛中天伟业建设工程有限公司承建。

2013年，铆焊车间扩建。工程为钢结构，建筑面积4560平方米，投资847.22万元。由青岛景观市政建筑设计有限公司设计，土建部分由山东兴华建设集团有限公司施工，钢构主体部分由青岛金茂源钢结构工程有限公司承建。工程于2013年3月10日开工建设，2014年12月20日竣工。

2015年，东大门建设。工程为砖混结构，投资37.2万元。由淄博齐兴建工有限公司施工建设。工程于2015年7月6日开工，9月20日竣工。

2017年，建设钢结构形式的喷砂、喷漆房。建筑面积192平方米，投资25.8万元。由山东雅凯装饰工程有限公司承建。是年，对办公楼及车间外墙进行粉刷，投资50.88万元。由山东嘉虹建设工程有限公司施工，历时2个月，于5月28日竣工。

山东美陵博德化工机械有限公司外景（2015年7月　摄）

第三节　美联环境科技（淄博）公司

1997年，淄博市临淄区天齐渊矿泉水有限公司由美陵股份公司购并后，对厂房（1447平方米）、办公楼（426平方米）进行改造和装修，对道路重新硬化，新建职工浴室30平方米，改造职工食堂，共投资38.04万元。由淄博市临淄区齐陵建筑工程公司施工。建筑物于2010年建设新办公楼时拆除。

2003年，新上每小时250桶的桶装水灌装自动生产线，将原材料仓库改造为洗桶和灌装车间，投资10.28万元。由淄博市临淄区齐兴建筑安装工程公司施工。

矿泉水分公司外景（2008年8月　摄）

矿泉水分公司灌装车间外景（2012年11月 摄）

2008年，新建矿泉水灌装车间。工程为框架二层，内设500桶/小时桶装线一条，8000瓶/小时塑瓶灌装线一条和6000瓶/小时玻璃瓶灌装线一条。投资328万元。由山东省医药工业设计院提供工艺方案，淄博市临淄区建筑规划设计院设计，淄博市临淄区齐兴建筑安装工程公司施工，淄博新都建设项目管理有限公司监理。工程于2008年10月动工建设，2009年5月竣工。

2010年，新建办公楼。建筑面积1741.7平方米，投资285.5万元。工程为框架三层局部四层结构。由淄博市临淄区建筑规划设计院设计，淄博市临淄区齐兴建筑安装工程公司施工，山东祥云工程项目管理有限公司监理。工程于2010年9月开工建设，2011年10月竣工交付使用。2012年3月，美陵环境公司、矿泉水分公司迁入该楼办公。2016年12月，山东新东郡置业有限公司迁入。2017年3月，美联环境公司承续美陵环境公司该房产。2017年10月，淄博美联电力科技有限公司迁入。

第四节　淄博美陵加油站有限公司

2001年，美陵股份公司受让淄博市临淄煜欣商贸有限公司加油站后，投资72.32万元，对加油站进行翻建。新建营业房183平方米，钢网架加油棚648平方米，新上税控加油机8台，30立方米储油罐4个。由齐鲁石化胜利炼油设计院设计，淄博市临淄区齐陵建筑工程公司施工，油罐由潍坊生建压力容器厂生产。工程于2001年7月动工建设，10月竣工，11月27日通过消防安全验收。2002年1月8日正式对外营业。

2005年12月，新增30立方米储油罐3

淄博美陵加油站有限公司外景（2005年6月 摄）

个。投资19.79万元。其中，油罐加工17.45万元，由化工设备分公司制作；土建、安装费2.34万元，由淄博市临淄区齐兴建筑安装工程公司土建施工。

2014年4月，顺应环保要求，新上油气回收装置一套。投资21.86万元。由青岛德胜油气回收设备科技开发有限公司施工。

2017年8—9月，对原有油罐及管道进行拆除，完成双层油罐安装、双层复合管道更换。投资43.28万元。由山东源腾石化安装工程有限公司施工。是年9月20日至10月20日，加油站改造工程施工。工程为钢结构，投资35.61万元。土建部分由淄博齐兴建工有限公司施工建设，钢构部分由山东雅凯装饰工程有限公司承建。

第五节　淄博市天齐渊供水有限公司

淄博市天齐渊供水有限公司是美陵股份公司于2003年受让淄博市临淄区城建水厂产权和经营权后改制成立的。建筑面积4855.72平方米。其中，办公及公用设施1279.51平方米，生产设施3576.21平方米。2007年，将原175平方米泵房改造为职工活动之家，办公楼前267平方米场地铺设广场瓷砖，对大门进行全面改造。投资18.7万元。由淄博市临淄区齐兴建筑安装工程公司施工建设。

淄博市天齐渊供水有限公司自2003年改制后，随着市场的快速拓展，加快进行供水管网建设。

2003—2004年，完成晏婴路、迎宾路、雪宫路、牛山路、区人民医院、雪宫街道单家社区、齐兴路西段、桓公路东段、闻韶街道天齐北小区及东王新村等10项给水工程。铺设供水管线9963.5米。投资294.4万元。由淄博雪宫建筑安装有限责任公司施工建设。

2004—2005年，完成区园林局、临淄一中、临淄二中、雪宫街道桑家社区、闻韶街道勇士小区、区特教中心、辛店街道山王社区、区体育局、圃田园、城建开发公司、园林绿色长廊、稷下小学、临园新村、区盐业公司、区废旧公司等15项给水工程。铺设供水管线8675米。投资867.6万元。由淄博雪宫建筑安装有限责任公司施工建设。

2004—2007年，309国道改线建设，淄博市天齐渊供水有限公司及时启动齐陵水源地城市集中供水工程。铺设管线7255.5米。投资1553.6万元。由淄博雪宫建筑安装有限责任公司、淄博市临淄路山建筑工程有限公司施工建设。

2005年5月，按照与齐鲁化学工业区管委会达成的协议，淄博市天齐渊

淄博市天齐渊供水有限公司外景（2013年11月　摄）

供水有限公司在收购化工区水厂前期投入的基础上再投资150万元，完成水厂后续工程的建设。铺设供水管线10条，总长1263米。投资1103万元。由淄博雪宫建筑安装有限责任公司、淄博市临淄路山建筑工程有限公司施工建设。11月3日，正式对齐鲁化学工业区供水。

2005—2006年，完成齐兴路东段、杨家坡路北段、闻韶路北段、六棉、辛店街道牛山园、二处生活区管网改造工程等6项给水工程。铺设管线7403米。投资285.6万元。由淄博雪宫建筑安装有限责任公司、淄博市临淄路山建筑工程有限公司施工建设。

2007年，完成闻韶街道辛东生活区，稷下街道齐福园，万豪大酒店，路山建筑公司，齐鲁化学工业区青田路、纬六路、经二路、经六路，齐兴路东段，杨坡路北段，辛店街道牛山园等11项给水工程。铺设管线12633.8米。投资946.8万元。由淄博雪宫建筑安装有限责任公司、淄博市临淄路山建筑工程有限公司施工建设。

2008年5—11月，完成临淄大道东段给水管线铺设工程。铺设直径315毫米PE管线1200米、直径250毫米PE管线1500米。投资153万元。由淄博雪宫建筑安装有限责任公司、淄博市临淄路山建筑工程有限公司施工建设。

2009年7—9月，完成学府路给水管线铺设工程。铺设直径200毫米PE管线1400米。投资48万元。由淄博雪宫建筑安装有限责任公司施工建设。

2010年2—4月，完成桓公路101库给水管线铺设工程。铺设直径200毫米PE管线767米。投资27万元。由淄博雪宫建筑安装有限责任公司施工建设。是年4—7月，完成桓公路至东过境路给水管线铺设工程。铺设直径315毫米PE管线476.5米、直径200毫米PE管线1900米。投资121万元。由淄博雪宫建筑安装有限责任公司、淄博市临淄路山建筑工程有限公司施工建设。是年4—9月，完成天齐路给水管线铺设工程。铺设直径315毫米PE管线1800米。投资79万元。由淄博雪宫建筑安装有限责任公司施工建设。是年，新建齐陵供水站工程。工程包括一座2000立方米的清水池和建筑面积299.41平方米的加压泵房，位于美联环境公司院内。工程于2010年8月动工建设，2011年3月竣工投入运营。由临淄区水务局出资建设，淄博市天齐渊供水有限公司负责运营管理，主要供给齐陵、皇城农村生活用水。

2011年5—8月，完成晏婴路给水管线铺设工程。铺设直径250毫米PE管线1000米、直径200毫米PE管线1000米。投资89万元。由淄博雪宫建筑安装有限责任公司施工建设。

2012年5—8月，完成齐鲁化工区水厂机井配套管线安装工程。铺设直径800毫米管线900米。投资134万元。由山东汉鼎建筑工程有限公司施工建设。是年，投资90.45万元在化工区纬四路新打优质水井两眼。新增315千伏安变压器两台，安装200千瓦供水中开泵两台。

2013年，完成淄江花园万泰、高阳、蓝溪、裕华分区供水管网的设计及铺设。投资206万元。由淄博中海建筑安装工程有限公司施工建设。是年4月11日至10月26日，淄博市天齐渊供水有限公司办公楼进行外装。投资163.97万元。由临朐县亿达建材厂施工。是年5—10月，完成齐鲁化工区蓝帆专线工程。铺设直径630毫米管线7000米。投资1300万元。由淄博市临淄路山建筑工程有限公司施工建设。

2014年，完成取水井配套设施安装，1号、3号、6号取水井井房改造和计量收费系统改造。投资34.9万元。由淄博齐兴建工有限公司施工建设。是年3—12月，完成淄江裕华、万泰分区、金鼎绿城、棠悦小区供水管线安装工程。铺设直径160毫米管线1.5万米。投资197万元。由山东汉鼎建筑工程有限公司施工建设。

2015年，完成配电室改造，新打取水井8号、9号2眼。投资180万元。由淄博润诚电气设备有限公司施工建设。是年4—12月，完成闻韶街道勇士小区供水管线改造工程。铺设直径200毫米管线3500米。投资98万元。由淄博中海建筑安装工程有限公司施工建设。

2016年，完成闻韶街道勇士西生活区给水管线改造。新打取水井10号、11号、12号3眼。配套投资30万元。是年3—10月，完成柳店供水管线安装工程。铺设直径315毫米管线2900米。投资122万元。由山东汉鼎建筑工程有限公司施工建设。

2017年3—11月，完成花园东路、天齐路供水管线安装工程。铺设直径400毫米管线1600米。投资92万元。由淄博中海建筑安装工程有限公司施工建设。同时，完成临淄经济开发区引黄管线安装工程。铺设直径500毫米管线3500米、直径400毫米管线2600米、直径315毫米管线3300米、直径200毫米管线1008米。投资847万元。由淄博中海建筑安装工程有限公司施工建设。

第三篇

企业体制改革

1992年4月，临淄石油化工配件厂被列为淄博市第二批股份制改造试点单位之一。按照改制试点的要求，企业成立改制工作领导小组，就资产评估、股权界定、章程起草、招股说明等一系列筹备工作进行组织和部署。9月28日，召开淄博美陵化工设备股份有限公司创立暨第一届股东代表大会，同时产生以股东代表大会、董事会、监事会、经理层为架构的法人治理结构，企业改制工作取得成功。1996年5月，贯彻落实国务院《关于原有有限责任公司和股份有限公司依照〈中华人民共和国公司法〉进行规范的通知》精神和山东省、淄博市体改委的指示，按照股份有限公司规范工作的内容和基本要求，从注册资本、公司章程、法人治理结构、财务会计制度、股权管理和劳动、人事、分配三项制度等方面进行自评自审，对不符合《中华人民共和国公司法》要求的地方进行规范。1997年3月17日，山东省体改委审查批复，确认为规范股份有限公司，并更名为山东美陵化工设备股份有限公司，企业进入规范运作的新阶段。

1997年9月25日，山东美陵化工设备股份有限公司个人股626.55万股在淄博证券交易自动报价系统挂牌交易。1998年5月，淄博市人民政府根据国务院文件精神，拟对淄博证券交易自动报价系统逐步萎缩市场直至关闭，淄博市体改委介绍华冠股份有限公司以吸收合并的形式与美陵、万昌、通用3家股份有限公司酝酿协商，进行资产重组，申请全国上市，后因重组工作中的规范问题，美陵股份公司退出重组。1998年6月8日起，山东美陵化工设备股份有限公司个人股股票停止在淄博证券交易自动报价系统交易，1998年6月5日为最后一个交易日。

山东美陵化工设备股份有限公司成立后，企业经济发展和产业结构调整、优化的步伐加快，规模不断扩大。2004年8月，以山东美陵化工设备股份有限公司为核心企业，联合山东美陵美力达风机有限公司、山东美陵中联环境工程有限公司、青岛博德化机有限公司、淄博市天齐渊供水有限公司四个控股子公司作为紧密层企业，成立山东美陵集团。至2007年12月，山东美陵集团已拥有5个控股子公司即山东美陵美力达风机有限公司、山东美陵中联环境工程有限公司、青岛博德化机有限公司、淄博市天齐渊供水有限公司、青州市美陵污水净化有限公司，4个分公司即化工设备分公司、高强度紧固件分公司、天齐渊矿泉水分公司、临淄污水净化分公司，共9个二级单位，产业布局涉及机械、环保、水务等行业。2008年，山东美陵集团确立机械制造和环保水务两大优势发展产业，并从架构上进行分离。机械制造产业以山东美陵化工设备股份有限公司为核心企业，下辖1个子公司即青岛博德化机有限公司，2个分公司即化工设备分公司、高强度紧固件分公司。环保水务产业设立美陵环境科技（淄博）有限公司作为核心企业，下辖4个子公司即山东美陵美力达风机有限公司、山东美陵中联环境工程有限公司、淄博市天齐渊供水有限公司、青州市美陵污水净化有限公司，2个分公司即矿泉水分公司、临淄污水净化分公司。

2015年，山东美陵化工设备股份有限公司启动全国中小企业股份转让系统（新三板）挂牌工作，按照项目实施方案，在已有4个二级单位即山东美陵博德化工机械有限公司、化工设备分公司、紧固件分公司、汽车零部件分公司（2015年1月16日注册成立）的基础上，收购美陵环境科技（淄博）有限公司所辖山东美陵美力达风机有限公司。2016年9月19日，山东美陵化工设备股份有限公司股票在全国中小企业股份转让系统挂牌公开转让。证券简称：美陵股份。证券代码：838404。

2017 年 3 月 21 日，CHINA MEILING ENVIRONMENT HOLDINGS PTE.LTD. 对其下辖独资子公司美陵环境科技（淄博）有限公司进行存续分立，在淄博市工商行政管理局新登记注册美联环境科技（淄博）有限公司。被分立公司美陵环境科技（淄博）有限公司存续，拥有青州市美陵污水净化有限公司 100% 股权，济宁美陵污水净化有限公司 100% 股权，淄博市天齐渊供水有限公司 49% 股权，以及齐城污水处理厂项目资产和特许经营权，临淄淄河污水处理厂项目资产和特许经营权，临淄齐都污水处理厂项目资产和特许经营权。分立公司美联环境科技（淄博）有限公司承受山东美陵中联环境工程有限公司 100% 股权、天齐渊矿泉水分公司以及淄博市天齐渊供水有限公司 51% 股权。2017 年 7 月 12 日，CHINA MEILING ENVIRONMENT HOLDINGS PTE.LTD. 将其下辖独资子公司美陵环境科技（淄博）有限公司转让给康达投资（香港）有限公司。

第一章　股份制改造

1992 年 4 月，临淄石油化工配件厂被列为淄博市第二批股份制改造试点单位之一。根据淄博市及临淄区体改委的安排意见，临淄石油化工配件厂建立以齐陵镇党委书记为组长，临淄石油化工配件厂厂长、党支部书记及财务、厂办负责人为成员的企业改制领导小组，对股份制改造工作进行统一领导，负责制订改制方案并组织实施。同时，广泛宣传股份制的基础知识和企业改制的意义，提高广大干部职工对改制工作的认识，使其积极参与和支持企业改制。之后，根据《淄博市乡镇企业股份合作制规范化试行办法》《临淄区乡镇企业股份制实施方案》，企业起草《淄博美陵化工设备股份有限公司章程（讨论稿）》，组织清产核资小组对企业资产及债权、债务进行全面自查、自估，并委托淄博市临淄审计事务所对企业资产进行评估。5 月 26 日，淄博市临淄审计事务所出

1992 年，企业机制改革大会

具《关于对临淄石油化工配件厂资产评估的报告》。6月3日，临淄石油化工配件厂向临淄区体改委呈报《组建乡镇股份制企业申请书》及相关材料。7月15日，淄博市体改委发文批复，同意临淄石油化工配件厂改组为规范化股份合作制企业，并原则同意企业所报《淄博美陵化工设备股份有限公司章程（草案）》，同意企业股权划分办法和新发行股份100万元。按照淄博市政府文件精神及有关规定，企业改制领导小组精心组织，严格标准，完成企业的改组任务。9月28日，公司创立暨首届股东代表大会召开，淄博美陵化工设备股份有限公司成立。1993年2月5日，公司取得企业法人营业执照。

第一节　资产评估及股本构成

1992年5月8—10日，临淄石油化工配件厂委托淄博市临淄审计事务所对企业资产进行评估。

5月26日，淄博市临淄审计事务所出具《关于对临淄石油化工配件厂资产评估的报告》，并将报告上报临淄区国有资产管理办公室验证确认。

6月3日，临淄石油化工配件厂向临淄区体改委呈报《组建乡镇股份制企业申请书》及相关材料。

6月10日，临淄区国有资产管理办公室下发《关于临淄石油化工配件厂资产评估结果确认通知书》（临国资字〔1992〕4号）：截至1992年4月30日，临淄石油化工配件厂经评估的资产总值为556.14万元。其中，固定资产254.85万元，流动资产301.29万元。资产负债201.32万元，资产净值354.82万元。

6月10日，临淄石油化工配件厂以临石发〔1992〕23号文《关于股权界定的请示报告》向齐陵镇政府提出股权界定，拟将企业净资产中的企业积累、税后利润分配、企业基金和大修理基金共计256.28万元划为齐陵镇政府集体股。

7月15日，淄博市体改委下发《关于同意淄博市临淄石油化工配件厂改组为规范化股份合作制企业的批复》（淄体改股字〔1992〕25号），同意企业以自有资产为主体，通过发行内部股票的形式，改组建立规范化股份合作制企业；同意企业股权划分办法，其中企业历年积累资产256.28万元，划为集体股；新发行股份100万元，平价发行。

7月22日，临淄区齐陵镇政府下发《关于对“临淄石油化工配件厂集体股界定的请示报告”的批复》（齐政发〔1992〕28号），同意临淄石油化工配件厂报送的股权划分申请，企业净资产中的历年累计资产256.28万元，计256.28万股，股权归齐陵镇政府所有，其余部分98.54万元按不同会计科目分别作负债和挂账处理。

7月28日，淄博美陵化工设备股份有限公司（筹备）发布招股说明书，向股票投资者提供公司各项法定资料和股票发行细则，同时向中国人民银行淄博市分行提出发行企业内部股票的申请。

7月29日，中国人民银行淄博市分行下发《关于对博山化工机械厂等七家企业申请发行内部股票的审查意见》（淄银股〔1992〕12号），同意临淄石油化工配件厂改组为规范化股份合作制企业，同意临淄石油化工配件厂所拟定的招股说明书等文件。

8月27日，中国人民银行淄博市分行下发《关于对临淄石油化工配件厂申请发行内部股票的报告的批复》（淄银股〔1992〕20号），同

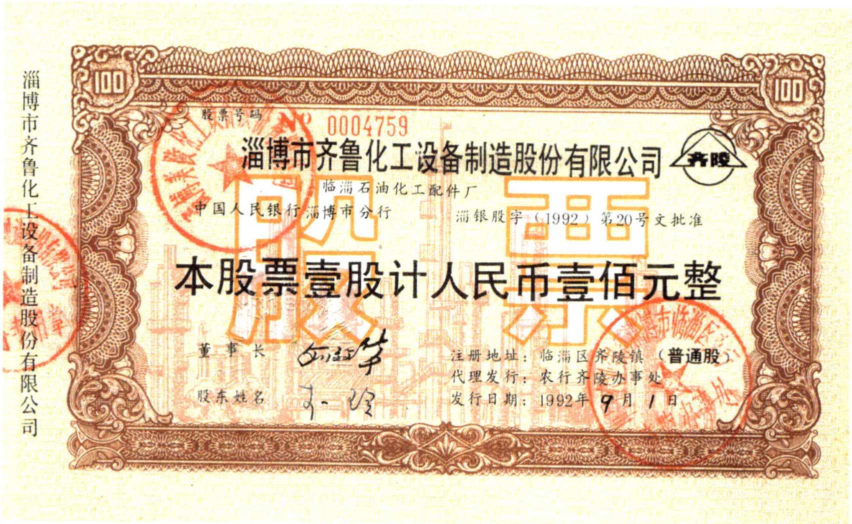

1992年，公司设立时发行的股票

意公司发行内部股票356.28万元，每股面值100元。在实施的过程中，原临淄石油化工配件厂以时有资产中256.28万元折股，由淄博市临淄区齐陵镇政府持有。另外100万元向公司内部职工及社会自然人定向募集发行，由中国农业银行临淄区支行齐陵办事处代理发行。发行工作自1992年9月6日开始，历时15天，共招募股东516名，募股100万元。其中，企业内部职工股东180人，认购19.02万元；社会股东336人，认购80.98万元。

募股成功后，受企业委托，淄博市临淄审计事务所对公司设立时的注册资金情况进行验证，出具《注册资金验证书》(〔1992〕临审事验字219号)，确认公司股份资金356.28万元。其中，齐陵镇政府持有集体股份资金256.28万元，占71.93%；个人股份资金100万元，占28.07%。

第二节　公司创立

1992年9月28日，淄博美陵化工设备股份有限公司创立大会暨首届公司股东代表大会在临淄宾馆东楼二楼会议厅举行，到会股东111名，代表316.78万股，占总股本的88.91%。出席大会的领导有临淄区人大常委会主任王光生，临淄区政协主席周振山，临淄区委常委、区委办公室主任于精忠，临淄区委常委、区政府副区长张建祥。

会议由齐陵镇党委书记、企业改制领导小组组长刘长江主持。临淄石油化工配件厂厂长、公司筹备小组负责人刘效华作《关于设立公司的报告》，临淄石油化工配件厂党支部书记王文昌宣读《淄博美陵化工设备股份有限公司章程（草案）》，大会主持人刘长江宣读《股东代表产生办法》和选举董事、监事等议案，并就各项议案向股东代表作说明。与会股东代表认真审议各项报告和议案，以无记名投票的方式进行表决，通过《关于设立公司的报告》《淄博美陵化工设备股份有限公司章程》(以下简称《公司章程》）和《股东代表产生办法》。

大会选举产生第一届董事和应由股东代表大会选举产生的监事，按照得票顺序，刘效华、刘奇、徐洪波、任凤云、郑建民、何文、何国荣等7人当选为公司第一届董事会董事；王克臣、韩荣杰当选为第一届监事会监事，与公司党组织负责人王文昌、职工代表大会选举产生的监事赵忠孝、崔建军等5人组成公司第一届监事会。

1993年2月5日，公司取得淄博市工商行政管理局临淄分局颁发的企业法人营业执照，企业名称淄博美陵化工设备股份有限公司。

第三节 公司的法人治理结构

公司创立后，按照规定建立起新的法人治理结构。

股东代表大会：是公司的最高权力机构，每年召开一次，特殊情况可召开临时股东代表大会。

董事会：是股东代表大会的常设执行机构，在股东代表大会闭会期间，负责公司的重大决策，对股东代表大会负责。

监事会：是公司经营活动的监督机构，对股东代表大会负责。

经理层：经理由董事会聘任，并向董事会报告工作，主要负责组织实施股东代表大会和董事会决议、公司的日常生产经营管理工作、拟定公司发展规划、年度生产经营计划和财务年度预、决算方案以及利润分配方案和弥补亏损方案等工作。副经理由经理提名，董事会聘任，协助经理开展工作。

第二章 规范运作

1995年9月20日，国务院下发《关于原有有限责任公司和股份有限公司依照〈中华人民共和国公司法〉进行规范的通知》，要求在《中华人民共和国公司法》实行前，依照有关法律法规、地方性法规登记设立的有限责任公司和股份有限公司，要依照《中华人民共和国公司法》进行规范和重新登记。山东省政府、淄博市政府也相继下发通知，要求落实国务院通知精神，做好对原有有限责任公司和股份有限公司的规范工作。

1996年5月，公司依照《中华人民共和国公司法》和山东省体改委、淄博市体改委有关文件精神，按股份有限公司规范工作的内容和基本要求，从注册资本、公司章程、法人治理结构、财务会计制度、股权管理及劳动、人事、分配三项制度等方面进行自审、自评，对不符合要求的地方进行规范。通过送红股、公积金转增、配股等方式使总股本达到1197.04万元。依照《中华人民共和国公司法》修订公司章程。将股东代表大会制度改为股东大会制度。同时，实行三项制度改革，建立员工能进能出的劳动用工制度，干部能上能下的人事制度，收入能高能低的按劳分配制度，并建立股权管理制度。6月29日，公司向山东省体改委、山东省工商行政管理局提出确认和重新登记的申请，并提报相关规范资料。

1997年3月17日，山东省经济体制改革委员会通过审查，确认公司系由原临淄石油化工配件厂发起，以募集方式设立，是合法存续的股份有限公司，并同意公司更名为山东美陵化工设备股份有限公司。同日，山东省人民政府颁发山东省股份有限公司批准证书。5月6日，公司取得山东省工商行政管理局重新核发的企业法人营业执照。

第一节 增加注册资本

1994年7月1日，《中华人民共和国公司法》施行，该法第七十八条规定，股份有限公司注册资本的最低限额为人民币1000万元。淄博美陵化工设备股份有限公司创立时注册资本为356.28万元。1996年5月，按照山东省及淄博市体改委关于股份有限公司进行规范的文件精神，公司董事会研究制定《关于公司规范工作的实施方案》，5月28日，提请股东代表大会审议，获得通过。

根据实施方案安排，第一步，对1995年度利润的分配，在提取三项基金后，按每股28.45%的比例派送红股，共派送红股101.36万元。其中，齐陵镇政府集体派送72.91万元，个人股东派送28.45万元。为扩大企业职工持股比例，齐陵镇政府决定将红股转让给企业职工。

本次派送红股完成后，公司总股本457.64万元。其中，齐陵镇政府集体股256.28万元，个人股201.36万元。

第二步，从资本公积金中支出463.16万元转增股本，以原始股356.28万股为基数，每股送1.3股。其中，齐陵镇政府集体股转增333.16万股，个人股转增130万股。

公积金转增股本完成后，公司总股本为920.80万股。其中，齐陵镇政府集体股589.44万股，占总股本的64.01%；个人股331.36万股，占总股本的35.99%。

第三步，1996年10月10日，公司以淄美字〔1996〕31号文《关于申请配股的报告》向淄博市规范工作办公室提出配股申请，拟在920.80万股的基础上，按1∶0.3的比例配股，配股总额为276.24万股，配股价为1.50元/股。经淄博市规范工作办公室报山东省规范办公室审查，批准公司的配股请示。

在实施配股过程中，齐陵镇政府所持有的集体股按规定应配股176.83万股，由于资金方面的原因，提出以价值31.57万元的矿泉水设备一套折价配股，折股21.05万股，其余155.78万股配股权以平价转让给公司内部职工。个人股按规定应配股99.41万股，加受让齐陵镇政府转让配股155.78万股，共配255.19万股。

1997年3月17日，山东省经济体制改革委员会下发《关于同意确认淄博美陵化工设备股份有限公司的函》（鲁体改函字〔1997〕11号），同意确认：公司由原临淄石油化工配件厂发起，以募集方式设立；公司股份总数为1197.04万股，每股面值人民币1元，股本金总额为1197.04万元。其中，淄博市临淄区齐陵镇政府持有发起人股610.49万股，占股份总数51%；个人股586.55万股，占股份总数49%。公司更名为山东美陵化工设备股份有限公司。同日，山东省人民政府颁发山东省股份有限公司批准证书（鲁政股字〔1997〕9号），确认公司的股本总数及股本结构。

4月12日，山东淄博会计师事务所出具《验资报告》（淄会师验字〔1997〕64号）对此次增资进行验证。

5月6日，公司领取山东省工商行政管理局重新核发的企业法人营业执照，注册号：3700001803857。

6月14日，公司董事会研究决定，将公司设立时发行股票每股面值100元人民币拆细为每股面值1元人民币。总股本1197.04万股。其中，齐陵镇政府持有610.49万股，持股比例51%；个人持股586.55万股，持股比例49%。

第二节　修改公司章程

依照《中华人民共和国公司法》修改《公司章程》，是规范工作的一项重要内容。原

《公司章程》是依据《淄博市乡镇企业股份合作制规范化试点办法》及有关规定，本着“国际惯例，中国特色”的原则制定的，共10章55条，条款许多方面与1994年7月1日颁布实施的《中华人民共和国公司法》不符，必须依法进行修订。

1996年5月，公司董事会按照《中华人民共和国公司法》的要求，对原《公司章程》进行全面修订。在修订过程中，公司董事会以《中华人民共和国公司法》为准绳，以协调好公司、股东、董事、监事、经理人以及员工等不同利益主体的关系为目标，在原《公司章程》的基础上进行较大幅度的修改，重要修改20多处，并增加3章22条25款，修改后的《公司章程》共13章77条。5月28日，经1995年度股东代表大会审议，通过修改后的《公司章程》。新《公司章程》更加明确公司的法人地位，其行为受法律的约束，权益受法律的保护；确立股东大会制度，维护中小股东的利益；规定股东会、董事会、监事会和经理层的职责、权利和义务以及执行业务所遵循的规则；规范公司的用工制度，增加依法保护职工合法权益的内容。

修改后的《公司章程》随同其他规范工作材料一并报送山东省体改委。1997年3月17日，山东省体改委确认公司为规范股份有限公司，《公司章程》也同时获得批准。

第三节 规范企业运行机制

建立起适应社会主义市场经济要求的企业运行机制，是这次规范工作应达到的目标之一。

按照《中华人民共和国公司法》和《公司章程》规定，根据权力机构、决策机构、执行机构和监督机构相互分离、相互制衡、相互协调的原则，公司进一步明确股东大会、董事会、监事会、经理层之间的关系与职责，规定公司董事长、董事、监事会主席、监事及公司经理产生的程序、任职条件，修订董事会、监事会的议事规则，制订股东大会、董事会、监事会的工作细则，并建立相应的会议记录制度。

同时，公司进行劳动、人事、分配三项制度改革，建立起职工能进能出、干部能上能下、收入能高能低的劳动人事管理和分配制度。第一，企业管理干部按照分级管理、逐级负责的原则，一律实行聘任制。总经理由董事会聘任或解聘。副总经理及高层管理人员由总经理提议，董事会聘任或解聘。一般管理干部由总经理聘任，一年一聘任。按照工作业绩、群众评议，坚持能者上、平者让、庸者下，建立起按市场经济要求选聘干部的竞争机制。第二，打破亦工亦农、干部、工人的身份界限，实行全员劳动合同制，建立起企业与职工双向选择的用工制度，从根本上解决员工能进能出的问题。第三，打破分配上的平均主义，各二级单位的年度工资总额与其经济、技术、管理三项指标的考核情况挂钩。员工个人工资实行工效挂钩的全浮动工资制、定额成本工资制、计件工资制、岗位技能工资制等多种分配形式。其中，一线工人实行计件工资，不易计件的实行定额成本工资制，管理岗位实行岗位技能工资，在什么岗位拿什么报酬，并坚持工资分配向一线工人和工作环境苦、脏、累、差、险以及技术要求高的岗位倾斜，实现员工工资收入与劳动技能、劳动责任、劳动强度、劳动条件及贡献相挂钩。

第三章 产权制度改革

1997年10月14日，临淄区委、区政府印发《关于进一步深化企业改革，加快转机建制的实施意见》，明确提出："深化产权制度改革的重点和核心是通过改革，使企业的产权关系更加明晰，推动资本进入市场，形成产权主体多元化，促进现代企业制度的建立，使企业成为市场的主体。"同时，要求在改制中，要本着减少公有股比例、增加个人股比例的原则，将公有股权有偿转让给社会法人和自然人，企业一般不留或少留公有股。对符合国家产业政策、发展潜力较大的企业可适当保留一定比例的公有股，但一般不超过全部股份的20%。

11月8日，齐陵镇党委、镇政府发文对全镇企业产权制度改革提出具体实施意见，并出台相应的优惠政策。

1992年公司设立时，齐陵镇政府持股256.28万股，持股比例72%。1997年通过依法规范和分红后持股610.49万股，持股比例49%。自1997年11月企业产权制度改革提出至2001年年底，齐陵镇政府持股情况未有变动。根据产权制度改革实施意见，2002年，齐陵镇政府进行第一次股权转让，转让后齐陵镇政府持股61.858万股，持股比例5%。2003年，通过未分配利润和资本公积金转增股本，齐陵镇政府持股增至100.2099万股，持股比例仍为5%。2004年5月21日，齐陵街道办事处进行第二次股权转让，将所持股份100.2099万股，全部有偿转让给公司内部6名经营管理人员。8月9日，山东省发展和改革委员会批复齐陵街道办事处第二次股权转让事项，齐陵街道办事处不再持有公司股权。

第一节 第一次股权转让

1997年11月8日，齐陵镇党委、齐陵镇政府印发《关于进一步深化企业改革加快转机建制的实施意见》（齐发〔1997〕41号）。关于企业改制的形式和操作办法中，对于"股权的设置及出售"，《意见》明确规定：1.企业改为股份制或股份合作制，其股权设置一般可分为集体股、法人股和个人股。要本着减少集体股比例、增加个人股比例的原则，将集体股有偿转让给原企业经营者、职工、社会法人和自然人，企业一般不留集体股或少留集体股。2.股权出售时，要鼓励个人持大股。为鼓励企业经营者和职工购大股，凡一次性购买50万元~100万元的，按10%优惠；购买100万元以上的优惠20%，同等条件下，优先出售给本企业经营者和职工。

2002年9月12日，齐陵镇政府印发《关于同意转让镇政府持有的山东美陵化工设备股份有限公司股份的通知》（齐政发〔2002〕57号）。《通知》同意将齐陵镇政府持有的486.78万股份转让给公司经营管理人员，转让价格参考经山东中大会计师事务所有限公司评估确定的公司每股净资产1.82元（截至2002年5月31日）；对一次性缴款的，可按照区委、区政府有关指示及镇委、镇政府〔1997〕41号文件的规定优惠；转让所得用于全镇经济建设。

2002年9月16日，齐陵镇政府与公司内部21名经营管理人员签定《股权转让协议》，将其持有的山东美陵股份486.78万股，转让给公司内部21名经营管理人员。

2002年9月16日，齐陵镇政府印发《关于对刘效华同志进行股权奖励的决定》（齐政发〔2000〕47号）。《决定》指出：根据区政府深化改革的文件精神及产权明晰、政企分开和鼓励经营者持大股的原则要求，结合刘效华为齐陵镇经济建设所做的重大贡献，经镇党委、政府研究决定，从镇政府持有该公司的股份中奖励给刘效华61.852万股；齐陵镇政府与刘效华签定《股权转让协议》，将其持有的美陵股份61.852万股，以零价格转让方式奖励给刘效华。

2002年10月14日，公司股东大会通过决议，同意齐陵镇政府将其持有的公司股权中的486.78万股转让给公司内部21名经营管理人员。

2002年10月15日，山东新永信有限责任会计师事务所验证并出具《验证报告》（鲁新永信验证字〔2002〕5号），截至2002年9月23日，前述股权转让款已缴付。

2002年11月11日，山东省经济体制改革办公室印发《关于同意山东美陵化工设备股份有限公司调整股本结构的批复》（鲁体改企字〔2002〕90号），同意上述股权转让事项；同日，山东省人民政府颁发山东省股份有限公司批准证书（鲁政股字〔2002〕55号），确认公司的股本总数及股本结构。

2002年12月，公司就上述股权转让事项办理工商变更登记。本次股权转让后，公司的股权结构为：总股本1237.04万股。其中，齐陵镇政府持股61.858万股，持股比例5%；个人持股1175.182万股，持股比例95%。

第二节　第二次股权转让

2002年，齐陵镇政府通过第一次股权转让后持股61.858万股，持股比例5%。2003年，通过未分配利润和资本公积金转增股本，持股增至100.2099万股，持股比例仍为5%。

2003年9月27日，山东省人民政府下发《关于同意淄博市临淄区撤销齐陵镇设立齐陵街道办事处的批复》（鲁政函民字〔2003〕23号），临淄区撤销齐陵镇，以原齐陵镇的行政区域设立齐陵街道办事处。齐陵街道办事处承继原齐陵镇政府持有的公司股权。

2004年4月16日，齐陵街道办事处发出《关于同意转让街道办事处持有的山东美陵化工设备股份有限公司股份的通知》，将街道办事处持有公司的100.2099万股全部转让给公司经营管理人员，转让价参考山东启新有限责任公司会计师事务所审计后的每股净资产3.25元；同时可按照临淄区委、区政府有关指示及齐政发〔1997〕41号文规定优惠。

4月17日，公司召开董事会会议，就齐陵街道办事处将持有的公司100.2099万股转让给公司经营管理人员等事宜进行讨论并形成决议。

5月18日，公司召开股东大会，会议以投票表决的方式通过有关齐陵街道办事处转让公司股权的议案。

5月21日，齐陵街道办事处与刘效华等6人签定《股权转让协议》，将其持有的公司股权100.2099万股转让给公司内部6名经营管理人员，转让价格参考经山东启新有限责任会计师事务所审计确定的公司2003年度会计报表的每股净资产3.25元，并对一次性缴款的给予优惠20%。

5月28日，齐陵街道办事处和公司内部6名经营管理人员办理股款收付手续。

6月25日，临淄区人民政府下发《关于山东美陵化工设备股份有限公司6名自然人购买齐陵街道办事处集体股的批复》（临政字〔2004〕89号），同意上述股权转让数量、价格及一次性缴款优惠方式。

7月19日，受公司委托，山东建友会计师事务所有限责任公司对股权转让情况进行审验，并出具《验证报告》（鲁建验字〔2004〕3076号），确认股权转让款已于5月28日办理收付手续。

7月29日，受公司委托，山东启义达律师事务所就本次股权转让出具法律意见书。意见书认定：本次股权转让的齐陵街道办事处与经营者的主体资格合法、有效，《股权转让协议》的形式、内容符合相关法律、政策规定，不存在影响本次股权转让的重大法律障碍。

8月9日，山东省发展和改革委员会印发《关于同意确认山东美陵化工设备股份有限公司股权结构调整的批复》（鲁体改企字〔2004〕74号），同意此次股权转让事项。同日，山东省人民政府颁发山东省股份有限公司批准证书（鲁政股字〔2004〕45号），确认公司的股本总数及股本结构。

8月，公司就此次股权转让事项，办理工商变更登记。本次股权转让后，公司股本总额为2004.0048万股，全部为个人持股。

第四章　资产重组

山东美陵化工设备股份有限公司成立后，经济发展和产业结构调整、优化的步伐加快，规模不断扩大。2004年8月，以山东美陵化工设备股份有限公司为核心企业，联合山东美陵美力达风机有限公司、山东美陵中联环境工程有限公司、青岛博德化机有限公司、淄博市天齐渊供水有限公司四个控股子公司作为紧密层企业，成立山东美陵集团。至2007年12月，山东美陵集团已拥有9个二级单位。其中，5个控股子公司，即山东美陵美力达风机有限公司、山东美陵中联环境工程有限公司、青岛博德化机有限公司、淄博市天齐渊供水有限公司、青州市美陵污水净化有限公司；4个分公司，即化工设备分公司、高强度紧固件分公司、天齐渊矿泉水分公司、临淄污水净化分公司。产业布局涉及机械、环保、水务等行业。

2008年，山东美陵集团确定机械制造和环保水务两大优势发展产业，并从架构上进行分离，以通过专业化管理，在各自领域实现强势发展。

架构分离完成后，机械制造板块山东美陵化工设备股份有限公司辖1个控股子公司青岛博德化机有限公司，2个分公司即化工设备分公司和高强紧固件分公司。环保水务板块美陵环境科技（淄博）有限公司辖1个控股子公司山东美陵美力达风机有限公司，3个全资子公司即山东美陵中联环境工程有限公司、淄博市天齐渊供水有限公司、青州市美陵污水净化有限公司；2个分公司即天齐渊矿泉水分公司、临淄污水净化分公司。

机械制造板块山东美陵化工设备股份有限公司于2015年年初启动全国中小企业股份转让系统（新三板）挂牌工作。10月31日，上市重组工作完成。上市部分为2个子公司即山东美陵美力达风机有限公司和山东美陵博德化工机械有限公司，3个分公司即化工设备分公司、高强度紧固件分公司和汽车零部件分公司。

环保水务板块美陵环境科技（淄博）有限公司成立后，一直谋求境外上市，但因境外市盈率较低、公司管理难度大等因素，放弃境外上市。之后几经考察，与康达投资（香港）有限公司合作，以高于国内主板环保水务平均市盈率的价格向其出让股权。2017年3月21日，美陵环境科技（淄博）有限公司进行存续分立，在淄博市工商行政管理局新登记注册美联环境科技（淄博）有限公司。被分立公司美陵环境科技（淄博）有限公司存续，拥有青州市美陵污水净化有限公司100%股权，济宁美陵污水净化有限公司100%股权，淄博市天齐渊供水有限公司49%股权，以及齐城污水处理厂项目资产和特许经营权，临淄淄河污水处理厂项目资产和特许经营权，临淄齐都污水处理厂项目资产和特许经营权。分立公司美联环境科技（淄博）有限公司承受山东美陵中联环境工程有限公司100%股权、天齐渊矿泉水分公司以及淄博市天齐渊供水有限公司51%股权。7月12日，美陵环境科技（淄博）有限公司转让给康达投资（香港）有限公司。

第一节 优化产业结构

山东美陵化工设备股份有限公司于1992年9月28日成立之后，经济发展和产业结构调整、优化的步伐加快，规模不断扩大。

1993年10月，与美国杜摩尔国际公司合资设立淄博美陵化工设备有限公司（2002年11月更名为山东美陵美力达风机有限公司）。其中，山东美陵化工设备股份有限公司持有74.55%的股权，美国杜摩尔国际公司持有25.45%的股权。

1997年8月，设立山东美陵化工设备股份有限公司天齐渊矿泉水分公司。

1998年1月，设立山东美陵化工设备股份有限公司化工设备分公司。

2001年10月，与北京中联环工程股份有限公司合资设立山东美陵中联环境工程有限公司。其中，山东美陵化工设备股份有限公司持有80%的股权，北京中联环工程股份有限公司持有20%的股权。

2002年11月，设立青岛博德化机有限公司（2014年4月24日更名为山东美陵博德化工机械有限公司）。其中，山东美陵化工设备股份有限公司持有54.5%的股权，28名自然人持有45.5%的股权。

2003年4月，设立山东美陵化工设备股份有限公司高强度紧固件分公司。

2003年9月，设立淄博市天齐渊供水有限公司。其中，山东美陵化工设备股份有限公司持有50.9%的股权，18名自然人持有49.1%的股权。

2003年10月，设立山东美陵化工设备股份有限公司临淄污水净化分公司。

2004年8月，以山东美陵化工设备股份有限公司为核心企业，联合山东美陵美力达风机有限公司、山东美陵中联环境工程有限公司、青岛博德化机有限公司、淄博市天齐渊供水有限公司四个控股子公司作为紧密层企业，成立山东美陵集团。

2005年6月，设立青州市美陵污水净化有限公司。其中，山东美陵化工设备股份有限公司持有 71% 的股权，淄博市临淄区美陵加油站持有 29% 的股权。

2006 年 4 月，山东美陵中联环境工程有限公司与韩国 Q-BioTech Corp. 合资设立淄博快美环保科技有限公司。其中，山东美陵中联环境工程有限公司持有 75% 的股权，Q-BioTech Corp. 持有 25% 的股权。

至 2007 年 12 月，山东美陵集团所辖山东美陵化工设备股份有限公司已拥有 5 个控股子公司即山东美陵美力达风机有限公司、山东美陵中联环境工程有限公司、青岛博德化机有限公司、淄博市天齐渊供水有限公司、青州市美陵污水净化有限公司，4 个分公司即化工设备分公司、高强度紧固件分公司、天齐渊矿泉水分公司、临淄污水净化分公司共 9 个二级单位，产业布局涉及机械、环保、水务等行业。

第二节　机械制造、环保水务两大板块架构分离

2008 年，山东美陵集团确定机械制造和环保水务两大优势发展产业，并从架构上进行分离，以通过专业化管理，在各自领域实现强势发展。

设立领导机构

2008 年 4 月 22 日，集团公司成立体制改革领导小组，下设体制改革办公室。领导小组由刘效华、于守身、李金松、周永江、王文昌、杨昆新等 6 人组成，董事局主席刘效华任组长，于守身、李金松任副组长。于守身兼任体制改革办公室主任。

5 月 8 日，领导小组完成资产重组工作具体计划安排，开始材料收集、部门沟通和人员培训等方面的工作。

6 月 1 日，公司与新加坡中狮投资有限公司、众成仁和律师集团（济南）事务所、山东中立达资产评估有限公司分别签署中介服务合同。

6 月 1—30 日，山东中立达资产评估有限公司分别对淄博快美环保科技有限公司、山东美陵美力达风机有限公司、山东美陵中联环境工程有限公司、淄博市天齐渊供水有限公司、青州市美陵污水净化有限公司、天齐渊矿泉水分公司、临淄污水净化分公司进行资产评估，重组工作全面启动。

召开股东大会

2008 年 7 月 5 日，山东美陵化工设备股份有限公司召开 2007 年度股东大会，审议并通过《关于公司整合重组、资产出让和股权转让的议案》。之后，企业重组工作进入实质性运作阶段，领导小组根据公司架构特点和政府相关政策、法规制定切实可行的重组工作方案。

本次重组，青岛博德化机有限公司、化工设备分公司和高强度紧固件分公司归属机械制造板块，保持原有权属；山东美陵美力达风机有限公司、山东美陵中联环境工程有限公司、淄博市天齐渊供水有限公司、青州市美陵污水净化有限公司、天齐渊矿泉水分公司、临淄污水净化分公司归属环保水务板块，从山东美陵化工设备股份有限公司分离出去。

架构分离

结合公司的客观情况，本次资产重组工作分四步走：一是通过境外战略投资者设立境外控股公司，二是设立境内独资授权管理公司，三是境内独资授权管理公司分别收购山东美陵化工设备股份有限公司旗下的四家控股子公司和二家分公司，四是变更境内独资授权管理公司的名称、法定代表人、注册资本以及经营范围等事项。

2008 年 7 月起，重组工作按照上述步骤规范运作：

7月，公司通过境外战略投资者在新加坡注册设立CHINA MEILING ENVIRONMENT HOLDINGS PTE.LTD.（注册号200713352Z）。

CHINA MEILING ENVIRONMENT HOLDINGS PTE.LTD.收购山东美陵化工设备股份有限公司属下中韩合资企业淄博快美环保科技有限公司作为在境内的独资授权管理公司。

7月14日，经淄博快美环保科技有限公司双方股东协商同意，山东美陵中联环境工程有限公司、Q-BioTech Corp.分别将持有的淄博快美环保科技有限公司75%和25%股权全部以评估价（70.18万元）出让给CHINA MEILING ENVIRONMENT HOLDINGS PTE.LTD.，并签署股权转让协议。

7月24日，经淄博市商务局批准，淄博快美环保科技有限公司变更为CHINA MEILING ENVIRONMENT HOLDINGS PTE.LTD.的外商独资公司。8月11日在淄博市工商行政管理局办理变更登记。

淄博快美环保科技有限公司收购山东美陵美力达风机有限公司股权。

经协商，美国杜摩尔国际公司将持有的山东美陵美力达风机有限公司25.45%的股权以评估价591.52万元出让给CHINA MEILING ENVIRONMENT HOLDINGS PTE.LTD.，山东美陵化工设备股份有限公司将持有的山东美陵美力达风机有限公司74.55%的股权以评估价1732.74万元出让给淄博快美环保科技有限公司。7月26日，山东美陵美力达风机有限公司股东会就该事项通过决议，股权转让协议签署。8月15日，报淄博市商务局获得批准。8月19日，在淄博市工商行政管理局进行股东变更登记。

淄博快美环保科技有限公司收购山东美陵中联环境工程有限公司股权。

2008年8月11日，山东美陵化工设备股份有限公司依照股东大会决议，将持有的山东美陵中联环境工程有限公司100%的股权以评估价1763.21万元转让给淄博快美环保科技有限公司并签署股权转让协议。8月16日，在山东省工商行政管理局办理股东变更登记，山东美陵中联环境工程有限公司变更为淄博快美环保科技有限公司的全资子公司。

淄博快美环保科技有限公司收购淄博市天齐渊供水有限公司股权。

2008年8月12日，淄博市天齐渊供水有限公司股东会通过决议，山东美陵化工设备股份有限公司与18位自然人股东将所持有的淄博市天齐渊供水有限公司的全部股权以评估价986.12万元转让给淄博快美环保科技有限公司，并签署股权转让协议。9月11日，在淄博市工商行政管理局办理股东变更登记。淄博市天齐渊供水有限公司变更为淄博快美环保科技有限公司的全资子公司。

淄博快美环保科技有限公司收购青州市美陵污水净化有限公司股权。

2008年8月4日，青州市美陵污水净化有限公司股东会通过决议，山东美陵化工设备股份有限公司与淄博市临淄区美陵加油站分别将持有的青州市美陵污水净化有限公司全部股权以评估价432.58万元转让给淄博快美环保科技有限公司，并签署股权转让协议。8月22日，在青州市工商行政管理局办理股东变更登记，青州市美陵污水净化有限公司变更为淄博快美环保科技有限公司的全资子公司。

淄博快美环保科技有限公司收购山东美陵化工设备股份有限公司天齐渊矿泉水分公司和山东美陵化工设备股份有限公司临淄污水净化分公司全部资产。

2008年9月1日，山东美陵化工设备股份有限公司依照股东大会决议，将其所辖的天齐渊矿泉水分公司、临淄污水净化分公司的全部资产以评估价1443.59万元依法转让给淄博快美环保科技有限公司，并签署转让协议。

变更淄博快美环保科技有限公司的注册事项。

重组阶段的股权转让及资产收购结束后，集团公司决定将淄博快美环保科技有限公司的注册名称变更为美陵环境科技（淄博）有限公司，注册资本增至1600万新加坡元，法定代表人变更为刘效华，并增加经营范围。

2008年9月2日，临淄区发展和改革局批准以上变更申请。

9月4日，淄博市商务局审核批准以上变更事项。

11月3日，淄博市工商局审核批准以上变更事项，办理变更登记手续，颁发美陵环境科技（淄博）有限公司营业执照。

重组工作至此完成，山东美陵集团辖机械制造和环保水务两大板块，山东美陵化工设备股份有限公司和美陵环境科技（淄博）有限公司两大直属单位。其中，山东美陵化工设备股份有限公司辖1个控股子公司青岛博德化机有限公司，2个分公司即化工设备分公司和高强紧固件分公司。美陵环境科技（淄博）有限公司辖1个控股子公司山东美陵美力达风机有限公司，3个全资子公司即山东美陵中联环境工程有限公司、淄博市天齐渊供水有限公司、青州市美陵污水净化有限公司，2个分公司即天齐渊矿泉水分公司、临淄污水净化分公司。

第三节　机械制造板块上市重组

2015年年初，山东美陵化工设备股份有限公司启动全国中小企业股份转让系统（新三板）挂牌工作，根据项目实施方案，拟对山东美陵美力达风机有限公司及山东美陵博德化工机械有限公司股权进行收购。

6月5日，公司召开2014年度股东大会，审议通过《关于公司以现金收购山东美陵美力达风机有限公司100%股权暨关联交易的议案》《关于公司以现金收购包焕忠等自然人股东持有的山东美陵博德化工机械有限公司60%股权暨关联交易的议案》。

山东美陵化工设备股份有限公司依据淄博晨光资产评估房地产估价有限公司出具的山东美陵美力达风机有限公司股权转让项目资产评估报告书（淄晨评报字〔2015〕023号）评估价格，以现金21051897.93元收购美陵环境科技（淄博）有限公司及CHINA MEILING ENVIRONMENT HOLDINGS PTE.LTD.持有的山东美陵美力达风机有限公司100%的股权。山东美陵美力达风机有限公司成为山东美陵化工设备股份有限公司的全资子公司，并于10月10日在淄博市临淄区工商行政管理局进行股东变更登记。

山东美陵化工设备股份有限公司原持有山东美陵博德化工机械有限公司40%的股权，其余60%的股权为35名自然人持有。2014年度股东大会之后，依据中环松德（北京）资产评估有限公司出具的山东美陵博德化工机械有限公司股权转让项目资产评估报告（松德评字〔2015〕01102号）评估价格，山东美陵化工设备股份有限公司以现金17760000元收购包焕忠等35名股东持有的山东美陵博德化工机械有限公司60%的股权。山东美陵博德化工机械有限公司成为山东美陵化工设备股份有限公司的全资子公司，并于10月22日在青岛市黄岛区工商行政管理局进行股东变更登记。

另，本次重组之前，山东美陵化工设备股

份有限公司于2015年1月16日注册成立汽车零部件分公司。

至2015年10月31日，美陵股份上市重组工作完成。美陵股份上市部分为2个子公司即山东美陵美力达风机有限公司和山东美陵博德化工机械有限公司，3个分公司即化工设备分公司、高强度紧固件分公司和汽车零部件分公司。

第四节 环保水务板块股权转让

美陵环境科技（淄博）有限公司自2008年资产重组后，2010年11月设立济宁美陵污水净化有限公司，2015年与山东美陵化工设备股份有限公司进行重组，至2015年10月底，辖4个全资子公司即山东美陵中联环境工程有限公司、淄博市天齐渊供水有限公司、青州市美陵污水净化有限公司和济宁美陵污水净化有限公司；2个分公司即天齐渊矿泉水分公司和临淄污水净化分公司。公司成立后，一直谋求境外上市，但因境外市盈率较低、公司管理难度大等因素，经公司股东会、董事会综合考虑，决定放弃境外上市。之后，公司开始与境内环保水务运营领域的上市公司接触，几经考察，决定与康达投资（香港）有限公司合作，以高于国内主板环保水务平均市盈率的价格向其出让股权。

2017年3月21日，CHINA MEILING ENVIRONMENT HOLDINGS PTE.LTD. 对其下辖独资子公司美陵环境科技（淄博）有限公司进行存续分立，在淄博市工商行政管理局新登记注册美联环境科技（淄博）有限公司。被分立公司美陵环境科技（淄博）有限公司存续，拥有青州市美陵污水净化有限公司100%股权，济宁美陵污水净化有限公司100%股权，淄博市天齐渊供水有限公司49%股权，以及齐城污水处理厂项目资产和特许经营权，临淄淄河污水处理厂项目资产和特许经营权，临淄齐都污水处理厂项目资产和特许经营权。分立公司美联环境科技（淄博）有限公司承受山东美陵中联环境工程有限公司100%股权、天齐渊矿泉水分公司以及淄博市天齐渊供水有限公司51%股权。4月13日，天齐渊矿泉水分公司办理完工商手续。5月5日，淄博市天齐渊供水有限公司和山东美陵中联环境工程有限公司办理完工商手续。

2017年7月12日，CHINA MEILING ENVIRONMENT HOLDINGS PTE.LTD. 将其下辖独资子公司美陵环境科技（淄博）有限公司转让给康达投资（香港）有限公司。

第五章 美陵股份挂牌交易

山东美陵化工设备股份有限公司经山东省人民政府确认为规范股份有限公司之后，积极运作股票上市。经过筹备，1997年9月25日，公司个人股626.55万股在淄博证券交易自动报价系统挂牌交易。1998年3月25日，国务院办公厅转发证监会关于《清理整顿场外非法股权交易方案》的通知（国办发〔1998〕10号），淄博市人民政府根据国务院文件精神，拟对淄博证券交易自动报价系统逐步萎缩市场直至关闭，淄博市体改委介绍华冠股份有限公司以吸收合并的形式与美陵、万昌、通用等3家股份有限公司酝酿协商，进行资产重组，申请全国上市。1998年6月8日起，公司停止在淄博证券交易自动报价系统交易，6月5日为最后一个交易日。在与华冠、万昌、通用等3家股份有限公司资产重组中，公司发现重组中一些重大的事项运作不够规范，为维护公司及股东的利益，退出重组。1999年10月，淄博证券交易自动报价系统关闭。

2010年11月11日，淄博市金融办公室召开专题会议，通报齐鲁股权托管交易中心12月份可能实现股权挂牌交易的情况，并对公司股权挂牌交易工作提出要求。27日，公司召开2010年第一次临时股东大会，通过《关于申请股权托管交易的议案》。12月1日，公司向齐鲁股权托管交易中心上报挂牌交易的全部材料，并通过专家会审，但因为公司为淄博市拟上市公司，淄博市主管部门与公司商讨，决定暂缓挂牌交易。

2015年年初，公司启动全国中小企业股份转让系统（新三板）挂牌工作，经过积极筹备，2016年6月，向中国证券监督管理委员会、全国中小企业股份转让系统有限责任公司提交《关于股票在全国中小企业股份转让系统挂牌的申请报告》，申请公司股票在全国中小企业股份转让系统挂牌。7月7日，中国证券监督管理委员会下发《关于核准山东美陵化工设备股份有限公司股票在全国中小企业股份转让系统公开转让的批复》，21日，全国中小企业股份转让系统有限责任公司下发《关于同意山东美陵化工设备股份有限公司股票在全国中小企业股份转让系统挂牌的函》。9月19日，公司股票在全国中小企业股份转让系统挂牌公开转让。证券简称：美陵股份。证券代码：838404。

第一节　淄博证券交易自动报价系统挂牌交易

上市试点

1997年3月17日，山东美陵化工设备股份有限公司经山东省人民政府确认为规范股份有限公司。之后，公司积极运作股票上市。

4月15日，公司向淄博市临淄区人民政府提报《关于申请股票在淄博证券交易自动报价系统挂牌的报告》。

4月20日，淄博市临淄区人民政府办公室出具《关于山东美陵化工设备股份有限公司股票上市试点的推荐报告》(临政办改字〔1997〕1号)，认为公司已具备在淄博证券交易自动报价系统上市试点的条件，同意推荐公司作为上市试点企业。公司上市试点工作自此全面启动。

7月9日，公司召开临时股东大会，参加会议的股东68名，代表828.49万股，占总股本的66.97%。大会通过《关于公司股票申请上市试点的决议》。

在准备好实质要件的基础上，公司将上市有关材料上报淄博市证券管理委员会，淄博市证券管理委员会经初步审查，于7月17日出具《上市试点公司初审意见书》，原则上同意公司作为上市试点公司。

批准上市

1997年7月18日，公司正式向淄博证券交易自动报价系统提交《股票上市申请表》，并委托海通证券有限公司淄博证券交易营业部作为公司股票上市的咨询服务机构。

7月18—25日，公司个人股在淄博证券交易自动报价系统集中托管。

7月21—25日，受公司委托，淄博中信审计师事务所对企业前3年（1994—1996年）的经营业绩和后3年（1997—1999年）的经济效益预测进行鉴证，出具《审计报告》（淄中审财字〔1997〕28号）。报告认为，公司自1994年至1996年已实现连续盈利，后3年的经济效益预测结果完全可以实现。

8月8日，海通证券有限公司淄博证券交易营业部出具《上市推荐书》，推荐公司在淄博证券交易自动报价系统上柜交易。

8月10日，公司发布《股票上市情况公告书》，向社会公众披露企业概况、组织结构、股东持股情况、公司近3年（1994—1996年）的经营业绩、公司财务状况、财务指标分析、内部审计制度、重要事项提示、投资风险与发展规划、后3年（1997—1999年）的经济效益预测及鉴证报告等事项。

8月15日，受公司委托，淄博鲁中律师事务所按照国务院《股票发行与交易管理暂行条例》第13条和《淄博市股份制企业上市试点公司产权监管暂行办法》第6条要求，为公司股票在淄博证券交易自动报价系统上柜交易出具《法律意见书》，认为公司股票在淄博证券交易自动报价系统上柜交易符合国家法律、法规和政策规定，也符合淄博市〔1993〕证管委4号文件的规定。

8月22日，淄博证券交易自动报价系统管理部经过审核，同意公司股票上市交易。同日，淄博证券交易自动报价系统上市委员会审核同意公司股票上市交易。

8月23日，淄博市证券管理委员会办公室出具《关于同意山东美陵化工设备股份有限公司为上市试点公司的批复》（淄证管办字〔1997〕43号），经审核公司经营业绩良好，总股本1237.04万股。其中，集体股610.49万股，个人股626.55万股。本次上市流通626.55万股。同意公司为上市试点公司。

9月25日，公司个人股626.55万股在淄博证券交易自动报价系统挂牌交易，开盘价每股3.28元。

资产重组

1998年3月25日，国务院办公厅转发证监会关于《清理整顿场外非法股权交易方案》的通知（国办发〔1998〕10号），淄博市人民政府在中国证监会的指导下，在省委省政府的直接领导下，按照“分类指导、试点先行、先易后难、分批推进”的工作原则，最大限度地减少市场流通股份和持股人数，逐步萎缩市场。

5月，淄博市人民政府根据国务院文件精神，拟对淄博证券交易自动报价系统逐步萎缩市场直至关闭，淄博市体改委介绍华冠股份有限公司以吸收合并的形式与美陵、万昌、通用等3家股份有限公司酝酿协商，进行资产重组，申请全国上市。

5月14日，公司召开董事会会议，就与华冠、万昌、通用等3家股份有限公司重组问题进行讨论并形成决议，一致同意进行资产重组并申请全国上市，待提请股东大会审议通过后实施。

5月18日，4家股份有限公司联合向山东省证券管理办公室提出资产重组并公开发行社会公众股的申请报告，同时展开资产及土地评估等要件准备工作。

5月31日，公司董事会召开会议，会议形成决议，申请公司股票于1998年6月8日起停止在淄博证券交易自动报价系统交易，6月5日为最后一个交易日。

退出重组

在与华冠、万昌、通用3家股份有限公司

资产重组中，通用股份有限公司涉及法律障碍退出重组。此后，公司发现重组中一些重大的事项运作不够规范，为维护公司及股东的利益，退出重组。

1999 年 10 月，淄博证券交易自动报价系统关闭。

第二节　齐鲁股权托管中心挂牌交易

2010 年 11 月 11 日，淄博市金融办公室召开专题会议，通报齐鲁股权托管交易中心 12 月份可能实现股权挂牌交易的情况，并对公司股权挂牌交易工作提出要求。

11 月 15 日，按照淄博市金融办的工作部署，公司及各中介机构就公司股权挂牌交易的要件准备工作进行分析研究，制定相应的工作计划，展开工作。

11 月 27 日，公司召开 2010 年第一次临时股东大会，审议通过《关于申请股权托管交易的议案》，并形成决议。

12 月 1 日，公司向齐鲁股权托管交易中心上报挂牌交易的全部材料，并通过专家会审，但因为公司是淄博市拟上市公司，淄博市主管部门与公司商讨，决定暂缓挂牌交易。

第三节　全国中小企业股份转让系统挂牌交易

2015 年年初，山东美陵化工设备股份有限公司启动全国中小企业股份转让系统（新三板）挂牌工作，聘请北京市康达律师事务所为企业新三板挂牌法律业务中介机构。通过前期的业务咨询，在康达律师事务所的指导下，公司完成挂牌方案设计。之后，华鑫证券有限责任公司、大华会计师事务所（特殊普通合伙）作为主办券商和会计业务中介机构相继被聘请介入，企业挂牌工作进入实质性运作阶段。

2015 年 4 月，公司启动股份确权工作，对股东信息进行核查。

4 月 17 日，公司于山东美陵化工设备股份有限公司网站及齐鲁股权交易中心公布《山东美陵化工设备股份有限公司股东信息确认公告》，并将其刊登于《淄博日报》，说明本次确权工作的目的、时间、地点以及相关材料要求，同时，借助电话通知、于山东美陵化工设备股份有限公司厂区张贴公告等手段，敦促股东参与股份确权工作。

2015 年 4 月 22 日—5 月 20 日，在山东美陵化工设备股份有限公司招待所三楼会议室进行确权工作；5 月 21—29 日，在齐鲁股权交易中心进行确权工作。公告期后，继续在山东美

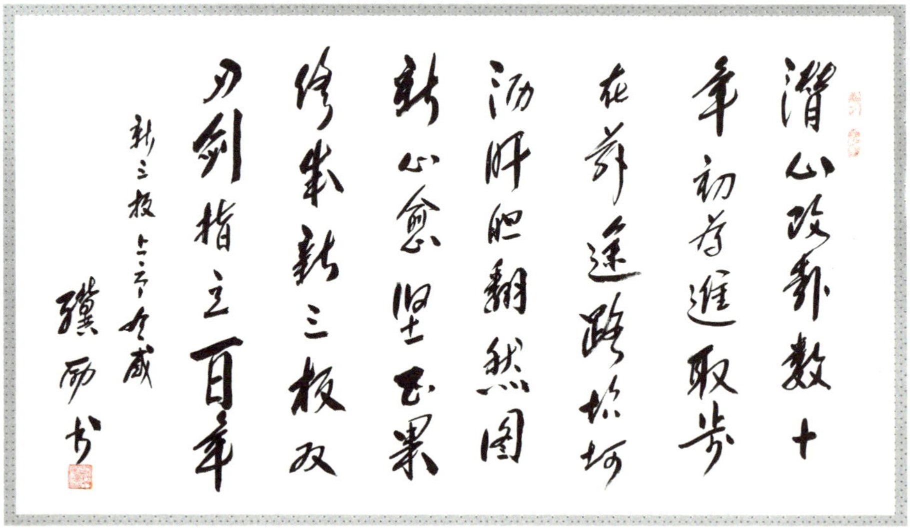

潜心改制数十年，初为进取步在前。途路坎坷沥肝胆，翻然图新心愈坚。正果修出新三板，双刃剑指立百年。（2016 年，皪励　书）

陵化工设备有限公司受理股东确权工作。

在股东信息确认过程中，公司聘请淄博市临淄区公证处对确权工作进行现场公证，并全程录像，主办券商及律师参与全部过程见证，对股东个人信息、持股数量、股份质押等权利限制情况及是否涉及诉讼仲裁等争议情况进行确认。股份涉及转让、继承等情形的，公司审查、留存相关转让协议、遗嘱或财产继承公证书等生效司法文件。

股份确权工作进行的同时，根据国家有关法律法规关于“担任公务员、党政机关在职干部或退休干部、学校党政领导班子成员以及军人身份或其他任职不适宜担任股东的情形”，公司于2016年4月进行公务员持股的清理，共有106名公务员股东以及4名配偶或子女为公务员的股东将股份转让给适合的受让方，转让双方签署《股权转让协议》及《声明与承诺函》。同时，受让方参与股东确权，现场签署《山东美陵化工设备股份有限公司股东确权文件》及《山东美陵化工设备股份有限公司股东声明与承诺（自然人）》。5月31日，清理工作结束，公司不存在相关法律、法规、规范性法律文件及《公司章程》规定的不适合担任公司股东的情形。

股权确认工作结束后，经主办券商、律师核查，公司按照《非上市公众公司监管指引第4号—股东人数超过200人的未上市股份有限公司申请行政许可有关问题的审核指引》的要求完成股份确认，并通过公证、律师见证的方式确认股份权属，股份确认过程符合相关规定。

10月，山东美陵化工设备股份有限公司完成对山东美陵美力达风机有限公司和山东美陵博德化工机械有限公司的股权收购，至10月31日，美陵股份拟上市板块辖2个子公司即山东美陵美力达风机有限公司和山东美陵博德化工机械有限公司，3个分公司即化工设备分公司、高强度紧固件分公司和汽车零部件分公司。山东美陵美力达风机有限公司、山东美陵博德化工机械有限公司与山东美陵化工设备股份有限公司之间不再存在同业竞争关系。

11月7日，公司召开2015年第二次临时股东大会，审议通过《总经理工作细则》《信息披露事务管理制度》《投资者关系管理制度》《对外投资管理制度》《关联交易管理制度》《对外担保管理制度》《公司章程（修订）》《股东大会议事规则（修订）》《董事会议事规则（修订）》《监事会议事规则（修订）》等制度。符合公司实际情况和涵盖主要业务各方面的内部控制制度进一步完善。同时，大会还审议通过《关于公司申请股票在全国中小企业股份转让系统挂牌并公开转让的议案》《关于本次公司股票挂牌时采用协议转让方式的议案》《关于授权董事会办理与公司申请股票在全国中小企业股份转让系统挂牌并公开转让事宜的议案》，批准本次申请股票挂牌，并授权董事会办理股票挂牌的相关事宜。

11月20日，山东省人民政府出具《山东省人民政府关于报送确认山东美陵化工设备股份有限公司设立及股份发行托管情况的函》（鲁政字〔2015〕243号），对公司历史沿革有关事项进行确认：“经审核，美陵公司设立及股份发行取得了有关部门的批准，公司全部股份已在齐鲁股权交易中心有限公司集中托管，股份发行转让过程中的不规范行为均依法整改。公司控股股东、实际控制人已就承担相关后果做出了承诺，淄博市政府也已承诺承担相应管理或处置责任。为此，我省对美陵公司设立及股份发行、托管等情况予以确认。”

2016年3月10日，在美陵股份挂牌项目

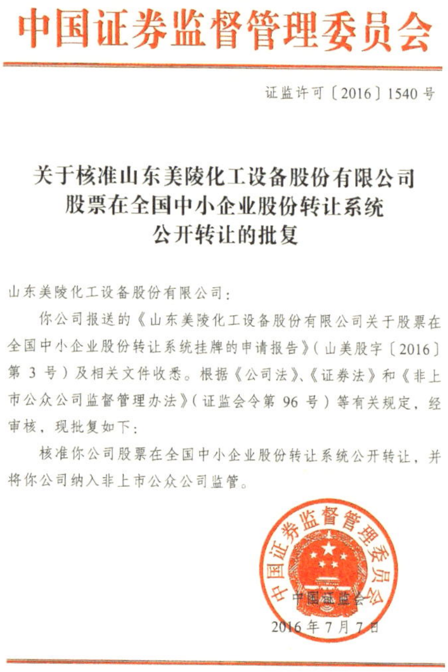
中国证券监督管理委员会

证监许可〔2016〕1540号

关于核准山东美陵化工设备股份有限公司
股票在全国中小企业股份转让系统
公开转让的批复

山东美陵化工设备股份有限公司：

你公司报送的《山东美陵化工设备股份有限公司关于股票在全国中小企业股份转让系统挂牌的申请报告》（山美股字〔2016〕第3号）及相关文件收悉。根据《公司法》、《证券法》和《非上市公众公司监督管理办法》（证监会令第96号）等有关规定，经审核，现批复如下：

核准你公司股票在全国中小企业股份转让系统公开转让，并将你公司纳入非上市公众公司监管。

中国证监会
2016年7月7日

小组前期尽职调查的基础上，华鑫证券有限责任公司该项目内核小组对公司拟申请在全国中小企业股份转让系统挂牌公开转让的申请文件进行认真审阅，并于3月18日召开内核会议。项目内核成员经审核讨论，于6月6日出具《关于推荐山东美陵化工设备股份有限公司股票在全国中小企业股份转让系统挂牌并公开转让的推荐报告》，报告认为美陵股份符合全国中小企业股份转让系统有限责任公司关于进入全国中小企业股份转让系统所规定的挂牌并公开转让的条件，同意予以推荐。

3月21日，北京市康达律师事务所出具《关于山东美陵化工设备股份有限公司申请股票在全国中小企业股份转让系统挂牌的法律意见书》（康达法意字〔2016〕0057号），认为经核查和验证，根据《非上市公众公司监督管理办法》《全国中小企业股份转让系统业务规则（试行）》《全国中小企业股份转让系统股票挂牌条件适用基本标准指引（试行）》《非上市公众公司监督指引第4号—股东人数超过200人的未上市股份有限公司申请行政许可有关问题的审核指引》及其他法律、行政法规、规范性文件的规定，公司在各方面均已符合股票在全国中小企业股份转让系统挂牌公开转让的资格和条件。

6月，公司向中国证券监督管理委员会、全国中小企业股份转让系统有限责任公司提交《关于股票在全国中小企业股份转让系统挂牌的申请报告》（山美股字〔2016〕15号），申请公司股票在全国中小企业股份转让系统挂牌。

7月7日，中国证券监督管理委员会下发《关于核准山东美陵化工设备股份有限公司股票在全国中小企业股份转让系统公开转让的批复》（证监许可〔2016〕1540号），核准公司股票在全国中小企业股份转让系统公开转让，并纳入非上市公众公司监管。

2016年10月26日，美陵股份股票挂牌敲钟仪式

7月21日，全国中小企业股份转让系统有限责任公司下发《关于同意山东美陵化工设备股份有限公司股票在全国中小企业股份转让系统挂牌的函》(股转系统函〔2016〕5555号)，同意公司股票在全国中小企业股份转让系统挂牌，转让方式为协议转让。

9月19日，公司股票在全国中小企业股份转让系统挂牌公开转让。证券简称：美陵股份。证券代码：838404。

10月26日，美陵股份在北京举行挂牌仪式。挂牌仪式上，公司董事长刘效华做发言，敲响开市钟声。

第六章 美陵股份股东大会及增资扩股

第一节 股东大会

创立大会暨首次股东大会

1992年9月28日，在临淄宾馆东楼二楼会议厅召开。出席本次股东大会的股东（包括股东授权委托代表）共111人，持有表决权的股份3167800股，占公司股份总数的88.91%。临淄区委、区政府、区人大、区政协及区体改委、区乡企局、区税务局、区人行等部门和乙烯塑编厂、空调风机厂、炼油厂供应科、齐鲁石化橡胶厂、临淄石化机械厂等单位到会祝贺。

大会由齐陵镇党委书记、企业改制领导小组组长刘长江主持。临淄区委常委、区委办公室主任于精忠致开幕词，齐鲁乙烯塑编厂代表祝贺单位致贺词，区委常委、区政府副区长张建祥代表区委、区政府作讲话。大会听取、审议并通过刘效华所作的《关于设立公司的报告》、王文昌宣读的《公司章程（草案）》和主持人宣读的《股东代表产生办法》和选举董事、监事的议案。大会就相关事项做出决议。

大会以无记名投票的方式选举产生首届董事会董事和应由股东大会选举的监事会监事。公司首届董事共7人：刘效华、刘奇、徐洪波、任凤云、郑建民、何文、何国荣；公司首届监事共5人：王文昌、王克臣、韩荣杰、赵忠孝、崔建军。

会上，股东就公司的经营情况、制度建设、企业管理等提出许多意见和建议，公司筹备组负责人认真听取并表示采纳这些好的意见和建议，紧紧依靠广大股东，把公司的经营管理水平提到一个新高度。

1992年度股东大会

1993年7月18日，在公司办公楼一楼会议厅召开。出席本次股东大会的股东（包括股东授权委托代表）共100人，持有表决权的股份3148900股，占公司股份总数的88.38%。大会由公司董事会召集，齐陵镇党委书记刘长江主持。临淄区体改委副主任于光辉、区乡企局副局长刘升吉应邀列席会议。

大会听取、审议并通过公司董事长刘效华代表董事会所作的《1992年度董事会工作报告》、公司监事会主席王文昌代表监事会所作的《1992年度监事会工作报告》、公司财务负责人周永江受董事会委托所作的《1992年度财务决算报告》和《1992 年度利润分配方案》，并作出相应决议。

本年度（实际为 1992 年 7—12 月）分红率为 15.08%，以现金支付。

1993 年度股东大会

1994 年 5 月 28 日，在公司办公楼一楼会议厅召开。出席本次股东大会的股东（包括股东授权委托代表）共 105 人，持有表决权的股份 3131900 股，占公司股份总数的 87.91%。大会由公司董事会召集，齐陵镇党委书记刘长江主持。临淄区体改委体改科科长刘桂林、区乡企局办公室主任张志凤应邀列席会议。

大会听取、审议并通过公司董事长刘效华代表董事会所作的《1993 年度董事会工作报告》、公司监事会主席王文昌代表监事会所作的《1993 年度监事会工作报告》、公司财务负责人周永江受董事会委托所作的《1993 年度财务决算报告》和《1993 年度利润分配方案》，并作出相应决议。

本年度分红率为 30.33%，以现金支付。

1994 年度股东大会

1995 年 5 月 28 日，在公司办公楼一楼会议厅召开。出席本次股东大会的股东（包括股东授权委托代表）共 106 人，持有表决权的股份 3119900 股，占公司股份总数的 87.57%。大会由公司董事会召集，齐陵镇镇长王新荣主持。临淄区人民检察院检察长刘长江、区体改委体改科科长刘桂林、齐陵镇党委书记李胜联应邀列席会议。

大会听取、审议并通过公司董事长刘效华代表董事会所作的《1994 年度董事会工作报告》、公司监事会主席王文昌代表监事会所作的《1994 年度监事会工作报告》、公司财务负责人周永江受董事会委托所作的《1994 年度财务决算报告》和《1994 年度利润分配方案》，并作出相应决议。

本年度分红率为 28.1%，以现金支付。

1995 年度股东大会

1996 年 5 月 28 日，在公司办公楼一楼会议厅召开。出席本次股东大会的股东（包括股东授权委托代表）共 159 人，持有表决权的股份 3406300 股，占公司股份总数的 95.61%。大会由公司董事会召集，齐陵镇党委书记李胜联主持。

大会听取公司董事长刘效华代表董事会所作的《1995 年度董事会工作报告》、公司监事会主席王文昌代表监事会所作的《1995 年度监事会工作报告》、公司财务负责人赵忠孝受董事会委托所作的《1995 年度财务决算报告》和《1995 年度利润分配方案》。公司董事长刘效华宣读董事会提交大会审议的《关于公司规范工作的实施方案》，并就有关内容进行说明。

大会就以上报告和议案进行审议，以投票表决的方式，通过以上报告和议案，并作出相应决议。

本年度分红率为 28%，以现金支付。

1996 年度股东大会

1997 年 5 月 28 日，在公司办公楼一楼会议厅召开。出席本次股东大会的股东（包括股东授权委托代表）共 49 人，持有表决权的股份 3383500 股，占公司股份总数的 94.97%。大会由公司董事会召集，齐陵镇党委书记李胜联主持。临淄区体改委主任王治山应邀列席会议。

大会听取、审议并通过公司董事长刘效华代表董事会所作的《1996 年度董事会工作报告》、公司监事会主席王文昌代表监事会所作的《1996 年度监事会工作报告》、公司财务负责人赵忠孝受董事会委托所作的《1996 年度财务决算报告》和《1996 年度利润分配方案》，并作出相应决议。

大会还审议并通过《关于公司第二届董事候选人建议名单》和《关于公司第二届监事候选人建议名单》。

与会股东以无记名投票的方式选举产生第二届董事会成员和监事会成员。第二届董事会成员：刘效华、徐洪波、刘奇、任凤云、刘永来；第二届监事会成员：王文昌、崔建军、赵克强、李玉森、高登顺。

本年度以原始股356.28万股为基数，分红率为40%，集体股以现金支付，个人股派送红股。

1997年度股东大会

1998年4月18日，在公司办公楼一楼会议厅召开。出席本次股东大会的股东（包括股东授权委托代表）共30人，持有表决权的股份7727200股，占公司股份总数的62.46%。大会由公司董事会召集，齐陵镇党委副书记王义朴主持。临淄区体改委副主任刘景明应邀列席会议。

大会听取、审议并通过公司董事长刘效华代表董事会所作的《1997年度董事会工作报告》、公司监事会主席王文昌代表监事会所作的《1997年度监事会工作报告》、公司财务负责人周永江受董事会委托所作的《1997年度财务决算报告》和《1997年度利润分配方案》，并作出相应决议。

本年度分红率为26%，以现金支付。

1998年度股东大会

1999年6月18日，在公司办公楼一楼会议厅召开。出席本次股东大会的股东（包括股东授权委托代表）共77人，持有表决权的股份7317500股，占公司股份总数的59.15%。大会由公司董事会召集，齐陵镇党委副书记王义朴主持。

大会听取、审议并通过公司董事长刘效华代表董事会所作的《1998年度董事会工作报告》、公司监事会主席王文昌代表监事会所作的《1998年度监事会工作报告》、公司财务负责人周永江受董事会委托所作的《1998年度财务决算报告》和《1998年度利润分配方案》，并作出相应决议。

本年度分红率为18%，以现金支付。

1999年度股东大会

2000年5月28日，在公司招待所二楼会议室召开。出席本次股东大会的股东（包括股东授权委托代表）共54人，持有表决权的股份7367600股，占公司股份总数的59.56%。大会由公司董事会召集，齐陵镇党委副书记刘其明主持。

大会听取、审议并通过公司董事长刘效华代表董事会所作的《1999年度董事会工作报告》、公司监事会主席王文昌代表监事会所作的《1999年度监事会工作报告》、公司财务负责人周永江受董事会委托所作的《1999年度财务决算报告》和《1999年度利润分配方案》，并作出相应决议。

本年度分红率为11%，以现金支付。

2000年度股东大会

2001年5月19日，在公司综合楼三楼会议室召开。出席本次股东大会的股东（包括股东授权委托代表）共54人，持有表决权的股份7222800股，占公司股份总数的58.39%。大会由公司董事会召集，齐陵镇镇长朱永为主持。临淄区体改委主任王治山应邀列席大会。

大会听取、审议并通过公司董事长刘效华代表董事会所作的《2000年度董事会工作报告》、公司监事会主席王文昌代表监事会所作的《2000年度监事会工作报告》、公司财务负责人周永江受董事会委托所作的《2000年度财务决算报告》和《2000年度利润分配方案》，并作出相应决议。

本年度分红率为11%，以现金支付。

2001年度股东大会

2002年6月28日，在公司综合楼三楼会议室召开。出席本次股东大会的股东（包括股东授权委托代表）共55人，持有表决权的股份7241800股，占公司股份总数的58.54%。大会由公司董事会召集，齐陵镇镇长刘其明主持。临淄区体改委副主任刘景明应邀列席大会。

大会听取、审议并通过公司董事长刘效华代表董事会所作的《2001年度董事会工作报告》、公司监事会主席王文昌代表监事会所作的《2001年度监事会工作报告》、公司财务负责人周永江受董事会委托所作的《2001年度财务决算报告》和《2001年度利润分配及转增股本方案》，以及大会主持人受董事会委托宣读的《关于1999年和2000年度红利以现金分配改为送红股的议案》，并分别作出相应决议。

经本次股东大会通过，1999年和2000年度红利分配改为派送红股，合计每10股送2股，同时以公积金转增股本，每10股转增4.2股。合并实施后，公司总股本为2004.0048万股。其中，集体股100.21万股，占总股本的5%；个人股1903.7948万股，占总股本的95%。

2002年度股东大会

2003年5月28日，在公司综合楼三楼会议室召开。出席本次股东大会的股东（包括股东授权委托代表）共70人，持有表决权的股份12185100股，占公司股份总数的60.80%。大会由公司董事会召集，齐陵镇镇长刘其明主持。

大会听取、审议并通过公司董事长刘效华代表董事会所作的《2002年度董事会工作报告》、公司监事会主席王文昌代表监事会所作的《2002年度监事会工作报告》、公司财务负责人周永江受董事会委托所作的《2002年度财务决算报告》和《2002年度利润分配及分红方案》，以及大会主持人受董事会委托宣读的《关于购买临淄污水处理厂、临淄城建水厂产权及经营权的议案》，并分别作出相应决议。

本年度分红率为10%，以现金支付。

2003年度股东大会

2004年6月18日，在公司综合楼三楼会议室召开。出席本次股东大会的股东（包括股东授权委托代表）共66人，持有表决权的股份12165100股，占公司股份总数的60.70%。大会由公司董事会召集，监事会主席王文昌主持。

大会听取、审议并通过公司董事长刘效华代表董事会所作的《2003年度董事会工作报告》、公司监事会主席王文昌代表监事会所作的《2003年度监事会工作报告》、公司财务负责人周永江受董事会委托所作的《2003年度财务决算报告》和《2003年度利润分配及分红方案》，并分别作出相应决议。

本年度分红率为12%，以现金支付。

2004年度股东大会

2005年5月28日，在公司招待所三楼会议室召开。出席本次股东大会的股东（包括股东授权委托代表）共63人，持有表决权的股份12172400股，占公司股份总数的60.74%。大会由公司董事会召集，监事会主席王文昌主持。临淄区体改委副主任刘景明、齐陵街道党工委书记邵民应邀列席大会。

大会听取、审议并通过公司董事长刘效华代表董事会所作的《2004年度董事会工作报告》、公司监事会主席王文昌代表监事会所作的《2004年度监事会工作报告》、公司财务负责人周永江受董事会委托所作的《2004 年度财务决算报告》和《2004 年度利润分配及分红方案》，并作出相应决议。

大会还选举产生第三届董事会、监事会成员。第三届董事会成员：刘效华、李金松、徐洪波、刘奇、刘永来、李玉森、包焕忠；第三届监事会成员：赵克强、崔建军、李金祥、刘志胜、赵立明。

本年度分红率为 12%，以现金支付。

2005 年、2006 年度股东大会

2007 年 5 月 28 日，在公司招待所三楼会议室召开。出席本次股东大会的股东（包括股东授权委托代表）共 64 人，持有表决权的股份 14073000 股，占公司股份总数的 70.27%。大会由公司董事会召集，总经理李金松主持。

大会听取、审议并通过公司董事长刘效华代表董事会所作的《2006 年度董事会工作报告》，公司监事会主席赵克强代表监事会所作的《2006 年度监事会工作报告》，公司财务负责人周永江受董事会委托所作的《2006 年度财务决算报告》和《2006 年度利润分配及分红方案》。同时，审议并通过《2005 年度董事会工作报告》《2005 年度监事会工作报告》《2005 年度财务决算报告》和《2005 年度利润分配及分红方案》，并作出相应决议。

2005 年度分红率为 10%，2006 年度分红率为 8%，均以现金支付。

2007 年度股东大会

2008 年 7 月 5 日，在公司招待所三楼会议室召开。出席本次股东大会的股东（包括股东授权委托代表）共 66 人，持有表决权的股份 14415000 股，占公司股份总数的 71.93%。大会由公司董事会召集，总经理李金松主持。

大会听取、审议并通过公司董事长刘效华代表董事会所作的《2007 年度董事会工作报告》《关于公司整合重组、资产出让和股权转让的议案》，公司监事会主席赵克强代表监事会所作的《2007 年度监事会工作报告》，公司财务负责人周永江受董事会委托所作的《2007 年度财务决算报告》和《2007 年度利润分配及公积金转增股本的议案》，并作出相应决议。

本年度以每 10 股送 5 股向股东转增股本，同时以现金分配红利，分红率为 12%。

2008 年度股东大会

2009 年 5 月 28 日，在公司招待所三楼会议室召开。出席本次股东大会的股东（包括股东授权委托代表）共 70 人，持有表决权的股份 22001400 股，占公司股份总数的 73.19%。大会由公司董事会召集，公司总经理李金松主持。临淄区金融办主任沈先荣、齐陵街道党工委副书记刘青应邀列席大会。

2005 年 5 月 28 日，美陵股份公司召开 2004 年度股东大会

大会听取、审议并通过公司董事长刘效华代表董事会所作的《2008 年度董事会工作报告》，公司监事会主席赵克强代表监事会所作的《2008 年度监事会工作报告》，公司财务负责人周永江受董事会委托所作的《2008 年度财务决算报告》和《2008 年度利润分配及分红方案》，并作出相应决议。

本年度分红率为 13%，以现金支付。

2009 年第一次临时股东大会

2009 年 9 月 10 日，在公司招待所三楼会议室召开。出席本次股东大会的股东（包括股东授权委托代表）共 59 人，持有表决权的股份 20240400 股，占公司股份总数的 67.33%。大会由公司董事会召集，公司总经理李金松主持。临淄区金融办主任沈先荣、齐陵街道党工委书记邵民、山东开来投资有限公司董事长王峰应邀列席大会。

大会听取、审议并通过公司董事长刘效华代表董事会所作的《关于公司配股及定向增发的议案》《关于公司申请股权挂牌交易的议案》，公司董事会秘书于守身所作的《关于修改公司章程的议案》，公司监事会主席赵克强代表监事会所作的《关于授权董事会办理配股及定向增发事宜的议案》，公司财务负责人周永江受董事会委托所作的《关于公司 2009 年上半年红利分配的议案》，并作出相应决议。

公司以总股本 3006.0072 万股为基数，以 10 ∶ 3 的比例向股东配售股权，共配股 901.80216 万股；向山东开来投资有限公司定向增发 358.19784 万股，配发价格为 3.6 元 / 股；以 2009 年 8 月 21 日作为股权登记日，进行 2009 年度 1—6 月红利分配，每股分配现金 0.08 元。

2009 年度股东大会

2010 年 6 月 18 日在公司招待所三楼会议室召开。出席本次股东大会的股东（包括股东授权委托代表）共 69 人，持有表决权的股份 26946300 股，占公司股份总数的 63.17%。大会由公司董事会召集，公司总经理李金松主持。齐陵街道党工委副书记刘青应邀列席大会。

大会听取、审议并通过公司董事长刘效华代表董事会所作的《2009 年度董事会工作报告》，公司监事会主席赵克强代表监事会所作的《2009 年度监事会工作报告》，公司财务负责人周永江受董事会委托所作的《2009 年度财务决算报告》和《2009 年度利润分配及分红方案》，并作出相应决议。

大会审议并通过《关于公司董事候选人建议名单》和《关于公司监事候选人建议名单》，与会股东以无记名投票的方选举产生新一届董事会、监事会成员，并就相关事项作出决议。

第四届董事会成员：刘效华、赵克强、徐洪波、刘永来、李玉森；第四届监事会成员：刘奇、刘志胜、牛兴强、赵立明、李金祥。

2009 年度 7—12 月分红率为 10%，以现金支付。

2010 年第一次临时股东大会

2010 年 11 月 27 日，在公司招待所三楼会议室召开。出席本次股东大会的股东（包括股东授权委托代表）共 64 人，持有表决权的股份 26500800 股，占公司股份总数的 62.12%。大会由公司董事会召集，公司总经理李金松主持。

大会听取、审议公司董事赵克强代表董事会所作的《山东美陵化工设备股份有限公司关于申请股权托管交易的议案》《山东美陵化工设备股份有限公司关于授权公司董事会办理托管交易事宜的议案》《山东美陵化工设备股份有限公司关于募集资金增加用途的议案》，并全票通过以上三项议案。

2010年度股东大会

2011年7月8日，在公司招待所三楼会议室召开。出席本次股东大会的股东（包括股东授权委托代表）共66人，持有表决权的股份26646400股，占公司股份总数的62.46%。大会由公司董事会召集，公司总经理李金松主持。临淄区金融办主任沈先荣、副主任苑忠奎，齐陵街道党工委书记张成刚应邀列席大会。

大会听取、审议并通过公司董事长刘效华代表董事会所作的《2010年度董事会工作报告》，公司监事会主席刘奇代表监事会所作的《2010年度监事会工作报告》，公司财务负责人周永江受董事会委托所作的《2010年度财务决算报告》和《2010年度利润分配及分红议案》，并作出相应决议。

本年度分红率为17%，以现金支付。

2011年度股东大会

2012年6月8日，在公司招待所三楼会议室召开。出席本次股东大会的股东（包括股东授权委托代表）共65人，持有表决权的股份26979700股，占公司股份总数的63.24%。大会由公司董事会召集，公司总经理李金松主持。临淄区金融办主任沈先荣应邀列席大会。

大会听取、审议并通过公司董事长刘效华代表董事会所作的《2011年度董事会工作报告》，公司监事会主席刘奇代表监事会所作的《2011年度监事会工作报告》，公司财务负责人周永江受董事会委托所作的《2011年度财务决算报告》和《2011年度利润分配及分红方案》，并作出相应决议。

本年度分红率为16%，以现金支付。

2012年度股东大会

2013年6月8日，在公司招待所三楼会议室召开。出席本次股东大会的股东（包括股东授权委托代表）共68人，持有表决权的股份27028300股，占公司股份总数的63.36%。大会由公司董事会召集，公司总经理赵克强主持。

大会听取、审议并通过公司董事长刘效华代表董事会所作的《2012年度董事会工作报告》，公司监事会主席刘奇代表监事会所作的《2012年度监事会工作报告》，公司财务负责人周永江受董事会委托所作的《2012年度财务决算报告》和《2012年度利润分配及分红方案》，并作出相应决议。

本年度分红率为16%，以现金支付。

2013年度股东大会

2014年5月28日，在公司招待所三楼会议室召开。出席本次股东大会的股东（包括股

2014年5月28日，美陵股份公司召开2013年度股东大会

东授权委托代表）共63人，持有表决权的股份26587792股，占公司股份总数的62.32%。大会由公司董事会召集，公司总经理赵克强主持。

大会听取、审议并通过公司董事长刘效华代表董事会所作的《2013年度董事会工作报告》，公司监事会主席刘奇代表监事会所作的《2013年度监事会工作报告》，公司财务负责人周永江受董事会委托所作的《2013年度财务决算报告》和《2013年度利润分配及分红议案》，并作出相应决议。

因董事刘永来辞职，本次大会通过投票补选刘同盟为公司董事。

本年度分红率为15%，以现金支付。

2014年度股东大会

2015年6月5日，在公司综合楼三楼会议室召开。出席本次股东大会的股东（包括股东授权委托代表）共71人，持有表决权的股份17679072股，占公司股份总数的41.44%。大会由公司董事会召集，公司总经理赵克强主持。临淄区金融办副主任苑忠奎应邀列席大会。

大会听取、审议并通过《2014年度董事会工作报告》《2014年度监事会工作报告》《2014年度财务决算报告》《关于公司2014年度利润分配及资本公积金转增股本的预案》《关于聘任大华会计师事务所（特殊普通合伙）为公司2015年度审计机构的议案》《关于更换公司董事的议案》《关于公司以现金收购包焕忠等自然人股东持有的山东美陵博德化工机械有限公司60%股权暨关联交易的议案》《关于公司以现金收购山东美陵美力达风机有限公司100%股权暨关联交易的议案》《关于公司以现金向山东美陵中联环境工程有限公司购买工业用途房产暨关联交易的议案》《关于确认公司2013年度及2014年度关联交易事项的议案》《关于确认公司对外担保事项的议案》《关于修改公司章程的议案》等12项报告与议案，并作出相应决议。

本次大会经审议通过李玉森、徐洪波因年龄原因辞去董事职务的议案，并补选付士国、刘华祥为公司董事。

本年度以总股本4266.0072万股为基数向全体股东进行公积金转增，每10股转增3股，转增1279.8021万股，转增后股本总额5545.8093万股。

2015年第一次临时股东大会

2015年7月10日，在公司综合楼三楼会议室召开。出席本次股东大会的股东（包括股东授权委托代表）共61人，持有表决权的股份18729943股，占公司股份总数的33.77%。大会由公司董事会召集，公司总经理赵克强主持。

与会股东听取、审议《关于更换公司监事的议案》和《关于确认公司对外担保事项的议案》，以记名投票表决方式形成决议：同意刘奇、牛兴强两位监事因工作需要辞去公司监事职务，并推选崔建军为公司监事，任期自2015年6月3日至2016年6月18日；同意为山东齐都药业有限公司、山东高阳建设有限公司、淄博亿威进出口有限公司、淄博一方实业有限公司、淄博市天齐渊供水有限公司等单位在银行的贷款共九笔提供担保。

2015年第二次临时股东大会

2015年11月7日上午9时，在公司综合楼三楼会议室召开。出席本次股东大会的股东（包括股东授权委托代表）共73人，持有表决权的股份19596654股，占公司股份总数的35.34%。大会由公司董事会召集，公司董事长刘效华主持，全体董事、监事出席会议，总经理和其他高级管理人员列席会议。

与会股东（股东代表）听取、审议并通过《关于公司申请股票在全国中小企业股份转让系统挂牌并公开转让的议案》《关于本次公司股票挂牌时采取协议转让方式的议案》《关于授权董事会办理与公司申请股票在全国中小企业股份转让系统挂牌并公开转让有关事宜的议案》《山东美陵化工设备股份有限公司章程》《山东美陵化工设备股份有限公司股东大会议事规则》《山东美陵化工设备股份有限公司董事会议事规则》《山东美陵化工设备股份有限公司监事会议事规则》《山东美陵化工设备股份有限公司关联交易管理制度》《山东美陵化工设备股份有限公司对外投资管理制度》《山东美陵化工设备股份有限公司对外担保管理制度》《关于确认公司对外担保事项的议案》共11项方案，同时形成相应决议。

2015年度股东大会

2016年8月12日，在公司办公楼三楼会议室召开。出席本次股东大会的股东（包括股东授权委托代表）共48人，持有表决权的股份16959872股，占公司股份总数的30.58%。大会由公司董事会召集，公司董事长刘效华主持。

2016年8月12日，美陵股份公司召开2015年度股东大会

大会听取、审议并通过《关于公司2015年度董事会工作报告的议案》《关于公司2015年度监事会工作报告的议案》《关于2015年度财务决算报告的议案》《关于公司对外担保的议案》，同时形成相应决议。

2017年第一次临时股东大会

2017年1月1日，在公司办公楼三楼会议室召开。出席本次股东大会的股东（包括股东授权委托代表）共65人，持有表决权的股份16504782股，占公司股份总数的29.76%。大会由公司董事会召集，公司董事长刘效华主持。

大会听取、审议并通过《关于2017年度公司日常性关联交易预计的议案》《关于公司对外担保的议案》《关于聘请大华会计师事务所（特殊普通合伙）为公司2017年度财务审计机构的议案》《关于公司子公司增资的议案》《关于向银行或其他金融机构借款及相关担保事项的议案》，同时形成相应决议。

2016年度股东大会

2017年5月20日，在公司办公楼三楼会议室召开。出席本次股东大会的股东（包括股东授权委托代表）共32人，持有表决权的股份5843246股，占公司股份总数的10.54%。大会由公司董事会召集，公司董事赵克强主持。

大会听取、审议并通过《2016年度董事会工作报告》《2016年度监事会工作报告》《2016年度报告及摘要》《2016年度财务决算报告》《2017 年度财务预算报告》《2016 年度利润分配方案》《关于续聘大华会计师事务所为公司 2017 年度财务审计机构的议案》《关于向非金融机构借款的议案》和《关于向银行借款及相关担保事项的议案》，同时形成相应决议。

2016 年度权益分派方案为：以公司现有总股本 55458038 股为基数，向全体股东每 10 股派 1.00 元人民币现金。

2017 年第二次临时股东大会

2017 年 5 月 26 日，在公司办公楼三楼会议室召开。出席本次股东大会的股东（包括股东授权委托代表）共 20 人，持有表决权的股份 3925433 股，占公司股份总数的 7.08%。大会由公司董事会召集，公司董事长刘效华主持。

大会听取、审议并通过《关于公司拟为山东高阳建设有限公司在东营银行新增借款提供 1000 万元的连带担保责任的议案》《关于公司拟为山东高阳建设有限公司在临淄农村商业银行新增借款提供 900 万元的连带责任担保的议案》《关于公司拟为山东高阳建设有限公司在临淄农村商业银行新增借款提供 1000 万元的连带责任担保的议案》《关于公司拟为山东恒瑞新型建材有限公司在齐商银行续借款 2000 万元继续提供连带责任保证的议案》《关于公司拟为齐都药业有限公司在兴业银行新增借款提供 2000 万元的连带责任担保的议案》《关于公司拟为山东高阳建设有限公司在农业银行续借款 2500 万元继续提供连带责任保证的议案》，同时形成相关决议。

2017 年第三次临时股东大会

2017 年 12 月 7 日在公司办公楼三楼会议室召开。出席本次股东大会的股东（包括股东授权委托代表）共 36 人，持有表决权的股份 13091005 股，占公司股份总数的 23.61%。大会由公司董事会召集，公司董事长刘效华主持。

大会听取、审议并通过《关于向关联方借款的议案》，同时形成相应决议。

第二节　历次增资扩股

1997 年公司规范增加股本

1996 年，公司依照《中华人民共和国公司法》进行规范，5 月 28 日，经 1995 年度股东大会审议通过，以送红股、公积金转增股本、申请配股 3 种方式实施增资扩股，达到“股份有限公司最低注册资本 1000 万元”的要求。

送红股　经股东大会决议，1995 年度的利润分配以红股的形式支付，以原始股 356.28 万股为基数，每股送 0.2845 股，共送红股 101.36 万股。

公积金转增股本　从资本公积金中支出 463.16 万元转增股本，以原始股 356.28 万股为基数，每股转增 1.3 股，即转增 463.16 万股。

申请配股　10 月 10 日，公司向淄博市规范办公室提出配股申请，经淄博市规范办公室审查批准，公司在总股本 920.8 万股的基础上按 1 ∶ 0.3 的比例实施配股，配股总额为 276.24 万股，配股价为每股 1.5 元。在配股过程中，齐陵镇政府以矿泉水设备一套折价配股，价值为 31.57 万元，折股 21.05 万股，其余配股权转让给内部职工。

以上述 3 种方式增资扩股后，公司总股本为 1197.04 万股。其中，齐陵镇政府集体股 610.49 万股，占总股本的 51%；个人股 586.55 万股，占总股本的 49%。

1997 年 3 月 17 日，山东省经济体制改革委员会下发《关于同意确认淄博美陵化工设备股份有限公司的函》(鲁体改函字〔1997〕11号),同意确认:公司由原临淄石油化工配件厂发起,以募集方式设立;公司股份总数为1197.04万股,每股面值人民币1元,股本金总额为1197.04万元。其中,临淄区齐陵镇政府持有发起人股610.49万股,占股份总数51%;个人股586.55万股,占股份总数49%。

4月12日,山东淄博会计师事务所出具《验资报告》(淄会师验字〔1997〕64号),对此次增资进行验证。

5月6日,公司取得山东省工商行政管理局重新核发的企业法人营业执照。

本次增资后,公司总股本为1197.04万股。其中,集体股610.49万股,占总股本的51%;个人股586.55万股,占总股本的49%。

2000年未分配利润转增股本

1997年5月28日,公司召开股东大会,决议通过1996年度利润分配方案,按规定提取三项公积金后,按原始股本总额356.28万股分派红利,其中,集体股以现金支付,个人股采取送红股形式支付,送股比例为10送4,送股总额为40万股。

6月5日,淄博市证券管理委员会下发《关于山东美陵化工设备股份有限公司分派九六年红利的批复》(淄证管办字〔1997〕31号),同意上述利润分配方案。

2000年4月21日,山东启新有限责任会计师事务所对本次股本变更出具《验资报告》(鲁启会验内字〔2000〕13号),对此次增资进行验证。

5月24日,山东省经济体制改革办公室下发《关于同意确认山东美陵化工设备股份有限公司股本变更的批复》(鲁体改企字〔2000〕5号),确认公司此次股本变更情况。

同日,山东省人民政府颁发山东省股份有限公司批准证书(鲁政股增字〔2000〕20号),确认公司的股本总数及股本结构。

8月16日,公司取得此次变更后的企业法人营业执照。

本次增资后,公司总股本为1237.04万股。其中,集体股610.49万股,占总股本的49.35%;个人股626.55万股,占总股本的50.65%。

2003年未分配利润和资本公积转增股本

2003年5月28日,公司召开股东大会,决议通过以总股本1237.04万股为基数,向全体股东每10股派发红股2股,以资本公积金向全体股东每10股转增4.2股,送转后公司总股本变更为2004.0048万股。

6月23日,山东中大会计师事务所有限公司对本次股本变更出具《验资报告》(中大会验字〔2003〕651号),对此次增资进行验证。

7月3日,山东省经济体制改革办公室印发《关于同意山东美陵化工设备股份有限公司增加股本的批复》(鲁体改企字〔2003〕37号),同意此次股本变更。

同日,山东省人民政府颁发山东省股份有限公司批准证书(鲁政股增字〔2003〕9号),确认公司的股本总数及股本结构。

7月29日,公司取得此次变更后的企业法人营业执照。

本次增资后,公司总股本为2004.0048万股。其中,集体股100.2099万股,占总股本的5%;个人股1903.7949万股,占总股本的95%。

2008年股本变更

2008年7月5日,公司召开股东大会,决议通过以公司总股本2004.0048万股为基数,以资本公积金向全体股东每10股转增5股,转增后公司总股本变更为3006.0072万股。

12月10日，淄博晨光有限责任会计师事务所就本次股本变更出具《验资报告》(淄晨会字〔2008〕133号)，对此次增资进行验证。

12月17日，公司取得此次变更后的企业法人营业执照。

本次增资后，公司总股本为3006.0072万股，全部为个人持有。

2009年股本变更

2009年9月2日，淄博市人民政府金融证券工作办公室下发《淄博市人民政府金融证券工作办公室关于同意山东美陵化工设备股份有限公司融资方案的批复》(淄金发〔2009〕48号)：同意公司按照2009年8月24日登记在册的全体股东，遵循“同比例，同价格”的原则，以总股本3006.0072万股为基数，按10股配3股的比例配股；同意公司向战略投资者定向增发股票358.1978万股。

9月10日，公司召开股东大会，决议通过以公司总股本3006.0072万股为基数，按每10股配售3股的比例以3.6元/股的价格向全体股东配售901.8022万股，被股东放弃配股权的股份由公司董事会在原股东中间进行转配；同时，以3.6元/股的价格向战略投资者山东开来投资有限公司定向增发股权358.1978万股。

9月28日，山东启新有限责任会计师事务所就本次股本变更出具《验资报告》(启新验字〔2009〕003号)，对此次增资进行验证。

10月10日，公司取得此次变更后的企业法人营业执照。

本次增资后，公司总股本4266.0072万股。其中，山东开来投资有限公司持股358.1978万股，占总股本的8.396%；个人持股3907.8094万股，占总股本的91.604%

2015年资本公积转增股本

2015年6月5日，公司召开股东大会，决议通过以总股本4266.0072万股为基数，以资本公积金向全体股东每10股转增3股，合计转增1279.8021万股。

6月17日，公司取得此次变更后的企业法人营业执照。

本次增资后，公司总股本5545.8093万股。其中，山东开来投资有限公司持股465.6571万股，占总股本的8.396%；个人持股5080.1522万股，占总股本的91.604%。

至2017年12月31日，公司股本总额未再发生变化。

(说明：1992年，淄博美陵化工设备股份有限公司设立时，在定向募集过程中，为便于发行，股权面值为100.00元/股。但实际运行时，在配股、股本转增、送红股等过程中，均按照1.00元/股进行核算，以易于操作。由于当时我国股份制改革处于试点阶段，《中华人民共和国公司法》尚未颁布，故存在此情形。为尊重公司股份制改革及运行史实，本篇内容均据原始资料记述。1997年，公司按照《中华人民共和国公司法》要求进行规范后，山东省经济体制改革委员会以鲁体改函字〔1997〕11号《关于同意确认淄博美陵化工设备股份有限公司的函》同意确认“公司由原临淄石油化工配件厂发起，以募集方式设立；公司股份总数为1197.04万股，每股面值人民币1元，股本金总额为1197.04万元。”自此，公司运行步入规范。)

第四篇
生　产

企业的生产管理工作和车间管理工作经历了不同的阶段。1958 年企业建厂，实行厂长负责制，由厂长负责安排车间生产，共有 5 个车间 30 名工人。1968 年 9 月，厂革命领导小组成立后，负责生产管理，当时车间主要生产民用煎饼鏊子、地瓜切片机和取暖炉等用具。1978 年 12 月，中共十一届三中全会召开后，企业有专人分管生产和供销，形成以执行指令性计划为主的生产管理体制。1984 年，企业实行二级核算管理，以车间为核算单位，实行百元利润工资含量的计酬办法。1992 年，企业改制为股份制公司，实现由工厂制组织形式到公司制组织形式的转换。生产管理由分管生产的副经理全面负责，下设生产科负责全公司的生产计划和生产调度。1995 年，公司开始实行二级目标化管理，各二级单位设立生产科，在分管副经理的领导下，负责本单位的生产管理工作。1998 年 1 月，公司将原 6 个二级单位合并组建为 3 个分公司，即化工设备分公司、美力达空调风机公司、矿泉水分公司，各二级单位实行产、供、销全面负责制。2009 年 5 月，公司 ERP 信息管理系统开始运行，化工设备分公司、山东美陵美力达风机有限公司、高强度紧固件分公司实施信息系统管理。2013 年 9 月，汽车零部件分公司实施信息系统管理。信息化生产管理成为制造企业生产管理的重要手段，通过掌握生产环节，掌握生产速度、质量及生产工人的工作绩效，极大地提升了制造企业的生产管理水平。

第一章 生产管理

企业生产管理职能部门的设置是根据企业不同时期的生产规模设立的，并经多次变更调整，逐步规范。在管理体制上，1958 年建厂后至 1966 年，实行厂长负责制，由厂长负责安排生产。“文化大革命”初，厂长负责制受到批判。1968 年 9 月，厂革命领导小组成立，负责生产管理。1971 年秋，厂党支部建立后，实行党的一元化领导，专人负责生产管理。

1978 年 12 月，中共十一届三中全会召开后，贯彻“调整、改革、整顿、提高”的八字方针，企业由专人分管生产和供销，形成以执行指令性计划为主的生产管理体制。1984 年，企业由生产科负责对全厂下达生产计划和生产调度，各车间具体实施，各车间实行不同形式的责任制。1988 年，企业建立安全生产管理机构，增设质检科和计量室，建立标准化管理体系，确保生产管理工作的规范运行。

1992 年，企业改制为股份制公司，实现由工厂制组织形式到公司制组织形式的转换。生产管理由分管生产的副经理全面负责，下设生产科负责全公司的生产计划和生产调度。1995 年，公司开始实行二级目标化管理。各二级单位设立生产科，在分管副经理的领导下，负责本单位的生产管理工作。1998 年 1 月，公司对 1995 年以来实施的分级目标化管理机制进行规范和调整，将二级单位调整为 3 个，即化工设备分公司、美力达空调风机公司、矿泉水分公司，各二级单位实行目标全面管理。

进入21世纪后，公司进行产业结构调整，在做大做强机械产业的同时，开始向环保产业和水务公用事业等新领域发展。公司根据新领域的特点，采取相应的管理方法和措施，加强对新设立单位生产管理的领导和调度，新设单位分别建立施工部和运行部，在分管副经理的领导下，负责生产管理工作。新设单位的生产管理在短期内走上规范化的轨道，促进新领域的发展。2004年8月，公司被淄博市人民政府认定为2003年度工业百强企业。2006年4月，公司被中共淄博市委、淄博市人民政府评为淄博市百强民营企业。2008—2012年，公司连年被中共淄博市委、淄博市人民政府评为年度工业优秀企业。

至2017年，集团公司共有12个生产经营单位，17个车间和136个生产班组，从事生产管理的人员49人。其中，具有中专以上文化程度的22人，具有中级以上专业技术职务的5人。公司生产管理机制的有效运行，确保各种生产要素的合理配置，实现安全、文明、高效的生产目的。

第一节　管理机构

1967年以前，生产管理由厂长负责并组织调度。1968—1971年，由厂革命领导小组组织生产，设一名专职人员负责生产调度。1972—1976年，生产管理由厂革命委员会负责，仍设1名专职调度人员。1976年3月起，恢复厂长制，由1名副厂长负责生产管理和调度。1979年4月，成立生产科，由1名副厂长兼生产科科长，负责组织生产和调度。1984年，企业实行厂长领导下职能科室负责制，由生产科下达生产计划和调度生产，各车间具体组织实施。

1995年，淄博美陵公司对管理机制进行改革，实行二级目标化管理，各二级单位成立生产科或生产供应科、施工部、运行部等相应的生产管理机构，在分管副经理的领导下，负责对本单位的生产进行管理和调度。

2009年5月，集团公司ERP信息管理系统开始运行，化工设备分公司、山东美陵美力达风机有限公司、高强度紧固件分公司实施信息系统管理，三个二级单位生产部门都配备1名ERP信息管理员，生产管理的运行机制发生变化。2010年3月，生物助剂分公司成立，并配备1名ERP信息管理员。2013年9月，汽车零部件分公司实施信息系统管理，生产部配备1名ERP信息管理员。

至2017年，集团公司下辖各子、分公司的生产部门、运行部、施工部等相应的生产管理机构，在分管副经理的领导下，负责对本单位的生产管理进行计划实施和调度安排。

第二节　计划与调度

生产计划

1984年前，企业的主要产品属地方性计划，企业根据上级主管部门下达的年度产品计划由厂长安排生产作业计划，车间或班组负责人具体组织实施。

1984年后，随着计划经济向市场经济的转变，在两种经济体制共存的情况下，企业以地方计划和市场需求来确定生产计划，生产计划数量增加，生产科负责生产计划的安排、补充与调整。

1995年，淄博美陵公司实行二级目标化管理，其生产管理由公司下达年度经济计划目标，并进行考核。年度生产经营计划的编制，坚持以市场为导向、以经济效益为中心、统筹兼顾和实事求是的原则，由企管办在每年年初根据上年度生产经营计划完成情况、企业发展目标和市场预测以及设备、技术、生产能力等因素，通盘考虑编制年度生产经营计划草案，经公司董事会审核批准后，形成正式的年度生产经营计划，然后逐级落实，分解细化，层层负责，精心组织，科学管理，确保计划完成。各二级单位依据公司下达的年度生产经营计划和生产订单及预测的市场情况，由各二级单位生产科分别编制月生产计划和阶段性生产计划，报本单位经理批准后向各车间分解。周、日生产作业计划，由各车间根据生产科下达的月（阶段性）生产计划进行编制，并做出作业安排。

各二级单位生产科编制的生产计划主要内容包括：产品名称、规格型号、材质、产品数量、产品执行标准、生产成本、完成日期等。同时对生产原料、配件供应、生产技术措施（工艺、工装、图纸）、安全生产等提出相应的要求。生产科定期或不定期到车间、班组检查指导生产，确保生产计划的实施。车间、班组分别由车间主任、班组长按生产作业计划分配生产任务，达到均衡生产。

各二级单位的生产计划以生产经营通知单为依据。生产科接到生产图纸后，生产计划员按图纸分解采购计划、工序，将生产计划下达到各部门、各车间，各部门、各车间按照生产科生产计划要求进行采购、生产。紧固件产品、风机产品的生产计划除了按生产经营通知单要求下达生产计划外，生产科根据市场需求及库存情况直接下达库存生产计划。供应部门根据采购计划采购原材料和外协件，由车间进行生产。生产计划下达到生产车间后，车间根据生产任务情况分解到班组，班组分解到操作工人，生产计划经分解细化，层层落实。生产科不定时到车间进行监督检查，及时解决影响生产计划进度的问题，同时技术、质检部门围绕生产计划协助服务好车间，确保生产计划的按期完成。

2009 年 5 月，ERP 信息系统正式运行后，销售科将销售经营通知单内容输入 ERP 系统，技术、生产部门通过 ERP 系统确认后，然后由技术科按图纸编制 BOM、工序输入系统，由生产科计划员针对订单在系统中进行 MRP 展算，分别下达车间生产计划及采购计划，各部门按生产计划要求进行采购、生产、检验。生产计划下达由书面形式改变为电子信息化，更方便、快捷、清晰，便于查询与跟催计划的进度，提高生产计划的完成率。紧固件产品、风机产品的生产计划，还需要由生产科根据市场需求及库存情况在 ERP 系统给车间下达库存生产计划，由生产车间组织生产。矿泉水产品、生活饮用水产品的生产无具体生产计划，生产车间和运行部根据客户需求组织生产。

2013 年，集团公司下辖各子、分公司不断提升生产计划管理水平，对每项生产任务都制定生产计划，进行细化、分解、落实。生产计划在总生产进度计划指导下，细分为周计划、月计划，对每一步的责任人、完成时间做出规定。

2016 年，集团公司提出勇于挑战“急、难、特”订单的经营理念及开展精益化生产项目，提升企业实力和品牌形象。各子、分公司充分发挥班前会、周例会和专题会的作用，做好计划跟进，在会议中交流和讨论生产中遇到的难题，分享工作经验和心得。在生产计划方面，除日常的生产计划管理外，各子、分公司针对紧急任务采取工序倒排，层层包干的方法，确保工期和产品质量。对于工期紧、任务重的订单，各子、分公司生产部门对车间的特殊工序和重点工序部署生产日计划，提升各部门的工作效率。

至2017年，集团公司下辖各子、分公司在生产经理的统一领导下，各职能科室围绕生产计划相互配合，积极做好协调，发挥职能作用，保证生产计划的顺利完成。生产计划通过ERP系统管理，一天一统计，一天一公示，各项指标都纳入公司经营管理百分制考核，年终总评兑现奖惩。

生产调度

1967年以前，企业未设生产调度机构，生产调度由厂长直接实施，有时也由会计代管。1968—1976年，由企业负责人主管生产，设1名调度员。1976年3月起，由1名副厂长负责生产调度。1979年4月，设立生产科，由生产科协助厂领导行使生产调度权。

1992年9月改制为公司后，生产调度仍由生产科负责，生产调度管理的主要任务是：督促和检查各车间生产计划的落实与实施；统计生产进度，掌握生产动态，传递生产经营信息，提供工艺、工装、图纸资料；负责生产过程中各类能源、材料、备品备件的协作及调度，平衡生产任务；安排设备检修；及时协调和处理生产过程中的各种问题；监督检查安全生产。

1995年起，淄博美陵公司实行二级目标化管理，各二级单位设立生产科，建立生产调度制度。建立健全生产调度管理人员的岗位责任制，基本形成分工明确、职责分明、奖罚严明、指挥有力的生产调度体系。同时建立健全生产调度会议制度。调度会分为公司调度会和生产调度例会。

公司调度会为不定期召开的旨在解决各单位生产中的疑难问题，由总经理主持，各二级单位副经理以上管理人员以及公司机关直属部门负责人参加。生产调度例会为各二级单位每周定期召开，由各二级单位主管生产的副经理主持，生产、销售、技术、质检、供应、车间负责人参加，主要是检查生产计划的完成情况，通报生产计划完成进度，查明未按期完成生产计划的原因，解决生产过程中遇到的难题。

调度会本着现场办公的原则，对涉及生产计划中的设备、安全、节能降耗、成本、信息化、现场及劳动纪律、精益化等方面的问题，当场制定解决方案，落实责任，及时解决各车间、部门的生产瓶颈，并对各部门、车间的进度进行检查、监督、考核，确保生产计划按时、按质、按量顺利完成。生产调度本着先急后缓、保证重点的原则，做到各种生产要素的合理配置。

2012年，集团公司把生产管理作为一项重要管理工作对待，美陵股份公

2006年，公司生产经营调度会

司和美陵环境公司分别实行月调度例会制度，及时传达和落实公司的指导意见，及时调度和把握重点工作，及时反馈和解决关键问题。通过集团公司月调度例会，各子、分公司分解任务指标、把握生产管理方向，把任务目标分解落实到生产管理系统的各个环节，做好阶段性计划、周计划，采用多种方式保证产品质量与产品工期的关系，同时加强劳动定额的修订与管理。

2014年，通过美陵股份公司的月调度例会，化工设备分公司和山东美陵博德化工机械有限公司相互合作，对生产订单进行合理调配。山东美陵博德化工机械有限公司转化工设备分公司加工整体设备23台，共计440万元；化工设备分公司转山东美陵博德化工机械有限公司加工整体设备44台，共计778万元。两家公司资源共享、配合默契，确保产品质量和工期，赢得客户的好评。各子、分公司对生产计划实施进行调度时，充分正视质量和工期的关系，在保证质量的前提下，提高生产效率缩短工期，提升顾客的满意度。各子、分公司加强生产调度，保工期，保生产，保质量，对工期短、加工难度大的订单合理安排加班。各车间一线员工发扬“白加黑”“六加一”的工作精神，急客户之所急，想客户之所想，保证订单按时交工。

2016年，精益化生产项目启动，在集团公司机关、化工设备分公司、山东美陵美力达风机有限公司、高强度紧固件分公司、汽车零部件分公司、山东美陵博德化工机械有限公司等范围内推行精益化生产项目。按照精益化生产的要求，各子、分公司通过周例会加强车间之间的实时调度，根据各车间的任务量情况，跨车间、跨工序安排。2017年，化工设备分公司通过制作专用表格换热器生产计划调度表，实时记录产品生产计划全过程中各部门各关键工作内容和工序的计划时间和具体完成时间，根据生产进度适时调整各工序工作进度，发挥精益生产调度的管控作用。

至2017年，集团公司及下辖各子、分公司一直执行月调度例会和生产调度例会的生产调度会议制度。各子、分公司各部门充分发挥班前会、周例会和专题会的作用，落实生产计划的调度工作。

第三节 生产现场管理

早期现场管理

1978年前，生产现场管理没有健全的规章制度。1980年后，通过企业整顿，落实岗位责任制，现场管理的各项制度逐步建立健全，车间班组的基础管理、企业的生产现场管理逐步

化工设备分公司铆焊二车间生产作业现场（2005年12月 摄）

得到重视。1983年，企业被临淄区人民政府授予创建清洁工厂先进单位。1987年，企业被淄博市经济委员会授予1987年度安全生产先进单位。是年，被临淄区人民政府授予清洁工厂称号。

1988年，企业达标升级后，各项基础管理工作逐步实现规范化、制度化，以实现文明生产作为管理目标的现场管理工作得到加强。1990年，企业被淄博市人民政府授予安全生产先进企业。1991年，企业在临淄区经委组织的临淄区工业企业现场管理擂台赛中取得第三名。1996年，淄博美陵公司被淄博市安全生产委员会认定为安全文明生产合格单位。1997年，美陵股份公司被山东省乡镇企业管理局、山东省劳动厅认定为山东省乡镇企业安全生产综合治理活动先进单位。1998年，公司实行目标管理、指标考核、工效挂钩的管理模式，定期对各单位的管理指标进行考核。现场管理作为一项重要考核内容，企管办制定现场管理考核细则，按月进行考核，通报考核情况，其考核成绩与单位的工资总额挂钩。各单位生产管理部门根据本单位的特点制定相应的现场管理目标和制度，加大自查考核力度，确保现场管理目标的实现。是年，美陵股份公司被山东省乡镇企业管理局认定为山东省乡镇企业系统现场管理合格（一级）。

5S现场管理

2001年，美陵股份公司推行5S（即整理、整顿、清扫、清洁、素养）现场管理活动，并作为现场管理考核的重要内容进行考核。各二级单位陆续投入大量资金对现场进行改造，按照5S活动的要求，建立5S活动记录，车间每天检查并通报一次5S活动情况，生产科每周检查一次，每月对各部门以百分制形式考核打分。通过持续不断的5S管理活动，现场管理工作得到进一步提高。

2011年5月，集团公司投资的汽车零部件铸造车间竣工。铸造车间现场采用自流平地面，根据地面的高低不平顺势流动，对地面进行自动找平，外层美观，高洁净、高耐磨、高载重。

2013年，集团公司组织各子、分公司开展清洁生产工作，改善员工的工作环境。各子、分公司共投入98.5万元，对部分车间19000平方米地面进行重整，年内紧固件一车间、金工车间、冲压车间、铆焊一车间、汽车零部件机加工车间现场改用自流平耐磨地面。通过改用自流平地面，各车间地面油污严重的情况得到改变，地面整洁便于清理、工作区域划分明确，实现车间清洁生产。车间布局进行重新规划，生产制造过程中实现产品三不落地，专区专用、一目了然，做到目视化管理。

2014年，各子、分公司对车间现场坚持以5S管理为标准，严格贯彻“小工件、切屑、污物”三不落地的要求，强化现场管理，使用自流平耐磨地面的车间现场保护良好。山东美陵博德化工机械有限公司投资9.6万元对机加工车间、铆焊车间和清洁车间的地面进行整改，将通道改为自流平地面。

2016年4月，汽车零部件分公司电炉球化除尘技改项目被临淄区总工会评为临淄区职工安全金点子一等奖，该项目使铸造车间现场得到有效改善，目视化程度得到很大提高。

精益生产管理

2016年5月14日，山东美陵集团召开精益生产项目启动大会，在集团公司机关、化工设备分公司、山东美陵美力达风机有限公司、高强度紧固件分公司、汽车零部件分公司、山东美陵博德化工机械有限公司等范围内推行精益化生产项目。精益生产项目实行项目经理负

2016 年 5 月 14 日，精益生产项目启动大会

责制，下设主要部门项目组、咨询组、督导组，明确各职能部门的职责，并就精益项目正常开展进行集体宣誓。各子、分公司加强精益思想教育，在各车间内设立精益思想、八大浪费、5S 内涵及 TPM（全员生产维护）宣传牌，宣传横幅，车间禁止项目挂牌，各种制度标识牌，同时利用各部门晨会、周例会、黑板报、宣传栏、《山东美陵报》等多种方式宣传精益思想。

精益生产项目组制定《精益生产管理考核制度》，对生产计划管理制定《精益生产计划排产及控制（补充）》，确认完成《5S 执行标准》。汽车零部件分公司铸造车间完成滚筒东部除尘改造和浇注机除尘改造，化工设备分公司铆焊二车间除尘改造项目完工，现场管理得到有效提升。

按照精益生产项目组“整体规划、硬性隔离、分区管理，责任到车间、责任到班组、责任到人”的要求，化工设备分公司、山东美陵美力达风机有限公司、高强度紧固件分公司、汽车零部件分公司、山东美陵博德化工机械有限公司积极参与精益化生产改进并严格按 5S 管理要求规范车间工作现场，进行整体或部分硬性隔离，共计制作、安装隔离栏 1700 多米，使各车间的现场管理整洁有序，目视化程度得到很大提高。在车间内推行无死角分区管理，将责任分区及责任人上墙标识，加强责任监督及执行。

在集团公司机关、化工设备分公司、山东美陵美力达风机有限公司、高强度紧固件分公司、汽车零部件分公司所属各车间、后勤科室建立早会制度，每天早上利用 5 ~ 10 分钟，对本部门内相关事项、安全、质量、生产任务

紧固件一车间内的职工交流平台（2016 年 11 月　摄）

等进行通知通报，全体员工列队召开。

2017年，集团公司下辖各子、分公司投入基建费用141万元用于生产作业环境的改善。

随着现场管理的深化，企业的生产环境、生产秩序得到显著改善，劳动效率不断提高，产品质量稳定，生产作业场地整洁，环境卫生良好，车间通道畅通，安全标识明显，规章制度健全，工艺、工装、操作规程有效实施，职工队伍素质不断提高，实现人流、物流、信息流的合理流动和高效运转。

第四节　节能降耗

企业自建立就坚持勤俭办厂的原则，提出节约一滴油、一度电、一两棉纱的口号，广大职工积极响应，开展修旧利废活动。这一优良传统一直影响教育着新职工。

1990年后，随着企业规模的逐步扩大，大功率设备随之增加，能源消耗越来越大。2005年8月，集团公司组织开展建设节约型企业活动，降低生产成本，减少能源消耗，并建立公司、各二级单位和车间三级能源管理体系，由集团公司总工办负责编制节能降耗管理制度及管理考核细则，各二级单位、车间按照节能降耗管理制度认真组织实施。同时，各二级单位和车间均建立健全能源消耗记录和大功率设备运行记录，及时做好能源消耗的统计工作，并将统计情况按时逐级上报，为公司领导及各有关部门及时、准确地提供能耗信息，指导节能降耗工作不断深入开展。节能降耗的监督检查采取定期和不定期相结合的方式，车间每天检查一次，各二级单位每周检查一次，公司总工办每月检查一次并通报检查结果，按照《节能降耗管理考核细则》以百分制形式进行考核，严格执行奖罚规定。对查出的问题或薄弱环节，及时制定整改措施，杜绝或减少能源浪费现象。2005年起，供电部门加强用电管理，实行峰平谷电价政策，公司对各大功率设备均安装峰平谷电度表，确定开停时间，各二级单位如实填写设备运行台账，促进节能降耗工作的开展，当年节约电费6.55万元。

2006年1月，集团公司组织编写《管理制度汇编》，其中对节约挖潜建设节约型企业管理作进一步要求，具体有十个方面的要求：定额管理、易损易耗品管理、节电节水管理、节约办公费用管理、废旧余料的利用管理、财务管理、技术工艺改进管理、销售业务管理、设备维护保养管理、车辆运输管理。公司上下全员参与，查找节约挖潜的空间，提出合理化建议，对照具体要求进行整改。是年2月，公司被临淄区人民政府认定为资源综合利用先进单位。

2005年8月30日，集团公司建设节约型企业活动动员大会

2006年3月，随着“建设节约型企业”活动的深入开展，公司制订《节约降耗管理考核细则（试行）》，由总工办履行节能降耗管理职能，每月考核一次。2007年3月，总工办将《节约降耗管理考核细则（试行）》修订为《节能降耗管理考核细则》，为各二级单位制定能耗指标，正式把节能降耗管理纳入管理指标进行考核，考核结果与各二级单位的工资总额、管理者年薪挂钩，同时设置节能降耗奖。

2010年12月，公司被淄博市中小企业局认定为节能减排示范企业。集团公司各子、分公司生产经理负责抓好本单位的节能降耗工作和节能降耗考核。各车间主任负责本车间的节能降耗管理。各班组长负责本班组的能源与材料的节约。

2016年，通过精益生产管理项目的实施，各车间“节约从这里开始”公示栏起到良好的指导作用，员工从消除浪费开始，节约从点滴做起，形成人人节约、事事节约的氛围。

2017年，集团公司万元销售收入能耗费用522元，各子、分公司通过继续实行躲峰填谷和错峰用电，实现大功率用电设备峰、平、谷用电比例为25.3 ∶ 39.6 ∶ 35.1，平均电价0.72元/度。集团公司及下辖各子、分公司严格用电管理，有效杜绝力率罚款，获得临淄区供电局奖励力率电费11.79万元。

到2017年，集团公司节能降耗管理已形成制度化、标准化运作，在企业生产经营管理中发挥重要作用。

第五节 定额成本控制

1981年前，企业实行的是以执行指令性计划为主的生产管理体制。在这种管理体制下，成本核算和成本管理未被引起足够的重视。

1981年，国务院批转关于工业企业经营责任制若干问题的意见和规定两个文件后，企业开始有相对独立的自主权，成本核算和成本管理这个事关企业自身生存发展的重大问题，逐步得到企业的高度重视和密切关注。经过3年的实践，到1984年，企业开始对钣金车间的风桶产品试行定额成本管理法。该管理方法是将某种产品的材料、费用消耗、工资定额进行核定，作为单位产品的定额成本，同生产计划一并落实到车间或作业班组，根据各车间班组完成的产品产量，按定额成本扣除材料、费用等消耗，剩余部分作为工资报酬，各种消耗与工资直接挂钩。实践证明，定额成本管理在生产经营过程中，对物料消耗、劳动工资、生产费用等实现有效地控制，是强化成本管理、提高经济效益的有效管理方法。

1998年后，随着企业规模的逐步扩大，产品结构和产品种类发生变化，在产品种类繁多、部分产品不固定、成本核算难度大的情况下，美陵股份公司对空调风机、高强度紧固件、压力容器等所有产品实行定额成本管理。具体做法是：各二级单位生产科根据图纸、产品工艺要求，核算出原材料消耗及价格，制定出材料消耗定额。生产科年初依据上年度费用考核的实际情况，参照历史最好水平，本着最大限度降低生产成本的原则，对各车间制定出当年度生产费用定额。

从2003年起，各二级单位生产科根据公司制定的工资定额标准，计算出工资系数，以工资系数计算劳动工资。各二级单位对各车间制定相对合理的定额成本指标和相应的考核细则。生产科计划员在下达生产计划时，必须下达核算后的材料定额、生产费用定额及人工工资定额，由车间、班组具体组织实施。产品完成后，按有关手续入库入账。财务处统计后反馈给生产科，由生产科统计员记入考核台账。

2006年1月，集团公司组织编写《管理制度汇编》，其中对定额管理作进一步要求。定额管理是公司在生产经营中对物料消耗、劳动用工、费用支出、资金使用等设立的标准，是制定预算、落实责任和计算成本的基础，是考核人力、物力、财力消耗的重要依据。内容包括劳动定额、物料消耗定额、费用开支定额、资金定额和物资储备定额。定额成本参照历史先进水平和同行业先进水平，本着最大限度降低成本提高效益的原则制定。除设备变更、工艺变更等特殊原因外，定额一般不做变动。

财务处和各二级单位按照《定额成本考核细则》要求，每两个月对各二级单位定额成本各项指标以百分制形式进行一次严格考核，实行绩效挂钩，合理奖惩。

2009年5月，ERP信息系统正式运行后，定额成本管理更加系统化，产品的材料定额直接在产品BOM中输入，人工在料品工序中维护，费用、工资定额按比例计算，每月对材料领用误差超过1%的进行差异分析，并对由于车间管理不当造成的浪费进行处罚。集团公司加大定额成本管理力度，各子、分公司建立成本管理小组，制定《采购市场预测管理制度》《采购管理制度》《销售市场预测管理制度》《存货出入库管理制度》《材料限额领用管理制度》《存货盘点制度》《产品定额管理制度》等，由成本管理小组每月对各部门、各车间制度执行情况进行考核，使定额管理做到公平、合理、公开、透明。

2010年，财务处对定额成本考核开始实行每月考核一次。2012年，开始施行成本考核重心下移，即各子、分公司自我检查与财务处考核相结合。

至2017年，集团公司定额成本管理开展扎实有效，财务处坚持一一对应原则，加强收支管理，每月对各子、分公司的三项成本费用在收入中的占比情况分析汇总，形成制度化运作，在企业管理中发挥重要作用。

第二章　车间与产品

第一节　生产车间

车间发展

1958年9月，企业建厂之初，在齐陵公社王齐大队租用民宅作为办公地点和厂房使用，职工缺少生产设备和工具，自己动手建起红炉。企业设有木工、红炉、修配、翻砂、鞋业5个车间，缝纫、理发、镶牙、修鞋4个组，时有工人30人。

1960年8月，企业由王齐大队搬迁至淄河大队村西北下崖，仍租用民房作为厂房，设有红炉、修配、白铁和自行车修理门市。

1962年8月，企业工人由40人精简为14人。

1967年4月，齐陵修配站搬迁至现址淄河店村西北上崖。

1968年1月，企业建设的自行车修理门市部、白铁车间、电气焊车间和北大门竣工。12月，企业重新设立翻砂车间。产品除铁木小农具外，根据地方计划安排，开始生产民用煎饼鏊子、地瓜切片机和取暖炉等用具。

1971年，企业试制成功8英尺皮带车床。

1972年2月，企业增设冲床车间和磷肥车间。磷肥车间当年建设并投产，年内生产磷肥140吨。8月，企业增设金工车间。12月，建筑面积为395.3平方米的翻砂车间建成。

1973年，磷肥车间从企业分离出去，电气焊车间划为修配车间。

1975年起，企业开始生产龟甲网等石化配件以及脱粒机等农业机械。12月，夹板锤车间建成。

1976年，冲床车间更名为冲压车间。2月，白铁车间更名钣金车间。12月，金工车间建成投入使用。当年依据山东省农业机械研究室提供的图纸生产红旗450型小麦脱粒机15台，依照山东胜利石化总厂胜利炼油厂提供的图纸生产F1型不锈钢浮阀1.5万多个。

1979年7月，企业开始生产电风扇配件，至1984年停产。10月，红炉车间合并到修配车间。

1982年，企业开始重点培育石油化工配件产品，同时木业车间撤销。1月，烤漆从钣金车间分离出去，增设烤漆车间。8月，电镀车间建成投入生产。

1984年，企业实行二级核算管理，以车间为核算单位，实行百元利润工资含量的计酬办法。钣金车间实行定额成本管理。电镀车间实行承包责任制，利润部分50%上交，50%留车间作为工人报酬。

1987年6月，标准件车间厂房建成，标准件项目投产。

1991年3月，企业成立设备管理小组，车间配备设备管理员，同时设立铆焊车间。12月，新建砖混结构530平方米的钣金车间投入使用。

1993年，原铸造车间关停，改造为铆焊车间，在中国石油化工集团公司齐鲁石化公司检修公司压力容器质量保证体系支持下，淄博美陵公司开始小规模生产换热器。是年设立化工车间。5月，公司投资23.94万元，建筑面积为898.88平方米的金工车间竣工并投入使用。

1994年12月，淄博美陵公司与齐鲁石化公司检修公司合资建设年产4000吨的重型锻压项目建成投产，检修公司负责厂房和公用设施配套工程的建设，淄博美陵公司投入锻压设备并经营管理。是月，投资74.11万元，建筑面积为1629平方米的新铆焊车间竣工并投入使用，压力容器的生产能力达到年产4000吨。

1995年5月，风机车间设立，当年有5种规格的大型外转子风机研制成功。12月，公司公布实施《关于车间机构改革的意见》，意见规定车间不设副主任，根据车间大小，设1～2名管理员。

1996年7月，投资148.58万元，排架结构、面积2155.5平方米的风机总装车间建成并投入使用。当年有5种皮带风机研制成功。

1998年1月，美陵股份公司将原6个二级单位合并组建为3个二级单位，即化工设备分公司、美力达空调风机公司、矿泉水分公司。其中，化工设备分公司下设5个车间：铆焊车间、冲压车间、金工车间、标准件车间、化工车间。美力达空调风机公司下设风机车间、重型锻压厂。矿泉水分公司下设灌装车间。6月，美陵股份公司投资100.2万元，新建排架结构面积1600.25平方米的冲压车间竣工并投入使用（时为金工车间）。11月，美陵股份公司技术比武活动领导小组成立。同时发出《关于开展车工、电焊工技术比武竞赛活动的通知》，对竞赛活动作出具体安排。年内美陵股份公司被山东省乡镇企业局授予全省乡镇企业管理示范企业、山东省乡镇企业系统企业现场管理合格（一级）单位等称号。

2000年4月，美陵股份公司公布《关于对化工设备分公司铆焊车间和美力达空调风机公司锻压车间职工工资级别调整的有关规定》，决定对两个车间的部分职工工资级别进行调整，调整后的级别为浮动工资级别，在该车间原岗位工作满3年后，转为档案工资级别。9月，美陵股份公司投资81.03万元，新建拱形波纹金属屋顶的污水处理设备厂房竣工并投入使用，建筑面积2126平方米。

2001年2月，美陵股份公司作出《关于设立高强度紧固件分公司的决定》，将标准件和化工两个车间从化工设备分公司分离出来，成立高强度紧固件分公司，作为二级单位实行目标化管理，下设紧固件车间和化工车间。当月，化工设备分公司、美力达空调风机公司、高强度紧固件分公司分别设立安全生产领导小组，各车间设立安全管理员。同时美力达空调风机公司设立风机壳体车间。10月，新上设计能力为年产1万台的喷涂生产线竣工并投入运行。

2002年4月，公布实施《关于生产一线员工实行业绩测评、动态管理、推行岗位技能结构工资的实施方案》。5月，壳体车间扩建工程竣工，总建筑面积1048.81平方米，总投资37.26万元。11月，紧固件车间扩产改造工程竣工，建筑面积3312.33平方米，新增设备48台（套），总投资365.06万元。年内，矿泉水分公司灌装车间投资12万元增设1条每小时250桶的灌装自动生产线，增加桶装水产量。

2003年9月，年生产能力4万台风机的喷涂生产线基建工程竣工。

2004年3月，临淄污水净化分公司齐都污水处理厂建成并投入使用，日处理污水3万吨。12月，化工设备分公司铆焊车间扩产改造工程竣工投产，建筑面积4668.65平方米，投资315.65万元。

2005年6月，高强度紧固件分公司紧固件车间扩建工程竣工投入使用，建筑面积1728平方米，投资105.56万元。10月，临淄污水净化分公司淄河污水处理厂被中国环保产业协会认定为国家重点环保实用技术示范工程。年内，山东美陵美力达风机有限公司有29个规格的矿用隔爆型压入式对旋轴流通风机和4个规格的煤矿地面用防爆抽出式对旋轴流通风机研制成功，同时成立总装二车间。

2007年10月，山东美陵美力达风机有限公司锻压车间搬迁改造顺利完成并投入生产，

2007年，搬迁后的锻压车间

新建厂房3459.32平方米，改造后年生产能力为1万吨锻件。

2008年3月，青岛博德化机有限公司建立经营管理机构，下设铆焊车间和机加工车间。10月，矿泉水分公司灌装车间改造工程开工建设，总建筑面积4411.47平方米。

2009年5月，矿泉水分公司灌装车间改造工程竣工，总投资328万元。

汽车零部件分公司铸造车间熔炼工部（2011年9月 摄）

2010年3月，美陵股份公司设立生物助剂分公司，下设化工车间。9月，汽车零部件铸造车间开工建设，总建筑面积11342.85平方米。

2011年3月，山东美陵美力达风机有限公司撤销总装二车间，喷涂车间与总装一车间合并为总装车间。是月，成立汽车零部件分公司，下设铸造车间。9月，汽车零部件铸造生产线联动调试成功。

2012年5月，化工设备分公司铆焊车间工程开工建设，总建筑面积3960平方米。汽车零部件分公司机加工车间工程开工建设，总建筑面积5476.61平方米。

2013年4月，青岛博德化机有限公司铆焊车间被青岛经济技术开发区评为工人先锋号。6月，汽车零部件分公司机加工车间工程竣工。化工设备分公司铆焊车间工程竣工。

2014年2月，汽车零部件分公司成立清磨车间。9月，化工设备分公司成立下料车间。

2016年5月，山东美陵博德化工机械有限公司铆焊车间被青岛市总工会评为工人先锋号。

2017年4月，汽车零部件分公司铸造车间熔炼班被临淄区总工会评为工人先锋号。

至2017年年底，集团公司共有17个生产车间。其中，化工设备分公司5个车间：铆焊一车间、铆焊二车间、冲压车间、金工车间、下料车间；山东美陵美力达风机有限公司3个车间：总装车间、壳体车间、锻压车间；山东美陵博德化工机械有限公司2个车间：铆焊车间、机加工车间；高强度紧固件分公司2个车间：紧固件一车间、紧固件二车间；汽车零部件分公司3个车间：铸造车间、清磨车间、机加工车间；生物助剂分公司1个车间；矿泉水分公司1个车间：灌装车间。

车间管理

车间管理是生产管理中重要的一级管理。生产计划的完成，定额成本的控制、安全生产、现场管理、设备管理、产品储存防护、产品产量上报、班组建设、员工培养、节能降耗等最终都落实于车间管理中。各车间的车间主任是车间管理的第一责任人，负责本车间的全面管理。车间副主任、车间管理员辅助车间主任做好车间的各项管理工作。

劳动定额

1984年，钣金车间对风桶产品试行定额成本管理。1998年后，公司对空调风机、高强度紧固件、压力容器等所有产品实行定额成本管理。1999年起，每年各二级单位生产部门定期组织各车间进行工序的分析汇总，按生产能力、设备、人员状况对劳动定额进行合理调整，使其涵盖在全部产品的生产过程中。至2017年，各车间保证劳动定额逐步趋于合理，充分体现多劳多得，并与节能降耗、产品合格率、计划完成率挂钩，调动员工的积极性，促进各项工作的顺利完成。计件工资实行日清日结，每天一上墙，月底计算总额公布，保证计件工资接受员工监督，使其公平、公正、公开。

现场管理

1988年，企业达标升级后，现场管理逐步实现规范化、制度化，企业对车间现场管理实现目标管理。2001年，美陵股份公司推行5S现场管理，各子、分公司按照5S活动要求，投入大量资金对车间现场进行改造，效果明显。2016年5月，集团公司实施精益化生产管理。各子、分公司按精益化生产的要求对车间实行目视化管理，各车间做到“整体规划、硬性隔离、分区管理，责任到车间、责任到班组、责任到人”，做到工件不落地，切屑、污物随时清理，现场整洁有序，工作结束料清场地净，物资账物卡相符。车间工作现场设备做到每日清洁，保持良好的工作环境，每天均按照“五个一”要求进行微信公示。对班组制定5S执行标准看板，各班组每日按照看板要求执行。班组长、车间主任每日进行检查，以班组为单位，对查出的问题及时进行整改。车间规定的工作场所保持整洁、干净，做到领用的工具、吊具、工件定置摆放。至2017年，化工设备分公司、山东美陵美力达风机有限公司、高强度紧固件分公司、汽车零部件分公司、山东美陵博德化工机械有限公司下辖各车间及后勤科室均按照精益化生产管理的要求，制定各自部门的5S执行标准，达到“三三制”原则要求。

班组建设

车间根据生产需求以及员工的德、能、勤、绩等四个方面表现情况，每年初对班组人员进行合理调配，并推选班组长人选。各车间通过每日的班前会、班后会和车间的质量专题会，传达公司有关的会议精神、分析质量问题以及弘扬企业文化，充分发挥班组长的作用。班组实行组长负责制，从遵章守纪，重视质量做起，负责本班组的生产任务及现场、设备、安全等方面的具体管理，领导班组成员安全作

汽车零部件分公司铸造车间丹麦DISA231垂直造型生产线（2011年9月 摄）

业，干好本职工作。

员工培养

车间针对工作岗位新进人员进行技能培训，着重培养员工的生产安全知识与技术操作技能，积极参加公司举办的员工培训活动，让员工以最快时间实现独立作业，胜任所在的工作岗位。新员工进厂后，车间根据其所学专业及劳动技能进行合理安排，进行班组级及车间级的逐步培养机制。车间定期进行安全、设备、劳动纪律、紧急情况应急、专业技能等方面的培训，以及爱岗敬业教育，让员工养成团结勤奋、吃苦耐劳的好习惯，培养员工干一行爱一行，从小事做起，认真学习的工作习惯。

节能降耗

车间逐步培养及提升所有员工的节能降耗意识，加强节能降耗管理力度，做到节能降耗抓大不放小，大功率设备严格按照用电管理制度进行生产。车间对各项辅助材料的领用严格按照生产计划定额要求进行。车间制定节约费用明细，设立班组费用台账，逐步完善五金、各种仪表类台账管理，建立生产费用、劳保用品发放记录，设立垃圾、废铁、焊条、焊头、磨光片、口罩手套回收箱，每月对班组费用指标进行考核，力争各项费用最小化。车间日常生产努力减少一年以上库存消耗，部分费用的使用必须以旧换新，放到指定地点。

第二节　主要产品产量

企业1958年9月建厂到年底，产品产量无统计资料。

1959—1970年企业主要产品有铁制小农具、铁制日用品、木制小农具等，各种产品的产量统计汇总为：油桶197个，炉底2000公斤，开山工具587件，农机修理72台，水泵管子2530米，铁制小农具27981件，铁制日用品49740件，木制小农具4663件，木制日用品1578件。

1971—1980年，企业主要产品有脱粒机、龟甲网、石化配件、铁制小农具、铁制日用品、木制小农具等，各种产品的产量统计汇总为：拖拉机配件14160件，8英尺皮带车床55台，脱粒机479台，铸件93.9吨，磷肥230吨，龟甲网3673平方米，石化配件32.22万件，电风扇配件12.09万件，铁制小农具19783件，铁制日用品42986件，木制小农具11510件，300毫米电扇3000台。

1981—1991年企业主要产品有取暖炉子、龟甲网、石化配件、电镀件，各种产品的产量统计汇总为：取暖炉子60038个，鏊子11520盘，350型脱粒机673台，手摇玉米脱粒机1375台，吸风机27台，龟甲网5842平方米，石化配件459.12万件，风桶21790个，手摇面条机58台，电扇配件18.67万件，电镀件830万件。

1992—2007年公司主要产品有空调风机、锻件、压力容器、石化配件、紧固件、化工产品、矿泉水等，各种产品的产量统计汇总为：空调风机97149台，壳体24430个，锻件18958吨，压力容器5848台，石化配件5845万件及14494吨，紧固件1864万件及3535吨，化工产品1323吨，矿泉水63264吨，污水净化8256万吨，生活供水2984万吨，电镀件350万件。

2008—2017年公司主要产品有压力容器设备、压力容器管束、生物助剂、空调风机、汽车零部件、锻件、紧固件、矿泉水、生活饮用水、污水处理等，各种产品的产量统计汇总为：压力容器设备5511台，压力容器管束3511台，生物助剂7187吨，空调风机132993

台，汽车零部件31163吨，锻件107871吨，紧固件21588吨，矿泉水7699217桶168332箱，生活饮用水11335万立方米，污水处理40540万立方米。（各时期主要产品产量详见下表）。

1959—1970年公司主要产品产量统计表

表4–1

年份	油桶（个）	炉底（公斤）	开山工具（件）	农机修理（台/马力）	水泵管子（米）	铁制小农具（件）	铁制日用品（件）	木制小农具（件）	木制日用品（件）
1959	—	—	—	—	—	546	1012	272	1333
1960	—	—	43	—	—	2068	143	2480	202
1961	—	—	—	—	—	245	87	102	43
1962	—	—	—	—	—	797	373	—	—
1963	—	—	—	6/105	—	1865	1568	—	—
1964	—	—	—	—	—	2430	12529	—	—
1965	—	—	—	17/192	—	2437	10375	—	—
1966	—	—	324	—	1070（节）	10738	1900	16	—
1967	—	—	—	—	750	176	2473	1013	—
1968	47	—	220	—	340	2235	10163	198	—
1969	150	2000	—	49/127	880	1114	5041	112	—
1970	—	—	—	—	560	3330	4076	470	—

1971—1980年公司主要产品产量统计表

表4–2

年份	拖拉机配件（件）	8英尺皮带车床（台）	脱粒机（台）	铸件（吨）	磷肥（吨）	龟甲网（平方米）	石化配件（万件）	电风扇配件（万件）	铁制小农具（件）	铁制日用品（件）	木制小农具（件）	300毫米电扇（台）
1971	—	2	—	—	—	—	—	—	1593	2588	482	—
1972	—	5	—	—	140	—	—	—	375	3070	1151	—
1973	—	5	—	31.7	90	—	0.53	—	5332	2594	352	—
1974	—	4	32	16.4	—	—	0.41	—	3026	3964	1319	—
1975	—	5	32	45.8	—	456	0.28	—	3792	5585	423	—
1976	2682	13	15	—	—	965	1.64	—	4018	3288	4004	—

续表

年份	拖拉机配件（件）	8 英尺皮带车床（台）	脱粒机（台）	铸件（吨）	磷肥（吨）	龟甲网（平方米）	石化配件（万件）	电风扇配件（万件）	铁制小农具（件）	铁制日用品（件）	木制小农具（件）	300 毫米电扇（台）
1977	5060	21	120	—	—	543	0.76	—	1300	4723	3779	—
1978	4055	—	150	—	—	1335	1.73	—	—	5170	—	—
1979	2363	—	—	—	—	250	20.06	0.16	300	4108	—	—
1980	—	—	130	—	—	124	6.81	11.93	47	7896	—	3000

说明：脱粒机包括 450 型脱粒机和工农 2 脱粒机

1981—1991 年公司主要产品产量统计表

表 4-3

年份	取暖炉子（个）	錾子（盘）	350 型脱粒机（台）	手摇玉米脱粒机（台）	吸风机（台）	龟甲网（平方米）	石化配件（万件）	风桶（个）	手摇面条机（台）	电扇配件（万件）	电镀件（万件）
1981	4951	—	—	430	—	550	7.40	—	—	13.44	—
1982	7984	—	—	—	11	692	1.37	—	—	3.98	—
1983	6169	—	53	393	5	800	4.83	—	58	1.25	20
1984	4296	—	100	139	3	250	20.53	—	—	—	40
1985	3238	3020	—	13	8	1300	1.39	2030	—	—	50
1986	10000	5000	200	—	—	300	1.89	2720	—	—	100
1987	6000	3500	300	400	—	450	4.03	2810	—	—	60
1988	8000	—	20	—	—	500	69.15	4730	—	—	80
1989	2000	—	—	—	—	150	14.26	2840	—	—	180
1990	4400	—	—	—	—	300	114.15	3150	—	—	100
1991	3000	—	—	—	—	550	220.12	3510	—	—	200

说明：电扇配件包括扇叶、主柱环、底盘等

1992—2007 年公司主要产品产量统计表

表 4-4

年份	空调风机（台）	壳体（个）	锻件（吨）	压力容器（台）	石化配件（万件）	紧固件（万件）	化工产品（吨）	矿泉水（吨）	污水净化（万吨）	生活供水（万吨）	电镀件（万件）
1992	—	5900	—	—	3300	—	—	—	—	—	150
1993	—	7470	—	484	805	161	—	—	—	—	200
1994	—	5750	—	138	455	209	—	—	—	—	—
1995	—	5310	—	238	431	151	25	—	—	—	—
1996	96	—	340	180	115	65	—	—	—	—	—
1997	292	—	594	244	226	29	25	—	—	—	—
1998	385	—	705	235	342	45	—	164	—	—	—
1999	461	—	803	240	1400（吨）	72	—	2040	—	—	—
2000	884	—	884	338	1576（吨）	33	86	3031	—	—	—
2001	2590	—	1300	464	108	38	73	4076	—	—	—
2002	5356	—	1293	514	2275（吨）	180	234	6113	—	—	—
2003	9083	—	1732	389	2411（吨）	903（吨）	188	6735	—	545	—
2004	14489	—	1494	508	2597（吨）	1309（吨）	181	8465	1249	632	—
2005	16084	—	2485	601	4235（吨）	1323（吨）	143	8931	1322	607	—
2006	23862	—	3644	621	41	295	140	11400	2862	579	—
2007	23567	—	3684	654	22	586	228	12309	2823	621	—

说明：化工产品包括活化剂和防焦剂

2008—2017 年公司主要产品产量统计表

表 4-5

年份	压力容器设备（台）	压力容器管束（台）	生物助剂（吨）	空调风机（台）	汽车零部件（吨）	锻件（吨）	紧固件（吨）	矿泉水（桶／箱）	生活饮用水（万立方米）	污水处理（万立方米）
2008	286	161	220	23000	—	5500	2616	673195/8073	657	3708
2009	502	189	230	16426	—	8000	2580	654690/11241	826	4349
2010	553	233	480	27920	—	11000	2860	673548/40452	858	4550
2011	451	252	860	18278	—	10000	2820	709648/37561	940	5046
2012	449	230	840	13821	—	9714	3461	713692/33034	1062	4997
2013	762	546	1339	11876	4321	16877	1850	818867/17098	1304	5192
2014	523	506	676	9094	7498	19287	2044	921176/8062	1401	5020
2015	546	533	828	6704	4258	12858	2313	816160/4313	1569	5385
2016	796	443	1744	13041	5746	12254	1815	835307/4956	1695	6001
2017	929	579	190	15833	9340	7881	1845	882934/3542	1680	—

美陵集团
MEILING GROUP

第五篇
营　销

公司的市场营销工作，经历计划经济、计划经济到市场经济转型、社会主义市场经济形成三个不同的时期。企业早期在计划经济体制下发展缓慢，产销量不多。1995 年，淄博美陵公司对管理机制进行重大改革，将原来的统一管理模式改为分级管理，将经营办公室改组为销售公司，成为相对独立核算的二级单位，负责全公司产品的营销工作，并对其实行目标管理。1998 年，美陵股份公司根据管理机制改革后运行的实践和企业发展的实际，对管理机制进行调整，撤销销售公司，原 6 个生产单位整合为 3 个二级单位，各二级单位实行产供销全面负责制。到 2017 年年底，集团公司下辖的各子、分公司均设立有销售管理机构和市场营销网络，全面负责产品销售和咨询服务。

公司坚持以经济效益为中心，推行“品牌战略、技术推进、产品销售、跟踪服务”四位一体的销售模式，并根据市场变化和企业经营发展需要及时调整工作思路。

公司按照目标管理、指标考核、绩效挂钩的管理模式，每年初对下辖各二级单位下达经营管理的各项指标。各二级单位根据各自生产经营情况，分解落实集团公司的指标计划，分管销售副经理根据各自产品的市场分布情况进行细化，将销售计划分解落实到科室和个人，建立严格的考核制度和相应的激励机制。

第一章 营销管理

第一节 机构 队伍

机构建设

1958—1978 年，企业无专门的销售管理机构。

1979 年，齐陵公社农机厂成立供销科，设科长 1 人，成员 4 人，负责企业生产所需原材料的采购、招揽业务和产品的销售。

1992 年 9 月，企业改制后，淄博美陵公司成立经营管理办公室，下设经营科，由一名副经理分管营销工作。

1995 年，淄博美陵公司改革经营管理体制，将原来的统一管理模式改为分级管理，将经营办公室改组为销售公司，成为相对独立核算的二级单位，设经理 1 人，副经理 1 人，下设 3 个销售科，负责全公司产品的销售工作。

由于公司产品品种越来越多，产品销售领域广、业务量大，根据各二级单位生产经营和产品销售的实际情况，销售公司于 1998 年撤销，各二级单位分别设立销售科室。

至 2017 年，集团公司各二级单位均设立有销售管理机构和市场营销网络，有一名副经理主管销售工作。化工设备分公司下设 3 个销售科室，山东美陵美力达风机有限公司下设 3 个销售科室，高强度紧固件分公司下设 3 个销售科室，山东美陵博德化工机械有限公司下设 2 个销售科室，汽车零部件分公司下设 1 个市场部，生物助剂分公司下设 1 个销售科室，山东美陵中联环境工程有限公司下设 1 个经营计划部，矿泉水分公司下设 1 个市场部，淄博市天齐渊供水有限公司下设 1 个市场部，集团公司销售科室共16个。

为扩大产品的市场覆盖率，1999—2001年，美力达空调风机公司先后在靖江、天津、德州、哈尔滨、北京、沈阳设有办事处，因企业经营发展需要，至2017年，除沈阳办事处外，其他办事处已撤销。2010年，矿泉水分公司曾在东营设立办事处，后于2011年撤销。

营销队伍

自1979年企业成立供销科，始有专职销售人员，但受计划经济时期资源配置和企业管理体制的影响，销售人员数量少，业务范围也比较窄。1992年企业改制后被全面推向市场，销售队伍的建设始得到企业的重视，配备了分管销售的副经理，组建了销售队伍。1992年成立经营科有销售人员5人，1995年经营科改组为销售公司后，销售人员增加到9人。1997年，适应经营工作的需要，淄博美陵公司加强销售队伍建设，挑选一批有一定业务能力、热爱营销工作的人员充实到销售队伍中去。此后，公司将销售人员的素质培养作为一项长期工作来开展，加强销售人员的业务知识和职业道德方面的教育，通过以老带新，不断提高营销队伍的整体素质。2000年，公司提出逐步实现营销队伍知识化、年轻化和专业化，35岁以下的营销人员占主导力量。2005年，集团公司下辖各子、分公司本着“能者上、平着让、庸者下”的原则，对营销人员进行调整，同时，本着“以老带新，以强代弱”的原则，对各科室人员进行优化配置。

至2017年，集团公司16个销售科室共有销售业务人员35人。其中，具有大中专学历的21人，具有初级以上技术职称的10人。

第二节　市场营销

制度建设

1992年4月15日，临淄石油化工配件厂印发《销售工作管理实施意见》，这是企业有文字记载的最早的销售管理制度。意见明确提出将开拓产品市场，增加效益作为全厂工作的重点，对企业销售工作采取联销计酬、销售额包干的管理形式，同时对销售人员销售费用的支付、奖金的提取、销售管理等作了详细的规定。

1991年，发往齐鲁石化公司胜利炼油厂的矩鞍环产品

1993年2月20日，淄博美陵公司修订《销售工作管理实施意见》，将年度销售计划额细分到个人，对各划分区域的具体承包人制定销售额计划及开发新用户的销售额。

1995年，淄博美陵公司建立营销激励机制，对销售业务员实行百分考核的管理办法，根据完成销售额和货款回收额计算工资和奖金，对新开发用户按当年实现的货款回收额加倍提取营销奖励，以调动销售人员的积极性，拓宽产品营销市场。

1997年，美陵股份公司建立预付款制度，以强化货款回收工作，促进资金周转。是年，为确保各生产车间的均衡生产和企业经济效益目标的实现，要求各二级单位在分解销售指标时按产品品种落实计划，并于1998年将产品品种销售指标列入考核内容。

1998年，公司修订管理制度，要求各二级单位要把新用户开发作为销售工作的一项重要内容来抓，并与业务奖惩挂钩。年初制定新用户计划，每新开发一家，每少开发一家，每中断一家都有相关考核规定。

1999年，销售管理制度中增加对各部、科任务指标的考核，将各部、科任务指标的完成情况与各部、科主要负责人的工资挂钩，以加强各部、科负责人对本部、科各项工作的全面负责。是年，在销售业务员工资核算中，提高任务工资的比重，实行基础工资与任务工资按照3 ：7的比例计算报酬。

2004年，集团公司在营销方式中引入代理商推销，制定分销政策。2008年，集团公司在经营管理工作意见中提出要逐步建立完善的“销售预测管理制度”，每月各二级单位对市场情况进行分析并写出报告。2009年，集团公司将新产品及已鉴定成果产品的市场营销开发列入年度销售指标考核，以提高科技成果转化为市场产品的效率。

2010年，集团公司在加快货款回收、提高预付款、降低质保金、争取运输费用、培养长期客户、杜绝呆坏账等方面增加和修订考核办法，深化与销售业务员个人奖金挂钩的关联考核。增加以ERP信息系统标准售价为基准的“奖金增减比例”考核计算办法。2012年，集团公司在销售管理制度中进一步完善修订“合同利润空间大”“货款回收快”“承兑比例小”等方面的鼓励政策，同时增加对当年任务完成好、业务水平提高快的销售业务员的奖励办法。

2016年，集团公司根据各子、分公司销售业务员年度销售任务完成情况，设立销售冠、亚军奖，对在年内销售工作中做出突出贡献的个人进行奖励。是年，集团公司下辖各二级单位建立价格核算审批制度，以确保价格核算质量，作为微利时代必须算清“三笔账”中的一笔账，来指导市场营销工作。

2008年5月17日，客户到公司考察锻压车间

模式与思路

按照目标管理、指标考核、绩效挂钩的管理模式，集团公司每年初对下辖各二级单位下达经营管理的各项指标。各二级单位根据各自生产经营情

况，分解落实集团公司的指标计划。各销售经理根据各自产品的市场分布情况进行细化，将销售计划分解落实到科室和个人，并建立严格的考核制度和相应的激励机制。

集团公司坚持以经济效益为中心，推行“品牌战略、技术推进、产品销售、跟踪服务”四位一体的销售模式，并根据市场变化和企业经营发展需要及时调整工作思路。

1958—1983年，企业的主要产品先后是铁木制小农具、群众生活所需产品、农用生产机械和部分石化配件产品，除石化配件是承揽来料加工业务外，企业生产的计划内产品由临淄区（县）计委调拨，超产部分和计划外产品由企业自主营销。

1984年起，国家实行指令性计划、指导性计划和市场调节相结合的管理体制，计划内产品大幅度削减。企业为求生存和发展，开始调整产品结构，在生产农业机械、民用生活用品的同时，逐步转为以生产石化配件为主，企业的部分产品开始面向市场。

1991年，公司新一届领导班子提出“观念更新促进经营，强化销售开拓市场，规范管理增进效益，稳定基础力求发展”的兴厂方针，石化配件的生产与营销得到发展。1992年9月，企业改制后，淄博美陵公司以市场为导向，调整产品结构，扩大生产规模，成立经营科，加强产品营销管理。

1995年，淄博美陵公司实行二级目标化管理，成立销售公司，负责全公司产品的营销工作。在年度销售工作中，面对主要客户群体国有大中型炼油化工企业“肥水不流外人田”的状况，公司提出坚持树立“大小用户、难易程度、利润高低”的产品一样热情接待，一样周到服务和一切为用户着想，用户就是上帝的宗旨，特别是在用户求助时，要有麻烦千万遍，不叫用户一时难的指导思想，创立和保持良好的企业信誉。

1998年1月，销售公司撤销，产品销售工作全面下放至各二级单位。各二级单位全面负责本单位营销计划的制定和落实、产品的销运、货款回收、售后服务、产品宣传、市场调研、营销管理制度的建立和完善及相关信息管理等工作。公司提出“以销定产、以销促产及让利不让市场、诚信经营”的指导思想。之后，随着企业营销机制的调整和工作力度的加大，产品市场占有率大幅度提高，公司提出抓大信息大项目的工作思路，各单位配备得力人员主抓重点大客户，紧抓重点项目工程不放松，取得良好效果。

2000年后，我国加入世界贸易组织，世界经济一体化时代到来，外资企业大量进入，国有大中型企业二次改制，市场更加开放，竞争也更加激烈。集团公司确立“转变营销观念，改传统的营销方式为加大力度宣传公司形象和公司品牌，建立营销网络，培育营销网点”的营销指导思想，品牌战略开始推广。营销观念由单纯的推销产品转变为推销企业，通过向用户广泛宣传企业的理念、企业的产品、企业的服务、企业的管理、企业的资质和信誉，把企业的良好形象推介给用户，使用户对企业有一个全面的了解和信任，从而赢得用户的信任。2001年提出市场营销工作系统工程，要求市场营销要由销售部门简单地向顾客推销产品，转变为通过各部门的努力协作，形成一个顾客满意的环境，并建立起责任追究制度。2002年提出搞好市场的科学定位，努力把市场做大做强。

2005年后，面对我国经济处于新一轮经济增长周期的上升阶段，各种需求呈增长趋势的有利环境，集团公司提出树立大市场、大信息、大销售战略思想，要求各二级单位一把手要把市场和营销工作摆在重要议事日程，亲自抓管理、抓市场、抓信息，挤时间跑市场，认真研究市场，确定最佳营销策略。2007 年，集团公司提出“品牌战略、技术推进、产品销售、跟踪服务”四位一体的销售经营模式。2008 年，集团公司提出推行“专家销售”，要求专业技术人员要介入市场开发和产品销售工作，各单位要组织专业技术人员或成立本单位专家组，积极参与市场调研以及投招标活动。

2009 年，国际金融危机持续蔓延，国内外经济形势异常严峻，对企业的冲击不断显现。随着各级扩内需、保增长一系列政策措施的出台和落实，集团公司提出“千方百计保市场、保生产”的经营策略，紧抓市场机遇，让利不让市场，保稳定，保发展。同时，进一步强化品牌战略，要求各二级单位通过多种形式大力宣传企业品牌、企业形象、企业信誉、企业产品，扩大公司及产品的社会影响，充分利用全国守合同重信用企业、国家高新技术企业、高效节能换热器中国名牌等荣誉，提升企业的品牌效应。

2010 年以后，集团公司强化以经济效益最大化为目标的营销思路，调整激励政策，增加产品销售利润考核。各二级单位以此为指导，认真审查、衡量每一份合同签订的利润空间，对合同利润空间大、货款回收快、承兑比例小的销售业务制定鼓励政策，做到抓大放小，择优去劣，及时把握市场变化，调整营销思路，解决销售工作中的实际问题，保证产、销协调发展，提高经营效益。

2016 年，面对订单将越来越少，价格会越来越低，质量要求越来越严，工期要求越来越准时，服务要求越来越周到（简称“五越”新常态）的市场形势，集团公司提出在营销工作上要进行思想转变，即：要从轻松获得大订单向艰难争取小订单转变，从投资项目向检修项目转变，从炼油市场向化工市场转变，从传统市场向新型市场转变，尤其是要从开门等客户向登门拜访转变。要勇于挑战“急、特、难”订单来提升公司品牌信誉，敢于迎接和攻克难度大、市场紧需的新项目，提升公司的生产能力、市场影响力和品牌形象。

围绕五个转变，在 2015 年“背起背包，走访百家客户”的基础上，2016 年，集团公司提出开展“走进百家企业拜访，邀请百家客户座谈”活动，要求各单位不局限于走访客户，还要邀请客户到公司参观与座谈，及时沟通与解决问题，维护互利共赢的合作关系。年内，各单位共开发 104 家新客户，邀请 137 家客户到公司座谈，新开发客户实现销售收入 5114

2016 年 7 月 13 日，中铁大桥局集团有限公司参观高强度紧固件分公司

万元。

围绕“急、特、难”订单，2016年8月，山东美陵美力达风机有限公司接到客户山东金光玻璃钢集团1476台风机产品的加急订单，为有史以来数量最多、工期最短的单笔订单，公司上下团结一致，全体干部、后勤人员下班后到车间一线协助职工生产装配，最终按时完成订单，提升公司的品牌形象。2017年，山东美陵博德化工机械有限公司首次开发制造DMTO装置大型立式换热器一台，该设备是煤化工甲醇制烯烃装置的核心换热设备，结构、材质特殊，是公司加工吨位最大、焊接工艺最复杂的一台设备。该设备的成功开发，填补公司设备加工史上的一项空白，当年实现销售收入400万元。

产品和市场定位

根据产品发展状况、企业经营需要及市场变化，公司不断探索调整产品及市场定位，以在目标客户中树立产品独特的形象，帮助顾客在选择产品时提供决策捷径。

化工设备分公司和山东美陵博德化工机械有限公司致力于新型、高效、节能、耐腐蚀与重型大型换热设备及经济实用、技术含量高的炼化配件的研究与开发，是中国石油化工集团公司物资资源市场成员厂、中国石油天然气集团公司物资装备总公司设备与配件一级供应商，产品广泛应用于中国石油化工集团公司、中国石油天然气集团公司、中国海洋石油总公司、中国化工集团公司及地方炼油、化工、煤化工企业，并积极开拓海外市场。2013年，出口哈萨克斯坦共和国换热器48台。

高强度紧固件分公司，以专业化打造行业精品作为产品定位，是中国机械通用零部件工业协会会员单位、中国钢结构协会会员单位，在中国石油天然气集团公司紧固件供应商评价中综合实力排名第一。产品面向中国石油化工集团公司、中国石油天然气集团公司、中国海洋石油总公司、中国化工集团公司以及煤化工市场、高层钢骨结构建筑、工业厂房建筑、公路、铁路、桥梁、发动机、车站、电站、铁路机车、起重机械装备等行业，并远销欧美、中东、中南亚等国家和地区。

山东美陵美力达风机有限公司的空调风机产品以节能、环保为特色，是空调机组、冷暖风机、新风机组、空气净化除尘、建筑物通风、厨房排烟等设备的理想配套产品。锻件产品以重型、异形为特色。

汽车零部件分公司拥有国际一流的生产设备，以气压盘式制动器为主打产品，客车、商用车、商用重卡和工程车为目标客户。

山东美陵中联环境工程有限公司主要从事环保设备的设计、制造与安装；环境治理工程的设计、施工及项目总承包、环评编制、技术咨询、投融资、自动控制系统工程、合同能源管理，节能及环保产品开发、节能技术改造。客户涵盖市政、工业园区污水处理，工业废水处理，VOCS废气治理，脱硫脱硝除尘、环保设备。其中工业污水处理主要包括石油化工、焦化、造纸、纺织印染、制革、化纤、食品加工、医疗等行业。

矿泉水分公司以大桶和瓶装矿泉水为主，玻璃瓶与塑料瓶含气苏打水、功能水、电解水为特色，面向临淄区、张店区及东营市等市场。

第三节　营销服务

服务理念

集团公司将营销服务工作作为营销管理中的一项重点工作来抓，推行“品牌战略、技术

荣誉证书

经山东省第二十二届运动会组委会批准，特授予

美陵环境科技（淄博）有限公司 天齐渊矿泉水分公司

为山东省第二十二届运动会独家供应商。

山东省第二十二届运动会组委会

2010年4月29日

本证书有效期至2012年9月28日，复印件无效。

2010年4月29日，矿泉水分公司被山东省第二十二届运动会组委会确定为独家供应商

推进、产品销售、跟踪服务”四位一体的销售经营模式，以为用户提供专业、快捷、周到的服务为宗旨，以赢得用户的满意为目标。服务效率：接到顾客反馈信息，8小时内给明确答复；需派人到现场处理的问题，山东省内12小时以内到达，山东省外24小时以内到达，现场检查确认，协商确定解决方案并快速实施。服务原则：在质保期内免费维修或更换属于质量问题的零部件；质保期外的零部件损坏或由于使用不当造成的质量问题，公司负责维修或提供备件并收取适当的费用；质保期外的产品，公司安排业务人员不定期进行回访。

客户服务是一个不断总结与提升的过程，没有最好，只有更好。客服工作中，公司始终坚持以顾客为关注焦点，1996年的销售管理意见中就明确提出总的工作原则“提高服务质量，进一步增强与老用户的联系，积极开发新用户，提高产品的市场占有率”。1997年，进一步要求各二级单位树立用户就是上帝的思想，以优质的服务赢得用户的信誉，做到新老用户、大小用户一个样。2005年，集团公司下辖各子、分公司在营销工作中开始对销售出去的产品进行跟踪服务，销售业务员主动征求、询问用户意见，将用户意见和建议及时反馈。产品一旦出现问题，立即分析原因，采取措施解决，将用户的损失降到最低。2010年，集团公司下辖各子、分公司在营销工作中建立起应急预案，对出现问题的产品，按照应急预案，快速反应，采取补救措施，将用户的损失降到最低。2016年，集团公司提出“客户没有想到的我们要想到，客户想到的我们要做到”的营销服务理念，要求全体员工以客户为中心，想客户之所想，急客户之所急，不断超越客户期望。

2010年4月29日，矿泉水分公司与山东省第二十二届运动会签约

客户服务

1991年11月24日，青岛石油化工厂减压塔发生事故造成紧急停产，厂家立即进行抢修。由于工期紧，该厂到淄博市临淄石油化工配件厂求援，要求企业36小时内供应抢修配件。在接到该项紧急任务后，全厂上下立即行动，购进材料，安排加工，全体干部、职工不分昼夜倒班干，较预定时间

提前一小时将这批配件送达现场，解决了该厂的燃眉之急。

1993 年 5 月，中国石油化工集团公司齐鲁石化公司橡胶厂某装置上的进口配件筛板被火烧坏，该厂分管设备的副厂长来到淄博美陵公司，要求公司在 10 天内供货。在一无图纸资料、二无工装、原材料紧缺、制作加工难度大的情况下，淄博美陵公司急客户之所急，想客户之所想，毫不犹豫地接受了加工任务。董事长刘效华在攻坚动员会上，响亮地提出“宁让汗水飘起船，不让工期误一天”的口号，并和员工们一起投入紧张的会战。技术人员和车间工人对待每一步工艺路线和制造环节认真负责，经过 8 个昼夜的苦干，较原计划提前 2 天生产出合格的配件，确保客户的抢修需要。

2016 年 2 月 16 日，山东蓝帆化工有限公司赠予锦旗

中国石油化工集团公司洛阳工程有限公司蒲城 MTO 煤化工项目是国家煤炭能运优化转型项目。2014 年 10—11 月，该项目各装置处于终交开车阶段，紧固件产品的采购订单以材质品种多、规格繁杂、数量零散为主。而高强度紧固件分公司的高效能冷镦机每小时生产千余件，热处理生产线每小时生产 800 千克，要专门赶制十几个或者几十公斤零散规格的产品成本很高。在这种情况下，公司仍将“诚信”放在首位，把顾客的满意度作为最高准则，制定加急生产计划，立即排产。为保证产品按时到达现场，采用空运手段二十余次，最大限度保证客户利益。

2016 年 2 月 5 日，农历腊月二十七，还有两天就是春节。山东蓝帆化工有限公司一台设备发生故障，导致整套装置紧急停产。化工设备分公司接到客户的紧急援助电话后，召回已放假的员工进行抢修。员工加班加点，连续奋战两昼夜顺利修复客户的故障设备，较原计划提前 2 天交付给客户，使客户提前恢复生产。2 月 18 日，公司收到客户一面“心系客户，排忧解难，服务热情，诚信至上”的锦旗。

2017 年 7 月 2 日，山东华鲁恒升化工股份有限公司尿素装置氨冷却器因腐蚀原因产生大面积泄露，而装置不能停车。华鲁恒升公司领导了解到山东美陵集团善于“啃骨头、打硬仗”，特地向山东美陵博德化工机械有限公司求援，希望公司在 50 天内能把设备送到指定现场。此设备为直径 1700 毫米、长度 9000 毫米、S30403 材质的换热器。在时间紧、任务重的情况下，公司全员加班加点，全力以赴，提前 5 天把设备送到华鲁恒升指定现场。设备制作期间，华鲁恒升生产部领导曾携带德州特产到公司慰问。事后，为表感谢，特送公司一面“急人所急，鼎力相助；合作共赢，友谊长存”的锦旗。

2006 年 3 月 3 日，中国石油天然气股份有限公司大连石化分公司召开优秀供应商管理工作座谈会，公司获优秀供应商称号

为优秀供应商。2016 年 9 月，被光彩网评为联合推荐供应商。

高强度紧固件分公司，2017 年荣登中国石油化工集团公司、中国石油天然气集团公司电子商务网供应商综合实力排名榜首。

汽车零部件分公司，2013 年，获上海广野金属有限公司优秀供应商称号。2017 年，被陕西华臻车辆部件有限公司评为优秀供应商，被隆中控股集团有限公司评为质量优秀供应商。

集团公司各单位以顾客为关注焦点，优质的产品和满意的服务得到了广大客户的认可。

在化工设备生产领域，公司 2006 年 3 月 3 日，在中国石油天然气股份有限公司大连石化分公司供应商管理工作座谈会上获优秀供应商称号，并获赠"无私奉献、鼎力相助"锦旗。2008 年 4 月 18 日，被中国石油化工集团公司洛阳石化工程公司授予优秀合作伙伴称号。2009 年 12 月，被上海惠生工程公司评为合格供应商。2011 年 1 月，获中国石油化工集团公司广州分公司 2010 年度优秀供应商称号。2011 年 12 月，被山东华星集团评为优秀供应商。2012 年，被中国石油和化学工业联合会认定为行业知名品牌生产企业。2015 年 12 月，被中国石化联合会供应商工作委员会评

矿泉水分公司，1999 年，被淄博市消费者协会评为淄博市级消费者满意单位。2008 年 10 月，被山东省第七届消费者满意单位评审委员会协会评为山东省级消费者满意单位。2016 年 6 月，被淄博广电新聊斋网、山东省农副产

2013 年 11 月 29 日，临淄区领导参观淄博市天齐渊供水有限公司新投入使用的客服中心

品质量监督检验中心评为淄博市消费者喜爱的饮用水品牌饮用水行业优秀企业。

淄博市天齐渊供水有限公司，2006年10月，被山东省消费者协会评为山东省消费者满意单位。2003年11月29日，建成客服中心投入使用，从开户、报装、收费、水费催缴到客户答疑一条龙服务，提高客户服务质量。

第四节　货款回收管理

1990年前，企业的货款回收比较及时，货款结算方式多采用托收承付。1990年后，企业经营活动中出现“三角债”“多头债”和“连环债”的问题，导致销售货款回收难，直接制约和影响企业正常的生产和经营。1992年《销售工作管理实施意见》明确提出“货款的回收由销售人员一同按时回收”。1993年，进一步修订为“销售人员各自的销售业务额，货款由各自负责回收，必须当年结清，特殊情况需说明。”1994年，公司制定《货款回收管理制度》。1995年，将货款回收作为一项主要考核指标正式列入销售公司年度考核，货款回收额考核指标以销售收入的90%为核定基准。1998年，规定销售业务员的业务奖励费按货款回收计划额的比例提取，各单位根据产品及用户核定不同比例的计划指标。之后，货款回收作为各单位年度主要经济指标之一和销售业务员业绩考核主要指标进行考核，并逐步与经营者年薪和员工的收入挂钩。

在货款回收计划的落实中，营销部门将货款回收计划逐级落实到业务员，严格统计考核。财务处按月下达货款回收计划，并建立台账，逐笔登记，月末汇总，及时通报。2005年，集团公司在销售管理制度中提出，因业务员在销售工作中的呆坏账等造成经济损失的，由责任业务员按一定比例赔偿损失。

2007年后，集团公司多次修订完善《货款回收管理制度》，销售奖励的提取由单纯按货款回收天数计算增加有无预付款、进度款，并与质保金的比例、现金回款或承兑回款情况挂钩。

1998年3月，公司曾成立清欠办公室，下达清欠任务，制定清欠管理奖惩办法，加强对呆坏账的处理。清欠人员积极工作，利用多种方式与拖欠货款单位协调，至2002年9月共清收拖欠货款495.57万元，基本完成清欠任务。清欠办公室撤销后，2009年和2010年，集团公司曾安排办公室人员负责根据法律程序追缴外欠货款。之后，货款回收工作由各单位全权负责。

第二章　品牌经营

第一节　商标

1987年，企业申请注册“齐陵”商标。

1989年4月，临淄石油化工配件厂申请注册“齐陵”商标（第7类）。1990年2月，经国家工商行政管理局商标局核准，取得“齐陵”商标注册证（第7类）。

1995年8月，淄博美陵公司与淄博空调风机股份有限公司签订协议，经临淄区工商行政管理局商标广告管理科核准，淄博美陵公司生产的空调风机使用“辛风”商标。

1997年12月，美陵股份公司申请注册“美陵”“美力达”商标（第6、9、11类）。1999年3月14日，经国家工商行政管理局商标局核准，取得“美陵”商标注册证（第6类）。是月28日，经国家工商行政管理局商标局核准，取得“美陵”商标注册证（第11类）。是日，经国家工商行政管理局商标局核准，取得“美力达”商标注册证（第11类）。是年4月14日，经国家工商行政管理局商标局核准，取得“美力达”商标注册证（第9类）。

2001年12月，公司被农业部评定为全国乡镇企业创名牌重点企业。

2002年2月27日，美陵股份公司经山东省商标协会理事会讨论决定，吸纳为山东省商标协会团体会员。

2002年3月25日，公司申请将“天齐渊”商标（第32类）转让至山东美陵化工设备股份有限公司。是年5月20日，经国家工商行政管理局商标局核准，“天齐渊”商标（第32类）转让至山东美陵化工设备股份有限公司。

2002年8月8日，经山东省工商局审核批准，确认公司“美陵”商标为山东省著名商标，有效期3年。

2004年2月6日，经国家工商行政管理局商标局核准，“天齐渊”商标（第32类）续展注册，有效期10年。

2005年8月16日，“美陵”商标经山东省工商行政管理局审查批准山东省著名商标可以续展，有效期3年。

2005年8月26日，经山东省工商行政管理局审定，注册并使用在锅炉、蒸汽锅炉上的“美陵”商标为山东省著名商标，有效期3年。

2008年11月13日，经国家工商行政管理总局商标局核准，“美陵”商标（第11类）续展注册，有效期10年；是日，经国家工商行政管理总局商标局核准，“美陵”商标（第6类）续展注册，有效期10年；是日，经国家工商行政管理总局商标局核准，“美力达”商标（第9类）续展注册，有效期10年；是日，经国家工商行政管理总局商标局核准，“美力达”商标（第11类）续展注册，有效期10年。

2010年2月9日，美陵环境科技（淄博）有限公司天齐渊矿泉水分公司申请注册“天齐渊龙脉”“天齐渊甬动”商标（第35类）。2011年3月21日，经国家工商行政管理总局商标

2012年11月，“美陵”牌高效节能换热器获中国石油和化学工业知名品牌产品称号

局核准，取得“天齐渊龙脉”“天齐渊甬动”商标（第35类）。

2012年4月，“美陵”商标被国家工商行政管理总局商标局认定为中国驰名商标。

2012年5月22日，将“天齐渊”商标（第32类）转让至美陵环境科技（淄博）有限公司。是年12月27日，经国家工商行政管理总局商标局核准，“天齐渊”商标（第32类）转让至美陵环境科技（淄博）有限公司。

2013年5月，美陵股份公司申请注册“美陵”商标（第42类）。2014年10月21日，经国家工商行政管理总局商标局核准，取得“美陵”商标注册证（第42类）。

2013年5月23日，美陵环境科技（淄博）有限公司申请注册“天齐渊”商标（第30、32类）。2014年10月14日，经国家工商行政管理总局商标局核准，取得“天齐渊”商标（第30、32类）。

2014年4月8日，经国家工商行政管理总局商标局核准，“天齐渊”商标（第32类）续展注册，有效期10年。

第二节　名牌产品与免检产品

名牌产品

1989年11月，“齐陵”牌F1Q-3B型浮阀被淄博市经济委员会评为淄博市优良产品。

1992年3月20日，HTV船型浮阀塔盘获优秀新产品奖，受到临淄区政府表彰。

1998年11月，KT6-50 № 8.0空调用离心通风机被科技部、国家质量技术监督总局、国家环境保护局、对外贸易经济合作部、国家税

2007年9月1日，“美陵”牌高效节能换热器荣获中国名牌产品荣誉称号

2006年12月21日，“美陵”牌高强度紧固件系列钢制标准件被认定为国家免检产品

务总局认定为国家重点新产品。

2000年12月，SFJ-1减粘防焦剂获淄博市优秀新产品一等奖和山东省优秀新产品三等奖。

2003年12月，山东美陵中联环境工程有限公司被中国环保产业协会评定为2003年度中国环境保护产业骨干企业，被山东省环保产业协会评定为2003年度山东环保产业（技术服务）十大品牌。

2005年10月，“美陵”牌管壳式换热器，被山东省名牌战略推进委员会和山东省质量技术监督局认定为山东省名牌产品。

2006年12月，“美力达”牌空调用离心通风机被山东省名牌战略推进委员会和山东省质量技术监督局认定为山东省名牌产品。

2007年9月1日，“美陵”牌高效节能换热器被国家质量监督检验检疫总局认定为中国名牌产品。是月，“美陵”牌高强度紧固件产品被山东省名牌战略推进委员会和山东省质量技术监督局认定为山东省名牌产品。

2009年1月，“美力达”牌前向多翼离心通风机系列产品被山东省名牌战略推进委员会和山东省质量技术监督局认定为山东省名牌产品。3月15日，“天齐渊”矿泉水被《淄博日报》、淄博新闻网联合授予淄博市消费者放心桶装水推荐品牌称号。

2010年12月，“天齐渊”牌矿泉水被山东省消费者协会评为山东省消费者最喜爱的饮用水品牌。

2012年1月，“美陵”牌高强度紧固件获中石化电子商务网供应商综合实力排名中榜首。3月15日，由《淄博日报》《财经新闻报》组织的年度消费者信赖的饮用水品牌暨机关事业单位饮用水品牌推荐活动中，“天齐渊”矿泉水品牌被推荐。11月，“美陵”牌高效节能换热器获2012年度中国石油和化学工业知名品牌产品称号。是月，“天齐渊”系列矿泉水产品被中央电视台央视网推荐为营养健康推荐产品。

2013年1月，“美陵”牌高效节能换热器产品被山东名牌战略推进委员会认定为山东省名牌产品。3月15日，“天齐渊”矿泉水被淄博市消费者权益保护委员会、淄博声屏报联合评为3·15桶装水行业推荐品牌。6月，天齐渊矿泉水分公司被山东省饮料工业协会吸纳为常务理事单位。同时“天齐渊”桶装水被评为2013淄博十大品牌桶装水。

2015年1月，“天齐渊”桶装水被山东省饮料行业协会、中国健康水产业促进委员会评为山东桶装水行业十大品牌。

免检产品

2003年1月，“美力达”牌KT系列空调风机被山东省质量技术监督局认定为山东省免检产品。

2003年1月，“美陵”牌高强度紧固件（M16-24）被山东省质量技术监督局认定为山东省免检产品。

2006年12月21日，“美陵”牌高强度紧固件系列钢制标准件被国家质量监督检验检疫总局认定为国家免检产品。

第三节　广告宣传

广告与活动

1995年2月9日，公司在《大众日报》上刊登《淄博美陵公司靠新品争市场》的文章报道。

1996年8月19日，公司第一个大型广告牌在309国道淄河大桥收费站落成。

2007年11月10日，公司在《淄博日报》

第1版上刊登《又好又快看“美陵”》的专题报道。同月23日，公司在《淄博晚报》环境专版上刊登《美陵环保科技 缔造绿色世界》的文章。

2009年3月，公司在《淄博日报》上刊登《“天齐”之水古者来、“渊”源流长传佳话》的文章报道。

2009年，与无锡科影电视传媒有限公司签订电视形象宣传片制作合同，包含美陵集团形象宣传片、化工设备分公司宣传片、青岛博德化机有限公司宣传片、高强度紧固件分公司宣传片、山东美陵中联环境工程有限公司宣传片、山东美陵美力达风机有限公司宣传片、重型锻件产品宣传片，时长共30分钟，有中英文版本，制成DVD光盘1000张。

2010年7月19日，与淄博旭日广告有限公司签订广告位租赁合同，租赁牛山路齐银水泥厂东至美陵集团主厂区东路口26处道旗广告位，租期1年。

2010年10月12日，与山东凯拓广告传媒有限公司签订广告发布合同，在中轩路最北端东侧（高速公路标志牌处）发布大型广告牌一块，发布时间为1年。

2011年7月13日，与淄博旭日广告有限公司签订广告位租赁合同，租赁牛山路齐银水泥厂东至山东美陵集团主厂区东路口26处道旗广告位，广告内容为天齐渊矿泉水产品，租期1年。

2012年4月12日，与临淄电视台广告中心签订广告合同，在20:10至20:20分的齐都视窗节目播出广告，时长9分31秒，合同有效期2012年5月7日—2012年6月11日。

2012年5月16日，淄博市天齐渊供水有限公司在东泰广场门前举行以“关注饮水卫生，共享健康生活”为主题的生活饮用水宣传活动。

2012年8月，在《淄博日报》第1版上刊登《“美陵”被认定为中国驰名商标》的文章报道。

2012年11月，在《淄博日报》第9版上刊登《美陵：责任当先 品牌制胜》的文章报道。

2013—2016年，化工设备分公司在《石油化工设备维护检修技术》杂志中对压力容器产品进行广告宣传。

2013年，化工设备分公司在《中国石化装备选型手册》上对压力容器产品和公司进行广告宣传。

2013年4月21日，《淄博日报》刊登矿泉水分公司《天齐渊矿泉水亮相淄博糖酒会》的宣传报道。

2013年9月，在《淄博日报》上刊登《山东美陵55年风雨写传奇》《美陵55周年这样走过》的文章报道。

2013年，第27期《淄博声屏报》上，矿泉水分公司发表《“天齐渊”等当选山东省饮协常务理事、理事单位》的宣传报道。

2014年，矿泉水分公司在《邮政黄页》上对“天齐渊”矿泉水进行广告宣传。

2014年5月11日，淄博市天齐渊供水有限公司参加由临淄区水资源管理办公室组织的“全民节水行动，共建生态家园”的节约用水宣传活动。

2014年10月22日，在《淄博晚报》中，矿泉水分公司刊登《“古齐宝地 神水渊源”天齐渊矿泉水》的广告。是月，集团公司在《淄博日报》上刊登《诚信方能致远》的文章报道。

2015年5月14—20日，淄博市天齐渊供水有限公司举行“供水开放日”活动。

2014 年 5 月 11 日，淄博市天齐渊供水有限公司在东泰广场门前参加由临淄区水资源管理办公室组织的节约用水宣传活动

2016 年 12 月，在《淄博日报》上刊登《同源一网 同步未来》的文章报道。

2016 年，在《中国通用机械工业协会企业名录》刊登风机、锻件产品扉插页单页广告。

2016 年，集团公司企管办组织设计并印刷集团公司和各子、分公司宣传册，共 7000 册。

2017 年 5 月，在《东方铭柜》杂志上刊登《省内质量免检单位，名牌企业》的广告。

2016 年 8 月 8 日，矿泉水分公司在《山东饮用水》杂志上刊登《“专业制水 品质保证”欢迎您饮用天齐渊矿泉水、天齐渊龙脉天然水》的广告。是月，在《淄博日报》上刊登《让生命之水更清澈》的文章报道。

2016 年 8 月 30 日，淄博市天齐渊供水有限公司与淄博日报社签订广告发布合同，在二版报花发布广告，发布日期 2016 年 9 月 1 日—2017 年 8 月 31 日，共计 100 期。

2016 年 10 月 8 日，与淄博臻艺影视传媒有限公司签订宣传片拍摄制作协议，经后期剪辑制作为美陵股份公司宣传片，片长 5 分钟。

2016 年 11 月 23 日，与淄博臻艺影视传媒有限公司签订宣传片拍摄制作协议，经后期剪辑制作为山东美陵集团宣传片，片长 8 分钟。

2017 年 5 月 14—20 日，淄博市天齐渊供水有限公司在临淄区泰东生活广场举行“供水开放日”活动，电子显示屏做“天齐渊供水，自然就好；天齐渊供水，好在自然”的宣传广告。

2017 年 9 月，在《淄博日报》上刊登《美陵发力革新创品牌》的文章报道。

网络宣传

自 2014 年以来，集团公司下辖各子、分公司开始通过公司网站与微信对外发布宣传信息。2017 年，各子、分公司在互联网运用与宣传营销方面紧密联系，营销人员通过微信公众号、微信朋友圈和公司网站等发布公司新闻动态和产品信息，提高客户的关注度。

美陵集团
MEILING GROUP

第六篇
企业管理

管理是企业永恒的主题。随着社会的进步，山东美陵集团的企业管理不断发展创新，从成立初期的简单粗放型管理，几经改革和逐步发展，已形成一套适应现代企业制度要求、符合公司实际的管理体系。

1982 年以前，企业管理工作简单而粗放。从 1982 年 10 月开始，根据中共中央、国务院《关于工业企业进行整顿的决定》指示精神，淄博市临淄电器厂进行为期 3 年 2 个月的整顿，企业管理工作逐步步入正轨。1988 年，先后成立标准化管理委员会、计量管理委员会和安全生产监督检查机构，建立标准化管理体系、计量检测网络和相关的规章制度。1989 年，在市级先进企业达标验收中，经济效益、产品质量、安全生产、基础管理、财务和物资管理等五个方面均顺利达标，临淄石油化工配件厂被市政府表彰为市级先进企业。1990 年 5 月，又顺利通过省系统级先进企业验收，晋升为省系统级先进单位。

1992 年 9 月，改制为淄博美陵化工设备股份有限公司后，企业管理工作紧紧围绕建立现代企业制度的要求，不断创新管理思想和管理模式，组织和依靠广大员工建章立制，建立和规范企业基础管理制度，并建立健全相应的管理保证体系、网络和检查考核制度。

1995 年，淄博美陵公司对管理机制进行重大改革，改原来的统一管理模式为分级管理，将其所辖的 7 个车间按生产特点，分设为石化配件厂和催化剂厂；将经营办公室改组为销售公司，使其成为相对独立核算的 3 个二级单位，对其实行目标管理。对其他所辖单位则根据产权关系仍按合同约定管理。公司设总经理 1 人，总经济师、总工程师、总会计师各 1 人，实行总经理领导下的三总师负责制，下设企业管理办公室、技术开发办公室和财务处 3 个职能处室，各司其职，负责对各二级单位进行宏观管理和考核。1996 年，淄博美陵公司被农业部认定为全国中型一档乡镇企业和建立现代企业制度试点单位。1997 年 7 月，美陵股份公司成立全质办；美陵股份公司被评定为全省乡镇企业 500 强和全省乡镇企业安全生产综合治理活动先进集体。1998 年，美陵股份公司根据管理机制改革后运行的实践和企业发展的实际，对管理机制进行调整，撤销技术开发办公室和销售公司，保留企管办、全质办和财务处。原 6 个生产单位整合为 3 个二级单位，各二级单位实行产供销全面负责制。1998 年，美陵股份公司通过 ISO 9002 ：1994 质量管理体系认证，被认定为省乡镇企业管理示范企业和省乡镇企业系统企业现场管理一级合格单位。1999 年，美陵股份公司被表彰为全省企业设备管理先进单位。

2002 年 3 月 13 日，设立总工办。其主要职责是在总工程师领导下负责企业的技术管理，会同全面质量管理办公室抓好质量管理、企业的设备及动力管理以及企业的安全生产和生产卫生工作。2004 年 8 月成立山东美陵集团。2012 年 3 月，集团公司撤销全质办，其质量管理职能由总工办履行。

2008 年，山东美陵集团推动机械制造与环保水务两大产业的快速发展，进行产业整合重组，形成专业化管理，规模化发展。确立“强化基础管理，创立百年品牌”的管理理念，立足基础管理，不断拓展管理的广度和深度，从指导和引导入手，加强预防管理，实行重心下移，持续完善，严格考核，横向形成了质量、信息化、安全、设备、现场、节能降耗、成本、人力资源、现场劳动纪律等全面覆盖企业各项基础管理的管理考核体系，纵向通过 ISO 9001 质量管理体系、IATF 16949 国际汽车行业质量管理体系、ISO 10012 测量管理体系、ISO 14001 环境管理体系、OHSAS 18001 职业健康安全管理体系、压力容器质保体系和压力管道元件质保体系等，对各项基础管理进行计划、实施、检查、改进。企业基础管理理念确立，体系形成，水平全面提升。

2017 年，集团公司下辖的三个直属部门企管办、总工办、财务处，对各二级单位的人力资源管理、财务管理、设备管理、质量管理、计量管理、物资供应与管理、环境保护、合同管理、安全管理、节能降耗管理、信息化管理、行政后勤管理等十二项进行管理与考核。集团公司下辖两个直属单位山东美陵化工设备股份有限公司和美联环境科技（淄博）有限公司，分别为机械制造和环保水务的核心企业，两大产业板块齐头并进、共同发展。

第一章　人力资源管理

第一节　管理机构

1982 年以前，企业规模较小，内设机构少，人力资源管理工作由厂部负责。1983 年，企业设立厂办及其他职能科室，人力资源管理工作由厂办负责。1995 年，公司进行管理体制改革，设立企管办。企业的人力资源管理工作改由企管办负责，并逐步配备管理人员。

2004 年 1 月，公司将企管办人力资源管理业务分离出来，成立劳资科，充实配置工作人员，设科长 1 人、科员 2 人，仍隶属企管办管理。2005 年 10 月，公司对劳资科人员进行精减，设科长 1 人、科员 1 人。至 2017 年年底，劳资科人员编制一直未变，主要负责员工招聘、劳动用工手续办理、劳动合同管理、薪酬管理、各项社会保险管理、住房公积金管理、车辆保险管理、绩效考核、专业技术人员管理、职工培训、劳动争议处理及质量、环境、职业健康安全管理体系和汽车生产件与相关服务件组织应用的质量管理体系相关工作。

第二节　员工队伍及劳动合同管理

员工招聘

企业建立之初是一家社办集体企业，职工来源主要是齐陵人民公社的农民和部分初高中毕业生，分为集体性质的固定工和亦工亦农工人。企业招用工人由齐陵人民公社党委批复。1964 年，全厂仅有 14 名工人。从 1965 年开始，企业职工逐渐增多。1970 年，从淄河中学选招 13 名高中毕业生。1972 年 7—11 月，为建设磷肥车间，企业招收亦工亦农工人 15 人。1973 年 6 月，公社将磷肥车间及 15 名职工分离出去，成立齐陵公社磷肥厂，独立经营。1977 年，公社水利队及其 24 名职工并入。1979 年 9 月，公社又将水利队及其人员分离出去。1992 年，企业改造为股份制后，用工自主，可以根据生产发展需求，按照择优录用的原则，招收工人和大中专毕业生、技校毕业生及其他企业需要的人员。改制初期，招用职工主要是在邻近乡镇张贴招工启事，经过笔试、面试后择优录用，后来，随着临淄区人才市场的建立及网络的发展，企业招工的方式多样化，参加招聘会、通过网络发布招聘信息、张贴招工启事等。对退伍军人仍按照政府的指令性计划，承担安置退伍军人的任务。

专业人才引进

1992年改制之前，企业无人事自主权，人员配置由齐陵人民公社（后为齐陵镇）指令性安排，没有正规院校毕业的大中专毕业生。1992年改制后，企业用工自主，发展步入快车道，人才需求迫切。1993年，公司引进8名专业对口的本科毕业生，企业创建30多年第一次拥有大学生员工。自此企业每年都引进专业对口的大中专毕业生，员工知识结构发生很大变化，职工队伍整体素质也不断提高。

员工队伍

1958年成立时，企业有职工40人。1962年，精简至14人，为历史上职工人数最少。随着企业的发展，1991年，职工人数达153人。1992年，企业进行股份制改造，发展步入快车道，到1995年，职工人数达429人。2004年，集团公司成立，职工人数达719人。2008年，企业进行资产重组，确立机械制造和环保水务两大产业板块，以通过专业化管理实现强势发展，职工人数突破千人，达到1077人。2011年，企业职工人数达1095人，为历史上职工人数最多。2017年7月，美陵环境科技（淄博）有限公司转让给康达投资（香港）有限公司。2017年9月，美陵环境科技（淄博）有限公司所属青州市美陵污水净化有限公司、济宁美陵污水净化有限公司、临淄污水净化分公司人员转出，共计转出人员126人。到2017年12月31日，集团公司在册职工798人。其中，男职工598人，女职工200人。在册职工中，研究生学历1人，大学本科学历78人，大学专科学历140人，中专学历212人，高中及以下文化程度367人；管理后勤人员316人，一线生产操作人员482人；集团公司内部评聘专业技术职务的人员171人。其中，高级17人，中级72人，初级82人；在省市区人事管理部门取得专业技术职务任职资格的180人。其中，高级职称11人，中级职称44人，初级职称125人。

1991—2017年部分年份山东美陵集团在册人数表

表6-1 单位：人

年度	人数	年度	人数	年度	人数
1991	153	2008	1077	2014	1019
1995	429	2009	1081	2015	967
2000	485	2010	1082	2016	954
2005	793	2011	1095	2017	798
2006	859	2012	1056	—	—
2007	982	2013	994	—	—

劳动合同管理

1995年以前，企业用工很少签订劳动合同。1995年5月，根据《中华人民共和国劳动法》《中华人民共和国乡村集体所有制企业条例》及有关劳动政策、法规，本着平等自愿、协商一致的原则，企业与招收的大中专毕业生和部分亦工亦农职工签订劳动合同，实行合同制管理。2004年，根据山东省劳动厅、省财政厅《关于印发山东省劳动合同管理试行规定的通知》精神，公司对劳动用工制度进行改革，与全体职工签订劳动合同，实行全员劳动合同制，公司工会亦代表职工与公司行政签订集体劳动合同，维护职工利益，稳定职工队伍，保障企业正常的生产经营秩序。2017年12月31日，集团公司签订劳动合同人数798人。

第三节　薪酬管理

建厂初期，企业属社办集体企业，职工包括集体企业性质的固定工和来自生产队的亦工亦农职工两种。固定工的工资按集体企业职工的工资标准执行，改革与调整根据上级主管部门下发的政策性文件实施。亦工亦农职工的工资标准由齐陵人民公社党委制定，改革与调整亦由公社党委确定。

1984年以前，企业工资分配实行计时工资制。1984年起，实行工效挂钩。1992年企业改制后，侧重效率优先。2017年12月，员工的工资结构由以下几个部分组成：基础工资、岗位（计件/职务）工资、各项津贴及补助。

工资分配改革

1958年建厂后，企业一直沿用计时工资制的分配方式，即每月按实际工作时间和本人的基础工资额计算工资。

1980年，取消亦工亦农工人工资50%交生产队记工分的规定，改为全部工资制。

1984年，企业在工资分配上开始体现多劳多得的原则，实行工资总额与经济效益挂钩的分配方式，即百元利润工资含量。

1989年，实行基础工资占比40%，计件（岗位）工资占比60%的工资核算办法，既体现多劳多得，又照顾到职工的工龄和技能。

1995年，公司实行二级目标化管理，各二级单位工资总额与本单位年度经济、技术、管理指标完成情况挂钩浮动。职工工资基础工资占比30%，计件（岗位）工资占比70%。各级管理人员的工资按规定的职务系数计算。

2000年，公司对管理后勤人员定编定岗，推行岗位责任工资，全部管理后勤岗位划分为5个类别15个等级，员工在什么岗位拿什么报酬，岗变工资变，基础工资与计件（岗位）工资的比例调整为20%和80%。

同年，对公司机关、各二级单位副经理以上管理人员开始实行责、权、利相结合的年薪工资制。

基础工资

基础工资调整

1963年12月2日，按照临淄县调资委员会《关于手工业合作组织集体单位社员职工工资调整的意见》精神，企业对11名固定职工进行工资调整，人均增资5元。

1968年5月，经齐陵人民公社革命委员会批复，为企业11名亦工亦农职工调整工资，人均增资7.37元。

1972年8月，根据淄博市革命委员会《关于贯彻执行山东省革命委员会〈关于集体所有制企事业单位调整部分工人和工作人员工资的通知〉的实施方案》精神，为8名固定工人调整工资，3名固定工人进行靠级，人均增资5.75元。同时，为20名亦工亦农工人调整工资，人均增资 5.9 元。

1974 年，经齐陵人民公社革命委员会批准，为 14 名亦工亦农工人调整工资，人均增资 5.21 元。

1980 年，根据齐陵人民公社党委对亦工亦农工人工资实行四级管理的规定，对 155 名亦工亦农职工的工资统一进行调整，人均增资 4.55 元，同时，取消 50% 工资交生产队记工分的规定。

1995 年，企业对执行的四级基础工资进行改革。依据山东省国有企业职工技能工资标准，按二类产业、三级工资标准，采用调级、靠级和普调三种方式，对全体职工的基础工资标准进行调整，根据员工的厂龄（工龄）和学历等条件确定级别工资，调整后为 16 个等级，自 1996 年 1 月 1 日执行。

试用期基础工资标准

一般员工试用期为三个月，试用期内仅发放基础工资。1996 年工资改革后，试用期基础工资标准为 300 元 / 月。2008 年，试用期基础工资标准为 500 元 / 月。2009—2010 年，试用期基础工资标准为 500 元 / 月（其中锻压车间工作的员工 700 元 / 月）。2011 年，试用期基础工资标准调整为第一个月 1000 元 / 月，第二个月 1100 元 / 月，第三个月 1200 元 / 月。2012 年起，试用期基础工资标准调整为 1200 元 / 月。2014 年 3 月起，试用期基础工资标准调整为 1500 元 / 月。2017 年 2 月起，试用期基础工资标准调整为 2000 元 / 月。

基础工资晋升

1996 年工资改革后，基础工资级别的晋升，一般员工三个月试用期满后定级，第一年 5 级，第二年 6 级，第三年 7 级。工作满 5 年后，根据劳动技能、贡献大小等情况进行民主评议，调整工资级别，50% 的员工调为 9 级，50% 的员工调为 10 级。工作满 8 年后，50% 的员工上调 1 级，50% 的员工上调整 2 级。大中专毕业生基础工资级别的晋升，入厂第一年为见习期，根据学历确定基础工资级别，第二年上调 1 级，第三年上调 1 级，工作满 5 年后，根据劳动技能、贡献大小等情况进行民主评议，50% 的员工上调 1 级，50% 的员工上调 2 级。

2010 年，对一般员工基础工资定级标准进行修订。取消民主评议，增大调整幅度。修订后的标准为，第一年 5 级，第二年 6 级，第三年 7 级，入厂满 5 年后调为 10 级，入厂满 8 年后普调 2 级，入厂满 15 年后普调 2 级，入厂满 20 年后普调 2 级。对大中专毕业生基础工资定级标准进行修订。取消民主评议，增大调整幅度。修订后的标准为，第一年根据学历确定基础工资级别，第二年上调 1 级，第三年上调 1 级，入厂满 8 年后上调 2 级，入厂满 15 年后上调 2 级，入厂满 20 年后上调 2 级。

关于大中专毕业生范围的界定，1995 年，大中专毕业生含国家计划内统招的全日制普通高等学校研究生、本专科毕业生及普通中等专业学校毕业生。2008 年，取消普通中等专业学校毕业生，增加高等教育自学考试毕业生及成人高等学校脱产学习本、专科毕业生。2009 年，取消成人高等学校脱产学习本、专科毕业生。2010 年，取消普通高等学校大学专科专业不对口毕业生。2011 年，取消全国高等教育自学考试毕业生。

关于大中专毕业生专业对口的界定，2012 年明确规定为：专业对口主要指机械设计与制造、锻压、热处理、模具、铸造、焊接、环境工程等专业。

基础工资的晋升每年一次，于当年 12 月进行，并自下年度 1 月开始执行调整后的工资级别。

岗位工资

岗位工资即根据员工所从事的工作确定的工资。具体表现为三种形式：岗位工资、计件工资、职务工资。

管理、后勤工作人员根据所在工作岗位确定岗位工资级别，即岗位工资；岗位工资级别根据岗位技能要求划分为五个大类，每大类又根据个人绩效考核结果分为A、B、C三个等级，等级随年度绩效考核情况变化。

生产（操作）一线工人根据工作定额完成情况确定岗位工资额，即计件工资；科室、车间及以上管理干部根据聘任的职务确定岗位工资额，即职务工资。

岗位工资管理办法变化

1996年，管理、后勤人员岗位工资为所在单位生产一线人均计件工资的95%。2005年1月起，调整为93%。2007年3月起，调整为90%。2009年1月起，调整为87%。

自2005年1月起，职工每人每月暂扣岗位工资的10%作为考核工资，年终根据所在单位各项指标考核情况进行总结算。2011年1月起，对每人每月暂扣岗位工资比例进行调整，由10%调整到5%。

岗位工资的调整

分为普调和岗位变动调整两种情形。

一般管理后勤人员的岗位工资类别根据所在岗位确定，岗位工资级别根据个人德、能、勤、绩经民主评议后确定。岗位工资级别的普调，每两年调整一次，由企管办组织进行民主评议后根据有关文件确定。

员工工作岗位变动后，岗位工资类别根据变动后的工作岗位确定，岗位工资级别仍执行个人原定级别，遇普调时再进行调整。如原来未定岗位工资级别，暂按C级执行，待普调时再进行调整。

各项补助、津贴与奖励

技术工资

2003年起，集团公司对专业技术人员实行结构工资制，在原工资基础上增加技术职务工资，即按《关于专业技术人员实行结构工资的暂行规定》确定的技术职务工资。被公司聘任高、中、初/助级专业技术职务的人员每月分别按本单位人均应发工资的20%、15%、8%发放技术工资，并与本人当月出勤天数挂钩。

工龄补助

自2014年1月起发放，发放人员为已与公司签订劳动合同，入厂工作满一年的正式在岗员工。补助标准根据职工入厂年限，分为七个档次，补助金额每人每月30~225元。

特岗补助

自2014年1月起发放，面向技术要求高的岗位和脏、苦、累等工作环境差、劳动强度大的岗位技术、生产骨干人员。特殊岗位分为A、B两个类别，A类每人每月300元，B类每人每月150元。列入特殊岗位的共37个岗位。其中，23个技术类岗位，14个生产类岗位。23个技术类岗位，根据技术要求，其中，16个列入A类，7个列入B类。14个生产类，根据本人年度综合考评，70%进入A类，30%进入B类。享受特岗补助的人员每年核定一次。

生活补助　出勤奖

1966年，企业对固定工人执行每月4.5元的生活补助标准。

1971年，根据临淄区工交局转发的市粮食局《关于社办工业人员补助粮油的通知》精神，对亦工亦农工人执行每人每月2.25元的生活补助标准。

1980年，生活补助标准调整为固定工每人每月 7 元，亦工亦农工人每人每月 2.5 元。

1983 年，根据齐陵人民公社工业办公室规定，社办工业企业单位经济指标承包后，干部、职工福利待遇一律取消，各项补助停发。

1994 年，根据淄劳字〔1994〕7 号文件精神，对统招统分的大中专毕业生职工执行男性每人每月 91 元，女性每人每月 93 元的生活补助标准。

1998 年，对大中专毕业生之外的其他职工执行每人每月 45 元的生活补助标准。

2003 年，对生活补助标准进行调整。大中专毕业生职工调整为男性每人每月 115 元，女性每人每月 117 元。其他职工调整为男性每人每月 80 元，女性每人每月 82 元。

2008 年，生活补助标准不再分大中专毕业生与其他职工，统一调整为男性每人每月 115 元，女性每人每月 120 元。

2009 年 1 月，生活补助更名为出勤奖。

山东美陵博德化工机械有限公司自 2006 年 6 月正式生产运营，初期每人每月生活补助 500 元，需要在青岛与淄博往返的职工每人每月补助交通费 100 元。2008 年 1 月，博德化机公司配备交通车，交通补助取消。2009 年 1 月，生活补助更名为出勤奖。

班组长带班补助

集团公司发文公布的电工班长、招待所长、行政组长、锅炉班长、加油班长、保管组长、食堂班长每月带班津贴 60 元，污水净化公司班长每月带班津贴为 100 元。

2010 年，电工班长等带班津贴由 60 元 / 月调整至 80 元 / 月。

2011 年，增加淄博市天齐渊供水有限公司带班长每月带班津贴 80 元。

2011 年 6 月，增加汽车零部件分公司铸造车间班长带班津贴为 150 元 / 月。

2012 年，淄博市天齐渊供水有限公司、三个污水净化公司班长带班津贴由 100 元 / 月调整至 300 元 / 月。

环卫津贴

喷涂车间、紧固件车间酸洗岗位及污水净化公司员工每月环卫津贴 80 元。

加班费

管理后勤人员因工作需要加班的，星期日按每人每天 20 元计发加班费，法定节假日按每人每天 30 元计发加班费；一线生产、操作员工在国家法定节假日上班的，除应得的计件工资外，每人每天另计发加班费 30 元。

2011 年，对管理后勤人员加班费执行标准进行调整，不论星期天及节假日，每人每天 30 元。

冬季取暖费

1970 年，根据山东省革命委员会财政金融局和劳动局《关于发放 1970 年职工冬季取暖补贴的通知》，执行每人 7.5 元 / 年的补贴标准。

1979 年，亦工亦农工人仍执行 7.5 元 / 年的补贴标准，固定工人提高为每人 12 元 / 年。

1980 年，全体职工执行每人 12.5 元 / 年的补贴标准。

1981 年，调整为每人 12 元 / 年的补贴标准。

1982—1996 年，每人每年补助取暖煤 500 千克。

1997 年，在公司居住的职工执行每人 70 元 / 年补贴标准，不在公司居住的职工则执行每人 150 元 / 年的补贴标准。

2003 年，执行每人 300 元 / 年补贴标准。

2004—2006 年，执行每人 400 元 / 年的补贴标准。

2007—2008 年，执行每人 500 元 / 年补贴

标准。

2009年，执行每人600元/年补贴标准。

2010—2015年，执行每人700元/年补贴标准。

2016年，执行每人600元/年补贴标准。

各种奖励

自1986年起，企业逐步建立各项激励机制。

1986年，企业设立考勤奖，职工月出勤20天以上，每人每月奖金8元。2003年调整为每月10元。该奖项于2006年取消。

1986年，公司设立年终奖，根据企业效益情况，年终根据“四有”（有文化、有道德、有技术、有纪律）职工条件进行民主评议，分1、2、3三个等级对全员进行奖励。1995年，实行二级目标化管理以后，对各二级单位实行百分制考核，各单位的年终奖金总额50%按全年考核分数计算，50%按单位效益计算。1996年，改为50%按参评人数的月奖金总额比例分配，50%按个人的工作业绩分为1、2、3三个等级进行分配。2005年，月奖金取消，年终奖的分配50%按参加奖金分配人员的全年考勤情况分配，50%按参加奖金分配人员的工作绩效分为1、2、3三个等级进行分配。2012年，年终奖的分配修改为30%按参评人数的考勤情况分配，40%按参评人数的工作绩效分1、2、3三个等级进行分配，其余30%按各二级单位基础管理内部百分制考核分数发放。

1996年，公司设立单项奖，对在新产品开发、技术改造、技术革新、合理化建议等方面做出成绩的集体和个人进行奖励。每年由总经理组织有关人员对各二级单位上报的项目进行评审，确定奖励项目。该奖项在1998年设立特殊贡献奖后取消。

1998年，公司设立特殊贡献奖，对在生产、管理、营销、技术创新、新产品开发工作中，做出突出贡献的集体与个人进行奖励。每年由各二级单位对做出突出贡献的集体和个人进行自审确认，向公司写出书面申请，由总经理组织有关人员审定并签署奖励决定。

同年，公司还设立技术革新和合理化建议奖，对好的技术革新成果和被采用的合理化建议进行奖励。各单位将技术革新成果和被采用的合理化建议根据产生的效益和作用评定为A、B、C三级，属技术革新类的报总工办审批，属企业管理类的报企管办审批，最后由总经理签署奖励决定。

同年，公司决定通过对各二级单位经济、技术和管理指标的考核，按分数高低对中层管理干部进行奖励，该奖项于2007年取消。

2013年，设立利润贡献奖、技术进步奖、采购管理奖、机关各部门创收奖。

2014年，设立节能降耗奖、专项管理奖。

2016年，设立成本管理奖、综合管理奖、销售冠、亚军奖。

1959—2017 年公司职工工资发放情况表

表 6-2

年份	年平均人数（人）	年工资总额（万元）	年人均工资（元）	年份	年平均人数（人）	年工资总额（万元）	年人均工资（元）
1959（9-12 月）	43	0.738	172	1989	147	30.450	2071
1960	65	1.204	185	1990	151	39.595	2622
1961	40	0.923	231	1991	153	56.681	3835
1962	14	0.444	317	1992	208	70.500	3389
1963	14	0.407	291	1993	308	107.400	3487
1964	14	0.566	404	1994	384	156.000	4063
1965	15	0.607	405	1995	429	201.000	4685
1966	25	0.725	290	1996	387	232.500	6008
1967	56	1.789	319	1997	468	313.600	6701
1968	30	1.289	430	1998	417	327.328	7850
1969	40	1.469	367	1999	485	346.400	7142
1970	55	1.917	349	2000	485	342.300	7058
1971	69	2.341	339	2001	500	410.409	8208
1972	96	3.454	360	2002	653	485.616	7437
1973	93	4.042	435	2003	689	638.875	9272
1974	92	3.866	420	2004	719	909.974	13656
1975	111	4.379	395	2005	793	1169.145	14743
1976	123	4.752	386	2006	859	1595.686	18576
1977	179	7.361	411	2007	982	2083.018	21212
1978	165	7.500	455	2008	947	1871.746	19765
1979	169	6.861	406	2009	1009	2443.319	24215
1980	165	8.082	490	2010	1000	2487.488	24875
1981	163	8.836	542	2011	933	2894.489	31023
1982	158	8.190	518	2012	1070	3746.755	35016
1983	151	8.531	565	2013	1005	4246.467	42253
1984	147	11.720	797	2014	992	4918.373	49580
1985	135	13.742	1018	2015	972	4954.423	50971
1986	124	16.278	1313	2016	939	4912.301	52314
1987	143	22.246	1556	2017	793	4558.088	57479
1988	148	27.564	1862	—	—	—	—

第四节　社会保险　住房公积金

从1994年起，淄博美陵公司按照有关规定，结合企业实际，逐步为职工缴纳各项社会保险和住房公积金。养老保险于1999年12月一次性补缴前期费用并开始正常缴纳，医疗保险自2004年7月起缴纳，工伤保险自2005年7月起缴纳，生育保险自2006年4月起缴纳。2008年7月，根据淄博市劳动和社会保障局关于各项社会保险一票征缴的要求，集团公司为职工增加缴纳失业保险。2011年1月，根据淄博市人力资源和社会保障局《淄博市企业职工中独生子女父母退休养老补助社会统筹办法》，集团公司为职工增加缴纳一次性养老补助。2015年5月，集团公司为职工增加缴纳住房公积金。至2015年5月，养老、医疗、工伤、生育、失业五项社会保险和住房公积金及一次性养老补助，集团公司已全部缴纳。

养老保险

1994年8月，根据淄博市人民政府〔1986〕134号文件和中国人民保险公司有关规定，按照公司制定的《关于实行职工养老保险的试行规定》，淄博美陵公司为6名老职工在临淄区人民保险公司办理养老保险。投保金额按职工退休时每人实际工作年限月领取退休金5元计算，被保险职工人均自负月基本投保额2元。干部实行一次性职务投保补助。

1994年公司干部投保补助情况表

表6-3　　单位：元

职务/级别	40岁以下	45岁以下	50岁以下	55岁以下
厂级正职	8000	8500	9000	9500
厂级副职	6000	6500	7000	7500
科级正职	3000	3500	4000	4500

1995年，淄博美陵公司为7名大中专毕业生职工在淄博市机关事业社会养老保险管理处办理养老保险，并补缴1993年11月至1994年12月的养老保险费，共缴纳养老保险金额1.39万元。其中，个人缴纳1204元。

1996年，根据上级有关养老保险规定，淄博美陵公司为5名年龄较大的职工在临淄区民政局办理养老保险。

1999年12月，美陵股份公司广泛征求职工代表意见，对职工养老保险制度进行改革，本着权利与义务、公平与效率相结合，保障水平与生产力发展相适应的原则，制定《关于职工养老保险的实施办法》，为职工在临淄区社会劳动保险事业分处办理养老保险登记手续，建立个人账户，一次性补缴养老金200余万元。同时，将原在淄博市机关事业社会养老保险管理处办理养老保险的7名大中专毕业生职工，转入临淄区社会劳动保险事业分处。自此，职工养老保险缴纳步入正轨，并连续正常缴纳。

1999年12月至2017年12月公司养老保险缴费比例情况一览表

表6-4

起至年月	缴费比例（%）		起至年月	缴费比例（%）	
	单位	个人		单位	个人
1999年12月—2000年12月	20	5	2007年1月—2007年12月	16	8
2001年1月—2002年12月	20	6	2008年1月—2011年6月	20	8
2003年1月—2004年12月	20	7	2011年7月—2016年5月	19	8
2005年1月—2006年12月	12	8	2016年6月—2017年12月	18	8

2000—2017年公司养老保险缴费情况表

表6-5 单位：元

年份	年末缴费人数	单位缴费	个人缴费	合计缴费
2000	281	228068.00	57017.00	285085.00
2001	293	203280.00	60984.00	264264.00
2002	343	515255.20	154576.56	669831.76
2003	387	371972.45	216983.93	588956.38
2004	462	500755.80	292107.55	792863.35
2005	485	588493.08	392328.72	980821.80
2006	556	749822.04	499881.36	1249703.40
2007	705	1330775.68	665387.84	1996163.52
2008	854	2495394.79	1003583.84	3498978.63
2009	946	3266807.60	1297839.33	4564646.93
2010	904	3698809.39	1480010.45	5178819.84
2011	864	3946805.61	1620499.82	5567305.43
2012	903	4362593.33	1837463.82	6200057.15
2013	893	4911994.57	2068355.36	6980349.93
2014	797	5120727.81	2156167.04	7276894.85
2015	956	6193722.25	2611306.08	8805028.33
2016	925	6552699.12	2715309.26	9268008.38

续表

年份	年末缴费人数	单位缴费	个人缴费	合计缴费
2017	792	6269994.32	2786201.08	9056195.40
合计	—	51307971.04	21916003.04	73223974.08

医疗保险

1958—2000 年，企业实行公费医疗制度，对固定工人及大中专毕业生职工的医疗费实报实销。

2001 年，临淄区城镇企业实行职工基本医疗保险制度，公费医疗终止。公司对统招统分的大中专毕业生职工实行医疗费包干的办法，每人每月医疗补助 60 元。

2003 年，大中专毕业生职工医疗费改为每人每月 30 元。

2004 年 7 月，美陵股份公司在临淄区医保处参加医疗保险社会统筹，医疗补助取消。已参加养老保险的职工均增加缴纳医疗保险，单位和个人分别按规定比例缴费，其中个人缴纳部分从个人当月工资中扣除。

2004 年 7 月至 2017 年 12 月公司医疗保险缴费比例情况一览表

表 6-6

起至年月	缴费比例（%）		起至年月	缴费比例（%）	
	单位	个人		单位	个人
2004 年 7 月—2009 年 12 月	7	2	2012 年 1 月—2012 年 12 月	6.9	2
2010 年 1 月—2011 年 6 月	6.5	2	2013 年 1 月—2017 年 12 月	7	2
2011 年 7 月—2011 年 12 月	7	2			

2004—2017 年公司医疗保险缴费情况表

表 6-7

单位：元

年份	年末缴费人数	单位缴费	个人缴费	合计缴费
2004（7—12 月）	446	154366.22	50765.00	205131.22
2005	485	341056.09	113332.00	454388.09
2006	556	436745.68	143564.48	580310.16
2007	705	582214.36	166346.96	748561.32
2008	854	873157.60	296824.90	1169982.50
2009	946	1081233.10	385851.92	1467085.02
2010	904	1202095.90	438926.70	1641022.60
2011	864	1365489.98	483370.39	1848860.37

续表

年份	年末缴费人数	单位缴费	个人缴费	合计缴费
2012	903	1584311.07	545417.44	2129728.51
2013	893	1809682.21	595855.84	2405538.05
2014	797	1886583.93	614067.76	2500651.69
2015	956	2313431.08	724485.52	3037916.60
2016	925	2465945.14	760630.69	3226575.83
2017	792	2476084.27	762651.27	3238735.54
合计	—	18572396.63	6082090.87	24654487.50

工伤保险

企业自建立后，对职工工伤治疗实行的是实销实报，并对工伤护理人员给予生活补助费，每人10元/日。

2005年7月，根据劳动部《企业职工工伤保险试行办法》和淄博市人民政府令（第12号）《淄博市企业职工工伤保险管理办法》的规定，集团公司参加淄博市工伤保险社会统筹。工伤保险的缴纳按照职工上年度工资总额确定缴费基数，缴费比例为1%，由单位按月缴纳，职工个人不缴费。2010年1月，缴费比例调整至0.9%。2011年7月，缴费比例恢复为1%。2012年1月起，缴费比例调整至0.9%。2013年1月，调整至1%。2015年10月，调整至0.9%。

2005年7月至2017年12月，共有42人受益工伤保险，领取工伤保险金1107176.34元。

2005—2017年公司工伤保险缴费情况表

表6-8　　单位：元

年份	年末缴费人数	单位缴费金额	年份	年末缴费人数	单位缴费金额
2005（7—12）	485	25335.72	2012	903	206672.87
2006	556	62416.45	2013	893	298569.09
2007	705	83173.48	2014	797	269511.99
2008	854	124931.72	2015	956	321310.82
2009	946	150784.02	2016	925	298885.62
2010	904	166476.84	2017	792	302166.39
2011	864	192211.79	合计	—	2502446.80

生育保险

2006年4月，集团公司开始为职工缴纳生育保险。生育保险费由企业按职工上年度工资总额的0.7%的比例缴纳，职工个人不缴纳生育保险费。2017年2月起，缴费比例调整至1%。2006年4月至2017年12月，共有239人领取生育保险金，总计1737162.26元。

2006—2017年公司生育保险缴费情况表

表 6-9　　单位：元

年份	年末缴费人数	单位缴费金额	年份	年末缴费人数	单位缴费金额
2006（4—12）	556	34800.20	2013	893	241002.61
2007	705	58227.03	2014	797	188654.15
2008	854	87454.43	2015	956	232675.58
2009	946	114261.79	2016	925	241861.08
2010	904	129477.38	2017	792	340220.75
2011	864	141685.20	合计	—	1971054.72
2012	903	160734.52			

失业保险

2008年7月，根据淄博市劳动和社会保障局关于各项社会保险一票征缴的要求，集团公司开始为职工缴纳失业保险，缴费基数为职工上年度工资总额，缴费比例2008年7月至2009年12月为单位2%，个人1%。2010年1月至2011年12月，调整至单位1.4%，个人0.7%。2012年1—9月，又恢复为单位2%，个人1%。2012年10月至2016年12月，调整至单位1%，个人0.5%。2017年1—12月，调整至单位0.7%，个人0.3%。

2008—2017年公司失业保险缴费情况表

表 6-10　　单位：元

年份	年末缴费人数	单位缴费	个人缴费	合计缴费
2008（7—12）	854	131337.32	66091.00	197428.32
2009	946	251888.13	124653.70	376541.83
2010	904	258957.03	129508.72	388465.75
2011	864	283312.58	141774.38	425086.96
2012	903	400839.60	200476.82	601316.42
2013	893	258526.03	129318.20	387844.23
2014	797	269511.99	134809.00	404320.99
2015	956	326671.86	163255.56	489927.42
2016	925	345252.76	172652.54	517905.30
2017	792	250584.69	104445.92	355030.61
合计	—	2776881.99	1366985.84	4143867.83

一次性养老补助

2011年1月，根据淄博市人力资源和社会保障局《淄博市企业职工中独生子女父母退休养老补助社会统筹办法》，公司开始为职工缴纳一次性养老补助。一次性养老补助由企业按职工上年度工资总额的规定比例缴纳，职工个人不缴费。一次性养老补助缴费比例2011年1月至2012年8月为1.5%。2012年9月至2013年12月调整至1.2%。2014年1—12月调整至1%。2015年1月至2017年12月调整至0.6%。

2011—2017年公司一次性养老补助缴费情况表

表6-11 单位：元

年份	年末缴费人数	单位缴费金额	年份	年末缴费人数	单位缴费金额
2011	864	303150.24	2015	956	188025.15
2012	903	321082.81	2016	925	188207.91
2013	893	210149.05	2017	792	197909.70
2014	797	269511.99	合计	—	1678036.85

住房公积金

2015年5月，根据《住房公积金管理条例》《淄博市住房公积金缴存、转移、提取管理暂行规定》等相关法规，公司开始为职工缴纳住房公积金。2015年5—6月缴存基数为2483元。2015年7月至2017年12月缴存基数为2723元，缴存比例单位、个人均为8%。

2015—2017年公司住房公积金缴费情况表

表6-12 单位：元

年份	年末缴费人数	单位缴费	个人缴费	合计缴费
2015（5—12）	905	1829539.40	1829539.40	3659078.80
2016	884	2643827.83	2643827.83	5287655.66
2017	756	2252994.44	2252994.44	4505988.88
合计	—	6726361.67	6726361.67	13452723.34

第五节 专业技术人员管理

1988年以前，企业只有少量的专业技术人员。1989年，按照国家职称改革规定，企业有7人通过考试评审，取得助级专业技术职务资格证书。

1992年改制后，企业确立科技兴企战略，高度重视科技人才的引进和培养，不拘一格招聘专业技术人才和大中专毕业生。1993年，公司引进工程师6名，聘用技术顾问和“星期日工程师”12人，选送3名青年职工到大专院校脱产学习，并一次招收聘用8名大学生。此后，优先招收录用大中专毕业生，改变职工的知识结构，成为公司人力资源管理的既定方针。

继续教育

根据临淄区人事部门的要求，结合企业实际情况，自1998年起，公司每年都组织专业技术人员进行继续教育培训。学习内容由个人根据需要在指定科目中选择，采取自学和网络学习相结合的方式进行学习，并在指定日期参加区人事部门组织的统一考试，考试成绩作为专业技术职称评聘的参考依据。

职称评定

根据《淄博市专业技术职务任职资格评审推荐标准条件》，公司每年对符合条件的专业技术人员组织进行职称评审，经公司初评合格后上报区人事部门进行评审。至2017年年底，集团公司取得人事部门评审的各类专业技术职务任职资格的共180人。其中，高级职称11人，中级职称44人，初级职称125人。

综合考评

从2000年开始，公司对专业技术人员从德、能、勤、绩四个方面进行年度考核。年度考核主要是依据国家有关专业技术职务评聘工作经常化政策的规定和公司人力资源管理的需要，全面、真实、科学地对专业技术人员的事业心、团队意识、技术业务水平、工作适应能力、工作成绩、创新能力进行考核评价，确定其是否合格，为公司领导正确地了解人才、合理使用人才、科学地管理和培养人才提供客观依据，同时促使专业技术人员不断提高思想觉悟和业务水平，激励他们努力做好本职工作，积极进取，为公司的发展多做贡献。

综合考评内容　包括德、能、勤、绩四个方面。德，政治思想表现，职业道德及团队精神。能，业务技术水平，知识更新，创新能力及管理能力的运用发挥。勤，工作态度，勤奋敬业精神及遵守劳动纪律。绩，履行职责，完成工作任务情况，取得成果的水平及效益。

综合考评方法　采取民主评议的方法，根据专业技术人员分布情况，分若干个考评小组，按照优、良、合格、一般4个等级分配比例，公开、公平、公正、准确地按规定程序进行考评。

综合考评结果　分优、良、合格、一般四个等级。各占参评人数的10%、30%、40%、20%。将每个等级量化为分值，分别得分15、10、5、0分，并与专业技术职务评聘挂钩。

公司内部专业技术职务与工人技师评聘

2003年，公司打破人事部门评聘专业技术职务时学历和专业的限制，本着有学历有专业的正规院校大中专毕业生是人才，在关键岗位上掌握专业技能，能独当一面的职工也是人才的原则，在企业内部出台《关于专业技术职务评聘的暂行规定》和《关于工人技师评聘的暂行规定》，将从生产一线评聘出的工人技师，与大中专毕业生一起纳入专业技术人员进行管理，拓宽专业技术人才的范围，壮大企业技术人才队伍，调动技术人才工作的积极性和主动性，提升了企业的技术力量。

对专业技术职务的评聘，主要面向各类大中专毕业生。从基本条件、政治思想表现和业务水平三个方面，依照规定评聘程序实施评聘。评聘的职务分为员级、助级、中级和高级四个级别，与个人职务聘任、结构工资待遇挂钩。评聘时间为每年12月。2003年，公司评聘专业技术职务高级8人，中级13人，助级27人，员级39人。从2004年7月1日起，专业技术职务评聘改为每两年评聘一次。2014年7月起，专业技术职务去掉员级，保留高级、中级、助级三个级别。2016年7月起，被公司聘任为中层及以上管理干部的人员，不再参加公司内部专业技术职务聘任。2017年12月，公司内部在聘专业技术职务的人员共78人。其中，高级专业技术职务3人，中级专业技术职务42人，助级专业技术职务33人。

对工人技师的评聘，主要面向生产和操作一线关键工种与岗位。根据工种分别设置高级技师、中级技师、初级技师三个级别。从基本条件、政治思想表现、民主测评、传授技艺、革新改造、表彰奖励、事故处罚以及专业理论与实践考核等方面按规定程序进行评聘。被聘任的技师纳入公司专业技术人员管理，其待遇按专业技术人员结构工资的规定执行。工人技师考评领导小组每年12月份对受聘技师进行一次考核，并将考绩记入档案。工人技师聘期为两年，可连聘连任。2003年，公司聘任技师共19人。其中，中级技师4人，初级技师15人。2017年12月，公司内部在聘的技师共93人。其中，高级技师14人，中级技师30人，初级技师49人。

专业技术人员职务评聘和工人技师的评聘，调动了专业技术人员技术改造、技术革新及技术创新的主观能动性，推动了传、帮、带活动的开展。

2003—2016年公司内部专业技术职务及工人技师评聘情况表

表6-13　　单位：人

年份	专业技术职务					工人技师			
	员级	助级	中级	高级	合计	初级	中级	高级	合计
2003	39	27	13	8	87	15	4	0	19
2004	32	28	24	15	99	0	0	0	0
2005	40	31	29	15	115	21	7	0	28
2007	41	63	36	19	159	24	16	2	42
2009	36	83	42	22	183	21	27	4	52
2012	15	60	68	14	157	33	28	7	68
2014	0	44	57	16	117	42	33	11	86
2016	0	33	42	3	78	49	30	14	93

第六节　管理干部聘任

1992年之前，企业的厂级干部由上级党委任命，一般管理干部由企业领导班子研究决定任命。

1992年起，企业拥有人事自主权，所有干部开始实行聘任制。干部的聘任根据工作需要，只对新任职干部进行聘任。

2002年起，按照年轻化、知识化、专业化和德才兼备的原则，本着基本稳定、局部调整、完善结构和提高素质的精神，对所有管理干部实行一年一聘任。

2013年，在干部聘用过程中增加民主评议与民主推荐程序，使干部聘任在尊重绩效考核结果和民主评议情况的基础上，全面体现干部的工作能力水平。对基层干部则充分放权，由各二级单位在保证生产经营任务完成的前提下，坚持任人唯贤，注重工作实绩，实行双向选择，竞争上岗。

2002—2017 年干部聘任情况表

表 6-14　　单位：人

年份	集团公司		各单位、公司机关各部门		科室		车间		合计
	总经理	副总经理	经理级	副经理级	正职	副职	正职	副职	
2002	0	6	8	13	21	5	10	0	63
2003	1	6	9	17	27	6	10	0	75
2004	1	6	10	13	28	10	12	0	80
2005	1	6	9	16	33	8	12	10	95
2006	1	6	11	20	43	10	14	9	114
2007	1	6	10	21	41	9	15	7	110
2008	1	6	8	21	43	11	15	9	114
2009	1	7	9	20	45	18	16	8	124
2010	1	7	9	24	48	24	15	8	136
2011	1	7	9	26	58	16	15	11	143
2012	1	7	13	27	61	11	14	11	145
2013	1	6	13	29	56	19	12	12	148
2014	1	4	16	33	67	23	12	8	164
2015	1	5	15	31	54	19	13	1	139
2016	1	5	14	32	63	19	13	12	159
2017	1	4	11	26	59	17	13	9	140

第七节　绩效考核

山东美陵集团绩效考核工作始于 2008 年，2008—2010 年，仅在专业技术人员中进行，每年初对专业技术人员上年度的工作情况从德、能、勤、绩四个方面进行综合考评。

2011 年，集团公司制订《关于管理、后勤人员实行绩效考核的实施方案》，每年 3 月份组织对管理、后勤人员进行一次绩效考核，根据考核结果，对员工工资收入、职称晋升、职务变动进行合理地调整，以达到员工工作业绩和工作能力的持续提升，确保公司战略目标的实现。

绩效考核的范围为集团公司所属各二级单位以及公司机关各部门管理、后勤岗位的职工、中层及以上管理干部。

绩效考核的内容包括德、能、勤、绩四个方面，考核结果总分 100 分，分为优秀、合格、有待改进、不合格四个档次，90~100 分为

2012 年绩效考核大会

优秀、70~89 分为合格，60~69 分为有待改进，60 分以下为不合格。

2013 年年初，在 2012 年度绩效考核评议中增加两项内容：1. 评价中层及以上管理干部时增加“晋升、续聘、解聘”三个备选项；2. 增加“中层及以上干部推荐人选”，要求参加评议人员推荐出符合条件的本人心目中的中层及以上管理干部后备人选。

考核办法：1. 年度绩效考核在绩效考核工作小组领导下由集团公司统一安排，各二级单位、各部门组织配合进行。2. 绩效考核采取大会动员、集中评价的方式进行，考核评价分三个层次，一是本单位本处（科）室人员的内部互相考核评价；二是本单位其他科室人员、车间一线员工的考核评价；三是各单位中层及以上干部的考核评价，集团公司机关还要接受各单位中层及以上干部的评价。3. 绩效考核均采用填写“管理、后勤岗位人员绩效考核评价表”的方式进行。4. 各二级单位均有部分车间一线员工代表参与，作为外部考核的组成部分，以体现考核的客观性、公正性。参加外部考核的一线员工只评价本公司管理、后勤人员。5. 考核结束后，考核评价表由集团公司统一封存，由领导小组指定人员进行汇总，以保证考核的严肃性。总得分中内部考核占 40%，外部考核占 30%，干部考核占 30%，考核结果直接报领导小组审核，集团公司只对外公布最终的考核结果。

考核结果使用：1. 考核结果汇总后，根据岗位编制情况，对考核不合格的人员，公司组织进行专项培训，并进行岗位调整，对连续两年排名靠后的人员，调离工作岗位或解除合同。2. 根据各单位总排序情况，对岗位工资级别重新确定，其中 25% 进入 A 级，50% 进入 B 级，25% 进入 C 级。

第八节 职工培训

培训工作沿革

建厂初期和“文化大革命”期间，企业对职工技术业务培训主要是采取以师带徒的办法，无专门管理机构。

20 世纪 80 年代，随着生产规模的扩大，企业开始重视职工培训工作，确定相关部门兼管，并根据需求举办技术业务培训班。

1990 年后，企业发展步伐加快，缺人才、缺技术的矛盾日益突出，在不惜重金购买技术、不拘一格招聘人才的同时，企业把加强职工培训、培养自己的专业技术人员、提高员工的整体素质作为增强企业竞争力的重要环节之一，给予高度重视。从 1995 年开始，职工培训工作由公司企管办负责组织实施。

2014 年 6 月 7 日，对工作价值观的思考培训

1998 年，美陵股份公司通过 ISO 9002 质量管理体系认证，职工培训纳入质量管理体系进行，自此步入程序化和规范化。

2004 年 1 月，企管办分设劳资科，分管职工培训工作，建立了较为完善的职工培训体系。各部门、各二级单位每年 12 月 15 日前将下年度培训计划报劳资科，劳资科根据公司发展需要，统筹安排，于每年 12 月 25 日前编制出公司下年度职工培训计划，经公司领导批准后，劳资科具体组织实施，各有关单位配合抓好落实。

职工培训内容主要以质量培训、安全培训、业务技能培训、技能比武为主，采取内部培训、外出学习、参观、考察、自学等方式。自 2008 年起，各单位积极组织有关人员走出去，到同行或上下游行业参观学习，借鉴先进的生产技术和经验，开阔管理思路，为促进公司生产和管理的发展起到积极的推动作用。

1998—2007 年，美陵股份公司共组织职工培训 196 期，培训人数 3320 人次。2008—2012 年，培训 319 项，培训人数 4524 次。其中，内部培训 4014 人次，外出培训 510 人次。2013—2017 年，培训 278 项，培训人数 4279 人次。其中，内部培训 184 项，3980 人次；外出培训 94 项，296 人次。

特种作业人员培训

特种作业人员培训一般采取外出学习的方式，根据所从事工种前往相关管理部门进行专业学习，并进行考试、取证。2017 年 12 月，公司共有特种作业持证人员 104 人。其中，起重工 17 人，叉车工 13 人，电工 6 人，锅炉操作工 1 人，固定压力容器操作工 1 人，安全管理人员 5 人，焊接与热切割操作工 23 人，特种设备焊接作业人员 38 人。

专业技术资格取证培训

主要指压力容器设计与制造、建筑工程施工、环境工程评价等领域的专业技术资格培训。2017 年 12 月，集团公司共有各类专业技术资格持证人员 25 人。其中，无损检测资格持证人员 12 人，理化检验资格持证人员 6 人，压力容器设计审批员 6 人，检验责任工程师 1 人。

第二章 财务管理

自1958年9月建厂后，企业财务管理工作伴随社会的发展和改革开放的深入，经历一个从薄弱到强化进而规范的过程。1958年至1978年20年间，企业只有2～3名财会人员，缺少系统的财务管理制度。1979年，企业建立财务科，财会人员增至8人，财务管理逐步走上正轨，基础管理工作得到加强。各项财务制度不断建立、健全，保证财务管理工作有序运作。1989年，企业财务升级达标通过验收。1990年4月，企业被临淄区税务局评为会计工作达标单位。1993年，企业完成新旧会计制度的转换接轨工作。1995年，企业进行管理体制改革，财务科改为财务处。2001年12月，公司财务实现会计记账电算化，为财务管理提供现代化手段和条件。2003—2005年，美陵股份连年被临淄区工会评为临淄区工会财务工作先进单位。2005年6月，被临淄区财政局、审计局、地税分局、工商分局、齐鲁化学工业园国税局5个单位评为临淄区财务会计信用等级A类单位。是年11月，被淄博市财政局、市委宣传部和市总工会评为淄博市会计工作先进单位。2006年4月，被淄博市国税局、地税局评为2004—2005年度A级纳税信用企业。2007年12月，被淄博市财政局、审计局、国税局、地税局、工商局授予淄博市财务会计信用等级A类单位。2009年2月，被临淄区财政局授予全区企业财务决算先进单位。至2017年年底，集团公司有上岗资格的财务管理人员20人。

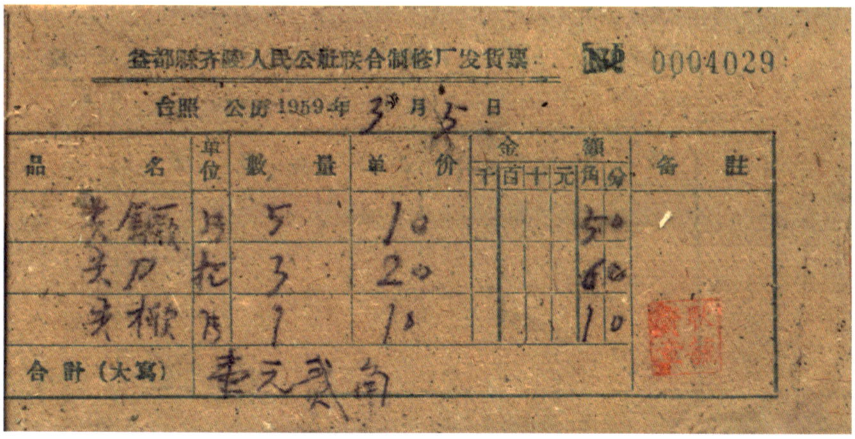
益都县齐陵人民公社联合制修厂发货票 No 0004029

台照 公历1959年3月5日

品名	单位	数量	单价	金额 千	百	十	元	角	分	备註
[illegible]	[illegible]	5	10					5	0	
[illegible]	[illegible]	3	20					6	0	
[illegible]	[illegible]	1	10					1	0	
合計（大寫）	壹元贰角									

1959年，建厂初期的发货票

第一节 管理机构

企业建厂初期，未设置财务管理部门，只有会计和现金出纳两人负责财务工作。1977年，增设物资保管员，成立财务组。1979年，财务工作人员由3人增至8人，财务组改为财务科。1995年，企业进行管理体制改革，实行总经理领导下的三总师负责制，财务科改为财务处，在总会计师领导下实行财务统一管理、各二级单位独立核算的管理模式。2003年，公司购并临淄城建水厂，改制建立淄博市天齐渊供水有限公司，单设财务科。2008年，青岛博德化机有限公司设置财务科。两个单设的财务科在集团公司财务处领导下开展工作。除单设财务单位外，各二级单位的财务管理由财务处统一负责。集团公司下达的年度经济指标由财务处统一考核。

2009 年，集团公司实行资产重组，按不同产业分为美陵股份公司和美陵环境公司两大公司。两大公司财务单设，财务处相应分为美陵股份公司和美陵环境公司两个体系，分别设置现金出纳、银行结算、税务、往来、材料、成本费用、固定资产、在建工程、统计和档案管理等 12 个岗位。

财务处的主要职责是：进行有关财务预测、决策活动，编制财务预决算，组织实施财务控制，开展财务分析，处理特殊财务问题，实施财务检查。

至 2017 年年底，集团公司共有财务工作人员 20 人。其中，大专及以上文化程度 16 人，中专文化程度 4 人；具有高级技术职务的 1 人，中级技术职务的 5 人，助级技术职务的 4 人。

第二节　财务制度

财会制度

公司的财会制度是依照国家不同时期相继出台的一系列会计、税收、金融、投资、物价等方面的政策、法规，本着既符合国家制度规定，又符合企业内部经营管理的原则制定的，并经过工作实践检验不断修改逐步健全和规范。

1958—1971 年，企业未建立会计制度，只按国家规定的会计制度进行会计记账和核算。

1972—1986 年，企业未形成系统的会计制度，仅有较少的条文规定见于企业规章制度之中。

1987 年，依据财政部颁发的《会计人员工作规则》和上级业务主管部门的有关规定，结合企业经营活动实际，企业经过两年时间的探索和实践，于 1989 年形成较为系统的财会制度。

从 1990 年开始，随着企业改革的深入，会计制度建设也与时俱进，以适应企业经营的需要，1993 年，形成比较完善的财会制度。

1993 年 7 月 1 日，淄博美陵公司依据财政部颁布实施的《企业财务通则》《企业会计准则》《工业企业财务管理制度》《工业企业会计制度》等，进行财会制度改革。在这次财会制度改革中，公司按照上级有关部门的安排和部署，加强领导，精心组织，历经三个阶段的运行，顺利完成新旧财会制度的接轨工作。第一阶段，学习培训阶段。2 月 5 日，财务处财务人员参加淄博市九方会计事务所举办的新会计制度学习培训班，学习财政部颁发的《企业财务通则》《企业会计准则》。通过培训，全体财务人员掌握新会计制度。第二阶段，2 月 6—28 日，接轨准备阶段。财务处按照新旧制度衔接的有关文件和企业财会制度规定，设置会计核算使用的 5 大类会计科目，即资产类、负债类、所有者权益类、成本类、损益类。第三阶段，7 月 1—10 日，进行账务处理阶段。按照新旧会计制度中会计科目的对应关系，将旧账户中的余额分别填制凭证记入到相应的新账户，按规定要求完成了新旧会计制度的接轨，使公司新会计制度顺利实施。

现行的会计制度与原有会计制度的主要区别：

现行的会计等式：“资产 = 负债 + 所有者权益”，取代了原有的传统会计等式：“资金来源 = 资金占用”。

现行的资产负债表取代原有的资金平衡表。

成本核算由原来的完全成本法改为制造成本法，进行产品成本核算。即企业生产成本为产品直接材料、直接人工工资、直接生产费用、其他直接费用及应分摊的各项间接费用。

会计报表曾随国家经济体制改革进行过多次变动，现行的符合国际惯例的会计报表、资产负债表、损益表和现金流量表取代改革前的资金平衡表和企业利润计算表。

1993 年，实行新会计制度后，经过几年的健全和完善，公司的财会制度更加系统和规范。

至 2017 年年底，集团公司内部会计管理制度共分 21 章 252 条。其中，会计管理体系制度 19 条，账务处理程序制度 10 条，内部编制制度 3 条，会计稽核制度 6 条，原始记录管理制度 7 条，定额管理制度 4 条，计量验收管理制度 6 条，财务收支审批制度 34 条，财产清查制度 8 条，会计监督制度 20 条，财务报表与分析制度 23 条，货币资金管理制度 5 条，费用报销管理制度 14 条，固定资产购建管理制度 8 条，无形资产管理制度 3 条，票据管理制度 4 条，投资融资管理制度 4 条，税收管理制度 5 条，物资仓库管理制度 12 条，会计档案管理制度 5 条，会计电算化管理制度 52 条。

企业纳税制度改革

依法纳税是企业经营活动中应尽的法律义务，是企业财务管理的一项重要内容。1958 年建厂后，企业的纳税制度随国家税收制度的改革同步进行。除按国家税收制度依法纳税外，1973 年 1 月，淄博市税务局对企业行文“为胜利炼油厂所加工的配件加征 3% 的商品税”。

在建立社会主义市场经济的税制改革中，公司按照税制改革的要求，自 1994 年 1 月 1 日起，执行全国新的税收制度。新税制实施后，公司将原来 5% 产品税改为 17% 增值税，同时还缴纳营业税、城市维护建设税、企业所得税、车船使用税、土地使用税、印花税、资源税、房产税及教育费附加。

2006 年 4 月，美陵股份公司被淄博市国税局、地税局评为 2004—2005 年度 A 级纳税信用企业。2009 年 1 月 1 日，国家实行增值税转型，设备购置可抵扣增值税。至 2017 年，集团公司按照税法征收规定，按时足额缴纳税金。

企业利润分配制度改革

企业利润是企业通过财务管理正确地核算而得出的纯收入，是企业经营成果的具体体现。

公司改制前属齐陵镇办集体企业，在不同时期对企业实现的利润实行不同的分配制度，原则上按照镇政府的规定进行利润分配。

1983 年以前，企业实现利润总额的 70% 转入齐陵镇政府基金，由镇政府统筹安排使用，30% 留企业扩大再生产。

1983—1991 年，随着企业经营承包责任制的贯彻实施，利润分配制度改为承包合同管理，每年齐陵镇政府将工业企业经济指标（工业总产值、销售收入、利润）下达给镇经委，镇经委根据各企业的经营状况与各企业签订相应的经营承包合同，同时按计划利润指标的 30% 上缴齐陵镇政府，40% 上缴齐陵镇经委，并按上缴利润指标完成情况予以考核。上缴后的剩余利润归企业支配，发展生产。

1992 年，企业改为股份制后，自主经营，自负盈亏，利润分配制度也进行改革，公司实现的利润按规定提取法定公积金和法定公益金后，由公司董事会研究决定提取任意盈余公积金和股份分配比例。企业行使自主权后，激活企业发展潜力，促进企业健康、快速发展。

2008 年，公司利润分配中法定公积金按税后利润的 10% 提取，10% 的法定公益金不再提取，任意盈余公积金和应付股利分配比例，经董事会研究决定，股东大会通过后执行。至 2017 年，公司的利润一直按会计核算后得出的纯收入进行分配。

第三节　会计核算

会计核算是会计工作的核心和重点。公司按照国家财务管理的方针政策及会计制度，结合企业经营活动的实际，建立会计账簿，设置会计科目，进行会计核算。公司会计核算采用2006年财政部颁布的《企业会计准则》，并根据企业会计准则规定中需要追溯调整的事项，按照追溯调整原则进行调整。2009年2月，公司被临淄区财政局授予全区企业财务决算先进单位。

会计记账方法

1966年以前，采用借贷记账法。

1967—1993年6月30日，采用增减记账法。

1993年7月1日以后，又改为借贷记账法。会计年度自公历1月1日—12月31日。会计核算以人民币为记账本位币。至2017年年底，公司采用借贷记账法进行会计记账。

会计记账方式

1998年以前，采用手工记账方式。

1999年1月至2009年5月，实行会计电算化工作方式。实行电算化后，使用"用友"软件所生成的会计凭证、会计账簿、财务报表和其他会计资料，均符合财政部关于会计电算化的有关规定和现行国家统一的会计制度。

2009年5月以后，财务总账采用用友软件与汉康ERP软件并行办法进行记账，业务账采用汉康软件记账。至2017年年底，财务处采用2种软件进行记账。

会计核算内容

公司经营活动中款项和有价证券的收付，财产、物资的收发、增减和使用，债权债务的发生和结算，资产、基金的增减，收入、支出、费用及产品成本的计算，财务成果的计算和处理，所有者权益的核算，与公司经济活动有关需进行会计核算的事项。

会计核算程序

会计核算程序分为两个阶段，2009年5月以前为手工作业。内容包括：填制会计凭证。公司在经营活动过程中，发生会计核算事项，会计工作人员将取得的经过审核无误的原始凭证或原始汇总表，按会计制度要求，填制记账凭证。

登记会计账簿。按照国家统一会计制度规定和企业经营业务的需要设置会计账簿、总账、明细账、日记账及其他辅助性账簿。实行电算化后，用计算机打印的会计账簿，经审核无误编号装订成册，符合国家财政部关于会计电算化制度要求。进行会计账簿登记，强化会计工作，规范会计核算，将填制好的记账凭证，按会计账簿规定范围，准确、完整地登记会计账簿，并进行核算、结账。

编制会计报表。根据会计核算资料，按照国家统一的会计制度和会计报表的要求，编制会计报表，并及时报送有关单位。

2009年5月，ERP信息系统上线后，会计核算进入新的阶段。会计核算程序采用ERP信息系统的核算程序，各业务部门将业务信息转财务处，财务处根据各自的权限进行账务处理并生成凭证，然后经总账会计审核过账生成报表。至2017年，财务处所有业务板块数据均从ERP信息系统里提取。

第四节　资产管理

1993年6月30日前，公司的资金分为固定资金、流动资金和专用资金三种，原则上实行专款专用，相互之间不得挤占或挪用。企业资金使用受规定范围的限制，灵活性较小，不便于企业的发展。1993 年 7 月 1 日，企业实施新会计制度后，改变了原来的资金管理模式，资金调配不受来源和用途的限制，可根据生产经营的实际需要，采取多种方式加强资金管理，严格控制、考核，及时融资，满足企业生产经营的需要。

固定资产管理

公司的固定资产管理，实行统一领导、统一管理的办法。

1971 年、1992 年根据上级安排，结合企业实际，两次对固定资产进行全面详细的清产核算，对盘盈盘亏财产，按有关规定进行账务处理，达到账、物相符。

1998 年，对公司所占用土地进行清理，对权属进行确认，公司固定资产明细得到汇总确定。

2000 年后，固定资产清查工作实现制度化、规范化管理。每年 12 月，由固定资产管理部门会同财务处对固定资产进行一次盘查。

2002 年 3 月，固定资产管理实行统一领导归口管理，设备部分归总工办，房地产部分归企管办，账务处理及折旧归财务处。

2006 年，集团公司对固定资产管理、核算办法制定规章制度，对新项目、改扩建、新建工程建设实行招标，工程竣工审计后，将决算书、定案表、发票一同交财务处记账，转入固定资产。对新增设备和固定资产修理按规定办理审批手续后方可购置或实施修理。对盘盈、盘亏、调入、调出、出售、报废的固定资产，经有关领导审批后，由财务处做账务处理。设备采购由各单位提出书面申请，集团公司批准，新上项目、技改扩建工程由项目负责人提出计划，由董事会讨论决定。设备采购价值在 5 万元以下的采取询比价方式，价值 5 万元以上的设备、土建工程实行招标方式。批准购置、新建的固定资产由管理部门编号，登记固定资产台账，经办人将手续完备的原始单据、决算书、定案表交财务处登记固定资产明细账，进行分类核算。日常发生的修理费用，按规定直接在成本费用和管理费中列支。

固定资产核算分为四大类：房屋及建筑物、机械设备、运输设备、电子设备。公司的固定资产投入是根据公司实际，边生产边建设，分期投入，稳步发展。

1996 年以前，固定资产折旧费的提取是按固定资产原值实行综合折旧率提取。1996 年起，按固定资产原值实行分类折旧率提取。固定资产折旧采用年限平均法分类计提，根据固定资产类别、预计使用年限、预计净残值率确定折旧率。封存设备、在建工程、折旧费已提完继续使用的设备以及经批准暂不提折旧费等 4 种情况不提折旧费。2008 年新所得税法对运输设备和电子设备的预计使用年限进行调整，运输设备 5 年变为 4 年，年折旧率 23.75%；电子设备 5 年变为 3 年，年折旧率 31.67%。至 2017 年，财务处按照固定资产原值实行分类折旧率提取折旧费。

1958—2007年集团公司固定资产原值净值统计表

表6-15　　单位：万元

年份	原值	净值	年份	原值	净值	年份	原值	净值
1958	0.94	—	1975	31.14	27.24	1992	408.34	298.37
1959	1.48	1.40	1976	32.58	27.41	1993	650.23	503.86
1960	1.51	1.43	1977	55.14	48.48	1994	1001.49	778.62
1961	1.81	1.50	1978	56.77	48.12	1995	1035.99	936.43
1962	0.29	—	1979	59.59	49.73	1996	1588.90	1038.00
1963	0.23	—	1980	69.30	58.03	1997	1920.17	1398.32
1964	0.30	—	1981	73.11	60.46	1998	2637.93	1858.34
1965	0.30	—	1982	81.45	66.64	1999	2517.07	1736.65
1966	0.33	—	1983	82.94	65.52	2000	2562.00	1625.57
1967	2.59	—	1984	82.94	61.97	2001	3059.74	1957.02
1968	3.69	3.52	1985	87.34	62.80	2002	3381.58	2285.17
1969	4.39	4.26	1986	91.51	63.10	2003	7742.92	6137.75
1970	6.41	5.93	1987	99.04	61.92	2004	11500.42	9701.33
1971	7.90	6.97	1988	143.85	98.69	2005	12540.49	9919.86
1972	17.33	16.10	1989	144.46	91.05	2006	15740.88	12212.59
1973	19.71	17.74	1990	142.02	79.20	2007	19104.52	14450.86
1974	19.98	17.09	1991	199.46	124.96			

2008—2017年集团公司固定资产原值净值统计表

表6-16　　单位：万元

年份	美陵股份公司		美陵环境公司	
	原值	净值	原值	净值
2008	6923	4642	19069	15609
2009	7374	4552	22008	17307
2010	8536	5290	22785	16565
2011	13628	9928	24141	16432
2012	15057	10891	27540	18625

续表

年份	美陵股份公司		美陵环境公司	
	原值	净值	原值	净值
2013	15204	10266	15702	12088
2014	15607	9729	28639	16799
2015	23275	13696	25717	14928
2016	23892	12621	31004	18898
2017	24189	11419	3428（美联环境公司）	2449（美联环境公司）

流动资金管理

流动资产包括货币资金、库存材料、库存产成品、半成品、应收账款等。

在计划经济时期，企业流动资金管理按照计划经济体制要求，由企业领导把关，财务部门直接办理收付业务，组织资金调配和使用。

1993 年，公司按照 7 月 1 日实施的国家新会计制度要求，结合企业经营活动实际，制定适合本企业的流动资金管理制度。主要内容有：生产性开支。各二级单位购买材料、辅助材料、燃料及外协件等，一次性在一万元以上，由总经理签字批准。非生产性开支。各单位购置办公用品和业务费等，由经办人或工作部门负责人签字，二级单位主要领导签字批准，报总经理审批。结算资金管理，财务处对货款回收实行计划管理并考核。清产核资。公司财务处每年 12 月对公司全部资产进行一次清产核资，达到账账相符，账实相符，保证会计计算数字的真实可靠。

1996—2000 年，由于企业建设加速，产品结构变化快，规模不断扩大，“三角债”积累，拖欠货款增多，造成流动资金缺口较大，公司采取 3 条措施：

严格财务收支控制手段，对物资采购供应严格实行货比三家、比价择优的管理制度。

加强资金管理，强化货款回收计划管理和应收款项管理。针对货款回收计划管理和应收款项管理，公司制订货款回收管理制度，强化货款回收管理，严格控制考核，每年对各二级单位下达货款回收指标。各二级单位将货款回收指标分解给各销售业务人员，实行绩效挂钩，奖惩严明，货款回收率年均达到 80% 以上，基本上实现货款按时回收到位，保证生产经营活动的顺利运行。1998 年 3 月 6 日，美陵股份公司成立清欠办公室，制订清欠计划和奖惩制度，至 2002 年 9 月共清收欠款 495.57 万元。其中，实物折款 21.32 万元，基本完成清收欠款任务。

加大启动信贷资金力度，拆借筹措资金，解决流动资金的不足。

根据现金管理条例，公司使用现金支付的范围主要限于个人的现金支付，包括差旅费、工资、奖金、各种津贴、业务费及日常小额现金支出等。现金的提取和存入必须有专车并且两人以上押送，提取现金必须有计划，每日下班前必须把现金存入银行，月末库存不能超限额。购买主要材料、辅助材料、燃料、动力、外协件等生产性支出，原则上办理好入库手续转入应付款进行核算，付款必须通过银行转账有计划的支付。大额材料、辅助材料、燃料、外协件、运费实行招投标，小额的实行询比价制度，实行增值税的单位，金额在 100 元以上的必须索取增值税发票。各单位材料，辅助材料、燃料、外协件、运费单据须按“发票（费用）报销审批流程”签批后方可报销。

公司财务处对各二级单位的资金实行统一管理，同时加强对各二级单位资金的日常调度，统一办理银行开户、银行信贷以及上缴国家各种税款，规范资金管理秩序，发挥企业资金使用的灵活性，提高资金的使用效果，使企业生产经营活动一直保持良好发展势头。

2012 年 3 月，财务处将化工设备分公司、高强度紧固件分公司、生物助剂分公司、汽车零部件分公司、青岛博德化机有限公司、山东美陵美力达风机公司的存货周转率和资金周转天数纳入成本管理考核，加强货款回收、降低了应收账款，加快了流动资金周转。至 2017 年年底，财务处每月都对以上各公司的存货周转率和资金周转天数进行考核。

清产核资

清产核资是企业经营管理和财务管理过程中的一项重要内容，通过清产核资能够真实反映企业的经营成果和资产状况。

1971 年，临淄区齐陵人民公社农具厂按照区革委生产指挥部的通知精神，进行清仓查库工作，俗称“盘点”。此后，这项工作时断时续地进行。

1992 年，企业经淄博市体改委批准进行改造。淄博美陵化工设备股份有限公司组织清产核资人员，从固定资产、流动资产、货币资金三个方面进行彻底的清理清查，通过临淄区审计局的评估，确认企业资产为 556.14 万元。其中，固定资产 254.85 万元，流动资产 301.29 万元。企业占用土地总面积为 22733 平方米，总价为 33.42 万元。

企业改为股份制后，公司在建立完善各项管理制度的同时，建立完善财产清查制度。主要内容包括财产清查内容及种类、货币资金清查、债权债务清查、财产物资清查和清查结果处理等 5 章 24 条。

2001 年，美陵股份公司的清查工作实现制度化、规范化管理，每年都要进行一次全面彻底的清理。每年度清产核资工作从 12 月 1 日正式开始，由财务处牵头，各二级单位经理及有关单位负责人组成清产核资领导小组，各二级单位组织力量分头进行，分别成立资产清查工作小组具体实施，对原材料、辅助材料、产成品、产成品发出、在制品及往来账项进行全面清理，对钢板、燃煤类材料实行测量计算的方法，其他物资逐项清点，清理工作于 12 月底全面结束。

资产清查的主要内容

原材料、半成品、产成品、辅材、赊购料统计、在产品盘点、呆滞料统计、发出商品盘点、发出商品坏账统计、盘盈亏统计、二年以上应收应付统计、在建工程、固定资产、固定资产盈亏、固定资产闲置、现金盘点、银行盘点、呆坏账统计、无形资产、报废库存统计、预付账款统计、一年以上物资统计。

资产清查的方法

全面清查。对企业所有资产进行全面盘点和核对。

货币资金清查。现金实地盘点，将盘点结果填制“现金盘点表”存档；银行存款清查，采用与开户银行核对账目的方式进行。

债权债务清查。采用对账函和面对面的核对方式；货款回收或货款支付，按照结存台账核对。

财产物资清查。各种财产物资的清查，固定财产清查，材料、产成品清查，在产品清查，低值易耗品清查，在建工程清查。

对查出的问题根据不同情况，制定相应的

整改措施，对潜亏潜盈，按照有关规定调整账簿记录，达到账实相符。

至2017年年底，公司资产总额108455万元。其中，公司固定资产原值27617万元，固定资产净值13868万元；流动资产79020万元；长期投资6952万元；其他资产8615万元。

第五节 成本管理

公司的成本管理按照不同时期的会计核算制度实行不同的成本管理办法。1993年6月30日以前，采取完全成本法计算产品成本，1993年7月1日开始采用制造成本法计算产品成本。

公司财务处是成本管理的职能部门，根据企业经济运行和经济核算的需求，对成本管理不断地改进和加强。

1984年，钣金车间对风桶产品试行定额成本管理，取得一定的管理经验。

1998—2017年，各二级单位陆续推行定额成本管理，制定产品定额成本指标，将成本指标分解到车间班组。一是建立材料限额领料制度，降低材料消耗，强化以材料消耗控制为中心的成本管理。二是设立下料员，产品材料由下料员按工艺下料，克服车间、班组只抓生产，忽视成本管理的弊端，扭转对材料消耗只管用、不核算的局面。三是对差旅费、业务费、工资、车辆运输等实行严格管理，降低成本。四是强化成本意识，材料消耗与职工收入直接挂钩，从材料审批到领用建立一套完整的管理办法。五是制订成本考核和奖惩制度，加强成本管理，提高经济效益。公司三项费用，即销售费用、管理费用、财务费用等直接从各二级单位的主营业务利润中冲减，不再调整产品制造成本。

财务处在2008年和2009年度每两个月对成本考核一次，2010年起每月考核一次；2012年开始实行成本考核重心下移，即各二级单位自我检查与财务考核相结合，促使各单位抓好定额成本管理。

2009年，ERP信息系统上线后，财务处结束由手工进行成本核算办法，全面实行系统核算成本管理。公司成本核算的主要方法是平行结转分步法。基本流程为：首先由技术部门编辑技术BOM，生产部门通过技术BOM转化为生产BOM，下达制令到车间，车间根据制令领料，月末财务处对人工费及制造费用归集后通过系统进行分摊，核算出在产品、产成品成本。至2017年，定额成本管理按照各子、分公司自查与财务处考核相结合的制度进行。

第六节 电算化管理

1998年，公司开始着手会计电算化工作，购进专门用于财务管理的计算机，配备计算机管理人员，购买“用友”会计核算软件。

1999年，公司财务工作人员参加淄博市财政局组织的电算化业务学习培训，并通过考核取得初级电算化合格证书，达到全部持证上岗。

1999年1月起，“用友”软件试运行，会计核算工作采用电算化和手工核算并行。

2000年，结转后对初始设置暴露的问题进行调整，经过反复修改、补充等一系列工作，至2002年，电算化和手工核算结果完全一致。

2000年10月，公司按照《山东省会计电算化管理办法》，制订《会计电算化内部管理制度》，共6章52条。具体内容有岗位分工及职责，操作管理，财务处理管理，硬、软件管理及会计档案管理等。

随着电算化管理工作逐步完善，使用会计核算电算化的条件已完全成熟。2001年4月

20 日，公司向临淄区财政局提出采用会计电算化甩账的申请。临淄区财政局发《关于山东美陵化工设备股份有限公司等五单位实行会计电算化的请示》向淄博市财政局提出申请。2001 年 11 月 8—21 日，淄博市财政局组织计算机替代手工记账评审委员会分别对山东美陵化工设备股份有限公司等 5 家单位进行评审。评委认为，公司使用“用友”商用财务软件，其账务处理、报表等模块效果较好，人机并行会计资料一致，机房及计算机硬件设施完备，各种会计电算化制度健全，拥有财政部门培训合格的会计电算化人才，经验收符合《山东省会计电算化管理办法》的有关规定。淄博市财政局发《关于山东美陵化工设备股份有限公司等五单位会计电算化的评审意见》，同意山东美陵化工设备股份有限公司自 2001 年 12 月 1 日起在账务处理、报表核算中以计算机替代手工记账，实施甩账日期为 2002 年 1 月 1 日。至 2017 年，公司的会计电算化工作资料真实、完整、准确，顺利有效运行。

第七节　ERP 在财务上的应用

财务业务一体化是指业务流程、财务会计流程、管理流程有机融合，将计算机的“事件驱动”概念引入流程设计，建立基于业务事件驱动的财务一体化信息处理流程，使财务数据和业务融合为一体。

2009 年 5 月，公司 ERP 信息系统上线，开始利用 ERP 信息系统进行账务处理，实现财务业务一体化。经济业务发生时，各业务部门将经济业务输入系统，并将信息传递到财务模块，财务处根据信息进行分类后按会计要求生成凭证，形成总账和报表。财务人员的工作也不再局限于会计问题的处理，而是延伸到业务问题的处理，利用实时信息控制经济业务。成本核算由手工核算实现电算化处理。至 2017 年，财务处通过 ERP 信息系统进行月结和年结都达到数值真实、完整、准确的要求，使账务处理工作顺利有效运行。

2007 年，财务电算化管理

1959—2007年公司财务指标完成情况一览表

表 6-17　　单位：万元

年份	总产值	销售收入	利润总额	年份	总产值	销售收入	利润总额
1959	—	5.64	0.35	1984	191	88.47	14.33
1960	—	5.56	0.34	1985	205	110.54	13.46
1961	—	5.20	0.26	1986	216	99.59	13.02
1962	1	0.40	0.07	1987	300	148.06	14.93
1963	1	0.45	0.11	1988	352	206.29	15.37
1964	2	0.48	0.19	1989	450	284.72	19.20
1965	4	1.51	0.39	1990	510	228.34	25.57
1966	5	3.64	0.53	1991	630	422.24	41.79
1967	6	4.21	0.81	1992	1511	795.37	127.55
1968	7	6.61	1.11	1993	3560	2578.00	302.64
1969	8	4.90	0.82	1994	4600	3183.66	406.32
1970	13	10.46	3.44	1995	4835	3279.00	355.00
1971	21	15.17	3.77	1996	4100	3288.69	395.99
1972	43	27.52	12.11	1997	5700	4500.49	631.21
1973	38	29.44	8.50	1998	4050	3247.90	426.90
1974	28	23.56	4.05	1999	4100	3125.86	213.34
1975	51	50.02	12.71	2000	4059	3646.01	457.82
1976	81	57.43	15.46	2001	5880	5091.28	461.76
1977	123	75.68	21.93	2002	8189	8003.73	631.28
1978	136	104.27	25.03	2003	15600	12605.33	1205.91
1979	136	97.56	27.24	2004	22155	15287.54	1333.44
1980	155	103.70	29.55	2005	27933	21333.94	1386.41
1981	182	85.86	20.80	2006	34246	22435.01	1272.60
1982	172	90.33	15.10	2007	41702	41701.51	3149.44
1983	183	98.58	20.75				

2008—2017 年美陵集团财务状况一览表

表 6-18

指标	美陵股份公司									
	2008年	2009年	2010年	2011年	2012年	2013年	2014年	2015年	2016年	2017年
营业收入（万元）	15426	20046	20145	25051	27474	26365	29772	32482	28262	37480
净利润（万元）	1008	1708	824	644	1286	721	680	894	-592	182
实收资本（万元）	3006	4266	4266	4266	4266	4266	4266	5546	5546	5546
资产总额（万元）	34985	42989	38994	38416	43321	46660	51966	55680	42696	42528
负债总额（万元）	21810	23245	18895	19277	23611	27038	32317	37255	24786	25021
净资产（万元）	13175	18770	19069	19139	19709	19622	19650	18425	17911	17507
净资产收益率（%）	7.65	9.09	4.32	3.37	6.52	3.67	3.46	4.73	-3.3	1.04
资产负债率（%）	62.34	54.07	48.45	50.18	54.50	57.94	62.18	66.91	58.05	58.84
每股净资产（元）	4.38	4.40	4.47	4.49	4.63	4.60	4.61	3.32	3.23	3.16
每股收益（元）	0.33	0.51	0.19	0.15	0.30	0.17	0.16	0.16	-0.11	0.03
分红率（%）	0.13	0.18	0.17	0.16	0.16	0.15	每10股转3股	0	0.10	0.10
审计单位	山东启新事务所	山东启新事务所	山东启新事务所	山东启新事务所	山东启新事务所	山东启新事务所	山东启新事务所	山东大华事务所	山东大华事务所	山东大华事务所

指标	美陵环境公司（2017 年为美联环境公司）									
	2008年	2009年	2010年	2011年	2012年	2013年	2014年	2015年	2016年	2017年
营业收入（万元）	16699	19180	19403	22456	18287	18582	21708	15229	13064	12393
净利润（万元）	1783	3395	2254	2349	681	508	1977	3909	3008	1587
实收资本（万元）	80	1942	1942	8042	8042	8042	8042	8042	8042	29239
资产总额（万元）	27989	34712	36908	39455	49472	48242	43866	50971	62205	65167

续表

指标	美陵环境公司（2017 年为美联环境公司）									
	2008 年	2009 年	2010 年	2011 年	2012 年	2013 年	2014 年	2015 年	2016 年	2017 年
负债总额（万元）	26979	28592	28522	22926	32295	30102	23912	30120	37261	17310
净资产（万元）	1009	6120	8386	16529	17178	18140	19954	20851	24939	48449
净资产收益率（%）	176.71	0.55	0.27	0.14	0.04	2.8	9.91	18.99	12.06	3.24
资产负债率（%）	96.39	82.37	77.28	58.11	65.28	62.4	54.51	59.09	59.91	26.32
每股净资产（元）	12.61	3.15	4.32	2.06	2.14	2.26	2.48	2.59	3.10	1.66
每股收益（元）	16.07	1.75	1.16	0.29	0.08	0.06	0.25	0.49	0.37	0.05
审计单位	—	淄博晨光有限责任会计师事务所	淄博晨光有限责任会计师事务所	淄博晨光有限责任会计师事务所	淄博晨光有限责任会计师事务所	淄博晨光有限责任会计师事务所	山东启新事务所	山东启新事务所	北京欣永会计师事务所有限公司	淄博晨光有限责任会计师事务所

第三章 设备管理

第一节 管理机构

1986 年以前，企业未设立专门的设备管理机构，缺乏严格、系统的管理制度，设备管理由分管生产的副厂长或生产科负责。1986 年起，设备管理由技术科兼管，各项管理制度也逐步建立健全。随着企业生产规模不断扩大和设备大量增加，设备管理工作不断强化。1991 年 3 月，企业设备管理领导小组成立，管理力量也从 1986 年的 3 人增至 10 人，各项管理制度更趋完善。1995 年成立机动科，设备管理改由机动科负责，配备机修工人 8 名，设备管理工作开始走向正轨。1997 年，企业取得山东省设备管理三级标准证书。2002 年 3 月，总工办成立，设备管理职能由总工办履行，由一名

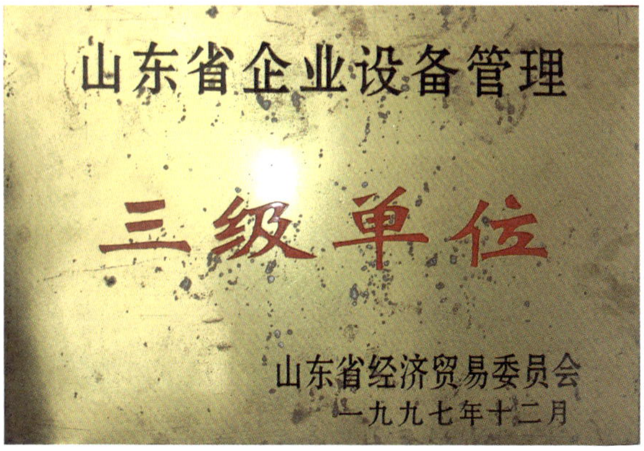

副主任专职负责设备管理，各二级单位配设备管理副经理1人，维修工人1～3名，设备管理工作进一步加强。12月，公司被山东省设备管理协会评为山东省企业设备管理先进集体。2012年3月，总工办下设技术动力科，配备科长1人，副科长1人，全面负责集团公司的设备管理工作。2016年3月，总工办技术动力科更名为总工办技术科。

企业全部设备实行分级归口管理，形成严密的设备管理体系。总工办技术科负责全公司的设备管理，制定设备管理制度及管理工作规划，并检查贯彻执行情况，对公司所属各二级单位的设备管理工作有组织、领导、协调、服务职能。各二级单位对其所属设备的使用、维护、检修与管理负全面责任。各二级单位主管设备的副经理负责贯彻落实设备方面的有关制度和规定。各生产车间负责本车间的设备管理，贯彻执行公司有关设备使用、维护、保养方面的制度和操作规程，实施年度设备大修保养计划，经常向职工进行爱护设备的思想教育，组织岗位练兵工作。各班组长为兼职设备管理员，负责本班组设备的正确使用，组织开展本班组设备的检查和评比，协助车间搞好设备管理工作。

第二节　管理制度

1986年5月，企业制定《设备管理制度》，共12条。1991年3月，设备管理领导小组建立后，进一步修订和完善《设备管理制度》。1999年4月，将《设备管理制度》纳入公司各项制度汇编。《设备管理制度》共分11类61项112条，其主要内容包括设备的使用管理、设备的维护保养、设备的检验、设备的报废更新、设备的事故管理、工装管理、设备的润滑管理、设备的完好评定验收管理等。

2003年3月前，各项设备操作及维护保养规程均为单行本A版。从2003年3月开始，总工办对单行的设备操作及维护规程进行收集、修订。2003年5月10日，《设备操作、维护保养规程》B版正式发布。同年，公司制定《设备管理监督考核规定》。

2004年，根据设备管理的需要，将《设备管理监督考核规定》修订为《设备管理考核细则》，对设备的购置、安装、验收、使用、维护等方面做出详细规定。且由总工办根据上年执行情况每年对考核细则进行修订。至2017年，《设备管理考核细则》仍沿用。

2005年，集团公司组织专人对设备管理制度进行修改、充实和完善，2006年1月，将其编入《山东美陵集团管理制度汇编》。修改后的设备管理制度有四个部分：（一）设备管理。1.总则；2.设备购置、验收；3.设备安装、试车；4.设备使用管理；5.设备的维护、保养；6.设备修理；7.设备的封存及开封使用；8.设备报废。（二）设备事故管理。1.总则；2.设备事故种类；3.设备事故分析；4.设备事故报告；5.设备事故处理；6.设备事故损失计算。（三）设备维护保养管理。（四）设备分类与编号管理。1. 总则；2. 适用范围；3. 职责；4. 设备分类与编号；5. 设备在公司内的调转。制度还明确规定重点和特种设备岗位人员持证上岗，考核不合格者，不能上岗工作。设备管理工作实现设备日常维护和计划检修相结合，调动了管理、操作、维修人员管好、用好、修好设备的积极性。职工岗位分明，责任明确，管理水平和技术素质有大幅度提高，做到在生产过程中正确地使用设备，精心地维护保养设备和科学地检修设备，确保设备保持良好的技术状态，最大限度地发挥设备效能。

2009 年 7 月，集团公司对《设备管理制度》又进行修订，修订后的《设备管理制度》有两部分：第一部分是设备管理制度，包括总则、设备购置、设备验收、设备维护保养、设备修理、设备的封存及开封投用、设备报废、设备调转、设备事故；第二部分是设备分类与编号管理规定，包括总则、适用范围、职责、设备分类与编号、设备在公司内的调转。《设备管理制度》修订的主要内容：一是增加设备管理过程中环境管理的要求，如向设备加油时注意不得过量，防止滴落和溢出，设备漏油应及时修复、擦除，设备老化漏油严重时应设置接油盘，杜绝油污溜流到地面等。二是修订设备事故分类标准：一般事故：设备修复费在 1000 元以下（含 1000 元）；重大事故：设备修复费在 1000 元 ~ 5000 元（含 5000 元）；特大事故：设备修复费在 5000 元以上。

2012 年 5 月，制定生产设备完好率考核标准，主要包括电气设备完好标准、金属切削设备完好标准、锻压设备完好标准、试压泵完好标准、起重设备完好标准、铸造设备完好标准、动能设备完好标准、热处理炉完好标准、工业炉窑设备完好标准、中频感应熔化电炉完好标准，各单位每半年进行一次完好率检查。

2012 年 6 月，总工办对 2003 年 5 月至 2012 年 5 月新编制的单行本《设备操作及维护保养规程》进行整理、修订，与 B 版《设备操作、维护保养规程》进行整合，重新汇编为《设备安全操作及维护保养规程汇编》C 版，共编入操作规程及维护保养规程各 125 个，2012 年 6 月发布。

2013 年，编制《D51-800B 立式辗环机安全操作及维护保养规程》《空气悬浮风机安全操作及维护保养规程》《深喉口压力机、数控送料机安全操作及维护保养规程》《特种滚轮架安全操作及维护保养规程》。

2014 年，编制《液压联合冲剪机安全操作及维护保养规程》《油气回收装置安全操作及维护保养规程》《空气悬浮高速离心通风机安全操作及维护保养规程》《KPX10T 电动平车安全操作及维护保养规程》。

2015 年，编制《台车组装式电阻炉安全操作及维护保养规程》《超高压数控万能水切割机安全操作及维护保养规程》《精密龙门铣床安全操作及维护保养规程》。

2016 年，编制《蓄热式室式加热炉和蓄热式台车热处理炉简易操作流程》《蓄热式室式加热炉和蓄热式台车热处理炉安全操作及维护保养规程》《自动打磨机安全操作及维护保养规程》《抓渣机安全操作及维护保养规程》。

2017 年，编制《安全焊接平台安全操作及维护保养规程》《烟雾清洁器安全操作及维护保养规程》《辊道通过式抛丸清理机安全操作及维护保养规程》《涂装生产线异味治理装置安全操作及维护保养规程》《袋式除尘器安全操作及维护保养规程》；制定板料边缘刨床、数控钻床、精密龙门铣床、电液锤、锻造操作机、滚丝机、冷镦机等设备操作作业指导书 38 个。

第三节 设备购置管理

设备购置由各二级单位提出申请，各二级单位根据采购设备的价值及数量确定比价或招标采购方式。价格5万元以下的设备“货比三家，择优采购”，5万元以上的设备、新上项目及技改扩建工程增置的大宗设备采取招标方式采购。招标后填写《设备购置申请表》，设备购置申请审批后，签订采购合同。采购合同签订后三天内，各二级单位分管设备副经理将《设备购置申请表》及设备的招标材料一并交总工办办理资料入档手续。设备购入后，零星购置设备安装调试完毕，大型设备一个月内完成验收、编号。其余设备：山东美陵博德化工机械有限公司在两周内完成验收、编号，其他二级单位在一周内完成验收。新上项目及技改扩建工程采购的每台设备进入公司开箱后，分管副经理组织有关人员按“装箱清单”逐件验收，开箱验收合格后两天内，设备使用说明书、产品合格证等随机资料交总工办办理入档手续。新上项目及技改扩建工程设备投入运行后两周内，分管副经理组织编写完成所有设备的安全操作及维护保养规程，项目或工程竣工验收后两周内填写设备验收记录，交总工办办理设备固定资产编号、建账手续。

从2003年开始，集团公司加大对设备购置的管理。

2003年，共投资214.20万元，购置设备80台（套）。其中，化工设备分公司投资64.80万元，购置摇臂钻床、三辊卷板机、焊接滚轮架、电动试压泵、氩弧焊机、CO_2气体保护焊机、等离子切割机等设备25台（套）。紧固件分公司投资95.92万元，购置开式固定台压力机、滚丝机、箱式变电站、行车等设备24台（套）。

2004年，共投资401.64万元，购置设备115台（套）。其中，临淄污水净化分公司新建齐都污水处理厂，投资231.87万元，购置回转式固液分离机、周边传动刮吸泥机、浓缩池刮泥机、螺旋砂水分离器、带式污泥脱水机等设备40台（套）。

2005年，共投资779.34万元，购置设备101台（套）。其中，化工设备分公司投资398.92万元，购置价格98万元的立式车床、75万元的龙门式数控钻床、40万元的数控切割机、35.5万元的组装式电阻炉以及埋弧自动焊机、CO_2气体保护焊机、氩弧焊机、三辊卷板机、开式固定台压力机、自调式滚轮架等设备46台（套）；紧固件分公司投资322.61万元，购置价格166万元的多工位螺栓联合自动冷镦机、134万元的托辊型网带炉生产线以及开式固定台压力机、空气压缩机、中频淬火变

数显立式车床（2005年 摄）

压器等设备19台（套）。

2006年，共投资1085.17万元，购置设备124台（套）。其中，化工设备分公司投资63.24万元，购置叉车、带极堆焊机、埋弧自动焊机、氩弧焊机、逆变焊机、摇臂钻床、焊接操纵机等设备14台（套）；青岛博德化机有限公司投资451.89万元，购置价值76万元的立式车床、75万元的龙门式数控钻床、51万元的上辊数控万能式卷板机、37万元的组装式电阻炉以及马鞍车床、摇臂钻床、CO_2气体保护焊机、埋弧自动焊机、X射线探伤机、冲击试验低温仪、数显液压万能试验机等设备73台（套）。

2007年，共投资646.46万元，购置设备135台（套）。其中，化工设备分公司投资53.97万元，购置自调式滚轮架、焊接变位机、埋弧自动焊机、CO_2气体保护焊机、逆变焊机、卧式带锯床等设备30台（套）；山东美陵美力达风机有限公司投资475.788万元，购置价格226万元的电液自由锻锤、59.5万元的机械液压混合式回转操作机、51.5万元的锻造装出料机以及煤气发生炉、锻造加热炉、车底式热处理炉、半自动卧式带锯床、箱式变电站等设备32台（套）；紧固件分公司投资32.09万元，购置普通数控车床、多用剪切机、滚丝机、气动程序控制仪表车床、非接触式红外测温仪等设备19台（套）；青岛博德化机有限公司投资45.41万元，购置液压摆式剪板机、摇臂钻床抽芯机、逆变焊机、氩弧焊机等设备9台（套）。

2008年，共投资1000.46万元，购置设备109台（套）。其中，化工设备分公司投资127.34万元，购置价格77万元的板料边缘刨床、17万元的管板全自动焊机以及X射线探伤机、双枪气控固定式喷砂机、焊剂自动回收机、超高压液压胀管机等设备19台（套）。紧固件分公司投资328.98万元，购置价格280万元的螺丝成型机以及滚丝机、螺栓半自动荧光磁粉探伤机等设备9台（套）。临淄污水净化分公司投资400.62万元。其中，新建齐城污水处理厂设备投资260.68万元，更新淄河污水处理厂、齐都污水处理厂所有污水污物潜水泵12台，更新淄河污水处理厂三叶罗茨鼓风机4台等。

2009年，共投资1598.25万元，购置设备256台（套）。其中，紧固件分公司投资375.03万元，购置价格310万元的螺帽成型机以及滚丝机、叉车、智能化材质硬度无损分选仪等39台（套）。山东美陵美力达风机有限公司投资567.27万元，购置价格520万元的数控卧式轴向辗环机以及桥式起重机、液压闸式剪板机、联合咬口机、便携式金相显微镜等42

板料边缘刨床（2008年 摄）

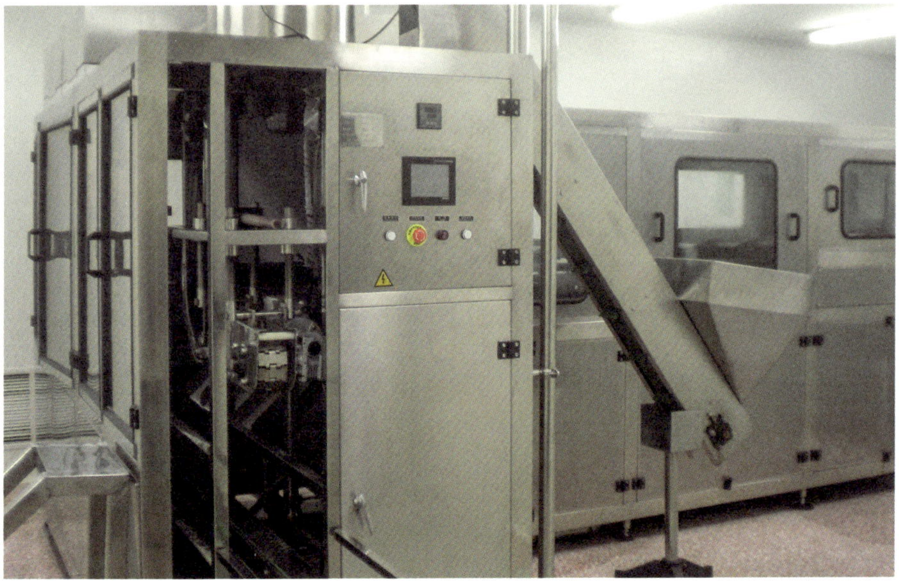

矿泉水生产线（2009 年　摄）

万元，购置化学耗氧量（COD）快速测定仪、3G 网络视频智能 UPS 综合监控系统、氧化还原电位仪、pH/温度计、立式排污泵、生物显微镜等 15 台（套）。

2011 年，共投资 5559.67 万元，购置设备 233 台（套）。其中，新上汽配项目设备投资 4587.86 万元，购置砂处理生产线、浇注机、电炉自动控制加配料系统、清理设备、垂直造型机、制芯设备、中频感应熔化系统、起重设备、火花直读光谱仪、金相显微镜、型砂试验设备、数控车床、数控铣浇冒口专机、空压站设备等 102 台（套）。紧固件分公司投资 152.30 万元，购置价格 150 万元的托辊型网带炉生产线以及 CO_2 气体保护焊机、定扭矩电动扳手等 6 台（套）。山东美陵美力达风机有限公司投资 562.99 万元，购置价格 320 万元的锻造液压机、105 万元的锻造操作机、72 万元的锻造装出料机以及带锯床、煤气炉、加热炉等 9 台（套）。

2012 年，共投资 422.07 万元，购置设备 113 台（套）。其中，生物助剂分公司技术改造项目设备投资 18.81 万元，购置搪瓷反应釜、行车等 6 台（套）。临淄污水净化分公司投资 168.25 万元，购置价格 80 万元的污泥浓缩脱水机以及溶解氧分析仪、pH/ 温度仪、双吸中开泵、立式排污泵等 12 台（套）。淄博市天齐渊供水有限公司投资 21.5 万元，购置潜水泵、自耦降压起动柜、加压泵、变频控制柜、二氧化氯发生器等 8 台（套）。

台（套）。矿泉水分公司技术改造项目设备投资 408.71 万元，购置价格 176 万元的玻璃瓶灌装生产线，190 万元的塑料瓶灌装生产线，大桶灌装生产线、水处理系统等 11 台（套）。青州市美陵污水净化有限公司技术改造项目设备投资 247.39 万元，购置混合搅拌器、潜水排污泵、三叶罗茨鼓风机等 45 台（套）。

2010 年，共投资 337.07 万元，购置设备 117 台（套）。其中，化工设备分公司投资 59.55 万元，购置摇臂钻床、等离子切割机、CO_2 气体保护焊机、氩弧焊机、带极堆焊机、手动固定回转操作机、自调式滚轮架、计算机、覆层测厚仪、里氏硬度计等 22 台（套）。青岛博德化机有限公司投资 96.46 万元，购置卧式带锯床、自调滚轮架、CO_2 气体保护焊机、逆变焊机、焊剂烘干机、摇臂钻床、三辊对称卷板机、封头切割机、喷砂机、螺杆式空压机等 14 台（套）。山东美陵美力达风机有限公司投资 55.16 万元，购置双柱卧式带锯床、龙门卧式带锯床、空压机、硬支承平衡机、逆变焊机、点焊机、联合咬口机、叉车等 17 台（套）。临淄污水净化分公司投资 43.69

丹麦DISA231垂直造型生产线（2011年 摄）

购置价格90万元的空气悬浮高速离心式鼓风机以及氧化还原电位仪、溶解氧分析仪、COD在线检测仪、NH_3-N在线检测仪等18台（套）。

2015年，共投资2232.11万元，购置设备237台（套）。其中，化工设备分公司投资371.97万元，购置精密龙门铣床、超高压数控万能水切割机、台车组装式电阻炉等19台（套）。山东美陵博德化工机械有限公司投资714.46万元，购置龙门移动式数控钻床、刨边机、上辊数控万能卷板机等16台（套）。汽车零部件分公司投资201.185万元，购置NC控制磨毛边机、便携式显微镜、缠绕包装机、集尘器等10台（套）。山东美陵美力达风机有限公司投资246万元，购置蓄热式室式加热炉、蓄热式台车热处理炉等7台（套）。临淄污水净化分公司投资257.74万元，购置齐城污水处理厂二期设备等55台（套）。矿泉水分公司投资31.05万元，购置自动售水机等40台（套）。淄博市天齐渊供水有限公司投资131.8万元，购置潜水泵、流量计、箱式变电站、变压器等19台（套）。

2013年，共投资873.96万元，购置设备147台（套）。其中，化工设备分公司投资278.38万元，购置龙门式数控钻床、开式固定台深喉口压力机及数控送料机、三辊卷板机等41台（套）。汽车零部件分公司投资76.85万元，购置高频红外碳硫分析仪等24台（套）。青州市美陵污水净化有限公司技改项目投资305.31万元，购置价格82.5万元的空气悬浮高速离心鼓风机以及COD在线监测仪、潜水推流器、潜水排污泵、吸砂泵、轴流泵、污水潜水泵、行车式刮吸泥机等42台（套）。

2014年，共投资905.92万元，购置设备118台（套）。其中，化工设备分公司投资190.56万元，购置埋弧自动焊机、特种滚轮架、自动焊操作机等26台（套）。汽车零部件分公司投资105.28万元，购置倾斜滚筒式抛丸清理机、浸漆喷漆流水线等10台（套）。淄博美陵加油站有限公司投资23.22万元，购置油气回收装置等3台（套）。山东美陵美力达风机有限公司投资80.54万元，购置液压联合冲剪机、数控等离子切割机、双梁桥式起重机等29台（套）。临淄污水净化分公司投资228.63万元，

2016年，共投资516.16万元，购置设备101台（套）。其中，化工设备分公司投资77.45万元，购置摇臂钻床、CO_2气体保护焊机、管板自动焊机、X射线探伤机、管板端头退火炉等12台（套）。山东美陵博德化工机械有限公司投资22.23万元，购置自调式滚轮架、抽芯机、高压无气喷涂机、CO_2气体保护焊机、逆变式空气等离子切割机等8台（套）。汽车零部件分公司投资101.81万元，购置砂

蓄热式室式天然气加热炉（2015 年　摄）

限公司投资 41.63 万元，购置潜水泵、双吸式离心泵、监控系统等 12 台（套）。

2017 年，共投资 1125.46 万元，购置设备 100 台（套）。其中，化工设备分公司投资 45.24 万元，购置安全焊接平台、袋式除尘器、超声波测厚仪、绘图仪等 19 台（套）。山东美陵博德化工机械有限公司投资 48.38 万元，购置焊接滚轮架、焊接工作台、手持式 X 射线荧光光谱仪、处理砂仓改造设备、抓渣机、自动打磨机等 10 台（套）。山东美陵美力达风机有限公司投资 42.49 万元，购置蓄热式室式加热炉、非接触式红外测温仪、冷却塔、超声波测厚仪、金相显微镜等 24 台（套）。临淄污水净化分公司投资 135.53 万元，购置总氮在线自动分析仪、总磷在线自动分析仪、潜水搅拌器、内进网板式机械格栅等 20 台（套）。淄博市天齐渊供水有绘图机等 16 台（套）。汽车零部件分公司投资 438.09 万元，购置数控加工中心、三坐标测量仪、涂装线异味治理装置等 10 台（套）。山东美陵中联环境工程有限公司干馏污泥制生物炭项目已完成设备投资 424.63 万元（合同总价 2280 万元）。

2003—2017 年，新购置设备 2086 台（套），共投资 17598.54 万元。

1959—2017 年部分年份公司主要机械加工设备存量情况一览表

表 6–19　　　　单位：台（套）

设备种类	1959	1970	1980	1990	2002	2007	2012	2017
切削设备	1	7	18	23	60	104	139	143
锻造设备	—	2	4	4	5	13	18	19
压力设备	—	2	5	10	24	38	40	42
焊接设备	—	1	5	10	98	182	277	327
螺母螺钉专用设备	1	1	1	5	13	18	26	28
剪切设备	—	2	2	5	13	24	34	37
起重设备	—	—	1	3	21	47	72	85

续表

设备种类	1959	1970	1980	1990	2002	2007	2012	2017
整形设备	—	1	1	1	10	21	28	33
热处理设备	—	—	—	2	7	12	15	18
检测设备	—	—	—	3	55	99	155	198
表面处理设备	—	—	—	—	2	3	4	4
加热炉	—	—	—	—	58	155	13	17
铸造设备	—	—	—	—	2	4	8	26
合　计	2	16	37	66	368	368	829	977

2000—2017 年公司水处理（生产）设施情况一览表

表 6-20　　单位：套（条）

设施种类	2000—2002	2003	2004	2005	2006	2007—2009	2010	2011	2013—2017
淄河 2 万吨污水净化设施	—	1	1	1	1	1	1	1	1
齐都 3 万吨污水净化设施	—	—	1	1	1	1	1	1	1
青州 5 万吨污水净化设施	—	—	—	—	1	1	1	1	1
齐城 5 万吨污水净化设施	—	—	—	—	—	1	1	1	1
齐城 5 万吨污水净化设施	—	—	—	—	—	—	—	—	1
济宁 2 万吨污水净化设施	—	—	—	—	—	—	1	1	1
日供水 2 万吨供水设施	—	1	1	1	1	1	1	1	1
日供水 1 万吨供水设施	—	—	—	1	1	1	1	1	1
日供水 1 万吨供水设施	—	—	—	—	—	—	—	1	1
250 桶 /h 矿泉水生产线	1	1	1	1	1	1	—	—	—
150 瓶 /h 矿泉水生产线	1	1	1	1	1	1	—	—	—
600 桶 /h 矿泉水生产线	—	—	—	—	—	—	1	1	1

续表

设施种类	2000—2002	2003	2004	2005	2006	2007—2009	2010	2011	2013—2017
9000 瓶 /h 塑料瓶矿泉水生产线	—	—	—	—	—	—	1	1	1
6000 瓶 /h 玻璃瓶含气功能水生产线	—	—	—	—	—	—	1	1	1
合　计	2	4	5	6	7	8	10	11	12

第四节　设备运行与维修保养管理

设备运行管理

1986 年前，企业的设备运行管理制度较为简单，未形成独立的管理系统。从 1987 年起，企业逐步建立健全各种设备的操作规程和使用维护管理制度，实行设备的定员管理。1991 年，企业修订和完善《设备管理制度》，设备运行管理工作进一步加强，逐步走上制度化、规范化的轨道。操作员工严格按照有关制度和标准进行维护保养，使设备达到整齐、清洁、润滑、安全运行。1995 年，建立《设备固定资产台账》，实行设备专管责任制，设备使用管理到人，维护、保养定人、定机。做到台台设备有人管理、维护、保养，使设备保持良好的技术状态。操作人员严格按照规程操作，坚持“维护保养为主，定期检修为辅”的原则。

2003 年，由总工办制定《设备管理监督考核规定》并公布实施。该规定于 2004 年修订为《设备管理考核细则》。在实施过程中每年结合实际情况，对考核细则进行修订完善，便于操作执行。《设备管理考核细则》主要对设备购置验收、安装、设备操作、设备维修、设备保养、设备事故、设备报废进行考核管理。设备操作人员做到持证上岗，每天按设备维护保养规程要求，做好设备的日常维护保养工作，发现问题及时上报处理，杜绝设备带病运转，做到“整齐、清洁、润滑、安全”，并实事求是地做好记录。车间主任对维护保养、使用情况、设备维修情况，每天检查一次并做好处理和记录。各二级单位分管副经理对各车间设备管理情况每周检查一次并做好处理和记录。总工办组织有关人员对各二级单位的设备管理情况每月检查一次并做好处理和记录，对检查考核情况汇总后，进行奖惩处理并通报。2003—2017 年，总工办通过对设备的监督考核，共计奖励金额 13.07 万元，处罚金额 32.12 万元，做到奖罚严明，提高设备操作人员对设备保养、使用、管理的积极性，调动大家开展“三好”（管好、用好、修好）、“四会”（会使用、会保养、会检查、会排除故障）活动的主动性，使公司设备保持良好技术状态。至 2017 年年底，设备完好率为 98.03%。

设备维修管理

1986 年前，设备的维修管理无规范的管理制度。1986 年后，随着企业达标升级活动的开展，逐步建立健全设备维修管理制度。1995 年，实行二级管理机制后，设备维修管理由各二级单位根据设备使用情况，结合生产实际，年初编制设备维修计划，分管副经理审核，总工程师批准后实施。各二级单位严格按计划进行维修，设备责任工程师监督实施。各二级单位在设备维修时，严格遵守检修质量标准，确

设备维修现场（2008 年 摄）

保检修质量。重大设备和特种设备检修尽量利用生产停歇期间进行。在保证检修质量基础上缩短检修时间，降低检修费用，减少停产损失。设备的安全运行坚持预防为主、维护和检修并重的工作方针。设备维护保养实行三级保养制（例保、一保、二保），以精心维护设备为基础，加强预防性维修，防止设备事故的发生，保持设备经常处于良好的技术状态。各二级单位合理安排生产与检修，落实“生产服从检修，检修服务生产”的原则，重点抓好主要生产设备和特种设备的维护检修。总工办设备责任工程师按年检修计划按时督查，根据生产和设备的实际情况，正确地选择检修方式，如故障检修、检查修理、定期维修及改造性修理等，恢复设备功能，延长使用寿命，提高设备的技术效能。1992—2017 年，累计大修设备 88 台次，中修设备 273 台次，小修设备 6598 台次。设备完好率达到 98.52%，保证全公司设备的安全运行。

设备润滑管理

1975 年前，企业对设备的润滑工作无硬性规定，随意性较大。1975 年起，开始有设备润滑的规定条文。1986 年后，随着大型设备的增加和各项规章制度的建立健全，设备润滑管理开始走向正轨。1991 年，企业设备管理制度修订后，设备润滑管理又向规范化迈出新的一步。1999 年 4 月，公司在设备管理制度中对设备润滑管理作出明确规定。2005 年，总工办组织编制《设备换油计划》，自 2005 年后，每年 12 月底修订下一年度的换油计划，每次换油计划执行前车间通知总工办，总工办对整个换油过程进行监督。监督内容：一是油品是否正确，二是换油前是否对油箱进行彻底清洗，三是油箱中的油是否能沉淀、过滤继续使用，四是对换下的废油是如何处置的。2006 年 1 月，重新修订刊印的《管理制度汇编》（一）中的《设备管理制度》部分，对设备润滑进行更详细的规定：设备润滑油料由各二级单位设备管理员按照设备润滑技术要求，将计划提报生产科，由生产科制定采购计划，供应科负责采购，同时严把采购质量关。润滑油入库，根据油料名称、品牌和规格分类储存，实行专桶专用、专油专用。设备润滑实行五定制度（定人、定点、定时、定质、定量）。设备润滑和更换油料按计划定期清洗、定期检查、定期注油。这对于合理、正确的实施设备润滑和应用润滑油料、切实做好润滑管理工作、保持设备运行处于良好的润滑状态起到保证作用。

第五节　闲置设备管理与报废设备处置

闲置设备管理

1986年前，企业对闲置设备管理不太重视。随着企业生产规模的扩大和企业产品的转型，造成个别设备闲置。1991年，企业制定并实行闲置设备管理规定，做到闲置设备管好、维护好、保养好。企业改制后，又在实践的基础上，进行修订和完善。具体规定是：生产设备闲置半年以上视为闲置设备，各二级单位必须办理闲置设备封存手续。设备封存时，生产科及设备责任工程师与设备单位负责人、设备操作人员对封存设备采取必要的遮盖、包扎等措施，对设备备件、工具进行清点、检查，做好记录，装箱保存。设备在封存期间由设备原所属单位定期按规定进行维护、保养，以备使用。闲置设备开封使用，由各二级单位写出申请，总工程师批准。在使用前由生产科及使用单位负责人、设备操作者共同对设备进行全面检查，试车运行，待运行正常后方可投入使用。2016年3月，在新修订的《设备管理考核细则》中对闲置设备管理又进行补充规定，要求二级单位分管设备副经理每月组织各车间对闲置设备进行一次维护保养（主要包括外表灰尘、防锈等），闲置设备配件不允许拆除。

报废设备处置

1986年前，企业缺乏设备报废处置管理制度。1986年起，随着各项管理制度的建立和健全，设备报废处置制度也逐步建立和健全。对符合报废条件的设备，先由各二级单位提出书面申请，分管副经理审核，设备责任工程师组织有关人员进行技术鉴定，报总工程师和总经理审批。在2007年3月修订的《设备管理考核细则》中，对报废设备管理进行补充规定。规定要求：经审批予以报废的设备在公司统一处理前，车间应管理好，将其放于车间内合适的地点，绝不允许露天存放，决不允许私自拆卸零部件，保持设备报废时的技术状态；各车间设备维修人员每半年应将报废设备统计一次，报到总工办汇总后，上报总经理、董事长，以便对报废设备的统一处理；总工办要建立报废设备台账，各二级单位同时建立自己的分台账。在2015年3月修订的《设备管理考核细则》中，对报废后设备变卖处理程序进行规定。规定要求：报废审批后的设备处理由各二级单位负责变卖处理；需变卖处理的报废设备，经总工办确认，二级单位经理、分管副总裁、集团公司总裁、董事长批准后，由分管设备副经理组织采取招标方式进行价格确认，以最高价作为中标原则。招标后处理前填写《固定资产报废出售单》，经有关部门及领导签字审批。设备处理后，分管设备副经理将变卖报废设备款项连同《固定资产报废出售单》一并交财务处。1986—2017年，共报废设备414台。批准报废的设备在设备台账中注销，报废处置的收入作为设备更新改造资金使用。

第六节　设备事故管理

设备事故防范

生产设备在日常工作运行时出现的设备事故，会给企业带来不同程度的损失，甚至会危及职工的生命安全。企业从20世纪70年代后期，就注重采取积极的防范措施，防止和减少设备事故的发生。1988年，开展的企业达标升级活动，使企业的设备事故管理制度日趋完善。企业改制后，随着诸多先进大型设备的购进和使用，设备事故管理走上规范化的道路。公司坚持对设备操作人员进行技术培训，有计划地对职工进行技术技能和操作规程培训教育，操作人员持证上岗，提高职工的技术素质。1998—2017年，共举办与设备事故管理有关的各类技术培训学习班50期，参加培训人数达3019人次。同时，严格控制购入设备部件的质量，对不合格的部件坚决不能购入和使用。在生产过程中，严格执行岗位责任制和操作规程，认真落实设备使用、维护、检修等各项规章制度，严格对生产设备的计划检修、定期检查、维护和保养。对重点设备进行定期检测，并及时搞好事故预防性检修，逐步实现设备的动态管理，确保设备经常处于良好的运行状态。

设备事故分析

设备发生事故或故障，在组织抢修尽快恢复生产的同时，组织有关人员进行事故分析，以便明确责任，总结教训。在企业早期的设备管理制度中，对事故分析主要对是否违章作业做出判定，属违章操作追究责任人的责任，属机械故障，进行整改。进入20世纪90年代后，随着企业管理的不断加强，《设备管理制度》经过4次修订后更加完善，其内涵更加丰富，在设备事故分析条款中，提出：设备事故按“四不放过”的原则（事故原因不清不放过，事故责任者与职工未受到教育不放过，防范措施不落实不放过，责任人受不到处理不放过），进行调查分析，严肃处理，从中吸取经验教训。通过事故分析，掌握事故发生的原因和规律，找出设备管理方面的薄弱环节，制定改进措施。

设备事故处理

设备事故经过分析，查清事故原因和责任后，根据情节轻重和责任大小，给予有关责任人处罚。其处罚标准在不同时期不尽相同。2006年制定的设备事故处罚标准是：一般事故，按事故损失的20%+50元处罚。重大事故，按事故损失的15%+100元处罚。特大事故，按事故损失的10%+200元处罚。出现设备责任事故除追究责任外，同时对责任者、班组长、车间主任等分别以50%、20%、30%的罚款比例进行处罚。对设备事故隐瞒不报或弄虚作假的单位或个人加重处罚，追究领导责任，给分管副经理和车间主任至少100元罚款。

2004—2017年，集团公司出现直接经济损失在千元以上的设备责任事故75起，直接经济损失共107719元，对责任部门和责任人共计处罚33327元。通过对事故的加强管理，未发生人为的设备事故，重特大设备事故得到控制。

第四章 质量管理

第一节 管理机构和质量管理体系

1979年前，企业未设质量管理机构，产品质量的检验在职工自检和互检中进行。1979年，企业成立技术科，由技术科负责质量管理，配备1名质检员负责产品质量的监督和检验。1988年，根据企业标准化管理的需要，企

质量手册、程序文件、管理制度汇编

业成立以厂长为主任的标准化管理委员会，设主任、副主任各1人，委员10人。同时，设立质量检验科，质量管理工作由技术科划归质量检验科负责，使企业的质量管理工作逐步走上正轨。

1997年7月，成立全面质量管理办公室（简称全质办。2012年3月，全质办人员及业务并入总工办，质量管理工作转到总工办履行），人员编制为4人。其中，主任1人，成员3人。同年11月调整为3人。其中，主任1人，成员2人。主要任务是负责质量、计量的监督、检验和质量管理工作。由总经理挂帅，成立ISO 9002质量管理体系认证领导小组。组长、副组长各1人，成员4人。下设7人工作小组，同时聘请咨询师1名，具体实施质量管理体系认证工作。1998年9月，取得ISO 9002质量管理体系认证证书。

1998年起，各二级单位陆续设立质检科或技术质检科，负责产品质量检验工作。

2002年5月，质量管理体系由ISO 9002：1994版转换为ISO 9001：2000版，公司成立质量管理体系转换领导小组。总经理任组长，设副组长3人，成员4人。同时，成立质量管理体系文件编写工作小组，设组长1人、副组长2人，成员10人。2003年，实现质量管理体系贯标转换之后，公司质量管理体系在总经理和管理者代表的领导下，开始按新标准有效运作。

从2010年开始，集团公司根据市场需要，积极准备三体系（即质量、环境、职业健康安全管理体系）认证工作，2012年1月18日，通过北京三星九千认证中心审核，取得ISO 9001：2008质量管理体系、ISO 14001：2004环境管理体系和OHSAS18001：2007职业健康安全管理体系认证证书，企业管理由单纯的质量管理体系向注重社会环境管理和职工健康安全管理迈进一步。公司在《质量管理手册》的基础上，根据环境、职业健康安全管理体系标准的要求，修订成为《管理手册》,《管理手册》共8章28节，公司根据《管理手册》的要求，强化、细化三体系管理，在修订《质量管理体系考核细则》的同时，制订《环境、职业健康安全管理体系考核细则》。

2011年，汽车零部件分公司成立，着手建立ISO/TS16949汽车行业质量管理体系，根据ISO/TS16949标准要求，编制《质量手册》。《质量手册》共五部分，六个顾客导向过程、十五个支持过程、七个主要管理过程及各部门的作业指导书，体系覆盖产品包括制动盘、制动毂、钳体、制动蹄、支架和底板以及铸铁轮毂等，通过准备和试运行，2012年11月9日，通过德国莱茵检查认证服务（中国）有限公司的审核，取得ISO/TS16949汽车行业质量管理体系认证证书。

2013年，美陵环境公司通过北京三星九千认证中心的审核，取得ISO 9001质量管理体系认证证书。至此，三体系覆盖产品包括压力容器、空调风机、紧固件、锻件、质量体系覆盖产品包括汽车零部件、环境工程（大气、水污染）建设工程总承包、工程设计、矿泉水和生活饮用水产品。

2017年，山东美陵博德化工机械有限公司独立取得质量、环境、职业健康安全管理三体系证书。美陵股份公司质量、环境、职业健康安全管理三体系进行换版审核，并取得换版证书。

第二节 质量意识教育

1994年7月，淄博美陵公司集中15天，采取以“个人讲、大家议、互相帮、订措施、同提高”的方法开展全员质量意识教育活动，使广大干部职工增强质量意识，更新质量观念，较好地确定质量管理在企业管理中的中心地位。各二级单位，从质量教育、质量责任制、标准化、计量、质量信息5个方面，强化质量管理，逐步建立和完善质量管理体系和质量责任制，使全员质量意识始终贯穿于生产经营全过程。1997—2017年，公司共举办各种类型质量意识教育学习班231次，接受教育者达8140人次。

1994年7月，举办质量意识教育培训班

2008年后，集团公司注重抓好全员质量意识教育培训工作。对新入厂员工进行两级质量意识教育。一级教育由集团公司组织，二级教育由各二级单位组织。教育内容均为企业基础知识、员工基本技能、质量意识及质量管理制度等。每年参加两级质量意识教育的员工达千人次以上。

2010—2017年，每年3—4月开展为期一月的质量管理培训考核活动。各单位制定学习培训计划，组织员工学习《质量职责与权限》《产品质量检验与奖惩管理制度》《质量管理体系考核细则》、新标准、新规范、作业指导书（工艺文件、操作规程、检验规程等）等，培训结束组织考试。每年参加培训考试的人员均在500人以上。

2010年3月开始，集团公司在化工设备分公司、山东美陵美力达风机有限公司、紧固件分公司、青岛博德化机有限公司开展“质量信得过者”评选活动，每月评选一次，获得“质量信得过者”，集团公司给予奖励，并刊登于《山东美陵报》。

2011年，化工设备分公司、山东美陵美力达风机有限公司、高强度紧固件分公司、青岛博德化机有限公司编制各二级单位质量培训手册，发至车间一线，职工人手一册，便于组织学习。在《山东美陵报》设置质量专栏，将车间、科室中保证产品质量，提升员工质量意识的先进事迹、好的做法在报上刊登，供大家学习借鉴。

第三节　质量管理措施

质量自查与互查

2003年开始，各二级单位、车间、科室建立质量例会制度，开展质量自查与互查，车间每天自查一次，科室每周自查一次，分管副经理每半月自查一次，自查情况及时汇总上报。各车间的公示栏及时公示当日检查的不合格项、各种奖励、处罚、通报，达到质量信息及时交流沟通，工作相互督促激励的目的。

收集分析质量信息

1998年起，全质办注重收集公司内部和外部质量信息，对生产数据、质检部门查出的不合格品质量信息和顾客反馈产品质量信息，进行统一搜集和管理。建立化验分析、质量检验、反馈信息等各类台账。各二级单位质检科每两个月报告一次产品质量分析，全质办对质量管理体系考核情况每两个月通报一次，实现内部和外部信息的动态管理。1998—2017年，共传递内部质量信息8541份，顾客反馈的产品质量信息1790份。

通过对内外质量信息的分析，找到产品质量不合格的主要原因：一是职工的质量意识不强及操作水平低，二是采购产品不合格，造成产品质量问题。从统计数据分析，只有加强内部质量管理，产品质量才能得到提高，用户反馈质量信息的数量就会减少，用户的满意度也相应提高。

过程质量控制

从1993年开始，公司对产品生产的全过程进行质量检验，质检科按照压力容器生产要求，制定《检验计划》和《检验规程》，同时对其他产品生产过程也开展检验。

质检人员根据《检验计划》和《检验规程》要求，对产品生产的全过程，即从原材料、外购、外协件的采购至产品出厂进行监督检查。做到不合格的原材料、外购、外协件不投用，不合格的工序产品（半成品）不转序，不合格的产品不出厂。产品在生产过程中实行专职检验与生产工人自检、互检相结合的“三检制度”，做到停点必停，控点必控。对于批量生产的首件必须进行检验，每道工序完工后，操作者必须进行自检，合格后交质检员检验，质检员检验确认合格后转入下道工序，上道工序不合格，下道工序有权不接受。从2004年开始，各车间实行按质按量计酬的办法，即车间主任、班组长每天对本班组完成的工作量（以有工时定额的最小单元为依据）进行检查，确保工序产品该检验的项目均予检验，操作者和检验员确认签字后方可记工，通过质量与工

生产过程中的质量检验

资报酬挂钩，促进产品质量和工作质量的稳步提高。

不合格品控制与质量奖惩管理

质量管理体系运行后，公司对生产过程中出现的不合格品均进行有效控制，防止不合格品的非预期使用和交付，确保产品质量符合规定要求。对于因出现不合格品而造成经济损失的，由各二级单位质检科按《产品质量检验及奖惩管理制度》的规定，对责任人进行处罚。

不合格品的管理

1998年，质量管理体系取证后，各二级单位质检科按《不合格品控制程序》对不合格品进行识别、分类判定、记录、标识。不合格品分为：

A类不合格为影响产品性能和安全的缺陷；B类不合格为一般性不合格；C类不合格为表面性不合格。

对于外购、外协产品发现的不合格品，由质检员做好记录，再由仓库保管员对不合格品做出标识，放置于仓库的不合格区。对于过程产品发现的不合格品，由质检员做好记录，由车间根据要求做出标识，将不合格品隔离放置在车间不合格区内。

不合格品的评审和处置

对于原材料、外购、外协产品发现的不合格品，由各二级单位分管质量副经理组织有关人员进行评审，做出退货、拒收或让步接收等处理决定；压力容器原材料、外协、外购产品的不合格，由质保工程师填写处理意见，经管理者代表批准后，由采购员与供方协商解决。

对于过程产品和最终产品中发现的不合格品，C类由质检员进行评审后，做出返工或返修决定，并直接通过责任者实施处理。B类由质检科长进行评审，做出返工、报废或改作他用处理结论。压力容器产品由质保工程师或分管质量副经理审批。其他产品由分管质量副经理审批。A类由质检员反馈不合格品事实，分管质量副经理（或质保工程师）组织有关人员进行评审，做出报废或改作他用处理结论，由管理者代表审批。

1998—2017年，各二级单位质检科共对8541项不合格品进行评审和处理，制定纠正措施193项。

产品质量的奖惩

《产品质量检验及奖惩管理制度》A版是1998年由全质办组织编制的，共3章11条。随着质量管理工作地深入，2001年10月，全质办组织对《产品质量检验及奖惩管理制度》进行第一次修订，修订后共2章16条，已编纂入《山东美陵集团管理制度汇编》，使产品质量管理的奖惩有章可循。2007年4月，针对质量管理工作的细化和质量管理奖惩制度中部分条款已不适应发展的实际，2007年4月，全质办对《产品质量检验及奖惩管理制度》进行第二次修改。2014年4月，总工办对《产品质量检验及奖惩管理制度》进行第三次修改，使其更具有操作性。

根据程序文件规定，对于因出现不合格而造成经济损失的，由各二级单位质检科按《产品质量检验及奖惩管理制度》的规定，对责任人进行处罚，同时对评为优质产品的职工进行奖励。1999—2017年，集团公司、各二级单位质检科对有关责任单位和责任人共计罚款89.4万元，对创优质产品的奖励74.97万元。做到赏罚严明，充分调动职工的积极性，使产品质量得到稳步提高。

售后服务质量管理

1998年前，没有明确的售后服务管理部门，从1999年开始，售后服务工作由各二级单位销售科负责。

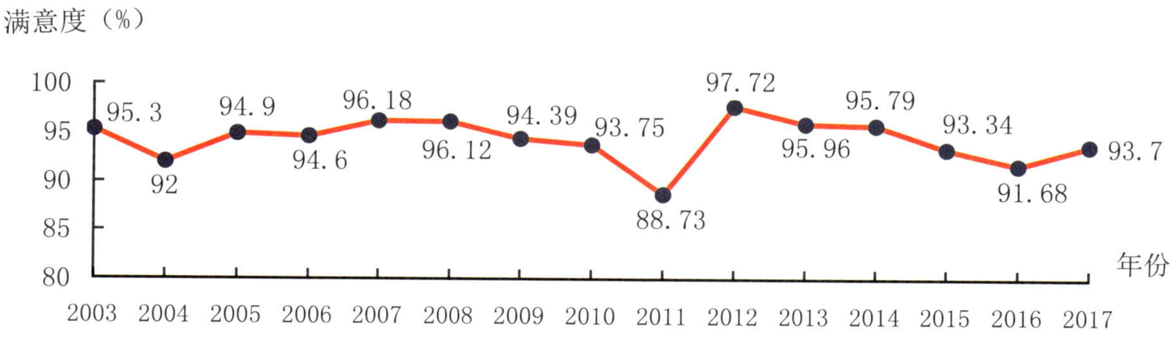

顾客满意度示意图

在产品交付过程中，顾客自提产品时，仓库保管员负责与提货人员共同核对交付产品型号、数量，由提货人在“产品出库清单”上签字，协助顾客完成装车工作，并对产品做好相应防护措施。委托运输时，销售科选择合格运输方，签署运输合同，明确运输质量责任，确保产品完好交付顾客。送货运输时，销售科要安排押运人员，负责运输过程中产品质量的防护并代表公司向顾客交付产品。产品交付顾客后，顾客在使用过程中反馈的产品质量问题由销售科统一报质检科和分管质量副经理、全质办、公司经理及管理者代表处理。从2000年开始，各二级单位先后在哈尔滨、沈阳、北京、德州、镇江、上海、广州等地建立销售和服务网点，及时处理顾客提出的产品质量问题。1998—2017年，共处理顾客反馈的产品质量问题1790项，制定纠正和预防措施57项。2003—2017年顾客满意率平均为94.28%。

标准化管理

1988年，企业标准化管理委员会成立后，开始企业标准化管理体系建设，当年制定发布技术标准87个，管理标准18个，工作标准147个。到2017年，集团公司共制定发布各类标准604个。其中，技术标准322个，管理标准209个，工作标准73个。标准覆盖率达98%以上。

总工办为标准化管理部门，各二级单位严格按标准组织生产，严格按工艺标准和岗位标准作业，严格控制过程的质量管理。做到不合格的原材料不投产，不合格的半成品不转入下道工序，不合格的零部件不装配，不合格的产品严禁出厂。由于严格执行产品质量检验与奖惩制度，各二级单位产品质量稳定提高，推动了标准化管理工作的顺利开展。2007年，美陵股份公司取得山东省质量技术监督局颁发的“标准化良好行为证书（AAA）”。

质量责任制

1998年，全质办根据公司质量管理的实际情况和ISO 9002标准的要求，编制《质量职责与权限》和《岗位质量职责》，规定从总经理到班组长29个岗位291项质量职责和权限，制定39个管理岗位和生产岗位操作人员的质量职责。通过落实各级责任制，从各级领导到每个岗位人员明白自己该做什么、怎么做、做的标准是什么，从而提高企业各项专业管理的工作质量，把各方面隐患消除在萌芽之中，为提高产品质量提供基本保证。

第四节　质量月活动

活动主题

2009年，集团公司首次开展“质量月”活动，至2017年共组织开展7次“质量月”活动，每次活动均设立一个主题，各次活动主题为：

质量是企业的生命，须全员精心来呵护（2009 年）；

全员参与质量管理，人人争当质量信得过者（2010 年）；

加强培训与教育，提升全员质量求生存的意识（2011 年）；

全员参与质量管理，人人争当质量信得过者（2012 年）；

敬畏质量，提升技能，精心操作，制造精品（2014 年）；

严格执行工艺文件和制度是产品质量的最好保证（2016 年、2017 年）。

培训考试

在质量月活动中，各二级单位组织员工学习《机械识图》《产品质量检验与奖惩管理制度》《质量管理体系考核细则》《质量职责与权限》《岗位质量职责》《中华人民共和国产品质量法》《程序文件》和《管理制度》中各部门所对应的部分以及本公司产品标准等内容。学习完毕进行考试，80 分及格，低于 80 分进行缴费补考。2009 年，638 人次参加考试。2010 年，425 人次参加考试。2011 年，636 人次参加考试。2012 年，752 人次参加考试。2014 年，685 人次参加考试。2016 年，281 人次参加考试。2017 年，610 人次参加考试。

征文评比

各单位每年围绕质量月活动主题，组织员工从质量活动的效果、新气象、新举措、如何以严实细的工作作风落实工艺文件和制度、在经济新常态下，为提升公司的市场竞争力，如何将产品质量从“合格”做到“行业精品”等方面撰写文章，参加集团公司的征文比赛，对优秀征文作者进行表彰奖励。2009 年表彰奖励 6 人，2010 年表彰奖励 13 人，2011 年表彰奖励 12 人，2012 年表彰奖励 13 人，2014 年表彰奖励 12 人，2016 年表彰奖励 7 人，2017 年表彰奖励 6 人。

讨论交流

在质量月活动中，每个职工围绕质量月主题写一份质量交流心得，以车间、科室为单位进行交流讨论，同时将领导（中层以上）质量交流材料和职工质量交流材料进行评分，分别进行表彰奖励。2009 年，表彰奖励 12 人，2010 年表彰奖励 13 人，2011 年表彰奖励 12 人，2012 年表彰奖励 13 人，2014 年表彰奖励 12 人，2016 年表彰奖励 7 人，2017 年表彰奖励 6 人。

授课奖励

从 2016 年开始，对在培训学习中的授课人员进行授课补助。2016 年有 15 人获得补助，2017 年有 33 人获得补助。

2010 年 10 月 6 日，“质量月”活动动员大会

隐患整改

每个员工结合本职工作查找质量隐患。2009年，共查找整改质量隐患76项。2010年，共查找整改质量隐患71项。2011年，共查找整改质量隐患94项。2012年，共查找整改质量隐患61项。2014年，共查找整改质量隐患87项。2016年，共查找整改质量隐患78项。2017年，共查找整改质量隐患65项。

技能比武

各二级单位对主要工种进行技能比武活动并进行奖励。2014年，奖励14人。2016年，奖励57人。2017年，奖励25人。

总结表彰

2009年后，每年质量月活动结束，各二级单位分管质量副经理均对本公司质量月活动情况进行总结，包括主要工作亮点、取得的成绩及效果、好的做法、存在的不足和建议。集团公司对质量月活动的开展情况也进行认真总结。

第五节　产品质量升级和产品名牌战略

1988年开展全面质量管理后，企业从实践中悟出：要使企业长盛不衰，就必须提高产品质量，走产品创优和名牌发展之路，保持企业良好的产品质量信誉，以扩大市场占有率。1997年，公司开展全员质量意识教育活动，增强广大职工的创优意识。2001年，公司针对工艺技术方面影响产品质量的问题，发动职工开展质量升级活动，通过群策群力，解决许多影响产品质量的工艺技术难题，使产品质量得到全面提升。产品质量升级活动作为一项经常性工作，每年，各单位都安排升级计划，并对计划完成情况进行年度考核。产品质量升级活动的开展，使公司的产品质量不断提高，树立企业的良好形象和品牌知名度。

1992年12月，淄博美陵公司获得农业部颁发的全面质量管理达标证书。

1999年，美陵股份公司被淄博市技术监督局评为产品质量信得过企业。

2001年12月，美陵股份公司被农业部评定为全国乡镇企业创名牌重点企业。紧固件产品被淄博市质量鉴定协会评为质量信得过产品。

2002年，“美陵”牌钢结构用高强度大六角螺栓连接副、钢结构用扭剪型高强度螺栓连接副和石油化工专用紧固件被上海市紧固件和焊接材料技术研究所推荐为优秀产品。

2003年，“美陵”牌高强度螺栓生产单位——高强度紧固件分公司被淄博市技术监督局产品质量技术监督检验所列为产品质量保证单位。“美陵”牌高强度紧固件（M16—24）和“美力达”牌KT系列空调风机被认定为山东省免检产品。矿泉水分公司被省消费者协会等5部门确认为山东省食品安全诚信单位。

2005年10月，“美陵”牌管壳式换热器被认定为山东省名牌产品。

2006年12月，“美陵”牌高强度紧固件被认定为国家免检产品，“美力达”牌空调用离心通风机被认定为山东省名牌产品。

2007年9月，“美陵”牌高效节能换热器认定为中国名牌产品，“美陵”牌高强度紧固件被认定为山东省名牌产品。

2012年11月，“美陵”牌高效节能换热器被认定为中国石油和化学工业知名品牌产品。

2013年3月，美陵股份公司荣获淄博市首届市长质量管理奖。

第五章　计量管理

第一节　管理机构

1986年以前，企业无计量管理机构。1986年7月1日，《中华人民共和国计量法》颁布实施，推动企业计量管理工作开展。1988年6月，随着企业达标升级活动的开展，企业成立计量管理委员会，共11人组成。设立质检计量科，建立计量室，配备专职计量员1人，兼职计量员9人。建立9处检测点以及计量管理制度，企业的计量管理工作全面展开。

企业计量工作的主要任务是负责计量器具的周期检定、按计划自检和送检、计量器具使用过程不确定度的测量、计量器具的合格标识管理。

1998年，计量工作从质检科分离出来归全质办管理。2012年3月，全质办业务并入总工办，计量工作转到总工办负责。2017年年底，计量室设专职计量管理员1人，计量检定员1人，均持证上岗。

第二节　管理制度

1986年以前，企业计量管理工作无法可依、无章可循。《中华人民共和国计量法》颁布实施后，企业计量管理制度得以建立。1988年6月，企业制定第一版计量管理制度，共16章118条，使企业计量管理工作走上正轨。20世纪90年代后，随着改革开放的深入和企业生产规模的扩大，公司依据计量法规和企业实际，对计量管理制度进行多次修订，使之更符合法规、更切实际、更具可操作性。

2006年，修订后的计量管理制度共9章57条。即：（1）计量管理组织机构；（2）计量管理职责；（3）计量器具的管理；（4）计量器具的检定；（5）对计量检定人员的要求；（6）

测量管理体系认证证书
CERTIFICATE OF CONFORMITY FOR MEASUREMENT MANAGEMENT SYSTEMS

证书编号 No. CMS[2007]353号

单位名称 山东美陵化工设备股份有限公司

单位地址 山东省淄博市临淄区齐陵路56号 邮编 255430

兹证明你单位在产品质量、经营管理、节能降耗、环境监测等方面的测量管理体系符合 GB/T 19022-2003/ISO 10012-2003《测量管理体系-测量过程和测量设备的要求》标准的全部要求，特发此证。

This is to certify that your measurement management systems conforms to the requirements of ISO 10012:2003.

本证书的有效性依据认证中心的定期监督获得保持，并在认证标志下方标注已确认的有效年度。

颁证日期 2007 年 6 月 11 日 Date of Issue

有效日期至 2011 年 6 月 10 日 Valid Until

法定代表人: Signature

颁证部门: 中启计量体系认证中心 Approved by Issuing authority

确认有效年度 2007-2008.6.

网站地址: www.china-cms.org

测量管理体系认证证书
CERTIFICATE OF CONFORMITY FOR MEASUREMENT MANAGEMENT SYSTEMS

证书编号 No. CMS[2011]353 号

单位名称 山东美陵化工设备股份有限公司

单位地址 山东省淄博市临淄区临淄大道 199 号 邮编 255430

兹证明你单位在产品质量、经营管理、节能降耗、环境监测等方面的测量管理体系符合 GB/T 19022-2003/ISO 10012：2003《测量管理体系-测量过程和测量设备的要求》标准的全部要求，特发此证。

This is to certify that your measurement management systems conforms to the requirements of ISO 10012:2003.

（本证书的有效性依据认证中心的定期监督获得保持，在一个监督周期后，与CMS签发的《年度监督审核合格通知书》合并使用方可有效。）

颁证日期 2011 年 8 月 26 日 Date of Issue

有效日期至 2016 年 8 月 25 日 Valid Until

法定代表人: Signature

颁证部门: 中启计量体系认证中心 Approved by Issuing authority

中启计量体系认证中心
中国 北京 朝阳区育慧南路3号 100029
网站地址: www.china-cms.org

计量器具的修理；（7）计量器具的分级管理；（8）计量器具的报废；（9）计量器具使用的奖惩规定。

2007 年 1 月，公司着手测量管理体系的建设，编制《测量管理体系手册》《测量管理体系程序文件》A 版。6 月 11 日，取得中启计量体系认证中心颁发的测量管理体系认证证书。

2008 年 8 月，公司对《计量管理制度》进行修订。10.2 条增加氩气表、CO_2 表、耐震压力表使用期限为五年。10.5 条规定常用计量器具使用期限为一年。一年内丢失的按原价赔偿。一年内报废的，1 ~ 2 个月按原价 90% ~ 100% 处罚，3 ~ 4 个月按原价 80% ~ 90% 处罚，5 ~ 6 个月按原价 70%—80% 处罚；7 ~ 8 个月按原价 50% ~ 60% 处罚，9 ~ 10 个月按 30% ~ 40% 处罚，11 ~ 12 个月按原价 10% ~ 20% 处罚。10.9 条修订报废计量器具上交计量室的规定，对不按规定及时上交的发现一次，给使用部门计量员 30 ~ 50 元罚款，对检查发现无计量合格标签的计量器具及计量器具编号与台账不符的，给予使用部门计量员 30 ~ 50 元罚款。

2010 年 11 月，公司对测量管理体系文件《测量管理体系手册》《测量管理体系程序文件》进行修订，并由 A 版转为 B 版。2011 年 8 月，取得中启计量体系认证中心颁发的再认证证书。

2011 年 2 月，公司对《计量管理制度》进行修订，10.1 条增加由于使用者责任心不强，使用不当造成丢失或损坏，按使用年限或计量器具特性，按原价的 1 ~ 3 倍进行赔偿。

通过制度的修订和体系的建设运行，公司计量管理工作不断规范，确保了产品质量的提高。

第三节　器具管理

1986年前，企业只有少量的简易计量器具，如钢板尺、卷尺、游标卡尺和电表、磅秤等。

1988年，随着计量工作的加强，企业建立健全《计量器具台账》，根据产品控制的要求，配备计量器具210台（件），配备率达100%。随着企业生产规模的扩大和计量管理工作的强化，计量器具也逐年增加。至2017年年底，公司已拥有各种计量器具1378台（件）。其中，A类184台（件），B类394台（件），C类456台（件）。建立使用面积20平方米的标准计量检定室，负责对游标卡尺、外径千分尺、压力表、电流表、电压表、部分热工仪表进行校准检定。公司的计量器具除63台（件）配备在理化中心和计量检定室使用外，其余均配备在各二级单位生产过程中使用。计量器具的配备率达100%，检定合格率99%以上。随着计量器具的增加，管理工作也不断强化，公司对计量器具分类管理，抓好购置、使用、检定、修理、报废5个环节的管理和奖惩管理。

器具分类

公司对计量器具实行分类管理，分为A、B、C三类，按周期检定计划进行检定。A类计量器具：《中华人民共和国计量法》规定的强制检定的计量器具；对计量数据有较高要求的计量器具。B类计量器具：对准确度要求不高的计量器具；对计量数据要求较高但计量性能稳定、质量好的计量器具。C类计量器具：对计量数据要求不高的计量器具；与设备配套不易拆卸的指示用仪表、表盘表等；计量性能稳定、质量好且计量数据准确度要求不高的计量器具；使用环境恶劣、寿命短、低值易耗的计量器具。A类计量器具的检定周期不得超过国家规定的最长检定周期；B类计量器具检定周期可适当延长。C类计量器具只进行进厂一次性检定。

器具购置

采购的计量器具必须是国家定点计量器具生产单位的产品，且必须有产品合格证。购置计量器具在2000元以下的，各二级单位计量员填写“设备购置申请表”，由各二级单位经理审核，总工程师批准后由供应科购买。购买计量器具在2000元以上的，各二级单位计量员填写“设备购置申请表”，由二级各单位经理审核，总工程师审核，公司总经理批准后由供应科购买。

器具的验收入库

购置的所有计量器具，经公司计量员检定验收，合格后办理入库手续。购置设备上带有

计量检定

的计量器具，在设备验收时，所带计量器具由公司计量员检定验收，验收合格后粘贴计量检定合格标识，同时将设备所带计量器具的技术资料、使用说明书、合格证由计量室保存备案。自制的计量器具制好后，送总工办计量员进行校准验收，验收合格后，计量员发计量校准合格标识并记入计量器具台账，不合格的通知送检部门进行返修。

计量器具的领用发放

使用单位计量员填写“领料单”，公司计量员审批，财务处签字，仓库发放。使用单位领到计量器具后，到公司计量员处登记，由公司计量员配发该计量器具的计量检定 / 校准合格标识，计量器具使用说明书、合格证等技术资料交计量室保存备案（指属于固定资产的计量器具），使用单位计量员对该计量器具进行登记。

器具使用　维护和保养

计量器具使用者要熟悉计量器具的性能和操作规程，掌握正确的使用方法，确保计量器具量值传递的准确性。计量器具使用者对其使用的计量器具要做到精心保养，禁止磕碰、划伤和擅自拆卸。各二级单位计量员要随时对在用计量器具进行检查，督促使用者对计量器具正确使用。使用完毕，要按有关规定妥善做好保养工作。

器具检定和校准

计量器具的检定依据国家计量器具检定规程规定的检验项目进行。1998 年 8 月，公司取得淄博市质量技术监督局颁发的计量标准考核证书（至 2017 年已换证 4 次），对 0 ~ 300 毫米游标卡尺进行自行检定。对本公司不能进行检定的计量器具委托国家（县级以上）法定计量部门进行检定。在用计量器具的周期检定 / 校准，到检定周期前，公司计量员填写“计量器具检定通知单”，部门计量员按计量器具通知单的要求，把要检定的计量器具在规定时间内送公司计量室。在用计量器具在检定 / 校准有效期内出现不准确，使用部门计量员应及时送公司计量员处进行修理并检定 / 校准，使用者不得擅自拆卸。

器具修理和报废

计量器具在使用过程中，达不到标准或出现非正常损坏情况需要修理时，按公司规定办理审批手续，经计量管理部门负责人批准后方可修理，公司计量室不能修理的计量器具外送修理。修理后的计量器具应符合国家规定的精度等级，当精度达不到要求时，由公司计量室做出降级使用结论，按降级后的使用范围投入使用。对无法修复的计量器具要及时办理报废手续，计量室把报废计量器具收回并注销台账。

器具使用奖惩规定

由于使用者责任心不强、使用不当造成计量器具丢失或损坏，按使用年限或计量器具特性，按原价的 1 ~ 3 倍进行赔偿。计量器具在检定周期内出现不准确，部门计量员未发现，仍在使用的，质量体系考核中发现，按考核标准处罚，在公司计量员监督检查中发现，对使用部门计量员处 30 ~ 50 元罚款。计量器具使用人发生岗位调动，而使用部门计量员未及时办理调转或转交手续的，公司计量员监督检查中发现，对使用部门计量员处 50 元罚款。报废的计量器具（包括氧气表、乙炔表其中一块表损坏），部门计量员应及时送交计量室，若不及时交回，公司计量员检查发现，将对使用部门计量员处 50 元罚款。公司计量员检查发现，使用部门使用的计量器具无计量检定合格标识，专管人员的计量器具编号与计量台账登记的编号不一致的，给予专管人员计量器具原价处罚，同时给予部门计量员50元罚款。计量器具使用保养好，使用年限长的要进行适当奖励，凡计量器具在报废时，使用期限每超过规定使用期限一年的，奖励按计量器具原价的10%。

第六章 物资供应与管理

企业的物资供应工作，经历计划经济、计划经济到市场经济转型、社会主义市场经济三个不同的时期。1958年建厂到20世纪80年代前期，企业规模小，物资供应由上级部门按计划配给，数量不多，供应人员大部分精力都放在“找米下锅”上，企业发展缓慢。1983年后，物资供应实行双轨制，企业物资主要靠计划外市场调节。由于价格的差异，石化配件产品主要以用户来料加工为主，市场范围比较窄。1992年9月企业改制后，淄博美陵化工设备股份有限公司以市场为导向，调整产品结构，扩大生产规模，加强物资供应管理。1998年1月，山东美陵化工设备股份有限公司进行管理机制调整，各二级单位设立物资供应机构，实行供应全面负责制，公司负责宏观管理和考核。各二级单位的物资供应工作，根据市场情况“货比三家”、采取比价招标采购等方式，为公司的增收节支发挥积极作用。

第一节 管理机构

1979年以前，企业无供应管理机构，只有2～3人负责企业的生产物资采购工作。1979年，企业成立供销科，设科长1人，成员4人，负责企业生产所需原材料的采购。

1992年9月，企业改制后，公司成立经营管理办公室，下设经营科，由一名副经理分管生产供应工作。1995年，公司改革经营管理体制，根据各二级单位物资供应的实际情况，分别单独设立供应科（或生产供应科），负责各单位内原材料等物资的采购。各二级单位的物资供应工作和物资管理工作均由一名副经理分管或兼任机构的负责人。至2017年，全公司从事物资供应的人员10人。其中，具有大中专文化程度的4人。从事物资管理的人员22人。其中，具有大中专文化程度的11人。

第二节 物资供应

从建厂之初到20世纪80年代前期，国家实行计划经济，企业的物资供应计划均由上级业务主管部门随生产计划一起下达，企业再根据本身生产实际，连同计划内不足部分，由供应人员进行采购。1979年，企业设立供销科，负责企业的物资供应。

20世纪80年代至90年代初，国家逐步削减指令性计划、减少计划物资供应，实行指导性计划和市场调节相结合的管理体制，企业面临着新的挑战和机遇，计划产品范围大大缩减，物资市场逐步放开，所需资源紧、原材料价格波动大、变化快。企业通过整顿和实行经济责任制，调动供应人员的积极性，让他们深入市场调查，多方收集市场信息，多渠道开辟货源，保证生产所需的物资供应。

1992年，企业改制后，公司的物资供应工作随着生产规模的不断扩大和产品的定型优化，管理更为规范，制度更加健全。为确保公司生产所需原材料供应渠道的畅通和可靠，供应人员对供方单位进行进一步的摸底调查和评估，建立合格可靠的供方档案。在采购工作中，采购人员依据“货比三家”的比价采购原则，从源头着手，降低采购成本，提高采购质量，并强化内部管理，及时解决供需矛盾，保证全公司物资供应渠道的畅通，促进企业生产持续、健康和快速发展。

1998年，美陵股份公司建立ISO 9002质量管理体系，供应人员按照程序文件和管理制度的要求，对供方进行评价和选择，建立合格供方名单档案，做好比价采购工作。此后，各二级单位物资供应部门每年都组织生产、技术、质检等部门对合格供方进行年度评审，经分管副经理和总工办审批，确定当年度的合格供方名单。对于临时增加的供方，先办理临时采购手续，对采购产品进行试用，试用合格后，按合格供方评审程序进行评审，合格的纳入合格供方名单，并纳入合格供方日常管理考核。公司建立《采购预测管理制度》，各二级单位供应部门对材料市场行情进行调查总结，并做好通报工作。物资采购本着质优价廉、“货比三家”的原则，填写采购报价对比表，并按规定进行审批和采购。

供应计划

1983年前，企业的物资供应计划主要由上级主管部门随生产计划一起下达，由供应人员进行物资采购。1984年起，物资供应进入计划与市场并存的时期，除纳入计划的产品按计划比例供应部分材料外，其余都要靠用户带料和市场采购解决。物资供应计划由生产科提供，供销科负责采购。

1992年企业改制后，建立起比较规范的物资采购计划管理制度，由企业各有关部门根据生产经营目标实际所需物资和仓储情况，编制物资采购计划。各二级单位生产所需原材料、外购、外协件等由生产科根据经营订货通知单的需求及仓库物资的储备情况编写采购计划，低值易耗品、计量器具、辅料类等由各使用部门编制采购计划。采购计划经分管副经理及总经理批准后，由供应科统一采购。对急需的重点物资，由使用单位按照所需物资的品种、规格、数量、质量和时间要求，编制临时采购计划，报经有关领导批准后，由供应科负责组织采购。集团公司各部门的采购计划由各使用部门提报，部门负责人审核，总裁批准，化工设备分公司供应科采购。

2009年5月，ERP信息系统正式运行后，生产科根据销售订单在信息系统中由MRP展算，生成供应采购单，生产科长审核，照会分管副经理，转供应部门维护采购询价单进行比价采购。生产费用物资的采购由各使用部门根据需求在系统中提交请购单，经分管副经理审批后，转供应部门进行询价采购。

至2017年，实施ERP信息系统的集团公司及山东美陵美力达风机有限公司、化工设备分公司，高强度紧固件分公司、生物助剂分公司、汽车零部件分公司采用系统程序进行采购计划的下达，未实施ERP信息系统的各子、分公司使用采购计划表进行采购计划的下达。

采购管理

企业的物资采购工作，在1983年前，除部分物资按国家计划供应外，其余物资由企业自行采购或与有关单位协调解决。

自1984年起，物资市场逐步放开，各种物资价格波动大、变化快，针对这种情况，供销人员深入市场调查，多方收集市场信息，多渠道开辟货源。

1992 年企业改制后，随着各项基础管理工作的加强，企业的物资采购按照“货比三家”比价采购的原则，形成了物资供应网络。

1998 年，供应人员强化质量意识，按照 ISO 9002 质量体系程序文件和管理制度的要求，对供方进行评价和选择，建立合格供方档案，做好比价采购。若供方产品连续出现问题，须暂停或停止供货，对供方进行重新评价和选择，并按规定办理批准手续，编入合格供方名单。供应人员采购物资要在签订合同、物资运输、入库检验、结算付款等环节，层层把关，严格执行物资采购制度，堵塞管理漏洞。供应人员坚持学习国家有关的法律、法规，强化法律意识，牢固树立爱岗敬业精神，廉洁自律，以公司利益为重，按照采购计划与供方签订供货合同。

2014 年，公司修订《采购管理制度》，共 15 章 53 条，并以此作为集团公司各子、分公司和各部门采购管理工作的依据，对于采购管理工作中涉及的采购流程及监督、合同签订、采购计划审核、原材料采购、外协外购采购、费用类采购、设备采购、物资运输、验收入库、付款等做出详尽的要求。采购方式分为招标采购、阶段性招标定价采购、询比价采购、直接采购。公司成立采购招标小组，对单笔采购预估额美陵股份公司下辖各子、分公司超过 50 万元、环境科技公司下辖各子、分公司超过 20 万元的原材料、产品委外加工，以及所有工程项目外包，预估运费金额超过 3 万元的物资运输、价值 5 万元以上设备和新上项目及技改扩建工程增置的大宗设备采用招标采购。对预估运费金额 3 万元以下的物资运输、使用频繁的生产费用和固定工序外协加工采用阶段性招标定价方式采购。单笔采购预估额美陵股份公司下辖各子、分公司低于 50 万元的原材料、环境科技公司下辖各子、分公司低于 20 万元的原材料、使用频率低的生产费用、工序临时外协加工、单程运输距离 50 千米内的物资运输、价值 5 万元以下的设备、一般性办公费用采取询比价方式采购。物资来源单一的外协外购、生产费用、办公费用直接采购。投标、询比价的厂家原则上不得少于 3 家。

至 2017 年，集团公司下辖各子、分公司严格按照《采购管理制度》的内容和要求进行采购管理工作。

第三节　物资管理

1970 年，企业建起物资仓库，配备 1 名物资仓库保管员，企业物资开始有专人管理。

物资仓库一角（2005 年　摄）

山东美陵美力达风机有限公司锻压原材料仓库一角（2017 年　摄）

资供应提供准确的数据。

1971 年 12 月，企业建立材料入库、领、退手续制度。

1992 年后，企业物资用量逐年增大，为减少资金占用，进货方式多采用按计划分批进货，在不影响生产所需物资的前提下，尽量压缩库存，使资金占用压缩到最低限度。物资购进后，受控材料首先由质检人员进行检验，其他材料和物资根据需要由质检部门检验。对检验合格的材料物资，通过核实确认无误按仓储管理规定办理入库手续。对库存物资坚持按 ABCD 分类管理的有关规定，做到分类摆放、整洁有序、标码清晰。对不同性质的物资，采用不同的防护措施，切实做好防腐、防潮、防锈、防尘工作。为防止因生产急用和无检验入库手续领用的现象，公司制定《存货出入库管理制度》《存货盘点制度》《产品发货管理制度》，规范物资的购进、入库、领用、发货、盘点工作的流程，做到库存物资账物相符，出入库手续完备，进出有序，保证合理的物资储备，为生产部门编制生产计划安排物资供应提供准确的数据。

2009 年，公司编制《山东美陵化工设备股份有限公司管理制度汇编》时修订《物资仓库管理制度》，修订后共 9 章 21 条，对仓库所管物资的管理工作做出规定，对于仓库物资管理工作中涉及的物资验收、材料产品标识、移植号标记、出入库手续办理、物资保管和摆放、物资盘点和核算等做出详尽的要求。2014 年，公司修订《采购管理制度》，对物资验收入库做出进一步的规范要求，对于无采购计划或超出采购计划，计划量无审批手续的情况仓库保管员可不接受其入库。

至 2017 年，集团公司下辖各子、分公司严格按照《采购管理制度》的内容和要求进行仓库物资管理工作。

2014 年，集团公司开始对各子、分公司消耗库存物资进行考核统计，年内消耗 2 年以上物资 411.2 万元。2015 年各子、分公司消耗

天齐渊矿泉水分公司仓库一角（2013 年　摄）

2年以上各类存货物资金额496.8万元。2016年，各子、分公司消耗1年以上各类存货物资金额共计1818.75万元，压缩库存效果明显，提高资金使用效率。2017年，各子、分公司一年以上存货使用本期增减额为715.84万元。

第七章 环境保护

第一节 管理机构与认证

1958—2006年，企业无环境保护管理机构，分管生产负责人兼管环保。2007年，公司环境管理体系认证工作展开，环保管理工作归总工办管理，各子、分公司分管生产副经理分管本单位的环保。2017年，总工办下设安环办，具体负责环保管理。

2007年，美陵股份公司环境管理体系认证工作全面展开，成立ISO 14001环境管理体系认证领导小组，设组长、副组长各1人，成员4人。同时聘请咨询师1名，具体实施环境管理体系认证工作，编制环境管理体系《环境管理体系管理手册》《环境管理体系程序文件》。2007年6月1日，美陵股份公司取得方圆标志认证集团颁发的环境管理体系认证证书，体系覆盖的产品及过程为压力容器（许可范围内）的生产及相关管理活动。

2010年，美陵股份公司根据市场需要，积极准备三体系（即质量、环境、职业健康安全管理体系）认证工作。

2012年1月18日，通过北京三星九千认证中心审核，取得ISO 9001质量管理体系、OHSAS18001职业健康安全管理体系及ISO 14001环境管理体系认证证书，体系覆盖的产品过程扩大为A2级压力容器、通风机的设计开发和制造、高强度紧固件、锻件的生产。公司在《质量管理手册》基础上，根据环境、职业健康安全管理体系标准的要求，修订成为《管理手册》，《管理手册》共8章28节。根据《管理手册》要求，强化、细化三体系管理，制订《环境、职业健康安全管理体系考核细则》，由总工办安环科负责组织检查考核。

2017年，山东美陵博德化工机械有限公司取得ISO 14001环境管理体系认证。

第二节 用水管理

建厂初期，企业用水少，临淄区没有水资源管理机构。1989年后，临淄区水资源管理办公室对企业自备水井进行统计，实行供水统一管理。1993年，按照淄博市及临淄区有关部门的节水要求，企业对用水实行二级管理。在水井总泵口安装水表，车间重点用水部位安装二级水表。公司对锻压用水、铸造用水、压力容器试验用水、紧固件热锻及热处理冷却用水均建有循环水池进行重复利用，节水效果明显。

2006年1月，集团公司办公室制定《节约挖潜建设节约型企业管理》制度，将节水管理纳入其中。3月，总工办制定《节约降耗管理考核细则（试行）》。2007年3月，考核细则

（试行）修订为《节能降耗管理考核细则》，内容要求生产用水要做到循环利用；生活、绿化用水要做到不浪费，定量、合理使用水资源；各二级单位及时处理跑、冒、滴、漏现象；隶属各二级单位的水阀应明确责任人。要求车间负责人每天对车间用水情况进行一次检查，各二级单位分管副经理每周检查一次，总工办每月检查一次。总工办每月对检查情况进行汇总统计考核，奖惩兑现。

第三节 污染治理

废水

公司生产用水大都采用循环水，外排少。生活污水经化粪池沉淀过滤后，排入污水管网，进入奥园污水处理站处理。

固体废物

燃煤炉渣 1994 年之前公司员工少，生产和生活无燃煤设施，无炉渣产生。随着企业规模的不断扩大，1994 年，重型锻压厂投产，钢锭加热用燃煤反射炉投入使用。1998 年，新上取暖用燃煤热水锅炉。2007 年，因工艺落后，污染严重，反射炉被淘汰，改为煤气发生炉产生煤气进行燃烧加热锻件，煤气发生炉所用原料为煤。2009 年，因 1998 年投入使用的取暖用燃煤热水锅炉使用年限已久，更换为新的燃煤热水锅炉。1994—2015 年，反射炉、煤气发生炉、热水锅炉运行中均产生燃煤炉渣，这些炉渣主要用于民用建筑保温材料和农村铺路。2016 年，集团公司用煤装置全部置换为天然气装置，不再有炉渣产生。

铸造固废 铸造固废主要有熔炼、清理、清磨、砂处理工序产生的粉尘（经过各除尘器处理后粉尘落入吨袋里）；熔炼、浇注工部废渣；制芯工部产生的废砂芯、砂柱（统一算作废砂）；砂处理工部烧损后的废砂芯及废砂

2017 年，新上的喷漆污染防治处理设备

2017 年，新上的喷砂污染防治处理设备

（经六角筛、沸腾床处理后排入废砂仓），铸造产生的固废统一运送到山东志伟环保再生资源科技有限公司进行处理。

危险废物　根据《中华人民共和国固体废物污染环境防治法》《山东省实施〈中华人民共和国固体废物污染环境防治法〉办法》，公司于2017年建设危废库一座，对产生的危废进行安全收集、暂存。同时与淄博开发区多纶油剂化工有限公司签署“危险废物委托处置合同”，定期将危险废物初步封装报联单后转运给对方，由对方负责将危险废物按照有关规定报转移联单，进行贮存及无害化处置。

废气

公司的废气主要来自取暖锅炉、锻造加热炉及热处理炉、铸造、压力容器焊接及喷漆和喷砂等。

取暖锅炉　1998年，美陵股份公司购置安装的4吨热水取暖锅炉无配套环保设施。

2009年，新上的4吨热水取暖锅炉配套安装水膜除尘器及双碱法脱硫装置，烟囱高度35米。经环保部门检测，烟尘和二氧化硫排放指标均达到国家环保标准。

2016年，集团公司积极贯彻实施《淄博市绿动力提升工程实施意见》精神，淘汰燃煤锅炉，安装天然气锅炉。

锻造加热炉及热处理炉　1994年，重型锻压厂投产时使用反射炉直接燃煤加热锻件，2007年将燃煤加热炉改为煤气加热炉，煤先经煤气发生炉产生煤气，再由煤气燃烧加热锻件，同时配套脱硫装置。经过环保部门检测，烟尘和二氧化硫排放指标均达到国家环保标准。2016年，锻压车间淘汰煤气发生炉，置换天然气炉，安装蓄热式室式加热炉3台和蓄热式台车热处理炉1台。

铸造　2012年投产的汽车零部件铸造项目，废气主要是砂处理、清砂、熔化等工序产生的粉尘，经袋式除尘器或集尘器后，再经排气筒高空排放。项目竣工投产后进行环保验收，各工序废气监测结果均符合《关于提高全市重点行业和区域主要污染物排放执行标准的通知》（淄环工委办〔2011〕6号）规定的限值。

压力容器焊接及喷漆和喷砂　2016年以前，压力容器焊接及喷漆和喷砂工序产生的废气一直为无组织排放。2017年，化工设备公司加大环保投入，先后在铆二车间安装焊接烟尘袋式除尘器及喷漆、喷砂废气处理装置。

第四节　绿化

1980年前后，主要以树木绿化为主。1985年开始，修建花坛栽种花草。

集团公司主厂区绿化一角（2016年4月　摄）

1992年，公司对厂区绿化作统一规划，由行政科负责管理。行政科配备两名勤杂工，负责锄草、修剪、浇水、追肥和病虫害的防治。同时，指定各车间卫生责任区内的绿化由车间负责维护管理，不得损坏和践踏，并作为现场管理的一项重要内容进行考核。公司以绿化、美化厂区为主，先后种植草皮、花卉、树木，放置奇石，美化公司环境。至2017年，集团公司主厂区绿化面积1.8万平方米。

第八章　合同管理

1982年前，企业仅有少量的土地房产租赁合同和部分加工承揽合同，无专门的合同管理机构。1982年，《中华人民共和国经济合同法》颁布，企业合同管理工作进入有法可依的新阶段。

1983年，企业建立合同管理机构，建立相应的管理制度，企业的合同管理工作开始走上正轨。企业多次对经济合同领导小组及其工作机构进行调整和充实，合同管理人员由起初的3人增加到2017年的8人，合同种类扩展到采购合同、销售合同、承揽加工合同、运输合同、建设合同、劳动人事合同、技术开发协作合同、租赁合同、金融与借款合同等十几种。

公司在干部职工中深入开展对合同法规的普及教育活动，增强干部职工特别是专业管理人员的法律意识和依法办事的自觉性。并深入进行诚信教育，使干部职工的诚信意识不断增强，保障合同的签订和履行。

公司坚持守合同、重信用，树立企业的良好形象，多次获得国家工商行政管理总局及省市有关部门授予的荣誉证书和荣誉称号。1987年，企业被山东省工商行政管理局授予“重合同守信用企业”，同年被中国农业银行山东省分行评为一级信用企业。1996年，公司被山东省信誉评级委员会、山东省信誉评级总公司评为特级信用企业。2001年10月，公司被临淄区人大、临淄区人民政府评为全民普法依法治理先进单位。2003年1月，公司被国家工商行政管理总局授予“全国守合同重信用企业”并将该荣誉称号一直保持。同年，公司被淄博市企业信用管理协会、消费者协会评为诚信示范单位。2005年8月，公司被中国农业银行山东省分行评为AAA级信用企业。2009年，公司被淄博市“诚信企业”信用评价委员会评为建设“诚信企业”先进单位。2011年1月，公司被淄博市经济和信息化委员会认定为首届最具影响力百佳诚信企业。2015年，公司被淄博市委宣传部、淄博市总工会、精神文明建设委员办公室、职工思想政治工作研究会评为“厚道鲁商诚信淄博”优秀案例第一名。

第一节　管理机构

1983年前，企业未建立专门的合同管理机构，合同管理工作由厂办公室兼管。

1983年，在贯彻实施《中华人民共和国经济合同法》的过程中，企业结合单位实际，建立经济合同管理领导小组。经济合同管理领导小组是公司经济合同管理职能机构，主要职责是：宣传贯彻《中华人民共和国经济合同法》和国家的有关法律法规，制订和组织实施企业合同管理的规章制度；检查指导公司各二级单位的合同管理工作，并组织考核；办理公司法定代表人的授权委托，审核非法人单位主要行政负责人的授权委托；监督检查和指导各二级单位合同专用章的使用和管理；确定合同管理员并组织业务培训；向有关单位申请合同的鉴证与公证；总结推广合同管理经验；负责公司“守合同重信用”活动的开展；负责公司合同签订和履行情况的统计、分析、汇总与上报。

1991 年 1 月，企业对经济合同管理领导小组进行调整，设立经济合同管理科，设组长、副组长各 1 人，管理员 3 人。

1993 年，淄博美陵公司调整经济合同管理机构，由总经理任组长、两名副组长和 6 名管理员组成新的领导小组。

2002 年 12 月 4 日，美陵股份公司根据自身发展变化，对经济合同管理领导小组及管理员进行调整与充实，成立由总经理任组长，7 人组成的领导小组，管理员增至 10 人。实行合同统一管理，各二级单位和各有关职能部门均配备兼职经济合同管理员，增强经济合同的管理力度。

2009 年，集团公司根据机构变化和企业发展情况，再次调整经济合同管理小组，成员由 7 人增至 10 人，合同管理员 9 人。

2012 年，集团公司再次对经济合同管理小组进行充实，成员由 10 人增至 17 人，合同管理员 16 人。

至 2017 年，集团公司共有经济合同管理员 8 人。其中，大专文化程度 4 人，高中文化程度 4 人。集团公司形成全方位的经济合同管理网络，有力地保障企业经营活动的正常有序运作和健康发展。

第二节 管理制度

1983 年，在企业整顿活动中，企业开始初建经济合同管理制度，合同管理工作开始走上法制化、制度化的轨道。

1986 年起，企业对合同管理制度进行多次修订和完善。

1999 年 10 月，美陵股份公司依据国家颁布的新合同法，对原合同管理制度进行较大的修订。

2006 年 1 月，集团公司组织编制《山东美陵集团管理制度汇编》，对 1999 年的合同管理制度进行修改、充实和完善，修订后的合同管理制度共分 9 章 35 条。

2009 年，集团公司编制《山东美陵化工设备股份有限公司管理制度汇编》，结合本公司实际，依据 GB / T19001 标准和公司制定的《与顾客有关过程控制程序》文件规定，对合同管理制度进行重新修订。修订后的合同管理制度共分 11 章 45 条，对合同的评审、批准做出严格的规定，建立合同管理台账，对合同进行分类编号。

2010 年，ERP 信息系统正式运行后，合同实行网上评审，缩短合同签约时间。对较大合同，公司推行先招标后签约，降低合同风险。

至 2017 年，集团公司及下辖各子、分公司严格按照《中华人民共和国合同法》和《管理制度汇编》的内容和要求进行合同的签订和评审。

第三节 合同法学习与诚信教育

1983 年，淄博市临淄区石油化工配件厂结合企业整顿，开始组织干部职工学习贯彻《中华人民共和国经济合同法》及有关的法律法规，尤其是将企业管理人员作为培训重点，开展经济合同法的普及教育活动。本次活动中，企业领导亲自在培训班上授课，使广大职工对经济合同法规有初步了解，增强法律意识，使企业的管理人员明确经济合同在企业经营活动中的重要保障作用，干部职工的学习普及率达95%以上。1986年起，企业把对经济合同法的学习作为企业达标升级的一项重要内容来抓，组织干部职工和管理人员深入学习经济合同法及相关法规。2000—2003年，公司曾先后两次派出9人到淄博市工商行政管理局参加有关合同管理的专业知识培训，通过考核取得合格证书，成为公司合同管理方面的业务骨干。2008—2012年公司举办质量、营销和经济合同法律培训班5期，邀请淄博市、临淄区工商局及仲裁部门的专业人员进行授课，参加培训的干部、员工500多人次。通过学习培训，在员工中形成学法、懂法、诚信、守法的氛围，公司有17人领取合同管理证书，做到持证上岗，合同管理水平不断提高。

1986年，经济合同法培训班

2006年9月，公司成立以总经理为组长、7人组成的信用领导小组，并配备专职管理员1人。公司上下讲诚信，重信誉，以优良的服务，为企业在激烈的竞争中赢得市场份额和荣誉。

1987—2002年，企业连续16年被评为山东省重合同守信用企业。1987—1996年，公司连续10年被中国农业银行山东省分行、淄博市分行评定为一级信用企业。1996年，公司被山东省信誉评级委员会和山东省信誉评级总公司评为AAA特级信用企业。

2003年1月，公司被国家工商行政管理总局认定为全国守合同重信用企业并一直保持这一荣誉称号。

2011年5月16日，董事长刘效华在中央文明办组织的评选活动中当选为诚信守法好人，荣登中国好人榜。

2013年2月1日，公司被国家工商行政管理总局授予2010—2011年度全国守合同重信用企业。2014年6月，公司被国家工商行政管理总局授予2012—2013年度全国守合同重信用企业。2015年5月，公司获中共淄博市委宣传部、淄博市总工会、精神文明建设委员办公室、职工思想政治工作研究会共同组织的“厚道鲁商、诚信淄博”2014年度优秀案例第一名。2016年7月，公司被授予2014—2015年度全国守合同重信用企业。

至2017年，集团公司及下辖各子、分公司一直将《中华人民共和国合同法》学习和诚信教育作为一项日常工作来开展。

第四节 合同签订与履行

合同签订

1983年以前，企业签订的合同数量很少，主要是房屋、土地租赁合同和部分加工承揽合同，使用复写纸书写，一式两份，甲乙双方各持一份。1983年以后，随着《中华人民共和国经济合同法》的颁布实施和企业达标升级活动的开展，企业的合同签订开始逐步走向制度化、规范化。

1998年，按照ISO 9002质量管理体系标准的要求，公司开始实行销售和加工承揽合同签约前的评审制度。评审采用会签和会议评审两种方式，评审的结果和评审过程提出的问题及其采取的措施记入合同评审表，然后根据评审结论按合同管理权限报有关领导批准盖章后，签订正式合同，记入合同台账。

2009年后，公司根据修订后的合同管理制度对合同的签订、审核、评审、批准以及履行情况进行严格的监督，加强对制度执行情况的考核、奖惩和责任追究。当达成初步协议后，公司按ISO 9001质量管理体系标准要求和ERP信息化系统要求对合同进行评审，评审通过后，100万元以下的合同由各单位经理审查批准，100万元以上的合同报集团公司总裁审查批准后方可正式签约。所签合同做到主体合格、内容合法、条款齐全、责任清楚、手续完备，对大额合同请工商行政管理机关进行鉴证。

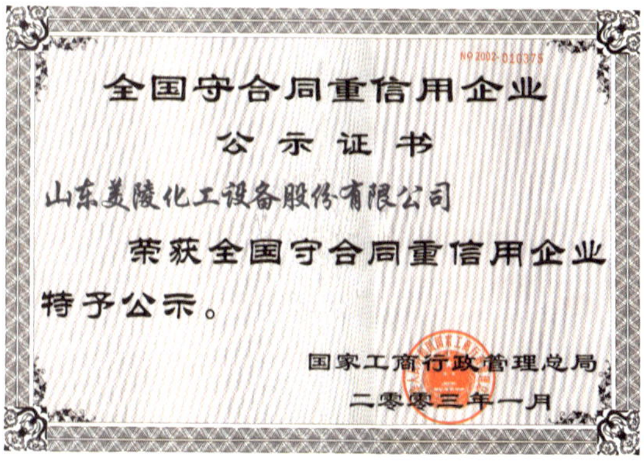
全国守合同重信用企业
公示证书
山东美陵化工设备股份有限公司
荣获全国守合同重信用企业
特予公示。
国家工商行政管理总局
二零零三年一月

1986—2017年，公司共签订各种合同85309份。其中，采购合同30442份，产品销售及加工承揽合同45108份，其他合同9759份。

至2017年，公司签订合同均严格执行《中华人民共和国合同法》和国家有关法律、法规及企业制定的合同管理制度，本着平等互利、协商一致、等价有偿的原则，采取书面形式和规范文本，确保合同条款完整、具体、清楚、明确、有效履行。未出现一份无效合同，合同签约率在93%以上。

2014年4月25日，临淄人民法院齐都法庭庭长刘永军到我公司进行合同法培训

合同履行

1983年前，合同履行由厂办公室和各车间负责人具体落实，此后由经济合同管理领导小组及其工

作机构负责。1995年起，合同的履行实行总经理领导下的归口管理制度，并随机构的设置而逐步完善和规范：采购合同、销售合同、承揽加工合同、运输合同归各二级单位供应科、销售科管理，劳动人事合同归劳资科管理，建设合同归企管办管理，技术开发、技术协作合同归总工办管理，金融合同、借款合同、租赁合同归财务处管理。集团公司各二级单位、各直属部门对合同签订后履行进度情况按时记录合同台账，及时解决好合同履行中出现的各种问题，对于因失职出现无效合同或合同纠纷，给公司造成经济损失的追究当事人的责任，并按损失大小按比例给予经济处罚。公司历年的合同履约率达100%，有效地维护公司的权益和财产不受损失。

公司各直属部门对所签订的各种合同，本着“守合同重信用”的原则，严格按照合同中规定的条款履行合同义务，维护企业权益。

至2017年，在合同履行过程中，因各种因素和不可抗拒的困难而需变更或解除合同，公司都及时与对方进行沟通与协商，办理变更或解除合同手续，尽量减少和避免不必要的损失。

第九章　安全管理

第一节　管理机构

从1958年建厂之初到1978年，企业无安全生产管理机构，生产负责人兼管安全。

1979—1985年，企业的安全生产由生产科负责，在管理生产的同时抓好安全生产。

1986年，企业成立安全生产领导小组，设组长1人，组员4人，车间兼职安全员7人。

1989年3月，在达标升级活动中，企业成立安全生产管理委员会，设主任1人，副主任2人，成员6人。工会成立安全生产监督检查组，设组长1人，组员7人。

1995年，淄博美陵公司对安全生产管理委员会进行调整，设主任1人，副主任2人，成员3人，安全生产进行规范化管理。各二级单位均建立安全生产领导小组。

1998年，美陵股份公司安全管理委员会设主任、副主任各1人，成员3人，共5人组成。各二级单位安全生产管理机构不变，车间主任、科室负责人为兼职安全员。

2001年，安全生产管理委员会调整为主任、副主任各1人，成员4人。各二级单位调整为安全生产管理领导小组，车间主任为本单位的兼职安全员。全公司安全管理人员共有23人。

2004年，在安全管理委员会之下，总工办下设安全办公室，设主任、副主任各1人，安全员1人。把安全管理网络延伸至班组，班组长为兼职安全员，形成集团公司、各二级单位、车间、班组四级安全生产管理网络。2017年，安全办公室更名为安环办，仍隶属于总工办。

第二节 管理制度

1983年前，企业的安全生产制度不健全。1984年，在企业整顿活动中，企业制定厂规厂纪。其中，文明安全生产规定共21条。1988年，随着企业达标升级活动的开展，进一步健全安全生产管理制度。

1989年，开始实行安全生产责任制，厂长及各二级单位的正职为安全生产的第一责任人，对安全生产负全面责任，从国家安全生产的方针、政策、法律、法规的贯彻到企业规章制度的实施，各种安全活动的开展，安全监督检查及重大安全决策都亲自抓。

从1999年开始，美陵股份公司实行全员、全方位、全过程的安全管理和监督，把安全目标同经济目标责任制一起层层分解量化，与各二级单位签订安全生产目标责任书，各二级单位将安全目标责任分解到车间、班组，并签订相应的安全目标责任书。生产一线员工人人写一份安全责任承诺书，进一步把安全生产与员工的经济利益挂钩，定期考核，年终按安全目标责任书与其兑现奖惩。

2006年1月，汇编成册的《山东美陵集团管理制度汇编》第七部分中，安全生产管理制度共152条。其中，安全管理职责84条，对安全生产管理委员会、总经理、总工程师、安全办公室、各二级单位总经理、安全副经理、技术副经理、安全员以及车间主任、班组长和操作者在安全生产管理中的职责均做出明确的规定。有安全生产规则17条、安全教育管理6条、设备安全管理16条、安全用电管理19条、消防安全管理10条。制订《安全管理考核细则》36条，对考核适用范围、考核内容、考核程序、奖罚办法、年度安全生产考核等方面做出具体规定。这些安全生产管理制度的实施，推动企业安全生产管理工作的进步与提高。

2009年，公司制定质量、环境、安全三体系合一的《管理手册》和《程序文件》，通过落实职责、理顺程序，于2011年12月、2012年1月，环境、职业健康安全管理体系相继通过第一阶段、第二阶段的审核。

2011年9月，根据国家机械制造业安全质量标准化要求，公司制定新的《安全生产规章制度》39个。2012年12月29日，通过淄博市安全质量标准化初次评审。2013年3月，公司修订《安全生产责任制》，新增《安全生产费用提取、使用管理制度》，《安全生产规章制度》达到40个。

2016年3月，山东美陵化工设备股份有限公司和山东美陵美力达风机有限公司分别取得机械行业安全标准化三级企业证书，安全管理

安全生产标准化
Work Safety Standardization
证书
CERTIFICATE
证书编号：鲁AQBJXⅢ201600226
山东美陵化工设备股份有限公司
安全生产标准化三级企业
（机械）
有效期至：2019年3月
2016年3月18日
证书印制：中国安全生产协会，印制编号：1001516936
国家安全生产监督管理总局监制
State Administration of Work Safety

安全生产标准化
Work Safety Standardization
证书
CERTIFICATE
证书编号：鲁AQBJXⅢ201600225
山东美陵美力达风机有限公司
安全生产标准化三级企业
（机械）
有效期至：2019年3月
2016年3月18日
证书印制：中国安全生产协会，印制编号：1001516920
国家安全生产监督管理总局监制
State Administration of Work Safety

进一步规范。2017年1月，山东美陵博德化工机械有限公司取得机械行业安全生产标准化三级企业证书。2017年5月，根据上级安监部门要求，开展并实施安全风险分级管控和隐患排查治理、职业病危害风险分级管控和隐患排查。

公司制定《安全管理考核细则》后，每年初根据生产实际均对《安全管理考核细则》进行修改，2012年，将其改为《安全、环境管理体系考核细则》。

第三节　安全教育与培训

1974年前，企业对职工的安全教育和培训，多是在生产现场采取以师带徒和以老带新的办法进行。从1975年至1982年，随着企业规模的逐步扩大和工人的增加，开始注重这项工作。1983年起，随着工业企业整顿工作的开展，职工安全教育和培训工作逐步得到加强。1988年开始的企业达标升级活动，使企业对职工的安全教育和培训工作走上正轨。进入20世纪90年代后，随着现代企业制度的建立和管理目标化、标准化的形成，公司对职工的安全教育和培训走上规范化的轨道。

岗前和调转教育

对新进公司的员工进行岗前三级安全教育（厂级教育、车间级教育、班组级教育）。教育内容包括：国家关于安全生产的法律、法规，厂规厂纪，安全生产操作规程和安全生产注意事项，安全事故带来的危害及事故教训等。通过三级教育并经考试合格，方能上岗。如未进行三级教育或缺少任何一级教育，不能分配工作。1998—2017年，接受岗前三级教育者达1258人次。职工在公司内调转，由调入单位进行二、三级教育和考试，合格后方能就任新岗位。

特殊工种专业技术培训

特殊工种作业人员包括电气焊工、电工、起重工、司炉工、司机、叉车工以及压力容器无损检测人员等。对特殊工种作业人员，由企管办劳资科组织结合办证和换证工作，进行专门的专业技能和专业技术培训。培训分内部培训和参加政府有关部门组织的专业培训两种，通过考核合格后，给予办证或换证。至2017年，公司共有持证上岗的特殊工种作业人员164名。

经常性教育

经常性安全教育包括：1.利用各种会议、安全日和安全月活动，运用安全板报、安全演讲和安全征文比赛、报纸专刊、经验交流以及安全寄语、影像放映、事故通报等形式，向员工进行经常性的安全教育，使他们牢固树立安全意识和自我防范意识，形成“关爱生命，重视安全”的氛围。2.有计划地组织员工学习国家颁布的安全生产法规和有关文件，学习厂规厂纪和安全管理制度以及安全技术知识和岗位操作规程等。每个阶段学习结束后，进行考试和考核。1998—2017年，全公司参加培训和考核的人数达9369人次，平均分数为88.3分，合格率为100%。3.引进新设备、制造新产品前，也十分注重对员工进行新操作法的安全教育和培训。

第四节　管理措施

从建厂之初到1983年，企业安全生产管理制度不健全。

1984年起，企业对安全生产的管理力度加大，管理制度逐步健全，管理力量随之增强，推动和促进企业的安全生产。

1989年起，实行安全生产责任制和一把手负总责，以及对安全生产实行一票否决制度后，企业的安全生产工作得到加强。

1992年，企业改制为公司后，安全生产管理制度进一步完善和规范，管理网络更为健全，监督检查和考核的力度进一步加大，安全基础管理和生产现场的安全管理更为扎实，员工的安全生产意识和自我防范意识大大增强，公司的安全生产走上规范化和标准化管理的轨道。1980—2001年，连续22年无重大安全生产事故发生。2003—2017年连续15年实现安全生产。

安全基础管理

自1999年开始，在加强车间管理的同时，注重搞好班组建设，建立车间安全生产管理网。明确规定车间主任是本车间安全生产的负责人，班组长为最基层的安全负责人，并明确职责范围和奖惩措施，促使他们增强责任心，在生产作业现场控制和消除员工的不安全行为及设备、物品的不安全状态，防患于未然。做到对安全生产常抓不懈，努力实现安全生产目标。各车间、班组普遍建立、实行适合实际的安全生产制度和安全操作规程，逐级签订安全生产责任书。加强易燃、易爆和有毒物品的管理，特种作业人员持证上岗，建立安全检查台账，严格执行交接班制度。结合生产实际，利用班前、班后会等各种形式和各种活动进行经常性的安全教育。在厂区和生产作业现场设置醒目的安全警示标牌和道路畅通警示线，提醒职工增强自我约束的安全防护意识和能力。依照公司《现场管理和劳动纪律考核实施细则》《安全管理考核细则》，强化现场安全管理，严格劳动纪律，以百分制形式进行考核，做到奖罚严明。坚持“安全为生产，生产必安全”的原则，生产作业人员进入作业现场，佩戴好劳动护品，检查安全装置是否齐全可靠有效，确认无误方能上岗操作。按照规章制度进行监督检查，及时处理事故隐患，并记录安全生产检查台账，予以公告。坚持“五同时”管理原则，在计划、布置、检查、总结、评比生产的同时，计划、布置、检查、总结、评比安全生产工作。各生产车间、班组安全生产管理的加强，为企业的安全生产奠定坚实的基础。

目标化管理

自1989年实行安全生产责任制后，企业就将安全生产纳入到企业目标化管理之中，将其作为诸多目标中重要的一项。随着一把手负总责和实行安全生产责任制及一票否决制的落实，推动安全生产工作顺利开展。1990年和1994年，两次被淄博市政府表彰为安全生产先进单位。

从1995年起，每年年初由企管办根据上年安全生产情况编制本年度安全生产目标，同经济目标责任制一起下发各二级单位实施。总经理及各二级单位正职为安全生产第一责任人，对安全生产负全面责任，亲自组织实施各种安全生产活动，认真贯彻执行安全生产的方针、政策、法令、法规及规章制度，从上到下形成安全生产管理网络。公司加强对安全生产监督检查的力度，采取定期和不定期相结合的方式，由各级按照安全检查制度实施检查，确保安全生产目标责任制的落实和责任目标的实现。安全办对每月安全生产情况进行考核通报，对查出的问题及事故隐患，督促整改处理。公司对个人奖罚适时兑现，考核成绩与单位工资总额挂钩。由于公司对安全工作奖罚严明，增强全公司干部员工搞好安全工作的责任心，形成公司上下人人关注安全、持之以恒抓好安全生产的可喜局面。

1996年起，公司先后被表彰为淄博市安全文明生产合格单位、山东省乡镇企业安全生产综合治理先进单位，多次获临淄区安全生产先进单位称号。

事故处理

自建厂，企业共发生工伤死亡事故3起。1975年12月11日，因焊罐爆炸致1人死亡。2002年6月，连续发生2起工伤事故，致2人死亡。事故发生后，企业按照“四不放过”（事故原因分析不清不放过，事故责任者和群众没有受到教育不放过，没有制订防范措施不放过，事故责任者不受处理不放过）的原则，均组织有关人员按规定程序进行事故调查、登记、报告和善后处理。及时召开事故分析会，下发事故通报，使事故责任人和全体员工都受到教育。并有针对性的制订防范措施，以防类似事故再次发生。对事故责任者均按有关规定给予严肃处理。一般事故也都按企业的安全生产规章制度、事故处理程序进行调查、登记和逐级上报，并依据事故责任给予适当的经济处罚。

监督检查

公司始终坚持“安全第一，预防为主，综合治理”的安全生产方针，实行三严管理（严格制度，严格管理，严肃劳动纪律），强化监督检查。从2003年起，公司每月组织一次大检查，各二级单位每周检查一次，车间每天至少检查一次，班组实行班前、班中、班后检查，公司检查员每天至少巡查一次。检查内容：主要是人的不安全行为、物的不安全状态、设备安全、文明生产状况和各项安全管理制度的落实情况等。对查出的事故隐患限期整改，将事故隐患消灭在萌芽状态，各级都将每次检查情况如实记入安全生产台账，并按照公司《安全管理考核细则》进行经济处罚和奖励，使广大员工真正树立起“安全生产从自我保护做起”的安全生产意识。

第五节　消防安全

1984年前，企业消防安全缺乏相应的规章制度。1984年后，随着《中华人民共和国消防条例》和《中华人民共和国消防法》的颁布实施，消防安全得到重视。1986年，企业成立安全生产领导小组，购置配备消防设施和器材，建立消防安全规章制度和兼职消防队伍，使企业的消防安全逐步走向正规。

1988年，在企业开展的达标升级活动中，消防工作得到进一步加强。

1992年9月，企业改制为公司后，把消防纳入安全生产目标责任制之中，由公司安全管理委员会及其职能部门负责对消防教育、培训、监督检查的组织和实施，促使公司的消防安全走上规范化的轨道。

制度建设

1984年前，企业的消防制度散见于有关的规章制度之中。随着企业生产规模的不断扩大，根据企业的组织结构与特点，以及消防安全管理工作的要求，逐步健全完善《消防安全管理制度》。1989—2007年，曾4次对《消防安全管理制度》进行修改和完善。2007年的《消防安全管理制度》共10条，对消防安全的方针和原则、消防安全教育和培训、员工的职责和义务、消防器材的配备、三级用火管理、消防安全监督与检查等方面均作出明确规定。

教育培训

1989年实行安全生产责任制后，企业把消防安全教育和培训纳入安全生产教育计划之中，结合安全生产教育同时进行。主要利用各种会议、安全月、消防日活动及演讲、观看录像等形式，来普及消防知识，落实《消防安全制度》。同时，公司还对重点消防单位的员工进行消防专业技能培训和实际演练，从而提高他们的消防专业技能和应急、应变能力。2002—2017年，公司进行消防知识教育7584人次，消防知识普及率达100%。有38人接受消防专业知识培训，并通过考核。

消防演练

1986年后，企业根据消防安全管理的要求，陆续配备消防器材。至2017年，拥有消防栓15个、消防水龙带250米、消防水枪10支、各种灭火器187个，消防锨和消防桶等器材，做到有备无患。对重点消防单位的员工，经常进行使用消防器材演练，提高消防器材使用技能。

建设工程实行“三同时”和作业用火管理

从1986年开始，企业根据消防法规的有关规定，对新建、改建和扩建重点工程实行“三同时”原则，即在设计、施工和工程投入使用时，同时对消防设施进行设计、施工和投入使用，保证新建、改建和扩建工程消防设施的齐备，为促进消防安全创造条件。此后，公司依据各用火部位危险程度，划为特殊用火和一、二、三级用火及固定用火。三类用火必须按审批权限办理审批手续，具备用火条件后，方可用火。各级领导及安全管理部门严格用火监督检查，确保员工和财产安全。

监督检查

1986年起，企业各级安全生产管理机构，在监督检查安全生产的同时，对消防安全进行监督检查，查消防安全措施的落实，查消防器材的配备、维护、保养、管理，查火灾隐患及火险标志等。对重点单位（加油站、氧气库、喷涂车间等）定期进行消防安全大检查，对查出的火灾隐患及时制订措施，督促整改，消除隐患，确保安全。

从1958年建厂至2017年，公司无重大火灾事故发生。2005年和2007年，先后两次被临淄区政府表彰为消防安全生产先进单位。

第六节　安全月活动

从2003年起，“安全月”活动形成制度化，公司对这项活动加强领导。每次活动都制定实施方案，提出活动主题，下发文件，由所属单位按时间要求层层落实，抓好实施。“安全月”活动结束后，进行评比、表彰、奖励，对在活动中查出的事故隐患限期整改。通过安全月活动，发挥以月保年的效果，减少事故发生率，实现安全生产。

活动主题

2003年，公司首次开展“安全月”活动，至2017年共组织开展15次“安全月”活动，每次活动均设立一个主题，各次活动主题为：

实施安全生产法，人人事事保安全（2003）；

掌握安全生产知识，争做遵章守纪员工（2004）；

珍爱生命，时刻牢记安全；安全常驻心中，美陵健康发展（2005）；

保障人身财产安全，美陵持续健康发展（2006）；

强化安全意识，排除事故隐患（2007）；

安全生产、关爱员工，常抓不懈（2008）；

全员参与，创建安全整洁的工作环境（2009）；

安全生产，关爱员工，重在预防（2010）；

安全生产，关爱员工，重在预防（2011）；

安全生产，关爱员工，预防为主，重在落实（2012）；

安全生产，预防为主，重在落实，排除隐患（2013）；

安全生产，预防为主，重在落实，贵在坚持（2014）；

遵守安全规章制度就是对事故的最好预防（2015）；

“我要安全”，从严格遵守安全规章制度做起（2016）；

建立双重预防体系，确保员工安全生产（2017）。

培训考试

在安全月活动中，公司组织全体生产一线员工学习有关安全生产的制度、《安全生产职业卫生手册》、财产安全管理规定、设备安全操作规程及维护保养规程、5S管理内容和劳动纪律管理规定，组织化验室人员学习化验室安全操作规程、危险物品管理规定等。学习完毕后进行闭卷考试，80分及格。2003—2017年，安全月活动培训考试人员4357人次，平均分88.9分，合格率100%。

案例教育

在安全月活动中，通报公司近五年的安全事故案例，组织员工观看机械伤害、起重伤害、触电伤害等典型事故案例精选影像资料，使员工从中吸取教训，提高自我保护意识与能力。2003—2017年，安全月活动进行案例教育人员2827人次。

2005年6月2日，安全生产月活动动员大会

征文评比

各单位围绕每年安全月活动的主题，组织员工从安全月活动的效果、心得等方面撰写安全生产征文，参加集团公司的征文比赛，2003—2017年，共有99人次的安全生产征文受到公司表彰。

2005年6月4日，安全生产案例影像教育

经验交流

在安全月活动中，每个职工写一份“安全生产心得交流材料”，以车间为单位进行交流讨论，写得好的“安全生产心得交流材料”推荐参加公司评奖。交流的主要内容包括：观看各种事故案例及影像资料后的感想，工作中如何做到“保护好自己，绝不伤害他人，创建安全整洁有序的工作环境”，就安全月活动主题的安全工作表态和合理化建议等。各二级单位经理、生产副经理、车间主任及副主任就每年的安全月活动主题写一篇安全生产交流材料，参加集团公司的交流发言和考核评比。2003—2017年，共有98名员工、97名领导干部的安全生产交流材料受到公司表彰。

隐患整改

安全隐患排查整改是安全月活动的重点，各二级单位结合实际，通过查思想、查违规、查隐患，排查安全隐患，将安全隐患及时消除，保证安全生产。2003—2017年，公司共投入资金465万元，整改安全隐患2855项。

总结表彰

2003年后，每年安全月活动结束，公司都要组织有关单位和人员对活动的每一个阶段、每一项内容进行认真考核评比，并对评出的先进单位、先进车间、先进个人、优秀黑板报、安全征文及安全交流材料获奖者进行通报表彰和奖励。

第十章　节能降耗管理

第一节　管理机构

2005年以前，公司无节能降耗管理部门，自2005年9月公司开展建设节约型企业活动开始，由集团公司总工办履行节能降耗管理职能，安排专人负责，各二级单位生产副经理分管本单位节能降耗工作，车间主任兼节能降耗管理员。

公司节能降耗管理实行分级负责，形成一个严密的节能降耗管理体系。总工办负责全公司的节能降耗管理，制定节能降耗管理制度及节能降耗管理考核细则，并检查贯彻执行情况。各二级单位分管副经理负责抓好本单位的节能降耗工作，各车间主任负责本车间的节能降耗管理，各班组长负责本班组的能源与材料的节约。

第二节 节约型企业建设

2005 年 8 月，公司组织建设节约型企业活动，活动的指导思想是：通过坚持全面发动、全员参与、讲究实效的原则，增强全体员工的增产节约意识，造就公司上下“节约增产，降耗增效，人人参与”的舆论和工作氛围，形成节约型企业长效机制，推动企业基础管理再上新台阶，保证公司各项经营管理目标的全面实现。活动的主要内容：第一阶段为宣传发动，查找节约挖潜空间，提出合理化建议；第二阶段为整改，由职能部门归纳合理化建议，制定、落实整改实施方案。节约挖潜的主要内容：供应采购、生产过程、财务管理、产品营销、技术开发、节电节水节煤、行政办公、合理化建议及革新改造、交通等十个方面。

通过宣传发动，公司上下全员参与，查找节约挖潜空间，各二级单位和各直属部门共提报节约型企业活动合理化建议 138 项。经过初步分类、合并和筛选，共整理出 73 项节约挖潜项目。2005 年 10 月，对 73 项节约挖潜项目制定建设节约型企业活动整改实施计划，对每个整改项目，除要纠正浪费现象和问题外，对每项整改项目均纳入管理制度。2006 年 1 月，集团公司办公室制定《节约挖潜建设节约型企业管理》制度，明确考核项目和考核部门，定期进行考核且工效挂钩，建立起建设节约型企业的长效机制。

通过建设节约型企业活动，集团公司共累计完成计划内项目 103 项，计划外项目 17 项，制定制度 98 条。有的工作具有创新性，如紧固件分公司中频炉耗电量与计件工资挂钩，即同时在用电平段或峰段工作，热锻相同数量的螺栓或螺母，如果所耗电量不同，将会得到不同的报酬。节约意识和管理意识有了进一步提高，如化工设备分公司、山东美陵美力达风机有限公司对一些难以定额考核而以前未考核的易损易耗品（如钻头消耗、煤的消耗等）进行班组比较考核。对评选出的 27 项效果好的合理化建议进行评定，A 级 4 项，B 级 10 项，C 级 13 项，每项分别给予 100 元、60 元、30 元奖励。

第三节 管理制度

2006 年 1 月，集团公司制定《节约挖潜建设节约型企业管理》制度，制度共有 9 方面的内容。即：（1）定额管理；（2）易损易耗品管理；（3）节电、节水管理；（4）节约办公费用管理；（5）废旧余料的利用管理；（6）财务管理；（7）技术、工艺改进管理；（8）销售业务管理；（9）设备维护保养管理；（10）车辆、运输管理。制度的建立保障了公司节能降耗管理有章可循。

2006 年 3 月，总工办制订《节约降耗管理考核细则（试行）》，2007 年 3 月修订为《节能降耗管理考核细则》，2008—2017 年，公司每年均根据实施过程中发现的新问题，对《节能降耗管理考核细则》进行修订完善。

第四节 节能降耗措施

节能降耗是企业的长期性工作，集团公司

2005 年 8 月 30 日，建设节约型企业活动动员大会

围绕宣传贯彻《中华人民共和国节能法》，开展“节约能源，从我做起”为主题的节能宣传活动，促使员工增强节能意识，从节约“一滴水、一张纸、一度电、一根焊条、一寸钢材”开始，由要我节约转变为我要节约，形成一种以节约创效益的良好氛围。

公司把各个环节的节能降耗指标纳入目标管理考核，通过跟踪监测机制，督促各单位采取节能降耗措施，落实节能降耗责任制。总工办每天对公司院内大功率设备电表抄表一次，对配电室每周至少检查两次，每周检查一次办公楼和厂区照明，严格按《节能降耗管理考核细则》对各二级单位电、水、煤、车辆消耗等能源使用情况进行考核。各二级单位每周检查一次，各车间每天检查一次，总工办每月考核一次，并将各单位检查、考核汇总，兑现奖惩。年底总工办将全年的考核结果汇总，并与各单位的工资总额、管理者年薪挂钩。

第五节　节能降耗成效

随着国家调整产业结构，转变经济发展方式大政方针的实施，电价不断提高，节能降耗已关系到公司的生存与发展。

2008 年后，新上许多大项目，电气能耗增加，各二级单位均比较重视节能降耗工作，节能降耗工作取得明显成效。

2008 年，万元销售收入耗电费比 2007 年降低 9%，节约电费 118.7 万元；锻压吨锻件耗煤 0.431 吨，比 2007 年的 0.614 吨降低 30%，按市价每吨 950 元，节约 61.3 万元。

2009 年，万元销售收入耗电费比 2008 年降低 2%；锻压吨锻件耗煤 0.358 吨，比 2008 年的 0.431 吨降低 16.9%。

2010—2012 年，大功率设备用电躲峰填谷，峰电用量减少，降低平均电价，节约电费 39.60 万元。2012 年，锻压吨锻件耗煤比 2011 年降低 6%，同比节煤 247.6 吨，按市价每吨 1100 元，节约 27.24 万元。2012 年与 2011 年实际车辆消耗相比，在耗油、维修费方面节约 24.32 万元。

2013 年，公司耗电量 3240 万千瓦时，耗电费 2660.75 万元。平均电价 0.82 元 / 千瓦时，比 2012 年的 0.86 元 / 千瓦时降低 0.04 元 / 千瓦时，平均电价降低 4.7%。

2014 年，公司耗电量 3672 万千瓦时，耗电费 2846.93 万元。平均电价 0.775 元 / 千瓦时，比 2013 年的 0.82 元 / 千瓦时降低 0.045 元 / 千瓦时，平均电价降低 5.5%。

2015 年，临淄污水净化分公司吨水耗电费比指标降低 11.2%，节省电费 70.93 万元；青州市美陵污水净化有限公司吨水耗电费比指标降低8.6%，节约电费31.38万元；济宁市美陵污水净化有限公司吨水耗电费比指标降低20.4%，节约电费130817元。

2016年，临淄污水净化分公司公司吨水耗电费比指标降低7.5%，节省电费43.22万元，青州市美陵污水净化有限公司吨水耗电费比指标降低11.5%，节约电费43.25万元；济宁市美陵污水净化有限公司吨水耗电费比指标降低9.7%，节约电费6.69万元。

2017年，随着国家电力改革，引入电力直接交易竞争制度，总工办申请并取得电力直接交易资质，为集团公司的电费节约奠定基础。

第十一章　信息化管理

集团公司于2006年提出实施ERP管理系统建设的战略，经过前期准备初始调研，2008年4月，与上海汉康管理软件公司南京分公司和北京亚安科技公司签署合作协议，上海汉康南京分公司提供软件授权，北京亚安科技实施顾问服务。信息化建设一期工程项目在集团公司下辖的化工设备分公司、山东美陵美力达风机有限公司、高强度紧固件分公司实施。

2008年4月22日，ERP项目启动。

2009年5月4日，ERP系统在三个公司上线运行，2个月后，ERP项目转入运行使用期。

2011年5月20日，通过协商，集团公司ERP系统的维护服务由上海汉康南京分公司负责。

2011年年底，集团公司就ERP系统的功能升级与上海汉康南京分公司达成协议。

2012年4月，上海汉康南京分公司的顾问入驻公司，开始进行系统功能模块的升级，优化数据库的计算逻辑。

2013年4月，公司与上海汉康南京分公司达成协议，在汽车零部件分公司实施ERP项目。5月5日，汽车零部件分公司ERP项目启动大会召开，汽车零部件分公司ERP项目开始实施。9月2日，汽车零部件分公司ERP系统进行开账运行。

2015年10月14日至12月2日，研发中心办公楼机房装修及整体弱电布线完成。

2016年9月5日，研发中心办公楼机房更换新服务器调试完成。是月27日，ERP系统64位数据库升级完成，开始在新服务器上运行。

第一节　管理机构

2008年4月，集团公司与上海汉康南京分公司、北京亚安签署合作协议，共同成立美陵集团ERP项目指导委员会，集团公司总经理和实施顾问分别担任主任、副主任。集团公司成立项目领导小组，由一名副总经理任项目经理，下设各二级单位项目经理、项目执行经理、系统管理员以及各关键用户，形成一个工作网络体系，参与项目建设的人员共有71人。其中，项目经理6人，执行经理7人，系统管理员8人，关键用户59人。

2008年4月，集团公司成立信息化办公室，主要负责项目建设时期各方面工作的协调，项目建设需要的网络及机房建设，各种建设期文件的编写和下发，项目建设期的考核以及项目建设中系统报表的制作以及公司信息化建设的相关工作。

2009 年 7 月，信息化办公室划归总工办管理，由一名副主任主管信息化的建设和运行维护管理工作。

2012 年 3 月，总工办设立信息体系科，负责集团公司信息化建设管理工作。

2013 年 4 月，集团公司与上海汉康南京分公司共同成立项目领导小组，集团公司总裁担任组长，两名副总裁及汉康实施部经理为副组长，下设汉康和公司两个项目建设小组，分别由实施部经理和副总裁担任项目经理，汽车零部件分公司设项目经理、项目执行经理和系统管理员各 1 人，整个项目小组有成员 41 人。

至 2017 年，化工设备分公司、山东美陵美力达风机有限公司、高强度紧固件分公司、汽车零部件分公司、生物助剂分公司五个二级单位和财务处在日常工作中使用 ERP 系统程序，并分别配备系统管理员 1 人。

第二节　项目实施

ERP 管理系统的建设，在软件选择之前，公司考察小组在全国范围对一些实施的企业和相关软件企业进行考察，最终通过全国招标和各种测试调研，选择汉康的 netup-p3 软件，同时选择上海汉康南京分公司的金牌实施公司北京亚安作为实施顾问公司。

承接项目实施的顾问团队，在协议签订前用 37 天对公司的管理特点、产品结构、管理职能设置、人员状况等做了全面初步调研，编写美陵集团《企业资源规划（ERP）初步方案》，就主要业务流程进行测试。集团公司组织管理层及有丰富实践经验的人员对初步方案进行整体研究，做出评估。双方协商一致后，2008 年 3 月 25 日签订合作协议。

按照“整体规划，分步实施”的原则，公司结合企业经营运行实际，对销售、供应、生产、工艺、工序、工步、财务、存货等覆盖公司各个业务面的工作流程做统筹细化，制定《“企业资源规划（ERP）”项目总规划》，规定项目实施的目标、任务、人员、时间和过程中重要事件的控制以及分步实施步骤。

2008 年 4 月 22 日，ERP 项目启动大会

按照总体规划的要求，从 2008 年 4 月 22 日开始，集团公司用 35 天，组织各单位进行精细化的调研工作。同时，实施顾问深入车间、科室，了解公司各项工作流程，结合调研资料和各方面的意

见，最终撰写美陵集团《企业资源规划（ERP）项目实施方案》。将方案交各基层部门论证，提意见，三易其稿，最终形成既结合实际又能强化管理的适合本公司的《企业资源规划（ERP）项目实施方案》。

ERP项目实施过程中存在很多关键点，如编码原则制定、产品BOM结构、业务流程理顺、特殊业务处理、清仓查库等。在这些关键业务上，公司采取重点控制的方法，本着审慎的态度，反复讨论，互相比较，选择最优的工作方法来处理相关事宜。

调研方案、编码、产品BOM结构、业务流程能否适应生产经营和管理的实际要求，需要实践的检验。项目组按照生产经营和管理的实际业务撰写《业务处理测试方案》，搭建测试系统，将纸面文字描述的业务处理方法进行实际测试验证，对发现的问题进行完善调整。在综合各方面的信息后，各二级单位和职能部门在系统上线运行之前做了演习，保障系统上线运行一次成功。

第三节　项目管理

召开工作例会

ERP项目具有时间长、工作量大、业务面宽、人员多的特点。系统上线运行初期，项目组坚持实行例会制度，包括季度例会、月例会、周例会、早例会。早例会和周例会一般由公司项目经理、信息办人员、各二级单位系统管理员和实施顾问参加，主要内容是每人汇报准备做的工作，把需要协调的问题交代清楚。月例会的参会人员扩大到各项目执行经理，听取各直属部门、各二级单位当期的工作汇报。季度例会由参与项目的全体人员参加，主要是工作汇报和项目下一步的计划安排以及项目实施中出现问题的协调和处理。通过各种不同层次的会议，项目实施过程中的各种问题得到妥善解决，例会制度保障项目建设的顺利进行。

建立管理制度

利用网络计划技术，建立项目计划管理制度，如总体规划、分期计划、子计划等，每个不同的计划都跟随着有针对性的考核制度和具体的考核办法。在项目建设期间，项目组从工作纪律、文档管理、培训教育和业务质量四个方面对参与人员和部门进行细致的考核。其中，工作纪律、文档管理和培训教育由公司内部考核，业务质量由实施顾问进行考核。在项目实践过程中，项目组建立项目质量管理制度、项目文档管理制度、项目风险控制管理制度等。完整的制度管理体系，保证信息化项目的顺利进行和最终的成果。

严格考核

ERP系统上线运行之后，信息办编写《信息化管理考核细则》，对ERP运行中的内容和要求进行规定，以保障系统运行。

2009年7月，在保障系统稳定运行的同时，信息办加强对相关问题的处罚力度。10月，开始增加对订单完工率、制令完工率和采购单完工率的通报，影响订单完工率的考核由各单位按照各自的规定执行。

2010年3月，总工办对《信息化管理考核细则》进行修改，发布《ERP运行管理考核制度》。其中，对订单完工率开始按照规定的指标进行考核，指标按月制定，逐步递增。以后每年3月，总工办均对《ERP运行管理考核制度》进行修改，逐步增加对生物助剂分公司、汽车零部件分公司的考核，把订单完工率的指标定位统一标准，同时加强与质量体系管理部门的联系。

2013年3月，总工办根据《山东美陵集

2013 年 5 月 5 日，汽车零部件分公司 ERP 项目启动仪式

团经营管理的有关规定》，对《ERP 运行管理考核制度》进行修改，实行管理重心下移。各二级单位作为考核主体，考核本单位科室和车间，同时接受集团公司的考核监督。

2016 年，总工办将淄博市天齐渊供水有限公司的收费系统纳入考核。2017 年，将集团公司的网站、监控系统及网络的运行纳入信息化考核。

第四节 企业信息化建设

集团公司的企业信息化建设是一个系统工程，ERP 系统是其中之一，整体上看，公司还处于信息化建设的初级阶段。

系统升级

2012 年 4 月，通过与上海汉康南京分公司协商，进行 ERP 系统上线后第一次功能升级，增加财务报表的数据追溯功能，调整一部分上线初期积累的数据错误，优化部分数据库逻辑，以减少报表打开的响应时间。

ERP 后续项目

功能升级后，汽车零部件分公司启动 ERP 项目建设，2013 年 5 月 5 日开始，上海汉康南京分公司对汽车零部件分公司进行详细调研。6 月 8 日，《山东美陵 ERP（汽车零部件分公司）现状及解决方案》定稿。是月 26 日，汽车零部件分公司系统运行需要的机房设备，包括服务器、交换机等设备签订采购合同。是月 28 日，汽车零部件分公司局域网布线完成。

其他项目进展

2008 年，工业和信息化部成立，大力推行信息化和工业化高层次深度结合的战略。公司适时提出在考勤管理、远程监控和视频会议等方面进行信息化网络建设。

2014 年，总工办信息体系科顺利实施和成功运行淄博市天齐渊供水有限公司收费信息化系统，在其软件选型、实施和网络架设及设备选型等环节进行工作支持。

外网

2008 年前，公司日常运行对网络的需求不大，几个部门仅靠一根电话线连接的 ADSL 与外界联系。2008 年，公司更换网络供应商，将网络转移到广电网络，增加带宽。2011 年，公司网络管理由办公室转移到信息办，在信息办的组织协调下，对公司外网进行优化，重新分配带宽，更新部分线路和设备，保障各部门对网络的需求。2012 年，美陵环境公司办公楼正式使用，信息办参与其中的网络布线和网络结构设计，保证各部门的网络需求。2015 年，对研发中心办公楼进行涉及弱电领域的规划和建设，包含网络、电话、监控、无线和有线电视等项目，实现内外网络融合以及各种网络的分层分级管理。

2017年，改版后的集团公司网站首页

考勤系统

2012年年初，集团公司提出使用自动化考勤系统，经过产品选择和试用，最终选择汉王公司的人脸识别考勤机作为主要设备。2012年12月，集团公司驻地均实现自动化考勤。

监控和视频会议

2006年，公司在关键位置安装摄像头进行监控，到2012年，监控系统陆续出现故障导致正常运行的摄像头所剩无几。2012年，集团公司建设全覆盖全监控系统和各二级单位之间的视频会议系统。2013年10月，视频监控系统顺利通过验收。2014年，监控系统正式运行。2015年，实现研发中心办公楼内部区域及广场区域的监控覆盖，在美陵环境公司安装监控系统，实现录像在集团公司机房的存储。

网站管理

2007年7月，公司网站管理领导小组成立，制定《山东美陵集团网站管理规定》。2012年6月，矿泉水分公司开通“天齐渊网站”。2013年，总工办对集团公司网站进行升级改版。2017年，总工办对集团公司网站进行统一管理。

第十二章　行政后勤管理

第一节　管理机构

企业的行政后勤管理，主要包括文印档案管理、后勤服务和治安保卫等方面的工作。1982年以前，行政管理工作由厂部直接负责。1983年，根据工作需要，设立办公室，主要负责文档方面的管理；设立行政科，主要负责后勤服务、治安保卫等方面的管理工作。

1995年，淄博美陵公司实行二级目标化管理，设立企管办，履行原办公室的行政管理职能，行政科隶属企管办管理，仍负责后勤服务和治安保卫管理。

2000年，行政科撤销，设立行政组，其职能与隶属关系不变。

2005年，企管办下设办公室，行政管理工作由办公室负责，行政组隶属办公室，其职能不变。

2007 年，办公室下设保卫科，作为治安保卫的专职负责机构，行政组负责后勤服务工作。

2012 年 3 月，保卫科和行政组合并成立行政科，隶属企管办领导，负责治安保卫工作、厂区绿化、车辆管理、职工福利管理和职工宿舍管理。企管办办公室负责文档管理、职工食堂管理和招待所管理。

2017 年，设档案管理员 1 人，资质证书管理员 1 人，行政管理人员 3 人，后勤服务人员 11 人。

第二节　文档管理

文件管理

1992 年以前，企业文件管理机构不够健全，管理制度不够规范。1992 年以后，随着基础管理工作的加强，文件管理工作也得到逐步重视和加强。1997 年，美陵股份公司制定严格的《文件管理制度》，就发文、收文、文件传阅、文件借阅、文件清退以及文件的立卷、归档与销毁都作出相应的规定。办公室设立一名文书负责该项工作。制度规定，公司所发文件必须严格按照规定程序进行。公司的行政文件一般由办公室拟稿，业务文件由具体业务部门拟稿。文件草稿拟好后交拟稿部门主要负责人核稿，证明无误后送相关领导审批签发（董事会文件由董事长签发，党委文件由党委书记签发，公司文件由总经理签发）。文稿签发后，送办公室由文书登记编号后，安排打印。文件打印后由拟稿人进行校对，校对无误后进行印刷，加盖公章按文件发送范围进行发放。

对所接收的外来文件和信函由办公室签收，并做好登记，然后在文件首页贴上文件处理单，根据文件类型送相关领导阅批，需要传阅的文件，按批文人确定的范围进行传阅，阅件人阅后在文件处理单上签字。如果文件提出办理某项事务，批文人在文件上注明具体承办单位，提出承办要求，办公室负责催办。

对文件的借阅、清退和销毁都作出相应的管理规定。已处理完毕的文件，公司领导和有关工作人员由于工作需要可以借阅，外单位人员一般不准借阅（特别是涉及企业机密的文件）。特殊情况确需借阅的必须经公司主要领导批准，借阅人应填写文件借阅簿，并要求做到不得裁剪、涂改和翻印，更不得转借他人，用完按时退还。办公室负责文件的清退工作，对传阅、承办件、会签和送审件以及有重大情节的文件要随时清退，对上级下发的文件年终一次性清退。对不需立卷归档的文件以及上级机关指定销毁的文件，按规定予以销毁。销毁文件必须严格按清点、登记、签批、备案等程序进行。文件的立卷归档管理由办公室文书按照收、发文件和借阅文件登记簿把所有归档文件收集齐全，将文件分类立卷，对卷宗按保存价值分为永久、长期、短期三种情况分别拟定保存期限，并在规定的时间内移交档案室。

2008 年，集团公司制定《文件管理制度》和《文件编写规定》及《文件控制程序》。文件由行政文件和质量管理体系文件及外来文件三部分组成，行政文件及上级领导机关下发文件按原规定执行。质量管理体系文件按《文件控制程序》《文件编写规定》和《关于文件发放范围的规定》执行。质量管理体系文件由总工办负责组织起草、修改、印制、发放和管理，质量管理体系文件编写应根据《文件编写规定》进行。《管理手册》由总工办负责组织编写，管理者代表审核，总经理批准发布执行；技术性支持文件由各二级单位分管副经理组织归口部门编写，各二级单位分管副经理审核，总经理批准发布执行。其他管理体系文件，由文件的相关部门编写，分管副经理审核，管理者代表批准发布执行。质量体系文件分为“受控”和“非受控”两类，“受控”文件在发放时，由发放部门按《文件编号规定》进行编号，并填写“文件发放、撤回、销毁登记表”，按编号发放、受控文件不得随意转借、拆散、撕毁、复印或更改。工作变动时，到文件主管部门或文件发放部门办理交接手续。对于外来的技术资料、法律法规文件由技术部门、各职能部门统一登记编号发放。产品标准、国家标准、行业标准和企业标准文件，由标准化员负责收集，加盖“受控”印章，编号后发放到执行部门。标准化员或执行部门负责人应注意标准的更新换版工作，及时更新标准，确保技术部门及时得到最新信息。对“受控”文件的更改严格执行《文件控制程序》规定，由原文件编写部门填写“文件更改、申请通知单”，说明更改理由，更改文件申请得到批准后，进行更改。管理体系文件的作废和销毁，要得到归口管理部门负责人的批准，并在该负责人监督下进行，同时做好记录。技术文件（图纸工艺、技术规程等）由各技术部门资料员将文件分类立卷，按保存价值确定保存期限，并在规定时间内移交档案室。管理体系文件由总工办或职能部门负责将作废文件分类立卷，按规定移交档案室。作废的产品标准、国家标准、行业标准及企业标准由标准化员将文件分类立卷，按规定移交档案室。

印信管理

1993年以前，企业的印信管理由财务科管理。1993年开始，由办公室管理。1995年后，由企管办管理。

2004年，企管办分设为办公室和劳资科后，印信管理由办公室管理。集团公司制定严格的《印信管理制度》，对印章的管理使用和介绍信的出具都作出相关的规定。集团公司及各二级单位的行政章由办公室专人管理，集团公司及各二级单位的财务章由财务处统一管理，各二级单位的合同章由各二级单位指定专人管理，法人代表章由财务处指定专人管理，各质检员的检验章由各质检员自己负责管理，对印章的保管、使用以及携章外出都作出严格的规定。《印信管理制度》对介绍信的开具、使用、丢失、作废以及对外单位来人的介绍信查验也作相应的规定。

档案管理

1997年以前，档案管理没有专门的管理机构，各类档案实行归口管理的办法，文秘人事档案由办公室管理，财务档案由财务科负责管理，技术档案归技术科管理。

1997年，设立档案室，设一名专职档案管理员，各类档案做到分类管理。

档案室一角（2017年摄）

2002年，化工设备分公司、山东美陵美力达风机有限公司的技术科合并办公，设立技术档案室，将技术档案由原档案室分离出来单独管理。

2006年，集团公司规范档案管理工作，将档案室合为一处迁到综合楼一楼，并配置新型档案橱柜和计算机管理系统，对各类档案重新进行整理分类。同时，制定规范的《档案管理制度》，从文件整理、档案分类、名称及编号、保存期限、档案清理、调卷以及机密文件的管理等都作出明确的规定，档案管理工作逐步得到规范。

2008年，集团公司修订《档案管理制度》，制定《档案分类方法和编号方法》，并由专人负责档案管理。

2017年年底，集团公司管理类档案共749卷，产品类档案11251卷，基本建设类档案39卷，设备仪器类档案419卷，会计档案类10801卷，实物档案类106件，科学技术档案类16卷，电子档案40碟。

文印管理

文印工作在20世纪70年代是人工镌刻油印。20世纪80年代后期改为打字机打印，设一名专职打字员。由于当时需要打印的文件资料较少，没有专项管理制度。

进入20世纪90年代以后，随着企业的快速发展和管理的不断规范，企业的文件资料越来越多，文印管理成为一项重要的管理内容。

1993年，淄博美陵公司设立文印室，隶属办公室管理。1995年，文印室归企管办管理。

2005年，企管办分设办公室后，文印室由办公室管理。文印室设一名专职打字员，并配备计算机、复印机以及其他文印设备，制定文印管理规定，文印管理工作步入规范。

2008年，集团公司制定《文印管理规定》和《文件编写规定》，文件资料打印工作由各部门根据规定要求，在各自的计算机上自行输入打印。集团公司计算机、打印机实现普及化，各二级单位均有复印机，复印文件都能按照规定要求进行印制，对超过规定的由主管部门领导批准后进行复印和印刷。

第三节　后勤服务管理

后勤服务管理主要包括职工食宿、职工福利、厂区绿化等。2000年以前，由行政科专职管理。2000年改为企管办行政组管理，2005年，改为办公室行政组管理。2012年，管理工作由行政组改为企管办行政科负责。

职工住宿管理　1967年以前，主要是租用民房安排职工住宿。其间，1964年县手工业联合社拨款建宿舍4间。1967年，临淄县齐陵修配站迁入现址后，要求职工一律住厂，以便于工作和学习，领导发动职工自己动手建起12间土木结构的职工宿舍，以后根据需要先后建起砖木结构宿舍28间，690.5平方米，基本满足职工住宿需求。

20世纪80年代，农村实行联产承包责任制，职工大都为亦工亦农工人，不再要求职工住厂。

20世纪90年代中期，随着改革开放的深入，企业员工的结构发生很大的变化，引进大批大中专毕业生和专业技术人员，他们大多家在外地。1996年，淄博美陵公司投资75.1万元建起1536平方米的6层砖混结构宿舍楼。宿舍楼分为单身和家庭住户两部分，家庭住宅主要解决家在外地的已婚大中专毕业生职工的住房问题。淄博美陵公司制定《住房管理制度》，对申请住房的员工（不论家庭还是单身）建立严格的审批程序，规定各项费用的收取标准。对单身宿舍以宿舍为单位安排负责人，制定轮流值日制度以及作息时间制度，并对宿舍卫生进行定期检查和考核。

职工食堂管理 1962年以前，齐陵人民公社联合机械制修厂建立初期就租用民房设立职工食堂，配备1名生活管理员、1名炊事员。1962—1965年，职工总人数减少，实行职工几个人合伙自炊。1967年，迁入现址后，盖3间土木结构的伙房，炊事员增加到2人。当时除部分固定职工按定量供应粮食外，其他职工大多是亦工亦农，户口在农村，职工要自带粮食交伙房领取饭票，当时农村生活还比较困难，交粮大多为瓜干和玉米等粗粮。

20世纪80年代后，农村实行联产承包责任制，农民生活开始好转，职工交粮以细粮为主。

20世纪90年代，食堂实行现金售票和职工交粮领票相结合。

1997年，美陵股份公司投资32.77万元，新建面积为672平方米的三层框架结构职工食堂，并配备和面机、馒头机、电饼铛等炊事用具，设置能容纳150人同时就餐的餐厅。食堂工作人员增加到5人，并坚持定期体检、达到持健康证上岗。公司制定《食堂管理制度》《员工就餐制度》《食品卫生管理制度》等一系列管理制度，食堂工作人员落实岗位责任制，把食堂采购、保管、加工、出售等各个环节责任落实到人，做到事事有人管，人人有责任，办事有标准，作业有程序，工作有检查，食堂管理工作实现规范管理。

2008年，食堂工作人员由5人增至6人。2010年4月，修订《职工食堂管理办法》，购置职工餐卡刷卡机，职工发放就餐卡，取代旧式饭票的交付方式。

2013年6月，职工食堂进行装修，更换餐桌和椅子，安装开水机、空调、电视机，并修订《员工就餐制度》等。

2016年，职工食堂改用天然气炉灶，并购置天然气蒸饭车等设备，降低劳动强度。

2017年年底，食堂工作人员4人。按照上级食品监督管理局和药监局的要求，定期体检取得健康证明上岗。职工食堂对每天的食物进行留样。

2006年12月，青岛博德化工有限公司竣工，建有职工餐厅，配备和面机、馒头机、冰箱等专用炊事设备。其管理模式与集团公司食堂相同，规范管理，执行集团公司有关规定和制度。

山东美陵博德化工机械有限公司职工餐厅（2017年 摄）

招待所管理 20世纪80年代后期，对客户和关系单位的接待任务增多，一般在饭店安排食宿，既不方便，费用又高。

1991年，临淄区石油化工配件厂设立招待所，当时规模很小，有厨师1人，服务人员2人，只能

招待所外景（2008 年 摄）

解决客户的就餐问题，住宿问题仍需到宾馆安排。

1997 年，美陵股份公司投资 82.75 万元新建三层框架结构、面积为 1088 平方米的招待所，设有会议室和会客室共 4 个，餐厅 5 个，客房 4 个，各客房配备电话、彩电。厨师增加到 3 人，服务人员增至 7 人，基本上满足客户食宿、业务商谈、会议等方面的需求。公司制定《招待所管理制度》，对接待范围、陪餐人员、就餐标准都作明确规定，并根据不同岗位制定岗位工作规范，实现宾馆式管理。

2009 年，集团公司对招待所的餐厅、客房、洗手间等设施进行重新装修，修订《招待所管理制度》《招待所物品管理制度》《招待所工作管理细则》等制度。

2017 年年底，招待所工作人员有 7 人。其中，厨师 2 人，后厨 2 人，服务员 3 人。

职工福利管理 职工福利主要是指按期发放给职工的各种劳保、卫生用品和重大节日的过节物品以及相关补助等。

1971 年以前，职工福利数量很少，只有两年一套的工作服和特殊工种所用的护脚、安全帽、眼镜等，因此也未建立相应的管理制度和归口管理部门。

1972 年，淄博市临淄区齐陵公社农具厂制定《劳动护品发放管理制度》，对职工劳保护品的发放标准和范围进行规范。之后，根据不同时期的具体情况进行过几次调整。

20 世纪 90 年代后，随着企业的发展，坚持以人为本，职工的福利待遇也不断提高，淄博美陵公司对《职工福利发放管理制度》进行修订。修订后的管理制度对职工福利的标准、发放范围、发放时间以及责任部门作明确的规定，并对计划、采购、保管、发放各个环节提出严格要求。制度规定，办公室作为职工福利牵头管理部门，提出物品的采购计划，经总经理批准后，由化工设备分公司供应科统一采购、入库，并按照办公室编制的名册发放。职工的保健费、高温补助费由各二级单位生产科统计编制表册，经本单位经理审核签字后报劳资科，报总经理批准后发放。职工的冬季取暖费、生活补助费由劳资科做统计表格，经总经理批准后发放。

2006 年，集团公司修订《劳动保护用品以及特种作业人员保健费用发放管理》。

2010 年，集团公司对夜班生产的职工增加夜班生活补助费。2014 年，企管办办公室重新修订《劳动保护用品以及特种作业人员保健费用发放管理制度》。并于 2015 和 2016 年作补充修改。

2017 年年底，按期发放给职工的劳保福利有工作服（一线职工一年两身）、劳保鞋、安全帽、手套、毛巾、洗衣粉、防暑茶以及在有毒有害环境作业人员的保健费、从事高温作业人员的高温补助费。其他劳保护品根据工作需要，由车间领取，列生产成本。发放给职工的生活福利主要有冬季取暖费、生活补助费以及中秋、春节等重大节日的过节物品。

车辆管理 1971年，淄博市临淄区齐陵公社农具厂购买一台用柴油机改装的小四轮板车，是第一台生产用车。

1987年，购买一台伏尔加牌轿车，是第一台工作用车。车辆由供销科使用管理，未有成文的管理制度。

20世纪90年代以后，随着车辆的逐年增多，1996年，淄博美陵公司下发《关于加强车辆管理以及改革驾驶员工资分配的意见》，对车辆的管理和使用作出明确的规定：所有车辆实行公司、各二级单位分级管理使用，负责人一律不配备专车。公司机关车辆由办公室调度管理，各二级单位所属车辆由一名负责人调度管理。车辆的维修费、油料费根据车型、车况年初下达消耗指标（即百公里耗油、百公里维修费），超出或节约部分，按50%扣罚或奖励驾驶人员。

驾驶员的工资实行基础工资与任务定额工资相结合的分配方式。其中，基础工资是按本人原工资级别计算的工资，占工资总额的40%；任务定额工资是根据不同车辆所测定的月行驶里程计算的工资，占工资总额的60%。随着公司员工工资制度的改革，驾驶员基础工资与任务工资的比例调整为2 ∶ 8。2007年，驾驶员的任务定额工资改为按本人岗位工资的50%与行驶里程浮动。

2010年7月，集团公司制定《关于加强车辆管理的补充规定》，对车辆（包括公司租车）实行总量包干、计量考核、节奖超罚原则。各二级单位车辆仍由各单位负责管理，建立车辆运行台账，对车辆的调度、使用、油耗、维修、事故处理等方面进行监督考核。集团公司对车辆驾驶员工资计算方法实行岗位工资的50%按规定里程挂钩浮动，若完不成核定里程，其50%的岗位工资按所欠比例降低，车辆的油耗及维修费用实行费用总包干制度，在包干的行驶里程内，按不同车型的百公里耗油及维修费用标准，实行节奖超罚，其奖罚金额的70%奖罚驾驶员，30%奖罚车辆使用人或管理员，若突破包干行驶里程，消耗的费用由相关人员按比例自理，集团公司对夜间、节假日、星期天使用车辆实行缴费制度。制度规定，集团公司副总裁以上人员允许夜间、节假日、星期天使用配备车辆，但需交纳每人每月600元车辆使用费。各二级单位使用公车的经理、副经理及公车驾驶员夜间、节假日、星期天使用车辆实行使用费先扣后返，扣缴标准每人每月先从工资中扣600元，在使用车辆考核中无处罚的，月底结算时从预扣费如数返还。同时规定，夜间在外停车或私自用车，每晚100元、每半天100元、每一天200元的处罚，有效控制公车私用。

2017年，集团公司共有机动车辆48辆，其中，生产用车7辆，工作用车41辆。

电话通讯管理 1992年以前，企业只有一部由齐陵总机接转的手摇电话。1992年，向区邮电局申请从辛店设一专线，安装第一部程控电话。

1993年，安装一台30门的内部程控电话交换机，各车间、科室都安装内部电话。

1994年，齐陵镇电信大楼启用后，淄博美陵公司各科室陆续安装程控电话。同年，淄博美陵公司制定相应的管理制度，加强对程控电话的管理，杜绝公话私用、电话聊天等现象。

1998年，美陵股份公司对各二级单位的程控电话实行电话费包干，每部电话落实一名管理员，对超出定额的电话费由电话所在科室承担，其中电话管理员承担30%，节约电话费以相同的比例奖励相关人员。2003年、2010年、2016年，集团公司与网通公司签订电话费包干合同，集团公司的电话费有较大幅度的降低。

2017年，集团公司共有电话112部。其中，内线电话42部，外线电话70部。

第四节　治安保卫管理

企业的治安保卫工作1983年以前由厂部直接管理，设有门卫和夜间巡逻专职人员4人。从1983年起由行政科管理，设门卫2人，警务室夜间巡逻人员2人，并实行领导干部带班、职工夜间轮流值班制度。

1991—1995年，淄博美陵公司按照临淄区“二五”普法规划的要求，开展法制宣传教育活动，被临淄区委、区人大、区政府授予“二五”普法先进单位称号。随着企业规模的扩大，安全保卫工作的任务也相应加重。

1997年，美陵股份公司与临淄区保安公司签订保安服务合同，保安公司派4名保安队员负责安全保卫工作。同时，配备2名专职保卫人员协助保安队员加强夜间巡逻，并继续坚持领导带班、员工夜间轮流值班制度，安全保卫工作得到进一步加强。在结合“三五”普法规划实施开展的依法治理活动中，美陵股份公司坚持“以法治企”的方针，加大工作力度，依法治企工作得到提高。

2001年11月，被临淄区委、区人大、区政府评为全民普法依法治理先进单位。

2003年3月30日，美陵股份公司安装电子保安监控系统，覆盖公司各个方位，技防水平得到提高。

2007年，集团公司设立保卫科，隶属于办公室。负责对安全保卫工作的日常监督、检查、考核等工作。同时制定《安全保卫工作管理规定》，建立安全保卫管理网络，明确保卫科、门卫、夜间警卫、夜间值班员、各二级单位分管安全保卫的副经理、车间、仓库安全保卫管理员、科室安全保卫管理员的职责与权力，并将安全保卫工作纳入安全生产考核管理，实行工效挂钩，对安全事故的发生与防范制定奖励和处罚标准。同年，集团公司与齐陵派出所达成联防协议，派出所在厂内设警务室，配备警车，对各二级单位进行夜间安全保卫巡查，形成人防与技防相结合、管理网络与制度保障相结合的安全保卫工作新格局。

2012年，安全保卫工作由行政科负责管理。同时对《安全保卫工作管理制度》，进行修订。

2017年，集团公司继续与临淄区保安公司合作，保安公司续派6名保安队员到公司负责安全保卫工作，公司配置4名员工协助保安队员加强夜间巡逻，将安全保卫工作纳入安全生产考核管理，制定奖惩标准，对安全事故的发生起到重要防范作用。集团公司累计安装206个监控探头，24小时全方位监控。同时，集团公司继续坚持领导带班，中层领导夜间轮流值班制度。

第七篇
科技工作

美陵集团
MEILING GROUP

山东美陵集团的科技工作，经历了一个从无到有、由弱到强、再到占领行业先导地位的过程。

1970年以前，企业是一个从事简易农机具维修和制作的社办企业，规模小，专业技术人员为数不多。1970年，企业设立技术资料室。当时企业底子薄，资金少，多是靠自制或仿制设备来满足生产需求。1975年，企业设立技术组。1979年，将技术组改为技术科，技术人员由2人增至5人。1980年，全国科学技术大会召开后，依靠科技求进步求发展的意识增强，科技工作得到重视，技术革新和技术改造工作逐步加强。1982年，远红外线烤漆工艺被临淄区科委授予科学技术进步三等奖，这是企业首次获奖的科技成果。1988年，技术人员增至8人。1989年，企业首次有7人取得专业技术职务资格。此后，企业通过多种形式的专业技术培训，培养自己的技术人员。1980—1992年，企业共引进新工艺新技术7项，开发新产品9种，完成技术革新和技术改造项目14项。1992年，企业的技术人员达35人，企业被评为科教兴区先进集体。

1993年，淄博美陵公司做出依靠科技进步促进企业快速发展的战略决策，对公司的科技管理机构进行改革、调整和完善。同时，公司千方百计不拘一格招揽各类专业技术人才，把发现招揽人才、培养使用人才作为科技兴企的重要手段。至1995年，淄博美陵公司招收聘用的专业技术人员达52名，占职工总数的13.5%。1993—1995年，公司共引进6项新技术，开发出9种新产品，完成技术改造项目7项，先后被评为科教兴区先进集体和科技进步先进集体。有5种产品获得省市区颁发的8项科技成果奖。其中，省级1项，市级3项，区级4项。1995年后，公司健全科技管理机构，专业技术力量更加雄厚。至2000年，公司共有各类专业技术人才172人。1997—2000年，美陵股份公司共引进新工艺新技术14项，开发新产品45种。其间，公司被山东省乡镇企业局认定为技术创新示范企业，并获临淄区科技工作先进集体荣誉称号和技术创新示范工程奖。有6种产品获得10项科技成果奖。其中，国家级1项，省级1项，市级7项，区级1项。

进入21世纪后，淄博美陵公司把科技创新和技术进步作为企业又好又快发展的先导，2002年3月，成立总工办，全面负责企业的技术管理工作。2003年起，实行专业技术职务和工人技师评聘制度以及相关的激励措施，最大限度地调动专业技术人员的积极性和向心力，围绕公司定型主导产品搞攻关，瞄准技术含量高、市场前景好的新产品开发，推动企业生产向更广领域进军。2001—2017年，共引进新技术37项，开发新产品14大系列158种，完成重大技术改造项目267项。有38种产品获得

69项奖励。其中，国家级4项，省级11项，市级25项，区级29项。公司先后荣获山东省优秀民营科技企业、国家火炬计划重点高新技术企业、国家高新技术企业、淄博市创新型高成长企业50强、山东省知识产权示范企业等荣誉称号。相继建立山东省企业技术中心、山东省高效节能换热器工程技术研究中心、山东省院士工作站、淄博市工业设计中心、山东省博士后创新实践基地。取得GB/T29490知识产权管理体系认证证书。

第一章　科技管理

第一节　管理机构

1970年前，企业无专门的科技管理机构。1970年，企业设立技术资料室，主要负责产品图纸的描晒及技术资料的管理工作。

1975年，企业成立技术组，由2人组成。

1979年，根据电风扇生产技术要求高和技术资料多的实际，技术组改为技术科，人员增至5人。

1992年9月，企业改制后，1名副经理分管技术工作。

1995年，淄博美陵公司进行管理体制改革，实行总经理领导下的三总师负责制，总工程师全面负责企业的技术工作。同时，为适应市场经济的发展和落实科技兴企战略的需要，公司设立技术开发办公室。后随着企业生产规模的不断扩大和科技人员的增多，开发办改称技术开发中心，各二级单位也陆续设立相应的技术管理机构。公司坚持走产、学、研相结合的路子，引进、聘用、培养了一批素质较高、扎根美陵的技术人才。

2002年3月，公司成立总工办，具体负责企业的技术管理工作。随着企业的快速发展，公司技术开发中心的规模和功能日益扩大和健全。拥有机械性能试验室、化学分析室、金相分析室及齐全、先进的试验、分析和检测设备，基本满足企业技术开发的需要。2004年12月，美陵股份公司技术开发中心被山东省经贸委认定为省级企业技术中心。

2006年12月，经山东省科技厅审核批复，同意美陵股份公司设立山东省高效节能换热器工程技术研究中心。

2014年9月，美陵股份公司建立的山东省院士工作站获批，设计中心被批准为淄博市首批市级工业设计中心。

2016年6月，山东省人力资源和社会保障厅同意美陵股份公司设立山东省博士后创新实践基地。

第二节　科技队伍

1979年以前，企业专业技术人员不多，有些肯动脑爱钻研的工人成为企业技术革新和改造的骨干。

1979年，企业开始拓展生产领域，由单纯的农机具制作和维修向石油化工配件和电风扇生产转变。为适应生产的需要，设立技术科，

公司技术开发中心办公场所（2015 年 摄）

技术人员和大中专毕业生的同时，坚持做到对他们在政治上关心、生活上体贴、政策上倾斜、待遇上优惠、培训上优先，最大限度地解决科技人员的后顾之忧。

1995 年，在资金比较困难的情况下，投资 75.1 万元，建成标准较高的宿舍楼，供科技人员居住。到 1998 年，公司已拥有各类专业技术人员 74 名。其中优秀的科技人才走上领导岗位。

配备 5 名专业技术人员。随着企业的发展，到 1988 年，已有专兼职技术人员 8 名。

1989 年，按照国家职称改革的政策和有关规定，将过去的职称评定制改为专业技术职务聘任制，企业有 7 人首次通过评审取得专业技术职务资格证书。其中，助理经济师 4 名，助理工程师 2 名，助理会计师 1 名。

1992 年，企业改制后，公司重视科技人才的引进和培养，不拘一格招揽专业技术人才和大中专毕业生。建立人才培训体系，将走出去学与请进来教相结合，注重抓好现有科技人员的培训提高，使公司有一支源源不断的科技队伍后备军。

1993 年，招收 7 名大学本科毕业生，引进 6 名工程师，聘用技术顾问和星期日工程师 12 名，有 3 名工人被送往大专院校委培，壮大公司的专业技术力量，为企业的发展增强后劲。

1994 年，参加山东省、淄博市专业培训的有 11 人，持证焊工达 13 人，聘用、招收的专业技术人员和大中专毕业生达 52 人，占职工总数的 13.5%。公司在引进、聘用和招收专业

进入 21 世纪后，随着企业生产规模的不断扩大和科技人员的日益增多，从 2000 年开始，公司根据国家有关专业技术人员年度考评的规定，从德、能、勤、绩四个方面对专业技术人员进行年度综合考评，考评结果计入个人档案，并与专业技术职务评聘挂钩，促使专业技术人员不断提高自己的思想觉悟和业务水平，事业心和责任感进一步增强。

2003 年，规范专业技术职务的评聘，研究制定《关于专业技术职务评聘的暂行规定》《关于工人技师评聘的暂行规定》，启动公司建立后的首次专业技术评聘工作，共评聘高级专业技术职务 8 人，中级专业技术职务 13 人，助级专业技术职务 27 人，员级专业技术职务 39 人。评聘中级工人技师 4 人，助级工人技师 15 人。专业技术职务的评聘工作最初每年进行一次，2004 年 7 月 1 日，评聘工作改为每两年进行一次，评聘结果记入档案，与年终评比、职务聘任和结构工资待遇挂钩。工人技师的评聘为两年一次，可连聘连任，被评聘人员纳入公

司专业技术人员管理，其待遇按专业技术人员结构工资的规定执行。截至2017年，专业技术职务评聘工作进行8次，工人技师评聘工作进行7次。

第三节 许可资质

截至2017年，集团公司共取得主要生产经营许可资质证书59个。

截至2017年集团公司取得的主要生产经营许可资质证书一览表

表7-1

证书名称	发证单位	首次发证时间	有效截止日期	取证单位
成品油零售经营批准证书	山东省经济和信息化委员会	2000.12.30	2020.12.30	淄博美陵加油站有限公司
危险化学品经营许可证	淄博市安全生产监督管理局	2001.6.6	2019.6.10	淄博美陵加油站有限公司
压力容器设计单位批准书（第一、二类压力容器）	山东省质量技术监督局	2002.1.11	2007.1.11	美陵股份公司
建筑业企业资质证书	山东省建筑工程管理局	2002.4.9	2021.4.7	山东美陵中联环境工程有限公司
取水许可证	淄博市水利与渔业局	2003.1.1	2020.12.31	矿泉水分公司
中华人民共和国特种设备制造许可证（压力管道元件）	山东省质量技术监督局	2003.9.30	2020.3.7	美陵股份公司
锅炉压力容器制造许可证（AR2级压力容器）	国家质量监督检验检疫总局	2003.12.10	2007.12.31	美陵股份公司
工程设计资质证书	山东省住房和城乡建设厅	2004.1.19	2020.10.9	山东美陵中联环境工程有限公司
环境保护设施运营资质	山东省环境保护厅	2004.2.25	2016.10.21	山东美陵中联环境工程有限公司
射线装置工作许可证	淄博市卫生局	2004.5.30	2009.5.30	美陵股份公司
食品生产许可证	临淄区食品药品监督管理局	2005.1.31	2021.7.21	矿泉水分公司
安全生产许可证	山东省建筑工程管理局	2005.3.10	2020.3.9	山东美陵中联环境工程有限公司
煤矿矿用产品安全标志证书	矿用产品安全标志办公室	2005.7.8	2009.6.27	山东美陵美力达风机有限公司
全国工业产品生产许可证（制冷设备）	国家质量监督检验检疫总局	2006.1.23	2021.2.24	山东美陵美力达风机有限公司
产品质量免检证书	国家质量监督检验检疫总局	2006.12	2009.12	美陵股份公司

续表

证书名称	发证单位	首次发证时间	有效截止日期	取证单位
特种设备设计许可证（A2级压力容器）	国家质量监督检验检疫总局	2007.1.31	2019.1.30	美陵股份公司
采用国际标准产品标志证书	山东省质量技术监督局	2007.5.11	2017.6.1	美陵股份公司
企业产品采用国际标准认可证书	山东省质量技术监督局	2007.5.11	2017.6.1	美陵股份公司
环境管理体系认证证书	方圆标志认证集团有限公司	2007.6.1	2010.5.31	美陵股份公司
职业健康安全管理体系认证证书	方圆标志认证集团有限公司	2007.6.1	2010.5.31	美陵股份公司
重点高新技术企业证书	科学技术部火炬高技术产业研究中心	2007.9	2009.9	美陵股份公司
中华人民共和国海关进出口货物收发人报关注册登记证书	中华人民共和国淄博海关	2007.11.12	2013.11.12	美陵股份公司
ASME U 证书	美国机械工程师协会	2007.11.28	2019.10.13	山东美陵博德化工机械有限公司
NB 证书	美国机械工程师协会	2007.11.28	2019.10.13	山东美陵博德化工机械有限公司
特种设备制造许可证（A2级压力容器）	国家质量监督检验检疫总局	2007.12.31	2016.1.12	美陵股份公司
高新技术企业证书	山东省科技厅 山东省财政厅 山东省国家税务局 山东省地方税务局	2008.12.5	2020.12.27	美陵股份公司
安全生产许可证	山东省安全生产监督管理局	2010.2.2	2014.11.22	矿泉水分公司
质量管理体系认证证书	北京三星九千认证中心	2010.2.5	2018.9.15	美陵环境公司
建设项目环境影响评价资质证书	环境保护部	2010.8.4	2018.8.4	山东美陵中联环境工程有限公司
工程咨询单位资格证书	国家发展和改革委员会	2010.8.15	2021.8.14	山东美陵中联环境工程有限公司
高新技术企业证书	山东省科技厅 山东省财政厅 山东省国家税务局 山东省地方税务局	2010.11.30	2019.12.14	山东美陵中联环境工程有限公司
测量管理体系认证证书	中启计量体系认证中心	2011.8.26	2016.8.25	美陵股份公司
辐射安全许可证	山东省环境保护厅	2011.9.22	2021.10.11	美陵股份公司

续表

证书名称	发证单位	首次发证时间	有效截止日期	取证单位
紧固件制造者识别标志使用证书	全国紧固件标准化技术委员会	2011.11.30	2020.12.31	美陵股份公司
环境管理体系认证证书	北京三星九千认证中心	2012.4.10	2018.4.8	美陵股份公司
职业健康安全管理体系认证证书	北京三星九千认证中心	2012.4.10	2018.4.8	美陵股份公司
ISO/TS16949 质量管理体系认证证书	莱茵检测认证服务（中国）有限公司	2012.12.4	2018.9.14	汽车零部件分公司
卫生许可证	淄博市临淄区卫生局	1993.10.28	2017.10.27	淄博市天齐渊供水有限公司
铸造行业准入资格证书	中国铸造协会	2014.3.13	2019.3.13	汽车零部件分公司
报关单位注册登记证书	中华人民共和国淄博海关	2014.10.22	长期	山东美陵中联环境工程有限公司
特种设备制造许可证（A1级压力容器）	国家质量监督检验检疫总局	2015.12.1	2019.11.30	美陵股份公司
特种设备制造许可证（A1、A2 级压力容器）	国家质量监督检验检疫总局	2015.12.1	2019.11.30	山东美陵博德化工机械有限公司
安全生产标准化三级企业	淄博市安全生产监督管理委员会	2016.3.18	2019.3.17	美陵股份公司
安全生产标准化三级企业	淄博市安全生产监督管理委员会	2016.3.18	2019.3.17	山东美陵美力达风机有限公司
报关单位注册登记证书	中华人民共和国淄博海关	2016.4.5	长期	美陵股份公司
环境污染治理设施运行服务能力评价证书	山东省环境保护产业协会	2016.11.1	2019.10.31	山东美陵中联环境工程有限公司
山东省环境污染治理资质证书	山东省环境保护产业协会	2016.11.1	2018.10.31	山东美陵中联环境工程有限公司
特种设备设计许可证（D1、D2 级压力容器）	国家质量监督检验检疫总局	2016.12.30	2020.12.29	山东美陵博德化工机械有限公司
安全生产标准化三级企业	青岛市安全生产监督管理局	2017.1.17	2020.1.16	山东美陵博德化工机械有限公司
知识产权管理体系认证证书	中知（北京）认证有限公司	2017.1.20	2020.1.19	美陵股份公司
质量管理体系认证证书	北京三星九千认证中心	2017.12.11	2020.12.10	山东美陵博德化工机械有限公司

续表

证书名称	发证单位	首次发证时间	有效截止日期	取证单位
环境管理体系认证证书	北京三星九千认证中心	2017.12.11	2020.12.10	山东美陵博德化工机械有限公司
职业健康安全管理体系认证证书	北京三星九千认证中心	2017.12.11	2020.12.10	山东美陵博德化工机械有限公司

第二章　科技创新

第一节　技术改造

从1958年9月建厂到1979年，企业规模小，底子薄，用于设备更新的资金少，只能依靠技术改造自制设备来满足生产的需要。

1968年，自制120吨冲床

1959年，企业大搞技术革新和技术改造，工人吴惠春和贾万春经过反复试验，以一台135马力柴油机为动力，通过一根木制轴瓦通轴，带动车床、鼓风机和机磨同时工作，时称“天轴”，在当时引起不小的轰动。

1968年，通过技术改造自制出八英尺皮带车床和120吨冲床。

1972年起，用5年时间，先后对翻砂、冲压和金工车间进行扩产改造。到1979年，企业共完成技术改造项目15项，主要有龙门刨床、牛头刨床、简易铣床、镗床、剪板机、行车、夹板锤等，其中，镗床和夹板锤是自行设计制造。这些技改项目的完成，对企业提高生产效率和技术进步起到积极作用。

1980年后，主要产品改为电器产品和石油化工配件，兼有部分农业机械的研制开发及生产。1980年，在电风扇加工方面，购进4台精密车床，用于风扇叶芯的加工，提高了生产效率和产品质量。

1981年，对风扇烤漆工艺进行改造，生产工艺由自由烘干改为红外线烘干。

1983年，风扇配件和电风扇停产后，技术革新和改造的重点转到对石化配件制造所用模具的研究及配件制造上。1984—1990年，先后进行鲍尔环模具、泡帽拉伸模具、波纹填料、筛网板冲孔、矩鞍环和低熔合金模具等技术革新和改造，为模具的设计制造和石化配件的生产奠定基础。同期，企业投资24.52万元，建起电镀车间和标准件车间厂房及附属设施；投资50.57万元，购置专用设备39台（套）。

1991年，在群众性技术革新和合理化建议活动中，金工车间苏和吉和标准件车间贾福成、张秀玉的技术革新成果（沥青斗支耳车加工胎具、真空填埋法改进热处理工艺）受到厂部表彰。

1992年，企业的技术革新和改造围绕压力容器产品生产展开，投资23.94万元改造金工车间，添置理化检测和通用设备29台（套）。在群众性技术革新和合理化建议活动中，金工车间崔秀华自制钻孔胎具，一次装夹钻出两个相距120° 的M8孔，提高工效3倍多。

1993年，投资195.5万元，完成锻压车间等4个技术改造项目，改造和完善基础设施，增购设备，为扩大生产规模，加快企业发展奠定坚实基础。

1994年，投资74.1万元，建起1629平方米的新铆焊车间。投资141.9万元，购进国内一流的铆焊设备、检测设备和机加工设备53台（套），使压力容器制造能力提高到年产4000吨。

1995—1996年，完成风机喷涂等技术改造项目4项。

1997年，投资330万元，完成技术改造和工艺改进项目4项。主要有投资100.2万元对冲压车间进行扩产改造，通过改进生产工艺和设备更新，提高生产能力，降低生产成本。通过将龙门刨床进行技术改造，解决直径700毫米以上管板铣槽的难题，在换热设备生产保证工期方面起到重要作用。锻压厂在工装模具改造方面取得进展，使用成型模使直径等于或小于200毫米高颈法兰一次锻造成功，降低生产成本，提高经济效益。

1998—2000年，投资322.96万元，完成技术改造和工艺改造项目5项。其中，通过对原C630车床的改造，对风轮的滚压、铆合工艺及进风口旋压工艺的进行改进，促进风机外观质量与内在质量的提高。投资120万元，引进气体渗碳氮化热处理生产线1条，对热处理的全部技术参数实行计算机控制，改变原热处理炉无气氛保护和参数难以控制的缺陷，使高强度紧固件的热处理工艺实现自动化，产品质量得到稳定提高。

2001年，对落后的喷漆工艺进行改造，新上喷塑生产线1条，并对前期处理工艺进行大

喷塑生产线（2001年 摄）

的革新。通过采用新设备新工艺，风机表面处理干净、彻底，磷化效果好，喷涂附着力强，风机外观质量显著提高。同时对风机进风口旋压变形工艺进行改造，既提高进风口产品质量，又提高材料利用率。紧固件分公司对直径为 12 ~ 22 毫米的 35CrMo 圆钢冷拔工艺进行改进，既降低生产成本，又提高生产效率，使紧固件加工工艺达到国内同行业先进水平。

2002 年，完成技术改造项目 6 项。主要有 4.0 号以下规格风机进风口改为模具冲压、小规格的风轮边盘和中盘改为模具冲孔、锻压 3 吨汽锤改造、二氧化碳气体保护焊工艺推广应用、矿泉水大桶生产线扩产改造。

2003 年，完成技术改造项目 14 项。主要有埋弧自动焊工艺的推广应用、喷塑生产线扩产改造、辗尖机改造和螺母打标记机械化。

2004 年，完成技改项目 17 项。主要有投资 371 万元进行的铆焊车间改造、高强度紧固件车间扩建改造项目。投资 1600 多万元，购置高强度紧固件网带炉热处理生产线、M24 多工位螺栓冷镦机、数控切割机、数控钻床、3.15 米立式车床等先进的专业化设备 46 台（套）以及锻压车间加热炉和锻锤更新改造。通过技术改造和设备更新，提高生产能力和生产效率，主要产品的生产能力提高近 1 倍。

2005 年，投资 1538.63 万元，完成技术改造项目 26 项。主要有孔板波纹填料工装模具的改进，2.5 号、2.25 号风机边板模具化生产，紧固件车间的扩产改造和冷拔盘圆料工艺实施。

2006 年，投资 753.76 万元，完成技术改造项目 29 项。主要有换热管磨管头机械化改造、风机边板模具化以及风机叶轮中盘冲孔模、蜗壳焊接半自动化、10 号风机轴盘降耗改造、扩大 M24 螺栓冷镦机加工范围、增加冷镦机与搓丝机之间螺栓输送装置、淄博市天齐渊供水有限公司供水管网改造。

2007 年，投资 2015.3 万元，完成技术改造和工艺改进项目 25 项。主要有双相钢堆焊和管头焊接等 5 项焊接工艺，钛、镍和哈氏合金 10 项焊接工艺评定，锻压车间的搬迁和扩产改造，紧固件磷皂化车间改造及冷镦车间油烟排放，供水管网改造 1.26 万米，污水处理生化系统及回流污泥管线改造。

2008 年，完成技术改造和工艺改进 36 项。主要有管板自动焊工艺的推广应用，导流锥加工工艺改进，2.8 号风机降噪技术改造，高颈法兰锻造工艺技术改造，投资 300 万元的化工区水厂管线下穿铁路工程。

2009 年，完成技术改造项目 32 项，其中，设备更新投资 1598.25 万元。主要有紧固件分公司 200 吨冲床底模座的退料筒和上模活动滑板改造，使加工螺栓的长度由原来的 450 毫米增加到 650 毫米；矿泉水分公司投资 328 万元新建灌装车间，投资 408.71 万元更新水处理线、大桶灌装线、PET 瓶灌装线和玻璃瓶灌装线等。

2010 年，完成技术改造和工艺改进项目 11 项，其中，设备更新投资 337.07 万元。主要有 KT6-43 № 2.65、KT6-43 № 3.0 风机边板落料、拉伸工艺的改进，临淄污水净化分公司水解池排泥泵、排泥管线改进、澄清池斜流管的改造等。

2011 年，完成技术改造项目 13 项。主要有总投资 1 亿多元的汽车零部件铸造生产技改项目竣工投产，新建 11342.85 平方米的铸造车间，引进丹麦迪砂造型线等国际先进水平的生产及检测设备。

2012 年，完成技术改造项目 9 项。主要有投资 469.96 万元新建汽车零部件分公司机加工车间，化工设备分公司投资548.7万元新建铆焊车间，青州市美陵污水净化有限公司活性砂滤池技术改造。

2013年，完成技术改造和工艺改进项目11项，其中，设备更新投资873.96万元。主要有螺栓装配机、双头栓冷镦加工工艺改进，管箱环缝焊接胎具、自动焊接地线改进，管头深孔焊技术改进。

2014年，投资6713万元，完成技术改造项目20项。主要有汽车零部件分公司清磨车间的建设，山东美陵博德化工机械有限公司新铆焊车间建设及生产设备的采购，临淄污水净化分公司絮凝沉淀池蜂窝斜网的升级改造，淄博市天齐渊供水有限公司计量收费系统建设及配电室的改造，集团公司研发中心办公楼主体工程建设。

2015年，投资3388万元，完成技术改造和工艺改进9项。主要有化工设备分公司完成的雪弗龙内件球形拱盖钻孔工艺改进及管箱焊接滚轮架技术改造，购置超高压数控万能水切割机、精密龙门铣床等。山东美陵美力达风机有限公司锻压下料车间厂房建设，购置天然气加热炉及热处理炉。临淄污水净化分公司粗格栅改造。

2016年，投资929万元，完成技术改造11项。主要有山东美陵美力达风机有限公司高颈法兰及弓形座外圆形状辗制成型工装、人字轮双面成型工装的设计与制造。汽车零部件分公司铸造灰铁砂仓建造，临淄污水净化分公司污水处理异味治理改造项目。

2017年，投资639万元，完成技术改造7项。主要有化工设备分公司通用纵焊缝焊接升降平台、U形管弯管切割工装改造。汽车零部件分公司机加工数控加工中心设备的采购。淄博市天齐渊供水有限公司花园东路等供水管线的改造等。

第二节　技术引进　新产品开发

企业的技术引进与新产品开发工作大体上经历四个阶段，即1958—1979年的白手起家、艰难起步阶段，1980—1992年的积极探索、有所突破阶段，1993—2007年的抢抓机遇、跨越发展阶段，2008—2017年的科技合作、装备提升阶段。

第一阶段（1958—1979年）：白手起家艰难起步。1958年9月，建厂后，企业规模小，以维修和制作农机具为主，技术力量薄弱，仅有少数肯动脑筋爱钻研的业务骨干推动着企业的技术革新和新产品开发工作。

1985年7月28日，山东省噪声工程协会筹备会全体人员合影（前排左一：刘效华）

1972—1979年，共引进新技术5项，开发新产品7种。其中，对企业生产发展影响较大的有4种，即1972年开发的北京2号民用取暖炉，1976年开发的F_1浮阀和450型脱粒机以及1979年开发的300毫米电风扇。

第二阶段（1980—1992年）：企业通过整顿，积极适应形势变化，主要产品由农机具制作转到电器产品和石油化工配件的生产上，并主动引进新技术，开发新产品。

1984年，与区农机化研究所联合研制开发出5T-350型脱粒机。是年，与中国石油大学联合研制开发出HTV船型浮阀塔盘，研制成功鲍尔环、矩鞍环等各种填料产品及工装模具。

1985年，为辛店空调风机厂配套生产开发出风机风桶。

1988年，研制开发出F_1Q-3B型浮阀，与中国海洋大学、齐鲁石化环保处联合设立山东噪声工程控制协会，并研制开发出各类消声设备。

1989年，与临淄区农机化研究所共同研制开发出玉米秸秆还田机。至1992年，引进新工艺新技术7种，开发新产品13种。

第三阶段（1993—2007年）：抢抓机遇跨越发展。1993年，淄博美陵公司领导班子作出科技兴厂的战略决策，并千方百计招揽各种专业技术人才。公司走内引外联滚动式发展的新路子，与国营、集体及个体企业联合办厂，利用对方的技术、人才、资金和设备优势发展企业。先后与齐鲁石化检修公司办起重型锻压厂，与青岛石油化工厂合资创立青岛琴陵石油化工配件有限公司。公司引进中石化洛阳工程公司等科研部门的专有技术，开发T型翅片管重沸器、折流杆换热器、浮动筛片阀、波纹孔板填料和活化剂等新产品5种。其中，有3种产品通过山东省、淄博市科委组织的技术鉴定，两种产品获省优、市优产品称号。生产的T型翅片管重沸器，属国内首创，填补国家沸腾传热设备的空白（1994年9月被国家科委列为“九五”国家重点开发新产品），使公司生产的换热器产品进入中石化市场。

1994年，开发出浮动筛片塔板和六角螺母2种新产品。

1995年，加大科技投入，用于技术引进和新产品开发的资金达403万元，引进清华大学的新型复合填料和斜孔塔板技术，开发成功斜孔塔板和复合填料。同时开发出KT6-50 № 8.0空调用离心通风机和KT5- № 3.15列车用轴流风机2种新产品。

1996年，成功开发出7号、7.5号外转子风机和7.5号、8号皮带拖动风机等空调风机

1993年，公司生产的第一台T型翅片管重沸器

产品，以及7个规格的螺母制造、胜利炼油厂重油加氢反应器和农用车配件等4种新产品。折流杆换热器通过山东省科技成果鉴定，达到国内先进水平。

1997年，共引进新技术4项，开发新产品8种。新产品KT系列空调风机通过山东省科技成果鉴定，填补国内大功率外转子电机直接拖动风机的空白，主要技术指标均达到国内先进水平。与胜利炼油厂联合研制开发的炼油减粘工艺用防焦剂填补省内空白。年内，成功开发出HT-1型228Y颗粒式规整填料、不锈钢T型翅片管重沸器和KT6-43 № 7.1离心通风机。

1998年，引进新工艺新技术5项，开发新产品8种。其中，引进中石化洛阳工程公司和华东理工大学专有技术，开发生产的双弓和三弓形折流板换热器和导向浮阀，在石油和化学工业应用后，取得显著的经济效益和社会效益。同年，在国内首次成功完成700号带式干燥箱的制造和安装工程，实现项目的国产化，使公司的设备制造安装能力有了质的飞跃。

1999年，引进齐鲁石化公司的设计技术，成功开发旋风分离器。该产品全部采用不锈钢薄板制作，卷板难度大，易变形，技术人员刻苦攻关，一次性圆满完成设备整体制造任务。其中，锥形筒成形工艺，填补公司锥形筒卷圆成形的一项空白。同年，引进华东理工大学和清华大学的技术，成功开发出GT-1、GT-2梯形导向浮阀和QH-1、QH-2散堆填料。公司自主创新成功开发出4种规格的前向叶片风机。其中，5.6号、6.3号风机仅半年时间就销售128台。同年，KT6-43 № 7.1S双速和KT6-43 № 10E两种规格型号的空调用离心风机分别通过山东省科技成果鉴定鉴定，达到国内领先水平。

2000年，空调风机系列完成29个规格的开发任务。可变弹簧支吊架、管道过滤器开发成功。ADV浮阀试制成功并投放市场。

2001年，坚持以科技求发展，实施技术创新工程，顺利通过压力容器设计资格证书申请，实现压力容器设计、制造和安装一条龙服务。先后开发出双面强化传热防结垢的高效节能波纹管换热器和抗硫化氢加水系、氯化氢加水系应力腐蚀开裂能力以及防止高温硫和硫化物腐蚀的渗铝管换热器。完成7.1号后向机翼型叶片风机、5.0号皮带传动和外转子直联传动风机、6.3号外转子直联传动风机开发任务。年内，公司共引进新技术新工艺5项，研制开发出8种新产品。

1999年，公司开发的KT系列离心风机

2002年，调整产业结构，进军环保产业迈出可喜一步。山东美陵中联环境工程有限公司采用水解A/O脱氮工艺承建的临淄5万吨污水处理厂开工建

2001 年，压力容器设计资格审查工作会议

设。波纹管高效节能换热器通过山东省科技成果鉴定，技术水平居国内领先水平。与中国石油大学联合开发的 BVT 蝶型浮阀经专家鉴定，达到国际先进水平。与上海紧固件和焊接材料技术研究所合作，成功开发钢结构用大六角头螺栓连接副、钢结构扭剪型高强度螺栓连接副和圆柱头焊钉。完成空调风机 KT 系列 6 个规格新产品的开发任务。

2003 年，抓住科技成果转化、新产品开发和技术创新不放，完成 4.5 号 ~ 12.5 号 10 个规格的后向翼型叶片风机、DJF4.5 号单进风专用风机、4.5 号 ~ 7.1 号 5 个规格无外壳风机、M20 钢网架球节点用高强度螺栓，以及环保设备等 7 种新产品开发项目。钢结构用高强度大六角、扭剪型高强度螺栓连接副和后向翼型叶片外转子离心通风机分别通过山东省科技成果鉴定，技术水平达国内先进。

2004 年，引进新技术、新工艺完成新产品开发 18 种。主要有与清华大学合作开发的固阀和浮阀集成的高性能浮阀 HAV[TH]，引进北京泽华公司的 ADV 微分浮阀塔盘，引进河北工业大学 CTST 立体传质高效塔盘。2.5 号和 2.25 号吊顶机组用空调风机、5.0 号 ~ 6.3 号外转子后倾翼型风机、无级调速风机、MLJ-03A 延迟焦化消泡剂以及水解 + 接触氧化 + 气浮印染废水处理工艺等。螺旋波纹管换热器和 MLJ-03A 延迟焦化消泡剂分别通过山东省科技成果鉴定，技术水平达国内先进。

2003 年，外转子后倾翼型离心通风机产品鉴定会

2005 年，争取各项政府扶持资金 230 万元，低息贷款 200 万元，加大新产品开发的资金投入。开发出 M16 ~ M30 钢结构用六角法兰面扭剪型高强度螺栓连接副，5.0 号 ~ 7.0 号 14 个规格的压入式对

旋局部通风机等新产品7种，皮革和屠宰污水处理工艺1种。钢结构用六角法兰面和大六角扭剪型高强度螺栓连接副、外转子永磁无刷直流电机调速离心通风机3种新产品分别通过山东省科技成果鉴定，技术水平均达国内领先。

2006年，开发出钛管换热器、9个规格的矿用轴流通风机和3个规格的离心通风机、圆柱头带孔折头螺栓、旋转式滗水器、新瓶型矿泉水等6种新产品。公司取得A2级压力容器设计许可证和6个规格的矿用风机安全生产许可证。双壳程螺旋折流板换热器、HAV^TH 浮阀塔盘、煤矿地面用防爆抽出式对旋轴流通风机分别通过山东省科技成果鉴定，技术水平均达到国内领先。

2007年，完善以市场为导向、产学研相结合的科技创新和新产品开发体系，争取财政和科技专项资金165万元，用于技术开发和新项目建设的资金达200多万元。研制开发出达克罗M36高强度大六角螺栓连接副、耐高温（650℃）高强度螺栓连接副、QBR高浓度废水和QBF工业有机废气的生物处理技术等8种新产品、新技术。耐高温（650℃）高强度螺栓连接副、QBR高浓度废水和QBF工业有机废气的生物处理技术均通过山东省科技成果鉴定，技术水平达国内领先。

第四阶段（2008—2017年）：科技合作装备提升。2008年，美陵股份公司与中国石油大学联合研发出SCV高效自清洁浮阀塔盘，自主开发出6种规格的矿用风机、风力发电机组用高强度紧固件、定扭折头高强度螺栓等12种新产品。SCV高效自清洁浮阀塔盘、风力发电机组用高强度紧固件、定扭折头高强度螺栓3种新产品分别通过山东省科技厅组织的科技成果鉴定，其技术水平和综合性能达到国内领先。

2009年，开发出2种规格矿用风机、高效微生物处理焦化废水技术等10种新产品。高效微生物处理焦化废水技术通过山东省科技厅组织的科技成果鉴定，其工艺技术水平达到国内领先。

2010年，美陵股份公司与中国石化工程建设公司签订合作保密协议，共同开发加氢塔内件。开发出油浆蒸气发生器、风电用达克罗带内六角双头螺栓等8种新产品、新技术。

2011年，美陵股份公司与中国石化工程建设公司签署加氢反应器内构件专利专有技术推广合作协议。开发出IC厌氧反应器、纸机烘干机吹贯蒸汽（热泵）控制系统等4种新产品。自建厂以来一次性投资最大的项目"汽车零部件铸造项目"竣工并顺利投产，引进丹麦迪砂垂直无箱造型技术，项目自开工建设以来，受到各级领导以及国内外客商的广泛

加氢塔内件（2010年 摄）

关注。

2012 年，开发出沥青烟气处理技术、脂肪胺脂肪酸废水处理技术 4 种新产品、新技术。

2013 年，美陵股份公司与北京化工大学签署换热器液压胀接工艺研究和循环油浆蒸汽发生器应力分析及相关研究技术服务合同。开发出锥形翅片管冷凝器、采油设备用高强度紧固件、脱硫脱硝技术等 4 种新产品、新技术。锥形翅片管冷凝器通过淄博市科技局组织的科技成果鉴定，该新产品填补国内空白，综合性能处于国内领先水平。

2014 年，美陵股份公司与中石化洛阳工程有限公司签署 PLY 型一、二级高效旋风分离器技术许可制造合同。开发出高效旋风分离器、烟气脱硫脱硝技术等 4 种新产品、新技术。山东美陵中联环境工程有限公司与淄博腾飞热电公司脱硫项目和临淄热电厂脱硝项目当年签订合同额达 2335 万元。

2015 年，开发出重型换热器（制氢装置）、雪弗龙加氢内件、SNCR-SCR 烟气脱硝技术等 4 种新产品新技术。重型换热器是国内最大规模甲醇制氢装置中的核心设备，重达 162 吨，该设备主材料为铬钼钢，组装焊接难度大，其成为美陵股份公司历史上重量第一、铬钼钢设备直径第一、管头外伸长焊接难度第一，并首次使用 TOFD 来进行探伤的重型设备，是公司高效节能换热器家族中大型、重型换热器新成员。同年，生产的雪弗龙加氢内件是国内乃至亚洲最大直径渣油加氢装置中的反应器内构件。

2016 年，山东美陵中联环境工程有限公司与中国矿业大学签署多流态强化气浮处理造纸废水研究技术开发（委托）合同。开发出套管式蒸发器、82 号轮毂、钢板网换热器、4 个大规格螺栓、2 个规格的后倾风机等 5 种新产品。

2017 年，开发出 DMTO 大型立式换热器、高效节能曝气装置等 6 种新产品。设计的高通量管换热器当年合同签订额达 744 万元。首次开发制造的 DMTO 装置大型立式换热器是煤化工甲醇制烯烃装置的核心换热设备，重达 140 吨，结构、材质特殊。首次设计、制造一台高压换热器，设计压力高达 22 兆帕，美陵股份公司换热器制造能力由中高压提升到高压水平。

2001—2017 年，引进新工艺、新技术 31 项，开发新产品 14 大系列 158 种。

第三节 科技交流

从 1992 年开始，坚持科技兴企战略，走产、学、研相结合的道路，先后与中国石油大学、清华大学、山东大学、上海理工大学、中石化洛阳设计院、上海紧固件与焊接材料技术研究所等大专院校和科研机构建立密切的技术协作关系，共同致力于技术含量高、经济实用型新产品的开发和研制，促进企业的快速发展。

2000 年后，进一步加大科技协作和交流的力度，采取请进来指导交流和走出去考察学习相结合的办法，聘请国内外同行业的专家和领导到公司进行交流、指导和培训，同时组织专业技术人员和经营管理人员到国内同行业先进厂家进行考察学习和交流。

2000—2004 年，先后聘请 7 名国内同行业中知名的压力容器设计、炼油工艺和污水处理专家到公司，进行技术交流指导和培训。2005—2007 年，先后聘请 13 名国内外压力容器焊接、矿用电机、通风机、紧固件设计和制造，以及水处理等方面的专家，到公司举办专题讲座、交流和指导。其中，2006—2007 年，

2005年12月，中石化洛阳工程公司专家刘巍到公司举办“冷换设备设计知识”讲座

韩国和日本的专家应邀到公司，分别就QBR、QBF技术和污水深度处理系统的新技术进行交流。2005年3月，董事局主席刘效华带领紧固件分公司的相关人员到上海市和江苏省的5家先进厂家进行考察学习交流。11月，化工设备分公司中层以上干部在集团公司副总经理徐洪波的带领下，到江苏太湖锅炉厂等5家先进企业，考察学习他们的先进管理经验，进行科技交流。2006年，先后两次到山东省内6家先进厂家学习先进的企业管理和市场开发经验。2007年，先后3次就环保设备等问题到江苏省和山东省的3家先进企业进行考察学习和交流。同年，化工设备分公司、山东美陵美力达风机有限公司组织有关人员到省内外8家先进企业进行考察学习和交流。

2008年，聘请中石化洛阳工程公司、中国石油大学、西北工业大学、上海紧固件研究所的4位专家到公司进行压力容器、风机、紧固件的设计与制造专题讲座、交流和指导。

2009年，聘请中国石油大学等4个院校和科研院所专家到公司进行SCV浮阀、风机、镍基合金螺栓、化工废水处理技术的讲座、交流和指导。

2010年，先后聘请中石化洛阳工程公司等8个科研院所专家到公司进行高效节能换热器、风机、高强度紧固件、脱水污泥处理技术的讲座、交流和指导。公司先后派31人次去抚顺机械厂、高密豪迈集团等10个单位考察学习。

2011年，聘请中国石油大学教授孙兰义到公司进行螺旋折流板的工艺计算、螺旋角度论证和计算讲解。聘请ASME授权检验师赵滨江到公司讲解ASME压力容器设计、制造、检验等标准要求等。聘请无锡拥宪锻压研究所高级工程师洪永华、上海紧固件研究所教授刘金钩来公司对压力机操作和紧固件制造专业知识培训。3月，化工设备分公司技术副经理刘志胜参加中国化工装备协会组织的全国压力容器制造单位工作会议。12月，董事局主席刘效华一行3人赴澳大利亚DBA公司考察并签署“美陵集团与DBA公司的框架协议”。

2012年，邀请中国工程院院士侯立安到公司指导环境工程工作。聘请北京化工大学教授钱才富来公司进行螺旋折流板工艺技术交流，并对设计人员进行应力分析设计基础知识的培训。聘请山东科技大学老师王吉岱、胡效东、陈广庆到公司讲解过程控制、金属涂层、化学工艺方面的专业知识。聘请淄博新材料研究所工程师赵晓辉到公司进行材料、热处理、金相及日常工作中经常出现的锻造缺陷讲座培训。紧固件分公司技术经理崔民红参加在湖南省长沙市举行的全国紧固件标准化技术委员会第五

2012 年 9 月，中国工程院院士侯立安（右一）到公司指导环境工程工作

2014 年，公司先后派 67 人次去苏州勤美达铸造公司等 23 个单位考察学习。

2015 年，邀请山东高强度紧固件有限公司总工程师姜秀鹏到公司讲解核电用紧固件检测及制造规范、汽车用高强度紧固件的制造与销售方向等内容。邀请济南二机床公司专家王志刚、路跃身到公司进行锻件热处理专业授课。邀请韩国 WTC 公司专家到公司进行 SNCR-SCR 烟气脱硝技术交流。11 月，总裁赵克强参加由淄博市政府组织在德国进行的工业 4.0 培训班。公司先后派 62 人次去湖北侨光石化装备有限公司、辽宁加宝石化设备有限公司等 22 家企业进行考察学习。

届一次年会，审查、交流 GB/T3098.6《紧固件机械性能不锈钢螺栓、螺钉和螺柱》等 12 项国家标准。公司先后派 46 人次去烟台冰轮集团压力容器分公司等 13 个单位考察学习。

2013 年，聘请北京化工大学教授钱才富、于洪杰到公司就换热器液压胀接工艺进行培训。邀请晋德公司候占国到公司指导铸造铁垫板的试制工作。聘请中国石油大学教授李军、马占华来公司讲解换热器工艺技术。邀请山东高强紧固件公司总工程师姜秀鹏到公司就柴油机用高强度螺栓工艺进行培训。邀请青岛大拇指环境工程公司工程师陈青松就厌氧法处理高浓度有机废水进行培训。公司先后派 67 人次去南京化工机械厂等 19 个单位考察学习。

2014 年，邀请中国工程院院士陈蕴博到公司指导换热器生产工艺。聘请北京化工大学教授钱才富、于洪杰到公司就大小孔换热器和液压胀接研究成果和理论对技术人员进行培训和交流。紧固件分公司技术科长马跃进参加在浙江省温州市举行的全国紧固件标准化技术委员会第五届三次年会，审查、交流 GB/T2-201《紧固件外螺纹零件末端》等 12 项国家标准。

2016 年，聘请中国石油大学教授孙兰义到公司进行加氢内件的合作开发技术交流、培训。聘请中国矿业大学教授李小兵到公司开展多流态强化气浮法处理造纸废水技术合作研究、讲座。3 月，汽车零部件分公司技术经理陈文强去昌邑参加铸造协会组织的“潮模砂绿色造型材料技术交流会”。6 月，董事局主席刘效华参加由淄博市经济和信息化委员会组织在德国进行的工业 4.0 体系学习及参观。7 月，化工设备分公司技术经理刘志胜参加中国化工装备协会第六届理事会暨化工装备制造业发展趋势分析会议。11 月，紧固件分公司总经理任风政参加在浙江省杭州市举行的全国紧固件标准化技术委员会第五届五次年会，审查、交流《弹簧垫圈技术条件锥形弹性垫圈》等 11 项国家标准。

2017 年，邀请沈阳标准件研究所张金明老师到公司培训汽车用高强度紧固件技术及铁路用紧固件性能特点等内容。济南二机床热处理专家周毅到公司指导培训热处理工艺。4月，山东美陵博德化工机械有限公司总经理刘华祥、化工设备分公司技术经理刘志胜参加中国化工装备协会组织的全国压力容器及承压部件单位年度工作会议。是月，汽车零部件分公司销售经理姜丹刚、技术经理陈文强去莒县参加铸造协会组织的“潮模砂绿色造型材料技术交流会”。11月，集团公司总裁赵克强、副总裁包焕忠一行前往德国考察污泥处理装备与技术。

第四节　专利工作

2002年以前，企业对专利的申请和管理工作不够重视，未申请专利。

2002年3月，美陵股份公司成立总工办后，专利管理被列为其主要职责之一，设立一名兼职管理员，负责专利项目相关资料的整理、汇总和申报以及取得专利证书后的登记建档、缴费维护等管理工作。公司的专利申报委托淄博科信专利商标代理有限公司办理。

2010年9月，集团公司的专利申报委托单位由淄博科信专利商标代理有限公司变更为青岛发思特商标代理有限公司淄博分公司。

2016年，美陵股份公司通过中知（北京）认证有限公司知识产权管理体系认证并取得证书。

2017年，美陵股份公司荣获山东省知识产权示范企业荣誉称号。

2002年至2017年，集团公司取得授权专利105项。其中，发明专利5项，实用新型99项，外观设计1项。

2002—2017年集团公司取得授权专利情况表

表7-2

专利名称	专利类型	申请日期	专利号	授权公告日
大型外转子后倾翼型叶片风机	外观设计	2003.3.19	ZL03312629.1	2003.9.24
焦化分馏塔高效组合塔板	实用新型	2006.6.20	ZL200620085962.2	2007.6.27
改进的浮阀塔板	实用新型	2006.6.20	ZL200620085964.1	2007.7.11
外转子永磁无刷直流电机调速离心通风机	实用新型	2006.6.20	ZL200620085961.8	2007.7.11
轴流风机叶轮焊接固定装置	实用新型	2006.6.20	ZL200620085963.7	2007.6.20
锥形翅片冷凝管	实用新型	2008.7.12	ZL200820025653.5	2009.5.13
高效冷凝管	实用新型	2008.7.25	ZL200820026278.6	2009.7.1
非对称型双壳程换热器	实用新型	2008.9.13	ZL200820188233.9	2009.8.19
旋流出气高效曝气头	实用新型	2008.9.13	ZL200820188232.4	2009.7.29
碱渣废水生物处理设备	实用新型	2008.9.26	ZL200820172098.9	2009.7.29
高浓度废水生物净化成套设备	实用新型	2008.11.21	ZL200820226365.6	2009.9.2
高效生物处理焦化废水装置	实用新型	2008.11.21	ZL200820226366.0	2009.9.2

续表

专利名称	专利类型	申请日期	专利号	授权公告日
恶臭气体生物净化成套设备	实用新型	2008.11.21	ZL200820226367.5	2009.9.30
工业有机废气生物净化成套设备	实用新型	2008.11.21	ZL200820226368.X	2009.9.30
偏心折流板换热器	实用新型	2009.4.28	ZL200920030149.9	2010.4.28
矿用节能轴流通风机导流体	实用新型	2009.5.8	ZL200920024951.7	2010.3.17
通风机蜗壳背板联合角开缝机	实用新型	2009.5.8	ZL200920024952.1	2010.2.3
插接一体式双壳程换热器	实用新型	2009.9.22	ZL200920227152.X	2010.5.19
高浓度含酚废水处理装置	实用新型	2009.11.20	ZL200920281619.9	2010.8.18
污水厂污泥处理装置	实用新型	2009.11.20	ZL200920281618.4	2010.8.18
处理COD及氨氮含量高的污水的装置	实用新型	2009.11.20	ZL200920281617.X	2010.8.25
带式污泥浓缩脱水一体机	实用新型	2009.11.20	ZL200920281616.5	2010.8.18
自调孔隙立毛式污泥脱水机	实用新型	2009.11.20	ZL200920281615.0	2010.8.18
低速推流搅拌机	实用新型	2009.11.25	ZL200920282079.6	2010.8.25
双倾斜折流板立式冷凝器	实用新型	2009.12.4	ZL200920280432.7	2010.8.25
安全可靠的管壳式换热器	实用新型	2010.5.11	ZL201020184950.1	2011.1.12
前向通风机叶轮边盘旋压、车胎具	实用新型	2010.5.18	ZL201020193527.8	2011.1.12
臭氧氧化工艺在焦化废水处理中的应用装置	实用新型	2011.4.29	ZL201120133445.9	2011.9.28
化工废气生物净化装置	实用新型	2011.4.29	ZL201120133310.2	2012.1.11
数控卧式辗环机用成型辗环装置	实用新型	2011.5.23	ZL201120165712.0	2012.1.11
加长螺栓热镦成型模具	实用新型	2011.5.23	ZL201120167525.6	2012.1.11
螺栓R弧冷滚压强化装置	实用新型	2011.9.20	ZL201120352479.7	2012.5.30
折面折流板换热器	实用新型	2011.9.21	ZL201120355367.7	2012.5.30
高颈台阶环形件辗环装置	实用新型	2012.4.13	ZL201220157244.7	2012.11.28
通风机进风口旋压成型装置	实用新型	2012.4.13	ZL201220153803.7	2012.11.28
防管束振动的换热器	实用新型	2012.4.20	ZL201220170935.0	2012.11.7
防管束振动的重沸器	实用新型	2012.4.20	ZL201220171947.5	2012.11.7
用于冲床上的螺栓倒缩径装置	实用新型	2012.5.14	ZL201220213439.9	2012.11.28
折流圈加工工装	实用新型	2012.5.31	ZL201220250800.5	2013.1.16
螺母热镦成型工装	实用新型	2012.8.13	ZL201220442705.5	2013.3.20

续表

专利名称	专利类型	申请日期	专利号	授权公告日
铣边机的铣削装置	实用新型	2012.9.17	ZL201220473483.3	2013.3.27
纸机烘缸用吹贯蒸汽控制系统	实用新型	2012.9.25	ZL201220493151.1	2013.4.24
具有湿润剂加料器的高压喷雾装置	实用新型	2012.9.25	ZL201220493139.0	2013.4.24
含络合铜离子废水处理装置	实用新型	2012.9.25	ZL201220494824.5	2013.4.24
含络合铜离子废水处理系统	实用新型	2012.9.25	ZL201220494286.X	2013.4.14
基于脂肪胺和脂肪酸废水处理装置	实用新型	2012.9.25	ZL201220493132.9	2013.4.24
高效射流曝气器	实用新型	2012.9.25	ZL201220494265.8	2013.4.24
立式辗环机用环形件辗环成型组合装置	实用新型	2013.4.7	ZL201320167196.4	2013.9.11
用于螺柱打印的工装	实用新型	2013.5.24	ZL201320292692.2	2013.11.6
U 形管换热器管束弯管段的防震装置	实用新型	2013.6.4	ZL201320315988.1	2013.12.11
盘类铸件变径流线型浇注装置	实用新型	2013.6.8	ZL201320331313.6	2013.11.27
铸造用隔热装置	实用新型	2013.6.8	ZL201320332482.1	2013.12.4
铸造工艺	发明	2013.6.8	ZL201310228396.0	2015.4.8
卧式管壳式冷凝器	实用新型	2013.6.20	ZL201320357313.3	2014.2.12
浮头换热器管束打压装置	实用新型	2013.6.26	ZL201320369896.1	2013.12.18
油浆蒸汽发生器	实用新型	2013.6.27	ZL201320378031.1	2014.2.12
油浆蒸汽发生器	发明	2013.6.27	ZL201310264558.6	2015.4.8
锥形翅片冷凝管的轧制方法	发明	2013.7.2	ZL201310275631.X	2014.12.3
锥形翅片冷凝管的轧制装置	实用新型	2013.7.2	ZL201320390164.0	2013.12.11
换热器管头外伸尺寸及管板倒角自检工具	实用新型	2013.7.19	ZL201320430257.1	2013.12.18
圆形工件的吊装工具	实用新型	2013.7.19	ZL201320428677.6	2013.12.18
换热器换热管束防冲装置	实用新型	2013.7.19	ZL201320430311.2	2014.3.5
SNCR 模块化氮氧化物烟气处理装置	实用新型	2013.7.22	ZL201320436481.1	2013.12.25
利用皂化废水处理二氧化硫烟气的装置	实用新型	2013.7.22	ZL201320436484.5	2013.12.25
高效节能曝气装置	实用新型	2013.11.30	ZL201320779323.6	2014.5.7
固定管板式弹簧管换热器	实用新型	2013.12.27	ZL201320877693.3	2014.6.25
铸件清理装置	实用新型	2014.2.27	ZL201420087524.4	2014.7.9

续表

专利名称	专利类型	申请日期	专利号	授权公告日
铸件清理方法及装置	发明	2014.2.27	ZL201410070022.5	2016.6.1
支架类铸件变形矫正处理装置	实用新型	2014.4.28	ZL201420213260.2	2014.12.10
前向多翼离心通风机叶轮铆合挤压装置	实用新型	2014.6.9	ZL201420304027.5	2014.10.15
螺栓螺柱下料工装	实用新型	2014.6.18	ZL201420325560.X	2014.11.26
换热管管束固定装置	实用新型	2014.6.27	ZL201420350839.3	2014.12.10
管子主传动的螺旋型强化管轧制装置	实用新型	2014.7.28	ZL201420419003.4	2014.11.26
换热管管端的切割打磨装置	实用新型	2014.7.28	ZL201420419025.0	2014.11.26
湍流强电除尘装置	实用新型	2014.11.25	ZL201420717129.X	2015.4.22
套管壳式换热器	实用新型	2014.12.18	ZL201420811391.0	2015.6.17
利用锅炉烟气余热干化造纸污泥的设备	实用新型	2014.12.29	ZL201420851288.9	2015.5.27
清理打磨副钳体类铸件固定装置	实用新型	2015.4.28	ZL201520264855.5	2015.8.19
焊接旋转平台	实用新型	2015.5.7	ZL201520291320.7	2015.9.16
锥形内孔环类辗环锻件用马架	实用新型	2015.6.3	ZL201520377241.8	2015.10.7
套管浮动式蒸发汽化装置	实用新型	2015.6.24	ZL201520440147.2	2015.10.28
组合式喷射折流板换热器	实用新型	2015.6.29	ZL201520452634.0	2015.11.4
埋弧焊焊剂回收装置	实用新型	2015.7.8	ZL201520490022.0	2015.10.28
汽车制动支架类铸件垂直线浇铸系统	实用新型	2015.7.13	ZL201520505906.9	2015.10.28
径向列管式换热器	实用新型	2015.8.24	ZL201520643053.5	2016.2.10
螺栓螺母装配装置以及螺栓螺母装配包装系统	实用新型	2015.10.14	ZL201520794025.3	2016.4.6
污泥高压干化焚烧处理系统	实用新型	2015.12.31	ZL201521140321.8	2016.5.25
过滤式静电除尘器	实用新型	2015.12.31	ZL201521140277.0	2016.6.1
中模套内外辗制装置	实用新型	2016.5.6	ZL201620413367.0	2016.9.28
螺母半自动打钢印工装	实用新型	2016.7.4	ZL201620701425.X	2016.11.30
无砂芯生产汽车制动钳支架型板	实用新型	2016.7.11	ZL201620722073.6	2016.11.30
汽车制动底板类铸件自动下冷铁装置	实用新型	2016.7.11	ZL201620725880.3	2016.11.30
滚轮架	实用新型	2016.8.19	ZL201620909659.3	2017.2.8
钢板网折流板及换热器	实用新型	2016.8.26	ZL201620954329.6	2017.4.12

续表

专利名称	专利类型	申请日期	专利号	授权公告日
湿式静电除尘器	实用新型	2016.11.30	ZL201621304282.5	2017.6.16
新型曝气装置	实用新型	2016.11.30	ZL201621304302.9	2017.6.16
一体化旋转型蓄热式燃烧装置	实用新型	2016.11.30	ZL201621304275.5	2017.6.16
汽车制动底板类铸件自动下冷铁装置以及铸件加工方法	发明	2016.7.11	ZL20161053459.8	2017.11.9
超级双相不锈钢管束焊接气体保护装置	实用新型	2017.5.12	ZL201720537195.2	2017.12.1
活性污泥过滤生化反应器	实用新型	2017.5.9	ZL201720510523.X	2017.12.5
支架铸件混合浇注装置	实用新型	2017.5.16	ZL201720543120.5	2017.12.8
高密度沉淀处理系统	实用新型	2017.5.19	ZL201720566000.7	2017.12.8
曝气装置	实用新型	2017.4.26	ZL201720450980.4	2017.12.8
高效立式列管冷凝器	实用新型	2017.7.12	ZL201720846215.4	2017.12.22
污泥干化处理装置	实用新型	2017.5.10	ZL201720518594.4	2017.12.26

第三章　科技成果

第一节　获奖科技成果

1981年，临淄区成立科技成果奖评审委员会，开始进行科技成果的评审工作。

1982年，企业的远红外线烤漆工艺被临淄区科委授予区科学技术进步三等奖。到1989年，共有5种产品6次获得奖项。其中，中石化总公司1项，市级3项，区级2项。F_1型浮阀、F_1Q-3B型浮阀被淄博市经委评定为市优产品。5T-350型脱粒机获淄博市农业技术进步三等奖。

1990—1995年，有5种产品获得山东省、淄博市、临淄区颁发的10个奖项。其中，省级1项、市级4项、区级5项。T型翅片管重沸器先后获山东省、淄博市、临淄区科技进步一等奖。

1996—2000年，有7种新产品先后获得科技进步奖，其中国家级1项，省级1项，市级7项，区级1项。KT6-50 № 8.0空调用离心通风机被科技部确认为国家重点新产品，SFJ-1减粘防焦剂获山东省优秀新产品三等奖。

2001年起，美陵股份公司健全完善对技术革新和新产品开发及科技成果的奖励制度，明确规定，一级科技成果每项2000元，二级科技成果每项1500元，三级科技成果每项1000元。激励政策进一步激发和调动专业技术人员科技创新的积极性，新产品研发不断实现新的突破。2001—2006 年，有 10 种产品获得市区颁发的 19 个奖项。其中，市级 9 项，区级 10 项。“美陵”牌钢结构用高强度大六角螺栓连接副、钢结构用扭剪型高强度螺栓连接副和石油化工专用紧固件 3 种产品获上海市紧固件和焊接材料技术研究所颁发的优秀产品奖。

2007 年，3 种新产品先后获得淄博市、临淄区颁发的 4 个奖项。其中，HAVTH 浮阀塔盘获淄博市科技进步三等奖。

2008 年，4 种新产品先后获得淄博市、临淄区颁发的 4 个奖项。其中，煤矿地面用防爆抽出式对旋轴流通风机获淄博市节能优秀成果奖。

2009 年，7 种新产品先后获得山东省、淄博市颁发的 7 个奖项。其中，高温用膨胀系数近似奥氏体钢的高强度螺栓连接副获中国机械通用零部件工业协会紧固件行业自主创新优秀新产品特等奖，钢结构用六角法兰面（大六角）扭剪型高强度螺栓连接副获山东省中小企业科技进步一等奖，双壳程螺旋折流板换热器、煤矿地面用防爆抽出式（对旋）轴流通风机获山东省中小企业科技进步二等奖，高浓度废水生物强化处理技术——QBR 工艺荣获山东省中小企业科技进步三等奖。

2010 年，6 种新产品先后获得山东省、淄博市、临淄区颁发的 7 个奖项，其中，QBF 化工有机废气高效生物处理技术荣获国家重点环境保护实用技术（B 类），SCV 高效自清洁浮阀塔盘获山东省 100 项节能减排主推技术和装备。

2011 年，QBF 废气高效生物处理设备获“创意淄博”工业设计大赛“创尔沃热泵杯”机械行业分赛优秀奖。2014 年，锥形翅片管冷凝器获临淄区科技进步一等奖。

1982—2017 年，38 种新产品、新技术获取 69 个奖项。其中，国家级 4 项，省级 11 项，市级 25 项，区级 29 项。在省级以上刊物上发表专业技术论文 24 篇。参与制定国家标准 3 项。这些科技成果的转化和应用，有力地促进企业的科技进步和快速发展。

1982—2017 年公司获奖科技成果情况表

表 7–3

项目名称	授奖等级	授奖机关（单位）	授奖时间	完成人
远红外线烤漆	科技成果三等奖	临淄区科学技术委员会	1982.4	任凤云　张克杰
HTV 船型浮阀塔盘	科技发明三等奖	科学技术部	1987	
	优秀新产品奖	临淄区人民政府	1992.3	
5T—350 型脱粒机	科技进步三等奖	临淄区科学技术委员会	1988.5	王心俭　任凤云　周春华　顾身修
	农业技术进步三等奖	淄博市农业技术进步基金会	1989.5	
F_1 型浮阀	优良产品	淄博市经济委员会	1989.9	刘效华　任凤云　周春华　刘　奇　周海禄
	科技成果奖	淄博市科学技术委员会	1991.6	
	科技进步二等奖	临淄区科学技术进步奖评审委员会	1993.7	
F_1Q-3B 型浮阀	优良产品	淄博市经济委员会	1989.9	

续表

项目名称	授奖等级	授奖机关（单位）	授奖时间	完成人
高强度双头螺栓	科技进步二等奖	临淄区科学技术进步奖评审委员会	1993.7	刘效华　任凤云　徐洪波　周海禄
T 型翅片管重沸器	科技进步一等奖	临淄区科学技术进步奖评审委员会	1994.3	刘效华　任凤云　徐洪波　于洪泉　于同进
	科技进步三等奖	淄博市科学技术进步奖评审委员会	1994.12	
	科技进步一等奖	淄博市乡镇企业局	1995.10	
	科技进步一等奖	山东省乡镇企业局	1995	
COT 催化剂	科技进步二等奖	临淄区科学技术进步奖评审委员会	1994.3	任凤云　刘效华　徐洪波　王文昌
	星火计划三等奖	淄博市星火奖评审委员会	1994.11	
折流杆换热器	星火计划二等奖	临淄区科学技术进步奖星火奖评审委员会	1997.5	任凤云　徐洪波　周海禄　裴洪声　于同进
	科技进步三等奖	淄博市科学技术进步奖评审委员会	1998.12	
KT 系列空调用离心通风机	科技成果奖	淄博市科学技术委员会	1997.11	任凤云　李金松　刘效华　高志敏　李学虎
KT6-50 № 8.0 空调用离心通风机	国家重点新产品	科学技术部	1998	
SFJ—1 减粘防焦剂	科技成果	淄博市科学技术委员会	1999.11	裴建军　芦清新　周保臣　李洪波　张立中　任凤云　崔晓生　李　镇　徐洪波
	优秀新产品三等奖	山东省经济贸易委员会	2000.12	
	优秀新产品一等奖	淄博市经济委员会	2000.12	
	技术创新示范工程奖	临淄区人民政府	2001.3	
KT6-43 № 7.1S 双速空调用离心通风机	科技成果	淄博市科学技术委员会	1999.12	刘效华　吕锡臻　李金松　任凤云　赵金生　陈东玲　李秀芸
	科技进步三等奖	淄博市科学技术进步奖评审委员会	2000.7	
钢结构用高强度大六角螺栓连接副	优秀产品奖	上海市紧固件和焊接材料技术研究所	2002	刘永来　牛兴强　崔民红　赵克强　胡　平　李怀玺
	科技进步二等奖	临淄区科学技术进步奖评审委员会	2004.12	
钢结构用扭剪型高强度螺栓连接副	优秀产品奖	上海市紧固件和焊接材料技术研究所	2002	刘永来　牛兴强　崔民红　赵克强　胡　平　李怀玺
	科技进步二等奖	临淄区科学技术进步奖评审委员会	2004.12	
石油化工专用紧固件	优秀产品奖	上海市紧固件和焊接材料技术研究所	2002	刘永来　牛兴强　崔民红　赵克强　胡　平　李怀玺

续表

项目名称	授奖等级	授奖机关（单位）	授奖时间	完成人
BVT 浮阀塔板	科技进步三等奖	临淄区科学技术进步奖评审委员会	2003.11	赵克强 刘志胜 徐洪波 韩光亮
波纹管换热器	科技进步一等奖	临淄区科学技术进步奖评审委员会	2003.11	赵克强 刘志胜 徐洪波 韩光亮 刘金莲
	科技进步二等奖	淄博市科学技术进步奖评审委员会	2003.10	
外转子后倾翼形离心通风机	科技进步三等奖	临淄区科学技术进步奖评审委员会	2004.12	于同进 陈东玲 赵金生 李秀芸 孙艳玲
	科技进步二等奖	淄博市科学技术进步奖评审委员会	2004.9	
MLJ—03A 延迟焦化消泡剂	科技进步三等奖	淄博市科学技术进步奖评审委员会	2005.11	刘永来 裴建军 芦清新 周保臣 崔民红 牛兴强
	科技进步二等奖	临淄区科学技术进步奖评审委员会	2005.12	
螺旋波纹管换热器	科技进步二等奖	淄博市科学技术进步奖评审委员会	2005.11	赵克强 刘志胜 胡 平 李彦青 周金秀 刘彩红
	科技进步二等奖	临淄区科学技术进步奖评审委员会	2005.12	
螺旋波纹管换热器	节能降耗优秀成果	淄博市人民政府	2010.7	赵克强 刘志胜 胡 平 李彦青 周金秀 刘彩红
钢结构用六角法兰面和大六角扭剪型高强度螺栓连接副	科技进步一等奖	临淄区科学技术进步奖评审委员会	2006	刘永来 崔民红 赵克强 牛兴强 胡 平 李怀玺 刘春香
	科技进步三等奖	淄博市科学技术进步奖评审委员会		
	科技进步一等奖	山东省中小企业办公室	2009.9	
外转子永磁无刷直流电机调速离心通风机	科技进步二等奖	临淄区科学技术进步奖评审委员会	2006	徐衍亮 姚富安 于同进 赵金生 陈东玲 李秀芸
	科技进步三等奖	淄博市科学技术进步奖评审委员会		
HAVTH 浮阀塔盘	科技进步二等奖	临淄区科学技术进步奖评审委员会	2007	徐洪波 亓荣彬 钱建兵 李金松 朱滇林 刘志胜 刘金莲 姜丹刚
	科技进步三等奖	淄博市科学技术进步奖评审委员会		
煤矿地面用防爆抽出式对旋轴流通风机	科技进步二等奖	临淄区科学技术进步奖评审委员会	2007	于同进 赵金生 孙艳玲 李秀芸 蔡英杰 杨立志
	优秀节能成果	山东省人民政府	2008.6	
	节能优秀成果	淄博市人民政府	2008.8	
	科技进步二等奖	山东省中小企业办公室	2009.9	

续表

项目名称	授奖等级	授奖机关（单位）	授奖时间	完成人
双壳程螺旋折流板换热器	科技进步二等奖	临淄区科学技术进步奖评审委员会	2007	刘志胜 刘金莲 盛 平 姜丹刚 李彦青 郑素琴 徐洪波 王吉浩
	科技进步二等奖	山东省中小企业办公室	2009.9	
耐高温（650℃）高强度螺栓连接副	科技进步二等奖	临淄区科技进步奖评审委员会	2008.8	崔民红 刘金钩 刘永来 牛兴强 赵克强 李 振 胡立根 李焕亭
QBR技术处理高浓度有机污水的工程应用研究	科技进步二等奖	临淄区科技进步奖评审委员会	2008.8	包焕忠 曹国强 甘明亮 张兴忠 于雷波 李效礼 刘 莉 王基成
	科技进步三等奖	淄博市人民政府	2009.2	
	科技进步三等奖	山东省中小企业办公室	2009.9	
QBF处理工业有机废气的工程应用研究	科技进步三等奖	临淄区科技进步奖评审委员会	2008.8	
高温用膨胀系数近似奥氏体钢的高强度螺栓连接副	自主创新优秀新产品特等奖	中国机械通用零部件工业协会	2009.3	
SCV高效自清洁浮阀塔盘	科技进步三等奖	淄博市人民政府	2009.11	刘志胜 梁治国 赵克强 刘 相 康海燕
	科技进步二等奖	临淄区科技进步奖评审委员会	2010.1	
	100项节能减排主推技术和装备	山东省科技厅	2010.12	
风力发电机组用高强度紧固件	科技进步二等奖	临淄区科技进步奖评审委员会	2010.1	崔民红 刘金钩 刘永来 牛兴强 赵克强
定扭折头高强度螺栓	科技进步三等奖	临淄区科技进步奖评审委员会	2010.1	崔民红 刘金钩 刘永来 牛兴强 赵克强
QBF化工有机废气高效生物处理技术	重点环境保护实用技术	中国环境保护产业协会	2010.5	
高效微生物处理焦化废水技术	科技进步二等奖	临淄区科技进步奖评审委员会	2010.12	包焕忠 曹国强 张兴忠 于雷波 王永涛 李效礼 刘 莉 徐 峰
QBF废气高效生物处理设备	“创意淄博”工业设计大赛“创尔沃热泵杯”机械行业分赛优秀奖	淄博市经济和信息化委员会	2011.2	
锥形翅片管冷凝器	科技进步一等奖	临淄区人民政府	2014.12	刘志胜 刘同盟 刘 鹏 周金秀 胡沛德
旋流式曝气器	山东省保护产品	山东省环境保护产业协会	2016.12	

2008 年公司参与制定标准一览表

表 7-4

标准号	标准名称	标准类型	颁布年月
GB/T13807.1-2008	腰状杆螺柱连接副 型式分类	国家标准	2008.8
GB/T13807.2-2008	腰状杆螺柱连接副 螺柱	国家标准	2008.8
GB/T13807.3-2008	腰状杆螺柱连接副 螺母、受力套管	国家标准	2008.8

2003—2017 年公司员工发表技术论文情况一览表

表 7-5

名称	作者	发表刊物	发表年度
集流器旋压成型技术	赵金生	《风机技术》第 5 期	2003
浅谈灰铸铁中硅测定的准确度 化学分析人员应全面提高自身的整体素质	胡　平	《山东理化检测》第 5 期	2004
后向风机叶轮焊接组装定位夹具设计	阮政卿 姜丹刚	《航空制造技术》第 11 期	2004
0Cr25Ni20 不锈钢焊接工艺	刘志胜 周海会 单　利	《焊接技术》第 4 期	2005
城市污水的深度处理和综合利用	包焕忠	《中国给水排水》第 5 期	2005
脱硫醇活化剂的制备及其研究	胡　平	《炼油技术与工程》第 4 期	2005
16MnR 钢板半自动二氧化碳气体保护焊药芯焊丝工艺评定及生产应用	周海会	《世界重大学术成果精选》华人卷 II	2006
油浆蒸汽发生器泄漏原因分析及改进措施	刘志胜	《石油化工设备技术》第 6 期	2007
一种高效划线开孔装置	王明温	《石油化工装备》第 1 期	2007
生活饮用水中余氯含量的检测条件	崔福花	《职业与健康》	2007
高效生物强化技术在治理炼油碱渣废水中的应用	包焕忠 曹国强	《工业用水与废水》	2008
双相不锈钢换热管与 316L 管板焊接工艺	周海会	《石油化工设备》	2009
大开孔重叠设备制造技术探讨	康海燕 刘志胜 周金秀	《石油化工设备技术》	2010
定扭折头高强度螺栓应力槽计算及稳定性探索	崔民红 刘永来 赵克强	《宁波紧固件》	2011
风电螺栓施拧扭矩系数稳定性探索	崔民红 刘永来 赵克强	《宁波紧固件》	2011

续表

名称	作者	发表刊物	发表年度
矿井提升机热矫正制动盘整形装置	崔民红 程　斌 任文超	《现代矿业》第 6 期	2013
斜井提升新型跑车装置的设计及应用	崔民红 李　琦 付　彬	《现代矿业》第 7 期	2013
矿山直流电机车掉道复位及防端头出轨装置	崔民红 陈　进 杜锁乾	《现代矿业》第 9 期	2013
浮头换热器管板热应力分析	徐　蕾 钱才富 刘久逸 刘志胜	《压力容器》第 6 期	2015
高效焊割设备在换热器制造中的应用	李宪亮	《金属加工》热加工第 16 期	2015
高通量管焊接工艺研究	李宪亮 刘　立 刘志胜	《金属加工》热加工第 20 期	2015
自来水管网可靠性分析与优化设计	崔福花	《工程技术》	2016
浅谈自动化控制系统在城镇自来水公司的应用	崔福花	《基层建设》	2016

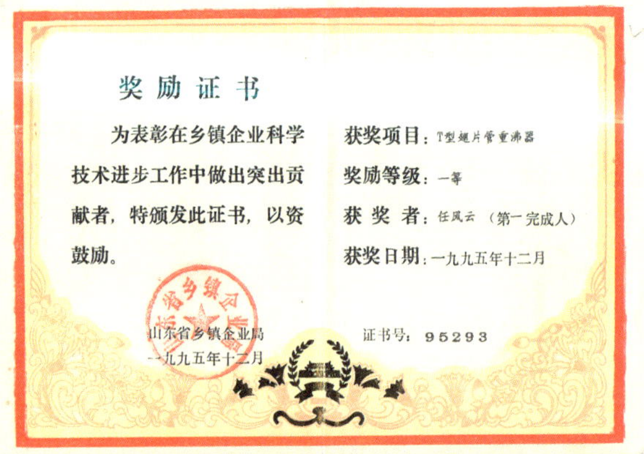

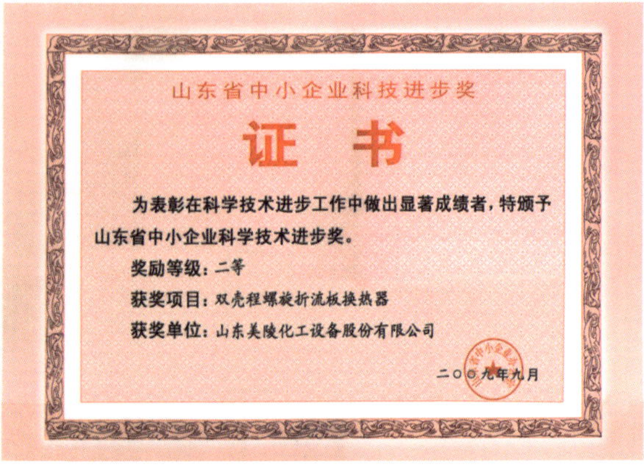

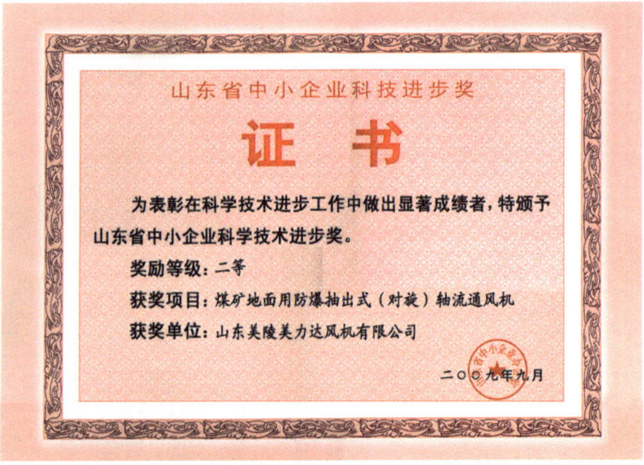

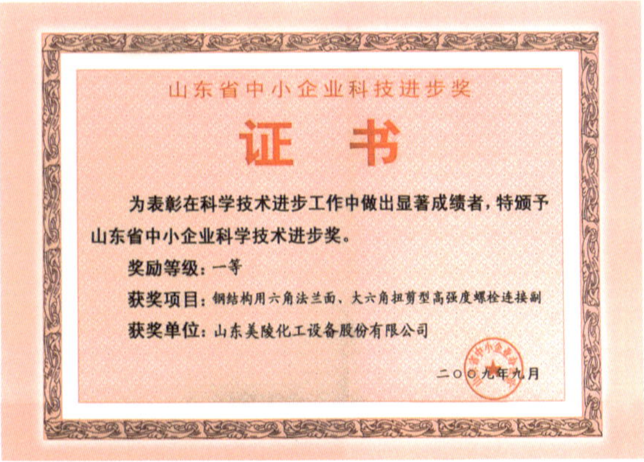
山东省中小企业科技进步奖

证 书

为表彰在科学技术进步工作中做出显著成绩者，特颁予山东省中小企业科学技术进步奖。

奖励等级：一等

获奖项目：钢结构用六角法兰面、大六角扭剪型高强度螺栓连接副

获奖单位：山东美陵化工设备股份有限公司

二○○九年九月

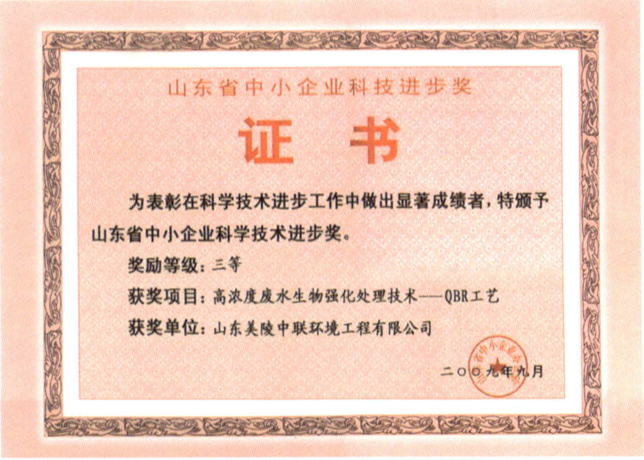
山东省中小企业科技进步奖

证 书

为表彰在科学技术进步工作中做出显著成绩者，特颁予山东省中小企业科学技术进步奖。

奖励等级：三等

获奖项目：高浓度废水生物强化处理技术——QBR工艺

获奖单位：山东美陵中联环境工程有限公司

二○○九年九月

第二节　科技成果选介

1993 年起，公司获得国家和山东省、淄博市、临淄区主管机关、科研机构认定并取得较大经济效益的科技成果有 40 项。

T 型翅片管重沸器

公司首家试制的 T 型翅片管重沸器是一种新型高效的沸腾传热设备，填补国内沸腾传热设备的一项空白。它与普通光管换热器相比，不仅具有较高的传热效率，而且还具有沸腾所需壁温低、临界热负荷高、操作平稳、弹性大等特点，T 型翅片管重沸器比光管的传热效率提高≥ 3 倍，节约换热面积≥ 30%，适用于石油化工、能源等工业领域壳程沸腾传热的工况，在石油化工领域已取得显著的经济效益。1994 年，获临淄区科技进步一等奖，获淄博市科技进步三等奖。1995 年，获山东省、淄博市乡镇企业科技进步一等奖，被国家科委列入“九五”国家重点开发新产品计划。

浮头式折流杆换热器

浮头式折流杆换热器、冷凝器是一种新型高效的传热设备，具有防震性能强、流动阻力小、不易结垢、传热性能好及表面温度均匀等优点。它不同于常用的弓形折流板换热器，换热管由杆系组成的折流圈支撑，壳程流体平行于管束的轴向流动，流动阻力很小，是一般弓形板的 1/7 ~ 1/9，在工况选用合适的情况下，比弓形板换热器可节约换热面积 30%，在单位压降下的传热速率，折流杆是弓形板的 2 倍左右。适用于石油、化工生产中气—气、气—液、液—液换热及气相冷凝过程，已在中石化、中石油得到广泛应用。1996 年 11 月 16

浮头式折流杆换热器

日，顺利通过山东省科委组织的科技成果鉴定，该产品属山东省内首创，填补山东省内传热设备的一项空白，达到国内先进水平。1997年，获临淄区科技进步二等奖。1998年，获淄博市科技进步三等奖。

浮头式双弓形和三弓形折流板换热器

浮头式双弓形、三弓形折流板换热器是将原单弓形折流板改成双缺口、三缺口形式，增加切去面积，使壳程流动形式由单弓板时的错流改变成顺错流态，克服流体急剧流动造成的管束振动，在相同流速下可使壳侧管束部分阻力降低到单弓板的1/6 ~ 1/8，反之，在相同压降下即可把流速提高2倍以上，从而提高传热效率。在工况选用合适的情况下，与单弓形折流板换热器相比，在换取相同热量的条件下，可节省换热面积20% ~ 30%，是石油化工行业深入节能的又一新型高效设备。适用于石油、化工生产中无相变流体的换热，尤其适用于壳侧流体流量大、黏度大的场合。

螺纹管换热器

螺纹管是一种强化传热元件，它可代替光管组装成各种规格的管壳式换热器系列产品，也可组装各种规格的冷凝器、冷却器、卧式重沸器，是一种节能产品。提高总传热系数50% ~ 70%，抗腐蚀能力高于光管换热器，可延长操作周期和使用寿命，管内外给热系数相差2倍时为理想使用场合。

渗铝管换热器

渗铝管换热器和冷凝器是用普通碳钢渗铝后的换热管代替普通碳钢换热管，是一种具有抗高温（230℃ ~ 450℃）硫及硫化物腐蚀的换热设备。碳钢换热管经专有工艺渗铝后，在换热管内外表面形成一层致密的、附着力很强且极为稳定的Al_2O_3保护膜，这层保护膜具有很强的自身修复和再生性。碳钢渗铝在220℃以上，具有很强的抗H_2S、SO_2、SO_3和环烷醇的腐蚀能力。在同等条件下，碳钢渗铝后，其耐腐蚀性比普通奥氏体不锈钢还要高。特别是在H_2S和RCOOH共同腐蚀的工况下，渗铝管的抗腐蚀性更加显著。渗铝管换热器主要适用于加工高硫、高酸值原油时高温硫和硫化物腐蚀的工况下。

波纹管换热器

横纹波纹管换热器是用横纹波纹管代替普通光管实现双面强化传热抗结垢的一种新型高效换热设备。换热管的内、外壁被轧制成环状波纹凸肋，其内壁能改变流体的流动状态，使管内流体层流或过渡流达到湍流状态，显著提高换热效率；其管外形成波纹表面，既扩大换热面积，也增大扰动，同时提高传热效率。在工况选用合适的情况下，与普通光管换热器相比一般总传热系数可提高一倍，可节省约30% ~ 40%的换热面积。该产品在中石化、中石油节能降耗、挖潜改造项目和新建项目中得到大量应用。2002年12月29日，通过山东省科技厅组织的科技成果鉴定，其技术水平达到国内领先。2003年，获淄博市科技进步二等奖。

螺旋波纹管换热器

螺旋波纹管换热器是在横纹波纹管换热器的基础上研发成功的一种双侧强化传热的高效换热设备，与普通光管换热器相比一般总传热系数可提高近一倍，可节省30%以上的换热面积。与横纹波纹管换热器相比，在工况选用合适的情况下，其传热效率基本相当，管内阻力降低约50%。该产品非常适用石油化工装置挖潜改造，为节能降耗提供一条新的途径。2014年12月9日，通过山东省科技厅组织的科技成果鉴定，其综合技术水平达国内先进。2005年，获淄博市科技进步二等奖。

双壳程双螺旋折流板换热器

双壳程双螺旋折流板换热器是一种新型的高效节能换热器，除具备单壳程螺旋折流板换热器的全部优点外，其适用范围更广，尤其在大直径换热器和壳程介质流量小、雷诺数低、传热系数又要求高的换热器上可广泛应用。可以实现纯逆流传热，逆流传热的平均温差比并流的大，在传递同样热量的条件下，逆流所需的传热面积小，结构更加紧凑。在同样换热面积下针对一定的K值（总的换热效率）可以得到更大负荷，达到更理想的换热效果。2006年12月31日，通过山东省科技厅组织的科技成果鉴定，其综合性能达到国内领先水平。2007年，获临淄区科技进步二等奖。

双相不锈钢换热器

双相不锈钢与奥氏体不锈钢相比，具有优良的耐应力腐蚀、点腐蚀、缝隙腐蚀和晶间腐蚀性能，较高的力学性能、较低的热膨胀性能、较好的可焊性能和较低的使用成本，在国内外化学工业、石油工业及海洋化工等领域已得到广泛应用。公司对材质为SAF2205和SAF2507的双相不锈钢换热器有着成熟的设计技术和制造工艺、齐全的检测设备、完善的质量保证体系。

钛设备

钛及钛合金，不但其比强度大又兼有较好的韧性和可焊性，更为重要的是它具有优良的耐腐蚀性能。在氧化性、中性及有氯离子的介质中其耐腐蚀性能超过SUS304不锈钢的几十倍。它在化工、冶金、电镀、造纸、医药、食品、造船、海洋工程、海水淡化以及电站等方面得到广泛而成功的应用。公司开发制造的钛设备，特别是钛换热器，在石油化工行业得到广泛应用，公司具有完整的质量保证体系，专用清洁生产车间、库房及工装工具，生产达到“清洁无铁化”。

镍设备

镍及镍合金具有独特的物理性能和力学性能，耐蚀性强，在200℃～1090℃范围内能耐各种介质的侵蚀，具有良好的高温和低温性能，在石油化工、航空航天、海洋开发等领域得到广泛应用。公司开发的镍及镍合金设备，质量稳定可靠，在石油化工领域得到成功应用。

BVT浮阀塔板

由中国石油大学（华东）与美陵股份公司联合研制开发。2002年12月17日，通过山东省科技厅组织的科技成果鉴定。BVT浮阀塔板是在HTV船形浮阀塔板的基础上开发研制的一种性能更为优越的浮阀塔板。该塔板的流体力学性能和传质性能均优于F_1型和HTV船形浮阀塔板，具有压降低、泄漏量和雾沫夹带量小、处理量大、操作弹性大、传质率高等特点。BVT塔板在山东石大科技有限公司常压塔及催化裂化分馏塔上成功应用：（1）单塔处理能力提高18%以上；（2）提高产品分割精度，改善产品质量，提高轻油收率1.75%以上；（3）在保证产品质量合格的基础上，扩大操作弹性。国内各炼油厂现已广泛应用BVT新型高性能塔板技术，提高生产能力和轻油收率，降低能耗，取得良好的经济效益和社会效益。2003年，获临淄区科技进步三等奖。

HAVTH浮阀塔盘

HAVTH浮阀塔盘采用固阀和浮阀相结合的结构，充分利用塔板的空间和浮阀上方的传质空间，使气体分散更加细密均匀，气液接触更加充分。其固动结合的结构可根据处理量的不同自动调节控制，从而大幅度提高塔的操作弹性。HAVTH塔盘无论在塔板压降、泄漏、雾沫夹带，还是塔盘效率都有很大优势。与F_1浮阀塔板相比，处理能力约可提高30%，传质效率可提高20%以上，塔盘压降下降30%～40%以上，雾沫夹带和泄漏下降20%～30%。HAV[TH]浮阀塔盘可广泛应用于炼油化工装置中的常减压装置、催化裂化分馏吸收稳定系统、加氢裂化、催化重整、延迟焦化以及化肥、化工等分离装置中，市场前景广阔。2006年12月31日，通过山东省科技厅组织的科技成果鉴定，其技术水平和综合性能达到国内领先水平。

KT系列外转子电机直联离心通风机

KT系列外转子电机直联离心通风机采用双进气大功率外转子电机直接拖动风轮结构，比皮带传动风机体积减小1/3，噪声降低5～8dB（A），综合效率提高3%～5%，安装使用方便。具有风量大、压力高、噪声低、体积小、性能曲线平坦、高效区宽广等优点，为组合式空调用风机开辟新途径。1997年11月28日，通过由山东省科委组织的科技成果鉴定，同年，获淄博市科技成果奖。1998年，KT6-50 № 8.0空调用离心通风机被科技部列为国家重点新产品。

KT6-43 № 7.1S双速空调用离心通风机

KT6-43 № 7.1S双速空调用离心通风机采用双速大功率外转子电机直接拖动风轮结构，除具备KT系列空调用离心通风机优点外，还可根据需要调整风量。1999年12月25日，通过由山东省科委组织的科技成果鉴定。该产品填补国内大功率双速外转子电机直接拖动风机的空白，具有良好的经济效益和社会效益。1999年，获淄博市科技成果奖。2000年，获淄博市科技进步三等奖。

外转子后倾翼型离心通风机

外转子后倾翼型离心通风机主要用于空调及通风领域。其叶轮、叶片的形状为机翼型，采用铝合金铸造成型。其叶片的安装为后倾式，叶轮与外转子电机转壳固定，由电机直接带动叶轮旋转，比皮带传动型钢制平板叶片离心通风机体积小1/3，重量降低20%，效率提高3%～5%，噪声降低4～6dB（A），且电机不宜过载。2003年10月17日，通过山东省科技厅组织的科技成果鉴定。该产品填补国内空白，技术达到国内先进水平。2004年，获淄博市科技进步二等奖。

煤矿地面用防爆抽出式对旋轴流通风机

FBCDZ系列煤矿地面用防爆抽出式对旋轴流通风机采用电机与叶轮直联最简单的传动结构，并设置稳流环、隔流腔与电机散热风管、防爆铜环等新颖结构设计技术，使其风机的静压效率达到83.5%以上，节能效益显著。该风机具有运行效率高、噪声低、高效区宽广、喘振小、结构合理、运行可靠、叶片安

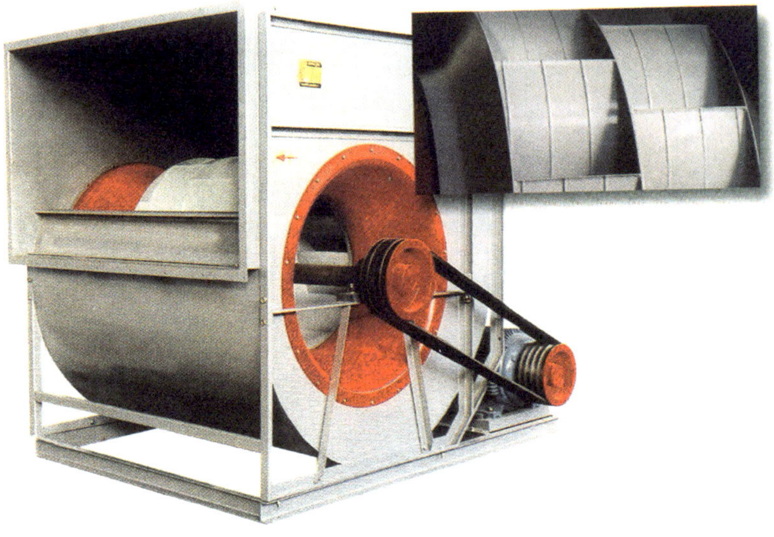

后倾翼型离心通风机

装角具有可调性，可直接反转反风，反风速度快，且能与各类煤矿的通风网络相匹配等特点。2006年12月19日，通过山东省科技厅组织的科技成果鉴定，其主要性能指标达到国内领先水平。

钢结构用大六角和扭剪型高强度螺栓连接副

钢结构用高强度螺栓连接副主要特点是具有高的强度和良好韧性，有严格的扭矩和紧固轴力要求，扭紧时能够控制施加给螺栓的预拉力在规定的范围内，因而有效地防止螺栓的超拧或欠拧，使其受力均匀。同时刚性好，承载能力大，在交变载荷作用下疲劳强度也高。被广泛应用于大桥、机库、铁路、轻轨、高层建筑、轻钢型厂房及各种民用建筑等。2003年4月24日，通过山东省科技厅组织的科技成果鉴定。该产品填补省内空白，制造工艺达到国内先进水平。2004年，获临淄区科技进步二等奖。

钢结构用扭剪型高强度螺栓连接副

钢结构用六角法兰面和大六角扭剪型高强度螺栓连接副

钢结构用六角法兰面和大六角扭剪型高强度螺栓连接副具有高的强度和良好的韧性，同时有着严格的扭矩系数和紧固轴力的要求，施工时可采用双重控制法（扭矩系数控制法、紧固轴力控制法），施工中受力均匀，承载能力大，在交变载荷作用下疲劳强度高，且具有易安装、易拆卸、易维护的特点。稳定的扭矩系数、紧固轴力及小的标准偏差是连接副的关键技术。自动化热处理工艺、磷皂化表面处理工艺这些关键工艺技术的开发应用，使连接副制造工艺先进，质量稳定可靠。2005年12月23日，通过山东省科技厅组织的科技成果鉴定，填补国内空白，产品的制造水平达到国内领先水平。2006年，获淄博市科技进步三等奖和临淄区科技进步一等奖。

耐高温（650℃）高强度螺栓连接副

本产品的特点是650℃高温时，抗拉强度达735兆帕，高温持久应力大于392兆帕，能在工作温度650℃，瞬时温度达700℃工况下正常工作，具有极强的高温持久性能、良好的抗高温蠕变性能和耐腐蚀性能。固溶——时效弥散强化热处理工艺、温度带窄的镦锻工艺、螺纹成型工艺这些关键工艺技术的开发应用，使连接副制造工艺先进、合理。产品在石油化工装置中得到广泛应用。2007年12月22日，该产品通过山东省科技厅组织的科技成果鉴定，填补国内空白，其综合性能达到国内领先水平。

水解+A/O污水处理工艺

该工艺是集结多种工艺长处，形成的一套投资少、运行费用低、处理效果佳的污水处理工艺。不仅适用于城市污水处理，也适用于食品、屠宰、酿造、印染、纺织、造纸、化工等行业的污水处理。主要特点有：投资少，运行费用低，出水水质高，出水水质达到或优于生活杂用水水质标准。实现污水资源化，经处理后的水可用作工业用水，降低企业的生产成本，使污水变废为宝，改善水资源日趋紧缺的实际情况，也可用于河道补充水以改善城市河道枯水、污染、生态环境恶化的局面。

高浓度污水处理技术——QBR

QBR 是与韩国合作开发的一项高浓度污水处理技术，其独创之处在于它利用高效菌种对污染物质的高效降解作用。主要应用于以下废水处理：液体焚烧废水、稀释处理废水、委托处理高浓度废水、运行费用高的化学处理废水。QBR 工艺对于化学耗氧量每升从 2 万毫克 ~ 20 万毫克的超高浓度废水的去除率高达 95% 以上。QBR 工艺与传统的废水处理工艺相比，负荷大，处理效率高，不产生二次污染，投资少，是一种环境友好型处理工艺。2007 年 12 月 30 日，该技术通过山东省科技厅组织的科技成果鉴定，技术水平达到国内先进。

QBR 高浓度废水处理工程

工业有机废气处理技术——QBF

QBF 是与韩国合作开发的一项高浓度有机废气处理技术，该工艺技术以生化处理工段为主体，对含有脂肪族烃、氯代烃类、无机化合物、芳香烃、含有碳和硫的化合物等气体均有良好的去除效果。处理后的气体排放完全符合国家标准，可以直接排放到大气，能够大大改善人们的工作环境和生活条件。这是一种环境友好型处理工艺，其运行持续稳定，且没有二次污染，技术水平达到国内先进。具有显著的社会效益和环境效益。2007 年 12 月 30 日，该技术通过山东省科技厅组织的科技成果鉴定，技术水平达到国内先进。2010 年 5 月，该技术被中国环境保护产业协会确认为国家重点环境保护实用技术（B 类）。

SCV 高效自清洁浮阀塔盘

由中国石油大学（华东）与美陵股份公司联合研制开发 SCV 浮阀塔盘，是一种高效自清洁浮阀塔盘。经过优化加上鼓泡促进器后，降低塔板的液面梯度，改善气相的偏流现象，消除塔板上液面梯度，使整个塔板鼓泡均匀，从而增加塔板的处理能力和传质效率。在焦化、催化、加氢等装置上的改造应用表明，可以提高单塔处理量 20% 以上。2008 年 12 月 28 日，通过山东省科技厅组织的科技成果鉴定，其技术水平和综合性能达到国内领先水平。2009 年，获得淄博市科技进步三等奖和临淄区科技进步二等奖。同年，列入山东省技术创新项目计划。

风力发电机组用高强度紧固件

该产品是紧固件分公司在制造石油化工用高强度螺栓和钢结构用高强度螺栓连接副的基

风力发电机组用高强度紧固件

础上开发的新产品。本产品的特点是具有较高的强度和良好的韧性，同时有着严格的扭矩系数和紧固轴力的要求，施工中受力均匀，承载能力大，在交变载荷作用下抗疲劳强度高，表面达克罗处理，具有良好的耐腐蚀性能。稳定的扭矩系数及小的标准偏差是连接副关键技术。自动化热处理工艺、达克罗表面处理工艺、螺纹滚压工艺这些关键工艺技术的开发应用，使连接副制造工艺先进、合理。本产品生产设备自动化程度高，检测手段齐全，产品性能指标稳定可靠。2008年12月28日，通过山东省科技厅组织的科技成果鉴定，其技术水平和综合性能达到国内领先水平。2009年，获得临淄区科技进步二等奖。同年，列为山东省技术创新项目计划。

定扭折头高强度螺栓

该产品特点是具有较高的强度和良好的韧性，同时有着严格的紧固轴力的要求，施工时六角梅花折断即施工完成，此时螺栓受力均匀，承载能力大，在交变载荷作用下抗疲劳强度高。稳定的紧固轴力及小的标准偏差是连接副关键技术。自动化热处理工艺、热镦成型工艺，磷皂化表面处理工艺、应力槽车削工艺这些关键工艺技术的开发应用，使定扭折头高强度螺栓制造工艺先进、合理。本产品生产设备自动化程度高，检测手段齐全，产品性能指标稳定可靠。2008年12月28日，通过山东省科技厅组织的科技成果鉴定，其技术水平和综合性能达到国内领先水平。2009年，获得临淄区科技进步三等奖。

定扭折头高强度螺栓

组合式高效节能换热器

组合式高效节能换热器将强化传热管与高效防短路螺旋折流板组合研究，充分发挥各自的优点，扬长避短，以较低的压力损失，获得最高的传热效果，同时，完善加工制造标准，产品验收标准、规范产品系列规格，提出完整、准确的工程设计计算方法，提高强化换热器的应用价值。不仅能提高传热效率，降低能耗而且能减小设备的体积及运行维护费用，进而降低产品成本，经济、社会效益明显，为石油、化工企业挖潜改造的深入和扩产改造提供一条新的途径。该新产品列为2008年淄博市科技计划项目。

碱渣废水处理技术

碱渣废水毒性大、浓度高（CODcr值可达几万到几十万毫克/升；CODcr、硫化物和酚的排放量高达炼油厂污染物排放总量的40% ~ 50%），直接排放到炼厂的综合污水处理系统会严重影响污水处理厂正常运行、大大降低污水处理达标率、增加污水处理运行费用。公司开发的碱渣废水处理技术与传统的处理技术相比，具有以下优点：利用先进的微生物菌种处理技术，可快速、经济地处理高浓度毒性废水，可以配备微生物活性监控技术，实现更稳定和高效率的运行。结构简单合理，操作方便，处理效果好，并且无二次污染，投资省，运行费用低，能够使碱渣废水的排放满足要求。该技术成功应用于中石化齐鲁分公司胜利炼油厂碱渣废水治理工程。

高效微生物处理焦化废水技术

高效微生物处理焦化废水技术利用高效微

生物对焦化废水中的污染物的降解作用，大幅度提高有机物处理负荷，是一种没有二次污染的环境友好型处理工艺，与传统的活性污泥法相比，降低处理费用。该工艺技术创新之处是采用从高浓度废水中分离出来的高效微生物菌群，通过工艺集成，成功应用于焦化废水的处理过程。对主要成分含有挥发酚、矿物油、氰化物、苯酚及苯系化合物、氨氮等，污染物浓度高、成分复杂且难于治理的焦化废水具有良好的去除效果。高效微生物处理焦化废水技术，解决了长期以来困扰环保业界焦化废水生化降解效果差的难题。2009 年 11 月 28 日，通过山东省科技厅组织的科技成果鉴定，其工艺技术水平达到国内领先水平。2009 年，获临淄区科技进步二等奖。

耐高温耐强腐蚀镍基螺栓连接副

该产品对多种腐蚀环境具有极高的耐腐蚀性。由于含 Cr，在氧化性的腐蚀环境中耐腐蚀性优于纯镍。同时，由于 Ni 含量高，在还原性腐蚀环境下也能维持良好的耐腐蚀性能，对于碱性溶液的腐蚀作用也具有极高的耐受性。具有很好的耐干燥氯气和氯化氢气体腐蚀的性能，在零下、室温及高温时都具有很好的机械性能，具有很好的抗蠕变断裂强度，该产品常用在石油化工生产中的催化再生器在 700℃以上环境下的热交换器、有机或无机氯化物和氟化物的生产、抗氯气和氟气腐蚀等场合。该新产品列为 2009 年山东省技术创新项目计划。

制动盘垂直分型流线铸造工艺

该工艺采用垂直分型造型机，舍弃传统铸造工艺中横浇道、浇口窝等结构，采用流线型浇道。流线型浇道铸造工艺具有生产效率高，铸件工艺出品率高，铸件精度高，铸件机加工余量小等特点。该工艺可提高平均单人铸件生产量，提高原材料利用率，实现铸件生产节能减排，降低铸件生产成本，该工艺技术水平处于国内领先。该新工艺列为 2012 年度淄博市科技计划项目。

锥形翅片管冷凝器

锥形翅片管冷凝器是在冷凝管的管体外表面设有锥形翅片，成环形分布，有利于凝结后冷凝液的流动，将冷凝液及时引走，使冷凝管外表面处于良好的暴露状态，保证冷凝管的冷凝性能。在管体外表面上还设有导液槽，可进一步改善冷凝液的及时流动状况。锥形翅片管冷凝器是一种高效节能换热设备，不仅能提高换热效率，降低能耗而且减少设备体积及运行维护费用，进而降低产品成本。随着石油化工企业节能改造的深入和新项目的建设，锥形翅片管冷凝器有广阔的应用前景。2013 年 10 月 24 日，该新产品通过淄博市科技局组织的科技成果鉴定，填补国内空白，综合性能处于国内领先水平。2014 年，获临淄区科技进步一等奖。

高效小体积 PLY 型旋风分离器

高效小体积 PLY 型旋风分离器是根据中国炼油、化工技术发展的需要，由中石化洛阳工程有限公司和山东美陵化工设备股份有限公司共同合作开发的一种高效小体积型气固分离设备。与传统旋风分离器相比，具有以下优点：（1）分离效率高。（2）压降较低。（3）体积较小。（4）操作弹性大。（5）多种入口蜗壳结构（90°、135°、180°），多种入口切进度形式（直切、1/2、1/3 等），可根据空间的大小及对分离效率的要求选择。（6）节省一次性投资。在相同处理气量的情况下，其直径较小，长度较短，比国内其他形式的旋风分离器节省投资 8% ~ 10%。（7）高效小体积 PLY 型旋风分离器适用于 HCC 装置、硫化催化裂化（FCC）装置、CPP 装置、DMTO 装置反应器、再生器

高效小体积 PLY 型旋风分离器

或沉降器内的一、二级旋风分离器，进行气固分离（烟气、油气与催化剂之间的分离）。（8）由于施工安装较为方便，尤其对老装置性能的改造非常有利。

甲醇制氢大型转换器

转化器作为甲醇制氢装置的核心设备，其结构性能对催化剂活性、化学反应过程、装置能耗、生产效率、单位产品成本、产品纯度、运行费用等有着直接的影响。转化器（也叫变换反应器）的结构类似于立式固定管板式换热器，但从其工作原理上分类，转化器属于管壳式反应器，是甲醇制氢装置中的核心设备。甲醇和水蒸气在 230℃ ~ 280℃的温度下通过转化器列管中的催化剂发生转化反应。转化器壳程介质是热源，管程介质为原料气，立管内装满催化剂，原料气通过换热管内时，在催化剂的作用下完成一系列转化反应，反应过程是吸热反应，转化器的规格决定着装置的规模。

DMTO 大型立式换热器

DMTO 大型立式换热器是煤制烯烃装置中的核心设备，由中国石化集团洛阳石油化工工程公司和山东美陵化工设备股份有限公司共同合作设计研发。主要优点：（1）工作温度高达 500℃左右，直径达 3600 毫米 ~ 4000 毫米，长度达 25 米 ~ 30 米，重量达 220 吨 ~ 300 吨。（2）换热管的耐磨性高且防堵塞。（3）防腐性能好。（4）换热效率高。（5）DMTO 大型立式换热器是煤化工行业 MTO 甲醇制烯烃装置中的核心设备。

第三节　奖励政策

2001 年，公司制定《科技进步与合理化建议管理制度》。从 2001 年开始每年年底征集各二级单位的技术革新改造项目，由公司项目评审委员会对项目进行评定、奖励。自 2013 年开始，集团公司在《经营管理的有关规定》中，设立技术进步奖。

2001—2017 年，公司技术革新改造共奖励项目 975 个，奖励 35.19 万元。2013—2017 年，公司技术进步奖奖励项目 18 个，奖励 41.30 万元。2005 年后，公司积极申请山东省、淄博市、临淄区政府资金资助项目，如：山东省科技计划项目、山东省技术创新计划项目、山东省企业自主创新及技术进步专项引导资金项目、山东省重大节能技术产业化奖励资金项目、山东省新兴产业和重点行业发展专项资金项目、淄博市科技计划、淄博市中小企业发展专项资金项目、淄博市节能降耗优秀成果项目等。2005—2017 年，公司共有 119 项新产品、新技术、新工艺技术列入国家、山东省、淄博市科技计划，获得项目奖励资金 403 万元，项目研究开发费加计扣除减免税所得税额 700 余万元。

2001—2017 年公司技术革新改造项目奖励情况一览表

表 7-6

年份	奖励项目数	其　中				奖励人次	奖励金额（万元）
		A 级	B 级	C 级	D 级		
2001	17	2	6	9	—	23	0.68
2002	27	11	7	9	—	33	1.63
2003	52	5	16	19	12	104	1.7
2004	73	8	9	20	36	145	2.05
2005	53	2	8	18	25	111	1.35
2006	48	8	7	15	18	118	1.62
2007	54	7	17	11	19	128	2.33
2008	60	7	7	16	30	174	1.69
2009	54	5	13	16	20	157	1.78
2010	45	5	9	12	19	151	1.4
2011	60	6	39	8	7	208	2.74
2012	53	5	18	13	17	167	1.86
2013	59	14	11	24	10	248	2.49
2014	91	19	23	24	25	271	3.64
2015	76	11	13	17	35	218	2.39
2016	80	11	23	15	31	212	3.01
2017	73	14	12	21	25	205	2.83
合计	975	140	238	267	329	2673	35.19

2013—2017 年公司技术进步奖情况一览表

表 7-7

年份	项目名称	奖励金额（万元）	获奖单位
2013	锥形翅片管冷凝器新产品开发	1.8	化工设备分公司
	螺栓组装机开发、热处理法兰工艺改进	4	紧固件分公司
	齐都污水处理厂污水曝气系统改造	2	临淄污水净化分公司
	除尘器加热器和管道改造、空压机匹配节能改造	4	汽车零部件分公司
2014	球化除尘改造项目、废油桶改造残铁盆、飞轮环工艺改进	4	汽车零部件分公司
	鼓风机改造和用电减容项目	1.5	临淄污水净化分公司
	高效节能曝气装置新产品开发	1.44	山东美陵中联环境工程有限公司

续表

年份	项目名称	奖励金额（万元）	获奖单位
2014	弓形座和齿圈辗制工艺改进	1	山东美陵美力达风机有限公司
2015	开发亚洲最大雪弗龙加氢内构件、国内最大规模甲醇制氢转化器新产品	4	化工设备分公司
	开发国内最大规模甲醇制氢转化器新产品	2	山东美陵博德化工机械有限公司
	铸造排气方式改进	1.5	汽车零部件分公司
2016	开发 M80 以上大规格螺柱	1	紧固件分公司
	开发套管换热器	0.1	化工设备分公司
	高颈法兰辗制工艺改进	2	山东美陵美力达风机有限公司
	副钳体铸造工艺改进	2	汽车零部件分公司
2017	首次制造 DMTO 装置甲醇——反应气换热器	5.96	山东美陵博德化工机械有限公司
	制动蹄减重增效和消耗灰铁回炉料	2	汽车零部件分公司
	锻件调质热处理工艺开发应用	1	山东美陵美力达风机有限公司
合计		41.30	

2005—2017 年列入各级科技计划项目一览表

表 7-8

项目名称	计划名称	年度	备注
高性能自适应浮阀 HAVTH 塔板	山东省技术创新重点项目计划	2005	
煤矿地面用防爆抽出式对旋轴流通风机	淄博市科技计划	2005	奖励 20 万元
波纹管换热器	国家火炬计划	2006	
螺旋折流板换热器	山东省技术创新项目计划	2006	
双壳程螺旋折流板换热器	山东省技术创新项目计划	2007	
双壳程螺旋折流板换热器	国家火炬计划	2008	
高浓度废水生物强化处理技术——QBR 工艺	山东省技术创新项目计划	2008	
耐高温（650℃）高强度螺栓连接副	山东省技术创新项目计划	2008	
组合式高效节能换热器	淄博市科学技术发展计划	2008	奖励 20 万元
双壳程螺旋折流板换热器	山东省企业自主创新及技术进步专项引导资金项目	2008	奖励 30 万元

续表

项目名称	计划名称	年度	备注
双壳程螺旋折流板换热器	国家火炬计划项目	2008	
煤矿地面用防爆抽出式对旋轴流通风机	山东省重大节能技术产业化奖励资金项目	2008	奖励 5 万元
SCV 高效自清洁浮阀塔盘	山东省技术创新项目计划	2009	研发费加计扣除
风力发电用高强度紧固件	山东省技术创新项目计划	2009	研发费加计扣除
高效微生物处理焦化废水技术	淄博市科学技术发展计划项目	2009	奖励 20 万元
高效微生物处理焦化废水技术	山东省科技发展计划政策引导类项目	2009	研发费加计扣除
高效冷凝管冷凝器	山东省技术创新项目计划	2009	研发费加计扣除
非对称型双壳程换热器	山东省技术创新项目计划	2009	研发费加计扣除
催化烟气脱硫装置	山东省技术创新项目计划	2009	研发费加计扣除
定扭折头高强度螺栓	山东省技术创新项目计划	2009	研发费加计扣除
机械产品制造节能技术改造及污水处理脱磷除氮技术改造项目	淄博市中小企业发展专项资金项目	2009	奖励 20 万元
耐高温耐强腐蚀镍基螺栓连接副	山东省技术创新项目计划	2009	研发费加计扣除
高效微生物处理焦化废水技术	山东省技术创新项目计划	2009	研发费加计扣除
皮革废水处理技术	山东省技术创新项目计划	2009	研发费加计扣除
含酚废水处理技术	山东省技术创新项目计划	2009	研发费加计扣除
螺旋波纹管换热器	淄博市节能降耗优秀成果项目	2009	奖励 3 万元
新型高效节能离心通风机	山东省技术创新项目计划	2010	研发费加计扣除
催化裂化烟气脱硫装置	淄博市科技计划	2010	奖励 50 万元
催化裂化烟气脱硫设备技术改造项目	山东省新兴产业和重点行业发展专项资金项目	2010	奖励 30 万元
偏心折流板换热器	山东省技术创新项目计划	2010	研发费加计扣除
插接一体式双壳程换热器	山东省技术创新项目计划	2010	研发费加计扣除
锥形翅片管冷凝器	淄博市科技计划	2011	奖励 15 万元
臭氧氧化工艺在焦化废水处理中的应用	山东省技术创新项目计划	2011	研发费加计扣除
化工废气生物净化处理装置	山东省技术创新项目计划	2011	研发费加计扣除
安全可靠的管壳式换热器	山东省技术创新项目计划	2011	研发费加计扣除

续表

项目名称	计划名称	年度	备注
制动盘高效无箱垂直造型铸造工艺开发	山东省技术创新项目计划	2011	研发费加计扣除
化工装备用耐低温耐腐蚀高强度紧固件	山东省技术创新项目计划	2011	研发费加计扣除
催化裂化烟气脱硫装置	山东省区域经济协调发展示范县项目	2011	奖励 70 万元
折面折流板换热器	山东省技术创新项目计划	2011	研发费加计扣除
纸机烘干部吹贯蒸汽控制系统	山东省技术创新项目计划	2011	研发费加计扣除
污水处理池用高效射流曝气器	山东省技术创新项目计划	2011	研发费加计扣除
臭氧氧化工艺在焦化废水处理中的应用	山东省技术创新项目计划	2011	研发费加计扣除
化工废气生物净化处理装置	山东省技术创新项目计划	2011	研发费加计扣除
纸机烘干部吹贯蒸汽控制系统	山东省技术创新项目计划	2011	研发费加计扣除
污水处理池用高效射流曝气器	山东省技术创新项目计划	2011	研发费加计扣除
ERP 精细化管理项目	山东省中小企业发展专项资金项目	2012	奖励 30 万元
制动盘垂直分型流线铸造工艺	淄博市科技计划	2012	奖励 30 万元
高温用膨胀系数近似奥氏体钢的高强度螺栓连接副	山东省技术创新项目计划	2012	研发费加计扣除
脂肪胺、脂肪酸废水处理技术	山东省技术创新项目计划	2012	研发费加计扣除
低温处理水泥回转窑烟气脱硝技术	山东省技术创新项目计划	2012	研发费加计扣除
采石场碎石生产线粉尘治理技术	山东省技术创新项目计划	2012	研发费加计扣除
美标英制高温高压及其他特殊用途用合金钢和不锈钢紧固件	山东省技术创新项目计划	2012	研发费加计扣除
强氧化 + 絮凝沉淀法处理含络合铜离子废水处理技术	山东省技术创新项目计划	2012	研发费加计扣除
大型换热器的国产化	山东省技术创新项目计划	2012	研发费加计扣除
采石场碎石生产线粉尘治理技术	山东省技术创新项目计划	2012	研发费加计扣除
低温处理水泥回转窑烟气脱硝技术	山东省技术创新项目计划	2012	研发费加计扣除
强氧化 + 絮凝沉淀法处理含络合铜离子废水处理技术	山东省技术创新项目计划	2012	研发费加计扣除
钻井机械设备用英制高强度螺栓连接副	山东省技术创新项目计划	2013	研发费加计扣除
液化天然气（LNG）项目用高强度紧固件	山东省技术创新项目计划	2013	研发费加计扣除

续表

项目名称	计划名称	年度	备注
防管束振动的重沸器	山东省技术创新项目计划	2013	研发费加计扣除
液化天然气（LNG）项目用高强度紧固件	山东省技术创新项目计划	2013	研发费加计扣除
新型组合折流板卧式冷凝器	山东省技术创新项目计划	2013	研发费加计扣除
SNCR 模块化生产处理氮氧化物技术	山东省技术创新项目计划	2013	研发费加计扣除
皂化废水加石灰乳湿法脱硫处理技术	山东省技术创新项目计划	2013	研发费加计扣除
重卡盘式制动零部件	淄博市科技计划	2013	奖励 15 万元
Orka 高效节能型曝气装置	山东省技术创新项目计划	2013	研发费加计扣除
钢帘线（电镀）废水综合处理技术	山东省技术创新项目计划	2013	研发费加计扣除
脂肪胺、脂肪酸废水处理技术	山东省技术创新项目计划	2013	研发费加计扣除
高效冷凝管换热器的研究与开发	山东省科技计划	2014	奖励 50 万元
大小孔换热器	山东省技术创新项目计划	2014	研发费加计扣除
新型硫黄冷凝器	山东省技术创新项目计划	2014	研发费加计扣除
甲醇烯烃（MTO）装置用高强度紧固件	山东省技术创新项目计划	2014	研发费加计扣除
盘类铸件变径流线型浇注装置	山东省技术创新项目计划	2014	研发费加计扣除
螺栓螺柱下料工装	山东省技术创新项目计划	2014	研发费加计扣除
管板焊接结构的大型 U 形管高压换热器	山东省技术创新项目计划	2014	研发费加计扣除
铸件清理装置	山东省技术创新项目计划	2014	研发费加计扣除
浮体波浪发电技术研究与试验	淄博市科技计划	2014	奖励 30 万元
铁碳微电解 + 芬顿氧化联合处理橡胶助剂废水技术	山东省技术创新项目计划	2014	研发费加计扣除
湍流强电除尘技术	山东省技术创新项目计划	2014	研发费加计扣除
气提法处理高含硫含氨废水技术	山东省技术创新项目计划	2014	研发费加计扣除
锅炉烟气余热处理造纸污泥技术	山东省技术创新项目计划	2014	研发费加计扣除
螺柱断料、倒角、打印一体化工艺研发	山东省技术创新项目计划	2015	研发费加计扣除
支架类铸件变形矫正处理装置	山东省技术创新项目计划	2015	研发费加计扣除
加氢反应器用高强度紧固件	山东省技术创新项目计划	2015	研发费加计扣除

续表

项目名称	计划名称	年度	备注
汽车制动支架类铸件在垂直线上的浇注系统	山东省技术创新项目计划	2015	研发费加计扣除
新型旋风分离器	山东省技术创新项目计划	2015	研发费加计扣除
新型管壳式套管蒸发汽化器	山东省技术创新项目计划	2015	研发费加计扣除
新型管壳式冷凝器	山东省技术创新项目计划	2015	研发费加计扣除
SNCR-SCR 混合脱硝技术	山东省技术创新项目计划	2015	研发费加计扣除
过滤式静电除尘器	山东省技术创新项目计划	2015	研发费加计扣除
分点进水——多级 AO 除磷脱氮工艺	山东省技术创新项目计划	2015	研发费加计扣除
加盖收集——生物法异味治理技术	山东省技术创新项目计划	2015	研发费加计扣除
Orka Ⅱ高效节能曝气装置	山东省技术创新项目计划	2015	研发费加计扣除
污泥高压干化焚烧综合利用处理技术	山东省技术创新项目计划	2015	研发费加计扣除
螺栓螺母装配装置以及螺栓螺母装配包装系统研发	山东省技术创新项目计划	2016	研发费加计扣除
汽车制动底板类铸件自动下冷铁装置	山东省技术创新项目计划	2016	研发费加计扣除
无砂芯生产汽车制动钳支架产品工艺	山东省技术创新项目计划	2016	研发费加计扣除
新型组合旋风分离器	山东省技术创新项目计划	2016	研发费加计扣除
渣油加氢装置新型反应器内构件	山东省技术创新项目计划	2016	研发费加计扣除
大型转换器	山东省技术创新项目计划	2016	研发费加计扣除
制动盘用先进金属基复合材料的开发与应用	山东省技术创新项目计划	2016	研发费加计扣除
煤制油气化裂化装置用高强度紧固件	山东省技术创新项目计划	2016	研发费加计扣除
前向多翼离心通风机叶轮叶片铆合挤压装置	山东省技术创新项目计划	2016	研发费加计扣除
锥形内孔辗环类锻件的预制坯用马架研发	山东省技术创新项目计划	2016	研发费加计扣除
Orka Ⅲ高效节能曝气装置	山东省技术创新项目计划	2016	研发费加计扣除
低温脱硫脱硝一体化超低排放系统	山东省技术创新项目计划	2016	研发费加计扣除
旋转式蓄热燃烧装置	山东省技术创新项目计划	2016	研发费加计扣除
湿式静电除尘器	山东省技术创新项目计划	2016	研发费加计扣除
高效三相分离装置	山东省技术创新项目计划	2016	研发费加计扣除

续表

项目名称	计划名称	年度	备注
干馏法处理污泥装置	山东省技术创新项目计划	2016	研发费加计扣除
SNCR-SCR 混合脱硝技术	淄博市创新发展重点计划	2016	奖励 30 万
炼油催化裂化装置用高强度紧固件	山东省技术创新项目计划	2017	研发费加计扣除
铸件自动清磨工艺	山东省技术创新项目计划	2017	研发费加计扣除
双壳程椭圆扁管换热器 / 冷凝器	山东省技术创新项目计划	2017	研发费加计扣除
干化法处理污泥装置	山东省技术创新项目计划	2017	研发费加计扣除
活性污泥过滤——生化反应器	山东省技术创新项目计划	2017	研发费加计扣除
高强度螺栓螺纹长度自动控制装置系统研发	山东省技术创新项目计划	2017	研发费加计扣除
多流态强化气浮法回收造纸废水中钛白粉的技术	淄博市科技计划	2017	奖励 25 万
制动盘用先进金属基复合材料的开发与应用	淄博市科技计划	2017	奖励 40 万

第八篇

企业文化

山东美陵集团在60年的发展历程中，特别是在改革开放和社会主义市场经济的实践中，坚持以人为本，从提高企业的核心竞争力、增强发展后劲、推动企业持续和谐发展的高度，把企业文化建设与企业发展战略摆在同等重要的位置。通过领导者长期倡导并身体力行，员工认同遵循并热心传播，共同构建和谐激励、健康向上的美陵文化。它包括艰苦创业的优良传统、“团结勤奋、求实创新”的企业精神、“诚信致远，同步未来”的经营理念，“共创、共享、共赢”的企业价值观，“强化基础管理，创立百年品牌”的管理理念，“快速反应，立即行动”的工作作风，“严肃工艺纪律、严格操作规程、严格要求落实、严格考核改进”的基础管理理念，“实现奉献创新的自我价值，培养敬业忠诚的从业道德，营造和谐激励的企业文化，创立寿世济民的百年品牌”的管理宗旨，“永远不能忘记社会责任、永远不能忘记公司发展、永远不能忘记规范的管理、永远不能忘记辛勤的员工”的企业宗旨，“用文化思想统领你的企业，用制度建设管理你的企业，用严管细算经营你的企业，用身教言传带动你的企业，用团结合作凝聚你的企业，用智慧实干发展你的企业”的工作准则，还包括“爱国家诚信守法，爱美陵爱岗敬业，无私奉献，关爱他人”的员工素质以及“争先创优、敢为人先”的激励氛围等内容。

2008年9月28日，山东美陵集团隆重庆祝创建50周年。在庆典活动上，集团公司董事局主席、党委书记刘效华有感而发，欣然提笔写下“忆往昔，岁月峥嵘春夏秋冬情系美陵；瞻未来，返本开新天地人和续写春秋”的联句，展现历史，规划未来，再创公司发展辉煌的雄心壮志。

企业的主体是广大员工，企业文化离不开载体。山东美陵集团在其持续和谐发展的过程中，重视主体，为员工搭建各尽所能、实现自我价值的平台；抓好载体，为员工创造丰富多彩、快乐工作与生活的环境。群众性文化娱乐、体育活动，活跃员工的业余文化生活，增强员工的团队意识和集体荣誉感。《山东美陵报》、板报橱窗反映员工的工作与生活，展示企业的良好形象，成为构建、弘扬美陵文化的重要阵地。集团公司创建50周年和55周年的隆重庆典，功勋员工和劳动模范的评选表彰，《山东美陵集团志》和《星之光》的印刷发行，使和谐激励的美陵文化在规范员工合作共赢的价值取向、培育员工诚信务实的思想品质、激发员工奋发向上的敬业精神、增强员工争创一流的竞争意识等方面发挥关键性作用，并不断营造一种员工与企业共同成长、员工把自己的劳动融入企业的发展之中、共同创造和分享企业荣誉与成果的氛围。

第一章　企业文化建设

第一节　文化积淀

不同的企业有着不同的发展历史和不同的文化内涵与底蕴，其企业文化特征也各不相同。山东美陵集团从一个最少时只有14名工人，生产铁锨、镢头、镰把、锄柄等农具的社办企业，发展成为拥有近千名员工，以生产高效节能换热器、空调风机、重型锻件、高强度紧固件、汽车零部件等机械产品、环境工程总承包、矿泉水、城市供水、环境污染治理设施运营为主的多元化经营的集团公司，已走过60年的发展历程。在这60年中，企业规模由小到大，技术人员由少到多，生产工艺由手工制作到机械化生产，管理方式由简单粗放到精细规范，事事处处都折射着企业的发展，这得益于国家的改革开放，更得益于领导者和广大员工的不懈努力、持续创新，美陵人用自己的实践造就山东美陵集团的今天，并创造绚丽多彩的美陵文化。

艰苦奋斗　奠定基础

1958年9月28日，在大办人民公社的热潮中，齐陵人民公社的第一家社办企业——齐陵人民公社联合机械制修厂成立。四里八乡的铁匠、木匠和一批刚放下锄镰锨镢的农民成为第一批离土不离乡的工人。刚建厂时，企业一无所有，工人们满怀创业激情，一心要多快好省地建设社会主义。没有厂房就租用民房，没有生产设备就带上自己的铁锤、榔头、木工家什，工人们白手起家、艰苦创业，砌起铁匠炉，叮叮当当打造出第一批农具，逐步盖起第一批车间，企业在艰难中起步。

20世纪50年代末至70年代初，国家实行计划经济，先经历三年经济困难时期，后经历“文化大革命”，企业发展迟滞。随着国家经济工作方针的调整，齐陵人民公社联合机械制修厂先后更名为临淄县齐陵修配站、临淄县齐陵公社联合厂、临淄区齐陵公社农具厂，原本就是离土不离乡的工人们也随着经济形势的变化，时而精减回村务农，时而返厂做工，全厂工人最少时只有14名。即使这样，工人们听从组织安排，留者安心，走者愉快，没有丝毫怨言，表现出工人阶级顾大局、守纪律的崇高品德。

1971年起，工人们在临淄区齐陵公社农具厂党支部的领导下，在工业学大庆的热潮中，以大庆工人为榜样，不计较工作条件和工资报酬，爱厂如家，想方设法克服困难，保证完成上级下达的生产任务。没有生产设备，土

建厂初期的翻砂生产车间（20世纪70年代　摄）

法上马自己造；缺少原材物料，哪怕跑断腿、磨破嘴，也要托关系、找门路，千方百计采购回来。当时，电力一直比较紧张，生产中经常限电，工人们就吃住都在厂里，有电时正常生产，停电时休息，生活秩序都被打乱，十分疲惫，但工人们依然保持着饱满的工作热情。依靠着工人们的苦干实干加巧干，1971 年，试制成功 8 英尺皮带车床。1974 年后，生产工农 2-700 型脱粒机和红旗 450 型脱粒机，并在计划经济的夹缝中独辟蹊径，开始生产石化配件，为企业产品结构的调整奠定基础。

改革改制　规范运营

中共十一届三中全会后，全党实现工作重点的转移。改革开放为企业的发展提供机遇。

1982 年 10 月，临淄区齐陵公社石油化工配件厂贯彻中共中央、国务院《关于国营工业企业进行全面整顿的决定》，用 3 年 2 个月的时间，进行以整顿和完善经济责任制、加强劳动纪律、财经纪律、整顿劳动组织和领导班子、加强职工的思想政治工作为主要内容的企业全面整顿。其间，企业更名为临淄石油化工配件厂。1983 年 12 月，临淄石油化工配件厂通过清洁工厂验收。1985 年，通过企业整顿验收，被评为临淄区先进企业。

1987 年，临淄石油化工配件厂认真贯彻落实《中共中央关于社会主义精神文明建设指导方针的决议》，加强精神文明建设。是年，企业领导体制由党支部负责制改为厂长负责制，实行联利计酬的经济责任制。

1988 年，临淄石油化工配件厂按照国务院“抓管理、上等级、全面提高企业素质”的要求，加强企业管理，先后建立标准化管理体系、计量检测网络和测试制度，实现标准化达标、计量达标、安全生产达标、财务达标、质保体系达标。1989 年 1 月，临淄石油化工配件厂被淄博市人民政府表彰为市级先进企业。

1989 年，临淄石油化工配件厂党组织集中进行思想、组织和作风整顿，发挥党组织的战斗堡垒作用和党员的先锋模范作用。是年 11 月，临淄石油化工配件厂生产的齐陵牌 F_1Q-3B 型浮阀被淄博市经济委员会评为淄博市优良产品。

1990 年，临淄石油化工配件厂被山东省乡镇企业局评为省系统级先进企业。

1990 年，临淄石油化工配件厂获省系统级先进企业

1991 年，临淄石油化工配件厂新一届领导班子团结一致，提出“观念更新促经营，强化销售拓市场，规范管理增效益，稳定基础求发展”的兴厂方针，制定“三年爬坡，四年后初具规模”的发展规划，面向市场，重点抓好销售队伍建设，实行销售人员工资报酬与销售收入和回收货款挂钩浮动；同时改革劳动分配制度，实行计时、计件与工资等级相结合，坚持定额、任务、分配三公开，调动干部职工的工作积极性。

1992 年，在临淄石油化工配件厂基础上以募集方式设立淄博美陵化工设备股份有限公司。1993 年，实现销售收入 2578 万元，利润 302 万元，提前实现“三年爬坡，四年后初具规模”的发展目标，开始走上快速发展之路。

1997 年，淄博美陵公司依照《中华人民共和国公司法》进行规范，经山东省经济体制改革委员会审查确认并更名为山东美陵化工设备股份有限公司。按照现代企业制度的要求，完善股东大会、董事会、监事会等法人治理机构，健全工会组织，职工通过工会参与企业重大决策，职工代表进入监事会，实现所有权与经营权、决策权与执行权的分离。建立符合公司实际的劳动、人事、分配制度：打破干部、固定工、临时工的身份界限，实行全员合同制；员工实行在岗受控、上岗竞争、业绩排序、末位下岗的动态管理；干部按照年轻化、知识化、专业化的原则实行聘任制，一年一考核一聘任；打破分配上的平均主义，实行计件工资、岗位技能工资，将工资报酬与劳动技能、劳动责任、劳动强度及劳动条件挂钩，岗位变工资变，收入能高能低，以调动广大员工的工作积极性。

调整结构　创新发展

进入 21 世纪后，面对愈加激烈的市场竞争，美陵股份公司坚持以市场需求为导向，以提高经济效益与社会效益为中心，注重抓好产业产品结构调整，在做大做强机械制造业的同时，大力发展环保、水务等公共事业。在青岛经济技术开发区设立青岛博德化机有限公司，主要从事特种材质换热器等化工设备的设计和制造。集团公司组建后，机械产品实行专业化生产，化工设备、汽车零部件、空调风机、高强度紧固件和重型锻件的生产经营一年一个新台阶。环保、水务产业持续发展，山东美陵中联环境工程有限公司发展成为具有咨询、环评、设计、施工、运营等资质的国家高新技术企业、中国环保产业骨干企业、山东环保产业十大品牌，先后承建临淄、济阳、青州、昌邑等多个市政、工业园区污水处理厂及数百项工业污染治理项目；淄博市天齐渊供水有限公司、矿泉水分公司也在市场竞争中稳步发展。

2001 年，美陵股份公司被中华人民共和国农业部确认为全国乡镇企业创名牌重点企业

60 年的发展历程铸就和谐激励、健康向上的美陵文化。美陵人奉行“诚信致远，同步未来”的经营理念，发扬“团结勤奋，求实创新”的企业精神，领导班子成员相互尊重、团结友爱、同舟共济、精诚合作，广大员工刻苦认真、不图虚名、忠于职守、无私奉献，在工作和生产中发挥积极性和创造性。公司相继荣获淄博市百强企业、淄博市文明单位、淄博市劳动关系和谐企业、山东省消费者满意单位、山东省优秀民营科技企业、全国守合同重信用企业、国家火炬计划高新技术企业、国家高新技术企业等称号。创国家免检产品 1 个、中国名牌产品 1 个、中国石油和化学工业知名品牌产品 1 个、山东省免检产品 2 个、山东名牌产品 3 个。“美陵”商标被认定为中国驰名商标。

第二节　文化核心

企业精神

1982 年，临淄区齐陵公社石油化工配件厂进行全面整顿，全厂上下团结齐心，领导班子的管理能力、职工队伍的政治业务素质得到提升，企业管理水平再上新台阶。

1987 年，临淄石油化工配件厂认真总结提炼，将“团结勤奋，求实创新”作为企业精神。“团结勤奋”指领导班子成员之间、领导与职工之间、职工与职工之间团结一致，心往一处想，劲往一处使，大家齐心协力做好工作，勤勤恳恳，奋发努力，形成合力。“求实创新”指全体员工坚持从客观实际出发，实事求是、不图虚名、勇于创新、善于创新，以保持企业持续发展、永不停步的活力和创造力。“团结勤奋，求实创新”的企业精神确立以后，作为企业发展的指导思想和动力源泉，迅速为广大员工所认知、接受，并在以后的持续发展、跨越式发展中发挥重要作用。

1991年，面对石化配件市场竞争日益激烈的形势，领导班子统一思想认识，决心要在竞争中求生存，在竞争中求发展，按照“三年爬坡，四年后初具规模”的发展目标，把技术引进、人才引进和人才培养作为重中之重，走内引外联、多枝嫁接、滚动式发展的兴厂之路。企业职工大力弘扬“团结勤奋，求实创新”的企业精神。领导班子精诚合作、配合默契，抓管理，跑市场，访用户，每天工作十几个小时；职工队伍服从指挥，勇于拼搏，关键时刻能冲得上、打得赢。1991年11月24日，青岛石油化工厂减压塔发生事故，进行抢修，到临淄石油化工配件厂求援，要求36小时内供应配件，全体干部、职工立即行动起来，购进材料，安排加工，职工们不分昼夜地倒班工作，比预定时间提前一个小时将这批配件送达青岛石油化工厂，解决该厂的燃眉之急。

1993年5月，齐鲁石化公司橡胶厂某装置上的进口配件筛板被火烧坏，该厂分管设备的副厂长来到淄博美陵公司要求10天内供货。在一无图纸资料、二无工装、原材料紧缺、加工难度大的情况下，公司想客户之所想，急客户之所急，毫不犹豫地接受加工任务。董事长刘效华在攻坚动员会上，响亮地提出“宁让汗水飘起船，不让工期误一天”的口号，并和职工们一起投入紧张的会战。技术人员精心设计，车间工人精确加工，每一个环节都做到又好又快。经过8个昼夜的苦干，提前2天生产出合格的配件，确保客户的抢修需要。

过硬的产品质量，良好的企业信誉和严密的管理体系，使美陵产品走出齐鲁大地，辐射到全国石油化工行业，企业呈现出快速发展的勃勃生机。

进入21世纪后，世界经济快速发展，而人类生活环境日益恶化，尤其是水资源短缺、水污染问题，已引起全人类的共同关注。美陵股份公司弘扬“团结勤奋，求实创新”的企业精神，抢抓机遇，调整产业结构，进军环保水务产业，进行二次创业，并把目标放在高技术含量、高附加值的环保工程咨询、环评、设计、施工、运行管理上，重点抓工业废水、工业废气与市政污水处理的技术开发与工程建设，先后参与淄博市及周边地区的环境污染治理，并在污水处理领域取得重大突破。2002年11月，承建的日处理2万吨污水的临淄区淄河污水处理厂竣工并投入运营。2003年10月，组建山东美陵化工设备股份有限公司临淄污水净化分公司。2004年3月，按照与临淄区人民政府达成的特许经营协议，建成日处理3万吨污水的临淄区齐都污水处理厂。是年，承建日处理4万吨污水的济阳县污水处理厂。2005年，以BOT模式购并日处理2万吨污水的青州市城区污水处理厂，原设施经改造、扩建为日处理5万吨污水规模，设立青州市美陵污水净化有限公司。2006年，承建日处理5万吨污水的青州市经济开发区污水处理厂。2007年，以BOT模式建设临淄区重点工程齐城污水处理厂。

2003年，美陵股份公司接收临淄区城建水厂，改制设立淄博市天齐渊供水有限公司。2005年，新建齐鲁化学工业区水厂。通过大力拓展城市供水市场，淄博市天齐渊供水有限公司已成为临淄区城市供水的主力军。二次创业取得丰硕成果。

2009年，面对国际金融危机对中国机械行业的严重影响，山东美陵集团上下“团结勤奋，求实创新”，统一思想认识，不畏难发愁，不束手无策，不掉以轻心，坚持保市场、保生产，坚信办法总比困难多，通过加大投入，提高装备水平，抓好新产品开发与科技成果市场转化，以美陵品牌过硬的质量与声誉巩固、拓宽市场，克服市场竞争激烈、价格起伏大、利润空间锐减等不利因素，公司各项管理稳步发展。是年，临淄区启动“同源一网”供水工程，按照临淄区人民政府要求，淄博市天齐渊供水有限公司积极承担凤凰镇、梧台镇（2010年，梧台镇与凤凰镇合并）、朱台镇、齐都镇、齐陵街道、皇城镇供水主管网、齐陵供水站建设及输配水任务。在施工中，员工们践行“团结勤奋，求实创新”的企业精神，攻坚破难，及时与主管部门、有关街道、乡镇做好工作衔接，争取支持，确保工程的进度与质量。

经营理念

2002年，美陵股份公司在长期的生产、经营活动中，从自身及外部各种条件变化的实际情况出发，集中全体员工的智慧，确定“诚信致远，同步未来”为公司的经营理念。其作为企业文化的核心理念，体现公司所遵循的根本原则是“诚信”，着眼点是“未来”。人无信不立，业无信不兴，“诚信”是重要的社会伦理准则，博大精深的齐文化中很重要的一个内核就是诚信，没有诚信，就难以处世为人；“诚信”也是重要的企业经营准则，更是公司经营始终遵循的根本原则，秉持诚信之道，则会凝聚人心、树立形象，使企业获得最大的经济效益。“致远”则表达全体员工对共同理想和信仰的强烈追求，即“努力做换热器制造专家”“创国内一流水平”“创百年品牌”。“同步未来”则深刻反映公司及全体员工相互尊重、团结友爱、同舟共济、精诚合作的精神风貌以及努力工作、不断创新、奋发向上、和谐相处的共同意志。“诚信致远，同步未来”的经营理念一经提出，得到全体员工的认可，成为推动企业发展的巨大精神力量，并由此派生出企业文化的各个组成部分，影响着企业文化体系的构建。

核心价值观

员工是企业的主体和基础。企业为员工搭建各尽所能、实现自我价值的平台，营造员工与企业共同成长、共同创造、共同分享、合作共赢的氛围。“共创、共享、共赢”这一核心价值观是企业文化建设的重要基石，更是集团公司经营管理者“永远不能忘记辛勤的员工”的具体体现，是集团公司在科学发展、和谐发展指导下确立的价值取向。“共创、共享、共赢”作为企业核心价值观和企业文化的发展创新，反映集团公司经营管理者坚持以人为本、高度重视员工队伍建设，并紧抓三个重点：即以培养懂技术、会管理的复合型人才为重点，建设一支职业化、现代化的高素质管理人才团队；以增强技术创新和应用转化能力为重点，建设一支高层次技术人才队伍；以职业教育与技能培训为重点，建设一支以技师和高级技师为主体的高技能员工团队。在干部的选配上，尊重知识不看关系，注重潜力不看学历，重视能力不看资历，使一批有德有才、有知识有能力、有敬业精神的年轻人及时充实到各级领导班子和管理部门中，并在实践中得到锻炼，增长才干，为美陵的常青基业增添新活力。

尊重员工、善待员工是美陵的一贯方针。随着公司经营质量和效益的提高，增加员工的薪酬，工资分配向劳动强度大、技术水平高的特殊工种倾斜，使敬业爱岗、无私奉献、有培养前途的员工得到较高的收益，同时减少优秀员工的流失。集团公司强调一切工作为生产一线服务，为员工创造一个和谐、快乐的工作和生活环境，最大限度地调动员工的工作热情。广大员工努力学习、勤奋工作、爱岗敬业，用实际行动回报公司、奉献美陵。

第三节 文化理念

管理宗旨 实现奉献创新的自我价值，培养敬业忠诚的从业道德，营造和谐激励的企业文化，创立寿世济民的百年品牌。

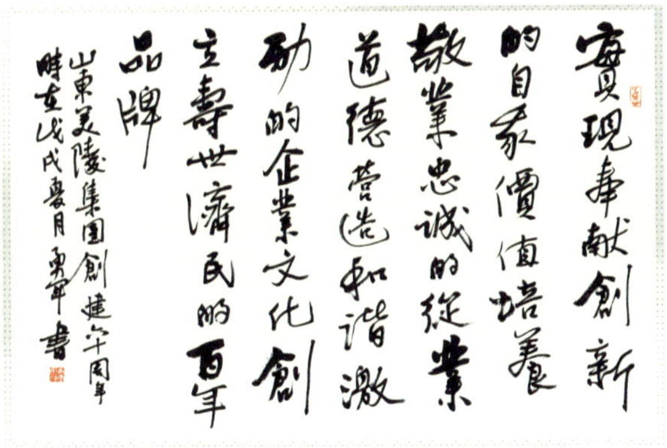

管理宗旨
书法家简介：吴勇军，山东淄博人。中国美术家协会会员、中国书法家协会会员、中国艺术研究院中国画院山水画画家

管理理念 强化基础管理，创立百年品牌。

工作作风 快速反应，立即行动。

管理者守则 常忆创家立业之艰难，常想公司员工之利益，常思管理发展之计策，常怀创新贡献之激情，常讲诚信未来之理念。

基础管理理念 严肃工艺纪律、严格操作规程、严格要求落实、严格考核改进。

用人理念 一切以工作为重。任人唯贤不唯亲、唯才是举德兼备。

质量理念 质量是企业的生命，以用户为关注焦点。

市场营销理念 以市场需求为导向，以诚信服务为宗旨，以客户满意为标准，以业绩考核为手段。

安全生产理念 让安全呵护员工生命，让企业在安全中发展。

企业宗旨 永远不能忘记社会责任，永远不能忘记公司发展，永远不能忘记辛勤的员

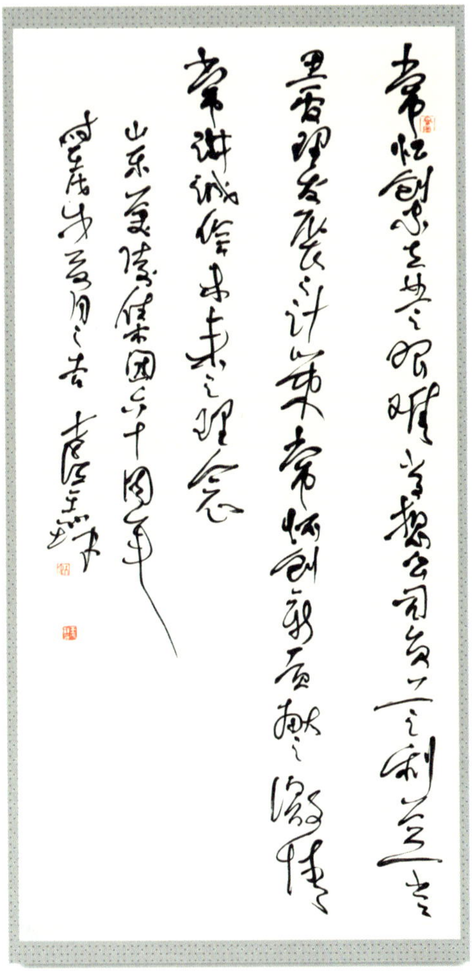

管理者守则
书法家简介：王瑞，山东济南人。中国书法家协会会员、书法行业建设委员会委员，西泠印社社员，山东省文联第九届委员会委员，山东省书协副主席（驻会）、篆刻委员会主任

工，永远不能忘记规范的管理。

工作准则　用文化思想统领你的企业，用制度建设管理你的企业，用严管细算经营你的企业，用身教言传带动你的企业，用团结合作凝聚你的企业，用智慧实干发展你的企业。

第四节　企业形象

山东美陵集团重视企业形象的自我塑造，坚持以人为本，从企业的基础管理工作抓起，加强员工队伍的建设，为全体员工创造舒畅的工作环境，员工与企业共命运，共同塑造企业的品牌形象和员工形象，不断增强企业的市场竞争力，推动企业在创新中发展。

品牌形象

创建之初，企业只能生产简单的农具。随着生产设施、设备的增添，开始小型农机具和农业机械产品的生产。1987 年，申请注册“齐陵”商标。1989 年 11 月，临淄石油化工配件厂生产的齐陵牌 F_1Q-3B 型浮阀被淄博市经济委员会评为淄博市优良产品。1999 年，注册“美陵”“美力达”商标。

从 2000 年开始，国家加快经济结构调整，市场发生重大变化，竞争更加激烈，公司及时调整经营策略和产业结构，实施名牌战略，依靠科技进步与技术创新，提高自身的竞争力。2002 年，“美陵”商标被认定为山东省著名商标。2003 年，美陵股份公司被评为全国守合同重信用企业，“美力达”牌 KT 系列风机、“美陵”牌高强度紧固件被认定为山东省免检产品。山东美陵中联环境工程有限公司被评为中国环境保护产业骨干企业和山东环保产业十大品牌。2004 年，美陵股份公司的技术中心被山东省经贸委认定为山东省企业技术中心。

2005 年，“美陵”牌换热器被确认为山东名牌产品，淄河污水处理厂被认定为 2005 年国家重点环保实用技术示范工程。

2006 年，美陵股份公司高效换热器研究中心被山东省科学技术厅认定为山东省高效节能换热器工程技术研究中心，“美力达”牌空调风机被认定为山东名牌产品，“美陵”牌高强度紧固件被认定为国家免检产品。

2007 年，“美陵”牌高强度紧固件被认定为山东省名牌产品，“美陵”牌高效节能换热器被认定为中国名牌产品。美陵股份公司被科技部批准为国家火炬计划重点高新技术企业。美陵股份公司成为中国石化物资市场成员单位、中国石油物资装备总公司炼化设备与配件一级供应网络厂家。

2012 年 4 月，“美陵”商标被国家工商行政管理总局商标局认定为中国驰名商标。

“美陵”牌产品遍及中石化、中石油、中海油各大炼油企业及化工、医药设备市场，在全国同行业享有盛誉。“天齐渊”矿泉水先后被评为山东省消费者最喜爱的饮用水品牌、山东桶装水行业十大品牌，“天齐渊”系列产品为中央电视台央视网食品频道“营养健康”推荐产品。

员工形象

员工是企业的主体。员工形象是企业劳动者的整体形象，它包括管理者形象和职工形象，管理者形象决定并影响着职工形象。

1978 年，临淄区齐陵公社农具厂进行年终总结评比，评出先进车间 2 个，先进班组 3 个，先进工作者 52 名。通过总结评比，表彰先进，弘扬正气。

1979 年，通过贯彻落实中共十一届三中全会精神，“聚精会神搞建设，一心一意奔四化”的氛围开始形成。1982 年 10 月的企业整顿、多种形式责任制落实与 1986 年的整党，都为企业职工树立良好形象，创造了有利条件和良好环境。1987年，“团结勤奋，求实创新”企业精神的锤炼提出，成为广大职工牢固的精神支柱。1988年开始的企业达标升级活动，为广大职工在从业、工作和技术等方面树立标杆。

1992年，淄博美陵公司进行股份制改革，建立现代企业制度，提高广大员工的思想道德素质和科学文化素质，以务实创新的思想政治工作来塑造员工形象。

1994年，淄博美陵公司组织“全员质量意识教育活动”，开展技术比武，提高员工的质量意识和工作技能。

1995年，淄博美陵公司开展爱国家、爱企业、爱岗位的“三热爱”教育活动。通过教育活动，员工们树立起爱美陵、爱岗位、做美陵主人的思想，形成争先创优、奉献美陵的良好风气。

1996年，开展创十佳生产能手、十佳管理者、十佳精神文明建设标兵活动，树立起一批任劳任怨、无私奉献的先进人物，员工的主人翁责任感进一步增强。

自2002年开始，持续开展学习技术、钻研业务、争做专业技术技能操作带头人和敬业爱岗、提高素养、争做诚信守法美陵人的活动及创建学习型企业活动。美陵股份公司员工学政治、学文化、学技术、学管理蔚然成风，造就出一支既有丰富的管理经验，又有实干精神和开拓能力的管理者队伍；一支既懂技术，又能创新的专业技术人才队伍；一支既敬业爱岗、遵纪守法、勇于奉献，又具有较高技术和技能的员工队伍。

热爱美陵，建设美陵，呵护来之不易的品牌，关爱汗水浇注的家园，已成为全体美陵员工的共同心声。奉献美陵，发展美陵，强化基础管理，创立百年品牌，已成为全体美陵员工的自觉行动。

第二章　企业文化载体

第一节　文体生活

山东美陵集团在其持续发展的过程中，群众性的文化娱乐活动不仅丰富职工的业余文化生活，增强企业的向心力和凝聚力，而且催生着美陵文化的形成和发展。

文艺活动

1971年春天，临淄区齐陵公社农具厂成立业余文艺宣传队，称毛泽东思想宣传队，由男女职工18人组成。乐器有二胡、板胡、月琴、锣鼓等，主要演出形式有合唱、独唱、表演唱、快板、三句半、乐器合奏等，以反映职工生活，歌颂党、歌颂社会主义、歌颂先进模范人物为演出内容。演出多为自编自导，紧密联系群众生活，经过精心排练，先后在厂内、周围村庄进行演出，还到公社召开的会议上作汇报演出，颇受干部群众的欢迎，既配合形势任务的宣传教育，又陶冶人们的情操，丰富和活跃职工的文化生活。齐陵农具厂毛泽东思想宣传队开展活动2年多，后解散。

1986—1988年，临淄石油化工配件厂拿出

1971年5月1日，齐陵农具厂毛泽东思想宣传队合影

部分资金，订阅报刊，购买书籍，设立厂图书室。之后又设立乒乓球室、篮球场，逐步建立起青年民兵之家。青年民兵之家成为职工文化活动的场所，同时也成为企业对青年职工进行思想政治教育的阵地。

1993年，淄博美陵公司办公楼建成，一楼设有歌舞厅，公司利用业余时间组织开展文艺活动。招待所落成后，歌舞厅迁至招待所三楼，配置音响、话筒及电视屏等。1994年12月底，淄博美陵公司组织1995年元旦文艺晚会，各车间、科室编排演出优秀的集体和个人节目，展现出新一代美陵人的精神风貌。

1996年9月29日，淄博美陵公司举行庆祝中华人民共和国成立47周年卡拉OK演唱比赛，经过角逐与评选，有4人分获男女最佳歌手和二等奖。

1997年6月，美陵股份公司组织“庆七一、迎回归”大型歌咏活动，庆祝中国共产党成立76周年和香港回归祖国。

1998年9月，组织歌咏比赛与征文活动，庆祝中华人民共和国成立49周年暨公司创建40周年。歌咏比赛有5支合唱队、16名独唱歌手参赛，分别有2支合唱队、5名独唱歌手受到奖励。国庆征文活动评出一等奖3篇、二等奖4篇、三等奖5篇、优秀作品20篇。公司将获奖作品和优秀作品汇编为《国庆征文集》下发。此后，公司每年国庆时都要组织文体活动。

1999年9月29日，美陵股份公司与淄博三明生物科技有限公司联合举办“祖国颂演唱

2001年6月30日，中国共产党成立80周年歌咏大会

会”，庆祝中华人民共和国成立50周年。演唱会上歌声嘹亮，舞姿优美，节目精彩纷呈，有《今天是你的生日》《我们走在大路上》《好日子》《明天会更好》《走进新时代》等节目。演唱会评出6个优胜节目。

2001年6月30日，举办歌咏大会庆祝中国共产党成立80周年，有7支代表队和14名独唱歌手先后登台一展歌喉，歌颂党、歌颂伟大的祖国、歌颂社会主义和改革开放。

2002年9月30日，美陵股份公司组织“迎国庆、贺佳节”硬笔书法比赛，参加比赛的有26名员工。经过评选，评出一等奖2名，二等奖4名，三等奖6名。

2003年9月30日，以“我爱祖国、我爱美陵”为主题举办大型歌咏比赛庆祝中华人民共和国成立54周年。参赛的7支代表队和12名独唱歌手服装整齐，热情讴歌伟大的祖国，歌颂改革开放的新时代，歌声嘹亮，催人奋进，充分体现公司员工良好的精神风貌。活动评选出2个一等奖、6个二等奖、11个三等奖。

2005年9月30日，以“美陵情、祖国颂”为主题举办大型联欢会，庆祝中华人民共和国成立56周年。共有7支合唱队登台演唱，还有山东快书、诗朗诵、歌舞、小品、表演唱、独唱、小合唱等文艺节目。经过评委现场评选，大合唱一、二、三等奖分别由化工设备分公司、紧固件分公司、淄博市天齐渊供水有限公司代表队获得。化工设备分公司的歌舞《为了谁》获文艺比赛一等奖；淄博市天齐渊供水有限公司的对唱《好人好梦》、紧固件分公司的舞蹈《江南春早》获文艺比赛二等奖；获三等奖的有化工设备分公司的独唱《阳光大道》、山东美陵美力达风机有限公司的山东快书《夸临淄，赞美陵》、公司机关的诗朗诵《唱响心中的歌》。本次联欢会参与登台演出的员工达200多人。同时，组织“美陵情，祖国颂”现场硬笔书法比赛，参加比赛的有30名员工。经过评选，有6名员工分获一、二、三等奖，获奖作品在《山东美陵报》庆国庆活动专版刊登。

2006年9月30日，举办“颂祖国、爱美陵、和谐发展”为主题的文艺演出庆祝中华人民共和国成立57周年，歌颂祖国，抒发对美陵的热爱之情，弘扬企业文化，展现广大员工的精神风采，增强企业凝聚力。参加合唱比赛的有8支代表队，各代表队服装整齐、激情演唱，比赛评选出一、二、三等奖。其他的文艺节目有舞蹈、独唱、相声、歌伴舞、小品、乐队组合表演唱等。文艺演出活动在大合唱《没有共产党就没有新中国》《团结就是力量》中结束。

2007年9月30日，在综合楼前举办主题为

2005年9月30日，“美陵情、祖国颂”庆祝中华人民共和国成立56周年联欢会

“创百年品牌、为祖国增光”的文艺会演，庆祝中华人民共和国成立58周年。董事长刘效华致辞，他指出：“成绩和荣誉说明过去，我们还面临着许多困难，丰富多彩的明天正等待着我们去开创，明年是公司创建50周年，创立百年品牌任重道远，面对激烈的市场竞争，我们不能有丝毫的松懈。”他要求广大员工牢记“诚信致远，同步未来”的经营理念，发扬“团结勤奋，求实创新”的企业精神，相互尊重、团结友爱、同舟共济、精诚合作，充分发挥工作的积极性和创造性，热爱美陵、奉献美陵，以实际行动，呵护来之不易的品牌，关爱汗水浇注的家园，为创立美陵百年品牌做出新的贡献。合唱有6支合唱队参加。其他的文艺节目有诗朗诵、独唱、刀术表演、三句半、单口相声、舞蹈、小品、乐队组合表演等。合唱的一、二、三等奖分别由淄博市天齐渊供水有限公司、山东美陵美力达风机有限公司和公司机关联队获得。其他节目的名次为：紧固件分公司三句半《赞美陵》获一等奖，化工设备分公司小品《生日的祝福》、公司机关诗朗诵《创美陵百年品牌，托起明天的太阳》获二等奖，紧固件分公司乐队组合表演《明天会更好》、临淄污水净化分公司诗朗诵《美陵颂歌》、化工设备分公司独唱《西去列车》获三等奖。

摄影比赛　2014年，集团公司举办庆祝中华人民共和国成立65周年暨公司创建56周年摄影比赛，获得一等奖的是李金刚，作品名称《转瞬即逝》；获得二等奖的是刘霞、丁凯；获得三等奖的是董凤英、贾明明、马跃进。

体育活动

篮球　1980年前后，员工开始自发组织篮球活动。

1988年，临淄石油化工配件厂篮球队成立并参加镇级篮球比赛，获得好名次。

1990年后，企业多次邀请齐鲁石化公司胜利炼油厂供应处和第二化肥厂供应处的篮球队来厂进行篮球友谊赛，加强双方的交流与合作。

1995年，淄博美陵公司组织第一届“美陵杯”篮球比赛。

2007年9月30日，“创百年品牌、为祖国争光”庆祝中华人民共和国成立58周年文艺会演

1996年9月，淄博美陵公司举办篮球比赛庆祝中华人民共和国成立47周年，公司管理篮球队获冠军，化工设备分公司车间篮球队获亚军。

1996年11月，第二届“美陵杯”篮球比赛中，临淄区科委篮球队、淄博空调风机厂篮球队、淄博美陵公司篮球队3支球队参赛，淄博美陵公司篮球队获得第一名。

1998年9月，举办篮

1991 年，临淄石油化工配件厂男、女篮球队合影

球比赛庆祝中华人民共和国成立 49 周年，山东美陵美力达风机有限公司篮球队、化工设备分公司车间篮球队、公司管理联队等 3 支球队参赛，化工设备分公司车间篮球队获冠军。

1999 年 9 月，举办庆祝中华人民共和国成立 50 周年篮球赛，化工设备分公司车间篮球队获冠军。

2006 年 5 月，集团公司职工篮球队参加齐陵街道庆“五四”“美陵杯”篮球赛，夺得冠军。随即又组织与山东万通模具有限公司篮球队的联谊赛，取得优胜，充分展现美陵青年员工良好的精神风貌，增进与客户之间的友谊和交流。

2016 年 7 月 4 日，汽车零部件分公司篮球队成立，球队利用业余时间组织与兄弟单位、淄河新村、齐银瑞泉阳光生活区的友谊赛。篮球活动丰富员工的业余文化生活，增强年轻员工的团队合作意识和向心力、凝聚力，企业文化在潜移默化中得到培育和弘扬。

自行车慢行、托球跑 1992 年 3 月，临淄石油化工配件厂妇代会组织女工开展庆“三八”节活动，先后进行自行车慢行与托球跑比赛，增加节日气氛。

2005 年 9 月，集团公司举办庆祝中华人民共和国成立 56 周年自行车慢行与托球跑比赛，分别有 24 人和 25 人参加，公司分别对获得自行车慢行、托球跑比赛一、二、三等奖的员工进行奖励。

2007 年 9 月，在集团公司举办的庆祝中华人民共和国成立 58 周年自行车慢行比赛中，化工设备分公司获得团队第一名。

2014 年，集团公司举办庆祝中华人民共和国成立 65 周年暨公司创建 56 周年自行车慢

1992 年 3 月，自行车慢行赛

骑比赛，获得一等奖是刘胜军，获得二等奖的有刘增祥、李镇，获得三等奖的有赵健、李继涛、宋立学。

乒乓球比赛　1996年9月，淄博美陵公司举办庆祝中华人民共和国成立47周年乒乓球比赛，并对获得男子单打冠、亚军的员工进行奖励。

2002年9月，美陵股份公司举办庆祝中华人民共和国成立53周年乒乓球、象棋比赛，并对获得乒乓球男子、女子单打冠、亚军及象棋比赛前三名的员工进行奖励。

拔河　1996年9月，在淄博美陵公司组织的庆祝中华人民共和国成立47周年拔河比赛中，锻压厂代表队获冠军，化工设备分公司车间代表队获亚军。

1998年9月，美陵股份公司举办庆祝中华人民共和国成立49周年暨公司创建40周年拔河比赛，4支男队、4支女队参加比赛。

1999年9月，在美陵股份公司组织的庆祝中华人民共和国成立50周年拔河比赛中，男、女队的拔河冠军均由化工设备分公司夺得。

2002年9月，美陵股份公司举办庆祝中华人民共和国成立53周年拔河活动，化工设备分公司、公司机关联队分获男、女队的冠军，山东美陵美力达风机有限公司、化工设备分公司分获男、女队的亚军。

2005年9月，在以“美陵情，祖国颂”为主题的国庆文体活动中，拔河比赛男、女队冠军均被化工设备分公司夺得，亚军分别由山东美陵美力达风机有限公司、公司机关联队获得。

2006年9月，参加拔河比赛的男、女队各增加到6支。

2007年9月，参加拔河比赛的男、女队各有5支，化工设备分公司、公司机关联队分别夺得男、女队拔河比赛冠军。

2014年9月，集团公司举办庆祝中华人民共和国成立65周年暨公司创建56周年拔河比赛，男子拔河比赛一、二、三等奖分别为化工设备分公司、汽车零部件分公司、紧固件分公司；女子拔河比赛一、二、三等奖分别为公司联队、化工设备分公司、临淄污水净化分公司。

够级比赛　2014年9月，集团公司举办庆祝中华人民共和国成立65周年暨公司创建56周年够级比赛，山东美陵美力达风机有限公司、公司机关、临淄污水净化分公司分别获得一、二、三等奖。

2014年9月30日，职工拔河比赛

重修美陵门征文

2012年4月11日，集团公司重建美陵大门工程动工，8月7日竣工，历时118天。原集团公司大门建于1992年，时值调整不久的企业领导班子按照“观念更新促进经营，强化销售开拓市场，规范管理增进效益，稳定基础力求发展”的兴厂方针和“三年爬坡，四年后初具规模”的发展规划，带领广大干部职工面向市场，开始新的创业，为适应企业发展，展示企业形象，建设主厂区大门。匆匆20年过去，山东美陵集团由一个刚改制的乡镇企业发展为拥有机械制造与环保水务两大板块，千名员工，年产值超5亿元的集团公司。一栋栋现代化厂房建成，门前临淄大道也进行拓宽。2012年9月28日，集团公司创建54周年之际，重新修建的美陵门落成使用。时任集团公司副总裁李金松，特撰《重修美陵门记》以作纪念。

美陵门投入使用后，集团公司为丰富员工多姿多彩的业余生活，弘扬和彰显和谐激励的美陵文化，举办以“重建美陵门，美陵发展之我见”为主题的征文活动，并在《山东美陵报》刊发征文启事。短短20天，收到征文26篇，经集团公司组织评选，化工设备分公司杨翠英《门的见证》获一等奖；山东美陵美力达风机有限公司杨立志《看美陵新变化》、化工

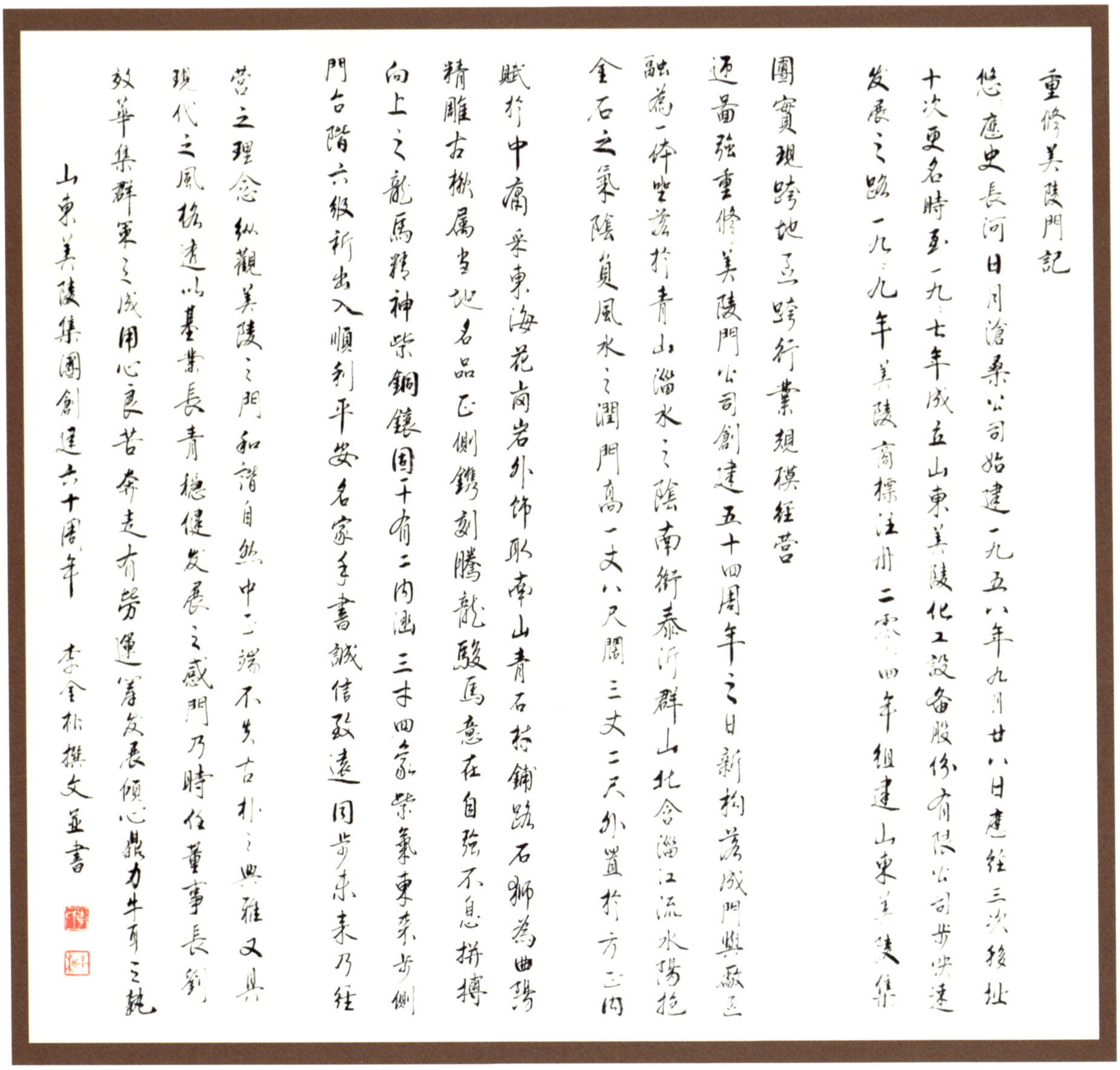

《重修美陵门记》（李金松　书）（正文见企业文化附）

设备分公司王美玲《朋友，您这样寻找我的家》获二等奖；山东美陵美力达风机有限公司贾晓杰等3名员工的征文获三等奖；紧固件分公司刘净宏等4名员工的征文获优秀奖。

板报橱窗

1970年起，企业在办公区和生产区分别设置黑板，不定期地刊出板报，宣传党的方针、政策和企业的生产经营情况、好人好事等。1980年以后，设置宣传栏和宣传橱窗。

1990年以后，各车间配置黑板，部分二级单位还设置有宣传橱窗等。公司先后多次组织黑板报评比，以调动各单位办报的积极性，促进板报整体水平的提高。

2001年，美陵股份公司组织以“庆祝中国共产党成立80周年”为主题的黑板报展评，参加展评的黑板报有16幅。

2002年9月30日，美陵股份公司组织以“庆祝中华人民共和国成立53周年”为主题的黑板报展评，紧固件分公司化工车间、山东美陵美力达风机有限公司锻压车间、化工设备分公司铆焊二车间分获前三名。

2003年起，安全生产月活动制度化，每年的安全生产月活动中黑板报都要作为一项重要的评比内容。

2005年9月30日，集团公司举办“美陵情、祖国颂”黑板报比赛，各二级单位派出选手现场办报。经评选，化工设备分公司铆焊二车间获一等奖，冲压车间、铆焊一车间获二等奖，山东美陵美力达风机有限公司总装一车间、紧固件分公司紧固件车间、临淄污水净化分公司获三等奖。

2006年9月30日，集团公司组织“颂祖国，爱美陵，和谐发展”黑板报展评，参加展评的黑板报有18幅，板报的水平和质量都有很大的提高。

2007年，集团公司内共设置大型宣传橱窗4个，黑板29块，大型看板22块。这些设施在宣传党的方针政策、公司改革改制、创业发展、传播企业文化等方面发挥重要作用。

2009年起，质量月活动制度化，每年的质量月活动中黑板报都要作为一项重要的评比内容。

2017年，集团公司主厂区内各二级单位下辖的车间内，分别设置5S执行标准看板、基础管理公示栏、创新提案看板、精益管理思想宣传板、各项通知公示板和黑板等。汽车零部件分公司铸造车间还根据实际生产管理在各工部设置质量公示栏、材料看板、5S定置管理等板面。集团公司大门内侧设置橱窗2个，用于宣传表扬先进，公示通知之用。另设有LED显示屏对企业文化滚动播放。

2005年9月30日，黑板报现场制作比赛

第二节 大型庆祝活动

山东美陵集团创建50周年庆典活动：2008年9月28日是公司创建50周年之日，集团公司举行盛大的庆典活动。淄博市副市长饶明忠，中共临淄区委副书记、区长毕荣青，中共临淄区委常委、副区长巩曰锋，齐陵街道党工委书记邵民等市、区、街道主要领导和重要嘉宾参加庆典。同时，举行《山东美陵集团志》发行赠送仪式，对集团10名劳动模范、10名功勋员工进行表彰奖励，举办文艺演出和公司改革发展图片展。文艺演出最后，集团公司员工百人合唱团大合唱《美陵之歌》《走进新时代》。

本次庆典总结公司发展历程和宝贵经验，弘扬光大“诚信致远，同步未来”经营理念和“团结勤奋，求实创新”企业精神，树立标兵，表彰先进，整合企业资源，传承企业文化，激励公司员工勤奋学习、努力工作、热爱美陵、奉献美陵，打造百年品牌，再创发展辉煌。

庆祝中华人民共和国成立60周年：2009年9月，集团公司组织以“爱我中华，奉献美陵”为主题的庆祝活动。有12支代表队参加拔河、自行车慢行、托球赛跑等项目的比赛，42幅照片参加摄影比赛，33件书法作品参加硬笔书法比赛。化工设备分公司、山东美陵美力达风机有限公司、紧固件分公司分获男子拔河比赛一、二、三名；化工设备分公司、机关联队、紧固件分公司分获女子拔河比赛一、二、三名。山东美陵美力达风机有限公司刘宏杰等6名员工分获自行车慢行比赛一、二、三等奖。山东美陵美力达风机有限公司丁凯等6名员工的摄影参赛作品分获一、二、三等奖。化工设备分公司杨翠英等6名员工的硬笔书法作品分获一、二、三等奖。

庆祝中国共产党成立90周年：2011年7月1日是中国共产党成立90周年纪念日。集团公司举行活动，有征文比赛、摄影比赛、硬笔书法比赛、拔河比赛、合唱比赛、自行车慢行比赛等。

以“与时俱进，争先创优，奉献美陵”为主题的征文比赛，共收到征文42篇，化工设备分公司杨翠英、周延山的征文获一等奖，公司机关贾立国等4名员工的征文获二等奖，矿泉水分公司郑春玲等8名员工的征文获三等奖。

以“党旗生辉映美陵”为主题的摄影比赛，收到参赛作品38幅，化工设备分公司杨翠英、吴彭祥的摄影作品获一等奖，紧固件分公司胡文强等4名员工的摄影作品获二等奖，公司机关刘霞等8名员工的摄影作品获三等奖。

硬笔书法比赛有26名员工参赛，化工设备分公司杨翠英、公司机关闫湘玉的书法作品获一等奖，山东美陵美力达风机有限公司贾少杰等4名员工的书法作品获二等奖，山东美陵中联环境工程有限公司侯立金等8名员工的书法作品获三等奖。

以“唱响美陵之歌，永远跟党走”为主题的合唱比赛于7月1日上午在汽车零部件分公司铸造车间举行，8支合唱队参赛。《美陵之歌》拉开比赛序幕，还有《映山红》《四渡赤水出奇兵》《走向复兴》等反映不同时代背景的红歌。公司机关合唱队获一等奖，山东美陵美力达风机有限公司、化工设备分公司合唱队获二等奖，青州市美陵污水净化有限公司、紧固件分公司合唱队获三等奖。

拔河比赛于7月1日下午在综合楼前举行，有男子、女子组各8支拔河队共176人参加。男子组：化工设备分公司、紧固件分公司、山东美陵美力达风机有限公司分获第一、二、三名。女子组：化工设备分公司、公司机关、矿泉水分公司分获第一、二、三名。

自行车慢行比赛于7月1日下午在集团公司主厂区中心路举行，有30名员工参赛，紧固件分公司周坤获第一名，汽车零部件分公司陈国栋等5名员工分获比赛二至六名。

集团公司创建55周年庆典活动：2013年9月28日，集团公司创建55周年之日举行庆祝活动。举行《山东美陵集团志（2008—2013）》发行仪式，对集团公司第二届10名功勋员工、10名劳动模范进行表彰，举办文艺演出、征文比赛、黑板报展。邀请在齐陵街道工作过的领导及集团公司退休职工参加庆典活动及座谈会。

美陵股份公司组队合唱《美陵之歌》《江山》，美陵环境公司组队合唱《美陵之歌》《走向复兴》；员工董玮、朱伯跃、崔丽梅、吕月芹、高立鹏、衣蕾等，分别登台演唱；淄博市京剧团带来精彩节目；文艺演出最后，全体干部、职工共唱《团结就是力量》。

庆典会场有各二级单位的黑板报展出。其中，汽车零部件分公司铸造车间，化工设备分公司机加工车间、冲压车间，山东美陵美力达风机有限公司锻压车间、总装车间，青岛博德化机有限公司铆焊车间的黑板报获得广大员工的一致好评。

本次活动的征文比赛中，汽车零部件分公司刘立和化工设备分公司杨翠英等的优秀文章在同期《山东美陵报》中刊登。

第三节　刊物

《山东美陵报》

《山东美陵报》是山东美陵集团的内部刊物，由企管办办公室负责编辑出版。旨在宣传和解读政策、法规，报道公司的经营发展动态，推介先进经验，探讨理论焦点，反映员工生活，展示企业形象，围绕公司改革、创新、发展的主旋律，宣传群众、教育群众、发动群众、推动公司各项工作的全面进步，是构建、弘扬企业文化的重要阵地。

1994年7月，淄博美陵公司创办《美陵公司质量意识教育活动简报》，为8开、竖版、单面，先后出版两期。教育活动告一段落后，从第三期开始，每月一期，并更名为《美陵公司产品质量简报》，共出版16期，主要栏目有专题报道、质量述评、质量简讯、质量通报等。16期简报共刊登稿件60篇。其中，转载1篇，通讯员自写稿件59篇。《美陵公司产品质量简报》的出版，培养出一支通讯员队伍。

1996年4月，《美陵公司产品质量简报》更名为《美陵报》，作为广泛开展思想评论、表彰好人好事、批评不良倾向、报道产品质量

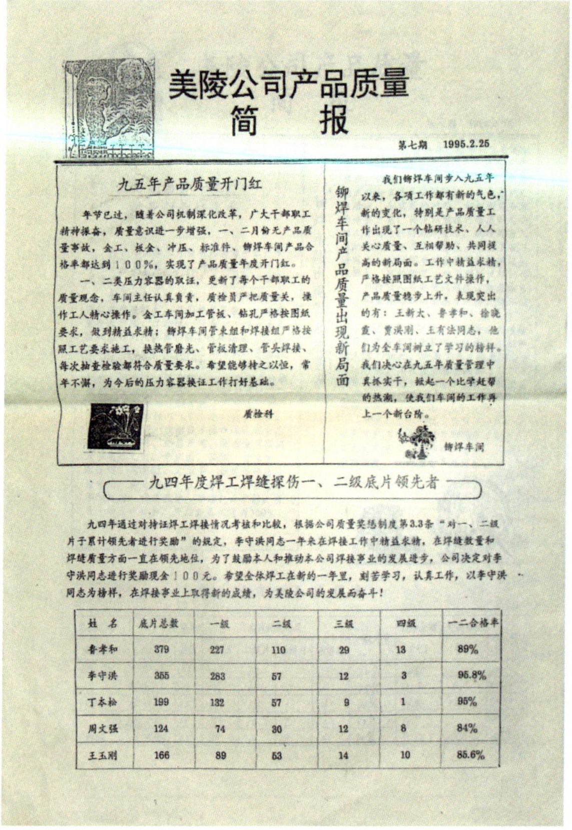

美陵公司产品质量
简　报

第七期　1995.2.25

九五年产品质量开门红

年节已过，随着公司机制深化改革，广大干部职工精神振奋，质量意识进一步增强，一、二月份无产品质量事故，金工、钣金、冲压、标准件、铆焊车间产品合格率都达到１００%，实现了产品质量年度开门红。

一、二类压力容器的取证，更新了每个干部职工的质量观念，车间主任认真负责，质检员严把质量关，操作工人精心操作。金工车间加工管板、钻孔严格按图纸要求，做到精益求精；铆焊车间管束组和焊接组严格按照工艺要求施工，换热管磨光、管板清理、管头焊接、每次抽查检验都符合质量要求。希望能够持之以恒，常年不懈，为今后的压力容器换证工作打好基础。

质检科

铆焊车间产品质量出现新局面

我们铆焊车间步入九五年以来，各项工作都有新的气色，新的变化，特别是产品质量工作出现了一个钻研技术、人人关心质量、互相帮助、共同提高的新局面。工作中精益求精，严格按照图纸工艺文件操作，产品质量稳步上升，表现突出的有：王新太、鲁孝和、徐晓霞、贾洪刚、王有法同志，他们为全车间树立了学习的榜样。我们决心在九五年质量管理中真抓实干，掀起一个比学赶帮的热潮，使我们车间的工作再上一个新台阶。

铆焊车间

九四年度焊工焊缝探伤一、二级底片领先者

九四年通过对持证焊工焊接情况考核和比较，根据公司质量奖惩制度第3.3条“对一、二级片子累计领先者进行奖励”的规定，李守洪同志一年来在焊接工作中精益求精，在焊缝数量和焊缝质量方面一直在领先地位，为了鼓励本人和推动本公司焊接事业的发展进步，公司决定对李守洪同志进行奖励现金１００元。希望全体焊工在新的一年里，刻苦学习，认真工作，以李守洪同志为榜样，在焊接事业上取得新的成绩，为美陵公司的发展而奋斗！

姓　名	底片总数	一级	二级	三级	四级	一二合格率
鲁孝和	379	227	110	29	13	89%
李守洪	355	283	57	12	3	95.8%
丁本松	199	132	57	9	1	95%
周文强	124	74	30	12	8	84%
王玉刚	166	89	53	14	10	85.6%

1995年2月，创刊之初的《美陵公司产品质量简报》

动态和科技进步成果、全面宣传报道公司总体形象的新园地。《美陵报》成立编辑组织机构，设编辑 2 人，通讯员 8 人，明确规定通讯员职责和稿酬标准。董事长刘效华为创刊号题词“办好公司美陵报，为管理工作服务”。

1997 年 7 月 1 日，香港回归，《美陵报》刊出庆香港回归专刊。

1998 年 3 月，公司 ISO 9002 质量管理体系正式运行，《美陵报》刊出质量手册发布专辑。

《美陵报》于 2000 年 8 月停刊，共出版 33 期。前 6 期为 8 开、竖版、双面 2 版，从第 7 期改为 8 开、横版、双面 4 版。设置的主要栏目有专题报道、近期要闻、大家谈管理、读者论坛、质量漫谈、一事一议、美陵风采、员工天地、文化园地、名言录等。33 期《美陵报》共刊登稿件 319 篇，转载稿件 44 篇，其他 275 篇均为通讯员和广大员工投稿。其中，登载员工们所写的诗歌、散文等文学性作品 26 篇。参加投稿的员工达 60 余人。经评选，1997 年，评选出十佳稿件并对撰稿员工进行奖励，有 7 人获一等奖，3 人获二等奖，17 人获参与奖。1998 年，有 5 篇稿件获优秀稿件，受到公司奖励。

2002 年 3 月，美陵股份公司将已停刊的《美陵报》更名为《山东美陵报》恢复出版。

至 2004 年 9 月，《山东美陵报》共出版 27 期，仍采用 8 开、横版、双面 4 版，设置的主要栏目有专题报道、信息平台、厂内管理聚焦、职工技术交流、劳动保护专题、安全大家谈、电脑之家、图片新闻、职工园地等。增设报肩为本报导读，报纸中缝作为知识窗，刊登一些趣味性知识。27 期《山东美陵报》共刊登稿件 259 篇。其中，转载稿件 119 篇，自写稿件 140 篇。其间，配合安全生产月活动的开展，先后组织安全生产月专刊 5 期，共登载

美陵報

MEI LING BAO

1996年4月8日　星期一　第1期

办好公司美陵报
为管理工作服务
效华
九六.四.八

创刊词

为适应美陵公司大好形势的发展，美陵报创刊了，这是全公司职工精神生活中的一件大事，无不为之欢呼！

美陵报的前身是质量简报，共出刊十六期，宣传和报导了质量法及有关产品质量方面的重要内容，形成了人人关心、重视产品质量的局面，减少了质量事故，收到了较好的效益，但有着一定的局限性，为了开辟一个新园地，全面宣传、报导公司的总体形势，创刊了美陵报。

美陵报将广泛开展思想评论，表彰好人好事，[illegible]，报导产品质量动态和科技进步成果，推广经验，树立典型，[illegible]，使全公司形成一个健康向上的精神氛围。

美陵报的健康成长，靠公司全体员工的[illegible]，望大家共努力，积极投稿，把报办活办好，确保每月一期按时出刊。

开拓进取　再创辉煌
——九六年工作安排会议摘要

3月15日公司召开中层干部会议，就九六年的工作作了宏观上的部署。会上刘经理回顾了近几年来企业发展的大好形势，号召我们紧紧抓住管理和效益这两个中心，树立起忧患意识和拼搏精神，争取在九六年取得各项工作的更大胜利。他指出九六年公司工作总的指导思想是：深化企业改革，推进两个转变，坚持科技进步，强化企业管理，发挥自身优势，加快企业发展。主要抓好以下几个方面的工作：一、九六年度公司主要计划经济指标是：完成工业总产值4700万元，实现销售收入4500万元，创利税7[illegible]万元，利润实现[illegible]万元；二、加快产品结构调整，主要开发好以下产品：空调风机系列、锻压厂开工后的辅助设备、工浆泵系列油垫产品、丙烯酸系列产品、新型复合填料和复合斜孔塔板、高强度螺母，此外还要抓紧抓好风机车间和职工食堂的改造工程；三、规范企业管理，进一步提高企业的整体素质。九六年企业管理总的指导思想是：按照社会主义市场经济的需求，不断完善企业管理工作的内涵，来构建我们自己的方式、方法和标准。在原管理的基础上重点抓好以下几个方面的工作：1、在全公司推行定额成本管理；2、进一步规范劳动工作制度；3、重点加强质量管理工作：一是工艺纪律的管理、二是操作人员技术素质的提高、三是技术管理人员要深入生产一线；4、加强设备管理；5、抓好物资购进、领用各个环节的控制，坚决杜绝跑、冒、滴、漏现象；6、加强内部财务管理；7、切实加强经营管理，搞好市场信息调查；8、制定人才开发工程，加快人才开发步伐。四、加强思想文化建设，抓好专题思想教育，办好《美陵报》。总之，九六年是“九五”计划开好头、起好步的关键一年，广大干部职工应团结一心，开拓前进，再创九六年的辉煌业绩。

美陵报编纂组织机构

主编辑：于兴海
副编辑：李世芳
通讯员：
生产科李金祥　质检科周海泉
技术科赵克强　风机公司高志敏
锻压厂包焕忠　财务处闫　风
工　会胡光宗　团支部郭洪亮

1996 年，《美陵公司产品质量简报》改版为《美陵报》

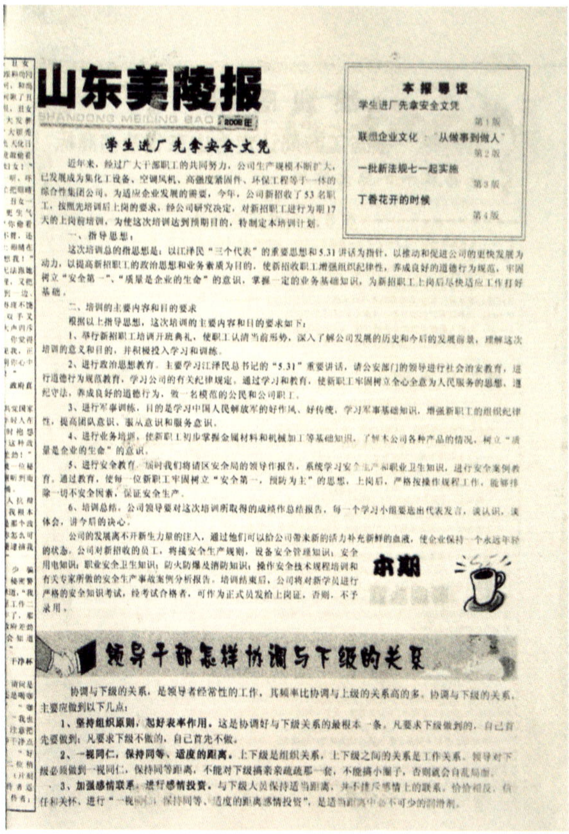

山东美陵报

SHANDONG MEILING BAO

学生进厂先拿安全文凭

近年来，经过广大干部职工的共同努力，公司生产规模不断扩大，已发展成为集化工设备、空调风机、高强度紧固件、环保工程等于一体的综合性集团公司。为适应企业发展的需要，今年，公司新招收了53名职工，按照先培训后上岗的要求，经公司研究决定，对新招职工进行为期17天的上岗前培训，为使这次培训达到预期目的，特制定本培训计划。

一、指导思想：

这次培训总的指导思想是：以江泽民“三个代表”的重要思想和5.31讲话为指针，以推动和促进公司的更快发展为动力，以提高新招职工的政治思想和业务素质为目的，使新招收职工增强组织纪律性，养成良好的道德行为规范，牢固树立“安全第一”、“质量是企业的生命”的意识，掌握一定的业务基础知识，为新招职工上岗后尽快适应工作打好基础。

二、培训的主要内容和目的要求

根据以上指导思想，这次培训的主要内容和目的要求如下：

1、举行新招职工培训开班典礼，使职工认清当前形势，深入了解公司发展的历史和今后的发展前景，理解这次培训的意义和目的，并积极投入学习和训练。

2、进行政治思想教育。主要学习江泽民总书记的“5.31”重要讲话，请公安部门的领导进行社会治安教育，进行道德行为规范教育，学习公司的有关纪律规定。通过学习和教育，使新职工牢固树立全心全意为人民服务的思想，遵纪守法，养成良好的道德行为，做一名模范的公民和公司职工。

3、进行军事训练。目的是学习中国人民解放军的好作风、好传统，学习军事基础知识，增强新职工的组织纪律性，提高团队意识、服从意识和服务意识。

4、进行业务培训，使新职工初步掌握金属材料和机械加工等基础知识，了解本公司各种产品的情况，树立“质量是企业的生命”的意识。

5、进行安全教育。届时我们将请区安全局的领导作报告，系统学习安全生产和职业卫生知识，进行安全案例教育。通过教育，使每一位新职工牢固树立“安全第一，预防为主”的思想，上岗后，严格按操作规程工作，能够排除一切不安全因素，保证安全生产。

6、培训总结。公司领导要对这次培训所取得的成绩作总结报告，每一个学习小组要选出代表发言，谈认识，谈体会，讲今后的决心。

公司的发展离不开新生力量的注入，通过他们可以给公司带来新的活力补充新鲜的血液，使企业保持一个永远年轻的状态。公司对新招收的员工，将接受安全生产规则，设备安全管理知识，安全用电知识，职业安全卫生知识，防火防爆及消防知识，操作安全技术规程培训和有关专家所做的安全生产事故案例分析报告。培训结束后，公司将对新学员进行严格的安全知识考试，经考试合格者，可作为正式员发给上岗证，否则，不予录用。

本报导读
学生进厂先拿安全文凭　第1版
联想企业文化：“从做事到做人”　第2版
一批新法规七一起实施　第3版
丁香花开的时候　第4版

本期

领导干部怎样协调与下级的关系

协调与下级的关系，是领导者经常性的工作，其频率比协调与上级的关系高的多。协调与下级的关系，主要应做到以下几点：

1、坚持组织原则，起好表率作用。这是协调好与下级关系的最根本一条。凡要求下级做到的，自己首先要做到；凡要求下级不做的，自己首先不做。

2、一视同仁，保持同等、适度的距离。上下级是组织关系，上下级之间的关系是工作关系。领导对下级必须做到一视同仁，保持同等距离，不能对下级搞亲亲疏疏那一套，不能搞小圈子，否则就会自乱局面。

3、加强感情联系，进行感情投资。与下级人员保持适当距离，并不排斥感情上的联系。恰恰相反，信任和关怀、进行“一视同仁，保持同等、适度的距离感情投资”，是适当距离中必不可少的润滑剂。

2002 年，《美陵报》改版为《山东美陵报》

有关安全生产与劳动保护的稿件33篇。“诚信致远，同步未来”经营理念确立后，《山东美陵报》进行大力宣传，将“诚信致远，同步未来”作为一、四版中缝的固定宣传内容。为配合公司开展的“争做诚信守法美陵人”活动，《山东美陵报》增设专栏，刊登相关稿件20余篇。董事长刘效华以自己的心得，要求公司管理者与员工共勉：“常忆创家立业之艰难，常想公司员工之利益，常思管理发展之计策，常怀创新贡献之激情，常讲诚信未来之理念。”后成为公司管理者守则。

2004年8月，山东美陵集团成立。2005年4月，全面改版的《山东美陵报》以崭新的面貌出现在公司员工面前。《山东美陵报》为4开横版双面4版，胶版印刷。版面报头为书法体，报眼为企业文化警句。第一、四版为彩页印刷，中缝为经营理念“诚信致远，同步未来”；第二、三版一般为黑白印刷，中缝为企业精神“团结勤奋，求实创新”。栏目设置：第一版为公司要闻、企业快讯。第二版为经营管理、技术研讨。第三版为学习交流、工作探讨。第四版为员工天地、企业风采。集团公司重组通讯员队伍，组织专门学习培训，完善稿酬制度，并将稿件的提供列入对各单位的管理考核。

诚信致远 同步未来
山东美陵报
SHAN DONG MEI LING BAO
山东美陵集团 主办 2005年4月12日 星期二 第一期
常忆创家立业之艰难
常想公司员工之利益
常思管理发展之大计
常怀无私奉献之激情
常讲诚信未来之理念
解放思想 勇于创新 加快发展
——2005年山东美陵集团工作会议摘要
公司办
发刊词
市委书记张建国来公司视察
省建设厅、监察厅到污水净化公司督察指导

2005年4月，全面改版的《山东美陵报》

2012年，集团公司重新修改《〈山东美陵报〉投稿编辑暂行规定》，成立美陵报编辑小组，在各二级单位配备通讯员，明确各直属部门、各二级单位每月的投稿数量及质量要求，修改稿酬规定，对《山东美陵报》的工作质量纳入每月的现场考核。

自2012年起，集团公司对表现突出的优秀通讯员进行表彰。

2017年8月，全面改版的《山东美陵报》迎来了第一百期。第一百期《山东美陵报》设置8版，董事局主席刘效华题词“传递正能量，弘扬企业文化”，刊登了百期报刊征文和书法作品，另有祝福专版、优秀通讯员专版。

至2017年年底，《山东美陵报》出版103期，共刊登稿件1472篇。其中，转载文稿109篇，员工自写稿件1363篇；文学性作品180篇，另登载各类照片753幅，做到图文并茂。

《山东美陵集团志》

《山东美陵集团志》是临淄区第一部乡镇企业志书。全书设公司概况、地产和基本建设、企业体制改革、企业管理、科技工作、企业文化、党群工作、人物、荣誉等9篇44章140节计50万字。志书以客观翔实的资料，记述山东美陵集团自1958年9月建厂到2007年年底近50年的发展历史，具有鲜明的时代特征和美陵特色。

《山东美陵集团志》编纂工作大体分三个阶段：2006年3月开始，组建班子，调集人员，拟定篇目，搜集整理资料。2007 年 3 月进入初稿的撰写，年底初稿基本完成。2008 年 3 月开始，编纂人员按照志书体例的要求对初稿进行细致的通稿修改，形成征求意见稿。在广泛征求意见的基础上，对志稿进行核实、完善、补充和修改。8 月底，定稿交付印刷 2000 册。9 月 28 日，在山东美陵集团创建 50 周年庆典仪式上公开发放与赠送。

《山东美陵集团志（2008—2013）》续接《山东美陵集团志》。全书设企业概况、企业体制改革、地产与基本建设、企业管理、科技工作、企业文化、党群工作、人物、荣誉等 9 篇 36 章 134 节近 20 万字，客观地反映山东美陵集团自 2008 年以来的经营管理、文化传承、企业发展情况，记述集团公司站在新的历史起点上走过的 5 年历程。

《山东美陵集团志（2008—2013）》编纂工作大体分为三个阶段：2013 年 6 月，集团公司成立编纂工作领导小组，组建修志办公室，制定实施方案，并召开专题工作会议，集团公司各二级单位副经理以上人员参加，落实各二级单位、各直属部门的修志撰稿任务。6 月底，完成组稿。7 月，编纂人员按照实施方案的要求进行资料优化整合，编纂形成初稿和征求意见稿。8 月，由主要编纂人员对征求意见稿进行修改、调整、整合，先后三易其稿，并听取临淄区史志办公室、淄博市地方史志办公室专家意见，最后经编委会审查定稿。8 月底，付梓印刷。9 月 28 日，在山东美陵集团创建 55 周年庆典仪式上公开发放与赠送。

《星之光》

《星之光》于 2015 年 9 月 28 日集团公司创建 57 周年之际发行，汇编了山东美陵集团建厂以来功勋员工、劳动模范的典型事迹，共 26 万字。旨在弘扬爱岗敬业、争创一流、艰苦奋斗、勇于创新、淡泊名利、甘于奉献的劳模精神，让劳模精神成为企业思想文化建设的精神高地，成为开展职工思想教育工作的生动教材，成为鼓舞和引领员工投身百年美陵伟大事业的精神动力。

第四节 网站 微信

网站

2005 年，集团公司创建山东美陵官方网站：www.sdmeiling.com.cn，利用互联网传播广泛、全面、迅速、便捷的优势，更好地为企业服务。2017 年，网站进行全新升级，设

2017 年上线的手机版网站

立“网站首页”“关于美陵”“管理体系”“创新研发”“产品介绍”“合作伙伴”“诚聘英才”“联系我们”等栏目。是年，手机网站同步上线，界面简洁明了，使用方便快捷，内容更新及时，手机端用户可以随时随地浏览和搜索公司动态、产品信息等，外界了解企业更加准确及时，企业信息和员工面貌得到全面充分展现。

微信

2015 年，集团公司开通企业微信公众平台，运用微信准确、及时的推送方式，将公司最新动态推送到每一个关注公司的用户，通过用户的朋友圈转发，更加广泛、快速地传递各种信息和动态。是年，集团公司各直属部门和二级单位分别建立微信交流群，进行学习交流、技术讨论、会议传达、现场管理等。微信交流群打破时间和空间的约束，提升部门之间的协同，快速有效地解决工作上遇到的问题；各级领导能够随时随地掌握工作进度，沟通更为方便、快捷和高效；企业管理者从微信群中观察员工的心理动态和需求，及时响应员工诉求，直面问题准确反馈，员工与公司之间的信任增强；公司与员工之间、员工与员工之间平等互动，增强了企业的凝聚力和员工的归属感。

第三章　社会公益活动

山东美陵集团董事局主席刘效华曾说：“作为一名在临淄土地上成长起来的企业家，我对这片土地充满感情和感恩。党和政府在我个人和企业的成长中给予了巨大帮助。受命之初，打动我的不只是党和政府对企业的信任，还有我们企业全体员工深深的社会责任感。企业不是某个人的，企业是社会的，办好企业就是对社会尽最大的责任。”

“永远不能忘记社会责任”是集团公司企业宗旨“四个永远不忘”中的一条。集团公司成立以来，企业生产规模不断发展壮大，产业格局不断扩展，但始终把这一条作为业务拓展的重要标准，积极参与公共事业的发展。

第一节　尊师重教

1999 年以来，美陵股份公司在每年的教师节，都会对临淄区的中、小学进行走访慰问。

2000 年 6 月 23 日，美陵股份公司发起捐资助学活动，共计捐款 3509 元。

2003 年，美陵股份公司捐资助学 35600 元。

2004—2013 年，集团公司捐资助学共计 163000 元，多次被齐陵街道办事处评为尊师重教先进单位。

2007 年 4 月 13 日，青岛博德化机有限公司希望工程捐助仪式

2007年4月13日，青岛博德化机有限公司举行希望工程捐助仪式，向青岛经济技术开发区张戈庄小学家庭困难学生捐资20000元。

2016年9月，收到临淄区第一中学“情系教育、热心公益”的锦旗。

第二节 爱心捐助

慈心一日捐

2004年，集团公司响应政府号召，组织全体职工开展“慈心一日捐”活动，每人以一天的工资收入捐款，个人捐款及企业行政捐款共计100000元，上交淄博市民政部门。自此开始，每年5月都开展一次“慈心一日捐”活动。

2005年5月，集团公司被中共临淄区委、临淄区人民政府表彰为临淄区发展慈善事业突出贡献先进单位，董事长刘效华荣获临淄区慈善家称号。

2007年5月，集团公司开展“慈心一日捐”活动，共计捐款100000元。美陵股份公司获临淄慈善事业突出贡献奖。董事长刘效华获临淄区慈善事业突出贡献先进个人称号。

2011年5月，集团公司被中共临淄区委、临淄区人民政府评选为“慈心一日捐”活动先进集体。集团公司总裁李金松被授予临淄慈善人物称号。

2012年慈心一日捐捐款人员名单（2012年8月 摄）

2012年，集团公司开展“慈心一日捐”活动，员工积极捐款49750元，集团公司制作捐款公示版，对捐款员工提出鼓励和表扬。

残疾人保障

集团公司关注残疾人保障事业，对残疾人不仅从经济上予以帮助，对有劳动能力的残疾人还提供合适的工作岗位。2000年6月9日，美陵股份公司关注残疾儿童的教育和生活，发起为残疾儿童献爱心活动，共计捐款3509元。2005年，出资帮扶残疾人计49006元。2006年，出资帮扶残疾人计26776元。2013年，出资帮扶残疾人计69115元。2014年，出资帮扶残疾人计34300元。

农村建设和帮扶

集团公司持续关注和捐资支援农村建设，走访慰问附近村镇中的贫困户和五保户，并对有劳动能力的贫困户提供合适的就业机会。

2006年，集团公司为齐陵街道淄河店村村庄建设捐资10000元，为齐陵街道王家齐陵村庄建设捐资30000元。2010年，集团公司捐资100000元用于农村建设。2014年，集团公司为齐陵街道农村绿化建设捐资200000元，为南齐陵村村庄建设捐资8000元。

2014年，集团公司积极响应上级政府号召，参加“救助帮扶行动”。与齐陵街道淄河店村和南齐陵村两村结成帮扶对象，对无经济来源或生活困难的淄河店村16户和南齐陵村13户家庭进行一年两次的帮扶和慰问，并对有工作能力的困难户积极安排就业。

其他公益活动

1999年2月1日，美陵股份公司工会委员会了解到职工屈连弟家境贫寒、妻子重病、孩子尚幼，工会发动广大员工为其捐款10000余元。

1999年3月31日，美陵股份公司积极响应上级政府的号召，组织78名志愿者无偿献血。

2002年，美陵股份公司为临淄区消防大队捐资20000元。

2002年，美陵股份公司关注老年人养老问题，为地方敬老院捐资5000元。

2006年，集团公司向敬老院捐款21230元。

2008年5月，汶川地震时，集团公司筹集资金，并发动全体党员缴纳特殊党费12900元，干部职工和公司共捐款200000元。

2016年1月，集团公司积极响应上级政府的号召，组织21名志愿者无偿献血。

附：

美陵赋

骥　励

牛山之麓，淄水之畔，金石气盈，风水润延。齐王陵，管仲祠，左拱右伴，临淄八景此壤有三。故齐商之圣地，千载谨传。美陵根系于斯，甲子有年。

地利人和适者胜出，商道通衢美陵亦然。

五八肇基，赶荒操鞭。联合铁木之工，农修为先。集桑梓之庶民，亦工亦农双兼，搭建工棚筑巢衔，忘我奉献。起家何所有？粗糙双手铁肩担！

七八历史转折，江山指点。经济发展鼓声起，摆脱计划羁绊。时不吾待抓机遇，注重效益明产权；内整顿，外拓展，破坚攻关。农机制造，电器生产，石化配件立齐鲁，经营规模现倪端。诚可信？几任团队呕心沥血，历代员工众志成坚。

九一知遇有恩，众望之托，牛耳执牵。求进取肝胆竭虑；操经营劳顿无怨。基础管理先立潮头，建章立制五十万言，股份凝心机制转换，信息化管理启新理念。建立体系，标准化通贯其中，激励创新，公司毕至群贤。合同用工能者多赚；养老保险解后顾之盼。众牵手，福祉相伴。

春华秋实百花繁。设备制造入高端市场，环境水务惠泽方圆。换热产品问鼎中国名牌，美陵商标驰名中原，环境治理行业骨干，高新企业认定连年。三易其址，数次更名，至如今，美陵旗下公司一十有三，因序而合统筹马瞻。嗟夫！“诚信致远，同步未来”恒立百年。

美陵，乐哉！所见竞未来。举旗民族之工业，沐浴改革之春风。担社会责任共创共赢。“四个不忘”，“六用思想”，尚中贵和乐事劝功，春蚕红烛厂兴吾荣。

蓦回首，沉浮商路满甲子，美陵尽偿之夙愿！旭日升，路漫漫，谁举巨旗飘猎猎？不到长城非好汉。

重修美陵门记

李金松

悠悠历史长河，日月沧桑。公司始建一九五八年九月二十八日，历经三次移址，十次更名，时至一九九七年成立“山东美陵化工设备股份有限公司”，步快速发展之路。一九九九年“美陵”商标注册，二〇〇四年组建“山东美陵集团”，实现跨地区跨行业规模经营。

迎图强重修美陵门，公司创建五十四周年之日新构落成。

门与厂区融为一体，坐落于青山淄水之阴，南衔泰沂群山，北含淄江流水，阳抱金石之气，阴负风水之润。

门高一丈八尺，阔三丈二尺，外置于方正，内赋于中庸。采东海花岗岩外装，取南山青石材铺路，石狮为曲阳精雕，古楸属当地名品。正侧镌刻腾龙骏马，意在自强不息、拼搏向上之“龙马精神”。紫铜镶固一十有二，内涵三才四象，紫气东来。步侧门台阶六级，祈出入顺利平安。名家手书“诚信致远，同步未来”，嵌于左右，乃经营之理念。

纵观美陵之门，和谐自然，中正端庄。不失古朴之典雅，又具现代之风格，透以基业长青、稳健发展之感。

门乃时任董事长刘效华集群策之成，用心良苦，奔走有劳，运筹企业发展倾心鼎力，牛耳之执。

二〇一二年九月二十八日

看美陵新变化

——重修美陵门征文比赛优秀作品

山东美陵美力达风机有限公司 杨立志

金秋十月，美陵集团迎来了振奋人心的一件大事：公司重修大门，崭新的美陵门竣工投入使用。

新落成的美陵门外形中正和谐，美观大方自不必说，更可贵的是造型风格兼具古典意味与现代气息，既符合机械加工行业的气质，又有广袤深厚的文化内涵，庄重大气，气势磅礴。大门自落成伊始便被视为集团之脸面，代表了公司的形象，为广大美陵人所津津乐道。在我看来，雄伟壮阔的美陵门不仅仅是如此而已，它更像是一个缩影，一种象征，它所代表的是集团公司日新月异的变化，以及蒸蒸日上的发展势头。

不由想起那扇曾伴随我们二十余年的美陵大门，简单之极，粗犷之极。那扇建于1992年的大门，据前辈们说是得益于某大型企业正门的灵感，后又加入自己的特色（外形类似于换热器浮头）而成，在当时也可算是一等一的存在。然而时代在进步，公司在发展，在一代代勤奋创新、踏实奋进的美陵人的建设下，公司年产值由当时的上百万猛增到现在的几个亿，厂区也由彼时少数低矮狭小的车间发展成为青草环绕、绿树成荫，现代化车间林立，文化氛围浓厚的美好家园。而当初修建的那扇门已远远不适应我们美陵的现状，在漂亮的厂区面前显得格外陈旧与狭小，重建大门成为广大美陵人众望所归之事。

其实在以前晚上加班回家时，我和其他人也曾私下抱怨过，深更半夜门上连个灯也没有，走出门口还得拿手机照明，而且每到下大雨时，落后的排水管道泄流远比不上雨水累积的速度，那时泛着浊物的雨水咕噜咕噜的从下水道井盖往外冒，宛如泉水一般，那情形壮观之余又透着一丝尴尬。而现在，不止美陵大门重建，公司主路也重新修缮，减小了坡度，既比以前美观，更重要的是再没有以前那种送货车上不去，后边用铲车顶的情形发生。加大的排水管道有效避免了雨水的累积，不至于积水排不出去。美陵门夜景更是成为公司的标志性景观，明亮而又柔和的灯光照在大门上，愈发醒目，让人赞叹。我想，美陵门与厂区浑然天成的和谐证明了其存在的价值和必要性，最大限度地提高了广大美陵人对公司的归属感和自豪感，这对集团的稳步发展提供了无形而巨大的助力。

新美陵门还有一点给我留下的印象很深。有次跟熟识的门卫聊天，我问他冬天了，传达室里冷不冷，还生炉子吗？他骄傲地回答我说：我们现在用的是电暖，铺在地板下面，屋里不但宽敞干净，还比以前暖和多了！言语间的自豪满足之情溢于言表。我想，从这样不起眼的小事中可以看出公司对员工的关爱，体现了浓浓的人情味儿。员工服务于公司，公司善待于员工，两者互为依附，相辅相成，这才是美陵“以人为本”的完美诠释啊！

新美陵大门道之不尽，但我想这并不是最后的结束。现在的美陵也不是终点，而只是走在路上而已。我相信，在集团决策者的领导下，在广大可歌可泣的美陵人的奋斗下，我们一定会在正确的道路上越走越远，越走越好，我们的百年梦想将不再是梦想，美陵的明天必将更加灿烂辉煌。

美陵博德的石榴树

——庆祝集团公司创建56周年征文比赛优秀作品

山东美陵博德化工机械有限公司　贾建亮

以前很少留意石榴树，只知道石榴酸酸的、甜甜的，又有一定的营养价值，还算好吃，每到夏季，开着红彤彤的小花，还算漂亮。石榴仅是很普通的一种水果而已。家中也有一棵石榴树，但平时懒得管它，就连浇水也很少。

2008年9月，美陵集团创建50周年庆典前夕，有位同事用数码相机近距离拍摄了一组关于石榴树的照片，其中一幅是果实特写，取名为《硕果》，照片中三个熟透了的石榴聚在一起，炸开了皮，像个孩子咧着嘴在笑，顶端的几片叶子蝴蝶结似的全拢在一起，很是喜人。

这组照片给我留下了深刻的印象，自此开始对石榴树关注起来。

转眼间，六年过去了，美陵创建56周年纪念日即将到来，禁不住想起了我们美陵博德的石榴。

美陵博德厂区的石榴树共有15棵，栽植在办公楼小广场和车间前的绿化带里，有了各种花草的衬托，显得格外挺拔。听同事们说，这些石榴树是2007年美陵博德化机公司成立初期，董事长刘效华专门从公司总部挑选移植过来的。开始几年，可能是因为“水土不服”，成长总是很缓慢，并且很容易遭到病虫的侵害，同事们看在眼里，急在心里，找书籍，查资料，逐渐掌握了石榴树的养护方法，后来几年成长快速起来，每年都能给大家带来惊喜。如今这些石榴树经历了海风的吹袭，经历了病虫的侵害，逐渐适应了这里的气候，棵棵根深蒂固、枝繁叶茂、硕果累累。

“奇崛而不枯瘠，清新而不柔媚”。到了夏天，郁郁葱葱的枝叶，个性鲜明的红花，迎着骄阳，抖擞精神，在厂区里形成了一道独特的风景。尤其雨后，石榴树的叶子绿的发亮，花儿的清香伴着泥土的气息，阵阵清凉迎面而来。办公楼里忙忙碌碌，车间里机器轰鸣，院子里鸟语花香，整个厂区充满着无限的生机和活力。

有了这些石榴树，就有了家的感觉。下班后，闲暇时，给它浇浇水，修剪一下枝叶，不失为一种放松，一种乐趣。每到晚上，同事们聚在一起，石榴树下，搬几个小撑凳，聊聊天、打打牌，下个棋，拍个照片，发个微信，特别热闹。到了秋天，丰硕的果实挂满枝头，无情地将整个石榴树压弯了，有的耐不住寂寞落在了地上，大家看了都觉得心疼的不得了。博德的石榴就是员工们眼中的“珍宝”。

来访的客人，路过的行人无不对我们的石榴“垂涎三尺”。有次一位朋友实在憋不住，想要摘一个熟透了的石榴，又不好意思开口，于是问：这么多石榴，就真的没有员工去摘？我告诉他：真的没人摘，你要想吃，等我们到了统一采摘的时候，给你送去。朋友虽不满意，但也表示理解，更多的是流露出对我们员工的赞许。

曾读过一篇文章，说石榴是富贵吉祥的象征，有着顽强的生命力，对石榴的品格更是赞赏有加。

仔细想来，的确如此。石榴树春天发新芽，长枝叶，在百花齐放的季节，却从不争奇斗艳；夏季到来时，百花逐渐凋零时，它却顶着烈日，毫不畏惧，骄傲的绽放着如火的花朵。历经漫长的酷暑，终于迎来了秋的收获。这是石榴树独有的魅力，也是它的品质所在。

有了耕耘和付出，就会有收获，有了历练，就会“奇崛而不枯瘠”，有了信心和战胜一切困难的决心，我们就都能够品位胜利的果实。这正是石榴树带给我们最好的启示。

今年国庆节后，我们将择日集体采摘石榴，让所有员工都能够分享到石榴的香甜。

办公变化看发展

——庆祝集团公司创建56周年征文比赛优秀作品

山东美陵美力达风机有限公司　李秀芸

硕果累累的金秋九月，我们迎来了美陵集团公司的第56个生日，56年来，美陵公司发生了翻天覆地的变化，从一个名不见经传的农具制造小厂发展成为了远近闻名的现代化集团公司。作为公司的一名“老”职工，有幸目睹了公司近二十年来发生的巨大变化和所取得的辉煌成就，先不用说别的方面，仅是从技术人员的办公条件与环境的改善，就可以看出公司发展的巨大变化。

1997年夏天，怀着对未来生活的美好憧憬，刚刚毕业的我走进了齐陵人口中常说的“联合厂”（美陵公司前身），成为了美陵公司这个大家庭中的一员。先在车间实习半年后，我被调入刚刚成立两年之久的风机公司技术科工作，成为了公司的一名技术人员。记忆中，那时的技术科办公室，设在现在风机总装车间的二层，所用的办公桌是那种当时最常见的三个抽屉形式的木桌，一间面积不大的办公室，三、四张桌子加上墙角堆放的一些技术资料，显得拥挤不堪。由于紧挨生产车间，工作时办公室内的噪音非常大。办公室里只有一部仅能打厂内电话的电话机，每个人手头的计算器算是最高档的办公用品了，办公室里没有饮水机，想喝水，就要每天早上一上班提着暖水瓶去锅炉房打开水。还记得第一天去技术科上班时，领导分给我一块1200×900的木制绘图板、一把长丁字尺和一幅三角板，对我说：“这就是你以后工作的武器了。”当时公司的技术科没有电脑，技术科所有设计图纸的绘制就是靠绘图板、丁字尺、三角板、描图笔来手工绘制。把一张白图固定在绘图板上，用丁字尺和三角板找出点、线、面的关系，先用硬度较高的铅笔画好零件的大体轮廓与位置关系，经过仔细的校对审核，确认没有错误后，再用硬度较低的铅笔加深画好。铅笔绘制的白图不利于保存，有时还需要晒成蓝图，将透明的描图纸覆在已经画好的白图上，再用不同粗细的描图笔，按画好的白图重新描绘一遍，描好后还要再重新校对审核，然后才能去晒成蓝图。设计过程中图纸如果稍微改动一下，就要重新从白图开始重新画起，既费时又费力。那时一套完整的风机图纸往往需要一个多月的时间才能完成。

到了1998年年底，为了改善技术部门的办公条件，公司优先为技术科配备了一台电脑和一台打印机，为了能让大家把电脑充分利用起来，公司还专门从齐鲁石化公司设计院请来了老师给技术人员上课，教技术人员怎样用电脑打印文件、怎样绘图与出图。经过一段时间后，大家对电脑的使用都能得心应手了。平常工作中，一台电脑大家轮流使用，一些技术文件用电脑打印，复杂的设计图纸用电脑绘制，这样大大提高了技术工作效率，图纸改动修改直接在电脑上完成，特别方便，而且所出的图纸幅面非常清晰、干净，让人看着非常正规。用上了电脑后，绘图变得省时省力，但是那时人多，电脑少，根本不够用，遇到生产任务急时，有一部分图纸还是要用手工绘制，并没有真正摆脱用绘图板和丁字尺绘图。

进入21世纪后，随着新建办公综合楼的投入使用，公司为技术科在综合楼二楼重新规划设计了高标准的现代化办公室，办公条件有了较大的改善。办公室内进行了科学的布置，有了专门存放技术资料的档案室，并且每人划分一个工作区域，显得非常整洁有序，同时为办公室配备了程控办公电话、饮水机、出图仪，并安装了空调、窗帘。文件盒、计算器、工具书等办公用品也配置齐全。改变最大的是每人配备了一台电脑，并且还实现了本科室内所有电脑的联网。设计图纸的绘制彻底丢掉了绘图板与丁字尺，变得省时省力，特别是实现本科室电脑联网后，每个技术人员绘制的图纸和编写的技术文件在本办公室内实现了共享，相互之间可以借鉴调用，避免了许多不必要的重复劳动，工作效率得到很大提高。

公司效益好了，各个部门的工作条件、办公环境也日益改善，低矮狭小的车间换成了宽敞明亮的标准车间，老式的机床逐步换成了数控设备，窗明几净的工作环境，整洁有序的生产线，使公司步入了现代化生产的行列。2009年是集团公司基础管理上不平凡的一年，这一年的5月份，筹备已久的信息化管理系统ERP，经过公司各部门员工的不懈努力，在公司内全面上线。该信息化管理系统全面整合了公司全部的销售、生产、成本、库存、财务等资源，实现了最佳资源组合与共享，使整个公司的管理水平有了质的飞跃。上线之前，人们对它的态度虽然褒贬不一，但是上线之后，ERP给公司各个部门的工作带来的方便与快捷却是有目共睹的。

现在，随着网络时代的到来，神奇而便捷的电脑网络也进入了我们技术部门的办公领域。宽带的开通，局域网的建立，特别是公司信息化管理系统ERP的上线，使我们进入了多年梦想的办公现代化，现在技术人员人手一台甚至两台电脑，办公室里复印机、传真机、扫描仪、绘图仪、程控电话等办公设备一应俱全。设计过程中遇到的一些没接触过的问题，随时可以上网查询，一些新技术、新工艺也可以通过互联网来学习。这样不仅开阔了技术人员的视野，也非常有利于技术人员专业水平的提高。遇到与客户技术数据有分歧时，可以随时通过电子邮件、传真、电话等与天南地北的客户进行技术沟通。网上报价、图纸确认等也非常方便快捷。

办公条件的发展变化，从一个角度、一个侧面真实反映了集团公司的发展变化和取得的巨大成就，它是美陵不断发展的一个缩影，也是美陵在一步步提高，一天天走向繁荣富强的见证。公司强我强，公司荣我荣，我坚信，通过大家的共同不懈努力，我们美陵集团一定会迎来更美好、更辉煌的明天。

美陵报伴我共成长

——第一百期《山东美陵报》征文比赛优秀作品

汽车零部件分公司　陈国栋

在这个硕果累累的金秋时节，我们的《山东美陵报》迎来了一个小小的纪念日——第100期。美陵报作为我们集团的内部报刊，用朴实无华的语言，准确真实地记录了公司发展的脚步，宣传企业动态、传播企业文化、弘扬企业精神，无论是对员工、客户、还是社会都起到了很好的纽带作用，对我在美陵公司的成长也受益匪浅。

刚开始接触美陵报是在2004年刚进公司不久，一次车间主任把我们车间三个新员工叫到车间办公室说：“集团公司有自己的报刊《山东美陵报》，是对内对外的宣传窗口，要求各车间有自己的通讯员，每月向美陵报投稿，主要宣传各车间的时事新闻、好人好事等。你们几个是我们车间学历相对较高的，有没有自告奋勇的？这也是你们展示自己能力的好机会”。虽然有跃跃欲试地冲动，自己却没有勇气报名，看到被选上同事脸上自豪的表情，心里酸溜溜的，充满了失落感。

清晰地记得，我在美陵报发表的第一篇文章是《热烈庆祝边板成边机研发成功》。当时我在风机公司壳体车间干操作工，4.5# 风机背板咬边后都需要开出沟槽（我们称边板成边），才能将边板放入槽内，砸实成型。当时的边板成边都是用锤头用力砸楔铁，一点点的硬性撑处，劳动强度极大，效率低，是员工们最不愿意干的一道工序。在领导的带领下，经过数次实验，我们研制出来背板成边机，把边板往设备上一放，靠设备两边的锥形轮自动成边。此设备提高了生产效率，降低了工人劳动强度，该技术还申请了专利。那期的美陵报下发后，车间管理员兴冲冲地跑到我身边，用力地拍了一下我的肩膀，指着美陵报上我的文章对我说："嘿，你中奖了，你是我们车间第一人"，我心里自然美滋滋的。后来在车间晨会上，车间主任又在全体员工的面前对我进行了表扬，让大家向我学习，积极向美陵报投稿，为我们车间争得荣誉。听到主任的表扬虽然有些不好意思，但内心还是很自豪。

也就是从那时起，我开始密切关注美陵报。每当新一期下发都会如获至宝一样迫不及待地翻阅，细细欣赏慢慢品味。每每看到公司又开发了新项目、签了大订单、来了考察领导或重要客户、获得了各种荣誉与业绩，这些种种我都会欢欣鼓舞精神振奋，为公司感到自豪；看到各分公司和部门的优秀业绩和先进人物风采，就感到强烈的责任感和满腔的热忱，这是公司发展的不竭动力；看到摘录的一些先进公司企业理念、管理方式、充满正能量积极向上的文章，会让我百看不厌，对着自己的工作方式找差距，结合车间的实际情况不断完善自己改进管理；特别是每年的质量月、安全月专刊，我会认真学习不同单位、不同车间、不同工种的交流材料，对质量、安全地认识存在的问题如何控制，通过学习他们的心得经验，取其精华为我所用，使我车间的安全、质量工作有了长足的进步。《山东美陵报》真是我的良师益友。

弹指挥间，《山东美陵报》已经历经了近 12 个年头，从蹒跚学步到步伐稳健。每一期从采、编、改、排、校无不凝聚着编辑的心血和汗水。他们孜孜不倦、精益求精，力求做到最好。"潮平两岸阔，风正一帆悬"，值此百期之际，衷心地祝愿美陵报越办越好！

一纸墨香　百期载道

——第一百期《山东美陵报》第一版文章

集团公司企管办　李世芳

夏日的灼热尚未褪尽，而秋意已在不知不觉中日渐浓了起来。这是初秋时节平常的一天，阳光热烈而执着，照耀着每一个勤劳的人们。此刻，我们的心也同样热烈而执着，带着希望和祝福，因为今天，与您见面的这张报纸全新改版已届百期。

由一到百，手捧沉甸甸的 100 期报纸，触摸着有些泛黄的纸张，翻阅这春夏秋冬的一叠丰厚，《山东美陵报》一路走来的艰辛与喜悦在悉窣声里，瞬间鲜活了起来，有激情，有温暖，有欢乐，还有责任与担当。

从创刊初期的羽翼未满，到期间的摸索前进，再到全新改版后的初有成就，《山东美陵报》走过了青葱岁月，走过了花样年华，一群来自一线的通讯员，没有过硬的专业技能，没有相关的工作经验，靠着对宣传工作的热衷、对文字编辑的热爱以及对企业文化建设的满腔热忱，在摸索中成长，在成长中进步，一步一个脚印，踏踏实实用行动践行着《山东美陵报》人应有的责任，用通讯员特有的身份共同见证着《山东美陵报》的成长与蜕变。

1994年7月，企业改制后的快速发展时期，为配合全面质量意识教育活动，公司创办了《美陵公司产品质量简报》，8开竖版单面印制，主要栏目有专题报道、质量述评、质量简讯、质量通报等，共出版16期，为强化员工质量意识、促进企业产品质量管理水平的不断提升起到了促进作用，也培养了美陵报的第一支通讯员队伍。

1996年4月，《美陵公司产品质量简报》仅限于质量板块的局限性，已适应不了企业发展的需要，公司在此基础上创刊了《美陵报》，成为全面宣传报道企业总体形象的新园地，栏目有近期要闻、专题报道、管理聚焦、职工园地等。版面初期为8开竖版双面2版，后改为8开横版双面4版。2002年3月，《美陵报》更名为《山东美陵报》。2004年8月，山东美陵集团成立，企业的发展翻开了新的一页。2005年4月，《山东美陵报》经过积极筹备，随之进行了全面改版，这次改版，不仅从内容上更加丰富充实，第一版为公司要闻、企业快讯；第二版为经营管理、技术探讨；第三版为学习提升，工作交流；第四版为员工天地、企业风采，而且版面也更加生动与活泼，由8开扩大到4开，由黑白改为彩色，由单调的插画增加了随文照片，由编辑组自己排版静电复印改为专业软件排版正规新闻纸胶印。报纸从内涵到形式整体上了一个新的台阶，同时，从原来的内部阅读交流，通过快递、物流等传送到了广大客户和相关业务部门的手中，作为企业对外宣传的窗口之一，《山东美陵报》承载着自己的使命，翻越千山万水，走向了祖国的大江南北。

成功是一个不断叠加的过程，每一次转型都不是对前一次的简单否定，而是以原有的积累为基础再上一个台阶。百期的探索与创新，《山东美陵报》凝聚了太多人的心血和汗水，寄托了太多人的情感和故事，传承了太多的企业文化基因。100期《山东美陵报》，也汇成了一段企业发展史，记载下了美陵人的艰辛奋斗和不懈追求，见证了企业向前迈进的每一步！

集团所属机械制造和环保水务两大板块，组织架构更加合理，经营定位更加准确，发展战略更加清晰。由单纯的机械制造业发展到环境治理、污水处理、城市供水、矿泉水生产、成品油销售等多业并举，在全区乃至全市工业企业综合排名中位居前列。美陵变“美”了。企业文化内涵持续提升；员工团结协作、爱岗敬业；团体、文娱活动，丰富多彩；员工工作、生活环境持续改善；企业福利、工资收入逐年增长……《山东美陵报》已经成为凝聚美陵人力量和心灵的重要阵地，尤其是“百年美陵”梦想的提出，更是激励着美陵人为之不懈奋斗和奉献。

美陵集团的发展离不开全体员工的辛勤工作和无私奉献，离不开广大客户及社会各界的关心与支持，《山东美陵报》多年来也同样得到了各位员工、广大客户及社会各界的厚爱。在《山东美陵报》全新改版百期刊出之际，谨向多年来关心和支持《山东美陵报》的读者、作者以及各级领导表示衷心的感谢！

百期，用报龄衡量也许太短，用心衡量却很长很长。《山东美陵报》改版以来，紧抓企业发展的脉搏，不仅是企业文化的传播者，企业形象的树立者，更是企业精神的弘扬者，企业发展的推动者，员工心灵的凝聚者。百期里，她不仅完整地记录了美陵的成长，也是美陵发展的有力见证者，更是美陵一笔宝贵的文化财富。事业无止境，浓墨书华章。百期，不只是一个总结，更是一个起点，未来，需要我们不断去推动，才有更辉煌的明天，《山东美陵报》将与大家一起，竭尽全力，奉献热情，为未来续写华丽新篇。

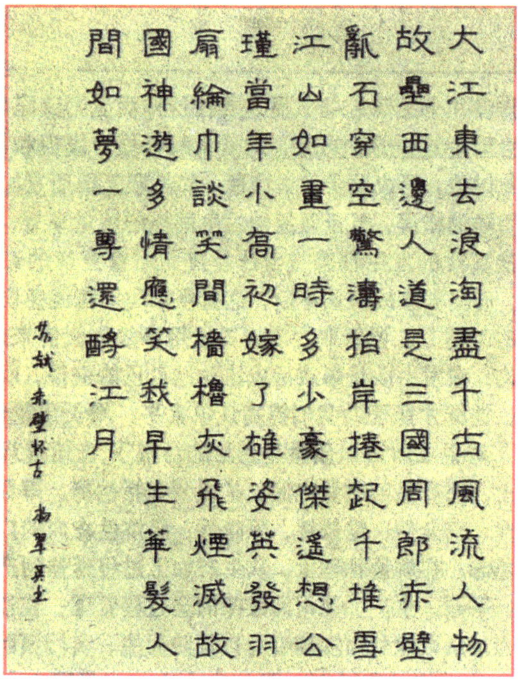

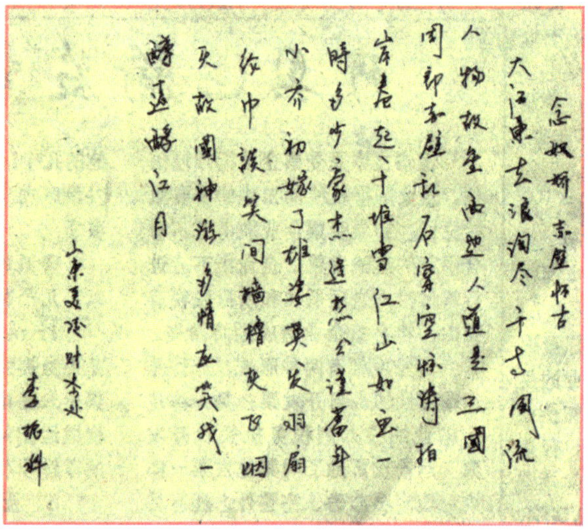

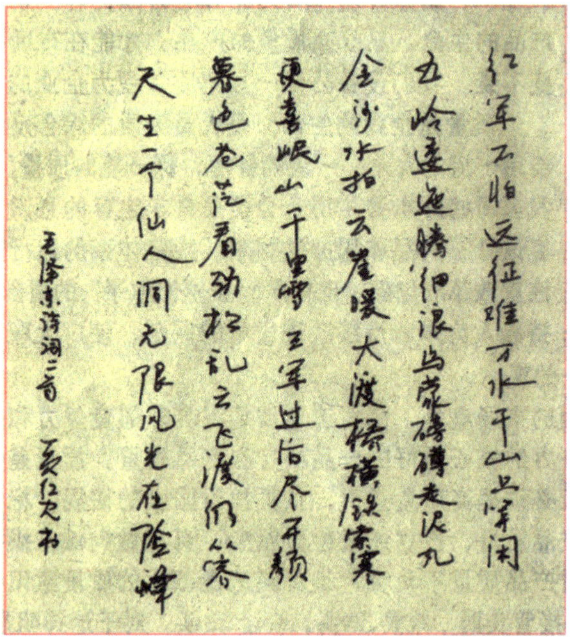

杨翠英（2008年　书）

李振科（2008年　书）

贾红光（2008年　书）

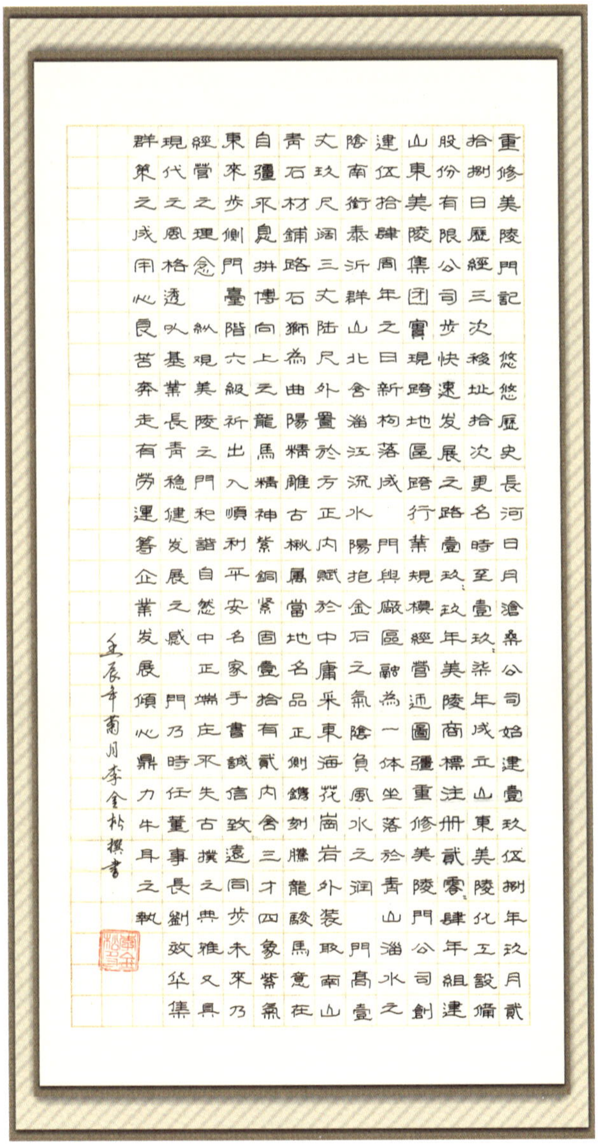

李金松（2012 年　书）

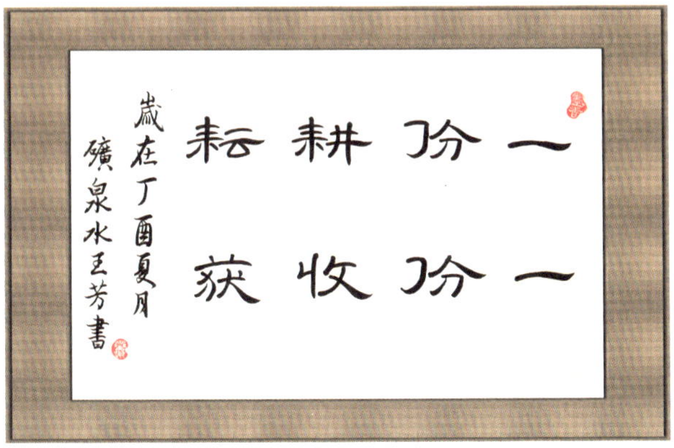

王芳（2017 年　书）

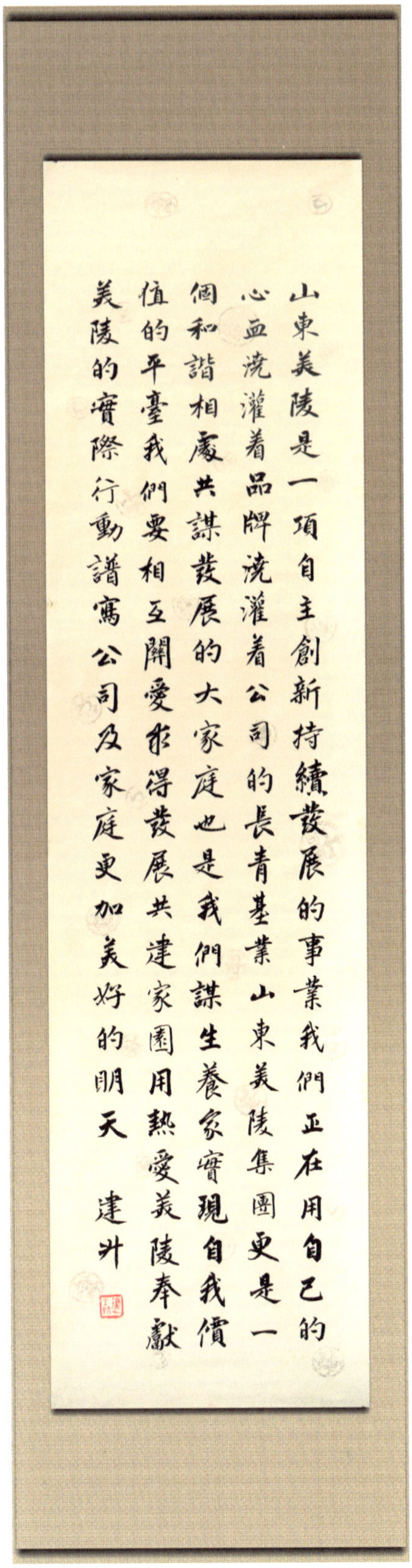

于建升（2017 年　书）

用心画出精美的圆——康海燕（2010 年　摄）

雾里看花——杨翠英（2010 年　摄）

家园——胡文强（2011 年　摄）

巡线——朱伯跃（2011 年　摄）

蝶恋花——李金刚（2013 年　摄）

分毫不差——贾明明（2014 年　摄）

2013 年 9 月，集团公司创建 55 周年庆典活动黑板报展参展作品（青岛博德化机有限公司）

2013 年 9 月，集团公司创建 55 周年庆典活动黑板报展参展作品（铸造车间）

2013 年 9 月，集团公司创建 55 周年庆典活动黑板报展参展作品（冲压车间）

2013 年 9 月，集团公司创建 55 周年庆典活动黑板报展参展作品（锻压车间）

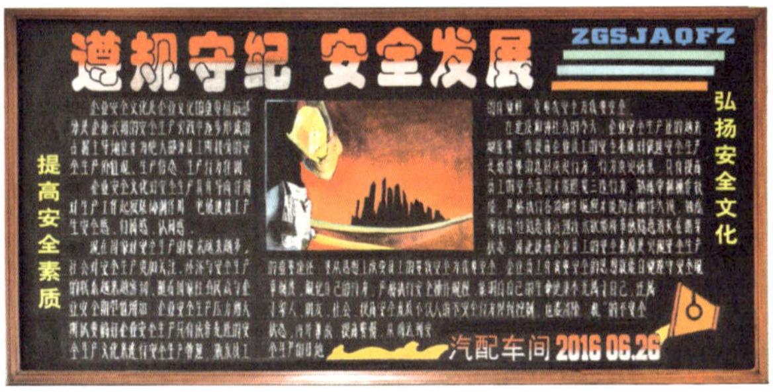

2016 年 6 月，安全生产月黑板报展评作品（铸造车间）

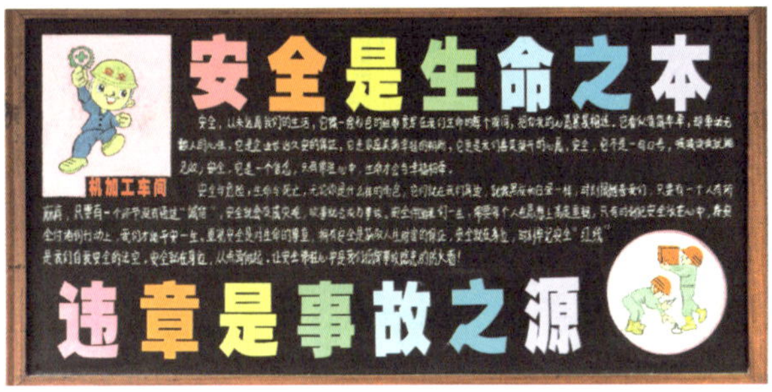

2016 年 6 月，安全生产月黑板报展评作品（机加工车间）

2016 年 11 月，质量月黑板报展评作品（紧固件二车间）

2016 年 11 月，质量月黑板报展评作品（冲压车间）

美陵集团
MEILING GROUP

第九篇
党群工作

公司党组织自1971年建立后，根据企业发展情况，不断加强和规范组织管理体系建设，并建立健全了较为完备的制度保证体系，政策水平、管理能力和工作效能不断提高。多年来，紧紧围绕公司生产经营和改革发展的不同历史阶段，开展了大量有针对性的卓有成效的思想政治工作，发挥了思想引领、政治保证、管理有效、素质提高的重要作用，充分调动了广大干部职工的工作积极性，开创了公司党群工作不断创新发展的良好局面。

公司工会、共青团、女工委员会各群众组织在党组织的正确领导下，紧紧围绕中心和大局，开展适合各自特点与优势的活动，成为党组织联系群众的桥梁和纽带，密切了党群关系、干群关系，调动了广大员工的工作积极性，在企业经济发展、精神文明建设和各项工作中发挥了重要作用。

第一章 党建工作

第一节 党组织机构

至2017年12月底，山东美陵化工设备股份有限公司党组织机构包括公司本部的中共山东美陵化工设备股份有限公司委员会和驻青岛分支机构的中共山东美陵博德化工机械有限公司支部委员会。山东美陵化工设备股份有限公司党委隶属淄博市临淄区齐陵街道党工委领导，山东美陵博德化工机械有限公司党支部隶属青岛市黄岛区辛安街道党工委领导。

中共山东美陵化工设备股份有限公司委员会

1958年9月齐陵人民公社联合机械制修厂成立到1965年，企业党员人数少，未单设党的基层组织。

1966年，“文化大革命”开始，党的组织生活中止。

1970年冬，经过整党建党，党的组织生活恢复。企业有2名党员，经齐陵公社党的核心领导小组批准，与齐陵烟叶收购站、齐陵粮管所的党员组成联合党支部，齐陵公社农具厂张

2004年6月，山东美陵化工设备股份有限公司党委成立揭牌仪式

玉若任支部书记。

1971年秋，中共齐陵公社农具厂支部委员会建立，企业开始有独立的党组织机构，张玉若担任支部书记，另设委员2人。

此后，随着企业的发展壮大，党员队伍逐步发展。1985年，企业有党员11人。1991年3月，企业领导班子进行调整，实行党政分设，配专职党支部书记，企业有党员16人。在工作中，企业党组织按照“围绕中心抓党建，抓好党建促发展”的方针，抓好政治思想工作和精神文明建设，积极协助、监督和保证企业厂长（经理）依法行使经营管理权，促进企业的发展。企业的发展和生产规模的扩大，又为党组织队伍的壮大带来契机。1995年，企业党员人数达到25人，2000年，增加到36人。

2004年年初，企业党员增至58人。根据党员队伍和企业规模不断扩大的实际，4月，经中共临淄区委批准，中共山东美陵化工设备股份有限公司委员会成立，下设公司机关、化

工设备分公司、山东美陵美力达风机公司、山东美陵中联环境工程有限公司4个党支部，9个党小组。

2009年12月，中共山东美陵化工设备股份有限公司党委在驻青岛分支机构青岛博德化机有限公司设立支部委员会，以加强其思想政治工作，发挥党组织的核心作用。至此，公司党委下设党支部增至5个。

2011年5月初，公司党员增至93名。随着企业生产规模的扩大，二级单位和党员人数的增多，5个党支部所管理的党员，有的横跨3个二级单位，开展党的活动，抓员工的思想政治工作已十分不便。为加强公司党的建设，抓好员工的思想政治工作，发挥党组织的战斗堡垒作用，公司党委根据工作需要和各二级单位党员状况，增设4个基层党支部，即紧固件分公司党支部、淄博市天齐渊供水有限公司党支部、临淄污水净化分公司党支部、矿泉水分公司党支部。至此，公司党委下设党支部增至9个。

2011年5月中旬，青岛博德化机有限公司党支部及6名党员的组织关系由山东美陵化工设备股份有限公司党委集体调转至中共青岛市黄岛区委辛安街道工作委员会。

2016年10月，经公司党委申请，齐陵街道党工委同意，撤销除公司机关党支部之外的其他党支部，成立美陵股份公司党支部和美陵环境公司党支部，原各支部党员根据机械制造板块和环保水务板块管理机构划分相应并入。调整后，中共山东美陵化工设备股份有限公司委员会下设公司机关、美陵股份公司、美陵环境公司三个党支部。至2017年年底，公司党组织机构未有改变。

至2017年年底，中共山东美陵化工设备股份有限公司委员会有党员58人。其中，公

司机关党支部12人，美陵股份公司党支部29人，美陵环境公司党支部17人。

中共山东美陵博德化工机械有限公司支部委员会

2006年6月，青岛博德化机有限公司投产运行，初期有党员2人，皆由山东美陵化工设备股份有限公司调入，企业未建立党的组织机构，2名党员组织关系仍由山东美陵化工设备股份有限公司党委管理。

2009年12月，青岛博德化机有限公司党员发展到5人，为加强其思想政治工作，发挥党组织的核心作用，山东美陵化工设备股份有限公司党委在青岛博德化机有限公司建立党支部，隶属山东美陵化工设备股份有限公司党委领导，支部书记李玉森，委员刘华祥、贾建胜。

2011年5月中旬，为落实党建工作的属地管理，青岛博德化机有限公司党支部及6名党员的组织关系由山东美陵化工设备股份有限公司党委集体调转至中共青岛市黄岛区委辛安街道工作委员会，隶属青岛市黄岛区辛安街道党工委领导。

2014年4月，青岛博德化机有限公司更名为山东美陵博德化工机械有限公司。9月22日，中共青岛市黄岛区辛安街道工作委员会下发青黄辛发〔2014〕46号文，撤销中共青岛博德化机有限公司支部委员会，成立中共山东美陵博德化工机械有限公司支部委员会。同日，中共青岛市黄岛区辛安街道党工委下发黄辛任〔2014〕13号文，决定李玉森不再担任中共青岛博德化机有限公司支部委员会书记，刘华祥任中共山东美陵博德化工机械有限公司支部委员会书记。

2016年8月，中共山东美陵博德化工机械有限公司支部委员会按照黄岛区辛安街道党工委的部署，进行换届选举，刘华祥任支部书记，刘志宾、贾建胜任支部委员。

至2017年12月底，中共山东美陵博德化工机械有限公司支部委员会有党员12人。

第二节　党务工作

1971年，齐陵公社农具厂党支部建立，党务工作由办公室具体负责。1991年，临淄石油化工配件厂党务工作仍由办公室负责。2004年，山东美陵化工设备股份有限公司党委成立，未配备专职党务工作者。至2017年年底，党务工作一直由办公室负责。

山东美陵博德化工机械有限公司党支部自2009年成立至2017年年底，未设立专职党组织机构和党务工作人员，党务工作由生产管理部负责。

文秘工作

根据党组织安排，负责起草党的工作计划、总结、决议、报告和各种文件及其他综合

性材料；负责公司党内活动的组织协调工作和党内外评议党员的准备工作；根据党的中心工作及党组织要求，按时编排党员学习配档表和发放学习材料；负责党内文件的登记、收发、传阅、催办及归档。

组织工作

检查、督促基层党支部党员活动制度的落实；做好上级党组织对公司党组织工作考核的准备；负责党员发展的一系列相关工作，组织对入党积极分子的教育、培训、登记工作；对公司中层干部进行追踪考核、考察，为公司干部的使用和管理提供参考；负责党费的收缴及公布、党员关系的接转和党员情况的年终统计；负责外单位来人来函的组织政审、外调材料的证明、书写、复函等。

宣传工作

深入基层进行调查研究，组织各类座谈会，了解职工思想动态；安排组织企业员工的政治理论学习，编发学习配档表，检查学习效果，交流学习经验；开展通讯报道工作，对企业通讯员进行指导培训，向新闻媒体提供稿件和素材，做好采访记者的接待工作，组织《山东美陵报》的编辑出版；负责企业重要会议及活动的组织准备工作；参与文艺活动的组织协调等。

第三节　干部管理

管理权限

企业改制以前，党政领导干部由齐陵镇（公社）党委任免。1992 年 9 月，企业改制为股份公司后，实行政企分开，齐陵镇党委不再直接管理企业行政干部。公司依法建立股东大会、董事会、监事会等法人治理结构。2004 年，公司党委成立后，按照党管理干部的原则，公司的干部管理工作依照《中国共产党章程》《中华人民共和国公司法》《山东美陵化工设备股份有限公司章程》规定，在公司党委和董事会的领导下进行。

管理职责

企业改制前，党组织主要负责对干部的培养教育、考察了解和考核评议，抓好干部培训。根据生产经营实际，负责干部的合理调配与正确使用，坚持任人唯贤、德才兼备的标准，在实践中不断培养和造就一支革命化、年轻化、知识化、专业化的干部队伍。

企业改制后，党组织将党管干部的原则与建立现代企业人事制度相结合，承担对公司各级管理人员的教育、培养、考核、监督的责任。参与人事管理，协助公司行政班子抓好企业干部队伍建设，对干部的使用调配等人事管理的重大问题，党组织向董事会、公司行政班子提出意见和建议，既体现党管干部的原则，又保证董事会和总经理依法用人的权利。对已作出的决策，党组织通过组织工作体系，逐级传达贯彻，以确保政令畅通，发挥党组织在企业中的政治工作优势。

随着企业规模的扩大，青年员工逐步增加，公司党委以公司生产经营实际需要为着眼点，以任人唯贤、德才兼备为标准，重视对青年干部的培养教育，注意让青年干部在工作难、任务重、条件差的环境中经受考验，促使青年干部在实践中得到锻炼，尽快成长。

使用管理

公司党组织认真贯彻党管干部、党管人才的原则，重视对干部的使用管理，严格考核，使各级干部在企业的经营管理活动中，充分发挥职能和作用，做到敬业爱岗、恪尽职守、克服困难、勇于进取，为企业发展作贡献。

公司党组织对干部的考核工作坚持公开、

公平、公正的原则，每年进行一次考察，并组织民主评议，着重从德、能、勤、绩四个方面对干部进行定量评价。中层干部的任免由公司党政主要领导根据考察评议结果提出人选，分别由党政领导班子讨论决定任免，行文公布。企业改制后，逐渐推行中层干部竞争上岗、总经理一年一聘任的用人管理办法，建立能者上、平者让、庸者下的用人机制，使一批德才兼备、业绩突出、群众公认的优秀人才，走上各级管理岗位。干部的奖罚按公司干部管理权限进行奖励和处分。

第四节　主要活动

1958—1965 年，企业内党员人数少，只能参加其他支部的活动。

1966 年，“文化大革命”开始，党组织受到冲击，党的组织生活中止。

1970 年冬，临淄区开展整党建党工作，党的组织生活恢复。

1971 年秋，齐陵公社农具厂建立党支部，带领干部职工深入开展“工业学大庆”活动，进行劳动竞赛和生产拉练。10 月起，组织干部工人按中央统一部署，批判林彪反革命集团的反革命罪行。

1976 年 10 月，党中央粉碎“江青反革命集团”后，厂党支部根据上级党委部署，举办党员骨干学习班，开展揭批“江青反革命集团”活动，清除“江青反革命集团”余毒。

从 1979 年开始，厂党支部组织全厂干部职工学习中共十一届三中全会精神，把工作重点转到经济建设上来，开展真理标准问题的讨论，拨乱反正。党支部组织进行思想、组织和作风整顿，增强战斗力。此后，厂党支部按照“围绕中心抓党建，抓好党建促发展”的方针，不断加强党的思想、组织和作风建设，增强党组织的凝聚力，使之服务、服从于企业发展。

1982 年 10 月起，厂党支部贯彻中共中央、国务院《关于国营工业企业进行全面整顿的决定》，用 3 年 2 个月时间进行以整顿和完善经济责任制，加强劳动纪律、财经纪律，整顿劳动组织和领导班子，加强对职工的思想政治工作为主要内容的企业全面整顿，并通过整顿验收。

1986 年 3 月，厂党支部根据中共中央关于整党的决定和中央指导委员会的指示精神及齐陵镇党委的部署进行整党。通过统一思想、整顿作风、加强纪律、纯洁组织四个专题的学、查、改，4 月 13 日，齐陵镇整党验收小组按照验收标准进行全面检查，宣布验收合格，11 名党员进行重新登记。通过整党，厂党支部重点解决四个问题：一是端正业务工作的指导思想，清除“左”的影响，明确改革的指导思想、目的和方向。二是加强党性教育，提高党员的政治素质，明确党的根本宗旨，树立共产主义远大理想。三是严格执行《中国共产党章程》《关于党内政治生活的若干准则》的有关规定，增强党员的组织纪律性和全局观念，自觉抵制不正之风。四是消除派性，增强党性。

1987 年，企业的领导体制由党支部负责制改为厂长负责制，厂长处于中心地位，企业党支部由过去对企业的全面领导转到保证监督上来。厂党支部将“团结勤奋，求实创新”确定为企业精神，得到广大干部职工的普遍认可和遵循，企业发展有了精神支柱。同年，厂党支部组织党员学习中共中央〔1987〕1—6 号文件，旨在使广大党员充分认识坚持四项基本原则，坚持改革开放的重要性，充分认识鼓吹资产阶级自由化的错误，维护和发展安定团结的大好局面。

“1989年春夏之间的政治风波”发生后，厂党支部组织干部职工学习中央文件，坚持四项基本原则，确保企业发展和改革开放的顺利进行。同年12月，厂党支部组织党员集中进行思想、组织和作风整顿，使全体党员增强党的宗旨意识和党性观念，提高思想上和政治上与党中央保持一致的自觉性，并配合厂行政按照国务院“抓管理，上等级，全面提高企业素质”的要求，加强企业管理，苦练内功，先后建立企业的标准化管理体系、计量检测网络和测试制度，实现标准化达标、计量达标、安全生产达标、财务达标、质保体系达标。企业先后晋升为淄博市市级先进企业、山东省乡镇企业系统先进企业。

1991年3月，企业领导班子调整后，厂党政领导团结一致，心往一处想，劲往一处使，确定“观念更新促进经营，强化销售开拓市场，规范管理增加效益，稳定基础力求发展”的兴厂方针，制定“三年爬坡，四年后初具规模”的发展规划。通过企业改革改制，强化管理，激发干部职工的积极性，1993年，企业完成销售收入2578万元，利润302万元，提前实现“三年爬坡、四年初具规模”的发展目标。

从1995年起，公司党组织结合企业快速发展的实际和面临的新情况，先后组织开展系列大型活动。

“三热爱”教育活动：1995年，公司党支部组织职工开展“爱国家、爱企业、爱岗位”三热爱教育活动。活动分宣传发动、学习讨论对照检查、总结表彰三个阶段。在活动中，职工们提出加强精神文明建设合理化建议63条，公司制定整改措施20条，并分别由工会、团支部、企管办等负责抓好落实。有45名精神文明建设积极分子在活动中受到表彰。活动的开展促进了企业精神文明建设，提高了广大职工的思想道德素质。同年，公司党支部被临淄区委表彰为红旗党支部。

庆祝中国共产党成立75周年：1996年7月1日，公司党支部召开庆祝中国共产党成立75周年座谈会。党支部书记王文昌着重讲了四个方面的内容：（1）在公司发展过程中，全体共产党员充分发挥了模范带头作用。（2）共产党员应坚持党性，用党员标准严格要求，处处以身作则，严以律己。（3）共产党员要解放思想，积极参与和支持公司的各项活动，起带头作用和模范作用。（4）共产党员应发扬无私奉献的精神，干好本职工作，不断进取，做一名合格的共产党员。公司总经理刘效华以在山东省委党校学习的体会谈了对党的认识，并要求公司全体党员服从党的领导，拥护党的路线，遵守党的纪律，发扬中华民族的优良传统，为党的事业和公司的发展作出贡献。

创“十佳”活动：从1996年起，公司党支部组织在全公司开展创十佳生产能手、十佳管理工作者、十佳精神文明建设标兵活动。

十佳生产能手的条件是：具有强烈的事业心和主人翁责任感，热爱企业，自觉维护企业形象；工作任劳任怨，工作效率高，在本单位完成工时、定额最多，在同类人员中，工资报酬最高；热爱本职工作，干一行爱一行，服从分配，出勤率在本单位最高；技术素质好，操作熟练，在技术革新方面有显著成绩；能严格遵守工艺纪律，产品质量在本单位一直处在领先水平；爱护工装设备，能严格按规程操作，按规定保养，没有出现任何责任事故；能自觉遵守各项规章制度，没有任何违纪现象。

十佳管理工作者的条件是：能认真贯彻党的方针、政策和企业的经营管理方针，热爱本职工作，精通本职业务，管理职能发挥好，没有出现失职、失误现象；能按规范要求填写各种记录、台账、报表，并做到齐全、及时、准确；能积极创新，不断提高管理水平，所负责的工作横向相比，成效最为显著；各级领导干部所领导和管理的部门各项工作规范，工作秩序和生产秩序良好，工作处在领先水平；工作尽职尽责，本职工作比前期有明显提高，多次受到领导的表彰。

十佳精神文明建设标兵的条件是：有较高的思想政治觉悟，拥护党的方针、政策，有强烈的事业心和责任感；积极参加各项集体活动，维护集体荣誉，有良好的职业道德；自觉遵守各项规章制度，团结同志，助人为乐，在群众中有较高的威信；积极参加、支持企业改革，为企业发展献计献策，率先垂范；能正确处理个人与集体的关系，个人利益服从集体利益；树立起良好的人生观和价值观，廉洁奉公，无私奉献。

考评方法为各单位按照标准，采取考核、评议等多种形式，每季度考评一次，优胜者作为全年考评的预选人，年终再从预选人中好中选优，确定最后人选，报公司评审委员会评议确定后，由公司予以表彰奖励。

创十佳活动开展后，当年公司即评选出鲁孝和等10名生产能手，包焕忠等10名优秀管理工作者，王德录等10名精神文明建设标兵，为职工树立学习榜样。创十佳活动连续开展5年，共有96人次获生产能手称号，77人次获优秀管理工作者称号，55人次获精神文明建设标兵称号。

同年，公司还对积极投身于改革创新事业的28名优秀共产党员、41名优秀技术干部、4名优秀厂长（经理）进行表彰，在公司树立起一批任劳任怨、无私奉献的先进典型，在全公司掀起学典型事迹，走典型道路，创典型业绩的热潮，使广大职工进一步增强主人翁责任感，积极投身于公司改革和建设事业。2002年10月4日早7时，太公湖橡胶坝破裂出现险情，公司立即组织104名员工赶赴现场参与抢险，堵住决口，受到中共临淄区委、区政府的表扬。“九五”期间，公司被中共淄博市委、市政府命名为文明单位。

创建学习型企业：2003年，公司党支部按照《公民道德建设实施细则》的要求，对员工进行社会公德和职业道德教育，开展争创学习型车间、学习型组织活动。在全区创建学习型企业动员大会上，总经理刘效华代表公司做了题为《创建学习型企业，走持续发展的道路》的典型发言。2004年4月，公司被中共临淄区委表彰为创建学习型企业先进单位。

争做诚信守法美陵人活动：自2003年起，公司党支部在全公司范围内开展争做诚信守法美陵人活动，制定下发《关于开展争做诚信守

2005年12月，集团公司召开保持共产党员先进性教育活动动员大会

法美陵人活动的实施意见》，提出32个字的诚信守法职工标准，即：诚信守法、以德立身、用户至上、信誉是本、遵章守纪、处处严谨、爱岗敬业、创造精品。每位职工按照标准，结合自己的岗位职责，写出诚信守法承诺书，每月进行一次自我评价。车间、科室每季度对职工的践诺情况进行一次民主评议，并建立争创活动档案。活动的开展，营造了诚信守法的企业风尚，树立了良好的企业形象。活动评出诚信守法美陵人43名，公司予以表彰奖励。

保持共产党员先进性教育活动：2005年12月开始，公司党委根据中央及上级党委的统一部署，用3个多月的时间，以建设群众满意工程、促进社会主义新农村建设为目标，加强领导、精心组织、周密安排、扎实推进，开展保持共产党员先进性教育活动。教育活动分学习提高、分析评议、整改提高三个阶段。公司党委以抓好“十个一”作为活动的载体。在学习提高阶段，公司党委召开一次党员大会进行动员，每名党员建立一本学习笔记，邀请中共临淄区委党校负责人上一次党课，组织党员看一次廉洁守法教育录像，每名党员写一篇学习总结。在分析评议阶段，公司党委向党内外发送一封征求意见信，各支部召开一次民主生活会，每名党员写一份党性分析材料。在整改提高阶段，公司党委组织全体党员到孟良崮战役纪念馆参观学习，重温一遍入党誓词。公司还组织了一次“我为美陵公司发展献良策”的大讨论。在先进性教育活动中，公司党委组

2006年4月15日，公司党委组织全体党员参观孟良崮战役纪念馆，重温入党誓词

织全体党员与本单位的困难职工结成帮扶对子，并募集现金1.56万元，对13名困难职工家庭进行帮扶救助，密切党群关系。通过教育活动，公司党委从自身抓起，加强政治学习和党性锻炼，学习党章，遵守党章，发挥党组织的战斗堡垒作用，抓好党员的政治思想教育，使广大党员增强了党性观念，提高了整体素质和干事创业的能力，党委的凝聚力、战斗力进一步增强。

推行公开承诺：2008年4月，公司党委在公司基层组织和党员中开展“推行公开承诺制，共建富裕文明和谐现代化临淄”活动。

广大党员以“我是共产党员，从我做起，向我看齐，对我监督”为要求，立足实际，结合本人职务、职责和工作标准，填写个人承诺书。干部党员承诺：加强学习，转变作风，廉洁自律，关心群众，争先创优，尽心履职。职工党员承诺：爱岗敬业，钻研技术，带头实干，争做贡献。短短几天，公司党员全部递交承诺书。鲁光花等8名共产党员注册登记为党员志愿者。

基层党组织以“提高党员素质，加强基层组织，服务职工群众，促进各项工作”为目标，围绕促管理，增效益，维护员工权益，加强企业党建等方面做出承诺。4个基层党支部向公司党委上报承诺书。

公司党委对齐陵街道党工委做出承诺：要充分发挥公司各级党组织的战斗堡垒作用和广大党员的先锋模范作用，强化基础管理，推进企业管理水平提高，促进科技进步和产品升级，以优质产品和公司品牌占领市场，争取更好的经济效益和社会效益；要依法维护员工的合法权益，建设劳动关系和谐企业；要进一步落实保持共产党员先进性的长效机制，不断加强党组织建设，加强党员和员工的思想政治工作，弘扬公司的企业文化，推动公司各项工作持续快速健康发展。

“公开承诺制”活动的开展，在公司营造了郑重承诺，公开承诺，扎实践诺，争当优秀党员，争创先进基层党组织的浓厚氛围，公司党委继续保持先进基层党组织的荣誉。

奉献爱心特殊党费：2008年5月12日，四川汶川发生8.0级特大地震，给灾区人民的生命财产造成严重损失。5月14日，集团公司发出为四川抗震救灾慈心一日捐活动的倡议。公司广大员工响应号召，弘扬美陵人爱国家无私奉献，爱美陵关爱他人的良好风范，为国分忧，踊跃捐款，共计捐款116980元。同时，企业捐款83020元，总计捐款200000元。另外，公司72名党员、5名入党积极分子缴纳特殊党费12900元，向灾区人民奉献爱心。公司再次获得临淄慈善事业突出贡献奖。

学习实践科学发展观：2009年3月到8月，按照中央和省市区委部署，公司党委组织开展深入学习实践科学发展观活动。公司党委成立活动领导小组，设立办公室，制定活动的实施方案及各个阶段工作安排，先后下达6个党委文件，保证学习实践活动扎实有效开展。

在学习实践活动中，公司党组织紧扣“科学发展、和谐发展”主题，以实现集团公司机械制造与环保水务两大优势产业平稳较快发展为目标，开展“科学发展从我做起，和谐发展争当先锋”主题实践活动，增强学习实践活动的针对性和有效性。公司开设“科学发展观学习专栏”，组织观看《复兴之路》系列专题片，开展“科学发展大家谈”征文活动，领导干部每人写出一篇调研报告，各支部领导班子分析调研报告和落实整改方案，公司党委组织人大代表、政协委员及党内外员工代表47人进行学习实践活动群众满意度测评，促进科学发展观在企业的贯彻落实。

抓好新形势下党建工作：2009年10月，中共十七届四中全会通过《中共中央关于加强和改进新形势下党的建设若干重大问题的决定》。公司党委根据上级部署，组织广大党员学习贯彻十七届四中全会精神，深刻领会加强和改进新形势下党的建设的重要性和紧迫性。针对党建工作的新任务和新要求，结合企业生产经营实际，公司党委努力抓好基层党支部建设，坚持党建工作长效化，使党员干部受教育，广大员工受感染，无论是科技开发，还是市场营销，走在前头担当重任的大都是共产党员，公司的科技进步、市场营销有新的突破，公司党委保持先进基层党组织的荣誉。

庆祝中国共产党成立89周年：2010年7月1日，公司党委召开庆祝中国共产党成立89周年座谈会。党委书记刘效华就“建设学习型党组织，创建党员先锋岗”给全体党员和入党积极分子上主题党课。部分党员联系思想实际，畅谈学习党章，遵守党章，创先争优的心得体会。

创先争优活动：2010年，公司党委按照上级要求，积极推进学习型党组织建设，开展“以合力促发展，创建基层坚强堡垒”为主题的争先创优、争做临淄先锋活动，并以“敬业爱岗比贡献，创先争优当先锋”为实践载体，在广大党员中开展“党员先锋岗”创建活动。党员先锋岗的创建标准是：政治素质好，工作能力强，协调配合好。根据党员的工作岗位及职责设有：廉洁自律先锋岗，学习提高先锋岗，业务技能先锋岗，爱岗敬业先锋岗，建言献策先锋岗。公司设立创先争优争做临淄先锋活动公示栏，有52名党员签署参加创先争优活动公开承诺书。经过个人申报，公示明岗，考核评定，有45名党员定为党员先锋岗，配置党员先锋岗标志牌。公司党委被评选为党员先锋单位，并保持先进基层党组织的荣誉。

庆祝中国共产党成立90周年：2011年，中国共产党成立90周年，公司党委组织庆祝中国共产党成立90周年系列活动。6月中下旬，先后组织以“与时俱进、创先争优、奉献美陵”为主题的征文比赛和硬笔书法比赛，以“党旗生辉映美陵”为主题的摄影比赛。7月1日上午，在汽车零部件分公司铸造车间举办山东美陵集团庆祝中国共产党成立90周年“唱响美陵之歌，永远跟党走”合唱比赛，240名员工组成8个合唱队参赛，抒发美陵人不忘历史，不忘党恩，对党和国家的热爱之情，唱出新时期美陵人在党的领导下团结务实、再创辉煌的信心和决心。下午，公司组织拔河、自行车慢骑等传统体育比赛，展现出美陵人团结拼

2011年7月1日，山东美陵集团庆祝中国共产党成立90周年合唱比赛

2011 年 7 月 1 日，山东美陵集团庆祝中国共产党成立 90 周年拔河比赛

搏，勇攀高峰的精神风貌。

文明单位助推文明行动：2014 年 6 月 25 日，集团公司践行全区开展文明单位助推文明行动，总裁赵克强、工会主席李玉森代表公司党委对所帮扶的齐陵街道淄河村和南齐村困难村民进行慰问。给困难村民送去生活用品，为村民修葺房屋，对有劳动能力者提供就业咨询帮助。把党对人民的关爱渗透在送文明行动中，让困难村民感受到党的温暖。

学习习近平总书记系列重要讲话活动：2015 年 6 月起，公司党委组织开展学习习近平总书记系列重要讲话活动，把贯彻落实中共十八大精神作为学习型党组织建设的首要任务，引导党员进一步深入学习中共十八大精神和新党章，深刻领会其精神实质和科学内涵，力求学深学透、真懂真信。活动突出理想信念教育，以坚定中国特色社会主义道路自信、理论自信、制度自信为核心内容，深入学习马克思列宁主义、毛泽东思想及中国特色社会主义理论体系，坚守共产党人的精神家园。

10 月，公司党委坚持思想建党，不断把学习贯彻习近平总书记系列重要讲话精神引向深入。首先，将深入学习贯彻习近平总书记系列讲话、《习近平谈治国理政》纳入支部小组学习，开展讨论，通过交流提升学习效果。其次，把学习贯彻总书记重要讲话精神和“讲诚信、懂规矩、守纪律”“三严三实”充分结合，使党员干部做到学而信，学而用，学而行，牢记忠诚担当的政治责任。第三，拓展学习方式，采取组织参观教育基地、观看专题片、举办辅导讲座等多种形式开展思想教育工作，筑牢党员干部精神支柱。

“两学一做”学习教育：2016 年 2 月，上级党委部署深入开展“学党章党规，学系列讲话，做合格党员”学习教育，提出把思想教育放在首位，抓住关键少数，抓实基层支部，突出日常教育，把政治合格、执行纪律合格、道德合格、发挥作用合格“四个合格党员”标杆立起来，领导干部起带头作用，基层党组织发挥战斗堡垒作用，党员先锋发挥模范作用。公司党委积极响应，成立以刘效华为组长，赵克强、李玉森为副组长，包焕忠、付士国、刘同盟等高层领导组成的活动小组，带领全公司党员进行深入学习。活动以“三会一课”制度为依托，即定期召开支部党员大会、党支部委员会和党小组会，按时上好党课。各党支部认真做好每一次记录，对制度落实情况定期检查监督。6 月 24 日，公司全体党员赴焦裕禄纪念馆进行“两学一做”学习教育。

“两学一做”学习教育的开展，提高了广大党员的思想素质，对保证党的集中统一，增

2017年6月24日，全体党员赴焦裕禄纪念馆进行“两学一做”学习教育

强党的生机活力起到了重要作用。

“五找十问”活动：2016年4月，公司党委组织开展“五找十问”活动。“五找”即一找初心，找一找曾经激励志愿加入中国共产党的心境，坚定理想信念。二找差距，找一找对照党章党规、履行党员责任义务有哪些差距。三找标杆，找一找身边党员有哪些值得学习的事迹做法，确立对标学习的事迹或做法，确定学习成效。四找方法，找一找在“两学一做”学习教育中采取哪些方法，确定学习成效。五找动力，找一找规范自身行为、做合格党员的动力，增强党员党性觉悟。“十问”即一问是否记得自己是一名中国共产党党员，能够践行全心全意为人民服务的宗旨？二问是否经常学习党章、熟记入党誓词、明悉党员的权利与义务，能够继承发扬党的优良传统和作风？三问是否熟读习近平总书记系列重要讲话，深入领会讲话核心要义和精神实质？四问是否把自己当作一名普通的党员，积极参与党的组织生活？五问是否亲自、按月、足额、及时缴纳党费？六问是否遵守党的纪律、维护党的团结、对党绝对忠诚，服从组织安排？七问是否知道自己的岗位职责，在“二次创业”中发挥什么作用？八问是否遵守社会公德、家庭美德、孝老敬亲、交友适当、言行适当？九问是否严格遵守《中国共产党廉洁自律准则》，坚持理想信念宗旨“高线”，严守党纪“底线”？十问是否清楚“两学一做”学习教育主要内容，并制定自学计划？

全体党员对照“五找十问”用心查找自身存在的问题，找出不足缺漏，进行自我检查

2017年11月22日，公司党员认真听取临淄区委党校副校长李山之作的中共十九大精神宣讲报告

完善。党员之间相互交流，共同探讨，共同提高。

学习中共十九大精神：2017 年 10 月 18 日，中国共产党第十九次代表大会在北京人民大会堂开幕。公司党委组织党员观看中共十九大开幕式，认真听取习近平总书记的讲话。会后，公司党委号召全体党员深入学习中共十九大会议精神，充分认识新形势下企业生存发展的状况，增加危机意识，加快创新，迅速提升技术水平，向高科技智能化发展，增强企业竞争力。

11 月下旬，淄博市委、临淄区委中共十九大精神宣讲团集中开展学习和宣传活动，深入宣传贯彻中共十九大精神。22 日，公司党员听取临淄区委党校副校长李山之所作的中共十九大精神宣讲报告。23 日，公司党员听取淄博市委常委、统战部部长李明所作的中共十九大精神宣讲报告。

第二章 群团工作

第一节 共青团工作

机构

1970 年 12 月，共青团齐陵公社农具厂支部委员会成立，设书记 1 人，委员 2 人。

1976 年粉碎“江青反革命集团”后，团员人数增加，团支部增设委员 2 人，支部成员达到 5 人。

1993 年 12 月 23 日，淄博美陵化工设备股份有限公司召开团员大会，对团支部进行换届选举，新一届团支部由 5 人组成。其中，书记 1 人，委员 4 人。

1993 年年底，公司共有团员 54 人。2017 年年底，公司有团员 107 人。

历任团支部书记：

周振美（1970.12—1971.2）

贾汉令（1971.2—1975.6）

马玉平（1976—1977）

贾福平（1978.10—1982.12）

周永江（1983.1—1983.10）

郭金龙（1983.11—1993.12）

包焕忠（1993.12— ）

主要活动

共青团组织机构建立后，主要是围绕党组织在各个时期的中心工作开展团的活动和青年工作，发挥团员青年突击队的作用。

1971—1976 年，团支部组织团员青年发扬大庆工人艰苦创业精神，劳动不计报酬，工作不讲条件，任劳任怨，无私奉献，以厂为家，大搞义务劳动，为完成生产任务充当生力军。

1977—1978 年，团支部带领团员青年批判“江青反革命集团”破坏青年工作的罪行。

1978—1985 年，团支部组织团员青年开展“争当新长征突击手”“学雷锋，树新风”“五讲四美三热爱”及学习张海迪等先进人物事迹，争当“四有”（有理想，有道德，有文化，有纪律）新人的活动。

1986—1992 年，团支部组织团员青年加强政治学习，坚持四项基本原则，反对资产阶级自由化，并在企业整顿达标升级和技术比武活动中发挥青年突击队的作用。1989年8月，金工车间王明温在淄博市乡镇企业青工技术比武中获钳工比赛第三名，被授予淄博市乡镇企业青工技术能手称号。

1993—2000年，团支部组织团员青年围绕企业中心工作，积极投身改革改制，学政治、学技术，大搞技术改造和技术创新，在企业产业结构调整与质量升级中发挥生力军作用，许多有文化、有技术、群众威信高的青年人被提拔到各级领导岗位，成为企业生产经营骨干。

2001—2007年，团支部组织团员青年积极投身于企业的产业结构调整，实施名牌带动战略，在新产品开发、争创省级、国家级名牌产品方面发挥重要作用，促进企业又好又快发展。

2005年1月，团支部组织团员青年听取张瑞敏《创新—海尔发展的永恒主题》讲座。2007年12月，听取《现代企业营销》讲座，使团员青年增长知识，开阔视野，拓宽工作思路，提高理论素养。

2006年4月，美陵加油站团员青年在深化创建“青年文明号”活动中脱颖而出，以其良好的行业精神、优质文明的服务，被授予临淄区青年文明号，展现了团员青年在构筑美陵集团诚信体系中的风采。

2011年4月，山东美陵集团团支部获得临淄区青年文明号活动组委会颁发的青年文明号称号。

2012年3月，团支部组织号召广大团员青年学习公司各项规章制度，提高岗位责任感和事业心。

4月，山东美陵集团团支部被共青团淄博市委授予淄博市五四红旗团支部称号。

2014年3月，山东美陵集团团支部号召广大团员青年展开爱岗敬业，提高岗位技能活动，使团员青年树立正确的世界观，苦练基本功，为企业的持续发展发挥应有的作用。

第二节　工会工作

机构

1987年8月20日，临淄石油化工配件厂第一届工会委员会成立。工会主席闫省三。

2006年9月26日，山东美陵化工设备股份有限公司第二届工会委员会成立。工会主席李玉森，副主席崔建军、李世芳，委员10人，分别是周永江、李金祥、崔民红、李锋、曹国强、贾建亮、刘开元、宋军、贾来金、郑春玲。

2008年，青岛博德化机有限公司工会委员会成立，刘华祥当选为第一届工会主席。

2014年8月，青岛博德化机有限公司工会进行换届选举，经青岛市黄岛区黄岛街道总工会批复，郭宏亮当选为第二届工会主席，贾建亮、王涛当选为第二届工会委员。

2014年8月28日，青岛市黄岛区黄岛街道总工会印发青黄工发〔2014〕14号文，同意青岛博德化机有限公司工会委员会更名为山东美陵博德化工机械有限公司工会委员会。

职工代表大会

临淄电器厂第一届职工代表大会于1982

年3月21日召开。参会职工代表21名。会议审议通过厂务工作报告，选举产生由刘奇任主任，任凤云、李国新任副主任的职代会。

临淄石油化工配件厂工会委员会成立大会于1987年8月20日在齐陵镇影剧院召开。临淄区工会、齐陵镇党委政府的领导出席会议并致辞。大会选举产生第一届工会委员会，闫省三任工会主席。

山东美陵化工设备股份有限公司第二届职工代表大会于2006年9月26日在公司招待所三楼会议室召开。参会代表60名。其中，女职工代表16名，占代表总数的27%。代表中，管理人员代表23名，占代表总数的38%；一线职工和科技人员代表37名，占代表总数的62%。临淄区总工会、齐陵街道工会负责人应邀列席会议。刘效华代表公司党委致辞，大会听取、审议并通过集团公司工作报告和工会工作报告；选举产生第二届工会委员会和主席、副主席，通过职代会提案工作、劳动生产、安全卫生、平等协商等四个专门委员会的组成人员；通过大会决议。会议期间，职工代表就人才引进与使用管理、员工职业道德与技能培训、现场管理与生产设施改进、改善劳动条件与增加职工福利、加强治安保卫工作等五个方面提出议案33份，包含41条意见和建议，集团公司总经理即席作答。

2006年9月26日，第二届职工代表大会会场

主要活动

技术比武

1989年，临淄石油化工配件厂工会成立安全生产监督检查组，积极配合生产管理部门抓好安全生产。

1990年起，工会紧密配合行政，组织职工开展技术改造和技术革新活动。

1994年12月，公司工会组织职工参加淄博市第三届乡镇企业青工技术比武。公司职工张月明获车工组二等奖，取得中级技术工人等级证书，晋升为5级车工；李成船获钳工组三等奖。两人同时被授予淄博市乡镇企业青年技术能手称号。公司一次性奖励张月明400元、李成船200元，并号召全体员工向他们学习，刻苦钻研技术，干好本职工作，努力提高工作技能，为企业发展多做贡献。

1998年11月，公司工会组织电焊工、车工技术比武活动，对技术比武中取得前5名的电焊工、车工进行物质奖励，同时每人上浮一级工资。

自1999年起，公司工会每年均组织职工学技术，开展技术比武和技能竞赛。至2017年年底，已组织铆工、焊工、车工、喷涂工等十几个工种的操作技能比武，参赛员工达2000多人次，通过比武，职工的技术技能得到提高。同时，工会还组织职工在生产中开展技术革新与改造活动，集团公司每年末组织对技改成果进行申报和评审，评定结果分为ABCD四个等级，分别给予奖励。对优秀技改成果，公司积极推荐申报淄博市、临淄区各级成果评定。

2012年10月20日，青岛博德化机有限公司工会组织职工参加青岛经济技术开发区辛安街道举行的首届焊工职业技能大赛，在参赛的4个企业16名选手中，青岛博德化机有限公司职工贾国卿取得总分第一名，于勇、王永涛、王延金分获第二名、第四名、第五名。青岛博德化机有限公司被辛安街道确定为焊工技术比赛基地。

2012年11月3日，化工设备分公司职工王波在临淄区首届“齐都药业杯”职业技能大赛上获车工类技术能手称号。

2012年11月10日，在青岛经济技术开发区“海油工程杯”焊工职业技能大赛上，青岛博德化机有限公司职工王永涛、于勇总分分列第四名、第六名，获大赛三等奖；贾国卿、王延金获优秀奖。青岛博德化机有限公司获团体总分第二名。

2016年4月，汽车零部件分公司于振东等人“电炉球化除尘”技改项目获临淄区职工安全金点子一等奖，化工设备分公司胡洪堂“氩弧焊机用小车制造”技改项目获临淄区职工安全金点子二等奖。

2017年4月，高强度紧固件分公司李继涛“冷拔圆盘料架改进”技改项目获临淄区安全生产职工合理化建议金点子二等奖。

2017年10月，汽车零部件分公司陈文强被淄博市总工会授予淄博市职工创新能手称号。

送温暖 献爱心

在企业发展壮大的过程中，公司工会十分关心职工的生活。员工结婚，工会送贺匾祝贺；员工亲人去世，工会派人送花圈及丧葬费以示哀悼；对家庭生活困难的职工，工会每年都进行补助，遇到特别困难的，工会还会组织职工进行捐助。

1999年2月，山东美陵美力达风机有限公司职工屈连弟妻子生病，子女尚幼，家庭十分困难，公司工会组织广大职工捐款10000余元，对其家庭进行救助。

1999年3月，公司工会组织员工参加义务献血活动，有78名志愿者得到公司通报表扬。

2000年6月，公司工会组织广大职工为残疾儿童捐款3509元。

2004年，公司工会建立职工扶助制度，每逢职工遇到困难，周围的人都给予热心帮助，为其排忧解难。

2012年2月，化工设备分公司职工李卫学因父母煤气中毒治疗，家庭陷入困境，集团公司领导、化工设备分公司员工伸出援手捐款18200元，工会救助5000元。

2012年5月，青岛博德化机有限公司设立“博德化机爱心基金”，并成立基金管理委员会，职工的爱心捐款进入基金账户储备，公司职工因重大疾病或其他不可抵抗因素造成家庭生活困难的，由基金会给予救助。

2012年7月，山东美陵美力达风机有限公司全体职工为困难职工刘兴中捐款14000元。

2017年10月，紧固件分公司为困难职工张保峰捐款11000元。

2017年12月，集团公司领导、山东美陵美力达风机有限公司职工为退休职工吕良仁捐款11500元，工会救助2000元。

争创和谐企业

2006年，公司深入开展创建劳动关系和谐企业活动，成立创建活动领导小组，制定实

施意见，积极营造有利于创建劳动关系和谐企业活动的良好氛围，形成“协商共谋、机制共建、效益共创、利益共享”的局面，经临淄区总工会创建活动达标验收合格，中共临淄区委、临淄区人民政府授予2006年度全区劳动关系和谐企业奖牌。

2007年1月，公司被淄博市总工会命名为淄博市劳动关系和谐企业，并荣获振兴淄博劳动奖状。同年，公司被临淄区总工会表彰为2006—2007年工会工作红旗单位。

2008年以后，工会组织以弘扬以人为本和谐激励的美陵文化为载体，抓好职工主人翁教育，激励员工爱岗敬业，把自己的劳动融入企业的发展之中，以企业创新发展为荣，营造员工与企业共同成长、共同创造、分享企业荣誉和成果的良好氛围。

2009年，青岛博德化机有限公司被青岛市诚信企业信用评价委员会表彰为建设诚信企业先进单位，被青岛市总工会表彰为劳动关系和谐企业。

2011年，青岛博德化机有限公司被青岛市总工会授予信得过基层工会和书香企业称号。

2012年1月，青岛博德化机有限公司被青岛市总工会表彰为三级联创信得过基层工会。

2017年1月，山东美陵博德化工机械有限公司工会被青岛市总工会授予模范职工之家称号。

“功勋员工”“劳动模范”评选

2008年，集团公司创建50周年。在庆典大会上，王文昌、任凤云、贾元兴、吕月英、贾多田、苏清波、赵忠孝、刘多祥、闫光亮、李宜友10人被授予山东美陵集团首届功勋员工荣誉称号，包焕忠、崔建军、刘志胜、崔民红、周永江、丁本松、郭书杰、李海滨、王长征、吕向伟10人被授予山东美陵集团首届劳动模范荣誉称号。

2013年，集团公司创建55周年。经各单位民主评选申报，集团公司综合评审，郭书杰、丁本松、李海滨、阮政卿、刘奇、李金松、徐洪波、周永江、崔建军、吕向伟10人被授予第二届功勋员工荣誉称号，周金秀、崔玉国、刘伟才、贾国卿、李业明、刘振东、崔军委、李涛、王永涛、路新锋10人被授予第二届劳动模范荣誉称号。

两届“功勋员工”和“劳动模范”的评选，展现了先模形象，树立了岗位标兵，激励着广大员工扎实工作、勤奋向上。

2015年9月，集团公司成立57周年之际，汇编山东美陵集团建厂以来劳模典型事迹的《星之光——山东美陵集团功勋员工、劳动模范风采录》出版，对广泛宣传先进典型、大力弘扬劳模精神，促进企业持续发展，起到非常重要的作用。

劳模的先进事迹得到企业的肯定，亦得到

各级政府的认可。

2007年1月，淄博市总工会授予公司总经理李金松振兴淄博劳动奖章。

2012年4月，临淄区总工会授予化工设备分公司焊工班班长、高级技师李海滨临淄区金牌工人荣誉称号。

2013年4月，淄博市人民政府授予化工设备人分公司高级技师李海滨淄博市劳动模范荣誉称号；青岛经济开发区总工会授予青岛博德化机有限公司总经理刘华祥青岛经济开发区劳动模范荣誉称号。

2015年4月，山东省总工会授予青岛博德化机有限公司总经理刘华祥富民兴鲁劳动奖章；青岛市人民政府授予青岛博德化机有限公司总经理刘华祥青岛市劳动模范荣誉称号；淄博市总工会授予化工设备分公司焊工李海滨淄博市十大金牌工人荣誉称号；临淄区总工会授予山东美陵美力达风机有限公司锻工吕向伟临淄区金牌工人荣誉称号。

2016年3月，临淄区总工会授予紧固件分公司职工崔军委临淄区金牌工匠荣誉称号。

“工人先锋号”创建活动

1987年，公司工会成立后，以创一流工作、一流服务、一流业绩、一流团队为目标，引导广大职工立足本职、爱岗敬业、刻苦学习、忘我工作、争创“工人先锋号”，激发职工的劳动热情和创造活力，公司涌现出许多争当生产建设、技术创新、节能减排、建设和谐文化的先进科室、车间和班组。

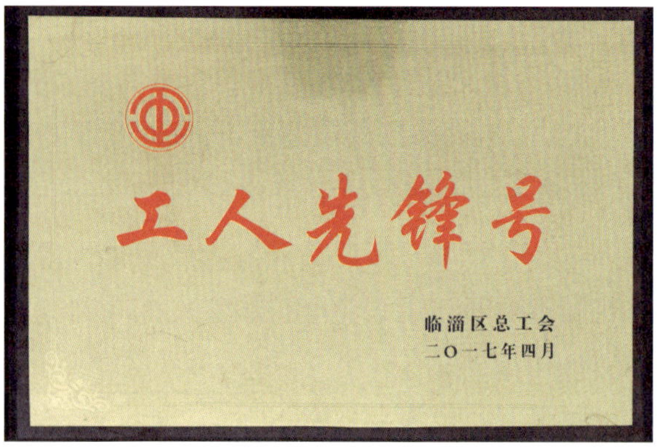

2008年4月、2009年5月，化工设备分公司技术科相继被临淄区总工会、淄博市总工会授予工人先锋号称号。

2017年4月，汽车零部件分公司铸造车间熔炼组被临淄区总工会授予工人先锋号称号。

参加体育竞赛

集团公司工会积极组织职工参加各项体育活动。

2009年3月5日，公司女子拔河队在全区女职工庆“三八”趣味运动会拔河比赛中获第二名。

2011年5月19日，公司男子拔河队在全区工会干部趣味运动会拔河比赛中获第一名。

2012年7月11日，公司男子拔河队在临淄区首届全民健身运动会拔河比赛中获第二名。

2017年3月7日，山东美陵美力达风机有限公司职工任旭东在齐陵街道2017年“拥抱自然，风采齐陵”“齐兴杯”健步走大赛中获男子组第二名。

关爱职工

2010年之前，公司曾多次组织职工外出旅游，先后游览了千佛山、泰山、老龙湾、蒙山、崂山、栈桥、五四广场、聊斋园、蒲松龄故居、大明湖、趵突泉、博山溶洞等风景名胜区。

2010年5月，上海世博会开园，7月3—25日，公司工会分两批组织第一届劳动模范和2009年度优秀共产党员、先进工作者共109人畅游上海世博园，让大家开阔眼界，目睹世界顶尖科技成果的风采，激发公司员工立足本职、乐于奉献的工作热情。

2014年6月，公司分批组织全体职工前往青岛世界园艺博览会参观游玩，让大家在紧张的工作之余走进大自然，休闲娱乐。

2017 年 5 月 16—20 日，公司工会分批组织职工共 314 人在临淄区人民医院进行健康查体，让职工切实感受到工会的关爱。

职工之家建设

2008 年，青岛博德化机有限公司工会建立职工书屋，号召职工业余时间多读书多看报，用知识武装头脑，在公司内部开展读书改变思想的活动。职工通过阅读交流，提高了文化素养，增进了感情，促进了友谊。

职工读书活动的开展，得到各级工会的认可。2011 年 6 月，青岛博德化机有限公司被青岛市总工会、青岛全民读书日活动组委会办公室授予书香企业称号。2011 年 6 月、2016 年 7 月，青岛博德化机有限公司职工书屋先后两次被青岛市总工会授予职工书屋。2017 年 11 月，青岛博德化机有限公司职工书屋被中华全国总工会授予职工书屋。

2017 年年底，山东美陵博德化工机械有限公司职工书屋藏书 20000 余册。

2017 年 12 月，集团公司完成对办公楼南侧小院的装修，作为职工之家。职工之家设有乒乓球室、台球室、棋牌室、阅览室及文体室，供职工休闲娱乐。

职工之家（2017 年　摄）

第三节　女工工作

女工组织

20 世纪 70 年代，齐陵农具厂建有妇女组织，负责女工工作。

1985 年 9 月 11 日，临淄石油化工配件厂成立妇代会，由 3 人组成，设主任 1 名，委员 2 名。

2006 年 9 月 26 日，山东美陵化工设备股份有限公司第二届职工（会员）代表大会选举产生工会女工委员会，设主任 1 名，委员 2 名。

历任女工组织负责人：

妇女主任：陈　军（1973—1979 年）
　　　　　魏淑芳（1980—1984 年）

妇代会主任：魏淑芳（1985—2004 年）
　　　　　　李世芳（2004—2006 年）

女工委员会主任：李锋（2006—　　）

主要活动

建厂初期，企业女职工较少，女工活动也比较少。

1990 年后，随着女职工的增多，女工活动逐渐活跃。企业妇代会按照齐陵镇妇联的部署，组织女工开展“双学双比”“巾帼建功”竞赛活动，倡导女职工“岗位成才，岗位创业，岗位奉献”。每年“三八”妇女节，组织女职工座谈会，放假半天。

“三八”节组织女工义务劳动（20世纪80年代 摄）

1995年后，在公司组织的大型文艺娱乐活动中，女职工发挥主力军作用，活跃职工的业余文化生活。

2001年“三八”节，公司对评选出的14名“三八红旗手”进行表彰，并要求其他女职工以她们为榜样，努力工作，为公司的发展做出积极贡献。

2004年，妇代会主任李世芳被临淄区妇联表彰为巾帼岗位明星。

女职工还主动组织起来，进行义务劳动，打扫卫生。

1991年，企业成立女工篮球队，多次与齐鲁石化炼油厂、第二化肥厂的女工篮球队进行友谊比赛。

1992年，企业组织女工运动会，开展乒乓球比赛、羽毛球比赛和自行车慢行赛。同年3月，妇代会主任魏淑芳获淄博市巾帼之星荣誉称号。

2007年12月，财务科科长郭芸被推荐为淄博市第十三届人民代表大会代表。

2016年，紧固件分公司副总经理崔民红被推荐为中国共产党临淄区第十三次代表大会代表。

2017年1月，化工设备分公司技术科科长周金秀被推荐为临淄区第十八届人民代表大会代表。

20世纪80年代女工风采

随着公司的发展，女职工在各项工作中发挥着越来越重要的作用。到2017年年底，公司有女职工200名，占员工总数的25%；女职工党员12名，占党员总数的20%。有26名女职工担任中层以上管理干部，其中各单位经理、副经理6人。

女工保健

根据国务院1988年9月颁布实施的《女职工劳

动保护规定》和上级有关女职工劳动保护的文件精神，1989 年 1 月，企业成立女职工劳动保护工作领导小组。同年 9 月，结合企业实际情况制定《女职工劳动保护暂行规定》。

1999—2017 年，公司曾两次对《女职工劳动保护暂行规定》进行修改，对女职工育产假及经期、孕期、产期、哺乳期、更年期的卫生保健等工作作详细规定。

人　物

董事局主席　刘效华

刘效华，男，汉族，1954年出生，淄博市临淄区齐陵街道王家齐陵人，大专学历，高级经济师。1973年在齐陵人民公社面粉厂参加工作，曾任面粉厂副厂长。1977年加入中国共产党。1979年调入临淄区齐陵人民公社农机厂任财务科会计。1981年任临淄石油化工配件厂供销科科长；1983年任副厂长、党支部委员；1991年任厂长、党支部委员。1992年9月任淄博美陵化工设备股份有限公司董事长兼总经理、党支部委员；1993年3月至1999年7月兼任齐陵镇党委委员、党委副书记。1999年3月任山东美陵化工设备股份有限公司董事长兼总经理、党支部副书记。2004年任山东美陵集团董事局主席、山东美陵化工设备股份有限公司董事长、党委书记。2008年11月兼任美陵环境科技（淄博）有限公司董事长。2017年3月兼任美联环境科技（淄博）有限公司董事长。

1990年起，刘效华曾当选为临淄区第十二届、十三届、十四届、十五届、十六届人民代表大会代表，临淄区第十六届人大常委会委员，淄博市第十一届、第十二届人民代表大会代表。

不忘初心　求基业长青

1979年11月，刘效华调入齐陵人民公社农机厂工作，从此，开始了他与美陵相牵相伴近40年的不解之缘。1979年11月至1982年，他先后担任企业财务科会计、供销科科长职务，经历了基层和中层不同岗位的实践锻炼。

1983年，齐陵人民公社党委任命刘效华为临淄石油化工配件厂（原齐陵人民公社农机厂）副厂长、党支部委员，配合厂长抓管理、促生产。担任副厂长的8年时间里，他全力配合厂长王文昌抓好企业生产经营各项工作，事

刘效华工作照（1991年　摄）

事用心，处处留心，积累了丰富的实践经验，养成了勤劳务实的工作作风，练就了敏锐的洞察力，同时也使他在企业干部员工中树立了威信。

1991 年 3 月，刘效华被齐陵镇政府任命为临淄石油化工配件厂厂长，主持企业全面工作。当时，厂长负责制已在企业中推行，在企业内部厂长拥有经营决策权、指挥权和用人权。镇党委主要领导提出要调整厂领导班子，如何调整组建以刘效华本人的意见为主。是任用原班人马，还是重建班子，他反复思索，考虑到老领导辛辛苦苦多少年有功劳也有苦劳，自己的发展也得到他们的关心和帮助，最终决定“换脑筋不换人”，提出“原班人马不动，思想观念更新，群策群力，齐心合力谋发展”的稳定队伍求发展思路。就这样，刘效华从企业副职升为正职，王文昌成为专职书记。

虽然角色互换，但刘效华对书记王文昌尊重有加，充分信任。从 1991 年到 2004 年的 13 年间，他俩一直在同一间办公室办公，思想上保持一致，工作上分工不分家，相互拾遗补阙，被誉为“黄金搭档”。这在当时是很少有的情况，不是新闻的新闻远近闻名，《大众日报》和《人民日报》为此以《党政一把手合处办公，人格魅力所在》为题刊文予以报道。

王文昌（左）与刘效华（右）合影（2011 年　摄）

刘效华上任时，临淄石油化工配件厂经过几任老领导与员工们的努力和苦心经营，有了一定的生产能力和资本积累，1990 年年底，企业年产值已达 510 万元。但与市场经济的快速发展相比，企业发展的步伐有些缓慢。百十名工人有活就干，没活就等，夏忙麦收，秋忙耕种，不疾不徐，看似风平浪静，实则已暗潮涌动。因为思想保守和发展意识不强，老客户齐鲁石化公司三过厂门而不入，转至其他企业订货。此情此景，刘效华看在眼里，急在心里。他清醒地意识到，计划经济年代那种“一家门口一个天，关起门来自己过”的时代已经过去了，在市场经济的浪潮中，时不我待，不进则退，只有转变经营观念，建立开放灵活的经营机制，才能改变当下“不饱不饥”的被动状态。

肩负着领导和广大员工的信任与期望，在上任后的第一次全厂职工大会上，刘效华提出“观念更新促经营，强化销售拓市场，规范管理增效益，稳定基础求发展”的兴厂方针，制定了“三年爬坡，四年后初具规模”的发展规划。

当时，临淄石油化工配件厂尚为齐陵镇政府所属乡镇企业，主营石油化工配件，为齐鲁石化公司及周边地方炼油企业配套服务，本身没有法人财产权和自主经营权，不具备作为竞争主体进入市场的条件。随着改革开放的深入，新一届企业领导班子深刻体会到，市场的竞争主要是产品的竞争，为别人配套服务的小打小闹终究成不了大气候，要想在市场经济的大潮中有所作为，就必须拥有自己的定型、主导产品，经市场调研，决定新上化工设备制造项目，同时加大科技投入，开发一批技术含量高、附加值大的新产品。

在怀揣梦想，渴望奋斗、展现与成就自我的背后，刘效华创业路上面临着一系列困难。首先，新项目建设需要一大笔投资，资金问题政府无法解决；其次，企业发展需要引进一批管理与技术人才，而政府管辖下的企业没有直接的用人权；另外，大集体平均主义的分配制度，不能最大限度地调动每个人的工作积极性和主动性，过多的行政干预也让企业无心无力施展抱负。企业发展走到了十字路口，政企不分，产权不清，权责不明，这一系列问题如果不能从根本上得到解决，正在发展中的企业可能被市场经济浪潮无情地淘汰。

怎么解决这些因体制而导致的问题，刘效华带领班子成员认真学习《城镇集体所有制企业条例》《中共中央关于经济体制改革的决定》等中央关于企业改革的文件精神，并多次外出考察。他意识到，在国家实行改革开放，大力发展经济的形势下，只有抓住机遇，紧跟潮流，大胆改革，企业才会有出路，发展才能有突破。强烈的责任感和迫切的发展意识，促使他做出了一个无论对自己还是企业来说都是大胆的决定——股份制改造，事实证明这是一项非常重要且正确的决策。

1992 年，淄博市筹划在全市选择一批基础较好的企业搞股份制改造试点。刘效华亦敏锐地意识到股份制是筹集社会闲散资金、加快企业发展的有效融资渠道，是深化企业改革、转换经营机制的最佳选择。经过努力，是年，临淄石油化工配件厂被列为淄博市第二批股份制改造试点单位。

1992 年 9 月 28 日，一个值得纪念的日子，临淄石油化工配件厂成功改制为淄博美陵化工设备股份有限公司。在公司创立大会上，刘效华以全票当选为公司董事，并在随后召开的董事会上被全体董事推选为董事长。

董事长这个新头衔，在刘效华看来，贴切点说就是企业的当家人，而当家人，就得识大体，顾大局，重情意，轻利益。在股份制改革股权分配以及后来的三次政府奖励股份中，刘效华一次次让大家感受到了他丰盈的人格魅力。

股份制改革，必然涉及股权的分配，当时，淄博市和临淄区政府均鼓励、支持企业主要经营者（法人代表）持全部股权或大股权，临淄区许多集体所有制企业也大都如此操作，经过改制后一夜间变为民营企业，其董事长持有绝大部分或全部股份。领导和朋友们也都劝刘效华像其他企业那样改制，但他认为，企业是几辈人几十年共同创建的，大家都投入了很深的感情，一夜间就变成一个人或几个人所有，不公，更不合情理。无论对已退休的老同志还是在职员工来说都是不妥不恤的。因而，在股权分配时，对企业的公共积累部分，刘效华坚持按照职工的职务和工龄进行量化，实现人人有股份。

在企业改制后的 1997—2004 年间，齐陵镇政府曾分三次将镇政府所持股份以优惠价格出让给企业主要经营者，刘效华均与企业高管人员共同商议予以分配。2004 年，为奖励刘效华为齐陵经济发展所做出的突出贡献，齐陵街道办免费出让给他 20 多万元的股份，在利益面前，他毫不犹豫地又分配给了企业管理层。除股份外，每年镇政府考核时奖励给刘效华本人的奖金，他都与大家一起分配。2013年，企业创建55周年之际，《淄博日报》刊文《美陵，55年这样走过》，在采访刘效华时，他曾这样说“在个人利益和美陵的长远利益之间，我选择后者，毕竟一生的年华与美陵息息相关，这份感情血浓于水。”“失去一点个人小利益，却得到了公司上下同心同德谋发展的大收获，只有这样才能避免企业出现昙花一现的悲观局面，基业长青是我的追求和唯一期盼！”

美陵创立的时期，也是淄博市企业改制的高潮期，如今，同时期进行股份制改造的许多企业已难觅踪迹，留给股东的只有一纸空白股权。而美陵，每年都会定期召开股东会议，坚持对股东进行分红，至2017年年底股东累计分红收益已达487%，这不仅在淄博，在全国民营企业里都是难得的现象。在《淄博财经新报》的采访中，刘效华说“坚持分红，是为了对股东负责。人要讲诚信，企业同样如此。”而他自己也做到了以身作则，个人持股不足15%，将更大的利益让给了大家。

2016年9月19日，美陵股份在全国中小企业股份转让系统挂牌公开转让，企业运营翻开新的篇章。

受命危难　志不负重托

1958年至1990年间，山东美陵集团所生产的产品从建厂初期修造简单的农具到开发农用脱粒机，从生产民用电风扇到涉足石化配件产品，企业发展一直处于起步阶段，没有形成自己的主导定型产品。1991年刘效华任厂长后，通过1992年的股份制改造，企业有了充分的生产经营权。市场经济的快速发展使他认识到，企业要有大的发展，必须有自己的拳头产品。对于这个拳头产品，刘效华胸有成竹，那就是炼油化工用机械设备压力容器。改革开放后，国民经济支柱性产业石油化工业蓬勃发展，国家特大型企业齐鲁石化公司又处于同一区域，同时通过几年来供应石油化工配件产品，公司已初步与齐鲁石化公司建立了业务关系，压力容器产品的开发具备了天时和地利。然而，压力容器属于特种设备，必须有国家质检总局颁发的制造许可资质方可生产，而制造许可资质的取得，对企业厂房、生产设备、人员配置都有极其严格的要求。当时，职工根本不知压力容器为何物，满足生产的厂房、设备、人员一无所有，一切都得从零开始。一片空白反而激发了刘效华的创业斗志。

最令人难忘的是第一台换热器的开发与生产。1994年春天，企业起步阶段的困难时期，刘效华在组织建厂房、购设备、培训职工、引进专业技术人才的同时，将目光瞄准更高的起点。他亲自奔赴北京、洛阳设计院及各大专业院校，寻求技术合作，在得知中石化洛阳设计院T型翅片管重沸器专有技术有意转让的信息后，毫不犹豫地拿出准备购买轿车的30万元，凑齐40余万元，冒着风险签定了该技术的购买协议。如何让40多万元的转让技术就地开花，老一辈美陵人“没有条件创造条件也要干”的精神鼓舞着他和员工们，“出大力，流大汗，白加黑，昼夜干”，经过半年多的艰苦奋斗，公司取得了一、二类压力容器制造许可证，制造出了第一台压力容器。实现了当年引进技术，当年取得生产资质，当年出产品投放市场的良好业绩。1994年企业实现销售收入3183万元，利润406万元，分别是1990年的14倍和16倍，实现了生产经营三年爬坡、四年后初具规模的发展战略。主打产品T型翅片管重沸器经山东省科学技术委员会鉴定，填补了国内沸腾传热设备的一项空白，获山东省乡镇企业科学技术进步一等奖，被国家科委列入“九五”国家重点开发新产品计划。自此，企业的发展进入快车道。

本着一业为主，多业发展的原则，在机械制造领域，刘效华又组织相继成功开发了空调风机、重型锻件、高强度紧固件、汽车零部件等产品，企业生产规模不断扩大，整体实力日益增强。

进入2000年后，国家开始注重环境保护工作，市民的环保意识不断增强，刘效华审时度势，用极具前瞻性的战略眼光瞄准了环保科技这片蓝海，确立了“稳步发展机械加工产品，着重发展环保水务产业”的经营发展战略。2001年年底，公司与国家建设部北京中联环工程股份有限公司达成协议，合资成立山东美陵中联环境工程有限公司，开始污水处理、大气污染防治和垃圾处理为主的投资与生产经营业务。

作为一个新成立的公司，没有业绩和口碑，很难得到市场的认可。为了尽快打开公司环保业务的局面，刘效华亲自出马，多方奔走，寻找一切合适的机会。恰逢临淄区政府准备建设污水处理厂，公司积极筹备参与投标。在评审组召开美陵中联项目设计评审会之前，评审专家对刘效华说“该项目有其他公司参与运作的时间已经很久了，你公司的评审很难通过。”专家的话没有影响刘效华创业的决心和信心，反而让他进一步看清了公司的处境。他知道，这个项目对美陵非常重要，绝不能放弃这个机会。怀着“置之死地而后生”、壮士扼腕的决心，他反复跑淄博市环保局、建委等部门，用美陵40余年发展积淀的实力和信誉，用合作单位北京中联环工程股份有限公司的技术极力向主管部门证明美陵完全有能力承接此项目。

召开评审会那天，刘效华一直在会场外面来回踱步，焦急地等候，深刻体会到“商场如战场”的含义。下午六点多，美陵中联项目通过评审！刘效华方才如释重负，多日的奔波忙碌终于没有白费！可以说这是公司步入环保领域的第一单业务。该项目于2002年11月建成，后被评为国家重点环境保护实用技术示范工程。

2003年，临淄“城市经营年”，临淄区委、区政府拟转让污水处理厂经营权，但转让方式为捆绑式出让，污水处理厂运营项目和原临淄区城建水厂债权、债务及在职员工一并转让。原临淄区城建水厂为临淄区区属事业单位，受体制等因素影响，自1994年投入运营后一直处于亏损状态，负债累累。临淄区委区政府有意转让给美陵。区委区政府的打包交予，是重托，更是信任。刘效华“受命于危难之际”，立志“让政府放心、让市民满意”。2003年6月，淄河污水处理厂正式运营，主要担负临淄城区生活污水及部分企业污水处理的任务，处理后的水达标排放至太公湖作为补给，如今，太公湖已成为一处市民休闲娱乐场所。同年，对原临淄区城建水厂，公司清偿所有债务，并按照现代企业制度要求进行股份制改造，设立淄博市天齐渊供水有限公司，建立了完善的法人治理结构，盘活了资产，使企业焕发了生机，同年即扭亏为盈。目前，天齐渊供水公司承担着临淄区城区五分之三、农村三分之二的供水业务。

从污水净化到城市供水，从碧水蓝天到惠及民生，在公共事业领域，刘效华用责任和担当证明了自己无愧于当初的诺言。2016年，《淄博日报》就山东美陵集团参与公共事业采访刘效华时，他说：“作为一名在临淄土地上成长起来的企业家，我对这片土地充满了感情和感恩。党和政府在我个人与企业的成长中给予了巨大帮助。在受命之初，打动我的不只是党和政府对我们企业的信任，还有我们企业全体员工深深的社会责任感。企业不是某个人的，企业是社会的，办好企业就是对社会尽最大的责任”。“天齐渊供水公司作为山东美陵集团下属公司之一，发展到今天已经成功承担27万城区用户和21万农村用户的供水任务，我们深感责任重大，我们也时刻如履薄冰。展望未来，我们唯有不忘初心，紧跟淄博市区发展战略部署，想在前，做在前，服务城市发展，服务市民生活，才能实现我们让政府放心、市民满意的初衷。”面对成绩，刘效华依然谦虚谨慎，不改创业家本色。

也正是由此开始，公司在环保领域越做面越广，并发展成就了现今的环保水务板块。从单一的机械制造到兼具环保水务两翼齐飞，不仅为美陵带来了新的发展潜力，更为美陵的绿色环保美名镀上了一层永不磨损的金色。

上下求索　百年品牌梦

“夯实基础管理，永葆健康活力”是刘效华和班子成员在企业管理上达成的共识，在他看来，管理永无止境，在规范企业基础管理的道路上，他带领企业一直在前行。

1991年上任后，他带领企业深入挖潜，不断规范和完善各项管理，在安全生产规范化管理、全员质量意识教育、薪资管理、绩效考核、思想法制建设、企业文化建设等方面进行了改革与提升。

在各项基础管理中，产品质量管理作为企业基础管理中的重要一环，是刘效华最为重视的。在质量管理方面，有一件事一直让他刻骨铭心，那就是1994年举行的一次质量意识教育活动。

当时，公司生产第一台换热器，客户是抚顺石油化工厂。初次涉足换热器生产领域，毫无生产经验，在刚建成的车间里加工制造，地面墙面尚未完全干燥，空气中所含水分过高，未加以妥善处理，致使换热器焊缝在焊接时因空气中水分含量过高而未达标。因为客户工期要求很紧，换热器未能进一步处理就匆忙组装，交付用户。产品交货后，对方因施工问题半年多露天存放未予使用，氧化腐蚀严重，加上制造中存有先天不足，安装时出现了问题，抚顺方恳请公司协助解决。

在抚顺现场，刘效华心中想到的首先是企业的信誉、责任和担当。他说了句“旧设备拉回去归我们，按要求重新制造一台新的作为补给，损失我们承担”。近50万元的损失是当年

1994年，在篮球场开展的质量意识教育活动

三分之一的年利润。回公司后，他组织职工认真总结经验教训，赶制设备，按时将一台合格的全新换热器交付用户。自此，公司在换热器市场上赢得了口碑，与抚顺石油化工厂也建立了长期的合作关系。

在为抚顺石油化工厂赶制设备的同时，刘效华组织在职工中开展质量意识教育活动，为时两个月。每天下班后，全员集中学质量法规、质量管理的有关规定，每个人都要学习体会，并主动查找工作与生产过程中存在的不足。阶段考试时，无办公场所，考场设在篮球场上，二百多人黑压压一片，席场而坐，场面颇为“壮观”。考试后，全公司收集了200多条合理化建议，归纳整理出最有价值的66条，并逐条进行修改完善，成为质量管理的“军规”。通过教育活动，质量管理水平上了一个台阶，员工质量意识明显提高。“质量是企业生命”的理念逐渐在每个人心中扎根，“第一次就将正确的事情做正确”成为每名员工的座右铭。

这是一次不得不想，也不得不说，由于质量而引发的“滑铁卢”之役和痛定思痛、卧薪尝胆的质量意识教育活动。也正是由于不断强化质量意识，使公司在市场树立了美陵产品质量信得过的声誉，更获得了“中国名牌”“国家免检”“中国驰名商标”等诸多荣誉。山东美陵化工设备公司也获得了业界认可的“换热器制造专家之一”的声誉。

2004年，集团公司成立，在企业基础管理方面，刘效华提出“强化基础管理，创立百年品牌”的管理理念，立足基础管理，以经济效益为中心，不断拓展管理的广度和深度，从指导和引导入手，加强预防管理，实行重心下移，持续完善，严格考核，横向形成了质量、信息化、安全、设备、现场、节能降耗、成本、人力资源等全面覆盖企业各项基础管理的八大考核体系。纵向通过质量、测量、环境、职业健康安全、知识产权六大管理体系对各项基础管理进行计划、实施、检查、改进。从而使企业所有过程管理串联起来，促进了企业基础管理水平的全面提升。2005年，体会到“规矩”的力量和重要性，刘效华提议将历年来形成的散落于体系之外的各项管理制度予以收集、补充、修订、归类、汇编成册。2006年1月，《山东美陵集团管理制度汇编》印制发放，与各管理体系文件，累计五十余万字，成为企业各项工作的指南，促使企业各项工作更加系统、科学、严密。2008年，他又组织在集团公司基础管理中引进ERP信息管理系统，2016年，导入“精益生产”先进管理模式，这些新思想的引入，最大限度地利用了已有资源，实

2006年12月21日，刘效华在人民大会堂接受产品质量国家免检证书颁奖

现了经济效益最大化，使企业各项管理实现质的飞跃。

“强化基础管理，创立百年品牌”，刘效华引领他的团队仍在上下求索。

惜才爱才　创新向未来

刘效华是“文化大革命”时期毕业的高中生，由于历史原因没能进入高等学府深造，担任企业主要经营管理者后，他深感知识薄弱，在几十年的工作中参加了深圳大学和中央农广校的企业管理函授学习以及上百个培训班的继续教育，不断“充电”。他深刻地意识到，科技进步已成为一个国家、一个地区经济发展的主导因素，技术创新已成为一个企业生存发展的生命线。文化可以滋养企业的发展进步。一个人文化水平低不要紧，要紧的是一个单位水平不能低，尊重知识和人才是最要紧的。因此，通过改制拥有自主用人权之后，他主张首先将引进人才列入工作日程。

1993 年，在临淄区人事局的帮助下，刘效华组织人员赴西北和东北等高等院校宣介公司情况，招聘大学生来公司工作，当年就引进了八名专业对口的本科毕业生。公司创建三十多年来，第一次有了大学生员工，在临淄区乃至淄博市引起了不小的轰动和社会反响。

期间有几个小故事。现任集团公司副总裁包焕忠，1993 年大学毕业后，曾三次从吉林到淄博考察寻求理想的工作单位，第三次听说美陵公司招聘大学生，抱着试试看的态度找到了单位。刘效华初步了解他的家庭状况，得知其支付交通费都有困难，被他作为家中唯一的男孩舍老家到外地找工作的精神所感动。包焕忠临走时，刘效华拿出三百块钱硬塞进他的口袋，并跟他说：“拿这些钱买张回去的火车票，你来公司我欢迎，若不愿意来，我也为你到外地闯天下的思想所感动而支持你，以后来山东时到美陵做客。”后来，包焕忠毅然决然地选择了美陵。现任集团公司总裁赵克强，大学毕业后分配到兰州的国有企业工作，了解到美陵引进人才的消息后，毅然辞去工作来到美陵，从车间工人、班组长干起，到技术员、企业中层、高层管理，一步步成长起来。如今，公司大专以上毕业生人数已占到员工总数的 40% 以上，其中 80% 以上成为各个岗位的“主力军”，成为中层到集团公司总裁的“当家人”。企业因之逐渐强大，享誉社会。

为了让引进的人才留得住、用得好，刘效华竭尽所能关爱人才、培养人才，在政治上信任、生活上关心、工作上支持。

1995 年，在资金紧张的情况下，公司拿出近百万元为招聘的大学生建了六层宿舍楼，婚前几个人住一套，婚后一家一套，住房无偿使用，用水、用电、取暖给予减免优惠，从根本上解除了他们的后顾之忧。每年中秋节等传统节日，刘效华都组织公司主要领导与远离家乡的大学生们一起度过。这些大学生到适婚年龄，他又安排帮助解决“家”的问题，等他们有了孩子，再帮助联系入托、上学，事无巨细，点点滴滴倾注了浓浓的亲情。在民营企业未纳入社会保险统筹时，公司联系淄博市机关事业单位保险处给他们缴纳了养老保险。这些举措都为他们扎根企业、发挥聪明才智、全心奉献美陵起到了很好的促进作用。

在人员的任用上，许多改制后的民营企业发展到后来都会变成家族式企业，重要的岗位任用的都是自己的亲属，而在刘效华的用人字典中，年轻化、知识化、专业化、德才兼备才是标准。在公司内部，没有亲疏远近之分，不论背景与资历，坚持“任人唯贤不唯亲，唯才是举德兼备”“能者上、平者让、庸者下”。多年来，公司的用人制度始终不渝。企业第一批引进的本科毕业生，分别来自吉林、甘肃、山西等外省市，如今，已全部进入集团公司管理高层，其中来自甘肃的大学生赵克强被聘任为集团公司总裁。

差距激励用人是刘效华的一项用人艺术，而且在应用中屡见成效。某些时候，可能专业技术人员的业务能力与被聘任的职务略有差距，这时他会用敏锐而长远的眼光，采取“拔苗助长”的方式，果断地将他们推向重要的工作岗位，让他们在实际工作中接受挑战与磨炼，使之由压力变动力，快速成长，独当一面。例如2001年，一位西北工业大学毕业的大专生，入厂仅5年就从一位普通的专业技术人员破格提拔为二级单位副经理。这些只是企业不拘一格任用人才的缩影。曾经有位公司引进的大学生说：“在美陵，不存在人才发挥不出能力的现象，只有人的才能不适应岗位的窘状。”就这样，刘效华以爱才之心、育才之能、用才之力铸就了成事、成人、成才的人才链。

领导班子是一个企业的大脑，是抓好企业改革发展稳定各项工作的关键。自1991年主政，组建企业领导班子以来，刘效华从自身做起，不断加强企业领导班子建设。首先，从长远和全局出发，思想政治学习常抓不懈；其次，着眼战略思维、国际眼光、专业素养，不断提升班子成员的专业化水平。2002年，聘请李金松为公司副总经理。李金松，电机专业高级工程师，入厂前曾任淄博辛店空调风机厂副厂长、临淄制药厂厂长、临淄区科委主任等职，在企业管理和科技管理方面有很强的实践才干和丰富的工作经验，在公司工作的十年间，致力于技术工作、企业管理、科技管理和品牌建设，为企业发展做出了突出贡献，被评为山东美陵集团第二届功勋员工。同时，在领导班子建设中，刘效华亦坚持“年轻化、知识化、专业化”的用人原则。2017年，领导班子成员7人，大学本科以上学历4人，大学专科以上学历1人，具有高级职称4人，中级职

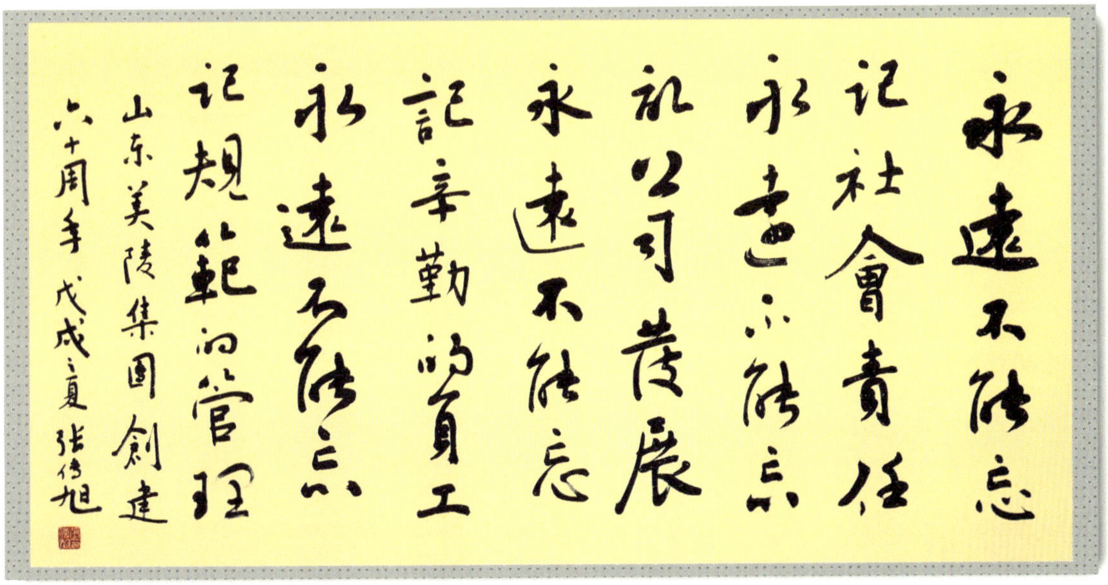

企业宗旨

书法家简介：张传旭，山东莒南人。山东省第一位书法专业博士，山东大学艺术学院教授，王羲之研究所所长，硕士研究生导师

称1人。第三，作为企业一把手，刘效华在工作中严格贯彻执行民主集中制，对重大事项决策、人事任免、大额资金等事项，坚持经过领导班子集体会议研究决定，企业领导班子形成了既激发个人又依靠集体，既信任鼓励又批评监督，既包容失误又及时纠错，既团结协作又不违原则的良好生态。20余年间，老的退了，新的接替，在新老交替中，大家相互支持，既讲原则也讲风格，没有出现过一次争执，更没有相互拆台的个人恩怨。1997年，建设公司广场时，刘效华提议在“万年青”上雕刻“尚中贵和，乐事劝功”八个字，这正是他和班子成员在工作处事中一直坚守的座右铭。

在一手抓人才队伍建设的同时，刘效华始终坚持“企业要发展，科技须先行”，结合企业实际情况，确立“借力科研单位、高等院校，精诚合作，引进技术、消化吸收、转化产品、投放市场”的思路，积极开展与高等院校、科研单位的技术合作，致力新产品的开发和新技术新工艺的应用，构建了引进、消化、吸收、改进的新产品、新技术开发模式。在企业内部，加大科研投入，设立新产品开发奖，制定《技术革新改造与合理化建议管理制度》，激发全体员工特别是科技人员贡献自己的智慧与灵感。同时，对专业技术人才的界定，刘效华认为“有知识、有学历、专业对口的大学毕业生是人才，生产一线经验丰富、善于钻研和创新的能工巧匠也是人才”。在他的主张下，企业打破学历限制，拓宽人才定义，将生产一线的技能型人才通过考评聘任为企业内部的工人技师，纳入专业技术人员统一管理，从而建立了一支结构合理、经验丰富、研发能力较强的技术队伍。技术队伍的壮大，促进了企业研发机构的建立和研发能力的全面提升。目前，公司为国家高新技术企业，建有山东省省级企业技术中心、山东省高效节能换热器工程技术研究中心、山东省院士工作站和山东省博士后创新实践基地。

回首公司持续发展的历程，刘效华说，是各个岗位的人才支撑了企业的日益壮大，是各项新技术的应用助推了企业的稳健可持续发展，对于自己在其中所做出的努力，他从未提及。

胸怀感恩　巨旗猎飘飘

刘效华20世纪50年代出生于一个普通农家，生逢国家不富强、人民生活困苦的年代，历经三年自然灾害、“文化大革命”，目睹了普通百姓生活之不易，也感受到了父母与兄弟姐妹的浓浓亲情，年少时曾无数次梦想能通过努力改变生活，立家立业，回报亲人。青年时代，适逢国家改革开放政策，好学上进的他被委以重任，逐步走上企业领导者岗位，直至取得事业的成功。在他主编的《家》中，他曾这样说“回忆往事，我心怀感恩，正因为自己处在了一个由计划经济向市场经济转型的好时代，有组织的关怀和认可，有领导的提携和帮助，自己在事业上才能不断进步，自己立家立业的梦才得以实现。”

对于感恩，他是这样解读的—“感恩是一种责任。”感恩家庭，他传承“亲和、守礼、朴实、勤作”的优良家风，并在社会这个大家庭中实践、提高，形成了“尚中贵和、乐事劝功”的价值观念，“诚实、正直、宽厚、识礼”的处事方法，“艰苦、勤奋、求实、创新”的敬业精神。感恩国家改革开放的好政策，感恩各级领导的关怀，他时刻牢记自己的职责所在，敬业勤业，艰苦奋斗，勇于创新，争创一流，淡泊名利，甘于奉献。感恩同事，他始终严格要求自己不断提升自己，低调做人，诚实为人，时时处处将员工利益放在心中。

胸怀责任和担当，对企业、对员工、对社会，他不忘初心，牢记使命，一腔热血，倾情付出。

对企业，近四十年，他倾注了太多的心血和汗水，建立健全了法人治理机构，调整完善了经营模式和管理制度，构建了发展框架。在他的带领下，公司从弱小走向了强大，并积淀形成了深厚的企业文化。

成立初期，企业一穷二白，历经风雨，到20世纪80年代初期有所发展，靠的是职工的团结合作与努力拼搏，因之有了“团结勤奋、求实创新”的企业精神。20世纪90年代初，刘效华上任。他认为，企业创业时期的关键是拼搏，而要发展与壮大，除了拼搏还必须讲诚信。诚信，从狭义上讲，重视质量、信守合约，对客户忠诚；从广义上讲，体恤员工、回报社会，对员工公平，对社会担当。因之他提出了建设百年企业永不动摇的核心经营理念“诚信致远，同步未来”以及“共创、共享、共赢”的企业价值观，“永远不能忘记社会责任，永远不能忘记公司发展，永远不能忘记规范的管理，永远不能忘记辛勤的员工”的企业宗旨，“用文化思想统领企业，用制度建设管理企业，用严管细算经营企业，用言传身教带动企业，用团结合作凝聚企业，用智慧实干发展企业”的工作准则。这些文化理念，已成为企业经营的核心和准则，是企业宝贵的精神财富。

为记载美陵六十的发展历程，创立百年美陵的长青基业，激励美陵人披荆斩棘，走向未来，刘效华用笔名“骥励”创作了《美陵赋》和《美陵之歌》，寄托自己对美陵的深深眷恋和殷切期望。

对员工，他不仅倡导“共创”，更强调“共享”，而且将“永远不能忘记辛勤的员工”列入企业的宗旨。在民营企业未实行社会保险统筹时，1994年起，他积极协调，先后为11名老职工办理了商业保险或养老保险。1995

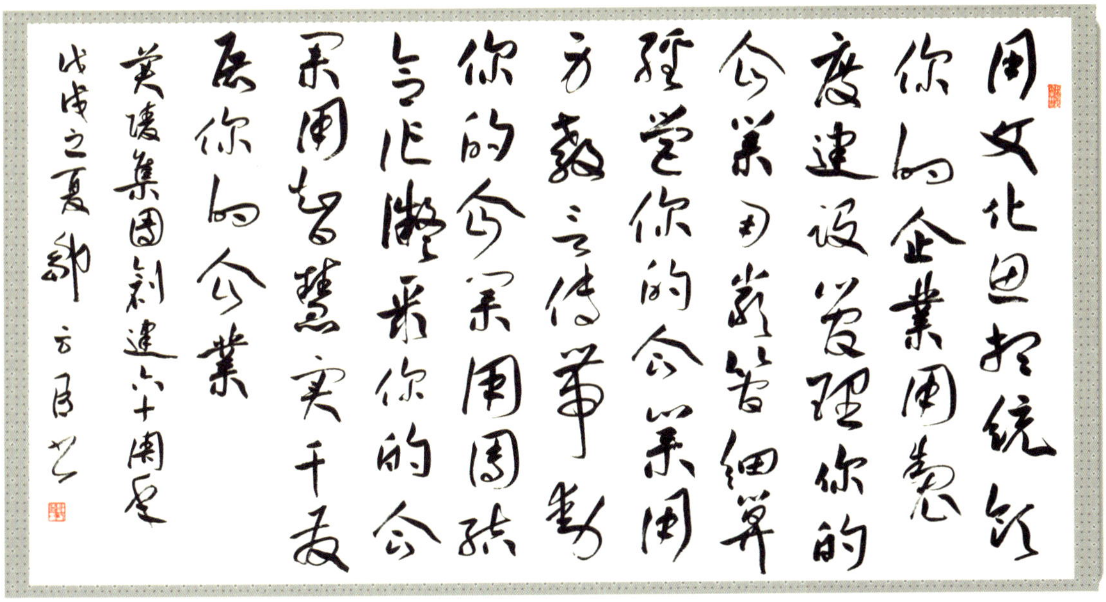

工作准则

书法家简介：邹方臣，中国书法家协会考级中心考官，山东省书法家协会副秘书长（驻会），山东省青年书法家协会副主席，山东省书法家协会王羲之书法院执行院长

年，为8名大学毕业的学生员工在淄博市机关事业社会保险处交纳了养老保险。1999年，国家养老保险制度改革，民营企业被纳入社会保险统筹。公司在全区民营企业中率先为全体员工办理了社会劳动保险。为保证老员工退休达到交纳劳动保险的基本年限，一次性补缴了200余万元的养老保险金。如今，老员工已有一大批退休在家，每月按时领到退休工资，生活、医疗有保障，他们很是满意。每年中秋节、春节他都安排人员挨家挨户走访这些退休老员工，送去慰问，多年来从未间断。对在职职工，不论企业经营多么困难，工资、福利、保险、公积金从未拖欠，特别是职工工资的发放，每年都在提升，并从多方面增发补助，提高职工收入。从生活到住房，尽可能给职工提供福利。到2017年年底，公司已为职工缴纳了养老、医疗、工伤、生育、失业、一次性养老补助和住房公积金全部六项社保，累计缴费近亿元。对企业内部的困难职工，他总会适时送去关爱和温暖，并组织大家献爱心，营造一人有难、大家相助的良好风尚。

对社会，企业每年都招收新的员工，帮助附近农村富余劳动力解决就业问题；每年都组织开展“慈心一日捐”活动，号召职工捐出自己一天的工资，投入社会福利公益事业。他带头与街道村居困难户结对子，从各方面进行帮扶。他本人多次荣获“慈善企业家”荣誉称号。作为股份制企业，公司规范运作，每年都召开股东大会，按时分配红利（股），在社会中享有很高的声誉。

与美陵近40年的朝夕相处，从青春到皓首，从企业普通工作人员到科长、副厂长、厂长、董事长、董事局主席，刘效华走的每一步都付出了艰辛和汗水，在他任厂长后的近30年间，他和领导班子成员团结奋斗，勤勉高效，使山东美陵集团步入发展的快车道，并始终保持了快速健康发展的良好势头。他本人的工作业绩也得到了党和政府各级部门的充分认可。

1991年起，刘效华先后获淄博市优秀厂长（经理）、全国农村青年星火带头人、淄博市乡镇企业家、山东省新长征突击手、山东省优秀青年企业家、山东省优秀共产党员、山东省优秀乡镇企业家、全国优秀乡镇企业厂长（经理、董事长）、淄博市优秀民营经济带头人、淄博市优秀共产党员、淄博市劳动模范、淄博市先进企业家、淄博市首届绿色环保十大杰出人物、中国环境保护产业优秀企业家等荣誉称号，并年在中央文明办举办的“我推荐、我评议身边好人”活动中，当选为诚实守信好人，荣登“中国好人榜”。

抚今追昔，刘效华说，是美陵，给了他“执业”和“尽勤”的舞台，是美陵，让他建功立业的抱负得以施展，是美陵，让他平凡的人生释放一些精彩；也正是美陵，让他的心灵收获满足和愉悦。而他与美陵的缘分，也定将永远相牵相伴。

“旭日升，路漫漫，谁举巨旗猎飘飘？”“古齐大地，牛山之巅，淄江河畔的美陵”在刘效华的带领下，正“披荆斩棘架桥梁”“知识创新中走向未来”。

人物简介

历任党政正副职

高凤和（1923.10.2—2001.4.28） 男，汉族，临淄区齐陵街道后李官庄人。小学文化。

1956年至1958年4月，历任初级农业生产合作社和高级农业社社长等职。1958年5—9月，任临淄县孝陵乡农具机械修配厂厂长。1958年9月28日起，先后任齐陵公社联合机械制修厂厂长、齐陵修配站站长等职，是企业早期领导人之一，在企业创业初期做出积极贡献。1966年“文化大革命”初期，曾一度受到冲击，仅负责生产调度、物资采购等事务性工作。1970年10月，被增补为临淄齐陵公社农具厂革命领导小组成员。1977年4月，调临淄区工业二局工作。1979年8月，从临淄区工业二局退休。2001年4月28日病故。

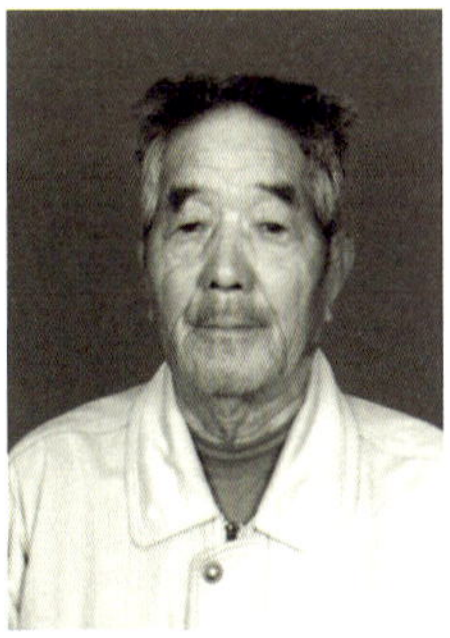

李廷美（1922.12.13—2004.1.12） 男，汉族，临淄区皇城镇店子村人。小学文化。

1938年，加入由李人凤领导的八路军山东人民抗日游击第三支队第十团，后编入渤海军区十六团三营八连。解放战争时期，曾在广城和嘉城战斗中，荣立一等功和二等功各1次。1950年，转业到临淄县人民武装部工作。1951—1953年，在牛山部队967仓库建设中帮助工作。1954年，在淄河店自办自行车修理铺。1958年5月起，任临淄县淄河乡农具机械修配厂厂长。1958年9月28日起，任齐陵公社联合机械制修厂厂长，是企业早期的领导人之一，在企业创业初期做出积极贡献。1960年3月，不再担任厂长职务，在厂内从事电气焊和物资采购等工作。1981年12月离休。2004年1月12日病故。

张玉若（1934.3.16—2003.1.23） 男，汉族，临淄区齐陵街道薛家庄人。中共党员，小学文化。

1958年6—9月，在临淄县孝陵乡农具机械修配厂当工人。9月28日后，为齐陵公社联合机械制修厂工人。1968年9月至1976年3月，先后任临淄县齐陵公社联合厂革命领导小组组长、厂革命委员会主任、联合党支部书记、农具厂党支部书记等职。在厂任职期间，为企业和党组织的建设与发展做出积极贡献。1976年3月，从农具厂调离后，历任齐陵公社工业办公室副主任、公社水泥厂党支部书记、农机修造厂党支部书记和齐陵镇社会治安综合治理办公室主任等职。1986年12月退休，2003年1月23日病故。

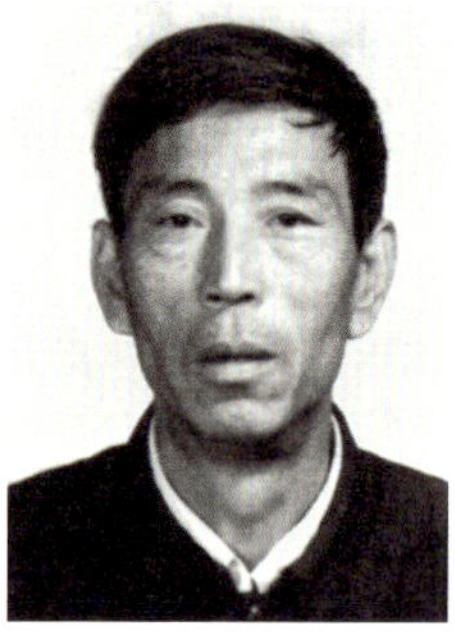

胡清玉 男，汉族，1936年11月27日生，临淄区齐陵街道淄河店人。中共党员，高小文化，经济师。

1954年11月参加工作，任临淄县淄河乡信用社会计。1958年8月，调淄河乡农具机械修配厂任会计。1958年9月28日起，在齐陵公社联合机械制修厂工作。1959年1月至1966年10月，从事会计工作。1966年10月至1972年，从事物资采购供应工作。1968年9月至1976年3月，先后任厂革命领导小组和革命委员会成员及革命委员会副主任等职。1971年10月至1976年9月，先后任厂党支部委员、副书记、书记等职。在厂任职期间，不辞辛劳，想方设法搞好物资采购供应工作，并积极参与120吨冲床的制作任务。1976年9月调离企业，至1981年8月，先后任齐陵、大武公社工业办公室主任。1981年9月，调齐陵公社工业办公室工作。1986年12月，从齐陵镇经委退休。

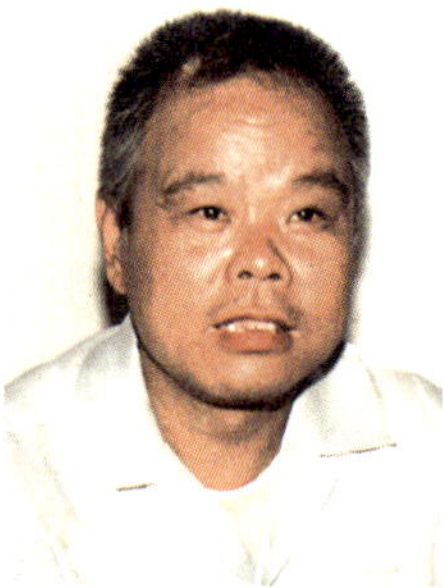

张春令 男，汉族，1940年2月8日生，临淄区齐陵街道南山庄人。中共党员，中专文化，经济师。

1966年11月入厂，从事农机具修理工作。1970年10月，从事物资保管等工作，并先后兼任厂民兵连长、革命领导小组和革命委员会成员。1973年至1981年1月，先后任厂党支部委员、副书记、书记等职。任职期间，认真搞好党建工作，组织和带领干部职工自力更生，艰苦创业，实现厂"七五"规划，为企业的巩固和发展做出积极贡献。1981年1月，调任齐陵公社工业办公室主任。1984—1992年，任齐陵镇经济委员会副主任（其间，曾于1986年兼任区经委党总支副书记），并先后兼任区工业公司经理、临淄区乳品厂党支部书记、淄博草酸厂筹建指挥部副指挥、临时党支部书记、经委机关党支部书记和招待所所长等职。1993年1月至1994年5月，任南山村党支部书记。

吕德仁 男，汉族，1937年5月9日生，临淄区齐陵街道吕家孝陵人。中共党员，高小文化。

自1966年12月入厂至1976年，从事会计工作。其间，曾兼任厂革命领导小组和革命委员会成员。1976年3月至1986年5月，任厂长。1986年5月至1993年3月，任副厂长。其间，1977年7月至1993年3月，兼任厂党支部委员。任职期间，为企业财务管理、承揽加工业务和企业发展做出积极贡献。1995年2月退休。

王文昌 男，汉族，1944年9月24日生，临淄区齐陵街道郑家沟村人。1972年9月加入中国共产党。高中文化，经济师。

1971年10月至1981年1月，历任齐陵公社拖拉机站革命领导小组成员、保管员、生产调度、站长兼党支部副书记、党支部书记等职。1981年1月至1983年7月，任临淄电器厂党支部书记。1983年7月至1992年9月，任临淄石油化工配件厂党支部书记（其间，曾兼任临淄石油化工配件厂厂长、齐陵镇经委党总支委员）。1992年9月至2005年3月，历任淄博美陵公司和美陵股份公司党支部书记、总经济师、企业管理办公室主任等职。2004年9月退休。2005年3月至2009年3月，返聘为集团公司办公室主任。2009年4月，退出工作岗位。

1988年至1990年，连续三年获农民企业家荣誉称号，受到中共临淄区委、区政府表彰。1989年、1990年，先后被淄博市乡镇企业局表彰为优秀厂长和乡镇企业职工培训先进工作者。1991年，获淄博市思想政治工作先进工作者荣誉称号。1990—1998年，曾三次被中共临淄区委表彰为优秀共产党员。2008年9月，被山东美陵集团评为功勋员工。

1990年5月起，先后当选为中国共产党临淄区第七次、第八次、第九次、第十次代表大会代表。曾任淄博市第一届农民企业家协会理事。

李金松 男，汉族，1952年4月4日生，临淄区齐陵街道王家齐陵人。1982年2月加入中国共产党，大学本科学历，高级工程师。

1977年8月至1990年7月，历任淄博辛店空调风机厂技术员、技术科科长、副厂长等职。1990年8月至1991年7月，历任临淄区经委管理科科长、区重点工程办公室副主任等职。1991年8月至1993年4月，任临淄制药厂厂长。1993年4月至2002年7月，任临淄区科委主任。2002年8月至2005年3月，先后任美陵股份公司副经理、经理。2005年3月至2009年2月，任山东美陵集团总经理兼企管办主任。2009年2月至2012年2月，任集团公司总裁兼美陵环境公司总经理、企管办主任。2012年2月至2013年3月，任集团公司副总裁兼企管办主任。2013年4月，退出工作岗位。

至2017年年底，共取得获奖科技成果13项。其中，省级1项，市级9项，区级3项。发表专业技术论文4篇。获得国家授权专利5项。

1988年，被评为临淄区第一批专业技术拔尖人才。2004年，被表彰为临淄区科教兴区先进工作者。2007年，获振兴淄博劳动奖章。2013年9月，被山东美陵集团评为功勋员工。

曾当选为临淄区政协第五届、第六届常务委员会委员。2005年，被列为山东省质监局专家库成员。

赵克强 男，汉族，1969年11月23日生，甘肃省静宁县四河乡上赵村人。1992年6月加入中国共产党，大学本科学历，高级工程师。

1992年7月，大学毕业后在兰州矿灯厂任技术员。1993年10月，到淄博美陵公司工作。1995年至2001年2月，先后任化工设备分公司技术科副科长、科长、副经理等职。2001年2月至2005年3月，先后任美陵股份公司总工程师、副总经理等职。其间，曾兼任总工办主任。2005年3月至2012年2月，先后任山东美陵集团副总经理、副总裁、常务副总裁。其间，曾兼任总工程师、总工办主任。2012年2月起，任集团公司总裁。其间，2015年3月起，兼任美陵股份公司总经理。

2004年4月起，任美陵股份公司党委副书记。

至2017年年底，先后8次获科技成果奖。其中，市级2项，区级6项。获得国家授权专利8项。

2002年，被临淄区政府表彰为科技进步先进工作者。2009年11月，被中共临淄区委、区政府表彰为临淄区首届有突出贡献的中青年专家，同时被表彰为临淄区第二届杰出青年企业家。2017 年，被中共临淄区委评为时代先锋。

2007 年，当选为中共临淄区第十一次代表大会代表。2015 年，当选为中国人民政治协商会议临淄区第九届委员会委员。2016 年，当选为临淄区工商业联合会第八次会员代表大会代表。2017 年，当选为淄博市第十五届人民代表大会代表。为中国化工装备协会第五届、第六届理事会理事。

任凤云（1950.8.9—2016.7.4） 男，汉族，临淄区齐陵街道聂仙村人。中共党员，大专学历，高级工程师。

1970 年 9 月 12 日入厂。1970 年至 1984 年 9 月，任技术科长。1984 年 9 月至 1992 年 9 月，任副厂长。1992 年 9 月至 2000 年 2 月，先后任淄博美陵公司、美陵股份公司副总经理。其间，1995 年至 2000 年 2 月，先后兼任淄博美陵公司总工程师，山东美陵美力达风机有限公司经理、副经理，全质办主任等职。2000 年 2 月至 2008 年 3 月，任全质办主任。2010 年 8 月退休。退休后返聘总工办工作，2012 年 3 月，退出工作岗位。2016 年 7 月 4 日病故。

1982 年，在泡槽、过滤板新产品开发中被评为新项目有功人员，受到企业的表彰奖励。1982 — 2000 年，先后有 18 项科技成果获奖。其中，省级 2 项，市级 9 项，区级 7 项。

1978 年起，多次被评为企业（镇）先进工作者和优秀共产党员。1997 年，被评为临淄区专业技术拔尖人才。2008 年 9 月，被山东美陵集团评为功勋员工。

曾当选为中国人民政治协商会议临淄区第三届、第四届委员会委员。

徐洪波 男，汉族，1955 年 12 月 16 日生，临淄区齐陵街道吕家孝陵村人。1988 年 4 月加入中国共产党，大专学历，助理经济师。

1976 年 7 月至 1978 年 9 月，在齐陵化工厂工作。1978 年 10 月，调入齐陵公社农具厂。1992 年 6 月至 1992 年 9 月，任临淄石油化工配件厂副厂长。1992 年 9 月至 2005 年 3 月，先后任淄博美陵公司、美陵股份公司副总经理。2005 年 3 月至 2016 年 2 月，先后任山东美陵集团副总经理、副总裁。其间，1995 年 1 月至 2008 年 3 月，兼任化工设备分公司经理。2006 年 6 月至 2008 年 3 月，兼任青岛博德化机有限公司经理。2013 年 3 月至 2015 年 3 月，兼任美陵股份公司总经理。2016 年 2 月退休。退休后被返聘为山东美陵集团高级顾问。

2004 年 4 月至 2016 年 10 月，兼任化工设备分公司党支部书记。

至 2017 年年底，参与的获奖科技成果有 16 项。其中，省级 1 项，市级 6 项，区级 9 项。

1996 年 5 月，获 1995 年度淄博市优秀厂长（经理）荣誉称号。2013 年 9 月，被山东美陵集团评为功勋员工。

刘　奇 男，汉族，1955 年 9 月 15 日生，临淄区齐陵街道淄河店人。1988 年 4 月加入中国共产党，大专学历，助理经济师。

1972 年 2 月入厂，1977

年10月至1992年9月，先后任车间主任、生产科科长、副厂长。1992年9月至2005年3月，先后任淄博美陵公司、美陵股份公司副经理。其间，兼任经营办公室主任、销售公司经理等职。2005年3月至2016年2月，任山东美陵集团副总经理、副总裁。其间，1998年1月至2008年3月，兼任山东美陵美力达风机有限公司经理。2009年2月至2013年3月兼任美陵环境公司副总经理。2016年2月退休。退休后被返聘为山东美陵集团高级顾问。

2004年4月至2016年10月，兼任山东美陵美力达风机有限公司党支部书记。

1991年6月，参与研究的F_1型浮阀获淄博市科学技术成果奖。

2000年，被淄博市乡镇企业局、淄博市乡镇企业营销协会表彰为1999年度全市乡镇企业市场营销优秀组织者。2013年9月，被山东美陵集团评为功勋员工。

李玉森　男，汉族，1961年4月16日生，临淄区齐陵街道南齐村人。中共党员，大专学历。

1981年1月入厂。1995年至1998年，任销售公司副经理兼经营科科长。1998年至2001年2月，任化工设备分公司副经理兼销售部部长。2001年2月至2005年3月，任美陵股份公司副经理兼化工设备分公司副经理。2005年3月至2015年3月，先后任山东美陵集团副总经理、副总裁。其间，曾兼任化工设备分公司副经理、青岛博德化机有限公司副总经理、总经理、青州市美陵污水净化有限公司总经理。2015年3月至2017年3月，任山东美陵集团常务副总裁，兼任美陵环境公司总经理。2017年3月起，任山东美陵集团董事局副主席，兼任美陵环境公司总经理。

2009年2月至2014年9月，兼任青岛博德化机有限公司党支部书记。2016年10月起，兼任山东美陵化工设备股份有限公司党委副书记、环境公司党支部书记。2006年9月至2017年12月，兼任山东美陵集团工会主席。

2006年、2007年，被临淄区总工会表彰为优秀工会工作者。2011年7月，被青岛市黄岛区委评为优秀支部书记。

2010年，当选为青岛市黄岛区政协委员。2012年，当选为青岛市新黄岛区第一届政协委员。

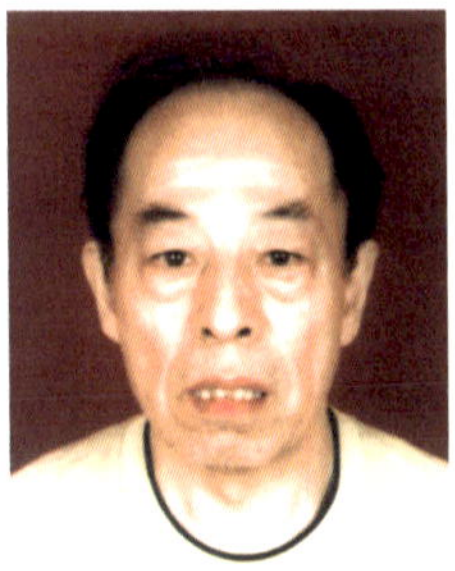

阮政卿　男，汉族，1954年1月8日生，威海市羊亭镇阮家口村人。大专学历，工程师。

1976年至1980年，任临淄电机厂技术员。1981年起，先后任临淄化工厂技术科科长、副厂长等职。2002年11月，应聘到美陵股份公司工作。2003年2月至2009年2月，先后任美陵股份公司、山东美陵集团副总经理。其间，2004年8月至2006年6月，兼任博德化机公司筹建部副经理；2007年3月至2009年2月，兼任环保水务总工程师。2009年2月至2014年2月，任山东美陵集团副总裁。其间，曾兼任美陵环境公司副总经理、总工程师、矿泉水分公司总经理、山东美陵中联环境工程有限公司总经理、企管办主任等职。2014年1月退休。2014年2月至2015年3月，返聘山东美陵集团企管办主任。

1988年至1990年，参与研制的3种产品5次获科技成果奖。其中，市级2项，区级3项。1990年10月，有3项科研成果获省级奖励。2007年，“轴流风机叶轮焊接装置”科研成果获国家专利。至2017年年底，发表专业技术论文累计18万字。其中，《如何选择SBS防水卷材胎基的规格型号》获北京世纪精英文化发展中心一等奖，《后向风机叶轮焊接组装定位夹具设计》在《航空制造技术》2004年第11期上发表。

2000年3月，获淄博市劳动竞赛先进个人称号。2013年9月，被山东美陵集团评为功勋员工。

包焕忠　男，汉族，1970年12月9日生，吉林省梅河口市人。1999年10月加入中国共产党，大学本科学历，高级工程师。

1993年10月入厂，至2001年1月先后任淄博美陵公司生产科科员、美力达空调风机公司锻压技质科副科长、科长等职。2001年2月至2009年1月，任山东美陵中联环境工程有限公司总经理。2009年2月起，任山东美陵集团副总裁。其间，2009年2月至2012年1月，兼任美陵环境科技（淄博）有限公司总经理、山东美陵中联环境工程有限公司总经理；2012年2月至2013年2月兼任美陵环境科技（淄博）有限公司总经理、山东美陵中联环境工程有限公司执行董事；2013年3月起兼任山东美陵中联环境工程有限公司总经理。

1993年12月起，兼任公司团支部书记。2004年4月至2016年10月，兼任山东美陵中联环境工程有限公司党支部书记。

至2017年年底，共8次获得科技成果奖励。其中，国家级1次，省级1次，市级3次，区级3次。主导获得国家授权专利31项。

2007年5月，被山东省人事厅、教育厅评选为全省扎根基层建功立业优秀人才，同时记三等功。2008年9月，被山东美陵集团评为劳动模范。2014年，被临淄区人力资源和社会保障局评为临淄区有突出贡献中青年专家。

2001年起，兼任中国环境保护产业协会理事、中国石油和化工勘察设计协会给排水设计专业委员会委员、中华环保联合会会员、山东省环保协会常务理事、淄博市环保产业协会副会长等社会职务。

付士国　男，汉族，1969年7月28日生，临淄区凤凰镇侯家屯人。大学本科学历，2008年6月加入中国共产党，高级会计师，注册税务师。

1995年5月入厂，任财务处会计。2002年3月至2005年3月，任山东美陵中联环境工程有限公司财务科科长。2005年3月至2015年3月，先后任山东美陵集团财务处财务科科长、财务处副处长、美陵环境公司财务总监等职。2015年3月起，任山东美陵集团公司副总裁，兼任美陵环境公司财务处处长。

曾在《今日财富》上发表《ERP层面下企业会计信息化问题探索》，在《中国证券期货》上发表《新会计准则下成本法与权益法转化核算的科学比较》，在《管理学家》上发表《交易性金融资产复杂业务会计正确处理的建议》等多篇文章。

2010年度，被国家统计局山东调查总队评为先进个人。2015年度，被评为临淄区优秀共产党员。

任凤政　男，汉族，1962年7月19日生，临淄区齐陵街道聂仙村人。2008年6月，加入中国共

产党，高中文化。

2002年3月入厂，至2012年2月，先后任山东美陵美力达风机有限公司业务员、销售科科长、销售部部长、副经理等职。2012年2月起，任紧固件分公司总经理。2017年3月起，任山东美陵集团副总裁，兼任紧固件分公司总经理。

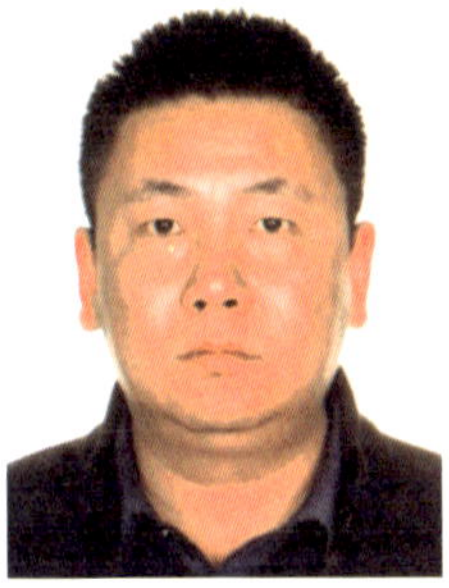

王　维　男，汉族，1982年12月生，辽宁省铁岭市晓明镇万家房村人。2016年6月加入中国共产党，大学本科学历。

2007年7月入厂，至2008年5月在紧固件分公司工作，先后任一线员工、车间管理员。2008年5月调集团公司体改办工作。2010年3月起，任体改办副主任。2012年2月起，任集团公司企管办办公室副主任。2013年3月起，任集团公司企管办副主任。2015年3月起，任企管办主任。2017年3月起，任集团公司副总裁，兼任企管办主任。

党代会代表 人大代表　政协委员

于同进　男，汉族，1964年12月15日生，临淄区凤凰镇中金召村人。大专学历，工程师。

1984年在淄博电风扇厂参加工作，1987年任淄博电风扇厂技术科科长。1993年3月，到淄博美陵公司工作。1994年7月至1997年8月，先后任技术科副科长、科长、石化配件厂副厂长等职。1997年9月至2000年2月，任美陵股份公司全质办主任。其间，1998年1月至1999年2月，兼任化工设备分公司副经理。2000年2月至2014年2月，任山东美陵美力达风机有限公司副经理。其间，曾兼任技质科科长、质检科科长。2014年2月至2015年3月，任山东美陵美力达风机有限公司总工程师。2015年3月起，任集团公司总工办副主任。

至2017年年底，参与完成的科技成果10次获奖。其中，省级1次，市级4次，区级5次。获得国家授权的实用新型专利8项。

1998年1月，当选为中国人民政治协商会议临淄区第六届委员会委员。

胡　平　男，汉族，1969年6月13日生，山西省右玉县滴水沿村人。大学本科学历，高级工程师。

1993年8月，进入淄博美陵公司，先后在生产一线、质检员等岗位工作。2001年2月起，任全质办理化检测中心主任。2008年3月起，任全质办主任。2012年2月起，任集团公司副总工程师，兼任总工办主任。

2001年11月，获山东省机械工业理化工作先进工作者。2010年1月，被评为齐陵街道2009年度先进工作者。并多次被评为集团公司十佳管理工作者、优秀管理工作者、诚信守法美陵人、先进工作者等。

2017年，当选为中国人民政治协商会议临淄区第十届委员会委员。2017年，成为临淄区党外知识分子联谊会第二届理事会成员。

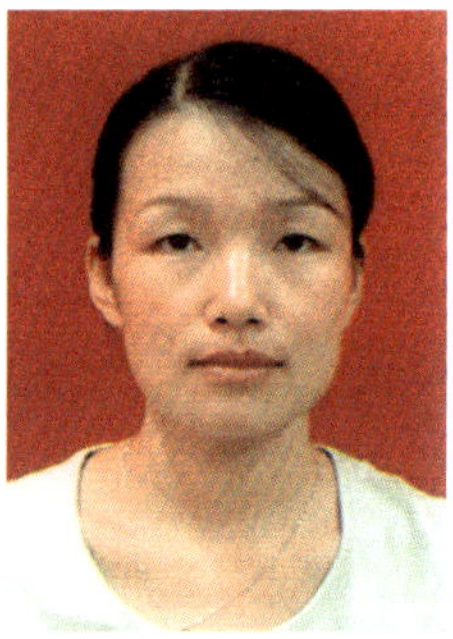

郭　芸　女，汉族，1970年11月1日生，临淄区齐陵街道北山东村人。大专学历，会计师，注册税务师。

1992年7月至2002年7月，在临淄人民商场任财务会计。2002年7月至2003年3月，在临淄污水处理厂筹建处任会计。2003年4月调至美陵股份公司任财务处会计。2007年3月起，任集团公司财务处财务科副科长。2009年2月起任集团公司财务处财务科科长。

2010—2011年，连续被评为集团公司先进工作者。

2007年12月，当选为淄博市第十三届人民代表大会代表。

崔民红　女，汉族，1972年12月20日生，临淄区齐都镇西古城人。2005年6月加入中国共产党，大学本科学历，高级工程师。

1995年7月至1999年6月，在淄博空调风机厂工作。1999年6月24日，到美陵股份公司工作。2003年2月起，任紧固件分公司技术质检科科长。2005年3月起，任紧固件分公司技术科科长。2006年2月起，任紧固件公司副经理技术科科长。2009年2月起，任紧固件公司副经理。

至2017年年底，有获奖科技成果11项。其中，国家级1项，省级1项，市级3项，区级6项。获得国家授权专利10项。2011年，在《宁波紧固件》发表论文2篇。2012年，参与编写20万字的《紧固件专业技术知识》。2013年，在《现代矿业》发表论文3篇。

2008年，被评为齐陵街道优秀共产党员。2008年9月，被山东美陵集团评为劳动模范。并多次被山东美陵集团评为十佳管理工作者、十佳精神文明标兵、优秀技术干部、先进工作者、优秀共产党员等。

2016年，当选为中国共产党临淄区第十三次代表大会代表。2007年，当选为中国人民政治协商会议临淄区第八届委员会委员。2012年、2017年，连续两届被聘为全国紧固件标准化技术委员会（SAC / TC85）委员（每届聘期五年）。

周金秀　女，汉族，1977年2月2日生，临淄区齐陵街道前李村人。中专文化，2010年6月加入中国共产党，工程师。

1996年10月入厂，在化工设备分公司机加工车间从事铣床工作。1999年6月，调入化工设备分公司设计所从事工艺编制、图纸设计、校审工作。2008年3月至2012年2月，任化工设备公司技术科科长。2012年2月起，任化工设备分公司设计所工艺科科长。

2013—2016年，参与申报实用新型专利5项。2013年，被山东美陵集团评为劳动模范。2016年，被山东美陵集团评为优秀共产党员。

2017年1月，当选为临淄区第十八届人民代表大会代表。

区级以上劳动模范 金牌工人

刘华祥　男，汉族，1972年2月16日生，临淄区齐陵街道付辛村人。2002年12月加入中国共产党，大学本科学历。

1992年7月入厂，在化工设备分公司生产一线工作。1995年，调入化工设备分公司销售

科任业务员。2000年2月起，任化工设备分公司销售一部一科副科长。2001年2月起，任化工设备分公司销售二科科长。2008年3月起，任青岛博德化机有限公司，任副经理。其间，2009年2月至2011年3月，兼任销售一部部长。2012年2月起，任青岛博德化机有限公司总经理。

2014年9月，兼任山东美陵博德化工机械有限公司党支部书记。

2013年4月，获青岛市经济技术开发区劳动模范称号及青岛市工人先锋称号。2015年4月，获得青岛市劳动模范称号及山东省富民兴鲁劳动奖章。2015年至2017年，连续三年被中共黄岛区委评为优秀共产党员。

李海滨 男，汉族，1976年5月14日生，临淄区齐陵街道东刘家村人。高中文化，高级工人技师。

1995年7月入厂，在化工设备分公司铆焊车间从事焊接工作。2001年起，任铆焊车间焊接班组长。2014年9月起，任焊接培训中心副主任。2016年3月起，任化工设备分公司铆焊一车间副主任。

2005年8月至2007年6月，被集团公司聘任为初级工人技师。2007年7月至2009年6月，被集团公司聘任为中级工人技师。2009年7至2016年6月，被集团公司聘任为高级工人技师。

2008年至2012年，连年被集团公司评为先进工作者。2008年9月，被集团公司评为劳动模范。2012年，被临淄区总工会授予首届临淄区金牌工人称号。2013年4月，被淄博市人民政府授予淄博市劳动模范称号。2013年9月，被集团公司评为功勋员工。2014年，获淄博市职工技能大赛优秀选手称号。同年，被评为临淄区技术状元。2015年，被评为淄博市十大金牌工人，获振兴淄博劳动奖章、淄博市青年岗位能手、淄博市行业岗位能手等称号。2015年，获淄博市有突出贡献的技师称号。

贾国卿 男，汉族，1980年10月26日生，临淄区齐陵街道北苑村人。高中文化，高级工人技师。

1998年5月6日入厂，在化工设备分公司铆焊车间从事焊工工作。2008年3月起，调入青岛博德化机有限公司铆焊车间从事焊工工作。

2005年8月至2007年6月，被集团公司聘任为初级工人技师。2007年7月至2012年6月，被集团公司聘任为中级工人技师。2012年7月起，被集团公司聘任为高级工人技师。

2001年至2015年，连续15年被集团公司评为先进工作者。2012年11月，在青岛市经济技术开发区“海油工程杯”焊工职业技能大赛中获优秀奖。2013年9月，被集团公司评为劳动模范。2016年5月，被评为青岛市经济技术开发区工人先锋。2017年4月，被青岛市黄岛区总工会评为黄岛区劳动模范。

吕向伟 男，汉族，1974年7月7日生，临淄区齐陵街道吕家村人。初中文化，高级工人技师。

1996年9月入厂，一直在山东美力达风机有限公司锻压车间从事锻工工作。

2005年8月至2009年6月，被集团公司聘任为初级工人技师。2009年7月至2014年6月，被集团公司聘任为中级工人技师。2014年7月起，被集团公司聘任为高级工人技师。

2008年9月，被集团公司评为劳动模范。2009—2016年，连续多年被评为先进工作者，所带班组被评为先进班组。2013年9月，被集团公司评为功勋员工。2015年，被临淄区总工会评为临淄区十大金牌工人。

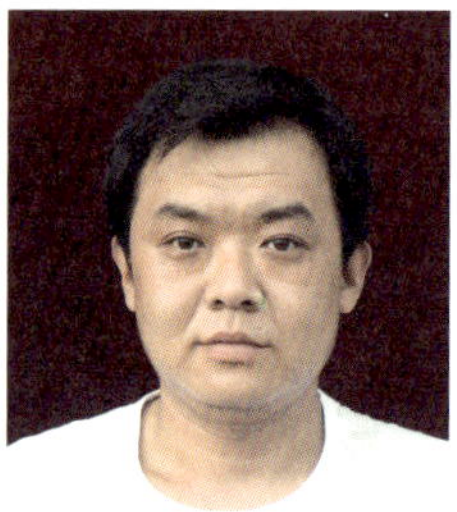

崔军委　男，汉族，1980年11月13日生，临淄区齐陵街道聂仙村人。高中文化，中级工人技师。

1998年7月20日入厂，先后在紧固件分公司紧固件车间车床工序、下料、冷拔工序、冷镦工序工作。

2005年8月至2007年6月，被集团公司聘任为初级工人技师。2007年7月起，被集团公司聘任为中级工人技师。

2013年9月，被集团公司评为劳动模范。2016年4月，被临淄区总工会授予临淄区金牌工匠称号。

集团公司功勋员工　劳动模范

贾元兴　(1921.2.28—2016.5.18）男，汉族，临淄区齐陵街道薛家村人。小学文化。

1958年5月至9月，在临淄县孝陵乡农具机械修配厂工作。同年9月28日，临淄县孝陵乡农具机械修配厂并入齐陵人民公社联合机械制修厂，随之转入，是企业早期的老工人之一。1967年4月至1976年2月，任白铁车间主任。1979年9月退休。2016年5月18日病故。

任职期间，多次被评为先进工作者。2008年9月，被集团公司评为功勋员工。

吕月英　女，汉族，1926年1月23日生，临淄区齐陵街道淄河店人。小学文化。

1958年5月至9月，在临淄县淄河乡农具机械修配厂工作。同年9月28日，临淄县淄河乡农具机械修配厂并入齐陵人民公社联合机械制修厂，随之转入，是企业早期的老工人之一。1981年退休。

2008年9月，被集团公司评为功勋员工。

苏清波　男，汉族，1933年10月10日生，临淄区齐陵街道刘家庄人。小学文化。

1958年9月，在临淄县孝陵乡农具机械修配厂参加工作。1958年10月，调临淄第二钢铁厂从事维修、锻工工作。1963年5月，调临淄县齐陵修配站工作，是企业早期的老工人之一。1964年至1967年调至辛店白铁社工作。1968年重新回厂。1972年12月至1977年10月，任冲压车间主任。1983年1月至1984年3月，任电镀车间主任。1984年12月退休。退休后留任企业工作6年。1990年退出工作岗位。

2008年9月，被集团公司评为功勋员工。

贾多田 （1934.2.4—2012.5.4）男，汉族，临淄区齐陵街道薛家村人。小学文化。

1958年6月在临淄县孝陵农具机械修配厂工作。同年9月28日，临淄县孝陵农具机械修配厂并入齐陵人民公社联合机械制修厂，随之转入，是企业早期的老工人之一。1971年6月，苦战7昼夜完成冲锋枪试制任务，向党的生日献厚礼。1986年12月退休，退休后继续留企业工作10年。2012年5月4日病故。

1978年起，多次被评为先进工作者。1990年，被评为生产标兵。2008年9月，被集团公司评为功勋员工。

赵忠孝 男，汉族，1940年10月10日生，临淄区齐陵街道王齐村人。高小文化，会计师。

1958年8月，在潍坊柴油机厂参加工作。1962年，回王齐村任生产队会计。1975年9月，调入齐陵公社农具厂从事会计工作。1977年至1994年，先后任财务组组长、财务科科长等职。其间，曾调任齐陵镇经委财务科科长和齐陵镇审计所所长。1992年5月至1993年12月，任淄博美陵公司办公室主任。1993年12月起，任青岛琴陵石化配件有限公司会计。1995年1月至1998年1月，任淄博美陵公司总会计师兼财务处处长。1999年3月退休。

在职期间，曾多次被评为先进工作者和优秀管理干部。2008年9月，被集团公司评为功勋员工。

刘多祥 男，汉族，1941年12月25日生，临淄区齐陵街道前丁村人。高小文化。

1958年9月，在益都县阀门厂参加工作。1963年10月，回前丁村务农。1970年11月16日，进入齐陵公社农具厂工作。1972年8月至1991年7月，先后任修配车间、电风扇总装车间、金工车间、钣金车间主任。1991年7月，调生产科工作。1995年2月退休。

1978年起，多次被评为先进工作者。2008年9月，被集团公司评为功勋员工。

闫光亮 男，汉族，1942年6月13日生，临淄区齐陵街道后李村人。小学文化。

1960年7月，进入齐陵人民公社联合机械制修厂从事锻造工作至退休，是企业早期老工人之一。1992年5月退休。

1978年起，多次被评为先进工作者。2008年9月，被集团公司评为功勋员工。

李宜友 男，汉族，1951年3月19日生，临淄区齐陵街道杨东村人。初中文化程度。高级工人技师。

1966年12月，进入临淄县修配厂从事车工工作。1968年4月，回杨东村务农。1969年4月28日，进入临淄县齐陵公社联合厂，从事车工工作。1969年4月至1978年10月，曾任车间记工员和金工车间主任。2006年7月内退。后被紧固件分公司返聘，至2011年3月正式退休。

2003年7月至2007年6月，被公司聘为中级工人技师。2007年7月至2011年3月，被公司聘为高级工人技师。

1978年起，多次被评为先进工作者。1995年3月，改装模具受到公司表彰和奖励。1995年12月，被评为精神文明建设积极分子。2004年，被评为诚信守法美陵人。2008年9月，被集团公司评为功勋员工。

刘振东 男，汉族，1959年9月27日生，临淄区齐陵街道淄河店人。1983年5月加入中国共产党，初中文化。

1991年11月11日，进入临淄区石油化工配件厂，任招待所厨师。一直在公司招待所工作，任招待所负责人、厨师。

1992—1997年，多次被评为十佳标兵、精神文明标兵等。1997年后，多次被评为先进工作者。2013年9月，被集团公司评为劳动模范。

周永江 男，汉族，1960年8月12日生，临淄区齐陵街道聂仙村人。2005年6月加入中国共产党，中专学历，会计师。

1980年1月，进入临淄电器厂，在金工车间工作。1980年5月，调财务科从事财务工作。1988年至1995年，任财务科科长。1995年1月至1998年1月，任财务处副处长。1998年1月起，任财务处处长。1983年1月至1983年10月，兼任公司团支部书记。

1995年2月，在《山东税务》第二期发表论文《定额成本管理》。

1983年，被评为齐陵公社优秀团支部书记。1999—2003年，连续被评为年度优秀管理干部。2002年，被临淄区总工会评为工会财务工作先进个人。2005—2016年，多次评为优秀共产党员。2008年9月，被集团公司评为劳动模范。2013年9月，被集团公司评为功勋员工。

崔建军 男，汉族，1963年1月10日生，临淄区齐陵街道聂仙村人。1993年6月加入中国共产党，大专学历。

1981年1月，进入临淄电器厂，在钣金车间工作。1987年至1993年，任标准件车间主任。1994年至1997年，任锻压厂厂长。1998年至2008年2月，任山东美陵美力达风机有限公司副经理。2008年2月起，任山东美陵美力达风机有限公司总经理。

1987—2007年，多次被评为十佳管理工作者、先进工作者、优秀共产党员等。2008年9月，被集团公司评为劳动模范。2013年9月，被集团公司评为功勋员工。

郭书杰 男，汉族，1968年6月21生，临淄区凤凰镇北王村人。初中文化，高级工人技师。

1989年1月入厂，在钣金车间工作。2001—2007年，在化工设备分公司铆焊二车间从事铆工工作。2008年4月起，在青岛博德化机有限公司铆焊车间从事铆工工作。

2003年7月至2005年7月，被集团公司聘任为初级工人技师。2005年8月至2016年6月，被集团公司聘任为中级工人技师。2012年7月起，被集团公司聘任为高级工人技师。

2008—2012年，连年被集团公司评为先进工作者。2008年9月，被集团公司评为劳动模范。2013年9月，被集团公司评为功勋员工。

丁本松　男，汉族，1968年7月1日生，威海市乳山市大孤山镇上册村人。初中文化。

1987年2月入厂，先后在钣金车间、铆焊车间工作。2015年后不再从事焊接工作，在铆焊车间从事起重、热处理等工作。

2003年7月至2005年7月，被集团公司聘任为初级工人技师。2005年8月至2009年7月，被集团公司聘任为中级工人技师。2009年7月至2014年6月，被集团公司聘任为高级工人技师。2014年7月至2016年6月，被集团公司聘任为中级工人技师。

2003—2007年，先后5次被集团公司评为先进工作者。2008年9月，被集团公司评为劳动模范。2013年9月，被集团公司评为功勋员工。

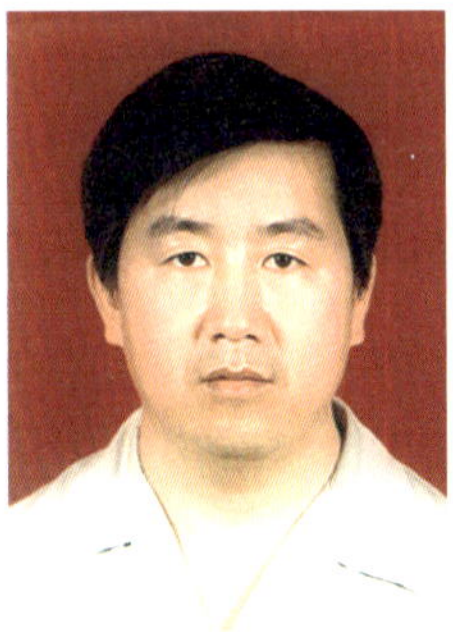

刘志胜　男，汉族，1969年9月18日生，山西省原平市南白乡西平村人。2005年6月加入中国共产党，大学本科学历，高级工程师。

1993年8月，进入淄博美陵公司，先后在金工车间和标准件车间工作。1994年调入技术科工作。2000年2月，任技术科科长。2001年2月起，任化工设备分公司副经理，分管技术质量工作。其间，2001年2月至2005年2月兼任化工设备分公司技术科科长；2009年2月至2013年2月，兼任美陵股份公司总工程师；2012年2月至2015年3月，兼任化工设备分公司设计所所长；2015年3月起兼任化工设备分公司、山东美陵博德化工机械有限公司总工程师。

1999—2004年，连续六年被评为先进工作者。2005年，被齐陵街道党工委评为先进工作者。2005年，被共青团临淄区委评为青年岗位能力标兵。2008年9月，被集团公司评为劳动模范。2013—2015年，两次被评为优秀共产党员。2017年7月，被临淄区人力资源和社会保障局评为有突出贡献的中青年专家。

至2017年年底，有8项科技成果获得奖励。其中，省级1项，市级4项，区级3项。参与取得国家授权专利26项。其中，发明专利2项，实用新型专利24项。在《压力容器》《石油化工设备技术》《焊接技术》《金属加工》等刊物上发表论文5篇。

刘伟才　男，汉族，1973年9月28日出生，青州市王府街道中所居委会人。中共党员，大专学历，工程师。

1996年8月，在青州市污水处理厂参加工作。2005年6月，青州市污水处理厂改制为青州市美陵污水净化有限公司，随之转入。

2008年，被集团公司评为先进工作者。2009—2012年，被集团公司评为优秀共产党员。2013年9月，被集团公司评为劳动模范。

崔玉国 男，汉族，1974年5月3日生，临淄区齐陵街道聂仙村人。初中文化，高级工人技师。

1999年4月3日，进入重型锻压厂从事锻造工作。2005年3月起，任锻工班班长。

2007年7月至2009年6月，被集团公司聘任为初级工人技师。2009年7月至2014年6月，被集团公司聘任为中级工人技师。2014年7月起，被集团公司聘任为高级工人技师。

2004年至2012年，连续被集团公司评为年度先进工作者。2013年9月，被集团公司评为劳动模范。

李业明 男，汉族，1978年1月23日生，淄博市淄川区太河镇人。高中文化，高级工人技师。

1995年7月18日，进入化工设备分公司铆焊车间从事焊接工作。自2000年起，任焊工班长。2013年3月，任铆焊二车间副主任。2015年3月，任铆焊二车间主任。

2005年8月至2007年6月，被集团公司聘任为初级工人技师。2007年7月至2009年7月，被集团公司聘任为中级工人技师。2009年7月至2014年6月，被集团公司聘任为高级工人技师。

2013年9月，被集团公司评为劳动模范。

王永涛 男，汉族，1978年11月12日生，临淄区齐陵街道王齐村人。高中文化，高级工人技师。

1998年5月，进入化工设备分公司，在铆焊车间从事焊接工作。2008年3月，调入青岛博德化机有限公司铆焊车间从事焊接工作。2013年，任焊接班组长，2016年，代铆焊车间主任。2017年，调入化工设备分公司铆焊二车间从事焊接工作。

2007年7月至2009年6月，被集团公司聘任为初级工人技师。2009年7月至2012年6月，被集团公司聘任为中级工人技师。2012年7月至2016年6月，被集团公司聘任为高级工人技师。

2008—2012年，连续被集团公司评为年度先进工作者。2012年11月，在青岛市经济技术开发区“海油工程杯”焊工职业技能大赛中获三等奖。2013年4月，被青岛市总工会授予工人先锋称号。2013年9月，被集团公司评为劳动模范。

李　涛 男，汉族，1979年1月6日生，临淄区齐陵街道王齐村人。初中文化。

1995年7月6日，进入淄博美陵公司，多年来一直在锻压车间生产一线工作。1998年至2007年，任锻压车间锻工班班长。2008年起，任锻压车间副主任。2015年起，任锻压车间主任。

2003年7月至2005年7月，被集团公司聘任为初级工人技师。

1997—2001年，连续被评为年度十佳生产能手。2002—2012年，多次被评为先进工作者。2013年9月，被集团公司评为劳动模范。

路新锋　男，汉族，1979年3月13日生，临淄区凤凰镇郝家村人。大专文化，工程师。

2002年8月1日入厂，任临淄污水净化分公司维修班班长。2012年2月，任临淄污水净化分公司技术科科长。

2008—2012年，连续被集团公司评为年度先进工作者。2013年9月，被集团公司评为劳动模范。

人物名录

直属单位行政负责人任职情况一览表

表人物－1

单位名称	职务	姓名	任职时间	备注
山东美陵化工设备股份有限公司	总经理	赵克强	2009.2—2013.3	2013.4—2015.2未设置
		赵克强	2015.3—	
	副总经理	徐洪波	2009.2—2013.3	
		刘永来	2009.2—2012.2	
		李玉森	2009.2—2012.2	
	总工程师	刘志胜	2009.2—2013.3	
美陵环境科技（淄博）有限公司	总经理	李金松	2009.2—2012.2	
		包焕忠	2012.2—2013.3	2013.4—2015.2未设置
		李玉森	2015.3—	
	副总经理	刘　奇	2009.2—2013.3	
		阮政卿	2009.2—2013.3	
		包焕忠	2009.2—2012.2	
		王玉明	2017.2—	
	总工程师	阮政卿	2009.2—2012.2	

1995—2017 年各子、分公司行政负责人任职情况一览表

表人物 -2

单位名称	职务	姓名	任职时间	备注
化工设备分公司	经理	徐洪波	1995.1—2008.3	
		李金祥	2008.3—2011.12	
		刘同盟	2012.2—	
	副经理	任凤云	1995.1—1995.12	
		高登顺	1995.1—1998.1	
		于同进	1995.12—1997.8 1998.1—1999.2	
		刘永来	1998.1—2001.2	
		李玉森	1998.1—2009.2	
		李金祥	1998.1—2008.3	
		赵克强	1998.1—2001.2	
		刘志胜	2001.2—	
		郑素琴	2003.2—2008.3	外聘
		刘同盟	2008.3—2012.2	
		崔红立	2010.3—	
		康海燕	2012.2—	
		周于良	2012.2—	
山东美陵美力达风机有限公司	经理	任凤云	1995.12—1997.12	
		刘　奇	1998.1—2008.3	
		崔建军	2008.3—	
	副经理	于洪泉	1995.12—1997.1	外聘
		王志禹	1996.7—1998.1	外聘
		李学虎	1997.1—2008.3 2014.2—	
		任凤云	1998.1—2000.2	
		高登顺	1998.1—2006.2	
		贾世明	1998.1—2003.2	
		崔建军	1998.1—2008.3	
		于同进	2000.2—2014.2	
		任凤政	2008.3—2012.2	
		袁建军	2011.3—	
		王新卫	2012.2—	
	总工程师	李金松	2002.8—2003.3	
		于同进	2014.2—2015.3	

续表

单位名称	职务	姓名	任职时间	备注
高强度紧固件分公司	经　理	刘永来	2001.2—2012.2	
		任凤政	2012.2—	
	副经理	牛兴强	2001.2—	
		李怀玺	2002.3—2006.2	
		赵立明	2004.9—2010.3	
		崔民红	2006.3—	
		刘军超	2010.3—	
	总工程师	李怀玺	2006.2—2007.2	
山东美陵博德化工机械有限公司	经理	徐洪波	2006.6—2008.3	
		李玉森	2008.3—2012.2	
		刘华祥	2012.2—	
	副经理	刘志胜	2006.6—2007.3	
		李玉森	2007.3—2008.3	
		王希明	2006.6—2009.2	
		郑素琴	2008.3—2012.2	外聘
		贾建胜	2008.3—	
		刘华祥	2008.3—2012.2	
		陈东玲	2012.2—	
		刘志宾	2012.2—	
汽车零部件分公司	项目建设经理	赵克强	2011.3—2011.8	兼
	经理	刘永来	2011.8—2012.2	兼
		李金祥	2012.2—	
	副经理	刘永来	2011.3—2011.8	兼
		许维友	2011.3—2012.2	
		姚恩波	2011.8—2012.5	
		李金祥	2011.12—2012.2	
		姜丹刚	2012.2—	
		陈国栋	2013.3—	
		贾传彬	2014.2—2016.3	
		陈文强	2016.3—	
	总工程师	周广雄	2014.2—2016.3	
生物助剂分公司	经理	赵立明	2010.3—	
	副经理	周保臣	2011.3—	

续表

单位名称	职务	姓名	任职时间	备注
山东美陵中联环境工程有限公司	经理	包焕忠	2001.2—2012.2	
			2013.3—	
		阮政卿	2012.2—2013.3	
	副经理	曹国强	2002.12—	
		马希亮	2002.12—2004.2	离职
		王国栋	2003.3—2009.2	离职
		于福海	2005.3—2009.2	
		张兴忠	2007.3—2010.3	离职
		王跃军	2009.2—2012.2	离职
		李德伦	2009.2—2010.3	离职
		孙振华	2012.2—2014.2	离职
		王　伟	2012.2—2017.3	
		刘　军	2017.3—	
		王玉明	2017.3—	
	总工程师	李风章	2001.8—2002.12	离职
		于福海	2009.2—2011.3	
	副总工程师	王希忠	2009.2—2010.3	离职
天齐渊矿泉水分公司	经理	朱时升	1998.1—2009.11	
			2011.12—2017.3	
		阮政卿	2009.11—2011.12	
		王　伟	2017.3—	
	副经理	栾红博	1998.1—1999.1	离职
		周　军	1998.1—1999.5	
		朱时升	2009.2—2012.3	
		郑春玲	2005.3—	
		李德奎	2009.2—2011.3	
		董有伟	2010.3—	
		王　伟	2011.3—2012.2	
淄博市天齐渊供水有限公司	经理	宋　军	2003.7—	
	副经理	李明海	2003.7—2017.4	外聘
		陈永业	2003.7—2006.2	
		陈梅村	2006.2—	
		李坤松	2008.3—	
临淄污水净化站	经理	冯永田	2017.3—	
淄博美陵加油站有限公司	经理	李　锋	2002.3—	

已撤销公司行政负责人任职情况一览表

表人物 -3

单位名称	职务	姓名	任职时间	备注
临淄污水净化分公司	经理	刘开元	2004.2—2017.8	
	副经理	时文美	2004.2—2012.2	
		冯永田	2008.3—2017.8	
		史文涛	2012.2—2017.8	
		王润生	2013.3—2017.8	
青州市美陵污水净化有限公司	经理	贾来金	2006.2—2008.3	2009.2—2016.2 任执行董事
		刘洪民	2008.3—2013.3	
		李玉森	2013.3—2017.8	
	副经理	梁阔平	2006.2—2017.8	
		刘景山	2006.2—2007.2	
		李洪泉	2009.2—2017.8	
济宁美陵污水净化有限公司	经理	吕　东	2012.2—2017.8	
	副经理	徐恩虎	2012.2—2017.8	

公司历任中层管理人员名录

表人物 –4

机构名称	姓　名（以姓名笔画排序）				
历任科室负责人	丁　凯（副）	丁晓丽（副）	于庆华	于同进	于　勇（副）
	于洪泉	于雷波	于福海	于　海	于振东
	于金良（副）	于海龙	马希亮（兼）	马洪亮	马福海
	马跃进	马占山	王　伟	王习平	王文阶
	王　芳（副）	王跃军（兼）	王云英	王日高（副）	王文斌（副）
	王文昌	王庆胜	王志军	王志禹	王希明（兼）
	王国栋（兼）	王洪科（副）	王润生	王红美	王淑芸
	王新卫	王玉明	王　维	王百生	王明泉
	王万明	王　超	王俊亭（副）	王晓明	王文杰
	王永涛	王海旭	王洪野	王　玲	牛兴强（兼）
	左恒朋	甘明亮	付士国	付士亭	冯永田
	冯广金（副）	卢华军	包焕忠	任凤花	任凤云（兼）
	任凤政	刘　奇	刘　明	刘　兵（副）	刘　振
	刘　杰	刘方胜	刘永来	刘立辉	刘红衍（副）
	刘华祥	刘军超	刘同盟	刘志杰	刘志胜
	刘金莲	刘学辉（副）	刘振东（副）	刘　鹏	刘　鹏（矿）
	刘效华	刘海军（副）	刘宏杰	刘志宾	刘玉强
	刘雯婷	刘洪民	刘建忠	刘伟才	刘　岩
	刘　霞（副）	朱时升	朱良言（副）	孙兴文	孙成兵
	孙振华	孙美娟	史文涛	石传旺	李玉森（兼）
	李世芳	李学虎（兼）	李坤松	李金祥	李全胜
	李明海（兼）	李洪泉	李顺亮	李秀芸（副）	李效武（副）
	李九宁	李安明	李　伟	李　磊（副）	李洪河
	李少伟（副）	李　振（副）	李　魁	李　凯（副）	李振科
	李　剑（副）	李效礼	李明川	李德奎	李德伦（兼）
	吕志伟	吕　东	吕　莹	吕立波	陈东玲（副）
	陈永业	陈永财	陈梅村（兼）	陈秀伟（副）	陈　科（副）
	陈　超	陈文强	陈国栋	张兴忠	张克杰
	张崇文	孟　静（副）	邵永波	宋国林	宋韦洁
	苏　彬（副）	苏建国（副）	张晓亮	张　凯（副）	肖永军
	周永江	周春华	周成俊（副）	周保臣（兼）	周洪昌
	周海如	周金秀	周于良	周延山	周　军
	屈龙田（副）	杨立志	杨昆新	杨忠奎	郑春玲（兼）
	姜丹刚	赵曰强	赵立明	赵克强	赵金生
	赵　刚	赵　鑫	赵忠孝	胡　平	胡立根
	胡光宗	胡若胜	胡沛德	姚恩波	袁建军
	袁德利	钟博刚	梁阔平（兼）	高志敏	高爱国
	高登顺	高　禄	贾　东	贾世明	贾建胜
	贾建亮	贾俊杰	贾少杰	贾振江	贾福成
	贾传彬	贾鲁滨	贾立国（副）	贾海涛	郭　芸
	郭爱玲	郭金龙	郭宏亮	徐明辉	徐洪涛
	徐国勇	董凤英	侯立金	谢宜芹	韩光亮
	崔民红（兼）	崔建军（兼）	崔红立	崔健勇	崔明明
	崔英杰	崔福花	曹国强（兼）	黄记平	康海燕

续表

机构名称	姓 名（以姓名笔画排序）				
历任科室负责人	路建国	路新锋	鲁光花	冀鸿晓	魏传友
	魏淑芳	魏同国（副）	薛 涛	潘 峰	訾书玉
历任车间负责人	于长海	于克忠	于洪恩	于振东	于 军（副）
	于 勇（副）	于 鑫	王 涛	王习平	王玉明
	王学正（副）	王永涛（副）	王俊亭（副）	王云生	王友武
	王百生	王有余	王其昌	王润生	王维全
	冯永田	吕 莹	吕文庆（副）	吕文清	吕良仁
	吕国平	吕桂玲	朱兴东	刘 奇	刘 强
	刘方胜	刘玉功	刘多祥	刘晋章	刘淑庆
	刘 振	孙宝昌	任旭东（副）	闫民广（副）	李友武
	李文章	李全胜	李宜友	李学虎	李效华
	李国新	李业明	李国刚（副）	李海滨（副）	李彦林
	李全胜	李 涛	宋乐友	苏清波	郑金明
	吴惠春	吴彭祥	张志涛	陈国栋	杨兆伦
	杨忠奎	苑文阶	苑登祥	周考文	周 军
	周国刚	周成俊	周保臣	周洪昌	周爱军
	周海强（副）	赵曰强	赵永春	胡光宗	胡连山
	高登顺	郭来文	郭宏亮	钟安京	徐玉洲
	贾晓杰	贾 亮	贾万春	贾元兴	贾培明
	贾继顺	贾福平	贾福成	贾福聚	徐洪涛
	崔 强（副）	崔建军	崔红立	崔海军	韩 亮
	韩隋隋（副）	董新波（副）	雒继孝（副）	赖晶康	魏淑芳

2017 年集团公司持证专业技术人员名录

表人物 -5

姓名	性别	出生年月	参加工作时间	学历	专业技术资格	资格取得时间
高级职称						
李金松	男	1952.4	1977.8	大学本科	高级工程师	1993.7.3
刘效华	男	1954.7	1973.10	大学专科	高级经济师	1994.11.19
赵克强	男	1969.11	1992.6	大学本科	高级工程师	2004.12.26
张崇文	男	1969.9	2008.11	大学本科	高级工程师	2006.11.17
刘志胜	男	1969.9	1993.8	大学本科	高级工程师	2007.11.28
包焕忠	男	1970.12	1993.10	大学本科	高级工程师	2010.12.23
李秀芸	女	1973.11	1997.8	大学本科	高级工程师	2011.12.1
胡 平	男	1969.6	1993.8	大学本科	高级工程师	2011.12.10
崔民红	女	1972.12	1995.7	大学本科	高级工程师	2013.12.26
付士国	男	1969.7	1995.6	大学本科	高级会计师	2014.3.2
陈东玲	女	1972.5	1997.4	大学本科	高级工程师	2015.11.14
中级职称						
周海会	男	1959.8	1976.8	大学专科	工程师	1991.12.25

续表

姓名	性别	出生年月	参加工作时间	学历	专业技术资格	资格取得时间
阮政卿	男	1954.1	2002.11	大学专科	工程师	1993.12
周保臣	男	1965.7	1993.8	大学专科	工程师	1997.3.14
郭　芸	女	1970.11	2002.7	大学专科	会计师	2000.5.11
于同进	男	1964.12	1984.8	中专	工程师	2000.12.25
杨翠英	女	1969.1	1994.8	大学专科	工程师	2001.10.31
鲁光花	女	1972.11	2002.12	大学本科	工程师	2002.12.19
贾建胜	男	1973.2	1999.4	大学专科	经济师	2003.11.1
于振东	男	1972.10	2004.12	大学专科	工程师	2005.12.26
王庆胜	男	1971.8	1994.8	大学专科	工程师	2005.12.26
王明泉	男	1971.5	2004.10	大学专科	工程师	2005.12.26
牛兴强	男	1974.11	1995.8	大学专科	工程师	2005.12.26
孙艳玲	女	1978.8	1997.7	中专	工程师	2005.12.26
朱时升	男	1972.1	1992.7	大学专科	工程师	2005.12.26
周金秀	女	1977.2	1996.10	中专	工程师	2005.12.26
薄振民	男	1971.11	1995.8	大学专科	工程师	2005.12.26
冀鸿晓	男	1969.3	2003.7	大学本科	工程师	2005.12.26
赵永春	男	1958.4	1979.12	大学专科	工程师	2005.12.26
曹国强	男	1977.9	1999.8	大学本科	工程师	2005.12.26
刘彩红	女	1978.3	1997.10	大学专科	工程师	2005.12.26
陈梅村	女	1971.8	1996.10	大学专科	工程师	2010.5.24
王文斌	男	1976.6	1999.4	大学本科	工程师	2011.3.29
崔明明	女	1984.4	2006.7	大学本科	会计师	2012.10.28
赵孝全	男	1982.8	2003.8	大学专科	工程师	2014.12.6
李振科	男	1972.8	1996.8	大学专科	会计师	2015.1.26
张　凯	男	1987.8	2010.8	大学本科	工程师	2015.12.05
李　嵩	男	1982.2	2003.7	大学专科	工程师	2015.12.05
王丹丹	女	1982.4	2006.7	大学本科	工程师	2015.12.05
陈文强	男	1985.2	2009.4	大学本科	工程师	2015.12.05
徐玉芹	女	1975.2	1998.7	大学专科	会计师	2015.12.13
崔秋月	女	1982.8	2005.8.	大学专科	会计师	2015.12.13
刘玉强	男	1985.2	2007.7	大学本科	工程师	2015.12.05
王　超	男	1985.4	2009.7	大学本科	工程师	2016.12.11
刘　兵	男	1987.6	2010.10	大学本科	工程师	2016.12.11
马跃进	男	1985.8	2009.7	大学本科	工程师	2016.12.11
李　静	女	1982.4	2003.9	大学专科	工程师	2016.12.11

续表

姓名	性别	出生年月	参加工作时间	学历	专业技术资格	资格取得时间
康海燕	女	1980.7	2003.9	大学专科	工程师	2016.12.11
钟博刚	男	1987.3	2014.2	硕　士研究生	工程师	2017.6.8
李宪亮	男	1986.4	2009.4	大学本科	工程师	2017.10.21
栾晓明	女	1989.9	2011.6	大学本科	工程师	2017.10.21
任永国	男	1987.5	2011.7	大学本科	工程师	2017.10.21
蔡英杰	女	1980.12	1999.12	大学专科	工程师	2017.10.21
刘　立	女	1988.8	2012.7	大学本科	工程师	2017.10.21
孟　静	女	1986.11	2007.3	大学专科	工程师	2017.10.21
初级职称						
刘　奇	男	1955.9	1972.2	大学专科	助理经济师	1989.12.7
刘学辉	男	1962.7	1981.1	中专	助理工程师	1994.4.10
李学虎	男	1970.12	1992.9	大学专科	助理工程师	1996.11.4
杨立志	男	1973.4	1994.8	大学专科	助理工程师	1999.11.18
贾　东	男	1976.6	1996.7	大学专科	助理工程师	2004.11.26
姜丹刚	男	1978.12	1999.10	大学专科	助理工程师	2004.12.20
刘明刚	男	1978.3	1999.9	中专	助理工程师	2005.12.6
李顺亮	男	1980.7	1999.8	中专	助理工程师	2005.12.6
魏爱菊	女	1981.2	2004.5	大学本科	助理工程师	2005.12.10
朱良言	男	1974.4	2003.5	中专	助理工程师	2005.12.6
黄国光	男	1978.1	2000.10	大学专科	助理工程师	2005.12.6
刘　振	男	1976.9	1998.5	中专	助理经济师	2005.11.22
顾晓光	男	1981.2	2004.7	大学专科	助理工程师	2007.12.10
单晓荣	女	1981.9	2004.10	大学专科	助理工程师	2007.12.10
刘　慧	女	1982.11	2007.7	大学本科	助理工程师	2008.12.20
盛　平	女	1981.1	2000.3	中专	助理工程师	2008.12.20
赵　林	男	1982.6	2014.8	大学本科	助理工程师	2009.12.28
孙高燕	女	1982.12	2006.7	大学本科	助理工程师	2010.12.10
宋韦洁	男	1985.7	2006.3	大学专科	助理工程师	2010.1.20
张新玉	男	1981.8	2006.1	大学专科	助理工程师	2010.1.20
杨海艳	女	1983.5	2006.2	大学专科	助理工程师	2010.1.20
刘萌萌	女	1989.12	2011.8	大学专科	助理会计师	2010.8.15
伊春梅	女	1987.3	2009.7	大学本科	助理工程师	2010.12.10
刘　霞	女	1984.11	2009.8	大学本科	助理工艺美术师	2011.12.23

续表

姓名	性别	出生年月	参加工作时间	学历	专业技术资格	资格取得时间
崔宁波	男	1987.6	2008.8	大学专科	助理工程师	2011.12.23
王哨兵	男	1981.8	2006.9	大学本科	助理工程师	2013.12.27
李金刚	男	1985.8	2007.3	大学专科	助理工程师	2013.12.27
丁晓丽	女	1985.8	2008.7	大学本科	助理工程师	2013.12.27
宋立学	男	1989.11	2012.8	大学本科	助理工程师	2013.12.27
刘　鹏	男	1980.12	2005.4	大学专科	助理工程师	2013.12.27
张　妮	女	1983.5	2006.2	大学专科	助理工程师	2013.12.27
张爱红	女	1974.4	2005.6	大学专科	助理工程师	2013.12.28
王　钰	女	1990.9	2013.8	大学本科	助理工程师	2014.12.16
丁　凯	男	1980.6	1999.9	中专	助理工程师	2014.12.16
于　军	男	1985.8	2006.7	大学专科	助理工程师	2014.12.16
于金巧	女	1987.8	2011.2	中专	助理工程师	2014.12.16
刘洋平	男	1988.11	2013.8	大学本科	助理工程师	2014.12.16
刘兆亮	男	1984.8	2004.9	大学专科	助理工程师	2014.12.16
李智刚	男	1990.1	2012.12	大学本科	助理工程师	2014.12.16
张玉翠	女	1985.3	2007.7	大学本科	助理工程师	2014.12.16
赵　建	男	1990.11	2013.7	大学本科	助理工程师	2014.12.16
秦美云	女	1985.4	2008.6	大学专科	助理工程师	2014.12.16
贾文彬	男	1990.1	2013.2	大学本科	助理工程师	2014.12.16
崔八零	男	1980.1	2002.9	中专	助理工程师	2014.12.16
谢宜芹	女	1979.12	2002.1	中专	助理工程师	2014.12.16
刘红梅	女	1975.11	1996.8.	中专	助理会计师	2014.12.24
李　磊	男	1982.10	2005.8	大学专科	助理工程师	2014.12.29
齐金凤	女	1978.4	2013.3.	中专	助理会计师	2015.5.20
徐国勇	男	1981.7	2005.12	大学专科	助理工程师	2016.3.28
郝　杰	女	1985.1	1996.8.	中专	助理会计师	2016.8.18
贾宝坤	男	1991.5	2015.7	大学本科	助理工程师	2016.12.8
刘雯婷	女	1982.11	2006.4	大学专科	助理工程师	2016.12.21
刘　毅	男	1992.4	2012.9	大学专科	助理工程师	2016.11.22
宋金玲	女	1983.4	2011.10	大学专科	助理工程师	2016.11.22
于　洋	男	1991.2	2015.6	大学本科	助理工程师	2016.11.22
王宝柱	男	1990.12	2015.7	大学本科	助理工程师	2016.11.22
王　敏	女	1984.10	2012.9	大学本科	助理工程师	2016.11.22
贾盛磊	男	1991.11	2013.7	大学专科	助理工程师	2016.11.22
薛　涛	男	1981.5	2009.4	大学专科	助理工程师	2016.12.8

集团公司评聘专业技术人员名录（中高级）

表人物 -6

评聘时间	级别	姓名
2003.7—2004.6	高级	于同进　马希亮　包焕忠　任凤云　阮政卿　刘志胜　胡　平　赵克强
	中级	牛兴强　付士国　刘金莲　李世芳　李秀芸　陈东玲　杨立志　周永江　周保臣　周海会　赵金生　曹国强　崔民红
2004.7—2005.7	高级	于同进　于福海　王吉浩　任凤云　包焕忠　刘志胜　阮政卿　陈永业　陈东玲　李怀玺　时文美　周永江　郑素琴　胡　平　赵克强
	中级	王文阶　王淑芸　牛兴强　付士国　冯永田　刘开元　刘金莲　刘春香　孙成兵　宋　军　陈梅村　李世芳　李秀芸　杨立志　周保臣　周海会　郭　芸　赵金生　贾建胜　曹国强　崔民红　崔培玉　冀鸿晓　薄振民
2005.8—2007.6	高级	于同进　于福海　王吉浩　任凤云　包焕忠　刘志胜　阮政卿　陈永业　陈东玲　李怀玺　时文美　周永江　郑素琴　胡　平　赵克强
	中级	于振东　王文阶　王民玉　王明泉　王淑芸　田兵建　付士国　冯永田　刘金莲　刘春香　孙成兵　宋　军　陈梅村　李世芳　李学虎　李秀芸　杨立志　周保臣　周海会　姜丹刚　郭　芸　赵金生　贾建胜　曹国强　崔民红　崔培玉　鲁光花　冀鸿晓　薄振民
2007.7—2009.6	高级	于同进　于福海　王吉浩　付士国　任凤云　包焕忠　刘志胜　阮政卿　陈永业　时文美　李秀芸　周永江　郑素琴　张兴忠　胡　平　赵金生　赵克强　崔民红　曹国强
	中级	于振东　于雷波　王　玲　王　涛　王明泉　王庆胜　王淑芸　王新卫　牛兴强　甘明亮　冯永田　吕　东　朱时升　刘开元　孙成兵　刘金莲　孙艳玲　刘彩红　陈东玲　陈梅村　李世芳　宋　军　杨立志　周金秀　周保臣　周海会　姚恩波　郭　芸　姜丹刚　贾建胜　贾晓杰　袁德利　鲁光花　康海燕　冀鸿晓　薄振民
2009.7—2012.6	高级	于同进　于福海　牛兴强　付士国　任凤云　包焕忠　刘志胜　阮政卿　陈东玲　时文美　李秀芸　周永江　郑素琴　张兴忠　胡　平　赵金生　赵克强　贾建胜　鲁光花　崔民红　曹国强
	中级	于振东　于雷波　王　玲　王　涛　王永涛　王明泉　王庆胜　王淑芸　王新卫　王丹丹　冯永田　朱时升　刘开元　孙成兵　孙艳玲　刘彩红　张崇文　陈梅村　陈国栋　李效礼　李世芳　李　魁　李　庆　宋　军　杨立志　杨翠英　周金秀　周保臣　周海会　姚恩波　郭　芸　姜丹刚　贾　东　贾晓杰　黄记平　彭　霞　袁德利　盛　平　崔福花　康海燕　冀鸿晓　薄振民

续表

评聘时间	级别	姓名
2012.7—2014.6	高级	于同进 牛兴强 付士国 李秀芸 刘彩红 陈东玲 周金秀 周海会 崔民红 贾建胜 张崇文 盛　平 曹国强 鲁光花
	中级	丁　凯 于振东 于雷波 王　玲 王　涛 王　维 王　超 王　伟 王明泉 王庆胜 王淑芸 王新卫 王丹丹 马占山 马跃进 冯永田 朱时升 刘开元 刘玉强 孙成兵 孙艳玲 刘建忠 刘兴胜 刘军超 刘红衍 刘　鹏 刘　霞 伊春梅 张　妮 张爱红 陈梅村 陈文强 陈国栋 李世芳 李顺亮 李　坤 李　静 李振科 李　嵩 李　磊（紧固件）李　磊（博德） 宋　军 邵永波 杨立志 杨翠英 周保臣 赵孝全 胡沛德 郭　芸 姜丹刚 贾　东 贾晓杰 贾传彬 黄记平 彭　霞 薛　涛 袁德利 袁建军 盛　平 谢宜芹 崔健勇 崔福花 崔明明 路新峰 路金荣 康海燕 蔡英杰 冀鸿晓
2014.7—2016.6	高级	于振东 王　涛 王　超 王　维 王明泉 李秀芸 刘彩红 刘　鹏 周金秀 周海会 崔健勇 崔明明 郭　芸 张崇文 盛　平 鲁光花
	中级	丁　凯 丁晓丽 于　军 王　玲 王晓明 王淑芸 王庆胜 王文斌 王丹丹 马占山 马洪亮 马跃进 刘玉强 孙志伟 孙艳玲 孙荣广 刘　兵 刘红衍 刘　立 刘雯婷 刘　慧 刘　霞 任永国 伊春梅 张　妮 张　凯 张晓亮 张爱红 陈文强 李世芳 李顺亮 李振科 李　静 李　嵩 李九宁 李安明 李　磊 宋韦洁 邵永波 杨立志 杨翠英 杨海艳 孟　静 高　飞 赵孝全 郭吉祥 贾　东 顾晓光 薛　涛 袁德利 栾晓明 谢宜芹 崔秋月 崔福花 路新锋 路金荣 蔡英杰 冀鸿晓
2016.7—2018.6	高级	王丹丹 刘彩红 盛　平
	中级	丁晓丽 冯延松 孙志伟 孙艳玲 孙高燕 孙荣广 刘　兵 刘红衍 刘　振 刘　立 刘　慧 刘　霞 任永国 伊春梅 张　妮 张玉翠 张爱红 李世芳 李　静 李　磊 李　嵩 李金刚 李宪亮 李智刚 李显林 宋立学 杨立志 杨翠英 杨海艳 单晓荣 高　飞 赵孝全 赵　建 徐玉芹 顾晓光 栾晓明 崔秋月 秦美云 钟博刚 郝　杰 蔡英杰 魏爱菊

集团公司评聘工人技师名录（中高级）

表人物－7

评聘时间	级别	姓 名
2003.7—2005.7	中级	王明温 李宜友 郑春发 魏建设
2005.8—2007.6	中级	丁本松 李宜友 周爱军 苏和吉 张本林 郭书杰 魏建设
2007.7—2009.6	高级	李宜友 魏建设
	中级	丁本松 于 勇 于克忠 王长征 王志军 史文涛 刘学辉 李业明 李海滨 张本林 张克杰 周松军 郭书杰 顾连铭 贾国卿 崔军委
2009.7—2012.6	高级	丁本松 李海滨 李业明 李宜友
	中级	于海泉 于克忠 王长征 王永涛 王 超 王润生 王志军 史文涛 冯连军 刘学辉 刘 杰 张保峰 张本林 张克杰 赵学江 陈永财 吕向伟 周 军 周文博 郭书杰 顾连铭 苏和吉 商西春 贾国卿 翟利民 崔军委 崔玉国
2012.7—2014.6	高级	丁本松 王永涛 李业明 李海滨 刘学辉 郭书杰 贾国卿
	中级	于海泉 王长征 王庆祥 王 超 王润生 王志军 史文涛 冯连军 刘 杰 刘以锋 刘英明 张保峰 张本林 张月明 张克杰 吕向伟 吕学强 周文博 周成刚 胡洪堂 顾连铭 苏和吉 徐玉洲 高建波 翟利民 崔军委 崔玉国 薄振民
2014.7—2016.6	高级	于海泉 王永涛 李海滨 刘学辉 吕向伟 张保峰 苏和吉 崔玉国 贾国卿 郭书杰 薄振民
	中级	丁本松 王长征 王 波 王庆祥 王延金 王 超 王志军 冯连军 刘长征 刘 杰 刘以锋 刘英明 李春胜 李忠厚 张本林 张树文 张广平 张月明 孟凡波 吕学强 朱良言 周文博 周 强 周成刚 周春刚 胡洪堂 杜 亮 贾振强 贾传坤 高建波 翟利民 崔军委 崔永滨
2016.7—2018.6	高级	于海泉 王庆祥 冯连军 刘学辉 吕向伟 李忠厚 周文博 高建波 张保峰 杜 亮 崔玉国 贾国卿 郭书杰 薄振民
	中级	王长征 王 超 王延金 刘以锋 刘国栋 刘 兵 刘长征 刘洪国 朱良言 李春胜 李卫学 李景让 李继涛 吕学强 许华伟 孟凡波 张广平 张树文 张志刚 张新玉 张华伟 贾振强 周成刚 周春刚 周文君 郭 辉 郭 健 商西健 崔永滨 崔军委

集团公司2017年12月在册人员名录

（共798人）

表人物–8

单位名称	部门	姓名							
集团公司	集团	刘效华	李玉森	赵克强	付士国	王　维	周永江	胡　平	
机关（52人）	企管办	刘　岩	王庆胜	谢宜芹	李全胜	刘　霞	于福海	李世芳	吕　红
		张金凤	刘保林	郑守会	王秋美	于金丽	朱会卿	刘振东	苑爱莉
		张凤玲	赵传富	周丛丛	李　姣	齐　娜	李成德	刘长洲	赵　林
	总工办	于同进	冀鸿晓	鲁光花	崔健勇	邵永波	王景杉	闫湘玉	贾盛磊
	财务处	郭　芸	崔明明	李振科	刘青峰	徐玉芹	刘红梅	崔秋月	段晓莉
		齐金凤	袁　媛	郝　杰	王蕾蕾	贾　伟			
化工设备分公司（223人）	管理后勤	刘同盟	徐洪波	刘志胜	崔红立	康海燕	周于良	王百生	刘晋章
		刘　振	张晓艳	李显林	李金刚	卢华军	韩长征	张　磊	任丽红
		吕月芹	林　岩	于　军	周金秀	刘　鹏	孟　静	周海会	刘彩红
		盛　平	张爱红	王丹丹	刘　慧	李宪亮	伊春梅	李彩萍	李智刚
		李顺亮	顾晓光	郑金明	李文建	刘亭亭	刘学辉	李春胜	郑福祥
		王仁昌	李新元	王万里	杜　亮	黄国光	吕志伟	高　禄	刘海军
		孟庆健	周延山	王传民	刘胜军	王海滨	单晓荣	赵　建	
	铆一车间	周　军	李海滨	刘文波	于明明	闫　建	吕海滨	闫洪磊	周秀梅
		任海燕	王炳建	王　清	霍　鹏	王新太	周永刚	王洪林	杨　硕
		刘胜民	闫建明	贾雪亮	崔国伟	刘　兵	刘天华	丁立军	李大伟
		李　燕	贾君涛	刘春良	李恒志	王玉刚	刘言花	李　鹏	马师平
		闫强国	刘　静	张克杰	张玉亭	杨海玉	张国平	周　伟	刘英明
		周延东	于志辉	王　帅	李国红	路淑淮	贾立昌	李守宾	
	铆二车间	李业明	李国刚	吕　超	张志刚	王永涛	李际磊	丁本松	苑云强
		王庆祥	张乐涛	黄胜军	陈锦涛	郭　健	于文赫	任永波	高路敬
		贾洪敏	李佳霖	房贤棣	王俊良	王美玲	刘丽华	吕光涛	于春玲
		李卫学	李卫杰	崔春涛	王友礼	刘以锋	刘国栋	陈　伟	李晓东
		吕　超	杨　鹏	贾文颖	孟凡波	胡海波	于海波	杨翠英	贾洪志
		闫金发	杨　斌	朱福强	王宏伟	王　彤	周文书	苑志伟	闫广才
		王炳楠	薛　勇	刘佳路	贾益波	刘丽霞	王永超		
	金工车间	韩　亮	吕文庆	周文博	王　波	王志凯	苏和吉	邱之亮	王金亮
		梁洪斌	周成刚	李尔信	吕秋平	贾　博	刘长虹	张　亮	李文龙
		周　强	房　正	冯民庆	王　衡	贾红光	屈连生	邵永青	胡艳艳
		李雪丽	孟凡香	朱美莲	吴泽栋	赵　冰	王永亮	鲁　波	李晓霏
		徐艳磊	刘　钰	吕静彬	李　强	赵乾坤	于旺业	王德森	
	冲压车间	周国刚	刘明刚	吕　峰	董淑奎	李广文	贾立军	王凤华	贾俊萍
		徐志博	杨国良	徐国华	徐　江	李　花	王美芳		
	下料车间	徐玉洲	朱春霖	杨文栋	闫国斌	胡光华	胡洪堂	刘淑光	李成财
		林　辉	聂宗光	王　辉	贾传凤	贾传刚	马宝鹏		

续表

单位名称	部门	姓名
山东美陵美力达风机有限公司（116人）	管理后勤	崔建军 刘奇 袁建军 王新卫 李学虎 杨忠奎 徐彦 张玉翠 孙高燕 宋金玲 贾少杰 贾建亮 贾瑞英 李玲 宋文凤 张崇文 李秀芸 赵刚 孙艳玲 蔡英杰 杨立志 赵孝全 李吉立 贾俊杰 袁德利 贾东 李效武 丁凯 徐新洲 刘兆亮 刘铭 顾连铭 于洋 耿晓菲 杨德富
	总装车间	王云生 崔八零 贾金花 刘梅 周玉珍 宋秀珍 郑良花 张菁 焦平 赵圣杰 王帅 周建国 刘志华 陈福生 孙保刚
	壳体车间	贾亮 任旭东 刘洪涛 吕洪涛 任凤林 胡桂荣 张本军 张立波 吕云江 李程 周春刚 周洪强 张忠伟 王涛 贾俊霞
	锻压车间	李涛 董新波 郭金玉 郭辉 周全义 吴建华 王子友 于湘来 崔玉国 李忠厚 贾振强 刘增国 李玉军 吕坤 吕宏伟 常呈刚 王俊滔 陈岩 贾刚 李诗全 王志勇 郑文明 贾允华 吕向伟 高建波 刘洪国 刘长征 吕春江 李建功 许方印 周效学 马福光 陈国靖 于国华 苑庆山 杨源吉 高怀刚 李洪涛 王维坤 马守卫 马鹏飞 周胜国 贾云朋 张本林 吕永良 高立波 贾明旭 胡文辉 贾允真 王永强 陈辉
紧固件分公司（94人）	管理后勤	任凤政 牛兴强 崔民红 刘军超 张晓亮 贾福成 李磊 冯春燕 史雪梅 王万明 崔卓 马跃进 张妮 李洪河 周燕 王春艳 秦美云 王宝柱 于庆华 徐洪涛 王文杰 刘浩 胡文强 周山 蒲俊杰 刘峰
	紧固件一车间	周爱军 于军 李桂玲 王超 吕洪斌 商西健 刘伟刚 郭磊 朱杰 于强 周旭鹏 周民富 朱保营 张文浦 陈宁 周亮 吕涛 丁东海 周秀平 刘芳 宋文红 董淑红 胡明田 吕凤芹 苏波 任永辉 张保峰 贾豪杰 王斌 朱保文 常雪梅 王银顺 李淑英 李胜磊 徐志娟 王硕 刘宪杰 孙海宁 贾传杰 贾金燕
	紧固件二车间	刘淑庆 王学正 贾文超 于超 王琳 苗建强 崔军委 冯连军 崔洪刚 贾志宽 于海亭 闫晓东 马国证 李继涛 任涛 郑海龙 张丽娥 吕学强 燕现伟 王金民 于建波 贾传海 杨开华 耿金环 周娇 张希强 刘梓浩 李建玲
山东美陵博德化工机械有限公司（109人）	管理后勤	刘华祥 贾建胜 陈东玲 刘志宾 李安明 刘萌萌 吕边疆 贾振江 商孝林 崔宁波 董志军 丁晓丽 刘兵 王超 栾晓明 任永国 徐源 贾宝坤 宋韦洁 王俊亭 薄振民 魏爱菊 杨海艳 杨盼盼 刘毅 郭宏亮 王明泉 于勇 苑振奎 李九宁 梁缠缠 党金霞 袁猷成 刘芳
	铆焊车间	张志涛 张华伟 徐华伟 贾国卿 郭书杰 于海泉 李国滨 李双辰 朱宝琛 王延金 刘春雷 刘建华 闫泽东 刘尉 吕光勇 刘岩 王思鹏 孔庆明 李黎明 李福平 田园 刘桂灵 蒙建新 张磊 李景让 王思强 张慧玲 王瑞圣 贾富涛 王延群 王晓波 徐勤伟 孙泰山 牛旭峰 李砚光 邵帅 李秀敏 王兰云 焦秀清 李辛鑫 卢明明 胡志伟 胡琳雪 崔璐宇 王俊和 李朝鲁 杨菁蕾 孔超 宋艳红 商延云 王雷 李虎 杨海龙
	机加工车间	李彦林 张新玉 崔永滨 王小西 李昭 王英华 王勇为 黄耀中 张西红 崔建伟 崔志彬 杨永青 陈涛 常斌 李富金 贾红萍 梁月江 唐启宽 刘永会 郭庆 王钊宁 张锁柱

续表

单位名称	部门	姓名							
汽车零部件分公司（77人）	管理后勤	李金祥	姜丹刚	陈国栋	陈文强	李　剑	魏同国	窦锦静	王桂凤
		于忠强	杨　侠	于　鑫	于振东	于金良	冯延松	于文科	高月东
		张　凯	刘　立	王　强	贾鲁滨	陈丽萍	董凤英	李　凯	刘　聪
		吕仁周	陈玉蓁	李文才	刘兆龙	张至城			
	铸造车间	崔海军	闫民广	周海强	徐旭东	王文礼	贾　军	孙连永	王　丛
		魏国伟	刘增祥	吕云海	商海滨	王城钧	马守凯	张月明	王永杰
		刘长城	崔永光	赵富龙	周延超	于海明	李雨奇	吕文祥	李　浩
		王建雷	于建生	孙同告	赵亚雄	李维广	杨　瑛	周文君	熊海文
		崔展平	房友禄	李鑫宇	徐久凇	张太信	王永鑫	李　勇	刘淑磊
		王国辉	赵　鹏	吕　森	李海洋				
	清磨车间	钟安京	吴小华	屈连弟	李晓军				
山东美陵中联环境工程有限公司（29人）		包焕忠	王玉明	曹国强	刘　军	刘玉强	石传旺	李　嵩	宋立学
		梁金宵	崔英杰	刘雯婷	贾春琳	于海龙	钟博刚	贾文彬	李　静
		许　杰	薛　涛	高　飞	王　敏	于金巧	刘洋平	王　钰	王哨兵
		孙　康	马占山	贾海涛	李丙林	宋传志			
矿泉水分公司（28人）	管理后勤	王　伟	郑春玲	董有伟	于春梅	李　玲	陈姗姗	刘　佳	王云英
		陈　超	王　芳	卢世艳	陈晓雯	张　浩	王海旭	刘　鹏	
	灌装车间	吕　莹	韩隋隋	张　卫	贾彩云	赵　娟	李海燕	董凤琴	朱颖华
		李菲菲	杨雪洁	刘春花	贾丽霞	张韶雯			
淄博市天齐渊供水有限公司（51人）		宋　军	陈梅村	李坤松	马洪亮	樊新民	崔宏亮	刘祥云	吴素玲
		崔丽梅	王海燕	王桂花	李　超	国雅楠	王　贞	崔　静	赵　静
		徐伟平	金　梅	王志军	王文斌	付士亭	朱伯跃	孙正伟	赵炳胜
		李　俊	周法明	姚　杰	骆丽丽	路丽丽	胡玉兰	朱美萍	董　静
		董　玮	孙荣广	张国强	陈继军	闫　鹏	刘　斌	王　玲	孙志伟
		李　勇	边千惠	吕健民	崔福花	陈　坤	路锦明	任潇悦	王敏婕
		李　敏	潘红利	王　金					
淄博美陵加油站有限公司（7人）		李　锋	訾书玉	于金萍	魏翠丽	闫兴东	周晓明	张　燕	
生物助剂分公司（5人）		赵立明	周保臣	王红美	苏　帅	郭凌硕			
临淄污水净化站（3人）		朱时升	朱良言	冯永田					
淄博美联电力科技有限公司（4人）		阮政卿	付　潘	王哲学	包浩群				

1979 年—2017 年退休人员名录

（共 95 人）

表人物 -9

姓名	性别	出生年时间	入厂时间	办理退休时间	备注
贾元兴	男	1921. 2. 28	1958. 9. 28	1979. 9	已故
吕月英	女	1926. 1. 23	1958. 9. 28	1981. 12	
李廷美	男	1922. 12. 13	1958. 9. 28	1981. 12	已故
苏清波	男	1933. 10. 10	1958. 9. 28	1984. 12	
李文章	男	1935. 5. 1	1958. 9. 28	1986. 12	已故
贾多田	男	1934. 3. 4	1958. 9. 28	1986. 12	已故
隗开井	男	1930. 2. 26	1958. 9. 28	1986. 12	已故
闫光亮	男	1942. 6. 13	1960. 7. 1	1992. 5	
刘秀章	男	1937. 11. 28	1979. 9. 5	1994. 4	已故
宋乐友	男	1938. 5. 9	1966. 12. 15	1994. 8	
刘永昌	男	1939. 12. 6	1978. 10. 21	1994. 8	
刘多祥	男	1941. 12. 25	1970. 11. 16	1995. 2	
吕德仁	男	1937. 5. 9	1966. 11. 15	1995. 2	
闫省三	男	1940. 1. 11	1975. 10. 10	1997. 2	已故
周保会	男	1948. 3. 18	1971. 4. 1	1997. 3	已故
丁　谦	男	1947. 6. 28	1971. 10. 2	1995. 3	
王有武	男	1947. 3. 23	1975. 3. 1	1994. 9	已故
豆洪翠	女	1949. 3. 2	1984. 1. 1	1999. 3	
王秀兰	女	1951. 12. 25	1994. 4. 12	2001. 12	
赵忠孝	男	1941. 10. 10	1975. 9. 1	2001. 10	
张翠英	女	1953. 6. 22	1988. 1. 1	2003. 6	
王文昌	男	1944. 9. 24	1971. 10. 1	2004. 9	
王振江	男	1945. 9. 5	1971. 5. 1	2005. 9	
贾爱玲	女	1955. 10. 14	1988. 1. 1	2005. 10	
王维全	男	1946. 6. 22	1972. 2. 1	2006. 6	
魏淑芳	女	1956. 8. 4	1973. 2. 1	2006. 8	
李秋花	女	1956. 10. 27	1995. 9. 10	2006. 10	
刘淑凤	女	1957. 3. 18	1977. 5. 1	2007. 3	
周效武	男	1948. 9. 16	1972. 2. 1	2008. 9	
赵传国	男	1954. 2. 19	1979. 9. 28	2007. 9	
吕桂玲	女	1958. 11. 19	1998. 3. 1	2008. 12	
赵丽萍	女	1959. 1. 18	1992. 8. 18	2009. 1	
吕炳文	男	1949. 7. 25	1970. 9. 12	2009. 7	

续表

姓名	性别	出生年月日	入厂时间	办理退休时间	备注
郭　红	女	1959.12.1	1979.9.1	2009.12	
周洪昌	男	1952.1.15	1972.1.10	2010.4	
李国新	男	1951.5.29	1972.2.19	2010.4	
胡光宗	男	1950.12.17	1972.2.1	2010.4	
贾培明	男	1952.8.25	1970.9.12	2010.4	
吕连亭	男	1951.1.9	1971.9.15	2010.4	
魏疏良	男	1952.12.26	1978.3.21	2010.4	
孙兴文	男	1951.7.24	1970.9.12	2010.4	
周怀明	男	1951.6.7	1975.5.30	2010.4	
王德禄	男	1952.1.10	1974.12.27	2010.4	
李宜友	男	1951.3.19	1969.4.28	2010.4	
刘长春	男	1950.5.22	1970.9.1	2010.5	
任凤云	男	1950.8.9	1970.9.12	2010.8	已故
赵新华	女	1961.3.27	1997.5.1	2011.3	
闫爱芹	女	1962.1.6	1981.1.2	2012.1	
崔爱玲	女	1962.6.7	1979.12.6	2012.6	
于全荣	女	1962.6.20	1981.1.2	2012.6	
苑天明	男	1958.8.16	1973.10.7	2012.7	已故
马金玉	女	1962.8.11	1981.6.5	2012.8	
王丽萍	女	1962.10.23	2004.9.1	2012.10	
徐晓霞	女	1962.10.8	1981.1.2	2012.10	
周志梅	女	1962.11.7	1994.6.5	2012.11	
杨秀美	女	1962.11.7	1981.1.2	2012.11	
郑连英	女	1962.12.1	1991.5.4	2012.12	
许福珍	女	1963.4.20	1981.1.2	2013.4	
王俊秀	女	1963.6.15	1991.3.19	2013.6	
李爱玲	女	1963.7.27	1981.1.2	2013.7	
贾桂亭	女	1963.8.10	2005.7.9	2013.8	
刘玉功	男	1953.8.29	1972.2.19	2013.8	
贾世明	男	1953.12.10	1984.9.1	2013.12	
王明温	男	1953.12.16	1972.2.26	2013.12	
于克忠	男	1954.1.12	1972.2.19	2014.1	
阮政卿	男	1954.1.8	2002.11.1	2014.1	
刘方胜	男	1954.6.15	1976.4.4	2014.6	
王美娟	女	1964.6.17	1981.1.2	2014.6	
刘效华	男	1954.7.2	1973.10.1	2014.7	

续表

姓名	性别	出生年月日	入厂时间	办理退休时间	备注
吕俊美	女	1964.9.17	2003.9.1	2014.9	
王有法	男	1954.12.7	1976.12.2	2014.12	
李月娟	女	1964.12.29	1981.1.2	2014.12	
贾传花	女	1965.4.7	1981.1.2	2015.4	
庞国华	女	1965.5.20	2004.9.1	2015.5	
王怀宝	男	1955.6.8	1972.3.1	2015.6	
徐海辉	女	1965.6.3	2005.7.9	2015.6	
刘　奇	男	1955.9.15	1972.2.21	2015.9	
李文明	男	1955.12.15	1976.11.21	2015.12	
徐洪波	男	1955.12.16	1977.6.10	2015.12	
周海如	男	1955.12.7	1971.9.15	2015.12	
张克杰	男	1956.8.15	1980.4.1	2016.8	
李风云	女	1967.4.29	1988.7.12	2016.9	
鲁孝和	男	1956.10.13	1993.3.24	2016.10	
孙宝昌	男	1956.10.17	1978.1.2	2016.10	
于福海	男	1955.11.21	2003.9.1	2016.12	
周保安	男	1957.1.2	1977.12.17	2017.1	
贾瑞英	女	1967.2.5	1987.10.12	2017.2	
王桂凤	女	1967.4.9	1993.5.12	2017.4	
李　锋	女	1966.9.20	1987.1.5	2017.4	
薛晨光	女	1967.8.23	2002.7.3	2017.8	
吕仁周	男	1957.10.16	1976.8.1	2017.10	
吕良仁	男	1959.8.29	1979.12.6	2017.10	已故
赵悦生	男	1957.11.6	1976.8.17	2017.11	
吕书国	男	1957.11.21	1977.7.10	2017.11	
张立昌	男	1957.12.13	1991.11.17	2017.12	

美陵集团
MEILING GROUP

荣　誉

集体荣誉

国家级荣誉情况表

表荣誉 -1

序号	授予时间	荣誉名称	授予机关	被授予对象
1	1992 年 12 月	全面质量管理达标证书	农业部	淄博美陵公司
2	1996 年 5 月	全国乡镇企业建立现代企业制度试点单位	农业部	淄博美陵公司
3	1996 年 7 月	全国中型一档乡镇企业	农业部	淄博美陵公司
4	1998 年 11 月	国家重点新产品	科技部、国家质量技术监督总局、国家环境保护局、对外贸易经济合作部、国家税务总局	KT6-50 № 8.0 空调用离心通风机
5	2001 年 12 月	全国乡镇企业创名牌重点企业	农业部	美陵股份公司
6	2003 年 1 月	全国守合同重信用企业	国家工商行政管理总局	美陵股份公司
7	2003 年 12 月	中国环境保护产业骨干企业	中国环境保护产业协会	山东美陵中联环境工程有限公司
8	2004 年 5 月	“美陵”牌钢结构用高强度螺栓全国产品质量监督抽查合格	中国轻工业产品质量保障中心	美陵股份公司
9	2005 年 10 月	国家重点环境保护实用技术示范工程	中国环境保护产业协会	淄河污水处理厂
10	2006 年 12 月	产品质量国家免检	国家质量监督检验检疫总局	美陵股份公司
11	2007 年 9 月	国家火炬计划重点高新技术企业	科学技术部火炬计划产业开发中心	美陵股份公司
12	2007 年 9 月	中国名牌	国家质量监督检验检疫总局	“美陵”牌高效节能换热器
13	2008 年 12 月	全国环境污染治理设施运营十强企业	中华环境保护友好促进会	山东美陵中联环境工程有限公司
14	2008 年 12 月	国家高新技术企业	山东省科学技术厅、财政厅、国家税务局、地方地税局	美陵股份公司
15	2009 年 3 月	紧固件行业自主创新优秀新产品特等奖	中国机械通用零部件工业协会	高温用高强度螺栓连接副

续表

序号	授予时间	荣誉名称	授予机关	被授予对象
16	2010 年 2 月	水业最具成长性工程公司	中国水网	山东美陵中联环境工程有限公司
17	2010 年 5 月	国家重点环境保护实用技术	中国环境保护产业协会	QBF 化工有机废气高效生物处理技术
18	2010 年 11 月	国家高新技术企业	山东省科学技术厅、省财政厅、省国家税务局、省地方地税局	山东美陵中联环境工程有限公司
19	2011 年 3 月	水业最具成长性工程技术公司	中国水网	山东美陵中联环境工程有限公司
20	2011 年 12 月	中石化电子商务综合实力排名第一	中国石油化工集团公司	美陵股份公司
21	2012 年 3 月	中石油紧固件供应商评价综合实力排名第一	中石油天然气集团公司	美陵股份公司
22	2012 年 4 月	中国驰名商标	国家工商行政管理总局商标局	“美陵”商标
23	2012 年 11 月	行业知名品牌生产企业	中国石油和化学工业联合会	美陵股份公司
24	2012 年 11 月	中国石油和化学工业知名品牌产品	中国石油和化学工业联合会	“美陵”牌高效节能换热器
25	2012 年 12 月	营养健康诚信单位	中国营养健康城市协会	矿泉水分公司
26	2014 年 6 月	“守合同重信用企业”公示证明	国家工商行政管理总局	美陵股份公司
27	2015 年 12 月	合格供应商	中国石化联合会供应商工作委员会	山东美陵博德化工机械有限公司
28	2016 年 6 月	“守合同重信用企业”公示证明	国家工商行政管理总局	美陵股份公司
29	2017 年 11 月	职工书屋	中华全国总工会	山东美陵博德化工机械有限公司

省级荣誉情况表

表荣誉 -2

序号	授予时间	荣誉名称	授予机关	被授予对象
1	1987 年	重合同守信用企业	山东省工商行政管理局	淄博市临淄石油化工配件厂
2	1987 年	一级信用企业	中国农业银行山东省分行	淄博市临淄石油化工配件厂
3	1990 年	省系统级先进企业	山东省乡镇企业管理局	淄博市临淄石油化工配件厂

续表

序号	授予时间	荣誉名称	授予机关	被授予对象
4	1992 年 5 月	全国乡镇企业系统企业管理基础工作壹级单位	山东省乡镇企业管理局	淄博市临淄石油化工配件厂
5	1996 年	特级信用企业　信用等级 AAA	山东省信誉评级委员会、信誉评级总公司	淄博美陵公司
6	1997 年	山东省乡镇企业综合实力五百强	山东省乡镇企业管理局、统计局、社会经济评价中心	美陵股份公司
7	1997 年	全省乡镇企业安全生产综合治理活动先进单位	山东省乡镇企业管理局、劳动厅	美陵股份公司
8	1997 年 12 月	省企业设备管理三级单位	山东省经济贸易委员会	美陵股份公司
9	1998 年 8 月	技术创新示范企业	山东省乡镇企业管理局	美陵股份公司
10	1998 年	全省乡镇企业管理示范企业	山东省乡镇企业管理局	美陵股份公司
11	1998 年	全省乡镇企业系统现场管理合格（一级）	山东省乡镇企业管理局	美陵股份公司
12	1999 年 12 月	山东省企业设备管理先进集体	山东省经济贸易委员会	美陵股份公司
13	1999 年	高新技术企业	山东省科学技术委员会	美陵股份公司
14	2002 年 8 月	山东省著名商标	山东省工商行政管理局	“美陵”商标
15	2002 年 12 月	省企业设备管理先进集体	山东省设备管理协会	美陵股份公司
16	2003 年 1 月	山东省免检产品	山东省质量技术监督局	“美陵”牌高强度紧固件（M16-24）
17	2003 年 1 月	山东省免检产品	山东省质量技术监督局	“美力达”牌 KT 系列风机
18	2003 年 4 月	山东省优秀民营科技企业	山东省科学技术厅、民营科技促进会	美陵股份公司
19	2003 年 6 月	食品安全诚信单位	山东省消费者协会、食品工业协会等	矿泉水分公司（2003—2004）
20	2003 年 12 月	山东环保产业十大品牌	山东环境保护产业协会	山东美陵中联环境工程有限公司
21	2005 年 8 月	AAA 级信用企业	中国农业银行山东分行	美陵股份公司

续表

序号	授予时间	荣誉名称	授予机关	被授予对象
22	2005 年 10 月	山东名牌	山东省名牌战略推进委员会、质量技术监督局	“美陵”牌管壳式换热器
23	2006 年 12 月	山东名牌	山东省名牌战略推进委员会、质量技术监督局	“美力达”牌空调用离心通风机
24	2006 年 10 月	山东省级消费者满意单位	山东省消费者协会	淄博市天齐渊供水有限公司（2007—2008）
25	2007 年 9 月	山东名牌	山东省名牌战略推进委员会、质量技术监督局	“美陵”牌高强度紧固件
26	2008 年 6 月	山东省优秀节能成果	山东省人民政府	煤矿地面用防爆抽出式对旋轴流通风机
27	2008 年 10 月	山东省级消费者满意单位	山东省第七届消费者满意单位评审委员会协会	矿泉水分公司
28	2009 年 1 月	山东名牌	山东省名牌战略推进委员会、质量技术监督局	“美力达”牌前向多翼离心通风机
29	2009 年 12 月	第十六届全国冬泳锦标赛优秀贡献奖	山东省游泳协会冬泳委员会	美陵股份公司
30	2010 年 4 月	山东省第二十二届运动会独家供应商	山东省第二十二届运动会组委会	矿泉水分公司
31	2010 年 12 月	山东消费者最喜爱的饮用水品牌	山东省消费者协会	“天齐渊”牌矿泉水
32	2013 年 1 月	山东名牌	山东省名牌战略推进委员会	“美陵”牌高效节能换热器
33	2013 年 2 月	“守合同重信用”企业公示证明	山东省工商行政管理局	美陵股份公司
34	2013 年 6 月	2013 淄博十大品牌桶装水	山东省饮料工业协会	矿泉水分公司
35	2014 年 10 月	首批山东省饮料行业协会饮用水专业委员会成员	山东省饮料工业协会	矿泉水分公司
36	2014 年 12 月	山东省院士工作站	山东省科技厅	美陵股份公司
37	2015 年 1 月	山东桶装水行业十大品牌	山东省饮料行业协会、中国建康水产业促进委员会	“天齐渊”牌矿泉水
38	2016 年 2 月	信用等级 AAA 级	山东省信誉评级委员会	山东美陵中联环境工程有限公司

市级荣誉情况表

表荣誉 -3

序号	授予时间	荣誉名称	授予机关	被授予对象
1	1987 年	1987 年度安全生产先进单位	淄博市经济委员会	淄博市临淄石油化工配件厂
2	1988 年 3 月	重合同守信用企业	淄博市工商行政管理局	淄博市临淄石油化工配件厂
3	1988 年 6 月	一级信用企业	中国农业银行淄博市分行	淄博市临淄石油化工配件厂
4	1989 年 1 月	市级先进企业	淄博市人民政府	淄博市临淄石油化工配件厂
5	1989 年 11 月	淄博市优良产品	淄博市经济委员会	F_1Q-3B 型浮阀
6	1990 年 1 月	市级先进企业	淄博市人民政府	淄博市临淄石油化工配件厂
7	1990 年	安全生产先进企业	淄博市人民政府	淄博市临淄石油化工配件厂
8	1992 年 7 月	淄博市乡镇骨干企业	淄博市人民政府	淄博市临淄石油化工配件厂
9	1992 年	市级文明单位	中共淄博市委、淄博市人民政府	淄博美陵公司
10	1995 年 2 月	安全生产先进企业	淄博市人民政府	淄博美陵公司
11	1996 年 6 月	一级信用企业	中国农业银行淄博市分行	淄博美陵公司
12	1996 年 12 月	淄博市高新技术企业	淄博市科学技术委员会	淄博美陵公司
13	1996 年	安全文明生产合格单位	淄博市安全生产委员会	淄博美陵公司
14	1998 年	淄博市重点乡镇企业	淄博市人民政府	美陵股份公司
15	1999 年 1 月	产品质量信得过企业	淄博市质量技术监督局	美陵股份公司
16	1999 年 4 月	标准化工作先进单位	淄博市质量技术监督局	美陵股份公司
17	1999 年	市级消费者满意单位	淄博市消费者协会	矿泉水分公司
18	2000 年 1 月	产品质量信得过企业	淄博市质量技术监督局	矿泉水分公司
19	2001 年 2 月	质量信得过产品	淄博市质量检定协会	高强度紧固件
20	2001 年 2 月	2000 年度信用企业	淄博市农村金融体制改革领导小组办公室	美陵股份公司
21	2001 年	2001 年度锅容管特安全管理先进单位	淄博市技术监督局	美陵股份公司
22	2001 年	市级文明单位	中共淄博市委、淄博市人民政府	美陵股份公司
23	2002 年	市级文明单位	中共淄博市委、淄博市人民政府	美陵股份公司

续表

序号	授予时间	荣誉名称	授予机关	被授予对象
24	2002 年 2 月	2001 年度信用企业	淄博市农村金融体制改革领导小组办公室	美陵股份公司
25	2003 年 1 月	2003—2004 年诚信示范单位	淄博市企业信用管理协会、淄博市消费者协会	美陵股份公司
26	2004 年 2 月	2003 年度特种设备安全工作先进单位	淄博市质量技术监督局	美陵股份公司
27	2004 年 6 月	淄博市环境保护贡献奖	淄博市环境保护局	山东美陵中联环境工程有限公司
28	2004 年 8 月	2003 年度工业百强企业	淄博市人民政府	美陵股份公司
29	2005 年 2 月	2004 年度工业先进企业	中共淄博市委、淄博市人民政府	美陵股份公司
30	2005 年 8 月	全市学习型组织先进单位	淄博市总工会、教育局等部门	美陵股份公司
31	2005 年	淄博市先进会计工作集体	淄博市财政局、总工会、中共淄博市委宣传部	美陵股份公司
32	2006 年 4 月	淄博市百强民营企业	中共淄博市委、淄博市人民政府	美陵股份公司
33	2006 年 4 月	2004—2005 年度 A 级纳税信用企业	淄博市国家税务局、市地方税务局	美陵股份公司
34	2006 年 7 月	优秀民营企业	中共淄博市委、淄博市人民政府	美陵股份公司
35	2007 年 1 月	淄博市劳动关系和谐企业	淄博市总工会	美陵股份公司
36	2007 年 1 月	振兴淄博劳动奖状	淄博市总工会	美陵股份公司
37	2007 年 6 月	淄博市环境友好企业	淄博市环境保护局	临淄污水净化分公司
38	2008 年 3 月	工业优秀企业（2007 年度）	中共淄博市委、淄博市人民政府	美陵股份公司
39	2008 年 8 月	优秀节能成果奖	淄博市人民政府	对旋轴流通风机
40	2008 年 12 月	环境保护工作专项行动先进集体	淄博市环境保护工作委员会	美陵股份公司
41	2008 年 12 月	潍坊市环境友好企业	潍坊市环境保护局	青州市美陵污水净化有限公司
42	2009 年 2 月	工业优秀企业（2008 年度）	中共淄博市委、淄博市人民政府	美陵股份公司
43	2009 年 2 月	淄博市“安康杯”竞赛优胜企业	淄博市总工会	美陵股份公司
44	2009 年 4 月	工人先锋号	淄博市总工会	化工设备分公司技术科
45	2009 年	建设“诚信企业”先进单位	淄博市“诚信企业”信用评价委员会	美陵股份公司

续表

序号	授予时间	荣誉名称	授予机关	被授予对象
46	2009年	青岛市劳动关系和谐企业	青岛市总工会	青岛博德化机有限公司
47	2009年	安全生产责任主体信用考评A级企业	青岛市人民政府安全生产委员会	青岛博德化机有限公司
48	2009年12月	劳动保障诚信单位	潍坊市劳动和社会保障局	青州市美陵污水净化有限公司
49	2010年2月	青岛市信得过基层工会	青岛市总工会	青岛博德化机有限公司
50	2010年3月	工业优秀企业（2009年度）	中共淄博市委、淄博市人民政府	美陵股份公司
51	2010年7月	节能降耗优秀成果奖	淄博市人民政府	螺旋波纹管换热器
52	2010年12月	节能减排示范企业	淄博市中小企业局	美陵股份公司
53	2010年12月	精细化管理示范企业	淄博市中小企业局	美陵股份公司
54	2010年12月	科技统计先进单位（2010年度）	淄博市统计局	美陵股份公司
55	2011年1月	首届最具影响力百佳诚信企业	淄博市经济和信息化委员会	美陵股份公司
56	2011年2月	“创意淄博”2010年工业设计大赛“创尔沃热泵杯”机械行业分赛优秀奖	淄博市经济和信息化委员会	QBF废气高效处理设备
57	2011年4月	职工优秀创新成果奖	淄博市总工会	风力发电机组用高强度紧固件
58	2011年4月	职工优秀创新成果奖	淄博市总工会	SVC高效自清洁浮阀塔盘
59	2011年4月	职工优秀创新成果奖	淄博市总工会	高效微生物处理焦化废水技术
60	2011年3月	工业优秀企业（2010年度）	中共淄博市委、淄博市人民政府	美陵股份公司
61	2011年6月	书香企业	青岛市总工会	青岛博德化机有限公司
62	2011年11月	科技统计工作先进单位（2011年度）	淄博市统计局	美陵股份公司
63	2011年12月	工业优秀企业（2011年度）	中共淄博市委、淄博市人民政府	美陵股份公司
64	2012年1月	全市三级联创信得过基层工会	青岛市总工会	青岛博德化机有限公司
65	2012年4月	淄博市五四红旗团支部（总支）	共青团淄博市委	美陵集团团支部
66	2012年11月	科技统计先进单位（2012年度）	淄博市统计局	美陵股份公司

续表

序号	授予时间	荣誉名称	授予机关	被授予对象
67	2012 年 12 月	十一五主要污染物总量减排目标考核突出贡献企业	淄博市人民政府	临淄污水净化分公司
68	2013 年 3 月	淄博市首届市长质量管理奖	淄博市人民政府	美陵股份公司
69	2013 年 3 月	桶装水行业推荐品牌	淄博市消费者权益保护委员会	“天齐渊”牌矿泉水
70	2013 年	青州市城市建设管理先进企业	青州市人民政府	青州市美陵污水净化有限公司
71	2014 年 12 月	淄博首批市级工业设计中心	淄博市人民政府	化工设备分公司
72	2015 年 8 月	创新型高成长企业 50 强	淄博市人民政府	山东美陵中联环境工程有限公司
73	2015 年 12 月	淄博市第十一批市级企业技术中心	淄博市经济和信息化委员会	山东美陵中联环境工程有限公司
74	2015 年	创建节水型城市先进单位	青州市人民政府	青州市美陵污水净化有限公司
75	2015 年	厚道鲁商诚信淄博优秀案例第一名	淄博市总工会	美陵股份公司
76	2016 年 7 月	职工书屋	青岛市总工会	山东美陵博德化工机械有限公司
77	2016 年 4 月	模范职工之家	青岛市总工会	山东美陵博德化工机械有限公司
78	2016 年 6 月	消费者喜爱的饮用水品牌饮用水行业优秀企业	淄博广电新聊斋网、省农副产品质量监督检验中心	矿泉水分公司
79	2016 年 9 月	联合推荐供应商	光采网	山东美陵博德化工机械有限公司
80	2017 年 1 月	安全生产标准化三级企业	青岛市安全生产监督管理局	山东美陵博德化工机械有限公司
81	2017 年 1 月	模范职工之家	青岛市总工会	山东美陵博德化工机械有限公司
82	2017 年 2 月	淄博市创新型高成长企业 50 强	淄博市人民政府	美陵股份公司

区级荣誉情况表

表荣誉 -4

序号	授予时间	荣誉名称	授予机关	被授予对象
1	1983 年 12 月	创建清洁工厂先进单位	临淄区人民政府	淄博市临淄石油化工配件厂
2	1987 年 2 月	清洁工厂	临淄区人民政府	淄博市临淄石油化工配件厂
3	1989 年	文明卫生单位	临淄区爱国卫生运动委员会	淄博市临淄石油化工配件厂
4	1990 年 3 月	先进企业	中共临淄区委、临淄区人民政府	淄博市临淄石油化工配件厂
5	1990 年 4 月	会计工作达标单位	临淄区税务局	淄博市临淄石油化工配件厂
6	1991 年 9 月	全区工业企业擂台赛第三名	临淄区人民政府	淄博市临淄石油化工配件厂
7	1993 年 6 月	科教兴区先进集体	中共临淄区委、临淄区人民政府	淄博美陵公司
8	1994 年 3 月	科教兴区先进集体	中共临淄区委、临淄区人民政府	淄博美陵公司
9	1995 年 3 月	先进党支部	中共临淄区委	淄博美陵化工设备股份有限公司党支部
10	1995 年 7 月	红旗党支部	中共临淄区委	淄博美陵化工设备股份有限公司党支部
11	1996 年 1 月	十佳红旗妇代会	临淄区妇联	淄博美陵公司
12	1996 年 3 月	安全生产先进单位	临淄区安全生产委员会	淄博美陵公司
13	1996 年 3 月	先进党支部	中共临淄区委	淄博美陵化工设备股份有限公司党支部
14	1996 年 6 月	科技进步先进集体	中共临淄区委、临淄区人民政府	淄博美陵公司
15	1996 年 9 月	临淄区第二个五年法制宣传教育工作先进单位	中共临淄区委、区人大、临淄区人民政府	淄博美陵公司
16	1997 年 3 月	区级文明单位	中共临淄区委、临淄区人民政府	美陵股份公司
17	1997 年 5 月	科技工作先进集体	中共临淄区委、临淄区人民政府	美陵股份公司

续表

序号	授予时间	荣誉名称	授予机关	被授予对象
18	1998 年 7 月	先进党支部	中共临淄区委	山东美陵化工设备股份有限公司党支部
19	1999 年 3 月	技术进步先进单位	临淄区乡镇企业局	美陵股份公司
20	1999 年 3 月	安全生产先进单位	临淄区人民政府	美陵股份公司
21	2000 年 3 月	1999 年度安全生产工作先进单位	临淄区人民政府	美陵股份公司
22	2000 年 3 月	1999 年度技术创新先进单位	临淄区乡镇企业局	美陵股份公司
23	2000 年 5 月	临淄区技术创新示范工程奖	临淄区人民政府	美陵股份公司
24	2000 年 8 月	全区思想政治工作先进单位	中共临淄区委、临淄区人民政府	美陵股份公司
25	2000 年 3 月	交通安全先进单位	临淄区人民政府	美陵股份公司
26	2001 年 7 月	先进党支部	中共临淄区委	山东美陵化工设备股份有限公司党支部
27	2001 年 9 月	第五次全国人口普查先进单位	临淄区人民政府	美陵股份公司
28	2001 年 10 月	全民普法依法治理先进单位	中共临淄区委、区人大、临淄区人民政府	美陵股份公司
29	2001 年 3 月	交通安全先进单位	临淄区人民政府	美陵股份公司
30	2001 年 3 月	临淄区技术创新示范工程奖	临淄区人民政府	美陵股份公司
31	2002 年 1 月	2001 年度安全生产先进单位	临淄区人民政府	美陵股份公司
32	2002 年 1 月	区级卫生先进单位	临淄区爱国卫生运动委员会	美陵股份公司
33	2002 年 1 月	全区工会工作先进单位	临淄区总工会	美陵股份公司
34	2003 年 2 月	2002 年度全区工会财务工作先进单位	临淄区总工会	美陵股份公司
35	2003 年 3 月	技术市场工作先进单位	临淄区科技局	美陵股份公司
36	2003 年	商品质量计量信得过单位	临淄区质量技术监督局	淄博市临淄区美陵加油站

续表

序号	授予时间	荣誉名称	授予机关	被授予对象
37	2004 年 2 月	临淄城市经营年特殊贡献单位	中共临淄区委、临淄区人民政府	美陵股份公司
38	2004 年 2 月	技术进步先进单位	临淄区人民政府	美陵股份公司
39	2004 年 2 月	2003 年度全区工会财务工作先进单位	临淄区总工会	美陵股份公司
40	2004 年 4 月	学习型企业	中共临淄区委、临淄区人民政府	美陵股份公司
41	2004 年 6 月	先进基层党组织	中共临淄区委	山东美陵化工设备股份有限公司党支部
42	2004 年 9 月	首届国际齐文化旅游节先进单位	中共临淄区委、临淄区人民政府	美陵股份公司
43	2004 年 12 月	交通安全先进单位	临淄区人民政府	美陵股份公司
44	2005 年 1 月	安全生产先进单位	临淄区人民政府	美陵股份公司
45	2005 年 1 月	2004 年度安全生产先进单位	临淄区人民政府	美陵股份公司
46	2005 年 3 月	科教兴区先进集体	中共临淄区委、临淄区人民政府	美陵股份公司
47	2005 年 3 月	消防工作先进单位	临淄区人民政府	美陵股份公司
48	2005 年 3 月	2004 年度全区工会财务工作先进单位	临淄区总工会	美陵股份公司
49	2005 年 5 月	城市经营年特殊贡献单位	中共临淄区委、临淄区人民政府	美陵股份公司
50	2005 年 5 月	临淄区发展慈善事业突出贡献先进单位	中共临淄区委、临淄区人民政府	美陵股份公司
51	2006 年 1 月	安全生产先进单位	临淄区人民政府	美陵股份公司
52	2006 年 1 月	2005 年度安全生产先进单位	临淄区人民政府	美陵股份公司
53	2006 年 2 月	资源综合利用先进单位	临淄区人民政府	美陵股份公司
54	2006 年 3 月	2005 年度全区统战工作先进单位	中共临淄区委	美陵股份公司
55	2006 年 6 月	先进基层党组织	中共临淄区委	山东美陵化工设备股份有限公司党委

续表

序号	授予时间	荣誉名称	授予机关	被授予对象
56	2007 年 1 月	全区工会工作红旗单位	临淄区总工会	美陵股份公司
57	2007 年 1 月	2006 年度全区劳动关系和谐企业	临淄区总工会	美陵股份公司
58	2007 年 3 月	2006 年度全区劳动关系和谐企业	中共临淄区委、临淄区人民政府	美陵股份公司
59	2007 年 3 月	消防工作先进单位	临淄区人民政府	美陵股份公司
60	2007 年 3 月	2006 年度全区技术进步先进单位	临淄区人民政府	美陵股份公司
61	2007 年 8 月	全区统战工作先进单位	中共临淄区委	美陵股份公司
62	2008 年 1 月	全区工会工作红旗单位	临淄区总工会	美陵股份公司
63	2008 年 2 月	科教兴区工作先进单位	中共临淄区委、临淄区人民政府	美陵股份公司
64	2008 年 4 月	工人先锋号	临淄区总工会	化工设备分公司技术科
65	2008 年 6 月	先进基层党组织	中共临淄区委	山东美陵化工设备股份有限公司党委
66	2008 年	水务系统安全生产先进单位	临淄区水务局	淄博市天齐渊供水有限公司
67	2008 年	水资源管理先进单位	临淄区水资源管理办公室	淄博市天齐渊供水有限公司
68	2009 年 2 月	全区企业财务决算先进单位	临淄区财政局	美陵股份公司
69	2009 年 2 月	科教兴区先进集体	中共临淄区委、临淄区人民政府	美陵股份公司
70	2009 年 3 月	全区统战工作先进单位	中共临淄区委	美陵股份公司
71	2009 年 3 月	道路交通安全生产先进单位	临淄区安全生产委员会	美陵股份公司
72	2009 年	安全生产先进单位	临淄区人民政府	美陵股份公司
73	2009 年 6 月	开发区突出贡献企业	青岛市经济技术开发区	青岛博德化机有限公司
74	2009 年 9 月	第六届国际齐文化旅游节贡献大奖	中共临淄区委、临淄区人民政府	美陵股份公司

续表

序号	授予时间	荣誉名称	授予机关	被授予对象
75	2010 年 1 月	工会工作先进单位	临淄区总工会	美陵股份公司
76	2010 年 2 月	安全生产基层先进单位	青岛市黄岛区人民政府	青岛博德化机有限公司
77	2010 年 3 月	招商引资先进单位	中共临淄区委、临淄区人民政府	美陵股份公司
78	2010 年 3 月	科教兴区先进集体	中共临淄区委、临淄区人民政府	美陵股份公司
79	2010 年 3 月	技术进步先进单位	临淄区人民政府	美陵股份公司
80	2010 年 10 月	突出贡献企业	青岛市黄岛区委、区政府	青岛博德化机有限公司
82	2011 年 1 月	非公党建工作区级示范点	青岛市黄岛区委	青岛博德化机有限公司
83	2011 年 1 月	工会工作先进单位	临淄区总工会	美陵股份公司
84	2011 年 2 月	科教兴区先进集体	中共临淄区委、临淄区人民政府	美陵股份公司
85	2011 年 2 月	工业技术进步先进单位	临淄区人民政府	美陵股份公司
86	2011 年 4 月	青年文明号	临淄区青年文明号活动组委会	山东美陵集团团支部
87	2011 年 5 月	慈心一日捐活动突出贡献单位	中共临淄区委、临淄区人民政府	美陵股份公司
88	2011 年 7 月	优秀党支部	青岛市黄岛区委	中共青岛博德化机有限公司支部委员会
89	2012 年 1 月	工会工作先进单位	临淄区总工会	美陵股份公司
90	2012 年 7 月	安全生产月活动先进单位	青岛市经济技术开发区	青岛博德化机有限公司
91	2012 年 9 月	中国临淄第九届国际齐文化旅游节先进单位	中共临淄区委、临淄区人民政府	美陵股份公司
92	2013 年 1 月	2012 年度工会工作先进单位	临淄区总工会	美陵股份公司
93	2013 年 3 月	中小企业管理工作样板示范企业	临淄区加强中小企业管理工作领导小组	美陵股份公司
94	2013 年 4 月	环境保护工作先进单位	济宁高新区党工委	济宁美陵污水净化有限公司

续表

序号	授予时间	荣誉名称	授予机关	被授予对象
95	2013 年 4 月	工人先锋号	青岛市经济技术开发区	青岛博德化机有限公司
96	2013 年 9 月	第十届齐文化旅游节先进单位	临淄区人民政府	淄博市天齐渊供水有限公司
97	2014 年 10 月	临淄区工会会员服务基地之一	临淄区总工会	矿泉水分公司
98	2016 年 5 月	工人先锋号	青岛市经济技术开发区	山东美陵博德化工机械有限公司
99	2016 年 2 月	创新型高成长企业二十强	中共临淄区委、临淄区人民政府	山东美陵中联环境工程有限公司
100	2016 年 3 月	安全生产基层先进单位	黄岛区人民政府安全委员会	山东美陵博德化工机械有限公司
101	2016 年 5 月	工人先锋号	青岛市黄岛区总工会	山东美陵博德化工机械有限公司
102	2017 年 4 月	工人先锋号	临淄区总工会	汽车零部件分公司铸造车间熔炼班
103	2017 年 6 月	时代先锋岗	中共临淄区委	紧固件分公司销售部

个人荣誉

国家部委级荣誉一览表

表荣誉 –5

序号	授予时间	姓名	荣誉名称	颁奖（证）机关
1	1993 年 6 月	刘效华	全国农村青年星火带头人	共青团中央、国家科委
2	1998 年 11 月	刘效华	全国优秀乡镇企业厂长（经理）	农业部
3	2002 年 1 月	刘效华	全国优秀乡镇企业家	农业部
4	2009 年 10 月	刘效华	中国环境保护产业优秀企业家	中国环境保护产业协会
5	2011 年 5 月	刘效华	“我推荐、我评议身边好人”活动，当选为诚实守信好人，荣登“中国好人榜”	中央文明办

省级荣誉一览表

表荣誉 -6

序号	授予时间	姓名	荣誉名称	颁奖（证）机关
1	1993 年 5 月	刘效华	山东省“青年科技星火带头人”	共青团山东省委、山东省科委
2	1994 年 4 月	刘效华	山东省优秀青年企业家	山东省经委、共青团山东省委等 4 部门
3	1994 年 4 月	刘效华	山东省“新长征突击手”	共青团山东省委
4	1994 年 6 月	刘效华	山东省优秀共产党员	中共山东省委
5	1995 年 12 月	刘效华	山东省优秀乡镇企业家	山东省人民政府
6	2007 年 5 月	包焕忠	全省扎根基层建功立业优秀人才	山东省人事厅、教育厅
7	2009 年 12 月	刘效华	2009 年度环境保护产业优秀企业家	山东省环境保护产业协会
8	2015 年 4 月	刘华祥	山东省富民兴鲁劳动奖章	山东省总工会

市级荣誉一览表

表荣誉 -7

序号	授予时间	姓名	荣誉名称	颁奖（证）机关
1	1989 年 1 月	王文昌	优秀厂长	淄博市多种经营乡镇企业局
2	1989 年 8 月	王明温	淄博市乡镇企业青工技术能手	共青团淄博市委、淄博市经委等 4 部门
3	1990 年 1 月	王文昌	乡镇企业职工培训先进工作者	淄博市多种经营乡镇企业局
4	1991 年	王文昌	市思想政治工作先进工作者	中共淄博市委宣传部、市乡镇企业局
5	1992 年 3 月	魏淑芳	巾帼之星	淄博市农村妇女“双学双比”竞赛活动协调小组
6	1992 年 4 月	刘效华	1991 年度优秀厂长（经理）	淄博市乡镇企业局
7	1993 年 4 月	刘效华	淄博市乡镇企业家	中共淄博市委、淄博市人民政府
8	1993 年 5 月	刘效华	淄博市优秀青年企业家	共青团淄博市委、淄博市经委等 4 部门
9	1994 年 7 月	刘效华	优秀共产党员	中共淄博市委
10	1994 年 12 月	张月明	淄博市乡镇企业青年技术能手	淄博市乡镇企业局
11	1994 年 12 月	李成船	淄博市乡镇企业青年技术能手	淄博市乡镇企业局
12	1996 年 5 月	徐洪波	1995 年度市级优秀厂长（经理）	淄博市人事局、淄博市乡镇企业局

续表

序号	授予时间	姓名	荣誉名称	颁奖（证）机关
13	1996 年 7 月	刘效华	优秀共产党员	中共淄博市委
14	1999 年	刘　奇	市乡镇企业市场营销优秀组织者	淄博市乡镇企业营销协会
15	2000 年	刘效华	优秀共产党员	中共淄博市委
16	2003 年 1 月	刘效华	淄博市文明市民	淄博市精神文明建设委员会
17	2003 年 5 月	刘效华	淄博市优秀民营经济带头人	中共淄博市委、淄博市人民政府
18	2004 年	刘效华	淄博市劳动模范	中共淄博市委、淄博市人民政府
19	2004 年	刘效华	2004 年度先进企业家	中共淄博市委、淄博市人民政府
20	2005 年	刘效华	2005 年度先进企业家	中共淄博市委、淄博市人民政府
21	2006 年 7 月	刘效华	淄博市优秀民营企业家	中共淄博市委、淄博市人民政府
22	2006 年 12 月	刘效华	优秀市人大代表	淄博市人大常委会
23	2007 年	李金松	振兴淄博劳动奖章	淄博市总工会
24	2007 年	刘效华	淄博市优秀企业家	中共淄博市委、淄博市人民政府
25	2009 年 6 月	刘效华	淄博首届绿色环保十大杰出人物	淄博市环境保护局
26	2010 年 3 月	刘效华	优秀企业家（2009 年度）	中共淄博市委、淄博市人民政府
27	2010 年 12 月	刘红衍	科技统计先进个人	淄博市统计局
28	2011 年 4 月	刘效华	优秀企业家（2010 年度）	中共淄博市委、淄博市人民政府
29	2011 年 6 月	刘效华	淄博市优秀共产党员	中共淄博市委
30	2011 年 12 月	刘效华	优秀企业家（2011 年度）	中共淄博市委、淄博市人民政府
31	2012 年 11 月	刘红衍	科技统计先进个人	淄博市统计局
32	2013 年 4 月	李海滨	淄博市劳动模范	中共淄博市委、淄博市人民政府
33	2013 年 4 月	刘华祥	工人先锋	青岛市总工会
34	2013 年 4 月	王永涛	工人先锋	青岛市总工会
35	2015 年 4 月	刘华祥	青岛市劳动模范	青岛市人民政府
36	2015 年 5 月	李海滨	淄博市十大金牌工人	中共淄博市委、淄博市人民政府
37	2015 年 5 月	李海滨	振兴淄博劳动奖章	淄博市总工会
38	2015 年 8 月	李海滨	淄博市第六届职工职业技能大赛第八名	中共淄博市委、淄博市人民政府
39	2015 年 11 月	李海滨	2015 年度淄博市青年岗位能手	中共淄博市委、淄博市人民政府

续表

序号	授予时间	姓名	荣誉名称	颁奖（证）机关
40	2015 年 11 月	李海滨	2015 年度淄博市行业岗位能手	中共淄博市委、 淄博市人民政府
41	2016 年 5 月	贾国卿	工人先锋	中共青岛市委员会、 青岛市人民政府
42	2017 年 10 月	陈文强	淄博市职工创新能手	淄博市总工会

区级荣誉一览表

表荣誉 -8

序号	获奖时间	姓名	荣誉名称	授予机关
1	1978 年 3 月	胡光宗	学大庆标兵	中共临淄区委 临淄区人民政府
2	1987 年 2 月	刘效华	优秀共产党员	中共临淄区委
3	1988 年 3 月	王文昌	农民企业家	中共临淄区委、 临淄区人民政府
4	1988 年 3 月	魏淑芳	“三八”红旗手	临淄区妇联
5	1988 年	李金松	临淄区专业技术拔尖人才	中共临淄区委、 临淄区人民政府
6	1989 年 2 月	王文昌	农民企业家	中共临淄区委、 临淄区人民政府
7	1989 年 2 月	胡光宗	治安保卫工作先进个人	中共临淄区委、 临淄区人民政府
8	1989 年 7 月	王明温	临淄区第三届乡镇企业钳工比武第一名	共青团临淄区委、 临淄区乡镇企业局
9	1990 年 3 月	王文昌	农民企业家	中共临淄区委、 临淄区人民政府
10	1990 年	王文昌	优秀共产党员	中共临淄区委
11	1991 年 1 月	王文昌	特邀工会积极分子	临淄区总工会
12	1991 年 2 月	王文昌	安全生产先进工作者	临淄区经委
13	1991 年 2 月	刘效华	乡镇企业管理工作先进工作者	临淄区经委
14	1992 年 1 月	王文昌	特邀工会积极分子	临淄区工会
15	1992 年 2 月	胡光宗	治安保卫工作先进个人	中共临淄区委、 临淄区人民政府
16	1992 年 3 月	刘效华	“管理效益年”活动先进个人	中共临淄区委、 临淄区人民政府
17	1993 年 3 月	刘效华	优秀共产党员	中共临淄区委
18	1994 年 6 月	刘效华	临淄区农业劳动模范	临淄区人民政府
19	1994 年 7 月	刘效华	临淄区共产党员十大模范	中共临淄区委
20	1995 年 3 月	王文昌	优秀共产党员	中共临淄区委

续表

序号	获奖时间	姓名	荣誉名称	授予机关
21	1995 年 11 月	刘效华	临淄区首届优秀企业家	中共临淄区委、临淄区人民政府
22	1997 年	胡光宗	治安保卫工作先进个人	中共临淄区委、临淄区人民政府
23	1997 年	任凤云	专业技术拔尖人才	中共临淄区委、临淄区人民政府
24	1998 年 5 月	王文昌	优秀共产党员	中共临淄区委
25	1999 年	刘效华	专业技术拔尖人才	中共临淄区委、临淄区人民政府
26	2000 年 5 月	刘效华	智能电器控制技术创新示范工程组织奖	临淄区人民政府
27	2001 年 3 月	刘效华	SFJ-1 减粘防焦剂技术创新示范工程项目组织奖	临淄区人民政府
28	2001 年 7 月	刘效华	优秀共产党员	中共临淄区委
29	2003 年 2 月	刘效华	2002 年度荣誉工会积极分子	临淄区总工会
30	2003 年 3 月	赵克强	科技进步先进工作者	临淄区人民政府
31	2003 年 3 月	刘效华	临淄区文明市民	临淄区精神文明建设委员会
32	2003 年 7 月	王文昌	临淄区文明市民	临淄区精神文明建设委员会
33	2003 年	刘效华	道路交通安全工作先进个人	临淄区人民政府
34	2004 年 2 月	刘效华	城市经营先进个人	中共临淄区委、临淄区人民政府
35	2004 年	李金松	科教兴区先进工作者	中共临淄区委、临淄区人民政府
36	2004 年	李世芳	巾帼岗位明星	临淄区妇联
37	2005 年	刘效华	临淄区慈善家	中共临淄区委、临淄区人民政府
38	2006 年	李玉森	优秀工会工作者	临淄区总工会
39	2007 年	李玉森	优秀工会工作者	临淄区总工会
40	2008 年 2 月	刘效华	优秀企业家	中共临淄区委、临淄区人民政府
41	2008 年 6 月	刘效华	临淄区十佳文明诚信企业家	中共临淄区委、临淄区人民政府
42	2009 年 2 月	刘效华	科教兴区先进工作者	中共临淄区委、临淄区人民政府
43	2009 年 2 月	刘效华	优秀企业家	中共临淄区委、临淄区人民政府
44	2009 年 11 月	赵克强	有突出贡献的中青年专家	中共临淄区委、临淄区人民政府
45	2009 年 11 月	赵克强	第二届杰出青年企业家	中共临淄区委、临淄区人民政府

续表

序号	获奖时间	姓名	荣誉名称	授予机关
46	2009 年 12 月	包焕忠	临淄区大学生创业先进工作者	临淄区人事局
47	2010 年 3 月	刘效华	明星企业家	中共临淄区委、临淄区人民政府
48	2011 年 5 月	李金松	临淄慈善人物	中共临淄区委、临淄区人民政府
49	2011 年 7 月	李玉森	优秀党支部书记	中共青岛市黄岛区委
50	2011 年 12 月	刘华祥	工会工作先进个人	青岛经济开发区工会
51	2011 年 12 月	李金松	建言献策、建功立业先进个人	政协第八届临淄区委员会
52	2012 年 4 月	李海滨	临淄区金牌工人	临淄区总工会
53	2012 年 11 月	于　勇	焊工技能大赛三等奖	青岛经济开发区工会
54	2012 年 11 月	王永涛	焊工技能大赛三等奖	青岛经济开发区工会
55	2012 年 11 月	贾国卿	焊工技能大赛优秀奖	青岛经济开发区工会
56	2012 年 11 月	王延金	焊工技能大赛优秀奖	青岛经济开发区工会
57	2012 年 11 月	王　波	临淄区职业技能大赛三等奖	中共临淄区委、临淄区人民政府
58	2013 年 4 月	吕　东	环境保护工作先进个人	济宁高新区党工委
59	2013 年 4 月	刘华祥	青岛市经济技术开发区劳动模范	青岛市委员会
60	2014 年 5 月	于海泉	工人先锋	青岛开发区总工会
61	2014 年	包焕忠	临淄区有突出贡献的中青年专家	临淄区人力资源和社会保障局
62	2014 年	崔福花	临淄区先进工作者	临淄区人民政府
63	2015 年 4 月	吕向伟	临淄区十大金牌工人	临淄区总工会
64	2015 年	刘华祥	优秀共产党员	中共黄岛区委
65	2015 年	崔福花	临淄区先进工作者	临淄区人民政府
66	2015 年	付士国	优秀共产党员	中共临淄区委
67	2016 年 4 月	崔军委	临淄区金牌工匠	临淄区总工会
68	2016 年	崔福花	临淄区先进工作者	临淄区人民政府
69	2016 年	刘华祥	优秀共产党员	中共黄岛区委
70	2017 年 4 月	贾国卿	黄岛区劳动模范	青岛市黄岛区总工会
71	2017 年 5 月	郭宏亮	黄岛区安全生产先进个人	青岛市黄岛区人民政府安全生产委员会
72	2017 年 6 月	赵克强	时代先锋	中共临淄区委
73	2017 年 7 月	刘志胜	有突出贡献的中青年专家	临淄区人力资源和社会保障局
74	2017 年 11 月	李海滨	第二批临淄区首席技师	临淄区人民政府
75	2017 年	刘华祥	优秀共产党员	中共黄岛区委

附　录

淄博市体改委
关于同意淄博市临淄石油化工配件厂改组为规范化股份制企业的批复

淄体改股字〔1992〕25号

淄博市临淄石油化工配件厂：

报来的申请及有关材料收悉，经会同有关部门研究决定，同意你们以本企业自有资产为主体，通过发行内部股票的形式，改组建立规范化股份制企业。

原则同意你们所报来的章程；同意企业股权划分办法，其中企业历年积累资产256.28万元，划为集体股；新发行股份100万元，平价发行。

请接到批文后，按照市政府〔1992〕49号，市政府办公室〔1992〕42号文件及有关规定，精心组织，抓紧工作，严格标准，尽快完成改组任务，并不断总结经验，完善管理制度，保证股份制企业的健康发展。

请持此件到市人民银行办理申请发行股票事宜。

此复

1992年7月15日

临淄区乡镇企业局
关于淄博美陵化工设备股份有限公司技术改造项目的批复

临乡技字〔1993〕第174号

齐陵镇经贸委：

你委报来关于淄博美陵化工设备股份有限公司锻造车间联合改造的《项目建议书》收悉，经研究批复如下：

1. 同意淄博美陵化工设备股份有限公司与齐鲁石化公司检修公司联合对锻造车间进行技术改造，改造后年产锻件4000吨，产值2400万元，利税360万元。

2. 项目总投资650万元，第一期工程400万元，第二期工程250万元，其中自筹500万元，申请银行贷款150万元。

希接文后，抓紧落实项目资金，认真组织实施工作，争取早日投产，发挥效益。

此复

1993年10月27日

山东省机械工业厅
关于同意淄博美陵化工设备股份有限公司申请一、二类压力容器制造规划布点的意见

鲁机技安便字〔1994〕第006号

淄博市机械局：

根据你局（93）淄机安设字第7号文“关于淄博美陵化工设备股份有限公司申办一、二类压力容器规划布点企业的报告”，鉴于该厂依靠技术进步，引进“T型翅片管重沸器”专有技术，已试制并通过了省科委组织的鉴定，且具备生产常压容器制造历史，为适应市场经济的发展要求和企业申请，经研究同意该厂申请一、二类压力容器制造规划布点的报告，请该厂尽快完善条件，按规定向省劳动部门申请受理制造资格审查报告。

1994年3月16日

临淄区乡镇企业局
关于美陵公司新上活化剂的批复

临乡技字〔1994〕第99号

齐陵镇经贸委：

你委报来《美陵公司新上活化剂项目的申请报告》《环境影响报告表》收悉，经研究批复如下：

1. 同意美陵公司新上活化剂项目，年生产活化剂1000吨，年产值980万元，利税294万元。

2. 项目总投资40万元，资金自筹解决。

希接文后抓紧办理有关手续。

此复

1994年11月20日

山东省经济体制改革委员会
关于同意确认淄博美陵化工设备股份有限公司的函

鲁体改函字〔1997〕11号

淄博市人民政府：

你们报省政府的“淄博市人民政府关于对原有股份有限公司进行确认的请示”（淄政发〔1996〕155号），已由省政府办公厅转我委办理。根据国务院国发〔1995〕17号和省政府鲁政发〔1995〕126号文关于对原有股份有限公司依照《公司法》进行规范的要求，经审查，淄博美陵化工设备股份有限公司（以下简称公司）基本符合《公司法》规定，同意予以确认。

一、公司由原临淄石油化工配件厂发起，以募集方式设立。

二、公司股份总数为1197.04万股，每股面值人民币1元，股本金总额为1197.04万元。其中：淄博市临淄区齐陵镇镇政府持有发起人股610.49万股，占股份总数的51%；个人股586.55万股，占股份总数的49%。

三、公司要严格依照《公司法》规范公司章程，待股东大会审议通过后生效。

四、同意公司更名为“山东美陵化工设备股份有限公司”。

随文向公司颁发《山东省股份有限公司批准证书》（鲁政股字〔1997〕9号），请通知企业持证书及其他文件到省工商局申请重新登记。

1997年3月17日

淄博市证券管理委员会办公室
关于同意山东美陵化工设备股份有限公司为上市试点公司的批复

淄证管办字〔1997〕43号

山东美陵化工设备股份有限公司：

报来的申请及有关材料收悉，根据淄博市证管委淄证管字〔1993〕4号文件要求，经审核公司经营业绩良好，总股本为1237.04万股，其中集体股610.49万股，个人股626.55万股，本次上市流通626.55万股。各方面均达到上市标准，所报材料齐全，经研究同意你公司为上市试点公司。

请接到批文后，按照淄博证券交易自动报价系统要求及有关规定办理。

此复

1997年8月23日

山东省体改办
关于同意确认山东美陵化工设备股份有限公司股本变更的批复

鲁体改企字〔2000〕第5号

淄博市体改委：

你委《关于山东美陵化工设备股份有限公司股本变更的请示》(淄体改股字〔1999〕41号)收悉。山东美陵化工设备股份有限公司(以下简称公司)经公司股东大会决议通过，于1997年6月16日实施以1996年底总股本1197.04万股为基数每10股送0.682股的分配方案，新增股本已经山东启新有限责任会计师事务所鲁启会验内字〔2000〕第13号文验资到位。鉴于以上情况，为促进公司今后的顺利发展，经研究，同意确认公司股本变更。股本总额由1197.04万股变更为1237.04万股，其中：淄博市临淄区齐陵镇政府持有发起人股610.49万股，占股份总数的49.35%；个人股626.55万股，占股份总数的50.65%。

随文向公司颁发《山东省股份有限公司批准证书》(鲁政股增字〔2000〕20号)，请通知公司持此证书及其他有关文件到省工商局办理变更登记事宜。

2000年5月24日

淄博市体改办
关于山东美陵化工设备股份有限公司变更股本结构的请示

淄体改股字〔2002〕20号

省体改办：

山东美陵化工设备股份有限公司(以下简称“公司”)是经省政府批准规范的股份有限公司，也是在原淄博证券交易自动报价系统挂牌的公司。

为进一步深化产权制度改革，促进企业产权明晰、政企分开、管理科学。该公司根据市、区两级人民政府的有关文件精神，对公司又进一步实施了改制。经临淄区齐陵镇政府研究决定，将齐陵镇政府持有的山东美陵化工设备股份有限公司610.49万股中的486.78万股以每股1.82元的价格转让给刘效华等21名自然人，同时决定，将镇政府持有的美陵化工股份中的61.852万股奖励给公司发展做出卓越贡献的刘效华同志。

上述股份转让及奖励完成后，该公司的股本结构为，总股本1237.04万股，其中临淄区齐陵镇政府持有61.858万股，占总股本的5%；刘效华等21名自然人持有548.632万股，占总股本的44.35%；社会个人股626.55万股，占总股本的50.65%。

当否，请批复。

2002年11月28日

山东省体改办
关于同意山东美陵化工设备股份有限公司增加股本的批复

鲁体改企字〔2003〕37号

淄博市体改办：

你办《关于山东美陵化工设备股份有限公司变更股本的请示》(淄体改股字〔2003〕8号)收悉。山东美陵化工设备股份有限公司(以下简称公司)经股东大会决议通过，决定以2001年末股本总额1237.04万股为基数，实施利润分配方案，以未分配利润每10股送2股并资本公积金每10股转增4.2股。经山东中大会计师事务所有限公司中大会验字〔2003〕651号验资报告审验，上述方案已经实施。经研究，同意公司变更股本。本次变更后，公司股本总额由1237.04万股变更为2004.0048万股，其中：淄博市临淄区齐陵镇政府100.2099万股，占股份总数的5%；刘效华等21名自然人888.7839万股，占总股本的44.35%。个人股（原场外股票交易流通股）1015.011万股，占股份总数的50.65%。

随文颁发《山东省股份有限公司批准证书》（鲁政股增字〔2003〕9号），请通知公司持此证书及其他有关文件到省工商局办理变更登记事宜。

2003年7月3日

临淄区人民政府
关于城建水厂改制的批复

临政字〔2003〕135号

区建设局：

你单位“关于城建水厂改制的报告”收悉。经区政府研究，现批复如下：

1. 同意将城建水厂改制为有限责任公司，并更名为淄博市天齐渊供水有限公司。

2. 改制后的公司须按照《公司法》规定制定公司章程，设立法人治理机构，实行规范运作。

此复

2003年11月13日

山东省发展和改革委员会
关于同意确认山东美陵化工设备股份有限公司股权结构调整的批复

鲁体改企字〔2004〕74号

淄博市体改办：

你办《山东美陵化工设备股份有限公司集体股转让并变更股本结构的请示》（淄体改股字〔2004〕13号）收悉。山东美陵化工设备股份有限公司（以下简称公司）股东临淄区人民政府齐陵街道办事处（原齐陵镇政府）将其所持公司100.2099万股股权有偿转让给刘效华等6名自然人。经山东建友会计师事务所有限责任公司鲁建验字〔2004〕第3076号验证报告审验，上述股权转让已经实施。经研究，同意对公司上述股权结构调整事项予以确认。本次变更后，公司股本总额仍为2004.0048万股，其中刘效华等22名自然人持有988.9938万股，占股本总数的49.35%；个人股（原场外股票交易流通股）1015.011万股，占股本总数的50.65%。

随文颁发《山东省股份有限公司批准证书》（鲁政股字〔2004〕45号），请通知公司持此证书和其他有关文件到省工商局办理变更登记事宜。

2004年8月9日

淄博市人民政府金融证券工作办公室
关于同意山东美陵化工设备股份有限公司融资方案的批复

淄金发〔2009〕48号

临淄区金融办：

你办《关于山东美陵化工设备股份有限公

司融资方案的请示》(临金发〔2009〕16号)收悉。经研究，现就山东美陵化工设备股份有限公司(以下简称“公司”)融资方案批复如下：

一、同意该公司按照2009年8月24日登记在册的全体股东，遵循“同比例，同价格”的原则，以总股本3006.0072万股为基数，按10股配3股的比例配股。

二、同意该公司向战略投资者定向增发股票358.19784万股。

接此批复后，希望你办监督该公司在融资方案实施过程中，按照《公司法》相关法律法规及《公司章程》的要求，严格程序，规范操作，切实做好股东大会、董事会、监事会的召开，特别是做好信息披露工作，切实履行好告知义务，维护好股东特别是中小股东的合法权益，促进公司规范、健康发展。

2009年9月2日

临淄区发展和改革局
关于淄博市天齐渊供水有限公司
供水厂扩建项目的备案证明

临发改发〔2010〕35号

淄博市天齐渊供水有限公司：

报来《关于淄博市天齐渊供水有限公司供水厂扩建项目备案的请示》《淄博市天齐渊供水有限公司供水厂扩建项目申请报告》收悉。依照投资项目备案管理办法，同意你公司供水厂扩建项目建设，予以备案。该项目主要包括清水池、泵房、供电设施、仓库、办公楼等；扩建后实现供水能力5.4万立方米/日，项目总投资7500万元。

2010年4月22日

淄博市人民政府金融证券工作办公室
关于同意山东美陵化工设备股份有限公司股权在淄博股权托管中心托管的批复

淄金发〔2010〕26号

山东美陵化工设备股份有限公司：

报来的《关于股权在淄博股权托管中心托管的请示》(山美股字〔2010〕14号)收悉。经研究，同意你公司股权在淄博股权托管中心托管。

接此批复后，请尽快聘请有关中介机构，积极准备股权托管申报材料，并将一份完整的申报材料分别报我办和托管中心备案。

股权托管后，希望你公司继续严格按照《公司法》《证券法》的规定和要求，规范运作，切实保护股东权益。在股权托管过程中，如发现有关问题和情况，应及时向我办报告。

此复。

2010年5月13日

青岛经济技术开发区发展和改革局
关于青岛博德化机有限公司建设项目备案的通知

青开发改审〔2010〕96号

青岛博德化机有限公司：

你单位报来《关于青岛博德化机有限公司建设项目备案申请报告》及有关材料收悉。经研究，该项目符合国家相关产业政策，同意备案。现通知如下：

一、项目名称：青岛博德化机有限公司建设项目。

二、主要建设内容及规模：

该项目分二期建设，第一期拟建综合办公楼一座、仓库二个、车间三个、宿舍楼一栋；二期拟建车间二个、仓库二个、宿舍楼一栋。

项目占地27527平方米，总建筑面积17500平方米，其中一期建筑面积11500平方米，二期建筑面积6000平方米。

项目建成后，年机加工总量6000吨，其中换热设备与紧固件各3000吨；PP-R管材加工800吨。

三、项目投资与资金来源：项目总投资4328万元，其中建设投资3828万元，流动资金500万元。资金由企业自筹解决。

四、经济效益：项目投产后，正常经营期间年实现工业产值9100万元，工业增加值3088万元，税后利润1555万元。

五、建设期限：本项目分二期建设，一、二期建设工期各一年。

六、建设地址：青岛经济技术开发区富源工业园一号路以北、四号路以西。

七、本备案有效期限两年。

2010年7月28日

国家工商行政管理总局商标局
关于认定“美陵MEILING及图”商标为驰名商标的批复

商标驰字〔2012〕41号

山东省工商行政管理局：

你局《关于在案件中认定山东美陵化工设备股份有限公司的“美陵及图”商标为驰名商标的请示》（鲁工商标字〔2012〕63号）及相关材料收悉。

根据《商标法》《商标法实施条例》及《驰名商标认定和保护规定》的有关规定，经审查研究，认定山东美陵化工设备股份有限公司使用在商标注册用商品和服务国际分类第11类热交换器、热储存器商品上的“美陵MEILING及图”注册商标为驰名商标。

请你局依据有关法律规定并结合案件具体情况，指导立案机关对相关案件予以处理。

附件：“美陵® MEILING”商标图样

2012年4月27日

中共山东省委组织部
山东省科学技术厅
山东省财政厅
山东省人力资源和社会保障厅
山东省科学技术协会　文件
关于批准2013年新建山东省院士工作站的通知

鲁科字〔2014〕132号

各市党委组织部、科技局、财政局、人力资源和社会保障局、科协，省直有关部门、单位：

建立院士工作站是进一步推进产学研紧密长期合作，更好的引进院士及其团队，加快经济文化强省建设和创新驱动发展战略实施的重大举措。根据《山东省院士工作站管理办法》规定，经单位申报、逐级审核推荐、专家咨询评审，确定依托山东省农业机械科学研究院等4个单位建立综合院士工作站，依托山东博奥华干馏炉研发有限公司等107个单位建立企业院士工作站。

请你们及时通知相关单位和企业，尽快邀请院士及其团队进站工作，督促落实好院士及其团队的工作，生活条件，将科研经费及时足额到位，保证研究项目的顺利实施。

附件：

2013 年山东省新建综合院士工作站名单

2013 年山东省新建企业院士工作站名单

2014 年 9 月 17 日

中国证券监督管理委员会关于核准山东美陵化工设备股份有限公司股票在全国中小企业股份转让系统公开转让的批复

证监许可〔2016〕1540 号

山东美陵化工设备股份有限公司：

你公司报送的《山东美陵化工设备股份有限公司关于股票在全国中小企业股份转让系统挂牌的申请报告》（山美股字〔2016〕第 3 号）及相关文件收悉。根据《公司法》《证券法》和《非上市公众公司监督管理办法》（证监会令第 96 号）等有关规定，经审核，现批复如下：

核准你公司股票在全国中小企业股份转让系统公开转让，并将你公司纳入非上市公众公司监管。

中国证券监督管理委员会

2016 年 7 月 7 日

全国中小企业股份转让系统文件关于同意山东美陵化工设备股份有限公司股票在全国中小企业股份转让系统挂牌的函

股转系统函〔2016〕5555 号

山东美陵化工设备股份有限公司：

你公司报送的《关于股票在全国中小企业股份转让系统公开转让的申请报告》（山美股〔2016〕第 15 号）及《关于核准山东美陵化工设备股份有限公司股票在全国中小企业股份转让系统公开转让的批复》（证监许可证〔2016〕1540 号）等相关文件收悉。根据《中华人民共和国公司法》《中华人民共和国证券法》《国务院关于全国中小企业股份转让系统有关问题的决定》《非上市公众公司监督管理办法》《全国中小企业股份转让系统业务规则（试行）》等有关法律法规、部门规章及相关业务规则，经审查，现同意你公司股票在全国中小企业股份转让系统挂牌，转让方式为协议转让。请你公司按照有关规定办理挂牌手续。

全国股转公司

2016 年 7 月 21 日

山东省人力资源和社会保障厅关于同意齐鲁银行股份有限公司等 100 个单位设立省博士后创新实践基地的通知

鲁人社字〔2016〕197 号

各市人力资源社会保障局，省直有关部门，有关博士后创新实践基地设立单位：

根据人力资源社会保障部、全国博士后管理委员会《关于博士后创新实践基地建设有关问题的通知》（人社部发〔2011〕21 号）精神和《山东省博士后创新实践基地管理办法》（鲁人社发〔2014〕16 号）有关规定，经单位申报、逐级推荐、专家评议，同意齐鲁银行有限公司等 100 个单位设立博士后创新实践基地（以下简称基地，名单详见附件）。现将有关事项通知如下：

一、各市、各有关部门要督促基地设立单位抓紧研究制定基地建设方案，做好招收博士后研究人员的各项准备工作。要加强对基地的政策宣传和业务指导工作，及时研究解决基地建设和运行过程中遇到的新情况新问题，定期对基地博士后工作进行评估。

二、各基地设立单位要认真落实原人事部、全国博士后管理委员会制定的《博士后管理工作规定》(国人部发〔2006〕149号)和《山东省博士后创新实践基地管理办法》(鲁人社发〔2014〕16号)并结合本单位实际，做好以下工作：

(一)做好博士后工作的组织领导和管理人员落实工作，制定切实可行的博士后工作管理细则，建立完善博士后日常管理制度，推进博士后工作制度化、规范化。

(二)根据发展需要，参考申报基地时提出的博士后研究项目，筛选确定合适的博士后研究项目，制定博士后招收计划。抓紧与省内外已设立博士后科研流动站的高校、科研院所联系，确定联合招收单位和博士后合作导师。

(三)按照公开、公平、竞争、择优的原则，对申请基地的博士后研究人员进行认真遴选，尽快招收博士后研究人员进基地工作，发挥好基地在集聚人才、培养人才和提高研究能力方面的作用。

(四)认真做好博士后研究人员的培养和使用工作，着力加强创新能力的培养，逐步在产学研结合的实践中培养出一批创新思维活跃、创新意识强、有较强持续创新能力的博士后人才队伍。

(五)积极参加国家和省博士后工作管理部门组织的博士后管理人员的培训活动，努力建设一支政治素质好、业务水平高、服务意识强的博士后管理人员队伍。

三、加大博士后工作投入，建立多渠道、多层次的资金投入机制。各市、各有关部门、各基地设立单位要积极为博士后研究人员开展科学研究、学术交流和社会服务创造条件；努力改善博士后研究人员的科研条件和生活条件，为他们全身心地投入科研活动创造良好的环境。

基地是培养、吸引高层次创新型人才的重要载体，各市、各有关部门、各基地设立单位要认真落实国家和省关于博士后工作的各项管理制度和有关要求，切实加强基地建设，为推动我省博士后事业健康发展做出贡献。

附件：

2016年山东省博士后创新实践基地名单

山东美陵化工设备股份有限公司

(其他略)

2016年6月12日

淄博市人民政府
关于调整淄博市工业企业50强和创新型高成长企业50强名单的通知

淄政字〔2017〕71号

各区县人民政府，高新区、经济开发区、文昌湖区管委会，市政府各部门，各有关单位，各大企业，各高等院校：

根据《淄博市“工业50强”和“创新型高成长企业50强”认定管理培育办法》(淄政办发〔2015〕18号)规定，市政府委托第三方咨询机构(赛迪顾问股份有限公司)对2016年公布的“工业50强”“创新型高成长企业50强”企业和新申报企业进行了综合评估。根据评估结果，确定2017年淄博市“工业50强”和“创新型高成长企业50强”名单，现予以公布。

各级、各有关部门要高度重视“工业50强”和“创新型高成长企业50强”的培育发展工作，及时掌握企业发展情况，不断提升服务效能，积极帮助企业解决发展中遇到的问题，促进企业健康发展。要认真落实各项扶持政策，优化要素配置，加大支持力度，加快推进新旧动能转换，为工业强市建设作出新的更大贡献。

附件：

1. 淄博市“工业 50 强”名单

2. 淄博市“创新型高成长企业 50 强”名单

山东美陵化工设备股份有限公司

（其他略）

2017 年 8 月 22 日

1992—2017 年市级以上报刊报道公司情况统计表

表附录 – 1

序号	文章题目	发表时间	刊登报刊	作者
1	当配角唱大戏　服务当中求发展	1992 年 12 月	《淄博日报》第二版	徐建新
2	与大企业配套　走科技兴厂路	1993 年 6 月 23 日	《中国乡镇企业报》第三版	刘玉德
3	临淄区“美陵”与青岛市“石化”联姻	1994 年 3 月 30 日	《淄博科技报》第一版	路百鸣
4	内引人才技术强身壮骨 外联大中企业滚动发展	1994 年 4 月 18 日	《淄博日报》第二版	牛献君等
5	“美陵”形成“集团军”闯市场	1994 年 4 月 27 日	《淄博科技报》第一版	石峰等
6	淄博美陵公司靠新品争市场	1995 年 2 月 9 日	《大众日报》	路百敏
7	重科技投入　增自身优势	1995 年 9 月 15 日	《淄博日报》	刘玉德
8	科技进步　打开市场的“金钥匙”	1996 年 8 月 8 日	《淄博日报》第一版	陈玲等
9	崛起之路	1997 年 1 月 10 日	《淄博日报》第六版	黎静
10	发展：美陵的永恒主题	1997 年 4 月 18 日	《淄博日报》第四版	公司办
11	山东美陵如日中天前景壮美	1997 年 9 月 19 日	《淄博日报》第六版	公司办
12	走科技兴企之路	1998 年 5 月 30 日	《淄博日报》第一版	郭本玉等
13	美陵化工通过国际质量体系认证	1998 年 12 月 30 日	《淄博日报》第二版	李世芳
14	创新，企业的生命之源	1999 年 6 月 30 日	《联合日报》第四版	公司办
15	生活污水有了“克星”	2000 年 9 月 22 日	《淄博日报》第二版	郭本玉等
16	山东美陵公司大举进军环保产业	2001 年 9 月 13 日	《淄博日报》第七版	王立才等
17	扬帆竞渡立潮头	2002 年 4 月 2 日	《淄博日报》新闻版	郭本玉等
18	“美陵人”的环保情结	2002 年 10 月 22 日	《淄博日报》新闻版	郭本玉
19	美陵，从环保中淘金	2002 年 10 月	《淄博声屏报》第 20 期	刘波等
20	两水厂投入民企怀抱	2003 年 5 月 19 日	《淄博日报》第一版	郭本玉等
21	高从堦院士在美陵	2003 年 9 月 9 日	《淄博晚报》B4-B5	高名扬等
22	“美陵”之美	2004 年 10 月 15 日	《齐鲁石化报》二版	郭刚等
23	美陵集团与山东理工大学联合建立教学科研实践基地	2004 年 10 月 18 日	《淄博日报》第二版	本报记者

续表

序号	文章题目	发表时间	刊登报刊	作者
24	污水处理与利用生态系统的研究与工程实践	2005 年 5 月	《中国国际水处理技术论坛》	包焕忠
25	引进韩国高新技术力克工业污染	2006 年 3 月 18 日	《淄博日报》第一版	刘　刚
26	美陵集团喜添治污王牌	2006 年 5 月 14 日	《淄博日报》第一版	于谦等
27	又好又快看“美陵”	2007 年 11 月 10 日	《淄博日报》第一版	刘　刚 赵克强
28	美陵环保科技　缔造绿色世界	2007 年 11 月 23 日	《淄博晚报》环境专版	公司办
29	生活饮用水游离氯的检测条件	2008 年 2 月	《职业与健康》	崔福花
30	高效生物强化技术在治理炼油碱渣废水中的应用	2008 年 3 月	《工业用水与废水》	包焕忠 曹国强
31	双相不锈钢换热管与 316L 管板焊接工艺	2009 年	《石油化工设备》第一期	周海会
32	西门子 PLC 在石化行业中的应用	2009 年	《中国科技博览》	王文斌
33	离心式压缩机控制方案的分析与探讨	2009 年	《中国科技博览》	王文斌
34	“天齐”之水古者来、“渊”源流长传佳话	2009 年 3 月	《淄博日报》	张　瑛
35	大开孔重叠设备制造技术探讨	2010 年	《石油化工设备技术》第 3 刊	康海燕 刘志胜 周金秀
36	定扭折头高强度螺栓力槽计算及稳定性探索	2011 年 1 月	《宁波紧固件》	崔民红 刘永来 赵克强
37	风电螺栓施拧扭矩系数稳定性探索	2011 年 2 月	《宁波紧固件》	崔民红 刘永来 赵克强
38	美陵：只做“造品牌”专家	2012 年 2 月	《淄博日报》第 12 版	
39	“美陵”被认定为中国驰名商标	2012 年 8 月	《淄博日报》第 1 版	刘　刚
40	美陵：责任当先、品牌制胜	2012 年 11 月	《淄博日报》第 9 版	
41	天齐渊矿泉水亮相淄博糖酒会	2013 年 4 月	《淄博日报》	矿泉水公司
42	龙脉优质饮用天然水	2013 年 5 月	《鲁中晨报》	
43	天齐渊等当选省饮协常务理事、理事单位	2013 年 27 期	《淄博声屏报》	
44	矿井提升机热矫正制动盘整形装置	2013 年 6 月	《现代矿业》	崔民红
45	斜井提升新型防跑车装置的设计及应用	2013 年 7 月	《现代矿业》	崔民红
46	矿山直流电机车掉道复位及防端头出轨装置	2013 年 9 月	《现代矿业》	崔民红
47	山东美陵 55 年风雨写传奇	2013 年 9 月	《淄博日报》	刘　刚 刘　淼 王庆胜

续表

序号	文章题目	发表时间	刊登报刊	作者
48	美陵55周年这样走过	2013年9月	《淄博日报》	刘　刚 刘　淼 李金松
49	淄博放心水联盟成立	2013年3月	《淄博日报》	
50	海纳百川天齐渊	2014年9月	《淄博晚报》	
51	“古齐宝地神水渊源”天齐渊矿泉水	2014年10月	《淄博晚报》	孙　璟 荆素霞
52	诚信方能致远	2014年10月	《淄博日报》	王庆胜
53	400%红利美陵集团创全市分红纪录	2015年5月	《淄博日报》	翟明月 陈　森
54	美陵集团　诚信为魂　科技先行	2015年7月	《今日临淄》	刘　霞
55	高效焊割设备在换热器制造中的应用	2015年8月	《金属加工》第16期	李宪亮
56	高通量管焊接工艺研究	2015年10月	《金属加工》第20期	李宪亮
57	自来水管网的可靠性分析与优化设计	2016年8月	《工程技术》	崔福花
58	浅谈自动化控制系统在城镇自来水公司的应用	2016年8月	《基层建设》	崔福花
59	“专业制水　品质保证”欢迎您饮用天齐渊矿泉水、天齐渊龙脉天然水	2016年8月	《山东饮用水》	
60	让生命之水更清澈	2016年8月	《淄博日报》	刘　刚 刘　霞
61	美陵公司在新三板挂牌交易	2016年10月	《淄博日报》	王　维
62	同源一网　同步未来	2016年12月8日	《淄博日报》	鹿　鹏 刘　霞
63	省内质量免检单位，名牌企业	2017年5月	《东方铭柜》	
64	美陵发力革新创品牌	2017年9月	《淄博日报》	鹿　鹏 刘　霞

山东美陵如日中天前景壮美

1997年9月19日《淄博日报》第六版

稳健的成长发展

山东美陵化工设备股份有限公司的前身为临淄石油化工配件厂，始建于1958年，1967年，随着齐鲁石化公司胜利炼油厂的开发建设，开始为石化企业配套生产石化配件，1983年更名为临淄石化配件厂。1992年，创立了股份制企业——淄博美陵化工设备股份有限公司。公司创立后，建立了二级目标化管理机制，使企业走上了发展的快车道，呈现出前所未有的发展势头，到1996年，企业总资产已由创立时的556.14万元增长到5425万元，公司注册资本也由创立时的356.28万元通过不断积累增长到1237万元，股票每股净资产连年来年年都有较大幅度的增长，年均增值40%，每股分红率也较高，年平均为29.3%，企业负债率一直保持在45%左右，且呈逐年下降趋势，自有资金实力逐步加强，流动比率和速动比率逐年增长，财务质量相当稳定，抗风险能力很强，并有良好的发展趋势。1996年被确认为规范化股份制企业，并更名为山东美陵化工设备股份有限公司。规范工作的成功，进一步增强了企业的经济实力和发展后劲。今年上半年公司已实现营业收入3579万元，完成年计划的78%，实现利税685万元，实现利润401万元，完成年计划的83%。

优异的经营业绩

公司近五年经营业绩（单位：万元）

项目／年度	92年	93年	94年	95年	96年
营业收入	795	1878	3640	4258	4980
利润总额	127	302	354	320	551
税后利润	82	196	354	320	485
资产总额	556	1507	2405	2854	5425
分红率%	30.16	30.33	28.14	28.45	40

以上数字所反映的业务实绩，充分显示了该公司良好的成长性。公司在市内同行业以稳健发展、稳步增长而著称，良好的业绩得到了社会的认可，作为淄博市骨干乡镇企业，公司九五年被评为淄博市“十大科技进步乡镇企业”，九六年被农业部确认为全国建立现代企

业制度试点单位和中型一级企业，并被山东省信誉评级委员会评定为AAA特级信誉企业，九七年又被评为山东省省级重合同、守信用企业以及淄博市高新技术企业，良好的企业形象同时也得到中国石化行业的信赖与认可，公司连年被列为中国石化总公司物资装备公司石化设备资源市场成员厂，产品在全国十五个省、市和地区畅销不衰。

自强的发展道路

作为乡镇企业，靠从国家经济计划之外的“拾遗补漏”开始，在自生自灭的生存环境中发展起来的美陵公司，从小打小闹作坊式生产的农具厂，到今天初具规模的综合性集团公司，美陵人没靠国家一分钱的经济扶持，走的完全是一条艰辛拼搏的自我发展之路。他们一方面采用“养鸡下蛋孵小鸡”的方式，以石化配件为主体，繁衍别的产品、项目；另一方面大胆探索“借鸡下蛋”的路子，运用国营大企业的技术、装备、人才、资金联合发展来壮大自己，通过内引外联，滚动发展，有了一定的规模与资金积累之后，他们又及时提出“靠科技、养大鸡”，即依靠科学经营，发展现代化工业。1992年改制后，划分组建了七个二级单位，隶属总公司，形成二级目标化管理的新格局，各二级单位独立核算、自主经营、自负盈亏、自我约束、自我发展，公司只对各二级单位实行责、权、利相结合的经济指标的考核和审计管理，其主要精力考虑企业发展的大事。规范、科学、严密的管理，带动了企业的全面发展，公司的产品结构与规模也发生了很大的变化，九二年只是生产单一产品的石化配件厂，而今已发展成为一个有自己的定型、主导产品，下设石油化工配件厂、催化剂厂、重型锻压厂、淄博空调风机股份有限公司美陵分公司、青岛琴陵石化配件有限公司、安装工程公司和天齐渊矿泉水公司七个二级单位的初具规模的集团公司。

雄厚的科技实力

在与市场接轨的现代社会，乡镇企业要想占领市场必须开发出科技含量高的产品，就像打仗要占领制高点，要谋求发展就必须占领科技的制高点，选择科技含量高、经济效益好的产品集中力量开发出来。正是有了这一清晰的思路、理性的判断，美陵从公司成立之初起就确立了以发展高科技为重点的战略，开发选项紧紧盯住科技含量高、市场前景好的产品，引进中石化洛阳工程公司技术生产的T型翅片管重沸器。填补了国内沸腾传热设备的一项空白，并被国家科委列入“九五”国家重点开发新产品计划，与石油大学联合研制的HTV船型浮阀塔板荣获国家发明三等奖，利用国家专利技术开发的KT系列机电一体的大功率空调风机，填补了国内空白，成为国内独家生产的专利产品，引进中石化公司高新技术生产的折流杆式换热器，被列为国家重点开发产品，最近又与青岛海洋大学共同研制出SJC-1型声筒正波场入侵报警器，性能优于目前国内通用的入侵报警器，近三年来，共开发新产品14种，其中4种填补了国内空白，3种产品属省内空白，有了这些高科技产品，企业便以年均递增50%以上的经济增长速度迅猛发展，工业产值由1991年的650万元骤增至1996年的5000万元，利税也同步增长，企业进入了良性循环、持续高效发展的超常期。

庞大的人才汇聚

人才是企业的战略资本，特别是在一个企业的资产迅速膨胀时期，要振兴企业，人才是根本，对待人才要有战略眼光、长远规划，形成系统工程。美陵实施人才工程，重在“引、培、用、管”四字上做文章。

“引”就是引人才，近年来，美陵以优厚待遇，四处求贤，八方招才，目前已从全国各地引进各类专业技术人员 74 名，占职工总数的 15%；“培”就是眼睛向内，立足企业，自己培养人才。该公司建有自己完善的人才培训体系，走出去学与请进来教相结合，几年来先后委培了大中专生 40 余名，并与山东省农业广播学校在公司联合举办了机电专业中专班，从而使公司有了一支源源不断的后备军；“用”就是量才录用，真才实学。公司对外引内培的各类人才安排到开发、技术、质检、财务等重要部门，其中优秀的技术人员被委以主任、科长、顾问等重任，各自负责一个部门或一个项目，让他们各尽其能；“管”就是生活上关心照顾，最大限度解决他们的后顾之忧，九五年在资金并不宽松的情况下拿出 180 万元为他们建设了标准较高的宿舍楼。如今，美陵公司的技术人员一个个安居乐业，断守着自己的家园。

以人为本，引进与培养相结合的人才发展战略，从根本上改变了美陵公司职工队伍的知识结构，素质的提高又为企业高科技工业的发展提供了保障。

坚实的支撑后盾

确切的说，美陵公司的发展起源于石化配件，1967 年，随着齐鲁石化公司胜利炼油厂的破土动工，美陵公司是全国第一家为其配套生产石化配件的企业，美陵发展的序幕便从这里拉开，30 年来，凭着良好的企业信誉，美陵公司与齐鲁石化公司之间互惠互利，始终保持了良好的业务往来关系，美陵公司每年为齐鲁石化公司生产的设备、配件都在千万元以上，九五年，他们又进一步携手合作，联合创办了美陵重型锻压厂，目前该厂正处于试生产阶段，达产后将产生巨大的经济和社会效益。九七年，该公司与胜利炼油厂的合作又结硕果，他们共同研制的防焦剂，填补了国内空白，在炼油企业有着广阔的开发利用前景。美陵的发展源于齐鲁，也伴随着齐鲁，齐鲁石化公司作为国家化工部直属的特大型企业，有着雄厚的经济实力和技术实力，有这样的经济合作伙伴和坚实后盾，可以断言，美陵的明天会更好。

壮美的发展前景

国民经济的蓬勃发展，奠定了该公司快速发展之根基，在未来的发展中，该公司将利用股票上市这一契机，贯彻执行以内涵为主的发展方针，以化工设备、机电产品为龙头，以市场为导向，进一步优化产品结构，大力发展高新技术产品，依靠科技进步，不断推进科学管理，提高经济运行质量和经济效益，实现整体推进，使公司成为具有一定规模、实力雄厚、经济效益好的高科技企业集团。

国家专利技术 KT 系列外转子机电一体空调机用通风机，是目前我国空调行业用大功率空调风机的更新换代产品，被列为国家高新技术产品，形成规模后，可年增销售收入 3000 万元，利税 450 万元。

与齐鲁石化公司检修公司合作创办的淄博美陵重型锻压厂，总体设计和生产工艺由天津重型机器厂与机械工业部第五设计院提供，其设备和工艺均达到国内先进水平，该项目可年增销售收入 2000 万元，利税 300 万元。

九七年与齐鲁石化公司胜利炼油厂共同研制生产的防焦剂，用于炼油厂减粘工艺装置，可提高轻质油回收率 6%，该产品填补了国内一项空白，投产后将为社会和公司产生巨大的社会效益和经济效益，可年增销售收入 5000 万元，新增利税 1250 万元。

与青岛海洋大学联合开发的 SJC-1 型声筒

正波场入侵式报警器，具有全方位、无死角、采用数字灵敏度设置无误报、采用超声频段外界无影响以及不需隐蔽、安装方式不受限制等优点，是目前国内最为理想的保安器材，该产品已获国家发明专利，投产后可年增销售收入2000万元，利税400万元。

美陵　55年这样走过

2013年9月8日《淄博日报》第四版

9月28日是一个普通的日子，但对山东美陵集团来说，却是个值得纪念的日子，那一天是她55岁的生日。

55年在历史长河中转瞬即逝，但对企业来说已是“高寿”。《财富》杂志做过统计，美国只有2%的企业能存活50年以上；在我国，企业经营超过50年就可以申请“中华老字号”。环顾四周，能走过55年的淄博工业企业、特别是土生土长的民营企业更是凤毛麟角。

美陵从一家社办农具厂起家，为何能历经55年风雨，依然保持健康持续发展？近日，记者走近淄江河畔、牛山之巅的美陵集团，解读这55年传奇背后的秘密。

顺势而为 潮起潮落逐浪高

从1958年创立，美陵经历了计划经济、市场经济多个不同历史时期的变革和洗礼，历经三次移址，十次更名。1997年成立“山东美陵化工设备股份有限公司”，步入快速发展之路。1999年注册“美陵”商标，2004年组建“山东美陵集团”，实现跨地区跨行业规模经营。一路走来，美陵的每一步都有锐意进取的身影，都有顺势而为的智慧。

从最初修造简单农具到开发生产脱粒机，从生产电风扇到涉足石化配件，再到开发生产压力容器、高强度紧固件、空调风机、重型锻件、汽车零部件、城市供水、污水净化、环境工程……每到转折关头、每到关键时刻，总有一股拼劲驱使着美陵勇往无前，总有一种稳健佑护着美陵乘势而上。

1958年9月，在大办人民公社的热潮中，美陵集团的前身——齐陵公社联合机械制修厂成立了。说是企业，其实就是民间作坊集合。没有厂房就租民房，没有工具，就从家里带来铁锤榔头，土法上马，打造出第一批简易农具。企业创立不到一年就遇到了三年经济困难时期，刚刚有点起色，十年“文革”又开始了。即使是在这样的处境中，工人们的创业热情依然旺盛。1968年12月，历时一年自行制造的120吨冲床投入使用，开始为胜利炼油厂加工配件。1974年，先后试制成功700型和450型脱粒机，后来又上马时兴的电风扇。

职工们学习“大庆精神”，按照“三老四严”的要求，“八小时内拼命干，八小时外做贡献”，克服一切困难完成上级下达的生产任务。为了研制新产品，土法上马、自制设备，甚至到废品收购站苦苦寻觅配件；为了保证新厂房的建设进度，工人们赶到砖厂抢运还没出窑带着高温的红砖，身上、脸上、嘴里沾满了粉尘砖沫也无所顾惜。

党的十一届三中全会以后，美陵如添翼的

猛虎全力前进，调整产品结构，主攻压力容器和风机产品。为了打开市场，创出了一人一周“连轴转”接待百余桌客户的记录；为了保证客户抢修需求，出现过“灯火明、机器转、不夜天”和“宁让汗水飘起船，不让工期误一天”的火热生产场面；为了开拓压力容器市场，引进专业技术、与国企合作、招聘人才多管齐下，抢建厂房、购置设备、技术培训、建立质保体系齐头并举，省有关部门负责人被这种拼搏精神感动，连续三次亲临现场指导。仅用一年时间，美陵就拿到了一二类压力容器制造许可证。

进入新世纪，美陵在更高层次上接连使出大手笔。2001年，进军环保产业，成立美陵环境科技公司，取得了青州污水处理厂、临淄污水处理厂的特许经营权，成为中国环保产业骨干企业和省十大重点骨干企业。并购临淄供水企业，成立天齐渊供水公司，步入公共事业领域。2001年，成立高强度紧固件公司。2002年，在青岛设立博德化机有限公司，开发生产非铁材料特种压力容器。2004年组建“山东美陵集团”，2008年，集团公司决定实施资产重组，将两大优势产业从架构上分离，通过专业化管理，实现机械制造与环保水务两大优势产业强势发展。

目前，集团下辖美陵股份和美陵环境两大公司。美陵股份下辖化工设备、紧固件、汽配、生物助剂、博德化机、加油站等6家子公司；美陵环境公司下辖风机、环境工程、供水、矿泉水、临淄污水净化、青州污水净化、济宁污水净化等7家子公司。不断完善产业布局，使美陵有了较强的抵抗市场风险的能力。在2008年金融危机和近期的经济下行冲击中，都保持了难得的从容和稳定。2012年，美陵公司实现销售收入6.5亿元，利税5700万元，连续第10年被评为淄博市百强工业企业。

转换机制　打造全员事业平台

改革开放以后，美陵发展迅速，到1991年总资产已经达到550万元，但企业机制上的一些弊端也逐渐显露出来。企业隶属齐陵镇经委，产权不清、责权不明，不具备作为市场竞争主体的条件，甚至没有直接的用人权，平均主义的分配机制和过多的行政干预，让企业无心也无力施展抱负。另一方面，为了适应市场经济竞争，企业将更有市场前景的化工设备制造作为主攻方向，但又面临资金短缺。企业发展走到了十字路口，上述一系列问题如果不能从根本上解决，正在发展中的美陵可能被市场经济浪潮无情地淘汰。

刚刚掌舵企业的厂长刘效华带领大家学习考察，认为股份制改造既是有效融资的渠道，也是实现自我嬗变的最佳选择，更是开启无限未来的必经之路。1992年元月，作为淄博市第二批试点单位，经市体改委批准，企业改制为淄博美陵化工设备股份公司，1996年又按照《公司法》要求进行了规范，成为经省政府确认的规范化股份制企业。

股份制改造为美陵推倒了阻碍发展的壁垒，铺平了快速发展的大路。随着法人治理机构和现代企业管理制度的建立和高效运行，1993年，企业实现工业总产值1151万元，利税158万元，分别是改制前一年的232%和263%。

进行改制时，国家政策鼓励企业管理层特别是主要经营者持大股，但以刘效华为首的美陵主要经营管理者没有这么做。他们认为，美陵是几代人艰苦奋斗创下的基业，不是属于哪个人的，不能一夜之间由少数人持大股。如果管理层持了大股，无论是对先行者、后来者还是每个员工，都是不公、不恤。不公、不恤，久必生怨，量变引发质变，最终累及企业，这也是很多风风火火的企业昙花一现的重要原因之一。1979年进厂，见证了美陵30余年发展巨变的集团董事局主席刘效华感慨地说："在个人利益和美陵的长远利益之间，我选择了后者，毕竟一生的青春年华与美陵息息相关。反之亦然，美陵也给了我自身发展的空间和机遇，这份感情血浓于水。"

的确，美陵是全体美陵人的美陵，这种无形的凝聚力感召着每一名员工。

引才制胜　开启不竭核心动力

自创立以来，专业技术人才缺乏就一直困扰着美陵。自主开发新型脱粒机，由于技术不成熟，故障频出；承揽下石化配件业务，却因工艺问题无法达到客户要求；进军压力容器领域，对技术要求和指标却一无所知。为此，美陵从上个世纪90年代开始，一手抓与高等院校、科研单位技术合作，一手抓人才队伍的引进和培养。

美陵先后与中石化洛阳设计院、中国石油大学、清华大学、山东大学等开展技术合作。1994年开发的石化装置关键设备——T型翅片管重沸器属国内首创，被列为"九五"国家重点开发新产品，直到现在仍然在生产销售。目前，集团正在加紧研制更加先进的"锥形翅片管换热器"，替换这款功勋产品。2001年，美陵取得了压力容器设计资质，实现了设计、制造、安装全资质；2004年，公司技术开发中心被认定为省级企业技术开发中心，2011年，省级高效节能换热器工程技术研究中心通过验收；2008年美陵股份公司被确认为国家高新技术企业，2010年美陵环境公司被确认为国家高新技术企业，2012年，集团公司被授予全国守合同重信用企业；2007年"美陵"牌换热器被认定为中国名牌产品，2012年美陵商标被认定为中国驰名商标，同年又被认定为中国石油和化学工业行业知名品牌。

2008年，美陵生产的压力容器首次出口美国，紧固件也实现了出口。2013年，集团新上马的汽车配件在日本打开市场，获得广野公司颁发的新产品成功达成奖。同年6月，为哈萨克斯坦阿特劳炼油厂生产的48台多型号换热器顺利运抵，在国际石化工程领域中打响了美陵品牌。2010年公司与中石化工程建设公司、石油大学共同研究开发催化裂化装置烟气脱硫技术，将彻底解决我国各大炼油企业催化裂化装置烟气达标排放问题，填补了国内空白。

1992年改制后，美陵有了盼望已久的人事自主权，遂大力引进人才，形成自己的科技力量。公司领导到几所大学演讲推介，于1993年一次性引进了8名专业对口的全日制本科大学生，这在当时引起了不小的轰动。

引进容易，关键是要留得住、用得好。1995年，美陵在资金紧张的情况下，拿出近百万巨资，专门盖了一栋6层的大学生宿舍楼，不分婚否一人一套，从根本上解决了他们的后顾之忧。在生活上关心呵护，在工作上则严格要求、悉心培养。时任董事长刘效华提出了选材用人"任人唯贤不唯亲、唯才是举德兼备"理念和"一切以工作为重"的原则。现集团公司总裁赵克强、副总裁包焕忠、总工办主任胡平、设备公司副总经理刘志胜等都是那一时期引进并成长起来的大学生。

老家甘肃的赵克强西安矿业学院毕业后，只身来到美陵，20年后，成为整个美陵的总裁。他感慨地说："刚来时，举目无亲，真担心能否在这里立足，更不要说进入领导层。没想到的是，美陵是把我们当成自家的孩子来待，甚至拔苗助长式地培养我，从科长、分公司副总到集团总工、副总经理直到总裁。在美陵，不存在人才发挥不出能力的现象，只有你的才能不适应岗位的问题。”

当下，很多民营企业在管理上实行家族式管理，特别是重点岗位绝不会用“外人”，而美陵能有这种任人唯贤的胸怀和气魄难能可贵，这也是美陵能稳步发展、历久不衰的重要原因之一。目前，美陵员工大学以上学历者比例达到40%以上，通过实行内部技术职务聘任和津贴制度，激发了他们钻研进取的积极性，铸就了一支不断成长的人才队伍，成为美陵发展用之不竭的核心动力。

夯实管理 让肌体永葆健康活力

管理是企业永恒的主题。55年来，美陵从建厂初期的简单粗放管理，几经改革和制度创新，形成了一套适应现代企业制度要求、符合公司实际的管理体系。因此，无论企业规模怎么扩大，但“重要系统”还是“神经末梢”都保持了健康和活力。

1982年，美陵根据党中央国务院《关于工业企业进行整顿的决定》，进行了3年多的整顿，管理迈入正轨。1988年，成立标准化、计量和安全生产机构，制定了相应的规章制度，相继通过了市省两级验收达标。1996年，进一步规范股份制后，管理模式发生重大变化，从统一管理变为分级管理，原来的车间整合设立为独立核算的二级单位，实行总经理领导下的三总师负责制。1998年，通过了ISO 9002:1994质量管理体系认证，后又通过了ISO 9001:2000的贯标换版。2001年，推行5S现场管理模式。

谈到管理，不能不说到美陵的“滑铁卢”之役。1994年，美陵进军压力容器领域，历经千辛万苦生产出了首台T型翅片管重沸器，由于经验不足，忽视了焊接时的环境湿度，导致这台40多万元的设备在安装时出现质量问题。40万是当时公司一年的纯利润，刘效华这个刚毅的临淄汉子果断做出决策，在最短的时间内重新生产一台质量合格的产品交付客户，终于化危为机，赢回了信任。

痛定思痛，卧薪尝胆。公司开展了全员质量意识教育活动。教育结束后进行达标考试时，由于找不到容纳几百职工的考场，只好在厂区的广场进行，黑压压一院子人埋头答题，壮观又悲怆。考试后，根据成绩评选质量信得过者奖和质量有待提高者奖各10人，两个奖项同时颁发。很多职工至今还记忆犹新——信得过者的奖品是不锈钢暖瓶，质量有待提高者的“奖品”是塑料暖瓶，虽然都是暖瓶，但拿在手里滋味却有天壤之别。至今，这项评选仍然保留，成为美陵每年一度的“质量节”。

全员质量教育活动后，随即开展全员提合理化建议活动，全厂收到200余条建议，最终归纳为66条，这66条“军规”成为美陵现代质量管理体系的基石。自此后，美陵始终以“第一次就把正确的事情做正确”为最高追求，产品质量在业内有口皆碑，近年来先后创出压力容器领域的“中国名牌”和“中国驰名商标”，成为公认的换热器制造专家。2013年，荣获淄博市首届市长质量管理奖。

美陵现在使用的企业管理制度多达50万字，涉及生产、物资供应和产品营销、合同、质量、计量、设备、安全生产、人力资源、财务、行政等各个方面，并且一年修订一次，确保适应新的形势变化。也许有人会说，制定这么多的制度会不会导致效率低下、过犹不及？答案是否定的，2008年，美陵在临淄区首家引入当今先进的ERP管理系统，一举实现了管理信息化，大量生产经营管理信息尽在掌控。

所谓ERP就是企业资源计划(Enterprise Resources Planning)的简称，它将企业的财务、采购、生产、销售、库存和其它业务功能整合到一个信息管理平台上，从而最大限度地利用现有资源，实现经济效益最大化。引入集现代信息技术与先进管理思想于一身的ERP系统，使美陵的管理实现了质的飞跃，同时也获取了企业在信息时代生存、发展的通行证。

躬耕文化 筑就通往百年企业之路

做一流企业靠文化，做百年企业更要靠文化。但企业的文化绝不是琢磨几个词，然后往墙上一挂那么简单，就像人的成长一样，不经历风雨怎么见彩虹。在美陵，从1958年开出第一张发票开始，55年的财务账本全部完整无缺地保存至今，这是企业文化的最好注脚。

建厂初期，掀起了学习大庆精神、学雷锋精神的热潮，提出了“八小时内拼命干，八小时外做贡献”要求，工人们在此感召下不计较工作条件和工资报酬，爱厂如家，当好企业主人翁，这是美陵企业文化建设的最初探索和尝试。

改革开放以后，美陵的企业文化建设进入了新的历史时期。提出了“团结奋进 求实创新”的企业精神，并逐渐延展出管理宗旨、管理者守则、用人理念、质量理念、安全理念等一系列分支，为美陵跨越发展提供了强劲的精神动力。

四十不惑，对人、对企业都是如此。1999年，美陵掌舵人刘效华在繁忙的工作之余，时常陷入深深的思考——企业发展靠什么保持用之不竭的动力？企业做大做强是为了谁？最终他得出的答案仅有八个字——“诚信致远 同步未来”，这既是对过往奋斗历程的高度总结，也是指引企业建设百年品牌的核心理念。

细细品读“诚信致远 同步未来”，可见其中乾坤。“诚信”是企业一切活动遵循的基本原则，是“致远”的条件；“致远”则表达了美陵人对共同理想和信念的强烈追求；而“同步”则是做企业的根本目的，为了股东的未来、为了客户的未来、为了员工的未来、为了企业承担责任的这个社会的未来。

美陵脚下的这片土地曾是春秋五霸之首齐国的故都，而历史上最早提出“诚信”一词的正是齐国著名的政治家、经济学家管仲，“诚信者，天下之结也”。这不是一种巧合，美陵人用55年的朴素实践传承着中华传统文化中最具现实意义的部分。

曾有当地的领导这样评价美陵，规模不是最大，挣钱不是最多，但基础管理最坚实、发展步履最稳健。细细想来，这些都得益于一个诚字，对人，对己，对社会，企业品格就是企业文化，企业文化决定企业的未来，诚不欺也。

进入新世纪，美陵以“诚信致远 同步未来”为核心，不断延展企业文化的广度和深度。2008年是美陵创建50周年。董事局主席、党委书记刘效华在庆典致辞中提出了四个永远不能忘记，即“永远不能忘记社会责任，永远不能忘记公司发展，永远不能忘记辛勤的员工，永远不能忘记规范的管理”。其中，以永远不能忘记辛勤的员工为立足点，又提出了“共创共享共赢”的理念，即企业为员工搭建各尽所能、实现自我价值的平台，员工把自己融入企业的发展之中，共同创造、共同分享企业的荣誉和成果，实现合作共赢。

在这样的理念下，工资分配向劳动强度大、技术水平高的工种倾斜。员工人均工资性收入2010年为28938元，2011年为35878元，2012年为39550元。2012年员工个人工资性收入达6万元的有22人，达8万元的有9人，超10万元的有5人。

2011年4月，集团公司通过组织车间一

线员工代表参加对公司高、中层管理人员及后勤管理人员的绩效考核和集中评价。刘效华藉此总结提炼提出了管理企业的“六用”要求，即“用文化思想统领你的企业，用制度建设管理你的企业，用严管细算经营你的企业、用身教言传带动你的企业，用团结合作凝聚你的企业，用智慧实干发展你的企业”。随着企业文化体系一次次地完善提升，迈向百年企业的康庄大路也在一步步地向前延伸、再延伸。

忆往昔，岁月峥嵘，春夏秋冬情系美陵；瞻未来，返本开新，天地人和续写春秋。走过55年，美陵进入了新的历史阶段，创建百年品牌企业的梦想更加强烈地激荡着美陵人的心扉。

开展资本运作、优化产业结构、筹建院士工作站、研发高附加产品、打造年轻化、专业化的管理团队……深知道远而任重，神圣而艰巨，美陵人一刻也没有松懈。

刚刚出版的《山东美陵集团志（2008—2013）》序言中的一段话，已向全体美陵人吹响了集结号：为建设百年品牌企业而奋斗，以无愧于美陵的创立者，无愧于美陵的经营管理者和劳动者，无愧于每一个为美陵发展做出贡献的各界朋友，无愧于我们这个民族和国家。

相信美陵，请时间见证！

同源一网　同步未来

——山东美陵参与公共事业实践探秘

2016年12月8日《淄博日报》第一版

11月21日，记者置身美陵，采访书写了十三年的优秀答卷——美陵集团参与公共事业的实践。

董事局主席刘效华说——

2003年，“受命于危难之际”，临淄区委、区政府将供水厂与污水处理厂打包交予，是信任；2016年，成就于壮大之时，承担临淄区城区五分之三、农村三分之二的供水业务，是责任；十三年来，我们无愧于当初的誓言：“让政府放心、市民满意”。

从干部员工的娓娓道来中，天齐渊用13年的砥砺前行向社会交出这份优秀答卷展现在记者面前。

告别“一缸水半缸泥”

临淄区齐陵街道办王齐村的普通农民贾鲁滨，年过40岁的他饱尝了饮水不便的苦楚。

他说：“小时候用压水机取水，后来村里挖了井用电泵抽水，没有什么过滤消毒设施，更谈不上水质安全了。一周两次放水，放水时间手头活儿都得放下，赶回家接水。抽出来的井水很浑浊，一缸水半缸泥，得澄大半天才能烧水喝。没有自来水，结婚买的洗衣机也成了摆设。2009年，天齐渊“同源一网”供水线路接到我们村，这24小时随接随喝的好水，也让净水机、洗衣机、太阳能热水器等现代化电器真正进入我们农村人的生活”。谈起天齐渊供水的好处，水清澈、水质好、常年不停水，贾鲁滨赞不绝口。

好平台圆我人生梦

2003年，美陵集团并购城建水厂，对其按照现代企业制度的要求进行了股份制改造，设立了淄博市天齐渊供水有限公司。

1996年，建厂不久便进厂的老职工马洪亮，谈及改制前的企业状态，他说："区属企业大锅饭，谈不上理想追求，只是按时上下班拿工资"。

2003年改制后，作为公司员工，马洪亮参股30000股，工资从原来的600元一下涨到1600元，到了年底股份分红还分到了4800元。再次融资的时候，他把股份增加到了80000股。

收入提高，马洪亮感到喜悦，但收获最多的是自信、成功和荣誉感。"成立股份公司后，百分制考核、绩效工资让我们充满了干劲，公司是自己的，干不好谁都对不起。非常感谢公司的用人制度和人才激励体系，让我从一名普通员工成长为市场科科长。在这里我实现了人生和事业的理想，背靠公司，我对未来充满了信心"。

100余项检测

淄博市天齐渊供水有限公司经理宋军，在公司改制之前担任水厂办公室主任，他对当时眼睁睁看着水厂一步步滑向衰落却无能为力记忆犹新。

"美陵集团的接管给了这个企业第二次生命，股份制改造、员工分流，让人尽其用；百分制考核、绩效工资，充分调动员工积极性，现代企业的管理制度让公司充满了生机活力。公司2005年通过ISO 9001质量体系认证，2009年生产经营全过程实现ERP管理，先后建成了客户服务中心，建立了超表收费系统，各项业务高效开展。截至目前，集团公司已经为水厂累计投资5800多万，用于生产设施升级改造和供水管网铺设，仅管线铺设就长达13.6万米。"

谈起制水，宋军自信而严谨："二氧化氯消毒设备、隔水式培养箱、便携式二氧化氯检测仪等化验设备，美国哈希PH、浑浊度、二氧化氯在线检测设备，106项水质数据监测成为我们公司实现向市民优质供水的技术保证。"

办好企业就是尽责

2001年，依靠机械制造发展起来的山东美陵用极具前瞻性的战略眼光瞄准了环保科技这片蓝海。成立环境科技公司，从单一的机械制造到兼具环境治理的两翼齐飞，不仅为美陵带来了新的发展潜力，更为美陵的绿色环保美名镀上了一层永不磨损的金色。

美陵集团董事局主席刘效华说："作为一名在临淄土地上成长起来的企业家，我对这片土地充满了感情和感恩。党和政府在我个人和企业的成长中更是给予了巨大帮助。在受命之初，打动我的不只是党和政府对我们企业的信任，还有我们企业全体员工深深的社会责任感。企业不是某个人的，企业是社会的，办好企业就是对社会尽最大的责任"。

"天齐渊供水公司作为集团下属公司之一，发展到今天已经成功承担27万城区市民和21万农村市民的供水任务，我们深感责任重大，我们也时刻如履薄冰。展望未来，我们唯有不忘初心，紧跟市区发展战略部署，想在前、做在前，服务城市发展、服务市民生活，才能实现我们让政府放心、市民满意的初衷。"面对成绩，刘效华依然谦虚谨慎，不改创业家本色。

编后记

2018年《山东美陵集团志》，是山东美陵集团继2008年、2013年之后的第三次修志，是集团公司自1958年创建以来的一部通志。历时15个月完成，是向公司创建60周年献的一份厚礼。

2017年4月28日，集团公司召开《山东美陵集团志》编纂动员会，成立编纂委员会、编纂组和联络组。2017年5月，编纂组邀请临淄区史志办专家张文灼和褚继友就志书编修知识进行培训。2018年2月，《山东美陵集团志（初稿）》完成。2018年3月，邀请淄博市史志办专家郭延志、范立学，临淄区史志办专家刘华武来公司对编纂工作进行现场指导。2018年6月4日，志书征求意见稿交方志出版社、淄博市史志办、临淄区史志办审稿。2018年7月3日，召开《山东美陵集团志》评审会，评审会上，领导和专家提出许多宝贵意见和建议。根据评审会的修改意见，编纂组对志稿进行编辑完善。7月底，志稿定稿付梓。

2018年9月28日，是公司创建60周年，鉴于这个特殊时间，志书的时间下限为2017年年底。《山东美陵集团志》全书共设9篇，35章，60余万字，照片430余幅，文图具备，囊括一体，以述、志、记、图、表、录的形式，以秉笔直书的撰写风格，客观地反映了山东美陵集团自1958年以来的企业发展、经营管理、文化传承、科技创新等情况，正所谓“资质当今，惠及后人”。

在志书编纂过程中得到淄博市及临淄区史志办领导和专家的大力支持与具体指导。在此，一并表示衷心感谢！

编纂出版一部精品佳志是美陵人的夙愿，更是编纂人员的不懈追求。由于编修时间短，内容繁杂、资料缺失，加之编撰人员水平所限，本志书存在许多不足，疏漏之处难免，甚至还会有错讹，敬请读者批评指正。

编　者

2018年7月